ANTON HOLZER: DIE ANDERE FRONT

Anton Holzer

Die andere Front
Fotografie und Propaganda im Ersten Weltkrieg

Mit unveröffentlichten Originalaufnahmen aus dem
Bildarchiv der Österreichischen Nationalbibliothek

PRIMUS
VERLAG

Veröffentlicht mit Unterstützung des
Fonds zur Förderung der wissenschaftlichen Forschung

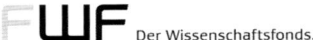 Der Wissenschaftsfonds.

Die Deutsche Nationalbibliothek verzeichnet diese Publikation
in der Deutschen Nationalbibliografie; detaillierte bibliografische
Daten sind im Internet über http://dnb.d-nb.de abrufbar.

© 2007 by Primus Verlag, Darmstadt

Gedruckt auf säurefreiem und alterungsbeständigem Papier

Einbandgestaltung: JUTTA SCHNEIDER, Frankfurt
Einbandmotive: oben: Russischer Zivilist, Wolhynien 1917,
unten: Handgranatenwerfer, gestellte Aufnahme, Isonzofront 1917.
Gestaltung und Satz: JOHANNES STEIL, Hamburg
Redaktion: KRISTINE ALTHÖHN, Mainz

Printed in Germany

www.primusverlag.de

ISBN: 978-3-89678-338-7

Inhalt

Anhang

Vergessene Bilder aus dem Osten   Vorwort

Ein großer Teil der Fotografien, die in diesem Buch vorgestellt werden, sind am Beginn des 20. Jahrhunderts im Osten und Südosten Europas entstanden. Keiner der Soldaten, die auf den Fotos zu sehen sind, lebt mehr. Und auch die Aufnahmen sind in Vergessenheit geraten. Es scheint, als ob die Geschichte des abgeschlossenen 20. und des beginnenden 21. Jahrhunderts (der Kommunismus, der Nationalsozialismus, ein weiterer Weltkrieg, die Teilung Europas und die Umbrüche nach 1989, um nur einige Entwicklungen zu nennen) sich endgültig zwischen diese Bilder und die Gegenwart geschoben hat. Sollten wir uns daher damit begnügen, diese Fotografien in das Geschichtsalbum einer längst vergangenen Zeit einzufügen? Das wäre, denke ich, verfehlt.

Viele der Bilder aus dem Ersten Weltkrieg, die im Osten und Südosten Europas entstanden sind, lagen bis vor wenigen Jahren in den Archiven, ohne dass sie viel Aufmerksamkeit auf sich gezogen hätten. Dieses Vergessen begann bereits nach dem Ersten Weltkrieg. Schon in der Zwischenkriegszeit machte sich eine seltsame Teilung Europas bemerkbar. Sie schlug sich auch in den Bildern nieder. Der Krieg im Westen (und gegen Italien) wurde überhöht und zum Zentrum der kollektiven Erinnerung ausgebaut, die Ereignisse im Osten und Südosten Europas wurden hingegen nach und nach in den Hintergrund gedrängt. Diese „Westverschiebung" der visuellen Erinnerung lässt sich entlang zahlreicher Fotobildbände der 1920er und 1930er Jahre deutlich nachvollziehen.[1] Im Zweiten Weltkrieg legte sich über diese halb verschüttete Bildwelt des Krieges eine neue kriegerische Wahrnehmungsschicht: Nun wurde der Osten und Südosten Europas ein weiteres Mal von einem noch weit brutaleren Eroberungs- und Vernichtungskrieg heimgesucht. So wie der Erste Weltkrieg hat auch dieser Krieg zu einer reichen fotografischen Beute geführt. Auch diesmal wanderten zahlreiche Fotografien in den Taschen der Soldaten und mit den Kurierdiensten der Propaganda Richtung Westen. Auch diesmal fanden diese Bilder – aus anderen Gründen zwar – nach Kriegsende *nicht* Eingang in die kollektive Erinnerung. Viele der kompromittierenden Fotodokumente aus dem Zweiten Weltkrieg wurden nach Kriegsende jahrelang verräumt oder verschämt im privaten Raum aufbewahrt.[2]

Zwei mit aller Brutalität geführte Kriege stehen also in der ersten Hälfte des 20. Jahrhunderts im Zentrum der kollektiven fotografischen Erkundung des europäischen Ostens. Beide Fotofeldzüge haben eine ungeahnte Anzahl von Aufnahmen hinterlassen. Beide Male fand ein Teil der fotografischen Erinnerungen erst jahrzehntelang nach ihrer Entstehung den Weg in die Öffentlichkeit. Nach 1945 kam es zur Teilung Europas im Kalten Krieg. Diese politische Frontstellung überlagerte die Erinnerungen an die beiden Kriege, vor allem aber jene an den Ersten Weltkrieg. Erst nach 1989 setzte eine Neuerkundung ein. Die Archive im Osten öffneten sich und jene im Westen bemerkten, dass auch sie unaufgearbeitete Bestände zur osteuropäischen Geschichte hatten.[3] Zugleich nahm das Interesse an einer neuen gesamteuropäischen Geschichte zu, die die Grenzen des Kalten Krieges überschreitet und in der auch Themen wie Krieg und Gewalt Platz finden. Zögernd wurden nun auch verschüttete und vergessen geglaubte Bilddokumente wieder ans Licht geholt. Darunter waren auch die Fotografien, denen dieses Buch sein Entstehen verdankt.

Der unbekannte Krieg Einleitung

ABB. 1 „Nikitas Todesritt", Schneemann in Kolomea (Kolomija), Ostgalizien, Jahreswechsel 1915/1916, vermutlich erste Januarwoche 1916; Kriegsvermessung 7 [K 31777].

Es ist Winter und auf den Bäumen liegt Schnee. Im Hintergrund erkennen wir einen Mann vor einem Gebäude. Rechts im Bild ist das Heck eines Autos angeschnitten. Ins Auge sticht aber die aus Schnee geformte Figur, die auf einem Schwein sitzt (ABB. 1). Gesicht, Bart, Haare, Mund, Augen und Ohren sind geschwärzt. Der Mann trägt eine Kappe auf dem Kopf und Epauletten an den Schultern. Im Mund steckt eine Zigarette. Die Hand hält eine Peitsche, die Zügel laufen über den Kopf des Tieres bis zu seiner Schnauze. „Nikitas Todesritt" – so lautet die Beschriftung dieses Fotos, das im Ersten Weltkrieg im östlichen Kriegsgebiet aufgenommen wurde. Es ist Teil jener Fotosammlung, die das österreichische k. u. k. Kriegspressequartier, die Propagandaabteilung des österreichischen Heeres, während des Krieges zusammengetragen hatte. Die Aufnahme entstand in der galizischen Stadt Kolomea (heute: Kolomija), vermutlich in den ersten Januartagen 1916 – mitten im Krieg. Kolomea liegt im Südosten Galiziens, etwas weiter östlich verläuft die Frontlinie. Der an der Bahnlinie Lemberg (L'viv) – Czernowitz (Černivici) gelegene Ort spielte im Krieg als Nachschubstation und Garnisonsstadt eine gewisse Rolle. Immer wieder geriet die Bevölkerung in der Stadt und in der Umgebung in die Kampfhandlungen, wenige Monate, nachdem das Foto aufgenommen wurde, eroberten russische Truppen die Stadt. Aber davon erzählt dieses Foto nichts.

Galizien lag weit im Osten der k. u. k. Monarchie. Ein entferntes Land, von dem die einfachen Menschen in den westlichen Gegenden des Landes nur vom Hörensagen erfuhren. Vielleicht vernahmen sie Geschichten vom Öl, das an Orten wie Drohobycz (Drogobič) oder Boryslaw (Borislav) gefördert wurde und einigen wenigen schnellen Reichtum versprach. Vielleicht war ihnen das Schicksal einer jüdischen Familie zu Ohren gekommen, die bereits vor dem Krieg in eine der großen westlichen Städte der Monarchie gezogen war. Galizien zu bereisen, das wäre kaum jemandem in den Sinn gekommen. Im Sommer 1914 aber, als der Krieg begann, lernten Zehntausende einfacher Männer Galizien kennen, als Soldaten der Monarchie.

Einer dieser Soldaten war mein Großvater. Johann Golser war Bauer auf einem Südtiroler Bergbauernhof und hatte, bevor er als k. u. k. Soldat in den Osten aufbrach, von Galizien wohl noch nicht viel gehört. Den Militärdienst hatte er Anfang der 1890er Jahre in Trient, im südwestlichen Zipfel der Monarchie, abgeleistet. Drei Jahre blieb er deswegen fern vom Hof – diese Zeit ist ihm in Erinnerung geblieben. Er erzählte öfters von seiner Dienstzeit in Trient. Etwa von einer „Kutsche", die sich, das könne er bezeugen, tatsächlich ohne Pferde bewegt habe. Es war das erste Auto, das er sah.

Im Jahr 1914, als er eingezogen wurde, war er 41 Jahre alt. Was er im Krieg erlebte, davon wissen wir aus seinen Erzählungen nur wenig. Was genau er an der Front erlebte, wo er stationiert war, wann er wieder heimkam, darüber gibt es nur vage Angaben. Briefe hat er keine geschrieben, erzählt meine Mutter, und er besaß auch keinen Fotoapparat. Dass die Schützengräben viel zu flach gewesen seien, habe er berichtet, dass die eigenen Soldaten den getöteten Russen Ringe und Wertsachen abgenommen hätten. Eines Tages wurde er verletzt. Ein Streifschuss am rechten Ellbogen, eine Verletzung, an der er sein Leben lang zu leiden hatte, die ihm aber wohl auch das Leben rettete. Der zertrümmerte Ellbogen bedeutete für ihn, dass der Krieg vorbei

2

ABB. 2 „Schneefigur der k. k. Kraftf. Kol. 10 in Brzezany", Ostgalizien, vermutlich Winter 1915/1916; Deutsche Südarmee [K 5491].

war. Die Zeit bis Kriegsende verbrachte er als Erntearbeiter auf den ausgedehnten Gütern des Großgrundbesitzers und Industriellen Baron Drasche in der Nähe von Wien. Aus dieser Zeit sind ihm, dem Bergbauern, die riesigen Mähdrescher in Erinnerung geblieben, die im Flachland über die Äcker rollten.

Der Schneemann aus Kolomea

Ob mein Großvater in Kolomea war, weiß ich nicht. Aber an seine Geschichte habe ich denken müssen, als ich das Foto vor mir liegen hatte. Beide Geschichten, jene des Fotos aus Kolomea und jene meines Großvaters, liegen ein Stück weit im Dunkeln. Das vorliegende Foto bezeugt zunächst nur eines: Ein Fotograf hat damals im Winter 1915/1916 auf den Auslöser gedrückt, als er den Schneemann auf dem Rücken des Schweins im Visier hatte. Mehr erzählt es zunächst nicht. Die Fotografie macht etwas sichtbar, aber sie gibt dennoch kein umfassendes Bild.

Ohne historisches Wissen, ohne Kontext und ohne „Umfeld" lässt sich das Bild nicht entschlüsseln. Die Geschichtsschreibung, die in erster Linie auf die Kraft des Textes, auf schriftliche Dokumente, vertraut, würde dieses Bild gar nicht erst beachten. Was kann ein Schneemann aus Kolomea schon zur Geschichte des Ersten Weltkrieges beitragen?

Schneefiguren begegnen uns während des Krieges immer wieder. Etliche Kilometer weiter nördlich, im kleinen ostgalizischen Ort Brzezany (Berezani), bauten die Soldaten im selben Winter 1915/1916 ebenfalls einen Schneemann (ABB. 2). Die breite, stämmige Schneefigur trägt eine Kappe auf dem Kopf. Und wenn nicht alles täuscht, gleicht sie ein wenig dem Kommandanten der k. u. k. Kraftfahrkolonne 10, der ebenfalls eine Kappe auf dem Kopf trägt und rechts neben dem Schneemann Aufstellung genommen hat. Daneben steht ein Schneeauto. Einer der Männer hat am Steuer Platz genommen. Die anderen Soldaten haben sich dahinter im Halbkreis aufgestellt. Die wirklichen Kraftfahrzeuge erkennen wir im Hintergrund. Gelegentlich fanden solche Aufnahmen von Schneefiguren sogar Eingang in die illustrierte Presse. Die Wochenzeitung *Das interessante Blatt* druckte im März 1915 ein Foto einer „Schneefrau" (ABB. 3).[1] Die liegende nackte Frau mit Kappe wird von Soldaten umringt. Der Bildtext lautet: „Eine gelungene Schneefigur, die von dem verwundeten Soldaten Slunicko aus Wernersreuth, derzeit im Reservespital Arbeiterheim in Asch, geschaffen wurde und deren Besichtigung gegen Entree einen namhaften Betrag für das Rote Kreuz ergab." Der Schneemann aus Kolomea steht also nicht ganz isoliert da.

Schweinedarstellungen haben eine lange Tradition in der populären Vorstellungswelt. Es ist daher nicht verwunderlich, dass dieses Motiv auch Eingang in den soldatischen Alltag fand. Das Schwein begegnet uns in Gestalt des „Glücksschweins", aber es bedeutet, ebenfalls belegt durch eine lange ikonografische Tradition, auch das Gegenteil: Es wurde als Bild der Verspottung und Verhöhnung – etwa der Juden – verwendet. Im Krieg wurde das Schwein zum Orakeltier des Unglücks und Verderbens. Die archaische Dimension des Brauchs hat in Kolomea freilich eine bemerkenswerte Aktualisierung erfahren. Unmittelbar neben dem Schneemann steht, ebenfalls aus Schnee geformt, eine Art „Stein" mit einer Beschriftung, die nur mehr teilweise zu entziffern ist. „[...] er nach Albanien", so lauten die beiden unteren Zeilen, die noch nicht abgebrochen sind. Um diesen Satzrest „nach Albanien" einordnen zu können, müssen wir den Rand des kleinen Bildes überschreiten. Wir müssen Kolomea verlassen und die größeren Zusammenhänge des Krieges in Europa in den Blick nehmen. Anfang 1916 waren die Ereignisse am Balkan in den Schlagzeilen. Anders als zu Kriegsbeginn gelang es den österreichisch-deutschen Truppen zum Jahreswechsel 1915/1916, große Gebietsgewinne zu machen. Serbien wurde Ende November 1915 endgültig erobert, auch das Königreich Montenegro kapitulierte am 25. Januar,

3

nachdem österreichische und deutsche Truppen in einer dreiwöchigen Offensive weit ins Innere des Landes vorgedrungen waren. Ende Januar 1916 rückten weitere Truppen in Nordalbanien ein. Der Schneemann aus Kolomea spielt also auf die aktuellen Ereignisse am Balkan an. Der Sieg über Serbien und Montenegro sowie der Einzug in Albanien werden auch Hunderte Kilometer weiter östlich gefeiert.

In diesem breiteren historischen Kontext beginnt das Foto mit dem Schneemann allmählich Sinn zu ergeben. Die vorläufige Deutung lautete folgendermaßen: „Nikitas Todesritt" – die Figur des Schneemanns – verkörpert eine triumphierende Prophezeiung. „Nikita", das „russische Schwein", werde ins Verderben stürzen. Es wird, so lautet der Neujahrswunsch, dasselbe Schick-

ABB. 3 „Schneefrau" (aus: *Das interessante Blatt*, 18. März 1915, S. 12).

sal erleiden wie die verbündeten Serben und Montenegriner am Balkan.

Verblasste Erinnerungen

Etliche Wochen, nachdem ich diese Interpretation zu Papier gebracht hatte, erhielt ich einen unerwarteten zusätzlichen Hinweis. In einem längeren Beitrag für die Wochenendausgabe einer österreichischen Tageszeitung beschäftigte ich mich mit den Möglichkeiten, aber auch den Schwierigkeiten der Lektüre historischer Fotografien aus dem Ersten Weltkrieg.[2] Als Beispiel erwähnte ich auch das Schwein von Kolomea. Das Foto wurde abgedruckt, meine Deutung stand daneben. Zahlreiche Leser meldeten sich daraufhin bei mir, erzählten, dass sie Fotos, aber auch Tagebücher aus dem Ersten Weltkrieg zu Hause hätten, die ich mir doch einmal ansehen solle. Eine der Zuschriften bezog sich auf das Foto aus Galizien.

Sehr geehrter Herr Holzer!
Mit großem Interesse habe ich Ihren Artikel in der Zeitung gelesen. Ich könnte mir auch folgende Bildinterpretation vorstellen: der Schneemann soll nicht „Nikita, das russische Schwein" darstellen, sondern den damaligen König Nikolaus von Montenegro. Dafür sprechen sowohl die typische Kopfbedeckung als auch die Generalsepauletten auf den Schultern des Schneemannes. Und damit wäre auch die von Ihnen angesprochene zeitliche Verbindung zum Zusammenbruch Montenegros und der Hinweis auf Albanien zu erklären. König Nikolaus galt als „Original" unter den europäischen Herrschern, war aber recht populär und wurde allgemein nur „Niki" genannt. Vielleicht könnte das der Boden sein, auf dem solche Schneemänner wachsen.
Mit besten Grüßen
W. K.[3]

Nikolaus I., der König von Montenegro, war zu der Zeit, als das Foto entstand, tatsächlich im Ge-

rede. Nachdem sich die Niederlage Montenegros abzuzeichnen begann, flüchtete er ins Ausland. Er ging nach Frankreich ins Exil. Die neue Interpretationsspur schien also durchaus vielversprechend. Wenig später stieß ich zufällig auf eine Sammlung von Kriegspostkarten aus dem Ersten Weltkrieg. Eine davon zeigte König Nikolaus von Montenegro während seiner Flucht im Winter 1915/1916. Die gezeichnete Karikatur spitzt den Hohn über den abgesetzten, flüchtenden König zu. Wir sehen ihn tief zusammengesunken auf einem alten klapprigen Gaul sitzen. Seine Krone hält er in der Hand. Mir leuchtete immer mehr ein, dass die Schneefigur den Triumph über den flüchtenden König von Montenegro zeigte.

Das Foto dokumentiert zunächst das flüchtige Werk populärer Kultur, einen Schneemann, errichtet im östlichen Galizien, im Hinterland der Ostfront. Der Schneemann erweist sich aber bei genauerem Hinsehen auch als politische Botschaft, die auf die jüngsten Kriegsereignisse reagiert. Mitten im Krieg kombiniert die Figur traditionelle Rituale und Bildmuster (Schneemann bauen, Ritt auf dem Schwein, Neujahrsritual usw.) mit aktuellen politischen Bezügen (die Eroberung Serbiens, Montenegros und Teilen von Albanien, die Flucht des Königs von Montenegro). Die Verhöhnung des Kriegsgegners in Gestalt des Schweins wurde während des Krieges allseits verstanden. Und auch die Verwünschung „Nach Albanien mit ihnen!" gehörte, wie Karl Kraus zeigt, zu den stehenden Sätzen der zeitgenössischen propagandistischen Rhetorik. „Albanien", lässt er den *Optimisten* in den *Letzten Tagen der Menschheit* sagen, „diente uns doch vorwiegend als – Der *Nörgler*: – Strafkolonie. ‚Nach Albanien mit ihnen!' war eine Verschärfung der Ehre, fürs Vaterland zu sterben. *Der Optimist*: Wenn wir nach Albanien gehen, so ist eines sicher – *Der Nörgler*: Der Tod."[4]

Der eigensinnige Schneemann ist ein Beispiel dafür, dass die Lektüre von historischen Fotografien kein einfaches Unternehmen ist, es zeigt, dass die Anstrengungen von Beschreibung, Einordnung und vorsichtiger Kontextualisierung nicht immer auf Anhieb (und oft gar nicht) von Erfolg gekrönt sind. Nach Jahrzehnten sind manche Bilder des Krieges nur mehr schwer zu entschlüsseln. Was einmal offensichtlich war, erscheint heute unverständlich. Wenn früher manche Aufnahmen ohne Bildbeschriftung auskamen, weil alle wussten, was gemeint war, entziehen sich nun, Jahrzehnte danach, viele Fotografien dem einfachen Wiedererkennen. Orte und Ereignisse sind in Vergessenheit geraten, die Erinnerung an ehemals wichtige Personen ist verblasst. Auf diese Weise ist jedes fotografische Bild der Gefahr des Bedeutungsverlustes ausgesetzt. Wenig wissen wir etwa vom Fotografen des Schneeschweins aus Kolomea, wenig von seinem konkreten Auftrag, seiner Herkunft, seinen Kameraden, für die die Aufnahme vielleicht auch bestimmt war. War er vielleicht Bosnier, dem die Ereignisse in Montenegro näherginen als anderen Soldaten? Hat er das Bild für sich selbst, für seinesgleichen, für die Oberen, für die Presse gemacht? Der Schneemann aus Kolomea zeigt die Grenzen der historischen Rekonstruktion anhand von Fotografien. Er zeigt, dass nicht nur die Oberfläche historischer Fotografien verblassen kann, sondern auch ihre Bedeutung.

Wer waren die Kriegsfotografen?

Wir sehen die Ecke eines Zimmers (ABB. 4). Im hintersten Winkel steht ein Ofen. Es ist Winter. Auf der linken Wand ist eine Tür zu erkennen, und auf diese ist eine Landkarte geheftet. Ein schmales Stück davon ist noch sichtbar. Und aus der Tür lugt ein Fotograf, er hält eine kleine tragbare Kamera in der Hand. Um den Arm hat er einen Spazierstock gehängt. Die schnell hingeworfene Zeichnung wurde von einem österreichischen Offizier an die Wand gekritzelt. „Karikaturen, gezeichnet von Fhr. [Freiherr] Biri [oder Biro], Brus, November 1915" heißt es im Bildtext.[5] Der Fotograf kommt durch die Tür und stößt auf eine Landkarte, die soeben neu ge-

4

schrieben wurde. Brus, der kleine serbische Ort, in dem die Wandzeichnung entstand, liegt südöstlich von Kraljevo. Er war vor kurzem erobert worden. Am 22. Oktober 1915 hatten österreichisch-ungarische und deutsche Verbände die Drina überschritten und waren schnell in das Landesinnere vorgedrungen. Wenige Wochen später schon, Ende November, war das ganz Land eingenommen.

Der Fotograf ist, so suggeriert die Karikatur, Zeuge eines historischen Augenblicks. Er tritt auf, um am Schauplatz des siegreichen Kampfes den entscheidenden Schnappschüssen nachzujagen. Die Zeichnung aus Serbien zeigt die Figur des Kriegsreporters mit der Kamera aus ironischer Distanz und als etwas lächerliche Projektion. Durch die Tür tritt ein besonders neugieri-

ABB. 4 „Aufgefundene Karikatur unserer Offiziere in Serbien" [„Karikaturen, gezeichnet von Fhr. [Freiherr] Biri [oder Biro], Brus, November 1915"], südöstlich von Kraljevo; 90. I.D. Kmdo, Nr. 83 [K 19369].

ger, wendiger Reporter, der sich hastig auf die neuesten Nachrichten stürzt. Die Zeichnung spitzt sein Image in der Karikatur augenzwinkernd zu. Die tatsächliche Situation der Kriegsfotografen war freilich eine ganz andere. Sie waren eingezwängt in die Logistik des Militärs, hatten oft Mühe, bis an vorderste Frontabschnitte vorzurücken, und mussten öfter mit Bildern der Etappe vorliebnehmen. Die Kriegsfotografen waren keineswegs mit leichtem Gepäck unterwegs, sondern hatten in der Regel einen schweren Apparat für großformatige Aufnahmen, ein Stativ, Negativplatten aus Glas und gelegentlich sogar Entwicklermaterialien zu schleppen. Klagen der Fotografen über ihre schwierigen Arbeitsbedingungen waren daher nicht selten.

Während des Krieges hatten die offiziellen Pressefotografen u. a. wegen gewisser Privilegien ein anderes Image. Sie wurden nicht zum Heerdienst eingezogen, blieben also Zivilisten. Verglichen mit einem durchschnittlichen Soldaten war ihre Bewegungsfreiheit größer. Ihre Aufenthalte im Kriegsgebiet galten als „Exkursionen", dazwischen erhielten sie immer wieder die Möglichkeit, Arbeiten in der Hauptstadt zu verrichten. Im Frontgebiet verkehrten sie eher mit den Kommandanten als mit den einfachen Soldaten. Sie waren ordentlich untergebracht und von den alltäglichen Pflichten der einfachen Soldaten befreit. Sie waren gut informiert und hielten ständigen Kontakt zu ihrer Redaktion.

Wer waren diese Kriegsfotografen? Wie arbeiteten sie? Auffallend ist: Die (österreichisch-ungarischen) Fotografen des Ersten Weltkrieges haben, im Unterschied etwa zu den Kriegsjournalisten, die nicht selten schriftliche Erinnerungen verfasst hatten, nur wenige Spuren und Selbstzeugnisse hinterlassen. Die schriftlichen Spuren beschränken sich zumeist auf die knappe Korrespondenz mit ihren Auftraggebern (etwa dem Kriegspressequartier oder der jeweiligen Zeitung). Und es gibt nur wenige Aufnahmen von den Fotografen selbst. Ihr Objektiv ist – mehr noch als jenes der Fotografen im Frieden – nach vorne und nicht auf die eigene Person gerichtet. Wenn die Aufnahmen in der Presse veröffentlicht wurden, geschah dies meist anonym. Die Namen der Fotografen wurden, im Unterschied zu den Kriegsjournalisten, -zeichnern und -bildhauern, in der Regel nicht genannt. Im Vergleich mit diesen galten sie zunächst als Künstler zweiter Wahl. Die großen Aufträge wurden nach wie vor von etablierten Künstlern aus dem grafischen Gewerbe ausgeführt, die Fotografen hatten – zumindest in den ersten Kriegsmonaten – die eher gering geschätzte Arbeit der bildlichen Dokumentation zu erledigen.

Im Laufe des Krieges jedoch nahm die Bedeutung der Kriegsfotografie ständig zu. Gegen Kriegsende bestimmten die Fotografen, nicht die Zeichner und Grafiker, das Bild des Krieges. Wenn seither der Erste Weltkrieg in Bildern erinnert wird, steht die Fotografie im Vordergrund. Zwischen 1914 und 1918 ist sie zum beherrschenden Massenmedium des Krieges aufgestiegen.

Fotografische Zeugen

Der Erste Weltkrieg gehört zu jenen tief greifenden kollektiven Erfahrungen, die nicht nur die europäische Landkarte grundlegend verändert haben, sondern auch tiefe Spuren in den Lebensgeschichten und in der Vorstellungswelt von Hunderttausenden von Männern, Frauen und Kindern hinterlassen haben. Fotografien aus dem Krieg berichten von diesen Erfahrungen. Sie zeigen, oft wenig geordnet, Ausschnitte und Szenen, die es dem Fotografen wert waren, festgehalten zu werden. Sie berichten vom Alltag der Soldaten, von den Errungenschaften und Widrigkeiten der Fortbewegung, von den Wochen und Monaten des Wartens, vom Alltag im Unterstand, den kleinen Festen und Freuden, den Orten der Geselligkeit, aber auch von Langeweile, Dreck und Entbehrungen. Wir blicken in die Gesichter der „Anderen", der toten gegnerischen Soldaten, der Kriegsgefangenen, der Flüchtlinge. Wir sehen Orte und Menschen, die vom Krieg gezeichnet sind. Zerstörungen, Ruinen, Schlachtfelder. Die Bilder vom Krieg halten aber auch fest, was bisher kaum bildwürdig war – das Leben der Zivilbevölkerung im fernen Kriegsgebiet: Häuser abseits der großen Städte, Gesichter der Unterschichten, Kleidung und Bräuche von Menschen im Hinterland, denen sich bisher noch nie ein Fotograf genähert hat. Der fotografische Blick auf den Krieg hält nicht selten ganz andere Dinge und Ereignisse fest als die offiziellen Chroniken.

Das fotografische Erbe des Krieges besteht aus einer Vielzahl von Bilddokumenten. Manche von ihnen sind verloren gegangen, andere befinden sich in privaten Sammlungen, wieder andere wurden in öffentlichen Sammlungen zusammengetragen. Manche dieser Bilder fanden in der Historiografie des Krieges bereits Verwendung. In der Regel wurden sie als illustrative Zugaben der Schrift behandelt, als Bildmaterial, das sich in die v. a. aus Textquellen gewonnene Erzählung einzufügen hatte. Damit war der Fotografie ihre Rolle als eigenständiges Medium genommen, das mehr und anderes festhält als die herkömmlichen schriftfixierten Überlieferungen, die zur Geschichtsschreibung des Krieges herangezogen werden.

Die Welt der Fotografie ist auf den ersten Blick kleiner als die des Textes. Fotografien eröffnen einen bestimmten Blickwinkel, sie zeigen Ausschnitte, Facetten und Details. Fotografien bezeugen das, was in einem bestimmten Augenblick vor der Kamera passierte. Diese Eigenschaften scheinen der Fotografie auf den ersten Blick eine unmittelbare und starke Beweiskraft zuzugestehen. Die Fotografie rückt näher heran an die Welt, als es etwa ein schriftlicher Bericht, ein Tagebuch oder eine Zeitungsmeldung vermag. Ist deshalb die Fotografie schon authentischer als andere Formen der Zeugenschaft? Wohl kaum. Das Rechteck der Fotografie arbeitet keineswegs wie ein unschuldiges, unbeteiligtes Auge. Der Fotograf wählt aus, inszeniert, arrangiert, er bestimmt Ort und Zeitpunkt der Aufnahme, er wählt den Blickwinkel, er arbeitet das Bild aus,

beschriftet es und reicht es weiter. Am Ende einer langen Kette von Handgriffen steht vielleicht ein Zeitungsbild, das in hoher Auflage erscheint und ein breites Publikum erreicht. Das Foto kann aber auch in den Fängen der Zensur hängen bleiben, es kann in privatem Besitz verbleiben, ins Album eingeklebt werden, es kann zerstört werden oder in Vergessenheit geraten. Es kann montiert, retuschiert und bearbeitet werden. Diese Handgriffe gehen ebenso in die Bedeutung der Aufnahme ein wie der offensichtlich scheinende Bildinhalt. Und schließlich gibt es den Blick des Publikums: die Soldaten, die den Fotografen am Ausgang der Dunkelkammer umringen und vielleicht einen privaten Abzug erbetteln, die Vorgesetzten, über deren Schreibtisch der Film wandert, schließlich die Zensurbehörde, die Propagandaabteilung. Und dann vielleicht: das große Publikum, das das Foto in einer Illustrierten sieht, weiterblättert oder auch genauer hinsieht.

Um ein Foto lesen und interpretieren zu können, ist es notwendig, diese Wege der Handhabung und der kollektiven Resonanz im Auge zu behalten. Es ist unumgänglich, den Blick über die Ränder der Fotoplatten hinauszuwerfen. Die Bilder müssen in einen Kontext gestellt werden, Hintergrundrecherchen sind vonnöten, die Arbeit im Archiv ist unumgänglich. Ich habe in diesem Buch versucht, diesen Ansprüche so weit als möglich gerecht zu werden. Aber ich gebe auch zu: Nicht immer waren die Anstrengungen der Interpretation erfolgreich, oft waren die Spuren der Überlieferung derart verblasst, dass es unmöglich war, ein Bild oder eine Bildserie sinnvoll zu deuten.

Die Ordnung des Archivs

Mitte der 1920er Jahre begann die Erinnerung an den Krieg in eine neue Phase einzutreten. In der Öffentlichkeit war der Kampf um die Deutung der Vergangenheit nun endgültig zugunsten der nationalen und rechten Parteien und Grup-

5

pierungen entschieden. Die offensichtlichsten Spuren des Krieges waren zugedeckt, Archive und Museen begannen sich mehr und mehr der Verwaltung der jüngsten Vergangenheit anzu- nehmen. Das Archiv mit seiner chronologischen oder alphabetischen Ordnung wurde zum Modell für die Aufbewahrung all jener Relikte, die der Krieg massenhaft hinterlassen hatte.

Ende der 1920er Jahre hatte die Wiener Foto- agentur „Welt-Presse-Photo" ein bezeichnendes Foto im Angebot (ABB. 5).[6] Der Bildtext führt aus: „Das Museum der Stammrollen! In Berlin-Span- dau, in den früheren Kasernen-Anlagen der Hee- res-Verwaltung befindet sich das Zentral-Nach- weise-Amt für Kriegerverluste im Weltkriege. In meterhohen Regalen reihen sich die Kartothek- kästchen mit den Stammrollen der deutschen Soldaten, welche im Weltkriege gefallen oder vermisst worden sind. Genau registriert, kann bei fast jedem einzelnen festgestellt werden, wo er gefallen ist und begraben wurde."[7] Betreut wird die Sammlung – das fällt auf – von einer Frau. So wie die Pflege vieler Soldatenfriedhöfe in die Obhut von Frauenvereinen überging, wird auch hier – zumindest im Bild – die Pflege und Verwaltung der anonymen Hinterlassenschaften der Kriegsopfer nicht zufällig einer Frau übertra- gen. Das moderne Heer hatte den einzelnen Sol- daten in Reih und Glied gestellt. Er wurde der anonymen Logik der Militärverwaltung unterge- ordnet. Auf ähnliche Weise nimmt sich nun das

Archiv seiner Erinnerung an. Es überführt die Re- likte des Krieges – oft sind es nur die Namen der Toten, die Verlustlisten, seltener haben sich auch persönliche Erinnerungen wie Brieftaschen, Briefe, Ausweispapiere erhalten – in die anony- misierende Ordnung des Alphabets und der Chronologie. Auch viele der – v. a. offiziellen – fotografischen Spuren des Krieges haben – nicht unähnlich den „Stammrollen der deutschen Sol- daten" – im Archiv jeden persönlichen Funken der Erinnerung abgestreift. Die Nachkriegsver- waltung hat die Bilddokumente des Krieges in Empfang genommen, die kriegerische Logik der Ordnung, in der die Bilder ursprünglich entstan- den und aufbewahrt wurden, wurde in der Regel beibehalten.

Wer in Fotoarchiven arbeitet, ist der kühlen Ordnung dieser Karteikästen ausgeliefert. Leicht vergisst man, dass jedes einzelne Bild einer kon- kreten historischen Situation entspringt. Dass die Männer, Frauen und Kinder wohl kaum um ihr Einverständnis gefragt wurden, wenn der Fo- tograf sich vor ihnen aufbaute und ein Bild von ihnen mitnahm. Mit Statistik und allzu verallge- meinernden Schlussfolgerungen ist der gewalti- gen Menge dieser fotografischen Relikte des Krie- ges nicht beizukommen. Immer wieder habe ich daher auf den folgenden Seiten versucht, ein- zelne Aufnahmen und Aufnahmeserien heraus- zugreifen und genauer zu betrachten. Es war mir wichtig – soweit das im zeitlichen Abstand über- haupt möglich ist –, die Bilder in ihrer mehrfa- chen historischen Verankerung zu lesen: als Do- kumente einer konkreten historischen Situation und im Kontext der Sammlung, in die sie wäh- rend und nach dem Krieg überführt wurden.

Die Bilder

Der Großteil der hier vorgestellten Bilder wird zum ersten Mal veröffentlicht. Die meisten Aufnahmen stammen aus der Fotosammlung des k. u. k. Kriegspressequartiers, der Propagandaab- teilung des österreichisch-ungarischen Heeres.

Heute wird diese Sammlung im Bildarchiv der Österreichischen Nationalbibliothek in Wien aufbewahrt.[8] Bemerkenswert ist, dass hier – im Unterschied zu anderen Archiven, die oft lediglich über Abzüge verfügen – auch die Originalnegative in Form von Glasplatten erhalten sind.[9] Diese weisen zum Teil zusätzliche Beschriftungen und Informationen auf und ermöglichen oft auch Rückschlüsse auf die Bildbearbeitung für die Presse, wie Beschneidungen und Retuschen.

Die rund 33.000 Originalglasplatten und die dazugehörigen Abzüge waren bisher wenig bekannt und nicht erforscht. Sie gehören aber zweifellos europaweit zu den wichtigsten erhaltenen Bildquellen zur Geschichte des Ersten Weltkrieges, vor allem zu den Kriegsschauplätzen in Ost- und Südosteuropa. Keine andere vergleichbare westeuropäische Sammlung verfügt über einen derart geschlossenen und gut erhaltenen Originalbildbestand an Kriegsfotos von der Ost- und Südostfront.[10] Die Bilder stammen aus sämtlichen Kriegsgebieten der Monarchie ebenso wie vom russischen, serbischen, montenegrinischen, rumänischen, bulgarischen, italienischen und türkischen Kriegsschauplatz. Sie stellen zunächst einzigartige Quellen zur europäischen Kriegsgeschichte dar. Entlang der Bilder lassen sich wichtige, aber bisher noch zu wenig beleuchtete Aspekte des Ersten Weltkrieges im Osten und Südosten Europas rekonstruieren. Die Fotografen zeichneten nicht nur auf, was sie an der Front sahen, sondern auch, was im Hinterland passierte. Die Fotos zeigen Episoden von Flucht und Vertreibung, sie zeigen den Umgang mit den Kriegsgefangenen, die Lage der Zivilbevölkerung in den eroberten Gebieten, aber auch die gewaltige Logistik des modernen Krieges.

Zum propagandistischen Einsatz kamen die Fotografien nicht vor Ort, sondern in den Zentren der Krieg führenden Staaten im Westen. Am Beispiel dieser Bilder lässt sich das komplexe Räderwerk des ersten großen Medienkrieges veranschaulichen. In seinen Grundzügen wurde dieser Krieg in Wien ähnlich geführt wie in Berlin, Paris und London. Daher lassen sich, bei allen nationalen Besonderheiten, viele der Schlussfolgerungen über den Fotokrieg der k. u. k. Monarchie auf die anderen Kriegsparteien übertragen.

Die Bedeutung dieses Fotomaterials reicht aber über die reine Kriegsgeschichte hinaus: Die Bilder halten auch – oft unbeabsichtigt und gewissermaßen nebenbei – Ereignisse, Menschen, Orte und Gegenden in einer politischen und gesellschaftlichen Umbruchsituation fest. Bis vor dem Ersten Weltkrieg stand der Osten und Südosten Europas unter dem unmittelbaren oder mittelbaren Einfluss der europäischen Großmächte (Deutsches Reich, Habsburger Monarchie, Osmanisches Reich und Russland). Nach dem Ende des Krieges traten eine ganze Reihe neuer Staaten an die Stelle der zerfallenen Monarchien. Innerhalb weniger Jahre hatte sich die politische und gesellschaftliche Situation im Osten und Südosten Europas grundlegend geändert. Die Fotografien aus der Kriegszeit halten also auch Szenen am Vorabend eines gewaltigen Zusammenbruchs fest. Sie sind Bilddokumente einer historischen Bruchstelle, aus der ein anderes als das alte Europa hervorgehen sollte.

Ich habe in diesem Buch versucht, die Bilder „sprechen" zu lassen. Um die Fotografien im Kontext ihrer Zeit entziffern zu können, war es notwendig, sie so genau wie möglich zu betrachten. Aber es bedeutete auch, dem erobernden Blick der Fotografen ein Stück weit zu folgen: nicht, um den Augenzeugen im Nachhinein Recht oder Unrecht zu geben, sondern um mehr über ihre Erfahrungen, ihre Wahrnehmungen und ihre Aufträge herauszufinden. Auf diese Weise, so schien mir, war es möglich, das bildliche Erbe aus dieser Zeit des Umbruchs und der Gewalt aus heutiger Sicht neu und anders zu lesen.

6

ABB. 6 Carl Seebald: „Das
erste von unseren Truppen
erbeutete russische Aero-
plan, dessen Piloten heruntergeschossen wurden"
(aus: *Das interessante
Blatt*, 10. September 1914,
S. 9).

Auf Fotobeute Kriegsfotografen, illustrierte Presse und Fotoagenturen

Am 10. September 1914, also gut einen Monat, nachdem der Krieg begonnen hat, erscheint in der Wiener illustrierten Wochenzeitung *Das interessante Blatt* erstmals eine Fotografie, die Kampfhandlungen am östlichen Kriegsschauplatz zeigt. Das Bild ist nicht sonderlich gut gedruckt – es hat einen weiten Weg hinter sich. Zu sehen ist „das erste von unseren Truppen erbeutete russische Aeroplan, dessen Piloten heruntergeschossen wurden" (ABB. 6), wie der Bildtext ausführt.

Die Aufnahme dürfte in den ersten Kriegstagen in Ostgalizien entstanden sein, wo genau sie aufgenommen wurde, wissen wir nicht. Das Foto ist aber, im Unterschied zu den meisten anderen Kriegsbildern, die zu Beginn des Krieges in der Presse erscheinen, namentlich gezeichnet. Es stammt von Carl Seebald. Er war einer der ersten Fotografen, die Reportagen von der Ostfront an die Presse lieferten. Ende Juli, unmittelbar nach der Kriegserklärung, hatte er noch an den Wiener Bahnhöfen fotografiert: Soldaten, die aus dem Zug winken, Angehörige, die am Bahnsteig von den einrückenden Männern Abschied nehmen, dazwischen zahlreiche Schaulustige.[1] In den ersten Augusttagen wurde Carl Seebald als Kriegsfotograf in das Kriegspressequartier (KPQ) aufgenommen. Nun konnte er auch die Kriegsschauplätze bereisen.

Wir wissen wenig über die Gegenden, die der Fotograf im Krieg besuchte, darüber, was genau er wo fotografierte, auf welchem Weg die Bilder die weite Strecke in die Hauptstadt zurücklegten, welche seiner Bilder gedruckt wurden und welche nicht. Die meisten Pressefotografen, die als Kriegsfotografen arbeiteten, tauchten in die Anonymität des Militärs ein. Sie waren nun der strengen Befehlsgewalt des Heeres unterworfen, sie konnten nur mit Erlaubnis des Militärs in die Kriegsgebiete reisen. Die Aufnahmen, die sie machten, wurden zensiert, wenn Bilder in der Presse veröffentlicht wurden, traten die Namen der Fotografen in der Regel hinter jenen der Agentur zurück. Und es sind auch kaum Porträtaufnahmen von Kriegsfotografen überliefert. Es ist, als ob der fotografische Blick, der im Krieg stets nach vorne gerichtet ist, die Körper und Gesichter der Fotografen, die den Krieg fotografieren, ausgelöscht hätte.

Bei Carl Seebald ist das anders. Durch Zufall ist ein kleines Brustbild von ihm erhalten, das aus der Kriegszeit stammt (ABB. 7). Es ist auf seinen „Legtimationsausweis" aufgeklebt, der ihn als Mitglied des Kriegspressequartiers ausweist. Der Fotograf wird – wie in der zeitgenössischen Diktion üblich – als „Illustrator" bezeichnet.[2] Seebald, geboren 1878, stammte aus Schlesien, er war Inhaber der „Illustrationsunternehmung Carl Seebald, Zentrale Wien" – sie besaß auch eine Filiale in Budapest – und bereits vor 1914 als Pressefotograf mit einem internationalen Vertriebsnetz weit über Wien hinaus bekannt. Im Briefkopf gab sich das Unternehmen selbstbewusst: „Mitarbeiter aller illustrierten Journale der Welt. Photographische Berichterstattung Berlin, London, Paris, New York, Mailand". Das aus der Vorkriegszeit stammende Briefpapier trug aber der neuen politischen Situation aufmerksam Rechnung: London und Paris sind – da die Hauptstädte von Feindstaaten – mit schwarzem Stift durchgestrichen.[3]

Das Gedränge um die ersten Kriegsbilder

In den ersten Kriegstagen und -wochen überschlugen sich die aktuellen Nachrichten aus den Kriegsgebieten. Telegrafisch übermittelte Berich-

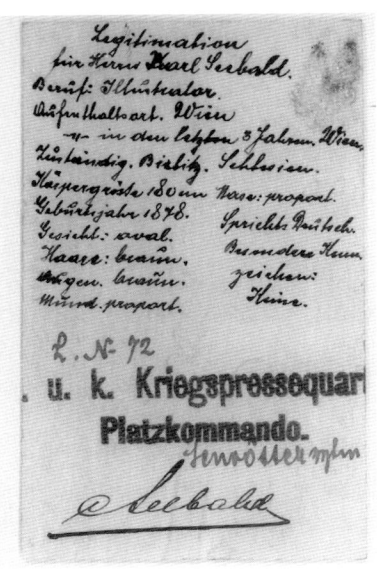

7

ABB. 7 Legitimations-
ausweis des KPQ für den
Fotografen Carl Seebald
[Österreichisches Staats-
archiv / Kriegsarchiv,
Wien].

te und Erzählungen von Verwundeten, die ins Hinterland abtransportiert wurden, gaben – meist verworrene – Auskünfte über die Situation an der Front. Die Journalisten tappten oft im Dunkeln. Fotos aus den Kriegsgebieten waren noch rar. Die Nachfrage nach aktuellen Bildern aber war groß, die Konkurrenz der Blätter ebenso. Zahlreiche Fotoagenturen nutzten die Gunst der Stunde. Sie sahen im beginnenden Krieg eine spektakuläre Kulisse für neue, noch nie gesehene Bilder.[4] Daneben boten auch Zeitungen und Zeitschriften Kriegsbilder zur Vermarktung an.[5] Und schließlich kaufte die illustrierte Presse aktuelles Bildmaterial auch bei einzelnen selbstständig arbeitenden „Illustrationsphotographen", d. h. Pressefotografen.[6]

Die Kriegssituation stellte viele der Fotoagenturen, die vor 1914 weit über die Landesgrenzen hinausreichende Geschäftsverbindungen unterhalten hatten, vor neue Herausforderungen. Sie verloren mit einem Schlag große Teile ihres Auslandsgeschäfts – d. h. die Abnehmer in den „feindlichen" Staaten. Infolgedessen wurde die Konkurrenz heftiger. Dennoch gelang es einzelnen Agenten, durch geschicktes Taktieren diese Einschränkungen zu überwinden. Besonders erfolgreich agierte der französische Pressefotograf Charles Trampus, der bereits vor 1914 von Paris aus einen international vernetzten Fotovertrieb aufgebaut hatte. Er bot Fotos von weniger bereisten Fronten an, etwa vom russischen und serbischen Kriegsschauplatz. Während des Krieges unterhielt er auch ein Büro in Mailand (Milano). Er vermarktete eigene und zugekaufte Fotografien

in mehrere Länder.[7] Da Fotografen aus den alliierten Ländern kaum an die osteuropäischen Kriegsschauplätze gelangten[8], waren seine Bilder sehr gefragt. Trampus bot seine Motive mit teils zweisprachigen (englisch, französisch), teils einsprachigen (französisch) Bildtexten der englisch- und französischsprachigen Presse an. Gelegentlich kauften sogar deutsche Redaktionen bei ihm ein.[9]

Die privaten Pressefotografen, Fotoagenturen und die illustrierte Presse reagierten wesentlich schneller auf die gestiegene Nachfrage nach Kriegsbildern als der anfangs noch sehr träge Apparat der offiziellen Kriegspropaganda. Die Zeitungen druckten schon bald Fotografien aus dem unmittelbaren Frontgebiet im Westen. Aufnahmen von der Ost- und Südostfront ließen länger auf sich warten. Um diesem Mangel Abhilfe zu schaffen, ließ die deutsche Militärführung im Oktober 1914 29 zumeist Berliner Fotografen ins Heeresgebiet Ost zu.[10] Dennoch fanden die östlichen Kriegsschauplätze in der illustrierten Presse auch weiterhin einen deutlich geringeren fotografischen Niederschlag als jene im Westen.

Das k. u. k. Kriegspressequartier

Die staatliche Kriegspropaganda griff anfangs nur zögerlich auf die Fotografie zurück. Das österreichische k. u. k. Kriegspressequartier (KPQ) war bereits am 28. Juli 1914, dem Tag der Kriegserklärung gegründet worden. Aber erst zwei Wochen später, am 11. August 1914, reiste der erste Presse-Tross von Wien ab. Das Ziel hieß Dukla, eine kleine galizische Stadt in den Beskiden. Zwei Sonderzüge, vier Autos, zwei Stabskompanien und ein Stabskadron sowie ein „großer Train" brachten Ausstattung und Berichterstatter ins Hinterland des Krieges. Die Militärführung hatte Dukla ausgewählt, weil der Ort weder in unmittelbarer Frontnähe noch in der Nähe des Armeeoberkommandos lag. Auf diese Weise war es leichter, die Presse zu kontrollieren. Von Dukla aus konnten die Berichterstatter nur selten in die Nähe der Front gelangen.[11]

Der Personalstand des Kriegspressequartiers stieg nach Kriegsbeginn deutlich an. Im Vergleich zu den Journalisten, Schriftstellern, Malern und Zeichnern war die Anzahl der Fotografen gering. Mitte 1915 waren erst ein halbes Dutzend Kriegsfotografen im KPQ erfasst,[12] eineinhalb Jahre später, Anfang 1917, war die Zahl aber bereits auf das Doppelte angewachsen.[13] Nun begann man, der Fotografie größere Aufmerksamkeit zu schenken. In Österreich wie auch in Deutschland setzten sich nach 1916 die militärischen Propagandastellen allmählich gegenüber den privaten Lieferanten durch. Auch auf der Seite der Alliierten wurden militärisch kontrollierte Foto- und Bildpropagandastellen aufgebaut, die in Konkurrenz zu den privaten Bildlieferanten traten. Im April 1915 wurde in Frankreich die „Section Photographique de l'Armée française" (SPA) und die „Section Cinématographique de l'Armée" (SCA) gegründet, 1916 wurden die ersten offiziellen britischen Fotoreporter zur Front zugelassen, Anfang 1916 wurde das „Canadian War Record Office" gegründet, unmittelbar nach dem amerikanischen Kriegseintritt 1917 das staatliche „Comittee of Public Information".[14] Die Zuteilung von aktuellem Fotomaterial an die Presse wurde auf diese Weise immer stärker zentralisiert und militärisch kontrolliert. Auch das österreichische k. u. k. Kriegspressequartier (KPQ) konnte sich ebenso wie das deutsche Bild- und Filmamt (BUFA) eine Monopolstellung bei der Belieferung der Presse mit Aufnahmen aus dem Krieg sichern. Beide Institutionen legten Wert darauf, dass die Aufnahmen unter ihrem Namen in der Presse erschienen. Private Anbieter konnten daher in der zweiten Kriegshälfte immer weniger Fotos in der Presse unterbringen.

Je länger der Krieg dauerte, umso begehrter war die Aufnahme in das Kriegspressequartier. Für Fotografen bildete sie ein Karrieresprungbrett. Zusätzlich erhöhte sie die Chancen des Überlebens. Über die Aufnahme in das KPQ entschieden nicht nur Können und Erfahrung, sondern, wie der Fall des 21-jährigen Aladár Hehs jun.

zeigt, auch die Beziehungen zu einflussreichen Vertretern des Militärs. Der Sohn des Herausgebers der im ungarischen Arad verlegten illustrierten Militärzeitschrift *A Hadsereg* (Die Armee) wurde Anfang 1916 auf Betreiben seines Vaters als Kriegsfotograf ins KPQ aufgenommen. Dieser stand in bestem persönlichen Verhältnis zu Maximilian von Hoen, dem Leiter des Kriegspressequartiers. Als im Juli 1916 Klagen über das ausschweifende Leben des jungen Mannes im Hauptquartier des KPQ in Mährisch-Ostrau (Ostrava) laut wurden, wandte sich sein Vater an Hoen. „Ihre gütigste väterliche Mitteilung, dass mein Sohn mehr als dies in Anbetracht seines jugendlichen Alters zulässig wäre, in Damenkreisen sich herumtreibt, habe ich mit vielem Danke erhalten. Ich gab ihm einen strengen Verweis und hoffe, dass er sich denselben zu Herzen nehmen wird und zur Einsicht gelangt."[15]

Am 30. September 1915 bemühte sich der deutsche Kriegsfotograf Emil Meerkämper, der zuvor im Gebiet der deutschen Truppen in Galizien fotografiert hatte, um Zulassung zur italienischen Front. „Auf dem südöstlichen Kriegsschauplatze hatte ich infolge der damaligen verhältnismässigen Ruhe der Operationen fast keine Gelegenheit, das eigentliche Soldatenleben an und direkt hinter der Front möglichst bildmässig zu illustrieren. Das Hochgebirge des südlichen Kriegsschauplatzes dürfte dazu ausgiebige Gelegenheit bieten und zudem könnte ich dort meine ausserordentlich grossen Erfahrungen in der Photographie im Gebirge besser anwenden."[16] Die Antwort fiel knapp aus: „Es befinden sich bereits so viele Photographen im Gefolge der Armee, dass Ihrem Ansuchen nicht Folge gegeben werden kann."[17] Tatsächlich aber sollten deutsche Kriegsfotografen bewusst von jenen Kriegsschauplätzen, an denen die k. u. k. Truppen zusammen mit deutschen Einheiten operierten, ferngehalten werden. Vermutlich steht hinter dieser Entscheidung nicht nur die ausgeprägte Konkurrenz der beiden Mittelmächte, die sich immer wieder an der Art der öffentlichen Darstellung der jeweiligen „Kriegsleistungen" im Bild entzündete. Man wollte wohl auch der italienischen Propaganda keinen zusätzlichen Zündstoff für antideutsche Propaganda liefern. Wenige Monate zuvor, am 8. August 1915, war nämlich ein Telegramm an den Kommandanten der Tiroler k. u. k. Truppen Starhofer ergangen. Darin heißt es: „Besonderer Rücksichten halber dürfen nur verlässliche Berichterstatter oder Künstler im Bereich des Alpenkorps zugelassen werden. Diese haben sich zu verpflichten weder mündlich noch schriftlich von Anwesenheit deutscher Truppen in Tirol Erwähnung zu tun, Photographen und Zeichner dürfen Deutsche in Tirol nicht bringen."[18]

Die Anzahl der im KPQ Beschäftigten nahm im Laufe des Jahres 1915 rapide zu. Im Dezember 1915 wurden die Neuzugänge erstmals gebremst. „Die beim Kriegsministerium einlaufenden Gesuche um Einteilung beim Kriegspressequartier", heißt es in einem Brief des Kriegsministeriums vom 6. Dezember 1915, „mehren sich ganz beträchtlich, wobei die Wahrnehmung gemacht wurde, dass fast alle Bittsteller musterungspflichtig waren (…). [Es] drängt sich von selbst die Vermutung auf, dass eine solche Verwendung in vielen Fällen nur zu dem Zwecke angestrebt wird, um sich dem Frontdienste zu entziehen."[19] Ab Anfang 1917 erfolgten praktisch keine Neuaufnahmen von Kriegsfotografen, -malern und -bildhauern mehr, und einige Mitglieder des KPQ, die als Fotografen gearbeitet hatten, wurden zum Frontdienst eingezogen.

Pressefotografen im Krieg

Als sich 1915 herausstellte, dass der Krieg länger dauern würde, versuchte der Herausgeber der ungarischen Zeitung *Pesti Napló* (Pester Tagebuch), Kornél Tábori, kostengünstig Kriegsaufnahmen zu bekommen. Er warb auf eigene Faust einen Fotografen an. Der aus Budapest stammende Johann Bálint war ihm „aufs wärmste als ein verlässlicher Mann empfohlen"[20] worden. Tábori kaufte ihm einen Apparat und Filme, be-

mühte sich um eine Legitimation beim KPQ und versprach, sämtliche Spesen zu übernehmen. Bálint begann seine Arbeit als Kriegsfotograf und belieferte, wie vereinbart, die Zeitung mit Fotos vom Kriegsschauplatz. Die Komplikationen begannen, als Tábori gewahr wurde, dass der Fotograf offenbar mehrmals überhöhte Spesen berechnet hatte. Bálint habe mehr Aufnahmen gemacht, als er ablieferte, und er habe diese heimlich an verschiedene Wochenblätter verkauft. Der Herausgeber fühlte sich geprellt und wandte sich Ende Oktober 1915 an das KPQ mit der Bitte, Bálint habhaft zu werden. „Da ich nicht in der Lage bin, von ihm mit Gewalt die Legitimation abzunehmen, erachte ich es für meine Pflicht, das hochgeehrte Press[e]quartier über die Geschehnisse zu benachrichtigen (…) [um] durch die Polizei oder durch andere zweckmäßige Mittel dieselbe Legitimation von ihm zurückzuziehen."[21] Zwei Tage später wandte sich das KPQ an die Staatspolizei in Budapest und ersuchte sie, die „seinerzeit ausgestellte und unbefugt nicht abgelieferte Legitimation (…) dem Genannten abzunehmen und anher zu übermitteln".[22]

Der „Fall Bálint" wäre nicht weiter bemerkenswert, brächte er nicht einige Eigenheiten der Pressefotografie im Krieg ans Licht. Die Fotografen standen im Schatten ihres Auftraggebers, nämlich der Zeitung oder der Fotoagentur, für die sie arbeiteten. Sie waren aber vor allem der Autorität des KPQ und damit einer strengen militärischen Hierarchie unterstellt. Tonfall und rhetorische Gesten der Unterwürfigkeit lassen die Allmacht des KPQ in der Korrespondenz sehr deutlich werden. Und dieses hatte keinerlei Interesse, die Fotografen unabhängig arbeiten zu lassen. Es fällt auf, dass die Arbeit der Kriegsfotografen auffallend wenig schriftliche Spuren hinterließ. In den militärischen Akten tauchen sie nur auf, wenn sie sich für die Aufnahme ins KPQ bewarben, wenn sie eine Versetzung an einen anderen Frontbereich anstrebten oder eben wenn sich Hindernisse oder Komplikationen ergaben. Aus der spärlich erhaltenen Korrespondenz lassen sich, bei aller Lückenhaftigkeit, aber dennoch einige Hinweise zu ihrer Herkunft und ihrem Arbeitsalltag finden.

Die Fotografen des KPQ waren in der Regel erfahrene Pressefotografen. Viele von ihnen hatten bereits vor dem Krieg für illustrierte Zeitungen gearbeitet. Mit der Berufung ins Kriegspressequartier änderten sich ihre Arbeitsbedingungen. Hatten sie vorher hauptsächlich in den großen Städten und deren Umgebung fotografiert, so verlagert sich nun ihr Einsatz in unwirtlichere Gegenden. Je nach Einsatzort und Arbeitsbedingungen war die fotografische Ausbeute sehr unterschiedlich. Monatlich schickten sie zwischen fünf und 60 Aufnahmen ein. Gelegentlich waren es aber auch weit über 100 Bilder. Franz Planer, Eduard Frankl, Hugo Ritter v. Eywo, Rudolf Kaulich und Bertalan Mikovsky galten als besonders eifrige Fotografen. Fiel die fotografische Ausbeute in den Augen des KPQ gering aus, übte dieses Druck aus. „Wenn in Hinkunft nicht von jedem Einzelnen alle 14 Tage irgend ein Produkt seines Schaffens (…) einläuft, wird das Armeeoberkommando dies als Beweis der Unfähigkeit zu der beabsichtigten Verwendung ansehen und dessen Einrückung zum Landsturmdienste mit der Waffe verfügen", heißt es in einem Befehl vom 19. Juli 1915.[23]

Das KPQ verwertete neben den Bildern der offiziellen Berichterstatter auch jenes Material, das von den militärischen Stellen, von einzelnen Offizieren und Soldaten eingeschickt wurde. Dennoch stammte der Hauptanteil der in den Zeitungen gedruckten Bilder von Pressefotografen. Ihnen war es erlaubt, über den Umweg des KPQ weiterhin für ihre alten Auftraggeber und Blätter zu arbeiten.

Kriegsfotografen im Kriegspressequartier

JOHANN BÁLINT arbeitete 1915 kurze Zeit für die ungarische Zeitung *Pesti Napló* (Pester Tagblatt).[24] RUDOLF BALOGH, geb. 1879 in Budapest, besuchte die Graphische Lehr- und Versuchsan-

stalt in Wien und war seit 1903 als Pressefotograf für die ungarische Wochenzeitung *Vasárnapi Újság* (Sonntagsblatt) tätig. Er arbeitete seit Kriegsbeginn als Kriegsfotograf für das KPQ und veröffentlichte seine Bilder in ungarischen, österreichischen und deutschen Blättern. Im Herbst 1914 war er an der Ostfront tätig, Ende November 1914 druckte der Berliner *Welt Spiegel* seine Aufnahmen aus Przemysl. Im Mai 1915 fotografierte Balogh im Bereich des Korps Hofmann in Galizien, Ende März 1917 wurde er beim Honved Heeresgruppenkommando Erzherzog Joseph eingeteilt. Insgesamt nahm er während des Krieges mehr als 10.000 Fotos auf. Der Wiener Fotograf FRIEDRICH BITTNER war seit 1915 Mitglied im KPQ und arbeitete u. a. für die *Wiener Illustrierte Zeitung*. Ende Juli 1916 wurde er wegen eines „Nervenleidens" vom KPQ entlassen. GEORG BITTNER arbeitete (vermutlich) seit Anfang 1916 als Kriegsfotograf für das KPQ und war im nordöstlichen und östlichen Frontabschnitt tätig. KARL DITTERA, geboren 1887, aus Nagyszeben, Hermannstadt (Sibiu) stammend, arbeitete vor und während des Krieges für die bekannte in Budapest erscheinende Zeitung *Az Est* (Der Abend). Diese betätigte sich auch als Fotoagentur und belieferte mit Ditteras Aufnahmen weitere Zeitungen. Er kam 1915 ins KPQ und berichtete nach dem Eintritt Italiens in den Krieg (Ende Mai 1915) zunächst vom Tiroler Kriegsschauplatz. Im Herbst 1915 wechselte er nach Sarajevo, um von dort aus über den Serbienfeldzug zu berichten. 1917 wurde er der 5. Armee und dem Kommando Erzherzog Joseph zugewiesen. ALEXANDER EXAX, geboren 1896 in Mürzzuschlag (Steiermark), lebte seit 1904 in Wien und hatte vor dem Krieg eine Ausbildung in der k. u. k. Graphischen Lehr- und Versuchsanstalt absolviert.[25] Zu Kriegsbeginn hatte er neben seiner grafischen auch eine einjährige Ausbildung zum Fotografen hinter sich. Im August 1914 begann er für die Fotoagentur „Kilophot" als Kriegsfotograf zu arbeiten und wurde als jüngster Pressefotograf ins KPQ aufgenommen. Er fotografierte zunächst in Galizien (ab Herbst 1914), später auch in Serbien, Bosnien, Albanien (ab Ende 1915) und (ab Frühsommer 1916) an der Italienfront. Exax war bis März 1917 Mitglied des KPQ. Vom 1. Juni bis 31. August 1917 besuchte er in Windisch-Feistritz (Slovenska Bistrica) und in Mürzzuschlag die Offiziersschule, danach war er bis Kriegsende Offizier im Infanterieregiment Nr. 27 und als Kriegsmaler im Stab des Infanterieregiments Nr. 59. Sein letzter Kriegseinsatz war an der italienischen Front auf der Hochebene von Doberdó. Nach Kriegsende blieb er zunächst Angestellter der grafischen Abteilung der Kunstanstalt „Kilophot". Das Unternehmen kehrte nach 1918 zu seinen Schwerpunkten der Vorkriegszeit zurück. Die Landschaftsfotografie trat wieder an die Stelle der Kriegsaufnahmen. Exax arbeitete nun als Reise- und Porträtfotograf. 1921 verließ er „Kilophot" und arbeitete zunächst zwei Jahre lang in Griechenland (Korfu) als Entwurfsgrafiker in der Staatlichen Großdruckerei „Aspiotis Frères", dann, ab März 1923, im Verlag „Postkartenindustrie A. G." in Wien. 1924 hielt er sich in Rom auf. 1925 kehrte er nach Wien zurück, wo er mit seinem Jugendfreund Oskar Spitzer ein Werbeatelier gründete (Atelier Exax-Spitzer). Im Mittelpunkt seiner Arbeit stand nun die Werbegrafik. Als erfahrener Fotograf spezialisierte er sich auf fotografische Anwendungen in der Werbung. Er galt als Spezialist für die Fotomontage, lieferte Fotovorlagen (etwa für die Motive von Luigi Kasimir), gestaltete Plakate, Prospekte, Briefmarken, Flugzettel und Bucheinbände. Alexander Exax übersiedelte 1945 nach Kärnten, wo er weiterhin als Gebrauchsgrafiker arbeitete. Er starb 1994. HUGO RITTER VON EYWO, geb. 1877 in Wien, kam als Inhaber der Fotoagentur „Wiener Photo-Zentrale" zu Kriegsbeginn ins KPQ. Vor dem Krieg hatte er auch als Leiter der Wiener Niederlassung des französischen Filmunternehmens der „Fa. Pathé frères" gearbeitet und war daher gut mit der Filmtechnik vertraut. Seit 1. August 1914 war er als „Kino-Operateur" und „Photograph" an mehreren Kriegsschauplät-

zen im Einsatz, 1915 machte er an der Tiroler Front Filmaufnahmen, im Herbst 1916 filmte er während des Rumänienfeldzugs. Am 5. Juli 1917 wurde er „für tapferes Verhalten vor dem Feinde" ausgezeichnet, er erhielt das „Goldene Verdienstkreuz am Bande der Tapferkeitsmedaille mit den Schwertern". „Am 22. November 1916", heißt es in der Begründung, „ging er mit seinen zwei Begleitmännern nach Sósmezö (Poiana Sarata) und machte Aufnahmen aus der Schwarmlinie, dann ging er im Dorfe weit vor die eigene Stellung, wo er, trotzdem die eigenen und feindlichen Patrouillen ein reges Gewehrfeuer unterhielten, Aufnahmen machte."[26] Anfang 1917 war er als Fotograf in Albanien unterwegs. Am 21. März 1917 wurde er für „frontdiensttauglich" erklärt und kam zum Ersatz Bataillon des Infanterieregiments 4. Er arbeitete aber weiterhin als Kameramann und Fotograf, im Juli 1917. HEINRICH FINDEIS war seit 1915 Mitglied des KPQ. Zunächst arbeitete er als Fotograf und als „Film-Operateur", d. h. als Kameramann, im Bereich der 10. Armee, die ihr Hauptquartier in Villach hatte und von Generaloberst Rohr kommandiert wurde. Anfang 1916 wechselte er zur 7. Armee. Im Frühsommer 1916 war er mit der 1. Armee in Galizien unterwegs, Anfang Mai drehte er dort die Aufnahmen für den Film „Werdegang eines Geschosses" und für einen weiteren Film Szenen des Schützengrabenlebens der Wiener Truppen. EDUARD FRANKL hatte vor dem Krieg ein gut gehendes Unternehmen für Pressefotografie in Berlin-Friedenau betrieben. Auf seinem Briefpapier verwies er selbstbewusst auf seine internationalen Reputation: „Presse-Photograph. Mitglied des Verbandes für Presse-Illustration, Mitarbeiter der in- und ausländischen illustrierten Presse. Korrespondenten an allen größeren Plätzen des Kontinents". Zu Beginn des Krieges hatte er an der Westfront, u. a. in Holland fotografiert. Ende November 1914 bewarb er sich um Aufnahme ins KPQ, spätestens im März 1915 erhielt er die Fotografiererlaubnis. Er wollte unter anderem für die *Wiener Illustrierte Zeitung* Bilder liefern.

8

9

Frankl arbeitete zunächst im Bereich des 5. Armeekommandos, Ende Juli 1915 ging er zum Korps Hofmann nach Galizien und im Herbst 1915 berichtete er aus Serbien, später auch von der italienischen Front. Frankl nahm sich, wohl infolge seiner prominenten Vorkriegskontakte und seines ausgezeichneten Verhältnisses zum Leiter des KPQ, Oberst Hoen, einige Sonderrechte heraus. Er lieferte zwar seine Aufnahmen pflichtgemäß ab, verkaufte aber Kopien davon zugleich direkt an österreichische und internationale Blätter.[27] Da seine Aufnahmen gefragt waren – u. a. lieferte er immer wieder Bilder für Buchpublikationen –, erscheint sein Name öfter als der anderer Fotografen. Sein Selbstbewusstsein stieß jedoch in der Militärbürokratie auf Kritik. Als Frankl Ende Juli 1915 nach Galizien wechselte, verständigte das KPQ den zuständigen Kommandanten Hofmann über die „Pflichten" des Kriegsfotografen. Das Kommando „wolle ihm Gelegenheit zu Aufnahmen, die zur Propaganda unserer Armee geeignet sind, geben; im übrigen wäre ihm stets vor Augen zu führen, dass er nicht freiwilliger Photograph, sondern wehrpflichtig ist und sich allen Anweisungen vor Ort fügen muß".[28] Wenige Tage später schickte das KPQ erneut eine Ermahnung: „Der Vorgang des Photographen Frankl, die für das Kriegsarchiv bestimmten Platten selbst zu verwerten, ist vollständig unrichtig und widerspricht dem Sinne der Instruktionen für die Kriegsphotographen. Frankl wolle angewiesen werden, die für das Kriegsarchiv bestimmten Negative ausschließlich diesem zu schicken."[29] Der aus Temesvar (Timişoara) stammende ALADÁR HEHS trat nach Intervention seines Vaters Anfang 1916 in das KPQ ein und wurde dort bis Anfang April 1917 als Fotograf geführt. Der ungarische Pressefotograf JULIUS VON JELFY fotografierte für den Budapester Photo-Riport (Photo-Report) und war v. a. an der Ostfront tätig. Im Herbst 1916 wurde er, zusammen mit den beiden Fotografen Bertalan Mikovsky und Karl Dittera, nach Rumänien geschickt, um den siegreichen Vormarsch der k. u. k. Tup-

pen fotografisch zu dokumentieren. Auch RUDOLF (REZSÖ) KAULICH, geb. 1889, war ungarischer Herkunft. Er war seit 1915 im KPQ und fotografierte überwiegend an der russischen Front. Er hatte zunächst mit dem Illustrierten Blatt Tolnai Világlapja (Tolnais Weltblatt) Kontakt aufgenommen, später arbeitete er als Fotograf für die Budapester Zeitung Ország Világ (Land und Welt). BERTALAN MIKOVSKY, geb. 1887, war seit Anfang Juni 1916 im KPQ und fotografierte an der Ostfront und in Rumänien. Vermutlich im Herbst 1916 wurde er „infolge Verwundung superarbitriert und in Ruhestand versetzt". JOSEF PERSCHEID arbeitete vor dem Krieg bei der „Berliner Illustrations-Gesellschaft", zunächst in Berlin, dann in Paris, London und Wien, hier machte er sich selbstständig und wurde Inhaber der Firma „Welt-Preß-Photo – Perscheid". Er fotografierte bereits in den ersten Kriegstagen in Wien. Am 2. August veröffentlichte der Berliner *Welt Spiegel* eine Aufnahme von Perscheid. Sie zeigt die „Verladung von Truppen und Kriegsmaterial vor dem Arsenal in Wien". Später war der Fotograf an der österreichisch-russischen Nordostfront zu Russland (u. a. in Wolhynien), aber auch am Balkan als Fotograf tätig, seine Aufnahmen bot er v. a. der in Wien erscheinenden illustrierten Zeitung *Das interessante Blatt* an, er belieferte aber auch deutsche Zeitschriften wie den *Welt Spiegel* und Verlage wie den Münchner Bruckmann Verlag, der einen mehrbändigen Großen Bilderatlas des Weltkrieges herausgab. FRANZ PLANER, geb. 1886, „heimatzuständig" in Datschitz (Dačice), Wölking, (Mähren), lebte vor dem Krieg in Wien und arbeitete als Redakteur bei der *Oesterreichischen Illustrierten Zeitung*. Anfang September 1915 wurde er zum Kriegsdienst eingezogen, seit November 1915 war er als Kriegsfotograf im KPQ und arbeitete von hier aus weiterhin für die illustrierte Presse.[30] Er fotografierte in Galizien und im Sommer 1916 an der Isonzofront. Die Aufnahmen, die er von dort einschickte, erschienen nicht nur in *Oesterreichs Illustrierter Zeitung*, sondern auch in anderen Blättern, u. a. in *Das interessante Blatt*. Ende März 1917 wurde er als „frontdiensttauglich" erklärt und schied damit aus dem KPQ aus. Der Wiener BRUNO REIFFENSTEIN, geb. 1869, besuchte die Graphische Lehr- und Versuchsanstalt für Photographie und Reproductionsverfahren in Wien. Er arbeitete v. a. als Architektur- und Landschaftsfotograf und gründete nach der Jahrhundertwende einen Architekturverlag. Reiffenstein war seit Juni 1916 Mitglied im KPQ. EMERICH RÉVÉSZ, geb. 1888, aus Budapest stammend, war seit Mitte Februar 1916 Mitglied im KPQ und arbeitete als Fotograf für die in Budapest erscheinende Zeitung *Érdekes Újság* (Das interessante Blatt). NIKOLAUS SCHINDLER, geb. 1873, war vor dem Krieg als Amateurfotograf tätig, versuchte sich als Kunstfotograf und machte v. a. Genreaufnahmen. Schindler war,

ohne jemals an der Front gewesen zu sein, seit Juni 1916 im KPQ, seit 1917 war er Leiter der Lichtbildstelle im KPQ. CARL (auch KARL) SEEBALD, geb. 1878, stammte aus Schlesien und arbeitete seit 1905 als Pressefotograf in Wien. Er war Inhaber der „Illustrationsunternehmung Carl Seebald". Die Firma hatte ihre Zentrale in Wien und betrieb eine Filiale in Budapest. Seebald war seit Sommer 1914 Mitglied des KPQ und – nach einer mehrmonatigen Pause – wieder ab 1915. Er fotografierte u. a. in Serbien und Russland.

Die Jagd nach exklusiven Bildern

Immer dann, wenn sich auf den Kriegsschauplätzen militärische Erfolge abzeichneten, stieg die Nachfrage nach Kriegsfotos deutlich an. Die Konkurrenz um die „besten" Bilder nahm zu. Nicht nur die illustrierten Blätter standen miteinander in erbittertem Wettbewerb, auch die Fotografen selbst versuchten, einander zuvorzukommen. Am 21. Oktober 1915 wandte sich die Wiener Firma „Kilophot", die als „Illustrationsverlag" die Presse mit Fotomaterial belieferte, an das k. u. k. Kriegspressequartier. „Da sich die Art des Krieges und der Ort nicht ändern, in welchem unser Photograph tätig ist und [da er] somit in Kürze in dem Bereich des Armee-Kommandos, dem er zugeteilt ist, erschöpfend gearbeitet haben wird", bat sie, ihren Fotografen Alexander Exax an die serbische Front zu beordern.[31] Die Antwort fiel zustimmend aus. Exax war in einer Einschätzung des Kriegspressequartiers zwei Monate zuvor als „bewährt und fleißig"[32] beschrieben worden, „Kilophot" unterhielt zudem beste Kontakte zum Armeeoberkommando.

Den Zeitpunkt des Ortswechsels hatte das Unternehmen geschickt gewählt. Wohl durch einen Hinweis aus der Armeeführung war „Kilophot" bekannt geworden, dass am 22. Oktober 1915 die große Serbien-Offensive beginnen sollte. An diesem Tag überschritten österreichisch-ungarische Verbände die Drina, einen Monat später, am

10

25. November, war Serbien endgültig erobert. Möglicherweise hatte „Kilophot" auch in Erfahrung gebracht, dass ein Konkurrenzbetrieb, die Wiener Fotoagentur „Welt-Preß-Photo", ebenfalls vorhatte, möglichst frühzeitig über die Serbienoffensive zu berichten. Josef Perscheid, der Inhaber dieses Unternehmens und ebenfalls Mitglied des Kriegspressequartiers, war bereits Ende Oktober 1915 an den Kriegsschauplatz am Balkan gereist.[33] Er belieferte u.a. die illustrierte Wochenzeitung *Das interessante Blatt*. Am 4. November erschien dort eines seiner ersten (namentlich gekennzeichneten) Fotos, eine Aufnahme der gesprengten Savebrücke bei Belgrad (ABB. 8).[34] Es ist ein dichtes, symbolisches Bild. Der erfolgreiche Eroberungszug in Serbien begann an der Save, dort, wo die serbische Armee bisher am erbittertsten Widerstand geleistet hatte und wo die k.u.k. Truppen mehrere schwere Niederlagen erlebt hatten. Als Perscheid am Grenzfluss ankam, hielt er die Zerstörungen „der Serben" fest. Zugleich aber dokumentierte er auch den Brückenschlag auf serbisches Territorium. Auch eine Bildpostkarte aus dem Verlag „Photobrom" greift auf Perscheids Sujet zurück (ABB. 9). Sie trägt den Titel: „Österr.-ung. Pioniere mit dem Wiederaufbau der gesprengten Savebrücke beschäftigt".

Weitere Aufnahmen folgten. Am 18. November 1915 druckte *Das interessante Blatt* ein Foto Perscheids (ABB. 10), das einen serbischen Flüchtlingszug mit Ochsen und Planwagen zeigt, der von einer Frau angeführt wird. Der Bildtext spricht von „[g]eflüchtete[n] serbische[n] Landleute[n] bei der Heimkehr in ihre Wohnstätten". Während die serbische und alliierte Presse ähnliche Motive als Aufbruch des serbischen „Volkes" in die Freiheit interpretierte, sind die Zivilisten mit ihren Planwagen in der österreichischen Diktion „Befreite", die in ihre Dörfer zurückkehren.[35]

Der Kriegsschauplatz in Serbien war im Spätherbst 1915 eines der herausragenden Themen in der internationalen Presse. Nach schweren Rückschlägen im Herbst und Winter 1914 wurde nun durch das Zusammengehen der deutschen und österreichischen Truppen eine rasche Offensive erwartet. Die Zeitungen erhofften sich neue, spektakuläre Bilder aus einem schnell „voranschreitenden" Krieg. Den Lesern sollten die lange herbeigesehnten Siegesbilder geliefert werden.

Als nach zwei Wochen feststand, dass die serbischen Truppen unterliegen würden, wurde der Andrang der Fotografen und Filmfirmen immer stärker. Neben österreichisch-ungarischen und deutschen „Film-Exposituren" bemühten sich auch ausländische Kameraleute um Drehgenehmigungen. Unter ihnen war der von Berlin aus agierende amerikanische „Kino-Operateur" Albert K. Dawson, der im Sommer 1915 bereits in

ABB. 10 Josef Perscheid: „Geflüchtete serbische Landleute bei der Heimkehr in ihre Wohnstätten" (aus: *Das interessante Blatt*, 18. November 1915, S. 2).

11

ABB. 11 Kilophot (vermutlich Alexander Exax): Zerstörte Kirche in Šabac, Ende 1915 (aus: *Großer Bilderatlas des Weltkrieges*, Erster Band, München 1919, S. 351).

Armeeoberkommandos Zutritt auf serbischen Kriegsschauplatz zu verschaffen gewusst" habe.[38] Am 3. November 1915 wurde sein gesamtes Filmmaterial beschlagnahmt und beim Polizeipräsidenten in Belgrad deponiert. Dawson selbst wurde zunächst ins Hinterland, dann nach Deutschland abgeschoben.[39]

Am 10. November erhielt Alexander Exax den Auftrag „über Belgrad zu[m] Armeekommando Kövess ab[zu]reisen".[40] Bald lieferte auch er Bild-Reportagen vom neuen Kriegsschauplatz: Aufnahmen von den Donaukriegsschiffen und deren Besatzung sowie vom Vormarsch der Truppen durch serbisches Territorium.[41] Er fotografierte serbische Zivilisten auf der Flucht und Kriegszerstörungen, etwa die zerstörte Kirche in Šabac (ABB. 11), und lieferte seiner Firma „Kilophot" in Wien zahlreiche weitere Bilder.

Besonders hartnäckig war Max Löhrich, der Inhaber des „Leipziger Presse-Büros".[42] Er hatte sich schon im ersten Kriegsjahr mit Gesuchen um Fotografiergenehmigungen an das Wiener KPQ gewandt. Obwohl er im Mai 1915 betont hatte, dass er „mit sämtlichen namhaften deutschen und österreichischen Zeitschriften in Verbindung"[43] stehe, lehnte das KPQ sein Ansuchen „wegen Überfüllung" ab.[44] Mitte Juni wandte sich Löhrich neuerlich an das KPQ und wies darauf hin, dass er selbst, „amtlicher Kriegsphotograph des deutschen Generalstabes [sei], zur Zeit aber zurückberufen wurde, weil nunmehr auch andere Firmen in Frankreich zugelassen werden sollen".[45] Um seinem Ansuchen Nachdruck zu verleihen, kündigte er an, sämtliche Aufnahmen, die er bisher an anderen Kriegsschauplätzen gemacht hatte, dem KPQ kostenlos zur Verfügung zu stellen. „Die übersandten 384 Bilder behandeln (…) nur die ersten Kriegsmonate, da es mir unmöglich war, mein gesamtes Material, das weit über 1.500 Aufnahmen austrägt, auf einmal einzusenden. Allerdings sind gerade diese ersten Aufnahmen, da bekanntlich am Anfang das Arbeiten schwierig und man auch noch nicht so eingeübt war, nicht so hervorragend, wie die spä-

Galizien gefilmt hatte und nun bei der Eroberung Serbiens dabei sein wollte. Er wandte sich zunächst an das österreichische Kriegspressequartier, von dem er eine abschlägige Antwort erhielt.[36] Daraufhin versuchte er es über das für die Kriegsfilmpropaganda zuständige Kriegsarchiv in Wien. Dieses erteilte ihm am 25. Oktober 1915 die Erlaubnis, bis zum 1. Dezember Filmaufnahmen in Serbien zu machen.[37] Schon wenige Tage nach seiner Ankunft erfuhr das KPQ von Dawsons Filmvorhaben und unternahm alles, um die Aufnahmen zu verhindern. Seine Anwesenheit am serbischen Kriegsschauplatz sei, so heißt es, „ungehörig", da er sich „unter Umgehung des

teren, die ich dem Pressequartier in nächster Zeit vorlegen werde und die durchwegs in Grösse 18:24 gehalten sind."[46] Die Bemühungen der Leipziger Agentur waren vergeblich. Löhrich erhielt wiederum eine Absage.[47]

Im Serbienfeldzug kämpften auch deutsche Truppen an der Seite der k. u. k. Armee auf dem Balkan. Am 3. November 1915 wandte sich Löhrich daher neuerlich an das Kriegspressequartier, um die Zulassung eines „sprachenkundigen Herrn" als Kriegsfotograf auf dem Balkan zu erwirken. Es liege „ja im Interesse der Militärbehörde (...), recht zahlreiche Aufnahmen aus Serbien veröffentlichen zu lassen".[48] Das KPQ teilte dem Pressedienst des k. u. k. Kriegsministeriums lapidar mit: „Auf dem serbischen Kriegsschauplatz sind bei unseren Truppen bereits 4 Photographen tätig. Es würde sich empfehlen Löhrich anzuweisen, sich an das deutsche Kommando Gallwitz zu wenden, wo mehr Gelegenheit zur Betätigung ist."[49] Zwei Wochen später war der Eroberungszug auf dem Balkan abgeschlossen. Die Unternehmen „Kilophot" und „Welt-Preß-Photo" hatten sich die Exklusivrechte für die Berichterstattung aus Serbien gesichert, der deutsche Konkurrent ging leer aus.

Das Geschäft mit dem Krieg

Die Episode „Kilophot", „Welt-Preß-Photo", „Leipziger Presse-Büro", Dawson vom Herbst 1915 wirft ein bezeichnendes Licht auf das komplexe Gefüge von Abhängigkeiten und Begünstigungen, von Druck und Einflussnahmen, die die Bildberichterstattung im Krieg bestimmten. Die Zeitungen und Agenturen agierten in einer kontinuierlichen Gratwanderung zwischen der Verfolgung ihrer kommerziellen Interessen und der patriotischen Andienung ans Militär. Die Jagd nach möglichst exklusiven und sensationellen Bildern wurde gebremst durch die militärische Einflussnahme, eine Politik der Geheimhaltung und eine umfassende Kontrolle der Berichterstattung. Einige Firmen profitierten von dieser Situa-

12

13

tion, andere gerieten mehr und mehr ins Hintertreffen. Auf diese Weise kam es während des Krieges zu einer folgenreichen Neupositionierung des Bildermarktes, die auch für die Entwicklung der Pressefotografie nach dem Ende des Krieges bedeutsam bleiben sollte.

Das Wiener Unternehmen „Kilophot" etwa profitierte vom Krieg.[50] Es konnte durch geschicktes Manövrieren am Markt, v. a. aber durch seine guten Kontakte zur Armeeführung dem Druck der Monopolisierung der Pressefotografie durch das Kriegspressequartier halbwegs standhalten. Eingaben und Wünsche an das Kriegspressequartier wurden in der Regel wohlwollend behandelt. „Kilophot" stieg während des Krieges

ABB. 12 Kilophot (vermutlich Alexander Exax): „Österreichischer 30,5 cm-Mörser beim Abschuß", aufgenommen vermutlich in Galizien (aus: *Großer Bilderatlas des Weltkrieges*, Erster Band, München 1915, S. 291).

ABB. 13 Kilophot (vermutlich Alexander Exax): „Soldaten beim Löschen eines Brandes", aufgenommen vermutlich in der Bukowina (aus: *Großer Bilderatlas des Weltkrieges*, Erster Band, München 1915, S. 339.

ABB. 14 Kilophot (vermutlich Alexander Exax): „Herstellung einer von den Russen verbrannten Brücke über die Wisloka", Galizien (aus: *Großer Bilderatlas des Weltkrieges*, Zweiter Band, München 1916, S. 87).

14

zur wichtigsten österreichischen Fotoagentur für aktuelle Kriegsbilder auf. „Kilophot"-Bilder, die in der Presse veröffentlicht wurden, wurden selbstbewusst als solche gekennzeichnet. Es war dies ein Privileg, das nicht viele private Anbieter genossen. Mehrmals intervenierte „Kilophot" beim Kriegspressequartier, um die Verlegung ihres Fotografen Alexander Exax an andere vielversprechendere Kriegsschauplätze zu erreichen. Die Agentur kaufte laufend Kriegsfotografien zu, etwa von Soldaten und Offizieren, die auf Heimaturlaub waren. Es gelang ihr, sich auch in Deutschland und am internationalen Markt zu etablieren. Neben den illustrierten Zeitungen arbeitete sie mit wichtigen Verlagen in Deutschland und in den neutralen Ländern zusammen.[51] Eine weitere Geldquelle erschloss sich dem Unternehmen Anfang 1915, als es ihm gelang, auch den Zentralvertrieb der offiziellen Postkarten des „Roten Kreuzes" zu übernehmen. Dadurch avancierte „Kilophot" zum führenden Anbieter von Kriegspostkarten. Das Unternehmen produzierte und vertrieb auch Fotobildpostkarten und Fotopapiere. Des Weiteren wurden Vergrößerungen und Reproduktionen aller Art angeboten. Bereits im September 1914 reagierte die Firma auf den gestiegenen Fotobedarf und bewarb ein neues, eigenes Entwicklungspapier, das „,Kilophot'-Papier".[52] Ab Frühjahr 1916 pries sie ihre eigenen

Postkarten, die „,Kilophot'-Natur-Aufnahmen vom Kriegsschauplatz" an: „Vierfarbendruck! Aufsehen erregend" heißt es in den Werbeanzeigen. Und diese Neuheit sei unübertroffen im Preis: „Per Stück 12 Heller. Für Händler: 50 Karten K 4; 100 K 6; Mehrabnahme hoher Rabatt."[53]

Der Fotograf steht im Schatten

„Kilophot" setzte neue Maßstäbe in der Bildästhetik. Das Markenzeichen war die ausgezeichnete Bildqualität und das häufig verwendete starke Breitformat, das den Aufnahmen gelegentlich einen panoramatischen Effekt verleiht. Ein Gutteil dieser Fotografien stammt von einem einzigen Fotografen: Alexander Exax. Er war als 18-Jähriger in das KPQ eingetreten und arbeitete im Auftrag von „Kilophot" an unterschiedlichen Kriegsschauplätzen. Seine Agentur verschaffte ihm zwar eine enorme Öffentlichkeit, aber sein Name trat hinter jenen des Auftraggebers zurück. Diese Praxis war während des Ersten Weltkrieges durchaus üblich. Nur einigen wenigen Fotografen – meist waren sie Inhaber einer Agentur oder eines bekannteren Ateliers – gelang es, ihren Namen in den Bildtexten zu platzieren. Jene Fotografen, die lediglich als Angestellte für ein Unternehmen arbeiteten – dazu gehörte auch Exax – blieben anonym.

Alexander Exax fotografierte sowohl mit der großformatigen, schweren Plattenkamera als auch mit einer leichteren und handlicheren Kamera für Rollfilm. Viele seiner „Kilophot"-Aufnahmen unterscheiden sich nicht nur im Format von herkömmlichen Kriegsfotografien, auch in der Bilderzählung gingen sie selbstbewusst eigene, neue Wege. Stärker als andere Aufnahmen inszenieren die „Kilophot"-Fotografien den Krieg als visuelles Drama. Vor allem jene Aufnahmen, die mit einiger Sicherheit Alexander Exax zuzuschreiben sind,[54] sind genau komponiert, sie entfalten eine sich meist horizontal entwickelnde Szene (ABB. 12, 13). Der Fotograf tritt nahe an die Protagonisten heran und arbeitet dennoch geschickt mit der Bildtiefe. Durch sorgfältig gewählte Kamerastandpunkte und ungewohnte Perspektiven entstehen beeindruckende Panoramen, die den Krieg in ein neues Licht tauchen (ABB. 14).

Auch bei den Bildpostkarten behielt „Kilophot" diese Ästhetik bei. Die Karten, die auf fotografischen Vorlagen Exaxs beruhen, verdichten das Drama eines bestimmten Augenblicks. Eine dieser Karten – 1916 gedruckt und von einem Soldaten am 27. Juli 1916 vom Bahnhofspostamt in Iwangorod abgeschickt – fasst den Krieg in eine knappe, bildlich erzählte Szene (ABB. 15). Auf einer Dorfstraße steht links im Vordergrund ein österreichisch-ungarischer Offizier, hinter ihm ein weiterer. Ihm gegenüber erkennen wir drei russische Soldaten. Ein Zivilist schaut zu. Im Hintergrund stehen einige Pferde und vor einem strohgedeckten Haus ist eine Familie zu erkennen. Die Begegnung der Offiziere mit den russischen Soldaten trägt den bedeutungsschweren Titel „Verhör russ. Gefangener in Iwangorod".

Die Bildbeschriftung gibt die Lesart des Bildes vor: Die Truppen der Mittelmächte, so die Karte, sind im Osten siegreich unterwegs. Ihr Triumph zeigt sich in der Gefangennahme gegnerischer Soldaten, die vor den Augen der Kamera einem „Verhör" unterzogen werden.

Verhör russ. Gefangener in Iwangorod.

15

ABB. 15 Fotopostkarte der Firma Kilophot: „Verhör russ. Gefangener in Iwangorod", abgeschickt am 27. Juli 1916 [Privatbesitz].

Der Medienkrieg   Die Organisation der Bildpropaganda

24. Februar 1917, 9 Uhr morgens. In den Räumen des Kriegsministeriums in Wien findet eine wichtige und mit hochrangigen Militärs besetzte Sitzung statt. Die Bildpropaganda, so die übereinstimmende Meinung der versammelten Offiziere, liege im Argen. Leutnant Lustig-Prean legt die Missstände in einem ausführlichen Vortrag dar. Die französische Zeitschrift *Illustration*, so führt er aus, brachte „gelegentlich des x ten Haager Friedenskongresses (…) Bilder aller Delegierten; nur die des Herrn von Merey und des Hofrates Lammasch [die österreichischen Delegierten; A. H.] fehlten. Es ist schwer, im Kriege zu ernten, was man im Frieden zu säen unterlassen hat. (…) Unsere Propagandatätigkeit steckt eben noch in den Kinderschuhen und leidet daher auch an den Kinderkrankheiten, die so rasch und so gründlich als möglich bekämpft werden müssen."[1] Der Vertreter des Pressebüros des Kriegsministeriums, Hauptmann Neumann, schließt sich der Kritik an. Das Schwierigste, argumentiert er, sei die Beschaffung von Bildmaterial. „Die wochenlangen Bemühungen durch zahlreiche Rundschreiben an Kommanden und Truppenkörper, eigens veranlaßte Erlässe im Zusammenarbeiten mit dem Kriegspressequartier und dem Kriegsarchiv Material zu erhalten, hatte nicht den erwarteten Erfolg. So blieb denn nichts anderes übrig, als in den Wiener Spitälern bei verwundeten Offizieren Bilder zu suchen, private Agitation zu betreiben und Verbindungen auszunützen und durch Inserate und Aufrufe in den verschiednen Blättern zu wirken und schließlich eigene photographische Expeditionen zu entsenden, um grosse Phasen und Erfolge des Krieges festzuhalten."[2] Das Protokoll der Sitzung vermerkt zusammenfassend: „Die erschienenen Herren der beteiligten Ressorts pflichteten den (…) bekannt gewordenen Män-

geln unseres diesbezüglichen Propagandadienstes völlig bei und wussten dieselben auch noch durch einige zum Teil sehr drastische Beispiele zu illustrieren."[3]

Ausbau der Bildpropaganda

Bereits gegen Ende 1916 mehrten sich im Armeeoberkommando Stimmen, die mit der Arbeit des KPQ unter der Führung von Maximilian von Hoen unzufrieden waren. Ihr Wortführer war Wilhelm Eisner-Bubna. Er war zunächst an der Isonzofront stationiert gewesen und war erst 1916 ins KPQ berufen worden.[4] Im Visier hatte Eisner-Bubna vor allem die Bildpropaganda. Am 15. Februar 1917 wandte er sich in scharfer Form direkt an die Kunstgruppe: „Es ist eine überaus bedauerliche Tatsache, dass unsere Kriegsphotographie weit hinter jener der Alliierten, vor allem der Engländer und Franzosen zurücksteht. Diese Inferiorität kommt nicht nur in der Wahl der Aufnahmen, welche die Kriegsphotographen im Felde machen, zum Ausdruck, sondern auch in der Zahl der zur Benützung durch die Propaganda einlangenden Aufnahmen."[5] Das Grundübel, so führte er aus, sei, dass „dieser Zweig unserer Propaganda, ebenso wie unsere ganze Propaganda überhaupt, völlig dezentralisiert ist (…)".[6] Weiterhin kritisierte er, „dass die oft vorzüglichen und meist hoch interessanten Bilder unserer so zahlreichen Amateurphotographen an der Front für die Verwertung im Interesse der Propaganda kaum in Betracht kommen, da sie trotz der wiederholten Aufforderungen in viel geringerer Zahl eingesandt werden, was überaus bedauerlich ist".[7]

Eisner-Bubna schloss mit den Worten: „Jedenfalls erscheint es im höchsten Grade wünschens-

16

ABB. 16 Blick auf die
montenegrinischen Berge
vom Flugzeug aus, ver-
mutlich Februar 1916;
20. Korpskommando
[K 18180].

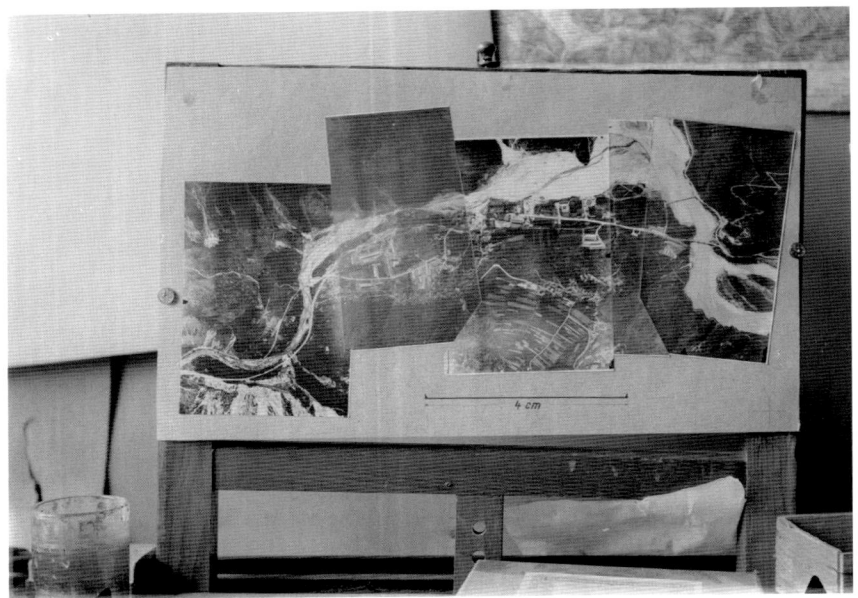

17

ABB. 17 Luftaufnahmen der österreichisch-italienischen Isonzofront (im Bild sind militärische Stellungen entlang des Isonzoflusses zu erkennen), vermutlich Ende Juni 1917 in Soča; 10. Armeekommando [K 11356].

wert, den geschilderten Uebelständen raschestens abzuhelfen."[8]

Zehn Tage später, am 24. Februar 1917, fand die entscheidende Sitzung im Kriegsministerium statt. Die Tage Hoens waren gezählt. Auf Anordnung Kaiser Karls übernahm Eisner-Bubna am 15. März 1917 die Leitung des KPQ, Hoen wurde ins Kriegsarchiv versetzt.[9] Eisner-Bubna begann sogleich, die Propagandastelle systematisch auszubauen. Als er die Leitung übernahm, hatte das KPQ 292 Bedienstete. Bis Kriegsende stieg der Personalstand auf 880 Personen.[10] Besonderes Augenmerk legte er auf die Bildpropaganda. Er veranlasste, dass für die Fotografen des KPQ eine eigene Abteilung eingerichtet werde, die sog. „Lichtbild- bzw. Photostelle". In ihr sollten in Zukunft alle für die Propaganda verwendeten Fotografien in Auftrag gegeben, gesammelt und verwertet werden. Am 1. Juni 1917 wurde auch die Kriegsfilmpropaganda dem Kriegsarchiv entzogen und dem KPQ angeschlossen. Damit war der gesamte Bereich der Bildpropaganda in einer Zentralstelle zusammengefasst. Die Film- und Fotopropaganda gewann gegenüber den herkömmlichen Medien deutlich an Gewicht. Anfang November 1916 waren sieben offizielle Kriegsfotografen im Auftrag des KPQ unterwegs, bis März 1917 stieg die Anzahl auf elf.[11]

Eisner-Bubna erkannte die logistischen Vorteile einer einheitlichen, zentral gelenkten Propaganda-Organisation, die schnell reagieren konnte und leicht kontrollierbar war. Der Zugriff des KPQ auf die gesamte Medienlandschaft sollte

dafür sorgen, dass praktisch keine unautorisierten Texte und Bilder mehr an die Öffentlichkeit gelangen konnten. Nicht mehr die Einschränkung der Berichterstattung, sondern ihre Intensivierung bei gleichzeitiger zentraler Zensur und Kontrolle war das Ziel der Reform. Für die Film- und Zeitungslandschaft hatte diese Neuorganisation der Propaganda weitreichende Folgen. Die illustrierte Presse wurde immer mehr über den staatlich-militärischen Propagandadienst und immer weniger über private Fotoagenturen beliefert. Die Filmfirmen verloren an Eigenständigkeit und gerieten in die direkte Abhängigkeit des KPQ. Das Ergebnis war eine umfassende „Bereinigung" der Medienlandschaft. Jene Unternehmen, die gute Beziehungen zum Militär unterhielten, expandierten, die anderen verloren an Terrain oder verschwanden ganz.

Die Aufgaben der Fotografen

Zu Beginn des Kriegs dienten fotografische Bilder vor allem militärischen Zwecken im engeren Sinne: Die fotografische Luftaufklärung aus dem Ballon, die sich seit etwa 1900 durchzusetzen begann, wurde während des Krieges immer wichtiger. Nach und nach wurde sie durch die Aufklärungsfotografie vom Flugzeug aus ergänzt (ABB. 16, 17).[12] Für Aufklärungszwecke, zur Unterstützung der Artillerie und vor allem für die Geländevermessung wurden auch zahlreiche Bodenaufnahmen benötigt. Diese Aufklärungsbilder mussten von Spezialisten hergestellt, gelesen und interpretiert werden. Sie gaben ihren Sinn oft erst am Auswertungstisch frei (ABB. 18).

Im Unterschied zu den Pressefotografen, die für ein breites Publikum arbeiteten, waren die Militärfotografen – zumindest jene, die Aufklärungs- und Vermessungsbilder herstellten – Spezialisten. Man rekrutierte sie zunächst aus dem k. u. k. Militärgeographischen Institut (ABB. 19). Im Juni 1915 ordnete das Armeeoberkommando an, dass jedem Armeekommando „sukzessive ein wehrpflichtiger Photograph oder Illustrator zugeteilt" werde.[13] Dieser sollte selber einen Apparat bereitstellen, die Versorgung mit Glasplatten und Filmen sollte über das Kriegsarchiv erfolgen. Er sollte die Bilder „alle zwei Wochen" an das k. u. k. Kriegsarchiv einsenden, „wo die Entwicklung der Films durch den dort bereits eingeteilten Fachreferenten und die Zensur, bzw. Richtigstellung der Titel erfolgt. Das genehmigte Material wird dem Pressbureau des Kriegsministeriums [Kriegspressequartier; A. H.] übermittelt, dem die Verwertung obliegt."[14]

Im September 1915 wurden diese Vorschläge umgesetzt und eine Neuorganisation der Kriegsfotografie wurde in die Wege geleitet. Nun wurde das gesamte Kriegsvermessungswesen direkt dem Armeeoberkommando unterstellt.[15] Mit Ausnahme der Fotografen, die für die Luftaufklärung arbeiteten, wurden die Militärfotografen im Kriegsgebiet in sog. „Photostellen" zusammengefasst, die dem jeweiligen Armeekommando unterstellt waren (ABB. 20, 21). Bis Mitte 1918 war allein die Photostelle der 6. Armee auf einen Personalstand von 40 Berufsfotografen angewachsen. Das Kriegsarchiv, das in den ersten beiden Kriegsjahren für die Sammlung und Archivierung der Fotografien zuständig war, hatte bis Anfang 1917 zirka 50.000 Aufnahmen gesammelt.[16]

Die Photostellen hatten die Aufgabe „zweckentsprechende" Fotografien herzustellen. „Für diese Aufnahmen kommen sowohl die dem A.K. [Armeekommando] als wichtig erscheinenden Objecte und Ereignisse in Betracht, als auch Wünsche der Truppe oder sonstige Anregungen militärischer Natur. Vor allem hat die Photostelle den dem Kampfe unmittelbar dienenden Bedarf an Lichtbildern für taktische (artill.) Zwecke sowie für die Aufklärung und Beobachtung des näheren und weiteren Vorgeländes im Stellungskriege zu liefern. Vor allem hat sie Anforderungen für instruktive und kriegsgeschichtliche Zwecke, dann schließlich auch anderen Aufgaben, wie Propaganda, völkerrechtlichen Feststellungen etc. zu entsprechen. Daher sind Gruppen

18

19

und Portraits nur zu machen, wenn sie für die Kriegsgeschichte von Bedeutung sind oder amtlichen Legitimationszwecken dienen."[17]

Die Lichtbildstelle des Kriegspressequartiers

Im November 1916 äußerte sich der Leiter der Fotoabteilung im Wiener Kriegsarchiv, Richard von Damaschka, in einem Vortrag vor der Photographischen Gesellschaft zur Rolle der Fotografie im Krieg. Nicht die „militärischen Anforderungen" nannte er als den „hauptsächlichsten Zweck der Kriegsphotographie", sondern die „Versorgung der Presse mit Illustrationsmaterial".[18] „Durch massenhafte Verbreitung von

ABB. 18 Der große Zeichensaal der Kriegsvermessungsstelle in Soča, 14. Oktober 1917; 10. Armeekommando [K 11603].

ABB. 19 Die Kriegsfotografen des Militärgeografischen Instituts bei der Zellulosefabrik Villach, 1. September 1915; 10. Armeekommando [K 7923].

ABB. 20 Photostelle Nr. 3 in Sniatyn (Snjatin), Bukowina, 10. Oktober 1917 [K 25741].

91.

20

21

ABB. 21 Rast der Photogruppe und der Gendarmerie-Bewachung an der österreichisch-italienischen Front, Dognatal südlich von Pontebba, vermutlich Ende Oktober 1917; 10. Armeekommando [K 11784].

„unseren Soldaten im Felde", von ihren „kleinen" Freuden und Widrigkeiten, ihren Feiern und Entbehrungen. Die im Frühjahr 1917 im KPQ eingerichtete „Lichtbild- bzw. Photostelle"[20] hatte die Aufgabe, systematisch Fotografien, die für die Propaganda geeignet schienen, zu sammeln. Sie versorgte damit die Redaktionen der illustrierten Zeitungen und Zeitschriften im In- und Ausland. Des Weiteren fertigte sie Diapositive für Vorträge an, lieferte Bildmaterial an Kriegsausstellungen (ABB. 22), Verlage und an die Schulen, stellte Fotografien für Ämter, Ministerien, Konsulate und für öffentliche Aushangstellen zur Verfügung. Die Lichtbildstelle gab selbst Publikationen und Werbematerial (etwa Kalender, Ansichtskarten, Unterrichtsmaterialien und Propagandabroschüren) heraus. Schließlich war sie für die Zensur des eingehenden Fotomaterials zuständig. 1917 wurde Nikolaus Schindler Leiter dieser Einrichtung. Unter seiner Regie arbeiteten sein Stellvertreter, ein Offizier als Büro-, Manipulations- und Expeditleiter, ein Offizier als Archivar und einer als Atelierleiter. Weitere Offiziere waren für die Koordination der Kriegsfotografen bei Frontexkursionen zuständig. Entwickelt wurden die Aufnahmen von Fotografen des Militärgeographischen Instituts, die der Lichtbildstelle zugewiesen wurden. Sie arbeiteten in zwei großen Ateliers und fertigten Kopien von eingesandten Negativen an, übernahmen Vergrößerungen für Zeitungen und produzierten Diapositive für Propagandavorträge.[21]

Die Anzahl der an die Presse verteilten Fotografien stieg nach der Einrichtung der Lichtbildstelle rasch an. Während des Jahres 1917 wurden ca. 3.000 Fotografien der Lichtbildstelle von illustrierten Zeitungen gedruckt.[22] Allein im Dezember 1917 gingen in der Lichtbildstelle 3.522 Aufnahmen ein. Im selben Monat wurden 28.457 Abzüge, 530 Diapositivplatten und 220 Reproduktionsplatten hergestellt.[23] Der enorme Bildaufwand verlangte eine durchdachte Lagerhaltung. Im April 1918 wurde zur Erleichterung der stark angestiegenen Kontakte mit Zeitungen,

Kriegsbildern in illustrierten Blättern des In- und Auslandes ist wie durch kein anderes Mittel die Möglichkeit einer ausgebreiteten, überzeugenden Kriegspropaganda geboten. Und es ist kein leeres Wort, wenn man die Photographie in dieser Hinsicht sogar als Kampfmittel bezeichnet."[19]

Auch für das Kriegspressequartier standen die propagandistischen Botschaften der Bilder im Vordergrund. Die Bilder sollten von den großen Erfolgen berichten, von den siegreichen Schlachten, vom gedemütigten Gegner, aber auch von

ABB. 22 Kriegsfotoschau „Tirol im Weltkrieg", Kufstein, Sommer 1917 [K 4141].

22

Zeitschriften, Verlagen und anderen Institutionen mit einer umfassenden Registrierung der Fotosammlung begonnen. Innerhalb kürzester Zeit wurden 80.000 Fotos katalogisiert.[24]

„Keiner darf abseits stehen"

„Mit dem kleinsten Baustein, den jeder der Amateurphotographen der Armee unschwer dem gemeinsamen großen Bauwerk einfügen kann, hilft er mit, das Band zwischen Heer und Volk enger zu gestalten und uns in der Aussenwelt die uns gebührende Anerkennung zu erringen."[25] Mit diesen Worten wandte sich am 15. April 1917 der neue Leiter des KPQ, Wilhelm Eisner-Bubna, an die Soldaten. Die in hoher Auflage gedruckte Aussendung wurde an die Truppen verteilt und eine gekürzte Version in der Presse bzw. in den Soldatenzeitungen verbreitet. „Das Kriegsministerium hat", so Eisner-Bubna weiter, „im Einvernehmen mit dem Armeeoberkommando eine Zentralstelle für Kriegsphotographie geschaffen. Alle Amateurphotographen der Armee werden aufgefordert, von jeder ihrer photographischen Aufnahmen eine Kopie an die Zentralstelle (Wien I, Georg Kochplatz 3) einzusenden."[26] Der Aufruf schloss mit der patriotischen Botschaft: „Die Kommandos werden diese Aktion aus ganzen Kräften fördern, wenn nur jeder Amateurphotograph seine Pflicht im Vaterländischen Dienste erfüllt. Keiner darf abseits stehen, keiner unangebrachte Kleinlichkeit und Bequemlichkeit gelten lassen, da es um das Interesse des uns Teuersten geht, das Interesse des Vaterlandes."[27]

Die Mobilisierung der Amateurfotografen[28] markiert einen wichtigen Einschnitt in der Bildpropaganda des Ersten Weltkrieges. Ab 1916 war das Interesse an Aufnahmen von Amateurfotografen gestiegen, da die armeeeigenen Fotografen und die Pressefotografen den ständig zunehmenden Bedarf an Bildern nicht mehr abdecken konnten. Die systematische Ausweitung der Kriegsfotografie ab Frühjahr 1917 sollte darüber hinaus auch zu einer engen Verflechtung zwischen kämpfender Front und „Heimatfront" führen. Den Amateuren, die für das Militär fotografierten, wurde die Vergütung der Materialkosten in Aussicht gestellt.

Des Weiteren wurde eine Reihe von Ehrenpreisen und „Belobungsdekreten" ausgeschrieben, um besonders gute Einsendungen zu belohnen.[29] Die Amateurfotografen mussten mit einer Ermächtigung (Legitimation) des Armeekommandos des jeweiligen Kriegsgebietes versehen sein.[30] Diese wurde auf drei Monate ausgestellt und konnte für den gleichen Zeitraum verlängert

23

24

ABB. 23 Sanitätspatrouille
mit Schlitten-Tragbahre
nach dem System von
Major Hülgerth zum
Abtransport von Verwun-
deten im Gebirge, aufge-
nommen im Hinterland
der österreichisch-italienischen Front, vermutlich
Winter 1916/1917;
10. Armeekommando
[K 11544].

ABB. 24 Übung eines
Flammenwerferangriffs
(Ausschnitt), Hinterland
der Isonzofront, vermut-
lich in der Nähe von Hai-
denschaft (Ajdovščina),
25. August 1917; Kriegsvermessung 5 [K 20605a].

werden. Fotografen ohne Ermächtigungen wurden nicht geduldet. „Gegen Personen, die ohne
oder mit ungiltigen Legitimationen photogra-
phierend angetroffen werden, wird unverzüglich
Amtshandlung eingeleitet werden. Die Apparate
werden konfisziert und an die Photostelle gesen-
det werden."[31] Die jeweilige Photostelle beim Armeekommando hatte die Aufgabe, ein Verzeichnis über die Amateurfotografen des Armeebe-
reichs zu führen und die Legitimationen auszu-
stellen. Sie unterstützte die Amateure beim Entwickeln und Kopieren der Bilder und belieferte
sie mit Platten und Papier.[32]

Der Anteil von Amateuraufnahmen nahm
nach 1917 deutlich zu. Dennoch war aber der Erfolg der Appelle geringer als erhofft. Vor allem im

letzten Kriegsjahr wurde es infolge von Materialknappheit schwieriger, aus den Reihen der Amateure und Knipser genügend brauchbare Fotos zu
erhalten. Daher wurden die Aufrufe zur Abliefe-
rung von Lichtbildern immer wieder erneuert.
„Nicht nur das Hinterland, nicht nur dessen
Presse und Kunst, wie auch die Photographie sollen in den Dienst der Propaganda für die Armee
gestellt werden," schreibt Eisner-Bubna in einem
flammenden Appell, den er am 8. Mai 1917 an die
Redaktion der Soldatenzeitung schickte. „Die
Armee selbst", so heißt es weiter, „soll ihr
Scherflein beitragen. Briefe von der Front geben
das lebendigste Bild des gewaltigen Geschehens
und übertreffen in ihrer so beredten Schlichtheit
das herrlichste Epos, das die Dichter in der Heimat schaffen könnten. Die Soldaten geben das
wahre Bild des Krieges. Möge das auch eine Lehre
sein für die Photographen in der Feuerlinie und
bei der Armee im Felde überhaupt. Mit jedem
Bilde, das sie der Propaganda für die Armee zur
Verfügung stellen, helfen sie mit, zu verhindern,
dass die Leistungen der Armee verkleinert oder
gar totgeschwiegen werden."[33]

Gestellte Aufnahmen

Im Laufe des Krieges stieg die Nachfrage nach
möglichst „effektvollen", dynamischen Bildern,
die sich in eine sich langsam entwickelnde Re-
portageästhetik des Krieges einbauen ließen. Gefragt waren etwa „Aufnahmen von in Heeres-
berichten genannten Persönlichkeiten, eine im
Kampf erreichte Ortschaft, Aufnahmen aus dem
Kampfgelände und von Stellungen, um welche
der Kampf besonders hartnäckig geführt wurde",
wie der Leiter der Lichtbildstelle, Nikolaus
Schindler, in einem am 29. Mai 1917 verbreiteten
Merkblatt für die Amateurfotografen ausführte.[34]
„Ein weites Feld bieten auch all jene Aufnahmen,
welche später zu Instruktionszwecken verwendet werden können: Fliegeraufnahmen, Bilder erbeuteter Waffen, Geschütze und Handfeuerwaf-
fen etc. Für den Anschauungsunterricht in den

25

Schulen empfehlen sich auch Bilder, welche bei den Übungen im Etappenraume, am Truppenübungsplatze aufgenommen werden. Solche Bilder", so Schindler, „können erforderlichenfalls auch gestellt sein. Als Lehrmittel werden sie in den Schulen für den Anschauungsunterricht gewiss ihren nützlichen Zweck erfüllen."[35]

Tatsächlich entstand eine ganze Reihe von Aufnahmen, auf denen militärische Abläufe und Übungen im Bild festgehalten sind. Zu Lehrzwecken abgelichtet wurden etwa Mannschaften in Ausrüstung, Bergeübungen (ABB. 23), aber auch Kampfübungen. Ein Foto, das Ende August 1917 im Hinterland der Isonzofront entstand, zeigt einen Flammenwerferangriff (ABB. 24). Im Vordergrund erkennen wir mehrere Soldaten im Schützengraben, die nach vorne blicken. Dort ist eine dichte, schwarze Rauchwolke zu sehen, die das explodierte Brandgeschoss umgibt. Die dramatische Szene trägt den Bildtitel „Flammenwerferangriff". Es handelt sich, das zeigt ein genauerer Blick auf die Aufnahme, um eine Übung und nicht um einen wirklichen Angriff an der

Front. Der Fotograf steht nicht, wie man es inmitten des Kampfes erwarten könnte, im schützenden Graben, sondern auf der Brüstung des Unterstands. Er blickt von oben in den Laufgraben, um die Soldaten und die Wirkung des Übungsangriffs gut ins Bild zu bekommen. Aus dem Kontext der vorhergehenden und nachfolgenden Bilder lässt sich weiter schließen, dass die Übung nicht in unmittelbarer Frontnähe, sondern im Hinterland der Isonzofront, vermutlich in der Umgebung des Nachschubknotens Haidenschaft (Ajdovščina) aufgenommen wurde. Der Fotograf war bei der Kriegsvermessungsabteilung 5 tätig, einer Einheit, die gewöhnlich nicht in unmittelbarer Frontnähe fotografierte.

Derartige Übungsaufnahmen, die ihre Herkunft durch eine schwammige Betextung verschleiern, tauchten in der Presse immer wieder als Dokumente „wirklicher" Kämpfe auf. Gelegentlich regte sich Kritik an derartigen Fotografien. In einer Eingabe des Kriegsarchivs vom 18. Oktober 1915 an das KPQ wurde kritisiert: „Es kommt vor, dass von den Kriegsphotographen

ABB. 25 Filmaufnahmen während der Truppenvereidigung in Trient (Trento), vermutlich Winter 1916/1917 [K 3034].

26

27

ABB. 26 Lichtspielhalle in
Bielogorodka (Milca),
Wolhynien, Russland,
vermutlich Frühjahr /
Sommer 1916; 25. ITD,
Sladek [K 5971].

ABB. 27 K. u. k. Feldkino im
Hinterland der Isonzofront,
Umgebung von Görz (Gori-
zia / Nova Gorica), vermutlich in Dornberg (Dorn-
berk), Sommer 1916;
16. Korps [K 812].

nen gestellt sind."[36] Das Kriegsarchiv konnte sich jedoch mit der Forderung nach Bildern, die der „Wirklichkeit" entsprechen, nicht durchsetzen. Der Propagandakrieg ließ die dokumentarische Wahrheit in den Hintergrund treten. Veröffentlicht wurde, was spektakulär war und den militärischen Erfolg herbeizuführen versprach.

Der gefilmte Krieg

Am 12. April 1913 erhielt der Wiener Filmkameramann Raimund Czerny einen Brief vom k. u. k. Kriegsministerium. Czerny hatte vorgeschlagen, ein eigenes „kinematographisches Laboratorium" für militärische Zwecke einzurichten. „Das Kriegsministerium dankt für Ihre Anregung (...)", heißt es im Antwortschreiben, „kann aber vorläufig dieser Idee nicht nähertreten."[37] Das Interesse des Militärs am neuen Medium war gering. Eineinhalb Jahre später stand die Monarchie im Krieg. Die deutsche Firma Messter hatte schon zu Beginn der Mobilisierung dem Militär eine Anzahl von Kinozügen zur Verfügung gestellt.[38] In Österreich wurde, dem deutschen Vorbild folgend, im August 1914 ein Vertrag mit mehreren Filmfirmen geschlossen, die Aufnahmen vom Kriegsgebiet anfertigen und diese dann ins Kriegsarchiv zur Entwicklung und Zensur schicken sollten.[39] Im September flimmerte die erste Serie des „Kriegs-Journals" über die Leinwände. Diese ersten Filmberichte waren von der „Wiener Kunstfilm-Industrie-Gesellschaft" gedreht worden. Die Kameraleute hießen Raimund Czerny und Heinrich Findeis. Czerny arbeitete hauptsächlich als „Film-Operateur", das heißt als Kameramann, Findeis griff neben der Filmkamera auch zum Fotoapparat. Die Lieferanten bewegter Bilder waren zunächst noch Außenseiter in der Kriegspropaganda.

Drei Jahre später hatte sich die Situation grundlegend geändert (ABB. 25). Neben der Fotografie war auch der Film in die erste Reihe des propagandistischen Medienapparats aufgerückt. Seit November 1915 leitete Alexander Kolowrat-Kra-

Bildmaterial im k. u. k. Kriegsarchiv einlangt, in welchem die dargestellten Szenen, mangels von Gelegenheit, durch eigens hiezu gestellte Personen zur Darstellung gelangen. Im Bildertexte sind zur Irreführung des Feindes im Einverständnis mit den Armeeteilen, bei welchen diese Photographen eingeteilt sind, andere Namen von Lokalitäten und Bezeichnungen enthalten, die der Szenerie – daher der Wirklichkeit – nicht entsprechen. Nachdem solche Bilder für eine spätere Verwendung z. B. für kriegsgeschichtliche Arbeiten vollkommen wertlos sind, wird ersucht, die Photographen anzuhalten, in die für das k. u. k. Kriegsarchiv bestimmten Kopien die richtigen Namen einsetzen zu lassen und anzuzeigen, welche Sze-

28

ABB. 28 Projektionsapparat
eines Feldkinos, vermut-
lich in Klagenfurt, 11. Mai
1916; 10. Armeekom-
mando [K 9465].

kowsky (1886–1927), der Besitzer der „Sascha-Film-Fabrik", die österreichische Kriegsfilm-propaganda. Der aus böhmischem Adel stammende Kolowrat hatte 1910 die „Sascha-Filmfabrik in Pfraumberg in Böhmen" gegründet und die ersten Filme gedreht: Sportreportagen und Naturaufnahmen. 1912 übersiedelte das Labor nach Wien, der Ausbau der Firma begann. Ab 1912 entstanden die ersten Langfilme. Für das Unternehmen, das bis 1914 noch zu den kleineren österreichischen Filmfirmen gehörte, begann mit Kriegsbeginn der große Aufstieg.[40] Bereits im Sommer 1914 erhielt Kolowrat die Erlaubnis, als Ordonanzoffizier eines freiwilligen Automobilkorps, Filmaufnahmen an den Kriegsschauplätzen zu machen. In der Folge gelang es ihm aufgrund ausgezeichneter Kontakte in die höchsten Etagen der Militärführung, die Interessen der eigenen Firma gegen die Konkurrenz anderer Unternehmen durchzusetzen.

Die „Sascha-Film" gehörte neben der „Wiener Kunstfilm-Industrie-Gesellschaft"[41] und der „Österreichisch-Ungarischen Kinoindustrie-Gesellschaft" zu jenen Filmfirmen, die – seit 10. August 1914 vertraglich mit dem Kriegsarchiv abgesichert – schon 1914 mit der Produktion und dem Vertrieb von Kriegsfilmen begonnen hatten. Weitere Filmunternehmen produzierten oder vertrieben auf eigene Faust aktuelle in- und ausländische Filmbilder vom Krieg: etwa das von Johann Fröhlich und Aladár Fodor geführte Unternehmen „Kino-Riport" in Budapest, die „Film-Verleih- und Vertriebs-Gesellschaft J. Handl m.b.H." in Wien, mit Filialen in Prag (Praha) und Lemberg (L'viv), die jeweils eigene Kamerateams hatten. Unternehmen wie „Philipp & Pressburger" in Wien (mit Filiale in Lemberg) und das „Kino-Film-Atelier Victor Seibert & Co.", ebenfalls mit Sitz in Wien, beschränkten sich auf den Filmvertrieb und -verleih.[42]

Kolowrat nutzte seine privilegierte Rolle in der Kriegsfilmpropaganda, um seinem eigenen Unternehmen nach und nach eine Art Monopolstellung zu verschaffen. 1916 eröffnete er das erste moderne österreichische Filmatelier, die Sascha-Filmfabrik in Wien-Sievering. Die „Sascha-Film" produzierte den „Österreichischen Kino-Wochenbericht vom nördlichen und südlichen Kriegsschauplatz" (später: „Sascha-Kriegswochenbericht") und brachte ab 1916 auch Kriegsspielfilme heraus.[43]

Bis zum Kriegsende verwandelte sich die „Sascha-Film" in ein Filmimperium, das Kolowrat nach 1918 durch ein mittel- und osteuropäisches Filialnetz zunächst weiter ausbauen konnte. Als Leiter der Kriegsfilmpropaganda hatte Kolowrat erreicht, dass die anderen Filmfirmen ihre Kriegsaufnahmen zur Anfertigung von Positivkopien gegen Entgelt der „Sascha-Film" zur Verfügung stellen mussten, die die Kopien mit ihrem Firmenzeichen versah. Damit errang die „Sascha-Film" das de-facto-Monopol in der Kriegsfilmpropaganda. Kolowrat sicherte es auch ab, indem er ein kapillares Netz an Feldkinos errichten ließ (ABB. 26, 27, 28).

Als Eisner-Bubna im Frühjahr 1917 daran ging, die Arbeit des KPQ zu zentralisieren, war ihm zwar nicht das Filmimperium „Sascha-Film", wohl aber die Allmacht Kolowrats ein Dorn im Auge. Er ging daran, dessen Kompetenzen zu beschneiden und die Filmpropaganda direkt dem KPQ zu unterstellen. Das bisher für die Kriegsfilmpropaganda zuständige Kriegsarchiv wurde entmachtet und die Agenden ins KPQ überführt. Im Mai 1917 wurde Otto Loewenstein zum neuen Leiter der Filmpropaganda bestimmt.[44] Dennoch blieb Kolowrats „Sascha-Film" – nun unter verstärkter Kontrolle des KPQ – der unumstrittene Marktführer in der österreichischen Kriegsfilmproduktion.

Der Krieg der Filmkonzerne

Deutsche Firmen wie etwa „Messter", „Kinokop" und „Express-Films" bemühten sich ebenfalls schon früh um Aufnahmegenehmigungen und Vorführrechte am österreichisch-ungarischen Markt. Bereits am 30. Juli 1914, zwei Tage nach der Kriegserklärung Österreich-Ungarns an Serbien, wandte sich die Firma „Express-Films G.m.b.H." aus Freiburg i. B. mit dem Ersuchen an das KPQ, filmische Kriegsaufnahmen machen zu dürfen. Das Ansuchen wurde zunächst abgelehnt, aber das Unternehmen insistierte: „Wir sind", heißt es in dem Antwortschreiben vom 3. August, „eine der ältesten deutschen Firmen in dieser Branche, befassen uns seit vielen Jahren schon mit der Herausgabe von lehrreichen Films, und haben auch in Kriegsaufnahmen Erfahrung, wie keine andere Firma hinter uns. Auf Befehl Seiner Majestät des Königs von Griechenland haben wir letztes Jahr den Griechisch-Bulgarischen Feldzug mitgemacht, und ein Filmwerk geschaffen, welches den Allerhöchsten Beifall Seiner Majestät des Königs von Griechenland gefunden hat."[45]

Den Gesuchen deutscher Filmfirmen begegnete man in Wien häufig abweisend, da man im KPQ bemüht war, die österreichischen Unternehmen vor unliebsamer Konkurrenz zu schützen. Die österreichisch-ungarische Kinoindustrie war im Unterschied zur deutschen zu Kriegsbeginn noch kaum auf die neue Situation eingestellt. Gegenüber der ausländischen Konkurrenz war sie technisch und logistisch deutlich im Hintreffen. Außerdem war der Armeeführung daran gelegen, die „Leistungen" der österreichisch-ungarischen Truppen in eigenen, nicht in deutschen Filmwochenschauen darzustellen.

Als im Frühjahr 1915 die k. u. k. Truppen an der Ostfront wieder auf dem Vormarsch waren und größere Teile Galiziens zurückerobern konnten,

bemühte sich auch die Firma „Messter" um eine Aufnahmegenehmigung. „Die Aufnahmen", so heißt es in dem Schreiben vom 24. Juni 1915 an das KPQ, „finden Verwendung zu Propagandazwecken in den kriegführenden sowie in den neutralen Staaten, insbesondere in Deutschland, Österreich-Ungarn, der Türkei, Rumänien, Bulgarien, Griechenland, Arabien, Persien, Skandinavien, sowie in Amerika (…)."[46] Für die Verbreitung durch diese Firma spreche, dass „die Kriegsaufnahmen der Messter-Woche allein in den Vereinigten Staaten von Nordamerika in ungefähr 5.000 Theatern gezeigt und so allwöchentlich 4 Millionen Menschen zugänglig gemacht" werden.[47] Die Haltung des Kriegspressequartiers gegenüber der ausländischen Konkurrenz blieb aber reserviert. Am 21. September 1915 heißt es in einer internen Notiz Maximilian von Hoens, dem Leiter des KPQ: „Laut Anordnung des Armeeoberkommandos sind alle kinematographischen Aufnahmen auf unseren Kriegsschauplätzen den mit der Kriegsfilmpropaganda betrauten einheimischen Firmen allein [unterstrichen] gestattet." Handschriftlich und mit Bleistift ergänzt ist eine Liste von deutschen Firmen, auf die sich die Weisung offenbar bezog: „Expressfilm; Kinokop, Messtergesellschaft, Eugen Hamm".[48]

In den ersten beiden Kriegsjahren überwog im k. u. k. Kriegspressequartier also die Abschottung gegenüber ausländischen Kamerateams. Allmählich aber setzte sich die Erkenntnis durch, dass die teure Filmpropaganda nur durch massive Investitionen in die eigene Industrie und durch Kooperationen mit deutschen Firmen verbessert werden konnte. Umgekehrt war der deutsche Filmmarkt massiv an einer Ausweitung der Verwertungsrechte Richtung Österreich-Ungarn interessiert, da spätestens mit dem Kriegseintritt der USA die ausländischen Zuschauerzahlen der exportierten Filme deutlich im Rückgang waren.

Im KPQ war diese Annäherung zwischen deutschen und österreichischen Unternehmen nicht unumstritten. Immer wieder wurden Klagen laut, dass in den deutschen Produktionen die österrei-

29

chisch-ungarischen Soldaten in ein schlechtes Licht gerückt werden. So werde etwa im Film „Der Hias" „der Sieg der Deutschen an der Westfront verherrlicht [...], wobei österreichisch-ungarische Soldaten lächerliche Statistenrollen spielen".[49]

Nachdem in Deutschland Anfang 1917 das „Bild- und Filmamt" (BUFA) gegründet worden war, das für die Film- und Fotopropaganda zuständig war,[50] kam es zu einer intensiveren Zusammenarbeit der beiden Propagandaeinrichtungen.[51] Ebenso begannen private österreichische und deutsche Unternehmen zu kooperieren. Die Hauptakteure waren: „Sascha-Film", „Messter" und die Ende 1917 gegründete „UFA" (Universum-Film-Aktiengesellschaft). Im Juli 1916 kam es unter dem Namen „Sascha-Messter-Film-Ges. m. b. H." zu einer Zusammenarbeit der deutschen Firma „Messter" mit der „Sascha-Film". Die Firmenverbindung bekam erst Konkurrenz, als der im Dezember 1917 in Berlin mit 25 Millionen Mark von der deutschen Regierung und deutschen Banken gegründete UFA-Konzern ins Filmgeschäft einstieg.[52] Messter verließ die Ver-

bindung mit der „Sascha-Film" und wurde Teil des UFA-Konzerns. Am 10. September 1918 schloss sich die „Sascha-Film" mit der Verleihfirma „Philipp & Pressburger" zusammen, um den Verlust Messters etwas auszugleichen.[53] Verbindungen gab es auch zwischen der Berliner Filmfabrik „Decla" und der Wiener Leihanstalt „Friese & Co.", zwischen der Berliner „National-Film" und der österreichischen „Collegia-Filmvertriebs-Gesellschaft". In Ungarn gab es Kooperationen zwischen dem „Bioscop"-Konzern und der „Corvin"-Filmfabrik, die UFA arbeitete hier mit der „Phönix-Projectograph-A. G." zusammen.[54]

Die Folgen des Medienkriegs

In der zweiten Kriegshälfte war es in allen Krieg führenden Staaten unter dem staatlichen und militärischen Druck zu einer beispiellosen Medienkonzentration und zu Monopolbildungen gekommen. Im Filmgeschäft wurde diese Tendenz am deutlichsten sichtbar. Diese Konzentrationsprozesse und die ökonomischen und strate-

ABB. 29 Bild- und Filmamt (BUFA): „Deutsches Lazarett unter englischem Feuer am Kemmel" (aus: *Das interessante Blatt*, 30. Mai 1918, S. 2).

gischen „Bündnisse", die sich während des Krieges im Interesse der Propaganda abzeichneten, erwiesen sich als folgenreich für die Mediensituation der Nachkriegszeit. Sowohl in Deutschland wie auch in Österreich begann die Filmepoche nach 1918 weder mit einer Stunde Null, noch setzte sich die Entwicklung aus dem Jahr 1914 bruchlos fort. Vielmehr dominierten weiterhin jene Unternehmen den Markt, die wie „Sascha-Film" oder „UFA" das Startkapital für ihren zivilen Aufstieg im Krieg verdient hatten.

Aber auch im Bereich der fotografischen Öffentlichkeit hat der Medienkrieg deutliche Spuren hinterlassen. Die Entstehung einer militärisch gelenkten Medienöffentlichkeit und die zunehmende Dominanz staatlicher Bildagenturen (KPQ, BUFA) setzten die privaten Unternehmen in der zweiten Kriegshälfte mehr und mehr unter Druck. Einige von ihnen konnten sich anpassen (etwa „Kilophot" in Österreich, der Scherl- und Ullsteinkonzern in Deutschland), andere verloren an Boden oder mussten ganz aufgeben. Auch im Bereich der illustrierten Presse kam es zu einer umfassenden Medienkonzentration, die weit in die Nachkriegszeit hineinwirkte. Während des Krieges wurden, mit Ausnahme einiger temporär erscheinender Kriegsblätter, praktisch keine neuen illustrierten Zeitungen gegründet. Die publizistischen Kriegsgewinner beherrschten auch die Öffentlichkeit der Nachkriegszeit. Bis Mitte der 1920er Jahre änderte sich das Erscheinungsbild der großen Illustrierten im Vergleich zur Kriegs- und Vorkriegszeit nur unwesentlich.[55]

Nicht nur die politisch-ökonomischen Voraussetzungen der Presse änderten sich im Krieg, auch die Ästhetik der gedruckten Bilder wurde durch die Kriegssituation beeinflusst. Der Krieg hat zwar zu einer enormen logistischen Beschleunigung der Bildberichterstattung geführt. Fotos, die weitab von den Pressezentren aufgenommen wurden, fanden ihren Weg in die Redaktionen immer schneller. Außerdem wurden immer mehr Fotografien gedruckt. Innerhalb weniger Jahre hatte sich die (gedruckte) Fotografie gegen-

über der – ehemals vorherrschenden – Zeichnung endgültig als *das* Kriegs- und Propagandamedium durchgesetzt.[56]

Dennoch: In ästhetischen Fragen wurde diese rasante Entwicklung der Pressefotografie, die bereits um die Jahrhundertwende eingesetzt hatte, durch die Beschränkungen des Krieges eher gebremst. Die zunehmende Dominanz staatlich-militärischer Fotoanbieter hat dazu beigetragen, die Fotografen zurück in die Anonymität zu drängen. Die Konkurrenz der privaten Fotoagenturen war durch Zensur und staatliche Kontrolle stark eingeschränkt, das Militär drosselte das Spiel des Marktes und den privaten Wettlauf in der Ökonomie der Aufmerksamkeit. Erst in der zweiten Kriegshälfte setzten auch die militärischen Propagandisten allmählich auf eine dynamischere Bildberichterstattung.

Ab 1917 begann sich – v. a. in der populären Presse – nach und nach ein neuer reportageartiger Stil durchzusetzen. In französischen und anglo-amerikanischen Blättern hatte dieser Prozess teilweise schon früher begonnen. Es wurden nun häufiger bewegte Kampfszenen gezeigt.[57] Viele der Bilder, die den Krieg der Mittelmächte in spektakulären Nahaufnahmen zeigen, stammen vom deutschen Bild- und Filmamt (BUFA) in Berlin, das zahlreiche Fotografien von der Westfront lieferte (ABB. 29). Verglichen mit diesen Aufnahmen blieben die Bilder, die das österreichische Kriegspressequartier zur Verfügung stellte, traditioneller. Dennoch wurden auch in der österreichischen Presse mehr dramatische Kampfaufnahmen veröffentlicht. Ein Bild, das am 3. Mai 1917 in *Das interessante Blatt* veröffentlicht wurde, zeigt, so der Bildtext, die „Erstürmung eines Grabens durch k. u. k. Sturmtruppen mittels Handgranaten an unserer Ostfront" (ABB. 30).[58] Es nimmt eine ganze Seite ein und versetzt den Betrachter mitten ins Kampfgeschehen. Ebenso wie die Soldaten sucht auch der Fotograf Schutz, indem er sich nahe am Boden hält. Vor seinen Augen explodieren die Minen und lassen das Erdreich wie Fontänen hochschießen.

30

31

ABB. 31 Besprechung der
Kriegsmaler anlässlich
einer Ausstellung,
vermutlich in Klagenfurt,
11. August 1916;
10. Armeekommando
[K 10092].

Mit der Kamera bewaffnet   Der Alltag der Fotografen

Am 26. August 1915 wandte sich der Kriegsfotograf Alexander Exax in einem handgeschriebenen Brief an das „Löbliche Kommando des k. u. k. Kriegspressequartiers", jene Stelle beim Armeeoberkommando, die für die Kriegspropaganda zuständig und der er als Fotograf unterstellt war. Exax war seit Kriegsbeginn an der Front und zuletzt in Galizien stationiert. Der Brief ist aufschlussreich, da er zu den wenigen schriftlichen Aufzeichnungen gehört, die uns über die Erfahrungen und Arbeitsbedingungen österreichischer Kriegsfotografen aus dem Ersten Weltkrieg vorliegen. Da über diese Korrespondenz hinaus auch das in stenografischer Knappheit geführte Tagebuch Exaxs erhalten ist, das der Fotograf während des Krieges führte, wissen wir über ihn mehr als über andere Kriegsfotografen.[1] Korrespondenz und Tagebuch vermitteln uns einige Hinweise über den Alltag eines Fotografen im Krieg. An das Kommando des Kriegspressequartiers gewandt, erlaube er sich, schreibt Exax, „hier einige Bitten vorzubringen".[2] Er bittet zunächst um ein Beglaubigungsschreiben, „dass alle meine Aufnahmen dem k. u. k. Kriegsarchiv zur Zensur und ev. Ausnutzung vorgelegt werden; dadurch wird mir auch dort ein photographieren möglich sein, wo man sonst Bedenken hatte". Die Bitte wird vom zuständigen Offizier im KPQ am Rand des Schreibens mit einem militärisch knappen „Ja" beantwortet. Exax ersucht darüber hinaus um eine „schriftliche Erklärung, dass ich auch berechtigt bin, außerhalb der Grenzen des Kommandos, dem ich zugeteilt bin, zu arbeiten". Denn, so argumentiert er, er habe die Erfahrung gemacht, dass „in Ermangelung eines solchen Schreibens mir nur ungern der Besuch einer sehr interessanten Nachbardivision bewilligt" wurde. Diese Bitte wird mit einem kurzen „Nein" abge-

lehnt. Sodann wünscht sich der Fotograf „einen Landsturmmann als Träger", da, so Exax, „eine Hilfe, besonders bei Märschen und Ausflügen fast unentbehrlich ist und den gleich mir in der Front eingeteilten Kinooperateuren vom k. u. k. Kriegsarchiv zwei Mann bereitgestellt wurden". „Nein", lautet auch hier der Kommentar aus dem Kriegspressequartier.[3] Noch ein Anliegen bringt der Fotograf vor. Es habe sich herausgestellt, dass die vorgesehene Kennzeichnung als Fotograf ihn in seiner Arbeit behindert habe. „Die rosettenlose Militärmütze und die nur deutschsprechenden Truppen verständliche Armbinde erwies sich als äussere Legitimation als ungenügend. Mir wurde einmal nachgeschossen und öfters der Zutritt zu verschiedenen Objekten von der Mannschaft verwehrt. Könnte ich nicht", fragt er an, „ein allgemein verständliches Abzeichen an der Bluse oder Mütze tragen?" „Nein", lautet auch hier die Antwort. Schließlich erkundigt sich Exax noch über seine genaue Stellung im Militärapparat: „Bitte höflichst mir auch einige Aufklärungen über meine etwas unklare Stellung zu geben. Bin ich noch Gagist des Pressequartiers oder welchem Kommando unterstehe ich sonst? An wen kann ich mich bei eventuell eintretenden Schwierigkeiten wenden?" Er schließt das Schreiben mit der Bitte, „mir sobald als möglich mitzuteilen, inwieweit obige Zeilen berücksichtigt werden können, da ich die Antwort in Wien abwarten will, bevor ich die Weiterreise nach Laibach antrete. Hochachtungsvollst Alex. Exax, Feldphotograph der Kilophot Ges. m. b. H.".[4]

Auf die letzte Frage reagiert der Offizier im KPQ gar nicht mehr, sondern vermerkt in eiligem Schriftzug am Rande des Blattes: „Sofort nach Laibach einrücken, beim dortigen höchsten Kommando melden und alle Weisungen dort bei

32

ABB. 32 Panorama-
aufnahme (Teil b) vom
Monte San Gabriele auf
die Isonzofront, vermut-
lich August 1915; Kriegs-
vermessung 5 [K 20130].

Oberstleutnant Zischer [?] erfragen." Eine über
diese handschriftlichen Vermerke hinausge-
hende offizielle Antwort des KPQ auf Exaxs Anliegen ist nicht erhalten. Aber es ist anzuneh-
men, dass sie ebenso abschlägig ausfiel wie die
Kommentare am Rande des Briefs. Denn der Fotograf wandte sich am 13. November desselben
Jahres wieder an das Kriegspressequartier. Erneut
trug er seinen Wunsch, einen Gehilfen zu bekommen, vor. „Bezugnehmend auf meine gestern vorgebrachte Bitte betreffs des Dieners Alois
Pschenitzka gestatte ich mir ergänzend mitzuteilen, dass dieser zwar bisher keine besondere Ein-
berufung erhalten hat, aber laut Plakat- und Zeitungsmeldung am 16. d. M. zum k. u. k. Ergän-
zungsbezirkskmdo Wien [...] einrücken soll. Erlaube mir in Anbetracht der Dringlichkeit höflichst um telegraphische Verständigung zu bitten, ob mich A. Pschenitzka trotzdem als Diener
begleiten könnte. (...) Wegen meiner vielen dies-

bezüglichen Belästigungen höflichst um Ent-
schuldigung bittend ergebenst Alex. Exax."[5]
Diesmal erhielt Exax die gewünschte Antwort
am nächsten Tag per Telegramm. „Alois Pschenitzka hat pflichtgemäß einzurücken. Land-
sturmlegitimation folgt per Post zurück. Diener
für Kriegsphotographen werden prinzipiell nicht
bewilligt."[6]

Exaxs Eingabe bringt die unklare Situation der
Kriegsfotografen zur Sprache. Diese standen zu
Kriegsbeginn im Schatten der Kriegsmaler,
-zeichner und -bildhauer (ABB. 31). Ihre jeweiligen
Aufgabengebiete waren nur vage formuliert. Erst
nach und nach wurden die Rollen genauer festge-
legt. Im Januar 1916 wurde die „Vorschrift für die
bildliche Berichterstattung im Kriege" bekannt
gegeben.[7] Darin wurde die Stellung der Mitglieder
der „Kunstgruppe" (Maler, Bildhauer, Fotografen)
erstmals umfassend geregelt. Jenen Berichterstat-
tern, die im Rang eines Offiziers oder eines Fähn-

33

34

richs waren, wurden Uniformen und „chargen-mäßige" Entlohnung geboten, die „übrigen wehr-pflichtigen Künstler des Mannschaftsstandes" sollten Zivilkleidung tragen. Sie erhielten, wie bisher, eine Armbinde mit dem Aufdruck „Kunst" und eine Kappe. Lohn war für sie keiner vorgesehen, sondern nur „gagistenmäßige" Ver-pflegung und Unterkunft sowie freie Fahrt.[8]

Exaxs Brief verweist aber auch auf die schwie-rige Arbeitssituation der Fotografen im Kriegs-gebiet. Die schwere Ausrüstung, ungünstige Witterungsverhältnisse und schlechte Transport-möglichkeiten im Frontbereich erschwerten die Arbeit der Fotografen. Es ist daher nicht verwun-derlich, dass hin und wieder Klagen laut wurden und Verbesserungsvorschläge an das KPQ gerich-tet wurden.

Fotografie als Waffe

Alexander Exax gehörte der Gruppe der Presse-fotografen an, die im KPQ erfasst waren. Diese waren zwar dem militärischen Kommando unter-stellt, blieben aber Zivilisten und waren dadurch privilegiert. Sie konnten in der Regel weiterhin für die Zeitungen arbeiten, für die sie vor dem Krieg tätig gewesen waren. Im Gegensatz dazu waren die Militärfotografen, die in den jeweiligen „Photostellen" innerhalb der Armee arbeiteten, uniformiert und in ihrem Bewegungsspielraum weitaus eingeschränkter. Sie hatten vor Ort alle fotografischen Arbeiten zu erledigen, die an-fielen. Dazu gehörten v. a. vermessungstechni-sche Aufgaben und die Aufklärung (ABB. 32). In

den ersten beiden Kriegsjahren überwog die mili-tärisch-technische Fotografie zahlenmäßig bei weitem gegenüber jenen Aufnahmen, die von den Pressefotografen geliefert wurden. Im Jahr 1916 etwa wurden monatlich allein von den Fotogra-fen des k. u. k. Militärgeographischen Instituts zwischen 1.000 und 2.000, gelegentlich sogar über 4.000 Fotos eingesandt.[9]

Innerhalb der k. u. k. Armee galt Hauptmann Rudolf Ahsbahs[10] (ABB. 33) als Pionier der militä-rischen Fotografie. Er baute kurz nach Kriegsbe-ginn bei der 10. k. u. k. Armee, deren Kommando sich in Villach befand, eine gut eingerichtete „Photostelle" ein. Sie wurde zum Modell für an-dere Armeekommandos. Die von ihm geleitete Stelle ist, so heißt es im Protokoll einer Bespre-chung im KPQ, „für artilleristische, taktische und geschichtliche Aufgaben (auch kinematogra-phisch) tätig und hat besonders auf dem Gebiete der Fernfotografie sehr schöne Erfolge erzielt".[11] Rudolf Ahsbahs hatte früh die Potenziale der Fo-tografie erkannt, um aus großer Entfernung um-fassende Informationen über das Kriegsgelände zu ermitteln und zu fixieren. Er ging davon aus, dass sich der Einsatz der schweren, weit reichen-den Waffen nicht mehr allein mit den flüchtigen Bildern des Fernrohrs, sondern präziser mit den fixierten fotografischen Aufnahmen steuern ließ. Aufklärung, Vermessung und Einrichtung der Waffen gingen mithilfe der Fotografie neue tech-nische Allianzen ein. Die fotografischen Aufnah-men sollten detaillierte Analysen und Vergleiche ermöglichen. Sie sollten das gegnerische Gelände für eine arbeitsteilige Interpretation fixieren und

ABB. 33 Rudolf Ahsbahs, Leiter der Photostelle der 10. Armee, aufgenommen vermutlich Ende 1915 am Sitz des Armeekommandos in Villach [Stadtarchiv Villach].

ABB. 34 Erprobung einer Fernkamera mit 3 Meter Brennweite (links), einer Zeiss-Magnar mit 80 Zenti-meter Brennweite (Mitte) und einem Fernrohr mit 18-facher Vergrößerung (rechts), aufgenommen an der Isonzofront, vermut-lich Ende August 1916; 10. Armeekommando [K 10217].

ABB. 35, 36, 37 Transport, Aufstellen und Erprobung einer Fernkamera mit 3 Meter Brennweite auf dem Schichtl in den Julischen Alpen (im Hintergrund die Wischberggruppe), 27. Februar 1917; ABB. 37 zeigt eine Teleaufnahme mit 15-facher Vergrößerung vom Schichtl aus; 10. Armeekommando [K 10946, K 10949, K 10953].

35

36

fotografierte mittels Teleobjektiv Gebäude in einer Entfernung von knapp zwei bis 24 Kilometern: etwa die Kirche in St. Leonhard, die 1.900 Meter entfernt ist, die Kaserhütte am Dobratsch in 4.500 Metern Entfernung, die 5.200 Meter entfernte Ruine Landskron und sogar die Spitze des Manhart in 24 Kilometern Entfernung.[12]

Im Oktober 1915 wurde veranlasst, dass jedes Korps für Fernaufnahmen eine Scheren-Fernrohr-Kamera erhielt (ABB. 35, 36, 37).[13] Die Fotografen des k. u. k. Militärgeographischen Instituts waren also bestens ausgerüstet. Routinemäßig führten sie großformatige Plattenkameras mit sich. Mit Spezialkameras wurden fotogrammetrische und Panoramaaufnahmen hergestellt (ABB. 38, 39, 40). Zur gleichen Zeit begann man mit der Zuteilung ausgebildeter Fotografen an jedes Korps.[14] Wiederum war die Photostelle der 10. Armee unter Hauptmann Ahsbahs am rührigsten. Dieser forderte Mitte September die ersten vier Berufsfotografen an und schulte sie für den militärischen Einsatz mit der Kamera.[15] Die Fotografen fertigten – v. a. in den neu eroberten oder noch nicht ausreichend kartierten – Gegenden Vermessungsbilder an und stellten Aufklärungsfotografien her. Ebenso waren sie für die Dokumentation der Kriegsschauplätze, des Lebens an der Front wie im Hinterland sowie die Anfertigung von Reproduktionen zuständig. Die Fotografen waren auch angehalten, „Aufnahmen für geschichtliche Zwecke" zu machen. Festgehalten wurden etwa wichtige Ereignisse, wie Truppenbesuche höherer Kommandanten, Paraden, Übungen usw. (ABB. 41). Ihre Aufnahmen wurden, ebenso wie jene der Pressefotografen, die dem Kriegspressequartier unterstanden, zentral gesammelt. Aufnahmen, die für propagandistische Zwecke brauchbar erschienen, wurden über das Kriegspressequartier an die Presse weitergeleitet.

Die Ausrüstung

„Die Kamera, stets schussbereit, hat mit der Schießwaffe so vieles gemeinsam. Für beide gilt

dazu beitragen, die Kriegslandschaft mit militärischem Auge zu lesen.

Ahsbahs selbst beschäftigte sich intensiv mit der technischen Weiterentwicklung der Fernfotografie. Die neuen Fernkameras waren, dank ihrer extremen Brennweite, imstande, fotografische Aufklärungsbilder aus großer Entfernung aufzunehmen (ABB. 34). In einer von Ahsbahs dokumentierten Versuchsreihe richtete dieser – vermutlich Mitte oder Ende 1915 – die neue Fernkamera vom Parkhotel in Villach aus auf verschiedene „Objekte" in der Umgebung. Er

37

das Wort, das wir als Motto im Frieden so oft gehört haben: ‚Üb Aug' und Hand fürs Vaterland!'" Oberstleutnant Robert Schwarz richtete diesen Appell im September 1914 an die Kriegsteilnehmer und riet ihnen, die Kamera mit ins Feld zu nehmen.[16] Tatsächlich waren bereits zu Beginn des Krieges viele der Offiziere, aber auch eine ganze Reihe von einfachen Soldaten mit einer eigenen Kamera ausgerüstet. Passionierte Amateure und Knipser führten entweder eine handliche Plattenkamera mit sich oder, häufiger noch, kleinere, handliche Momentapparate für Roll- oder Planfilm.[17] „Was die Ausrüstung des Photographen, der ins Feld zieht, anlangt", so schreibt Schwarz, „kann nur eine Kamera geringster Dimension also $4\frac{1}{2}:6$ cm in Betracht kommen. Dem Offizier ist ja nur die Mitnahme von 9 kg Bagage gestattet, Platten mitzunehmen verbietet sich da von selbst. Da tritt dann der Rollfilm, ein Aufnahmsmaterial, welches zu normalen Zeiten nur eine untergeordnete Rolle spielt, in seine

Rechte. Den Apparat selbst mit Rollfilm für 12 Aufnahmen wird der Offizier bei sich in der Kartentasche nebst einer zweiten Filmspule tragen, ein Mehr würde trotz des geringen Gewichtes der photographischen Ausrüstung die Gesamtausrüstung allzu sehr beschweren. Mannschaftspersonen tragen den Apparat, um ihn jederzeit zur Hand zu haben, am besten in der Blusentasche."[18]

Die einrückenden Offiziere und Soldaten wurden von unterschiedlichster Seite mit solchen praktischen Anweisungen bedacht. „Der Transport des Apparates", riet etwa der Leiter der Fotoabteilung im k. u. k. Kriegsarchiv, Richard von Damaschka, „erfolgt am besten in leichten Kartonschachteln, welche innen mit Rehleder und außen mit Waterproof überzogen sind. Solche Etuis lassen sich leicht im Rucksacke unterbringen, schützen die Apparate und Kassetten ausgezeichnet vor Stößen und Nässe und sind dabei leichter und billiger als Ledertaschen." Der

38

39

ABB. 38, 39, 40 Panorama-
aufnahme an der öster-
reichisch-italienischen
Front, Tonalepass, von
Monticello aus gesehen,
vermutlich Januar 1918;
Flamm [K 2969, 1–3].

Autor gibt technische Anweisungen und liefert
Bildbeispiele, wie „reizende Aufnahmen" und
„lohnende und lehrreiche Bilder" an der Front
zustande kommen. Könnern rät er zu Blitzlicht-
aufnahmen im Dämmerlicht des Unterstandes,
er spricht sich für das Teleobjektiv aus, wenn es
darum geht, weit entfernte „Sturmangriffsauf-
nahmen" zu fotografieren und schlägt den Fotografen auch patriotische Szenen aus dem Hinterland als Motive vor: „[...] Nicht vornehmlich
Verwüstung, Brandplatz und Massengräber sollen hier die darzustellenden Objekte sein, sondern neben den vom historischen Standpunkt
äußerst wertvollen Gefechtsfeldaufnahmen
sollte der Photograph einen großen Teil seiner
Platten zur Festhaltung aller jener Momente verwenden, welche den Wiederaufbau in lebenskräf-
tiger Arbeit der Völker zeigen. Es können so Bilder von enormem kulturhistorischem Werte geschaffen werden, welche der Nachwelt einen Beweis liefern von der Kraft unserer Völker; welch
Zuversicht, welch Vertrauen auf sein Land muß
den Bauer beseelen, der den Pflug führt über ein

Schlachtfeld, auf dem noch wenige Tage vorher
der Kampf getobt."[19]

Anders als die Knipser und Amateure führten
die Pressefotografen des Kriegspressequartiers
eine umfangreichere und schwerere Fotoausrüs-
tung mit sich. Sie fotografierten in der Regel mit
teuren Plattenkameras (Kasten- oder Magazin-
kameras),[20] meist führten sie ein Stativ mit sich,
als Negativmaterial verwendeten sie Gelatine-
trockenplatten im Format 13 × 18, gelegentlich
auch im Format 9 × 12. Einige der Pressefotografen waren zusätzlich oder ersatzweise noch mit
leichteren Rollfilmkameras ausgerüstet.[21] Den
Nachschub an Platten bzw. Filmen besorgte die
Militärverwaltung über Kurierdienste.

Im Korsett des Heeres

Die Fotografen des Kriegspressequartiers waren für eine bestimmt Zeit einem Armeekommando zugeteilt und durften dessen Einsatzge-
biet nicht ohne Genehmigung verlassen. Gerade
die Pressefotografen aber waren daran interes-

40

siert, Fotoagenturen, illustrierte Zeitungen, aber auch Verlage mit möglichst aktuellen, noch nicht gezeigten Aufnahmen aus neuen Kriegsschauplätzen zu versorgen. Daher erlebten sie es als Einschränkung, wenn sie monatelang in einem Kriegsgebiet festsaßen. Immer wieder richteten die Pressefotografen Eingaben an das KPQ und ersuchten, an andere Kriegsschauplätze versetzt zu werden.

Als am 27. August 1916 das bis dahin neutrale Rumänien in den Krieg eintrat[22], reagierte das KPQ rasch und sandte, nachdem sich ein erfolgreiches Vorgehen der eigenen Truppen abzeichnete, mehrere Kriegsfotografen nach Siebenbürgen. „Mit Rücksicht auf [die] Öffentlichkeit besonders in Ungarn erscheint es notwendig, die illustrierten Blätter ausgiebig mit Bildern vom siebenbürgischen Kriegsschauplatz zu versehen"[23], heißt es in der Begründung. Ausgewählt wurden Bertalan Mikovsky, Julius von Jelfy und Karl Dittera, alle drei ungarischer Herkunft. Jelfy arbeitete für *Photo-Riport* (Budapest), Dittera war für das ungarische Blatt *Az Est* (Der Abend) tätig.

Wenige Wochen später, Ende September 1916, bemühte sich der ebenfalls aus Budapest stammende Kriegsfotograf Rudolf (Rezsö) Kaulich, von Galizien an den neuen Frontabschnitt nach Siebenbürgen wechseln zu können. In einem handgeschriebenen Brief wandte er sich an den Leiter der für die Kriegsfotografen zuständigen „Kunstgruppe" im KPQ, Major Sobička: „(...) da ich schon im vorigen Jahre beinahe zehn Monate in Galizien beim k. u. k. 6. Armeekorps zugebracht habe und so zi[e]mlich das dortige Material für das k. u. k. Kriegsarchiv, so wie für die neutralen Blätter, für welche ich arbeite, aufgearbeitet habe; und ausser der russischen Front noch auf keiner anderen war, mich gütigst, wenn es noch geht, wieder zum k. u. k. 6. Armeekorps gnädigst einteilen zu wollen; bei welchem Armeekorps ich sehr bekannt bin, und alle Behelfe zur Verfügung stehen, und wissen, dass ich für das k. u. k. Kriegsarchiv arbeite". Kaulich schließt sein Ansuchen mit der Hoffnung: „So wäre mir Gelegenheit geboten recht aktuelle Aufnahmen aus Siebenbürgen zu bringen." Und

41

ABB. 41 Appell des Infanterieregiments Nr. 40 vor dem Thronfolger Erzherzog Carl (später Kaiser Karl I.) bei seiner Frontreise nach Galizien, vermutlich in Nowy Knierut, 2. Februar 1916; der Fotograf links im Bild gehört vermutlich zum Pressetross des Thronfolgers; 9. Korpskommando [K 15418].

fügt „untertänigste" Grüße nach Wien an: „Mit besonderer Hochachtung und ergebenst Seiner Hochwohlgeboren Herrn k. u. k. Major untertänigster Rudolf Kaulich, Kriegsfotograf, Budapest (…)."[24] Die Antwort des KPQ ist nicht erhalten, das Gesuch dürfte aber abgelehnt worden sein. Denn im April 1917 wandte sich Kaulich erneut an Major Sobička, wiederum mit der Bitte um Verlegung nach Rumänien. „Da ich beinahe meine ganze Zeit während des Krieges immer an der Russischen Front gewesen, nur in der letzteren Zeit in Albanien, von wo ich sehr krank zurückkam, so möchte ich doch sehr ergebenst bitten, da mir Herr Major auch versprochen hatte, die nächste Exkursion an der Rumänischen Front zubringen zu können, mich gefälligst, wenn es möglich ist, dorthin einteilen zu wollen."[25] Ob Kaulichs Wunsch diesmal in Erfüllung ging, wissen wir nicht. Im Frühjahr 1917 jedenfalls war der Rumänienfeldzug längst zu Ende.

Die Wege der Fotografen

Am 9. Mai 1915 brach der Kriegsfotograf Alexander Exax vom Hauptquartier des Kriegspressequartiers – zu dieser Zeit war es in Nagy Bicscse (Velka Bytča)[26] untergebracht – an die Ostfront auf. Hunderte Kilometer legte er in den folgenden Tagen und Wochen zurück. Die großen Strecken bewältigte er mit dem Zug, auf den Nebenstrecken war er im Kraftwagen unterwegs, hie und da stieg er auf das Pferd um. Exax notierte in knappen Tagebuchnotizen seine Wegstrecken, die ihn kreuz und quer durch Galizien führten.[27]

9. Mit Sonderzug ab Nagy Bicscse.
10. Über Oderberg nach Tarnów. Mein Rucksack wurde gestohlen.
14. Ab Tarnów an Krakau.
15. 20^h ab Krakau – Oderberg – Teschen – Nagy Bicscse.

42

ABB. 42 Fußmarsch von Mannschaftsergänzungen der Deutschen Südarmee in Folwarki Waga, Galizien, vermutlich Winter 1915; Deutsche Südarmee [K 5532].

17. Ab Nagy Bicscse – Zsolna – Kaschau. Kéri getroffen.
18. ½10^h ab Kaschau nach Sátoraljaújhely. Ab 18^{h}30 im Salonwagen mit Fürst Windischgrätz.
19. In Fenyesvölgye, Uzsog, Stanski. Ab Turka mit LKW. Mit PKW weiter nach Szambor.
20. Ab Szambor 14^h in PKW. ½16^h an Drohobyczka. Brennende Naphta-Türme von Boryslav.
23. Pfingstsonntag. Ritt mit Stab zur Feldmesse. Abends am Beobachtungsturm in Petroleumraffinerie.
24. Ritt zur 7. Division. General Dány von Gyarmata. Kriegserklärung Italiens.
25. Ab Drohobyczka im PKW von Feldzeugmeister Pschallo. An Sanok.
26. Ab Sanok. Autopanne. Freinacht in Ujasty.
27. An Blazova – Rzeszów.
28. Mit Autobus ab Rzeszów, an Tarnów Hotel Bristol.
30. Ab Tarnów, 19^h an Krakau.
31. Ab Krakau.

Dieser Ausschnitt aus seinem Tagebuch hält in stenografischer Form das ausgedehnte Wegenetz eines Pressefotografen fest. Die Kriegsfotografen folgten – in Ermangelung eigener Fahrzeuge – vor allem den militärisch genutzten Verkehrswegen. Selten verließen sie auf ihren Fotoexkursionen die Nachschubstraßen und Bahnverbindungen. Während die Pressefotografen recht mobil waren, blieb die geografische „Reichweite" der den Armeekorps zugeteilten militärischen Fotografen oft recht bescheiden. Sie waren meist in größeren Ortschaften oder Städten im Hinterland der Front untergebracht, in der Regel dort, wo das jeweilige Korpskommando seinen Sitz hatte. Von hier aus brachen sie zu fotografischen Exkursionen in die Umgebung auf. Beim Korpskommando liefen die Nachrichtenflüsse zusammen, hier

Die Wege der Fotografen 55

43

ABB. 43 Russische Kriegs-
gefangene in den Karpaten,
vermutlich in der Um-
gebung von Lawoczne oder
Oporzec (Oporec),
zwischen Februar und
Ende April 1915; Korps
Hofmann [K 13137].

ABB. 44 Stacheldraht-
transport mit Tragtieren,
vermutlich in Umgebung
von Podhajce (Pidgajci),
Ostgalizien, Herbst 1915;
Korps Hofmann [K 12980].

44

56 **Mit der Kamera bewaffnet** Der Alltag der Fotografen

ABB. 45 Transport schwerer Waffen (30,5 cm Mörser) auf der durchweichten Straße zwischen Brzezany (Berezani) und Podhajce (Pidgajci), Ostgalizien, vermutlich Winter 1915/1916; Deutsche Südarmee [K 5661].

ABB. 46 Wäscherei im Schützengraben, vermutlich in der Gegend zwischen Brzezany (Berezani) und Podhajce (Pidgajci), Ostgalizien, vermutlich im Sommer 1915; Korps Hofmann [K 13463].

45

46

47

58 **Mit der Kamera bewaffnet** Der Alltag der Fotografen

48

49

ABB. 47 Offizier im
Schützengraben, Galizien,
vermutlich 1915; 2. Armee
[K 32694].

ABB. 48 Ausfahrt des
Kriegsvermessers
(Mappeurs) zur Arbeit,
vermutlich in der Nähe
von Limanowa, West-
galizien, Umgebung von
Neu Sandec (Nowy Sacz),
vermutlich Frühjahr 1916;
Kriegsvermessung 4
[K 20025].

ABB. 49 Soldaten der
Kriegsvermessung mit
den Bewohnern eines
Hauses in Kalusz (Kaluš),
Ostgalizien, 10. April 1917;
Kriegsvermessung 3
[K 19730].

Die Wege der Fotografen 59

ABB. 50 Ein Kind vor einem Hauseingang in Középlak (Cuzăplac), Ostungarn (heute Rumänien), vermutlich Spätsommer, Herbst 1917; Kriegsvermessung 1/1 [K 26470].

erfuhren die Fotografen militärische Neuigkeiten. Die Kreuzungspunkte wichtiger Verkehrswege ließen es zu, die Truppenbewegungen an die Front zu verfolgen, aber auch die Gefangenentransporte ins Hinterland zu fotografieren (ABB. 42, 43). Hier wurden Waffentransporte und Nachschub durchgeschleust (ABB. 44, 45). Die Bahn selbst taucht immer wieder im Bild auf: als technisches Rückgrat des Krieges. Die Fotografen dokumentieren auch die Fortschritte der Bau- und Instandsetzungsarbeiten an wichtigen Bahnstrecken.

Immer wieder bemühten sich die Fotografen, in den unmittelbaren Frontbereich vorgelassen zu werden. Hier hielten sie den Alltag im Schützengraben fest (ABB. 46, 47). Der Großteil dieser Bilder entstand allerdings in „ruhigeren" Zeiten, Kampfszenen sind eher selten. Im Hinterland der Front fanden sie auch Szenen abseits des militärischen Lebens. Die Fotografen des k. u. k. Militärgeographischen Instituts kamen auf ihren Vermessungstouren auch in abgelegene Gegenden. Oft führten sie ihre Ausrüstung im Pferdewagen mit sich (ABB. 48). Auf ihren Exkursionen kamen sie auch in Kontakt mit der einheimischen Bevölkerung (ABB. 49).

Gelegentlich entstanden auf diese Weise Bilder, die den Krieg weit hinter sich zu lassen scheinen. Im Spätsommer oder Herbst 1917 war die Kriegsvermessungsstelle der 1. k. u. k. Armee eine Zeit lang in Középlak (Cuzăplac), einem Ort in Ostungarn untergebracht.[28] Hier befanden sich der Sitz der Kriegsvermessungsstelle, der Generalstabsabteilung und des Korpskommandos. Auch der Fotograf der Kriegsvermessung hielt sich einige Zeit im Ort auf. Neben seiner eigentlichen Aufgabe, Rohmaterial für die Geländevermessung zu liefern, hatte er noch genügend Zeit, das Leben im Ort und in der Umgebung im Bild festzuhalten. Es entstand eine Reihe von eindrucksvollen Porträts, die die Bewohner des Ortes und der Umgebung, u. a. in ihrer Feiertagstracht zeigen. Auf einem der Fotos sehen wir ein Kind vor einem Hauseingang (ABB. 50). Der kleine Junge trägt ein frisches weißes Kleid – die Falten sind noch deutlich sichtbar – und einen dunklen Hut. Mit einer Hand hält sich er sich an der Türklinke fest und wendet sich dem Fotografen zu. Dieser wird ihm wohl den Platz im Türrahmen vor dem dunklen Hintergrund zugewiesen haben. Das Negativ ist, wie alle anderen Bilder der Serie, offiziell beschriftet: „Korps 30 [Kriegs]Vermess. Stelle 1/1" heißt es nüchtern am Rand des Negativs. Der Abzug hingegen gibt dem Bild nicht nur einen Titel, sondern dem Jungen auch einen Namen. „Der kleine Gyuri" wird er genannt.

Karl   Kaiser, Feldherr, Medienstar

Die Mitte des Bildes hält das dreifüßige Stativ besetzt. Auf ihm ruht das Periskop, ein optisches Gerät, das es erlaubt, aus sicherem Stand über den Rand des Schützengrabens zu spähen. Vor dem Gerät steht ein Mann, der im Begriff ist, durchs Okular zu blicken (ABB. 51). Es ist Kaiser Karl I. Verschanzung können wir allerdings keine erkennen. Das Gelände ist eben. Wohin der Blick des Kaisers gerichtet ist, wissen wir nicht.

Der Bildtext zum Foto wählt bewusst den deutschen Namen des Ortes: „Frontreise Sr. Majestät nach Vielgereuth, 15.5.17". Wir befinden uns im südlichen, italienischsprachigen Teil der Monarchie. Der im Gebirge zwischen Trient und Rovereto gelegene Ort befindet sich nicht weit von der ehemaligen österreichisch-italienischen Grenze entfernt. Zwei Jahre nach Kriegsbeginn – Italien war Ende Mai 1915 in den Krieg eingetreten – war die Frontlinie im Gebirge im Stellungskrieg erstarrt. Der kleine Ort Vielgereuth (Folgaria) war dabei Dreh- und Angelpunkt für die gewaltigen Nachschublieferungen an die höher gelegenen Stellungen.

Die Entstehung dieser Fotografie ist recht gut dokumentiert. Sie wurde am 15. Mai 1917 aufgenommen. Noch am 13. Mai 1917, als die zehnte Schlacht am Isonzo (12. Mai bis 5. Juni) gerade begonnen hatte, hatte Karl in Baden bei Wien am Kaiserin Zita-Tag teilgenommen (ABB. 52). Am Tag darauf reiste er mit dem Zug von Wien-Hütteldorf ab (ABB. 53) und erreichte über Trient Vielgereuth. Noch am selben Tag stieg er, ebenfalls von Kameras begleitet (ABB. 54), zur Costilla-Höhe oberhalb des Ortes auf. Dort entstand, wie auf einer Bühne, eine Reihe von Film- und Fotoaufnahmen. Der Ort war als Schauplatz bewusst gewählt. Genau ein Jahr zuvor war es den k. u. k. Truppen in dieser Gegend gelungen, die italieni-

schen Stellungen zu überrumpeln und die Frontlinie weiter nach Süden vorzuschieben. Hier, auf dem „ruhmreichen" Boden, lässt sich nun der Kaiser als siegreicher Feldherr aufnehmen.

Auf den Negativen der Bildserie finden wir den Namen des Fotografen. Er heißt Schuhmann. Dieser arbeitete schnell und effizient. Kaum war der Fototermin des Kaisers zu Ende, schickte er die Bilder nach Wien. Dort gingen sie an die Redaktionen mehrerer Blätter. Am 24. Mai erschien die Bildserie in *Das interessante Blatt*, am 27. Mai erschien eine ähnliche Auswahl in den *Wiener Bildern*, am 1. Juni 1917 prangte Kaiser Karl als Feldherr vor dem Periskop auf der Titelseite der Zeitschrift *Unsere Krieger*, am 29. Juli erschien das Bild als ganzseitige Abbildung in einer umfangreichen Sondernummer der Wochenzeitschrift *Sport & Salon*, die zur Gänze dem Kaiser gewidmet war.[1] Die Fotos waren aber auch einzeln zu erwerben. Der Postkartenverlag der Brüder Kohn, der eine Reihe fotografischer Kaiserbilder in Form von Bildpostkarten druckte und vertrieb, griff auf Schuhmanns Aufnahmen zurück. Kohns Serie stellt die Frontreise Karls in Einzelbildern nach. Den Höhepunkt bildet auch

ABB. 51 Schuhmann (vermutlich Ludwig): Kaiser Karl während der Frontreise in die Dolomiten, Vielgereuth (Folgaria), 15. Mai 1917; Reproduktion vom Abzug [K 16895].

ABB. 52 Schuhmann (vermutlich Ludwig): Kaiser Karl beim Kaiserin Zita-Tag in Baden bei Wien, 13. Mai 1917 [K 16862].

53

ABB. 53 Schuhmann
(vermutlich Ludwig):
Verabschiedung Kaiser
Karls am 14. Mai 1917 am
Bahnhof in Wien-Hüttel-
dorf vor seiner Frontreise
in die Dolomiten
[K 16865].

ABB. 54 Schuhmann
(vermutlich Ludwig):
Kaiser Karl während seiner
Frontreise in die Dolomi-
ten, Ritt von Vielgereuth
(Folgaria) auf die Costilla-
Höhe, 14. Mai 1917
[K 16875].

54

55

bei ihm „Kaiser Karl vor dem Periskop". In den folgenden Monaten wurde dieses Sujet immer wieder in die Öffentlichkeit gebracht. Aber es tauchten auch laufend neue Szenen mit dem Kaiser auf, der als Feldherr das Schlachtfeld überblickt. Am 22. August 1917, wenige Wochen nach der Aufnahme in Vielgereuth, entstand während einer weiteren Frontreise ein Bild, auf dem Karl durch den Feldstecher auf das Schlachtfeld in der Isonzoebene blickt (ABB. 55).

Ein Großteil der aus der Kriegszeit stammenden Fotografien des Kaisers wurde von den Brüdern Schuhmann aufgenommen. Ihr Name ist eng mit der Popularisierung des Kaiserbildes verknüpft. Ludwig Schuhmann[2] (1878 oder 1879–1935) hatte, ebenso wie sein Bruder Heinrich[3] (1888–1963), sein Handwerk als Pressefotograf bei dem Vater Heinrich Schuhmann sen. (1850 oder 1851–1913) gelernt.[4] Dieser war bereits vor dem Krieg als Pressefotograf bekannt geworden. Mit dem späteren Kaiser standen die Brüder Schuhmann schon seit längerem in Kontakt. Seit

Juli 1916 hatten die beiden Fotografen sein Heeresfrontkommando Erzherzog Carl begleitet.[5] Nach seiner Ernennung zum Kaiser blieben sie als Fotografen an seiner Seite. Sie begleiteten ihn auf seinen Reisen und lichteten ihn immer wieder in der Pose des Feldherrn ab. Ihre Aufnahmen fanden – im Unterschied zu den Bildern der meisten anderen Kriegsfotografen – stets namentlich gezeichnet Eingang in die illustrierte Presse. „Phot.: Brüder Schuhmann" lautete die Herkunftsbezeichnung in den Zeitungen. Welcher der beiden Brüder jeweils die Aufnahme gemacht hat, ist daher im Einzelnen schwer zu sagen. Ab Frühjahr 1917 dürfte ein größerer Teil der Kaiserbilder von Ludwig Schuhmann stammen, denn dieser wurde nun offiziell dem „Pressedienst Seiner Majestät" zugeteilt, der den Kaiser auf seinen zahlreichen Reisen begleitete.

Im Sommer 1917 wurde der Film „Unser Kaiser" fertiggestellt.[6] Der Episodenfilm, hergestellt von der Firma „Sascha-Film", ist eine Hymne an den neuen Kaiser. Der Film beginnt an der Tiro-

ABB. 55 Schuhmann (vermutlich Ludwig): Kaiser Karl während der Frontreise zur 11. Isonzoschlacht, 22. August 1917 [K 17273].

56

57

mann Eduard Hoesch hat denselben Standpunkt eingenommen wie Schuhmann, der Fotograf. Hoesch rückt allerdings mit seinen Apparat näher heran (ABB. 56). Der Kaiser, der den Feldstecher um den Hals gehängt hat, blickt in der Pose des Feldherrn über das Schlachtfeld, das in Wirklichkeit weit entfernt lag. Im Film aber toben die Kämpfe unmittelbar vor dem Kaiser, in Form einer – damals noch seltenen – Überblendung.[7] Für das Filmpublikum steht der Feldherr inmitten der Schlacht. Wir sehen stürmende Soldaten, Schützengräben, die verwüstete Landschaft. Es ist nicht der Kampf im nahe gelegenen Hochgebirge, sondern der Kampf in ebenerem Gelände. Die Hintergrundaufnahmen – sie wurden vermutlich an der Isonzofront gedreht – zeigen die Schlacht in bewegten, dramatischen Szenen. Die Anhöhe bei Folgaria, auf der sich Karl wie am Feldherrnhügel ablichten lässt, wird im Film nicht als realer, sondern als symbolischer Ort vor Augen geführt.

Karls Medienpolitik

Seit Monaten schon war Karl pausenlos unterwegs. Seine Reisen in die Kriegsgebiete waren medial bis ins Detail durchkomponiert. Der Thronfolger und spätere Kaiser wurde auf Schritt und Tritt von Filmkameras und Fotografen begleitet. Die illustrierte Presse berichtete ausführlich über die Unternehmungen. Anfang August 1916 besuchte Karl die Truppen in Galizien (ABB. 57), danach ist er bei der Einweihung der Fliegerkaserne in Wiener Neustadt zu sehen. Dazwischen besuchte er wieder Galizien (August, September 1916), die rumänische Front (September 1916) und Ungarn (Oktober, November 1916). Als Karl im November 1916 nach dem Tod Franz Josephs das Kaisererbe antrat, intensivierte er seine Reisetätigkeit noch weiter. Die erste Frontreise führte den neuen Kaiser im Januar 1917 an die Dolomitenfront, im April besuchte Karl die Isonzofront, Anfang Mai war er in Galizien unterwegs, Mitte Mai fuhr er an die Dolomitenfront, im Juni

ler Front, er folgt ihm auf mehreren seiner Reisen in diverse Gebiete der Monarchie, zeigt ihn in der Begegnung mit den jubelnden „Untertanen" und begleitet ihn auf seinen Reisen an die Ost- und Südfront. Der Kaiser nimmt Paraden ab, schreitet durch Menschenmengen, fährt im offenen Wagen durch ein Spalier von Anhängern, er lässt sich bejubeln. Das Publikum dieser Auftritte besteht nicht nur aus den Schaulustigen, die den Kaiser vor Ort sehen wollten. Seine öffentlichen Auftritte waren zugleich auch Inszenierungen für die Film- und Fotokameras. Eine kurze Szene zeigt den Kaiser, während er im offenen Auto durch die Innenstadt von Krakau (Kraków) fährt. Die Straße wird von Menschen gesäumt. Im Publikum sind zwei Fotografen zu erkennen. Einer von ihnen hat sogar eine Leiter aufgebaut, um den Protagonisten besonders gut ablichten zu können.

Die Aufnahmen aus Vielgereuth gehören zu den Höhepunkten des Kaiserfilms. Auch im Film sehen wir Karl vor dem Periskop. Der Kamera-

58

ABB. 58 Brüder Schuh-
mann: Parade in Levico
anlässlich der ersten
Frontreise Kaiser Karls in
die Dolomiten, 17. Januar
1917 [K 16586].

ABB. 59 Schuhmann
(vermutlich Ludwig):
Frontreise Kaiser Karls
nach Galizien, die Auf-
nahme entstand vermut-
lich am 29. Juni 1917 in
Kalusz (Kaluš) [K 17145].

S. M. Kaiser Carl I.
mit dem Kronprinzen Otto

Atelier d'Ora, Wien

6070

60

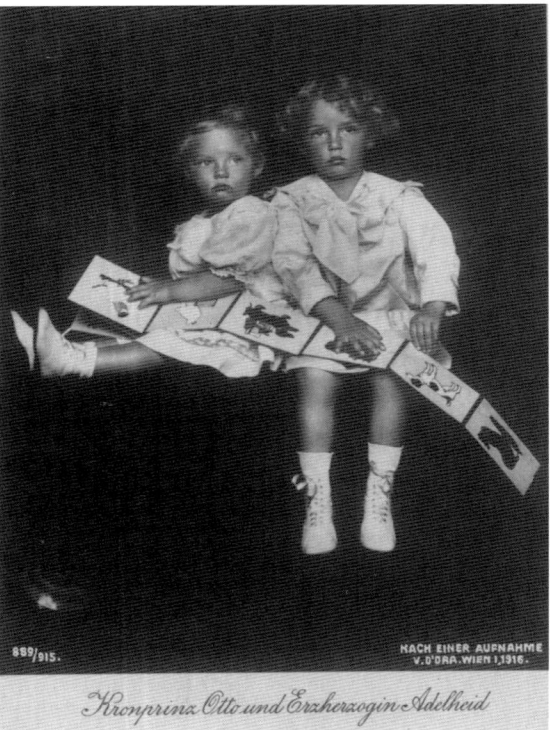

889/915.   NACH EINER AUFNAHME
                                            V. D'ORA. WIEN I. 1916.

Kronprinz Otto und Erzherzogin Adelheid

61

ABB. 60 Atelier d'Ora:
„S. M. Kaiser Carl I. mit
dem Kronprinzen Otto",
vermutlich Januar 1917
[ÖNB LII 138].

ABB. 61 Atelier d'Ora:
„Kronprinz Otto und Erz-
herzogin Adelheid", 1916,
Bildpostkarte, Postkarten-
verlag Brüder Kohn, Wien
[ÖNB LII 143].

ABB. 62 Kaiserin Zita
beim Besuch in der
Ortschaft Pöckau bei
Arnoldstein, Kärnten,
4. Juni 1917; 10. Armee-
kommando [K 11250].

ABB. 63 Schuhmann
(vermutlich Ludwig):
„Kaiser und König Karl
versucht in der Graslitzer
Volksküche die Suppe",
Winter 1917/1918
[ÖNB 7277].

ABB. 64 Schuhmann
(vermutlich Ludwig):
„Die Jugend von Graslitz
jubelt Kaiser und König
Karl beim Verlassen der
Kriegsküche zu", Graslitz
(Kraslice), Winter
1917/1918 [ÖNB 43943].

1917 besuchte er die Kriegsschauplätze in Kärnten, Istrien und am Isonzo, er fuhr nach Ungarn
und wieder an die Dolomitenfront. Ende Juni, Anfang Juli war er in Galizien, im Oktober besuchte
er Wladimir Wolinsky (Volodimir Volins'kij),
eine weit im Nordosten hinter der österreichisch-
russischen Frontlinie gelegene Garnisonsstadt.

Kaiser Karl tritt in der Rolle des energischen
Regenten auf, eines Mannes, der unermüdlich
die entferntesten Kriegsgegenden besucht. In seinen Begegnungen mit Offizieren und Soldaten an
der Front und mit der Zivilbevölkerung im Hinterland wird er zum sorgenden, allgegenwärtigen
Oberbefehlshabers stilisiert (ABB. 58, 59). In Post-
kartenserien wird der Kaiser aber auch als warm-
herziger Familienvater dargestellt. Auf einer Ansichtskarte, die bald nach seinem Amtsantritt,
vermutlich im Januar 1917 aufgenommen wurde
und vom Atelier d'Ora in Wien stammt, sehen
wir „S. M. Kaiser Carl I. mit dem Kronprinzen
Otto" (ABB. 60).[8] Der Kaiser erscheint in der Pose
des Vaters, der fürsorglich seinen Arm um das
Kind legt. Die bekanntesten Wiener Atelierfoto-
grafen, etwa Helene von Zimmerauer, Adèle
(Wilhelm und Ernst Förster), Carl Pietzner, d'Ora
(Dora Kallmus) und Hermann Clemens Kosel,
lichteten die Mitglieder des Kaiserhauses ab.[9]
Viele dieser Aufnahmen wurden propagandistisch verwertet (ABB. 61). Schließlich rückte auch
Zita, die Kaiserin, immer öfter ins Rampenlicht
der Öffentlichkeit. Auch sie war, wie Karl, viel
unterwegs und erscheint in den Bilder für die Öffentlichkeit als fürsorgliche, hilfsbereite Herrscherin, die den Kontakt zur Bevölkerung sucht.
Im Frühsommer 1917 besuchte sie zusammen
mit dem Kaiser die Ortschaft Pöckau bei Arnoldstein in Kärnten (ABB. 62). Das im Hinterland der
italienischen Front gelegene Dorf war durch
einen Brand schwer in Mitleidenschaft gezogen
worden. Wir sehen die Kaiserin, wie sie, begleitet
von mehreren Offizieren, durch den Ort schreitet. Die Bilder sind für die Presse entworfen. Die
Kaiserin wird als sorgende Herrscherin gezeigt.

In ähnlicher Rolle taucht auch Karl gelegent-

lich auf. Im März 1918 – die Versorgungslage der
Bevölkerung war zu dieser Zeit dramatisch –
trifft der Kaiser in der kleinen im Erzgebirge liegenden Stadt Graslitz (Kraslice) ein. Für die Kamera besucht er die Volksküche der Stadt, die der
Hunger leidenden Bevölkerung warme Mahlzei-
ten anbietet (ABB. 63). Zunächst sehen wir den
Kaiser im schweren Wintermantel und ohne
Kopfbedeckung mit einem einfachen Suppentel-
ler in der Hand. „Kaiser und König Karl versucht
in der Graslitzer Volksküche die Suppe" lautet
der Bildtext, mit dem das Bild an die Presse geht.
Tage später schon wird es unter dem Titel „Der
Kaiser im böhmischen Notstandsgebiet" in großer Aufmachung auf der Titelseite des *interessanten Blattes* veröffentlicht.[10] Dann folgt der
Kaiserfotograf Schuhmann Karl ins Freie. Die
Aufnahme hält fest, wie der Kaiser nach seinem
einfachen Mahl durch das Spalier von Schaulustigen schreitet (ABB. 64). „Die Jugend von Graslitz jubelt Kaiser und König Karl beim Verlassen
der Kriegsküche zu." So heißt es für die Presse.

Propaganda für den Kaiser

Karl wusste um die Präsenz der Kameraleute,
er bewegte sich souverän vor den Objektiven. Bereits als Thronfolger hatte er gern im Licht der
Öffentlichkeit gestanden. Am 26. September
1915 notierte der Kriegsfotograf Alexander Exax
lapidar in sein Tagebuch: „Thronfolger Karl
Franz Josef 28 mal geknipst."[11] Karl, der Kaiser,
ist das Produkt einer mit Geschick, Kalkül und
großem Aufwand inszenierten Medienkampa-
gne. Die Fäden der Kaiserpropaganda liefen ab
Anfang 1917 nicht mehr nur im Kriegspressequartier zusammen. Am 20. Februar 1917 wurde
„auf allerhöchsten Befehl" ein eigener „Pressedienst für die Allerhöchsten Herrschaften" eingerichtet.[12] Die neue Propagandaeinrichtung war
ausschließlich dazu da, Öffentlichkeitsarbeit für
den Kaiser zu betreiben. Das Personal wurde teilweise aus den Reihen des KPQ bezogen. Die Leitung übernahm Hauptmann Karl Werkmann.[13]

62

63

64

65

Unterstützt wurde er von einem Soldaten als
Schreiber und Ordonnanz sowie vom Fotografen
Ludwig Schuhmann.[14] Im Kriegspressequartier
nahm man die Ausgliederung der Propaganda für
den Kaiser mit Widerwillen zur Kenntnis.[15] Die
Arbeit des kaiserlichen Pressedienstes ähnele, so
der im KPQ tätige Offizier Karl Lustig-Prean von
Preansfeld kurz nach Kriegsende, einer ständigen
Lobhudelei. „Photographen, Filmer, und Herr
Werkmann lobpriesen jeden Atemzug; und dabei
wurde die Unzulänglichkeit des kaiserlichen
Durchschnittsmenschen umso eklatanter, je
mehr man ihn besang."[16]

Der Pressedienst sollte, so Werkmann, „die
Anhänglichkeit und Liebe der Bevölkerung zum
Kaiserhause vertiefen, (…) unrichtigen, wenn
auch liebevollem Interesse entspringenden
Nachrichten über die Allerhöchsten Herrschaften durch rechtzeitige Verbreitung zutreffender
Nachrichten vor[…]beugen: bei der Unterdrü-
ckung unwahrer oder ungelegener Nachrichten,
sowie bei der Berichtigung unwahrer Nachrichten mit[…]wirken".[17] Besonders wichtig sei die
möglichst „rasche Dotierung der illustrierten
Blätter" mit Kaiseraufnahmen.[18] „Wenn z. B.", so

führte Werkmann in einem Bericht an das KPQ
aus, „eine Allerhöchste Reise, wie die letzte Bo-
zener Reise, am Montag Vormittag endet, so
müssen die Kopien noch am gleichen Nachmit-
tage bei den Wiener illustrierten Blättern sein,
wenn sie am nächsten Sonntag veröffentlicht
werden sollen. Eine Verschiebung der Veröffentlichung um weitere 8 Tage ist ganz unmöglich, da
das zahlreiche jetzt auf allen Gebieten vorliegende aktuelle Bildermaterial das eigene Material
erdrücken würde."[19] Tatsächlich sei, so Werkmann weiter, der Erfolg dieser Anstrengungen bei
der Presse so überwältigend, „daß seit vielen Wochen fast keine Nummer der österreichischen
und ungarischen illustrierten Presse mehr ohne
irgendwelche Bilder erscheint, in deren Mittelpunkt die Allerhöchsten Herrschaften stehen,
und daß auch die ausländischen Blätter häufiger
denn je solche Bilder reproduzieren".[20]

Karl Werkmann zog als Pressechef des Kaisers
alle Register der Öffentlichkeitsarbeit, um das
Kaiserimage zu vervielfältigen. Er ließ kleinfor-
matige Kaiser- und Kaiserinnenalben mit „Szenen aus dem Wirken Ihrer Majestäten" drucken.
Sie erschienen in einer Auflage von 20.000 Exem-

platen in mehreren Sprachen (deutsch, ungarisch und kroatisch). Er regte an, dass Fotografien des Kaisers in den Industriebetrieben und Hotels der Monarchie ausgestellt werden.[21] Er veranlasste die Verbreitung von Bildpostkarten des Kaisers und der kaiserlichen Familie in hohen Auflagen. Eine mehrere Hunderttausende Exemplare umfassende Ansichtskartenserie des Kaisers wurde über ein großes privates Unternehmen auch in Deutschland vertrieben.[22] Filme über den Kaiser wurden unter Mitwirkung des kaiserlichen Pressedienstes von privaten Unternehmen hergestellt und vom KPQ vertrieben. Für die Verbreitung im Ausland wurden die Kaiserfilme vom „Literarischen Bureau" des Außenministeriums angekauft und über Agenturen vertrieben.[23] Der Erfolg dieser propagandistischen Anstrengungen blieb nicht aus. Ab Anfang 1917 war das Kaiserbild allgegenwärtig.

Während Franz Joseph dem Medienverständnis des 19. Jahrhunderts verhaftet blieb, war Karls Umgang mit den Bildmedien höchst modern. Der alte Kaiser verließ die Hauptstadt während des Krieges selten, Huldigungen nahm er in den Wiener Prunkräumen entgegen. Der junge Kaiser hingegen ließ sich als überaus mobiler Monarch darstellen, der die Technik und die Medien der Zeit für sein Image zu nutzen weiß. Die fotografische Inszenierung Karls hob sich deutlich vom Image seines Vorgängers ab. Immer wieder sehen wir den Kaiser als technikgläubigen, reisefreudigen militärischen Oberbefehlshaber. Er ließ sich gerne in der Pose des Aufbruchs fotografieren. Oft ist er in Bewegung zu sehen: am Bahnhof, im Auto auf dem Weg zur Front, beim Aufbruch vom Kommandogebäude, beim Abschreiten der Truppenparade. Während der alte Kaiser in den bildlichen Inszenierungen die klassischen imperialen Fortbewegungsmittel – Kutsche, Pferd – bevorzugte, wählt Karl die neuen Techniken des Verkehrs.

Wenn Künstler ihn ins Bild setzten, zeigten sie ihn nicht als einen in Wien thronenden Herrscher, sondern als energischen Oberbefehlshaber,

66

67

der seine Soldaten an vorderster Front besucht. Eine im Mai 1917 entstandene Aufnahme zeigt den Kriegsmaler Leonhard Winterowski auf einer Leiter vor einem fast fertigen großformatigen Gemälde (ABB. 65). Der Maler bringt die letzten Pinselstriche an. Das fertige Bild wird den Titel tragen: „Kaiser Karl an der Ostfront besichtigt vorgehende Truppen". Karl kommt nicht, wie einige seiner Kommandanten, hoch zu Ross daher, sondern er steht am Boden, umringt von seinen Offizieren. Wiederum ist ihm, dem Feldherrn, das Periskop zugeordnet.

Der Medientross

Kehren wir noch einmal zurück zum 15. Mai 1917, dem Tag, an dem Karl in Vielgereuth vor

ABB. 66 Schuhmann (vermutlich Ludwig): Kaiser Karl während der Frontreise in die Dolomiten, Vielgereuth (Folgaria), 15. Mai 1917 [K 16880].

ABB. 67 Schuhmann (vermutlich Ludwig): Kaiser Karl während der Frontreise in die Dolomiten, Vielgereuth (Folgaria), 15. Mai 1917; Reproduktion vom Abzug [K 16898].

68

ABB. 68 Schuhmann (vermutlich Ludwig): „S. M. in der X. Isonzoschlacht, 17.5.17", auf dem Weg zum Plateau von Comen [K 16901].

der Kamera steht. Eine der Aufnahmen Schuhmanns zeigt einen kleinen Tisch (ABB. 66). Auf dem weißen Tischtuch sind Weinflaschen, eine Thermoskanne und die Reste einer kleinen Mahlzeit zu erkennen. Von rechts tritt ein Diener ins Bild, er hält ein Tablett in der Hand. Im Vordergrund sitzen Offiziere, die hintere Tischfront ist dem Kaiser vorbehalten. Dieselbe Szene wurde auch aus größerer Entfernung aufgenommen (ABB. 67). Wir erkennen nun auch die Umgebung: Die Tischgesellschaft sitzt auf einem kleinen Rücken, im Hintergrund auf dem ansteigenden Hang sind noch Schneereste zu erkennen, die der Sonne bis Mitte Mai standgehalten haben. Umgeben ist die Offiziersgruppe mit Kaiser von mehren Fotografen und Kameraleuten. Mindestens drei von ihnen sind deutlich auszumachen, aber auch die beiden Männer ganz links im Bild sowie die verschwommene Figur rechts, die vermutlich ebenfalls eine Kamera trägt, gehören wohl zur Gruppe der Bildberichter. Bei den beiden Filmoperateuren dürfte es sich um Eduard

Hoesch und Ludwig Schaschek handeln. Beide haben zahlreiche Kaiserreisen gefilmt.[24] Sie waren im Auftrag der Wiener Filmfirma „Sascha-Film" unterwegs, die einen Film mit dem Titel „Die zehnte Isonzoschlacht" drehte.

In der begleitenden Broschüre wird der Film als „Meisterwerk sowohl in technischer Durchführung als auch in künstlerischer Auffassung" bezeichnet. Er wolle in dramatischen Nah- und sorgsam inszenierten Landschaftsaufnahmen „das ganze komplizierte Räderwerk" des „Riesenkampfes darstellen".[25] Zu diesem Zweck rückten die Kameraleute mit Stahlhelm und Gasmaske ausgerüstet bis in die vordersten Stellungen vor. Aber im Mittelpunkt steht nicht der Krieg als technisches Spektakel, sondern der „Heerführer", Kaiser Karl. „Kaum daß die ersten Anzeichen des kommenden Sturms am Isonzo sich zeigten, war Kaiser Karl I. hinuntergeeilt, um seine Truppen, die ihn ja alle schon seit langem von Aug' zu Aug' kennen, im heißen Kampfe zu sehen und durch seine Gegenwart in

69

ihrem Mute zu stärken", heißt es in der Filmankündigung.[26]

Zwei Tage nach seinem Blitzbesuch in Vielgereuth reiste Kaiser Karl an die Isonzofront weiter. Die zehnte Isonzoschlacht war seit mehreren Tagen im Gange. Am 17. Mai ist er beim Armeekommandanten zu Besuch, am selben Tag fährt Karl samt Offizieren und Medienbegleitung in Richtung Front. Das Ziel ist ein Hügel im Hinterland von Görz (Gorizia / Nova Gorica), in der Nähe von Ternova (Trnovo). Unterwegs trifft die Autokolonne des Kaisers immer wieder auf Soldaten. Die Fotografen und Kameraleute, die ebenfalls im Auto mitreisen, steigen mehrmals ab, um den Kaiser bei der Begegnung mit „seinen" Soldaten abzulichten. „Wie sehr sie ihn lieben", so die Filmbroschüre zum Isonzofilm, „zeigt ein Bild, auf dem die nach vorn ziehenden Reserven ihrem jugendlichen Kaiser und obersten Kriegsherrn begeistert zujubeln. Im Auto hält er auf der Straße, auf der die endlosen Kolonnen vorüberziehen – er sieht jeden der Helden, dankt

jedem für seinen jubelnden Zuruf und hat für jeden einen warmen Blick der Aufmunterung."[27] Die Szene wurde nicht nur von den Kameraleuten der „Sascha-Film" eingefangen und für den Film verwendet. Auch die begleitenden Fotografen nehmen diese Bilder auf. Wenige Tage später schon, am 24. Mai 1917, erscheint eines der Fotos (ABB. 68) im Innenteil des *interessanten Blattes*. Die Bildunterschrift lautet: „Auf der Fahrt zum Plateau von Comen begegnen in den Kampf ziehende Truppen dem Kaiser und begrüßen ihren obersten Kriegsherrn, ihre Kappen schwingend, mit frohen Zurufen."[28] Die Redaktion hat von mehreren zur Auswahl stehenden Bildern nicht zufällig jenes ausgesucht, auf dem das Auto des Kaisers in Marschrichtung der Soldaten unterwegs ist und nicht jenes, auf dem der Kaiser in die Gegenrichtung fährt (ABB. 69) und natürlich auch nicht jenes, auf dem am Straßenrand ein Kameramann bei der Arbeit zu sehen ist (ABB. 70).

Schließlich erreicht die Autokolonne des Kaisers samt Medientross das Ziel, einen Hügel, von

ABB. 69 Schuhmann (vermutlich Ludwig): „S. M. in der X. Isonzoschlacht, 17.5.17", auf dem Weg zum Plateau von Comen [K 16902].

70

ABB. 70 Schuhmann
(vermutlich Ludwig):
„S. M. in der X. Isonzo-
schlacht, 17.5.17", auf
dem Weg zum Plateau
von Comen [K 16903].

ABB. 71 „Die zehnte
Isonzoschlacht" (aus:
Das interessante Blatt,
24. Mai 1917, Titelseite).

dem aus – angeblich – das Schlachtfeld zu überblicken ist. Wieder gehen die Filmoperateure in Stellung: „Dann sehen wir ihn [den Kaiser, A. H.] oben auf einer weiten Ausblick gewährenden Höhe, wo er mit dem Chef des Generalstabes, General der Infanterie Arz von Straussenburg, dem Eroberer von Brest-Litowsk und Verteidiger Siebenbürgens, den Gang der Schlacht verfolgt."[29] Am selben Schauplatz entsteht auch eine Aufnahme der Brüder Schuhmann. Wieder markiert das Fernrohr, auf ein Stativ gesetzt, die Mitte des Bildes. Wie vom Feldherrnhügel aus blickt die Offiziersgruppe gebannt in Richtung Kriegsschauplatz. Am 24. Mai 1917 erscheint das Foto auf der Titelseite des *interessanten Blattes* (ABB. 71). Der Bildtext rückt Karl, der im Vordergrund mit Feldstecher zu sehen ist, mit einem Kreuz markiert, in den Mittelpunkt: „Kaiser Karl (✗), umgeben von seinem Gefolge und den Abschnittskommandanten, verfolgt am sechsten Tage der Schlacht im Gebiet des Ternowanerwaldes den Verlauf der Kämpfe." Der Innenteil derselben Ausgabe lässt

die dreitägige Frontreise in fünf weiteren Aufnahmen Revue passieren. Alle Fotografien der Frontreise stammen von den Brüdern Schuhmann. Ende Juli 1917 erscheint eine Sondernummer der Wochenzeitschrift *Sport & Salon*. Sie ist zur Gänze Kaiser Karl gewidmet. Ein weiteres Mal erscheinen die Bilder des Kaisers in großer Aufmachung.[30] Die Reise, die am Bahnhof von Wien-Hütteldorf mit der Verabschiedung von Kaiserin Zita und den beiden Söhnen Otto und Robert begann, findet ihren Höhepunkt am Feldherrnhügel bei Görz.

Im Film steht am Schluss dieser dramaturgischen Aufwärtsbewegung des Kaisers ein kontrapunktisches Bild. „Und dann ein ergreifendes, in seiner wundervollen Stimmung tiefpackendes Bild; vor einem im Walde aufgeschlagenen Altar liegt Kaiser Karl auf den Knieen und betet inbrünstig für den Sieg seiner Truppen."[31] Der oberste Heerführer sinkt, ganz oben angelangt, demütig in die Knie. Der Schlachtlärm weicht der stillen Andacht.

Das interessante Blatt

Abonnementspreise mit wöchentlicher Postversendung: für Oesterreich-Ungarn: vierteljährig 4 Kronen 30 Heller, halbjährig 8 Kronen 60 Heller, ganzjährig 17 Kronen 20 Heller; für Deutschland: vierteljährig 4 M. 50 Pfg., halbjährig 9 M., ganzjährig 18 M.; für alle übrigen Länder des Weltpostvereines: vierteljährig 8 Francs, halbjährig 16 Francs, ganzjährig 32 Francs. — Einzelne Nummern 34 Heller.
Redaktion und Administration: Wien, III. Rüdengasse 11 (Telephone 4199, 9767 und 9540), Stadtbureau: Wien, I. Schulerstraße 18.

Nr. 21. | Erscheint Zeden Donnerstag. | Wien, 24. Mai 1917. | Abonnements durch jede Buchhandlung und Postanstalt | XXXVI. Jahrg.

Die zehnte Isonzoschlacht.
Unser Kaiser bei der Isonzoarmee.

Kaiser Karl (×), umgeben von seinem Gefolge und den Abschnittskommandanten, verfolgt am sechsten Tage der Schlacht im Gebiet des Ternowauerwaldes den Verlauf der Kämpfe.

Phot. Brüder Schuhmann, Wien.

Der Jahrestag von Folgaria. — Von der Westfront. — Der Prozeß gegen den Attentäter Dr. Adler.

Helden   Die Errichtung fotografischer Denkmäler

72

Ein Tag im Frühjahr 1916. Wir befinden uns im Grandhotel in Adelsberg (heute Postojna, Slowenien). Hier ist das österreichische Armeehauptquartier für die Italienfront untergebracht. Zu Besuch ist Alice Schalek, die Wiener Kriegsberichterstatterin und Fotografin, die in Karl Kraus' *Die letzten Tage der Menschheit* als kriegstreiberische Reporterin geschildert wird. Sie hat vor, ein Buch über den Krieg gegen Italien zu schreiben, der ein Jahr zuvor, am 24. Mai 1915, begonnen hatte. Ihre Recherchen beginnt sie im Büro des Armeekommandanten.[1] Sie sei, so berichtet sie, aufgeregt gewesen, als sie in die Räume des berühmten Kommandanten Svetozar Boroević von Bojna trat. „Nun heißt es, dem Kommandieren-

den unter die Augen zu treten, dem Manne, der unsere Fahne mit leuchtendem Ruhme färbt. Oscar Wilde hat ein Wort geprägt, dessen Triebkraft mir schon manchen Dienst leistete: ‚Tu immer das, wovor du dich fürchtest.' Ich klopfte also an die Tür und schon tritt ‚Er' auf mich zu, rasch und lächelnd."[2] Schalek beschreibt den Kommandanten als Feldherrn, als ruhmreichen Helden. Er sei aber, so führt sie aus, dennoch ein Mann mit menschlichem Antlitz: „Wer sich ihn so vorstellt, wie er später einmal auf dem Granitsockel aussehen wird, irrt gar sehr. Man merkt ihm den Feldherrn nicht an; insbesondere wenn er lacht. Manchmal aber tritt in seine hellen, lebhaften Augen etwas Einsames, Abgeschlossenes, wie wenn eine Glaswand sich vor sie schöbe. Und dann kann man auch über dem gütigsten Blick nicht mehr vergessen, mit wem man spricht. Es bedarf keiner Vermittlung. Zu Generaloberst v. Boroević kann jeder selbst kommen und ihm frei heraussagen, was er begehrt. Und wenn man ihn bittet, über seine Armee schreiben zu dürfen, da leuchten die Augen so strahlend auf, dass ich beinahe über meine eigene Furcht vor diesem Augenblick lächeln muß. Wenn Sie mir versprechen, nichts über die Führer zu schreiben, dann bitte ich Sie geradezu darum. Über jeden einzelnen meiner Soldaten müssen Sie schreiben. Sie müssen zu ihnen hingehen und sehen. Wer sie sieht, der muß ja von ihnen erzählen. Man kann das nicht oft genug tun! Was hier am Isonzo geschieht, ist ohne Beispiel in der Geschichte. Den Isonzo hält der einzelne Mann. Was vermöchte mein Wille, stände nicht eisern der Mann da, der namenlose einfache Mann. Gehen Sie zu ihm hin und sehen Sie, wie er die Wache hält."[3]

Schalek hielt sich nicht an diesen Rat und er-

74

75

öffnet ihren Bericht mit einem schwärmerischen Porträt des Kommandanten. Ihrem Buch stellte sie eine Fotografie des hochdekorierten Svetozar Boroević von Bojna voran (ABB. 72). Der Armeekommandant steht im Halbprofil da, die Brust und Schulter sind dicht mit Orden und Auszeichnungen behängt. Boroević ist der Held ihrer Erzählung, ihm widmet sie das Buch mit folgenden Worten: „Dem Kommandanten der Isonzoarmee Seiner Exzellenz Generalobersten von Boroević in Bewunderung zugeeignet."

Boroević (1856–1920) war kroatischer Herkunft. Das Adelsprädikat trug er mit Stolz, er hatte es 1905 erworben. Seither nannte er sich „von Bojna". Zeit seines Lebens war er an Orden und Ehrungen überaus interessiert. Er suchte um immer neue Würdigungen an. Bereits während seiner ersten Kriegszeit an der Ostfront wurde er regelmäßig dekoriert und befördert. Als er an die italienische Front berufen wurde, setzte sich sein Aufstieg in der Militärhierarchie fort. An seiner Brust reihte sich Orden an Orden.

Der k. u. k. General war zunächst Kommandant der 3. Armee in Galizien gewesen und hatte im Frühjahr 1915 das Kommando der 5. Armee an der Italienfront übernommen. Kurz nachdem Boroević seinen Dienst in Adelsberg antrat, ließ er eine Serie von Porträtaufnahmen von sich anfertigen.[4] Der Fotograf hat seinen Namen auf den Negativplatten notiert. Er heißt Hübscher. Wir wissen fast nichts über ihn, auch nicht seinen Vornamen. Bekannt ist lediglich, dass er bei der Photostelle des Armeekommandos arbeitete. Die

Aufnahmen zeigen Boroević in wechselnden Posen auf der Freitreppe vor dem Gebäude des Armeekommandos in Adelsberg (ABB. 73).

Boroević verstand es, sein Bild als großer Feldherr und Kriegsheld zu kultivieren. Er verdankte seine Popularität zu einem Gutteil der Fotografie, die er systematisch für sich nutzte. Immer wieder forderte er Fotografen, die an seinem Frontabschnitt arbeiteten, auf, Porträts von ihm anzufertigen. Er ließ sich aber auch häufig von Malern und Bildhauern porträtieren. 1916/1917 gehörte Boroević zu den am meisten porträtierten Kommandanten der österreichisch-ungarischen Armee.[5]

Ende 1917 hatte Boroević den Höhepunkt seiner Karriere erreicht. In den letzten Oktobertagen kommandierte er die siegreichen österreichischen Truppen, die bei Flitsch (Bovec) und Tolmein (Tolmin) die italienische Frontlinie durchbrachen.

Etliche Tage darauf veröffentlichte *Das interessante Blatt* eine Aufnahme, die Boroević zusammen mit dem ungarischen Bildhauer Férenc (Franz) Sidló neben der Büste des Kommandanten zeigt (ABB. 74). „Die neueste Porträtbüste des Siegers vom Isonzo", so wird der Kommandant vorgestellt. Nicht Boroević selbst steht in der Mitte des Bildes, sondern sein Denkmal. Der Held vom Isonzo verschmilzt mit seinem heroischen Ebenbild.

76   77   78

Auf der Treppe

Adelsberg (Postojna) ist ein kleiner Sommer-
frischeort südwestlich der heutigen sloweni-
schen Hauptstadt Laibach (Ljubljana). Das mon-
däne Grandhotel „Adelsbergerhof" (ABB. 75), das
vor dem Krieg einem noblen internationalen Publikum vorbehalten war, wurde zu Kriegsbeginn
vom Militär in Beschlag genommen. Hier hatte
das k. u. k. Armeekommando seinen Sitz. Zwei
Jahre lang wohnte und arbeitete Svetozar Boroević von Bojna in diesem Gebäude. Die Freitreppe des Hotels wurde während dieser Zeit zur
Bühne, auf der sich der Kommandant immer wieder in der Pose des Feldherrn ablichten ließ.

Der Fotograf Hübscher hat im Sommer 1915
seinen Apparat am Fuß dieser Treppe aufgestellt.
Die Kamera – sie steht auf einem Stativ – ist in
gleichbleibendem Ausschnitt auf die Stufen gerichtet, die zum Eingang des Gebäudes führen,
einer Glastür mit geöffneten Läden. Boroević
nimmt genau in der Mittelachse der Treppe Aufstellung (ABB. 76, 77, 78). Er dreht sich vor der Kamera, lässt sich in immer neuen Posen ablichten,
zunächst ohne Mantel von der Seite (vgl. ABB. 73,
S. 77) und von hinten, dann mit Mantel von
vorne und von hinten. Elegant lüftet er fürs Publikum den Kragen seines Umhangs, damit der
Orden im rechten Licht erscheint (vgl. ABB. 77).

Die Arbeit am Image des Kommandanten wird
schließlich im Inneren des Gebäudes fortgesetzt
(ABB. 79). Boroević hat auf einem Stuhl Platz genommen, der seinerseits auf einem kleinen Po-

dest steht, einer Dreh-Vorrichtung, die es erlaubt, den Porträtierten in die richtige Position
zu rücken. Im Hintergrund ist eine Decke zu erkennen, die das Interieur und die Pflanze in der
Ecke des Raumes notdürftig abdeckt. Wir sehen
einen Kriegsmaler bei der Arbeit Vermutlich
handelt es sich um Nikolaus Schattenstein, der
zu dieser Zeit Boroević immer wieder porträtierte. Von ihm stammen mehrere Ölbilder und
auch eine farbige Zeichnung, auf der der Kommandant „bei der Arbeit" zu sehen ist.[6] Der Fotograf ist zurückgetreten und nimmt ein Doppel-
porträt auf: Boroević vor der Kamera und Boroević auf der Leinwand.

In dieser Aufnahme treffen jene beiden Medien
aufeinander, die im Laufe des Ersten Weltkrieges
ihre Positionen tauschen sollten. War zu Beginn
des Krieges die Malerei in der Verherrlichung und
Popularisierung von Feldherrnporträts noch nahezu unumstritten, so machte sie während des
Krieges zunehmend der Fotografie Platz. Diese
rückte – in Verbindung mit der Möglichkeit ihrer
massenhaften Vervielfältigung, etwa in der illustrierten Presse, in Bildpostkarten oder in Büchern – nach und nach zum beherrschenden Propagandamedium auf. Als im Sommer 1915 im
Hauptquartier Boroevićs der Fotograf das Am-
biente des Künstlers betrat, schienen die Rollen
vorerst noch klar verteilt zu sein. Der Fotograf
hielt den Bildhauer bei der Arbeit fest (und nicht
umgekehrt). Tatsächlich aber erwiesen sich die
fotografischen Aufnahmen als geeigneter für die
Propaganda. Fotografien konnten vervielfältigt

ABB. 76, 77, 78 Hübscher:
Svetozar Boroević von
Bojna vor dem Armee-
hauptquartier, Adelsberg
(Postojna), Sommer 1915;
Abb. 77: Reproduktion vom
Abzug [K 163, K 166, K 167].

79

80

werden und fanden allein daher eine weit größere Verbreitung als die gemalten Arbeiten.

Die etablierte Hierarchie der beiden Bildmedien geriet während des Krieges ins Wanken. Die Nachfrage nach repräsentativen fotografischen Porträts stieg an, auch im Kreis der Kommandanten. Dennoch hielten die Spitzen des Militärs noch längere Zeit an der herkömmlichen Rollenverteilung zwischen Malern und Fotografen fest. In der *Vorschrift für die bildliche Berichterstattung im Kriege*, die vom Armeeoberkommando herausgegeben wurde und am 1. Januar 1916 in Kraft trat, wurde den Malern und Bildhauern ihr höherer Rang noch nicht streitig gemacht. Ihre Aufgaben werden stets vor jenen der Fotografen genannt: „Im allgemeinen werden die Kriegsmaler (-Bildhauer) zur Sammlung von Eindrücken und Anfertigung von Skizzen den Korps- und Gruppenkommandos behufs Zuteilung zu Truppendivisionen oder kleineren Verbänden unterstellt. Sie haben selbst bestrebt zu sein, malerisch wirksame und interessante Motive aus dem Leben des Krieges zu finden. (...) Landschaftsmaler z. B. sind zur Zeichnung von Stellungen und Gefechtsfeldern anzueifern, wobei auf Beisetzung von Datum, Standpunkt und entsprechende Erklärung streng gesehen werden muß."[7] Wichtig seien, so heißt es in der Vorschrift weiter, auch Porträts von Kommandanten. Die Arbeiten sollten so ausgeführt werden, dass sie für Propagandazwecke brauchbar waren. „Porträtisten sind zur Anfertigung von farbigen oder Bleistiftskizzen der höheren Führer, besonders ausge-

zeichneter Offiziere und Mannschaftspersonen zu verwenden. Bezüglich letzterer ist anzustreben, dass von jedem Truppenkörper und jeder selbständig detachierten Abteilung oder Unterabteilung nach Wahl des Kommandanten mindestens ein ausgezeichneter Mann verewigt wird. Name, Charge und Truppenkörper sind möglichst eigenhändig beizusetzen, sowie eine kurze Anführung der bedeutendsten Waffentat beizulegen. Solche recht flott zu zeichnende Köpfe und Gestalten sollen zunächst dem Preßbureau des k. u. k. Kriegsministeriums sowie für Zwecke des Truppenkörpers dienen und überdies zur Erhaltung der Tradition auf Ansichtskarten und Briefpapieren Verwendung finden."[8]

Boroević wusste um die Vorteile der Fotografie gegenüber dem gemalten Porträt. Seit er an der Italienfront stationiert war, erschienen regelmäßig fotografische Aufnahmen von ihm in der Presse. Am 14. Oktober 1915 etwa veröffentlichte die Wochenzeitung *Das interessante Blatt* ein Porträt, das von der Wiener Fotoagentur „Kilophot" stammte (ABB. 80). Mit ziemlicher Sicherheit stammt die Aufnahme von Alexander Exax, der im Spätsommer 1915, von Galizien her kommend, zu Boroevićs 5. Armee abkommandiert wurde. Am 1. September kam er in Laibach an, zwei Tage später schon, am 3. September 1915, notierte er in sein Tagebuch: „Boroević photographiert."[9]

Im Zuge der intensiven Propaganda für die achte, neunte und zehnte Isonzoschlacht (also ab 1916), tauchte Boroevićs Image immer öfter in

81

82

83

der Öffentlichkeit auf. Dabei griffen die Bild-
redaktionen auch auf die Fotos zurück, die der
Fotograf Hübscher 1915 angefertigt hatte. Am
16. November 1916 druckte *Das interessante
Blatt* ein fast seitenfüllendes Bild Boroevićs aus
der Serie Hübscher (ABB. 81). Auf dem Bild ist Boroević auf der Treppe des Armeekommandoge-
bäudes zu sehen. Die Bildunterschrift stellt Boroević als Sieger vor: „Der standhafte Verteidiger
am Karst gegen überlegene italienische Armeen
und nunmehrige Sieger in der neunten Isonzoschlacht, Armeekommandant Generaloberst
Boroević von Bojna vor seinem Hauptquartier."[10]

Sieger

Im Sommer 1915 hatte sich Boroević von
einem weiteren – namentlich nicht bekannten –
Fotografen des 23. Korps fotografieren lassen.
Auch diese Bilder wurden auf der Freitreppe vor
dem Armeekommandogebäude aufgenommen.
Auf dem ersten Bild ist Boroević zunächst an der
Spitze seines Stabes zu sehen (ABB. 82); dann lässt
er sich zusammen mit seinem Adjutanten ablichten (ABB. 83), schließlich nimmt er, wie auch
in der Serie Hübschers, im Inneren des Gebäudes
Platz. Eines der Bilder zeigt ihn arbeitend an seinem Schreibtisch (ABB. 84). Der Kommandant ist
für die Kamera erstarrt, seine Feder schwebt ein
Stück weit über dem Papier, den Blick hat er ge-
radeaus gerichtet.

Am 15. Juni 1917 druckte die Zeitschrift *Unsere Krieger* wieder ein Foto Boroevićs (ABB. 85).[11]

Es war Mitte Mai 1917, am Beginn der zehnten
Isonzoschlacht (12. Mai bis 5. Juni 1917), aufgenommen worden – wiederum auf der Freitreppe.
Mittlerweile war Boroević, dank seiner geschick-
ten Pressepolitik, längst zum umjubelten Helden
am Isonzo geworden. Diesmal aber musste er seinen Platz auf dem Podest mit Kaiser Karl teilen.
Dieser war seit seiner Vereidigung als Kaiser zum
unangefochtenen Star unter den militärischen
Führern der Monarchie aufgestiegen. Karl, der es
meisterhaft verstand, die modernen Medien – vor
allem die Fotografie und den Film – propagandistisch in Dienst zu nehmen, war, als vielverspre-
chende Nachrichten von der Front eintrafen, eigens von Wien angereist, um sich in der Pose des

ABB. 81 Hübscher: „Gene-
raloberst Boroevic von
Bojna vor seinem Haupt-
quartier" (aus: *Das interessante Blatt*, 16. Nov. 1916,
S. 3).

ABB. 82 Der Stab des
5. Armeekommandos vor
dem Armeehauptquartier,
Adelsberg (Postojna), vermutlich Sommer 1915;
23. Korps [K 16154].

ABB. 83 Armeekomman-
dant Boroević mit seinem
Adjutanten vor dem
Armeehauptquartier,
vermutlich Sommer 1915;
23. Korps [K 16157].

84

85

ABB. 84 Armeekomman-
dant Boroević in seinem
Arbeitszimmer im Armee-
hauptquartier, Adelsberg
(Postojna), vermutlich
Sommer 1915; 23. Korps
[K 16158].

ABB. 85 Schuhmann
(vermutlich Ludwig):
Kaiser Karl und Armee-
kommandant Boroević
(rechts) vor dem Armee-
hauptquartier, Adelsberg
(Postojna), 17. Mai 1915
[K 16899].

ABB. 86 Schuhmann
(vermutlich Ludwig):
„S. M. in der X. Isonzo-
schlacht. 17.5.17"
[K 16900].

86

siegreichen Feldherrn am Schlachtfeld zeigen zu
können. Im Tross seiner Begleiter waren – wie
immer – auch mehrere Fotografen und Kameraleute. Die Treppe ist nun von Kanonenkugeln
unterschiedlicher Größe gesäumt, offenbar
Beutestücken aus dem nahen Frontgebiet. In der
Mitte des Bildes, dieses Mal handelt es sich um
eine querformatige und mit „S. M. in der
X. Isonzoschlacht. 17.5.17" betitelte Ansicht,
schreitet der „siegreiche Feldherr" Kaiser Karl
die Treppe herunter, er knöpft sich gerade seinen
Mantel zu. Daneben, aber einen Schritt zurück,
sehen wir Boroević, die Autobrille in der Hand.

Dahinter zwei weitere Offiziere des Armeekommandos.

Bald wird die Gruppe ins Auto steigen und in
Richtung Frontgebiet fahren. Dort werden sie, in
sicherem Abstand zu den Kämpfen, erneut vor der
Kamera posieren (ABB. 86). Der Kaiser zeigt, am
„Feldherrnhügel" stehend, hinunter ins Isonzo-
tal, dort wo, so will es die offizielle Berichterstattung, die entscheidende Schlacht tobt. Die Aufnahmen stammen vom Fotografen Schuhmann,
der Karl auf seinen Reisen regelmäßig begleitete.
Er sorgte dafür, dass das Bild umgehend nach Wien
zurückgeschickt, vervielfältigt und an die Presse

weitergeleitet wurde. Eine Woche später veröffentlichte es die Wochenzeitung *Das interessante Blatt* großformatig auf der ersten Seite (vgl. ABB. 71, S. 75).[12] „Die zehnte Isonzoschlacht. Unser Kaiser bei der Isonzoarmee", lautet der Titel, der in großen Lettern über das Bild gesetzt ist.

87

Hoch zu Ross

Boroević war nicht der einzige hohe k. u. k. Kommandant, der sich aktiv um die Kultivierung seines öffentlichen Bildes bemühte und dabei der Fotografie einen besonderen Stellenwert zumaß. Auch andere hohe Offiziere und Armeekommandanten nahmen regelmäßig Fotografen, Bildhauer und Maler zur Anfertigung von Porträts in ihren Dienst (ABB. 87).

Im Winter 1916/1917 entstand in Trient (Trento) eine Serie von Aufnahmen, die die Verwendung der Kriegsfotografie in der Imagebildung der militärischen Führungsgruppe gut verdeutlicht. Im Rampenlicht stand diesmal Generaloberst Franz Rohr Freiherr von Denta (1854–1927). Er war am 18. Juni 1916 zum Kommandanten der 11. k. u. k. Armee berufen worden und direkt dem Oberkommandierenden Erzherzog Eugen unterstellt. Rohr war bis zum 28. Februar 1917 in Trient stationiert, danach wurde er an die Ostfront beordert. Vermutlich entstand die Fotoserie im Februar 1917, kurz vor seiner Abreise. Und auch diesmal dürfte nicht nur der Kriegsfotograf, sondern auch ein Maler bei den Porträtsitzungen anwesend gewesen sein. Ende Februar meldete der Kriegsmaler Ferdinand Andri an das Kriegspressequartier, dass er „zwei große Portraitbilder Sr. Exc. GO Rohr in Trient fertiggestellt" habe.[13]

Rohr setzt sich ebenso selbstbewusst in Szene wie Boroević. Auch er lässt sich sowohl im Inneren des Armeekommandos wie auch im Freien ablichten. Überliefert sind eine Reihe von Brust- und Ganzkörperporträts in wechselndem Profil (ABB. 88, 89). Auch er posiert stolz vor der Kamera. Eine Aufnahme zeigt ihn in einem reich möblierten Wohnraum. Mit weit geöffnetem

88

89

Mantel (ABB. 90) wendet er sich zur Kamera, die Kopfbedeckung hat er nicht abgenommen. An seinem Gurt, den er um den Bauch trägt, kommt ein Revolver zum Vorschein. Der Fotograf hat Rohr noch einmal in derselben Position abgelichtet. Dieses Negativ ist retuschiert (ABB. 91). Der Hintergrund und damit auch das Interieur sind mit weißer Farbe abgedeckt, hervorgehoben wird der Körper des Kommandanten. Die Retusche ist nicht ganz zu Ende geführt, hinter den Beinen scheint das Muster des Teppichs durch.

Wie Boroević ergänzt auch Rohr seine Inszenierung im Inneren des Gebäudes durch Außenaufnahmen. Wie dieser wählt er die Pose des Feldherrn.[14] Rohr wählt nicht zufällig das Pferd als Symbol des militärischen Herrschertums. Als

ABB. 87 Karl Tersztyánszky von Nádás, Armeekommandant der 3. Armee, beim Modellsitzen, vermutlich in Kalusz (Kaluš), Ostgalizien, 15. April 1917; Kriegsvermessung 3 [K 19732].

ABB. 88, 89 Franz Rohr Freiherr von Denta, Kommandant der 11. Armee, aufgenommen vermutlich Anfang 1917 in Trient (Trento) [K 3220, K 3219].

90

91

General der Kavallerie weiß er um die Aussagekraft dieser Inszenierung. Eine Reihe von Aufnahmen zeigt ihn im Sattel eines Pferdes (ABB. 92). Aufgenommen wurden die Bilder vor einem – vermutlich – landwirtschaftlichen Gebäude in Trient. Es könnte sich um den Pferdestall des Armeekommandos gehandelt haben. Rohr sitzt stolz im Sattel, von Bild zu Bild variiert er seine Haltung leicht, einmal hält er die Zügel mit der einen Hand, dann mit der anderen. Der Fotograf bemüht sich, Ross und Reiter in Idealform ins Bild zu bringen. Als das Pferd den Kopf nicht ebenso stolz erhebt wie sein Reiter, tritt ein Mann von links ins Bild – und nähert sich mit der Hand der Schnauze des Pferdes (ABB. 93). Und wirklich, dieses hebt den Kopf. Im Hintergrund sehen wir einen anderen Mann. Er senkt den Kopf und blickt zu Boden, so als ob er den Fotografen gar nicht bemerkte.

Den Revolver, den Rohr in den Innenaufnahmen getragen hatte, hat er nun durch den Säbel ersetzt. Die Inszenierung greift zentrale Details herkömmlicher Feldherrnbilder auf. Das Reiterstandbild, eine bis Ende des 19. Jahrhunderts überaus beliebte Darstellungsform des siegreichen Kommandanten, dient hier offenbar als Vorlage. Der Rückgriff auf dieses Sujet ist bemerkenswert. Ein anachronistisches Bildmuster schiebt sich vor die Szenen des modernen, tech-

nisierten Krieges. Während an der Front gewaltige Materialschlachten im Gange waren, inszenieren sich die militärischen Führer bewusst in der Bildsprache des 19. Jahrhunderts. Sie treten zu Pferde auf, erscheinen als Feldherrn auf erhöhtem Podest oder sie besteigen den Feldherrnhügel. Ihre standbildartigen Posen, die sie nicht nur vor dem Maler, sondern auch vor der Kamera einnehmen, bilden die symbolische Kehrseite des modernen Krieges. Solche Bilder beschwören die Tradition der Schlachten vergangener Jahrhunderte, auch wenn offenkundig wird, dass diese Tradition längst brüchig geworden ist.

Neue Heldenbilder

In der Kriegsfotografie nahezu des gesamten 19. Jahrhunderts war das repräsentative Ganzkörperporträt den Feldherrn und Offizieren vorbehalten gewesen. Die ersten fotografischen Aufnahmen des Krieges, die im amerikanisch-texanischen Krieg (1846–1848) entstanden waren, stellten Offiziere dar.[15] Auch Roger Fenton, der den Krimkrieg (1854–1856) fotografierte, bündelte das Kriegsgeschehen in Offiziers-Porträts.[16] In der zweiten Hälfte des 19. Jahrhunderts zeichnete sich jedoch ein langsamer Umbruch dieser Darstellungskonventionen ab. Ab den 1870er Jahren tauchen nach und nach Fotoporträts einfacher Soldaten auf.[17] Im Ersten Weltkrieg verlor das militärische Porträt endgültig seinen elitären Rang. Fotografiert wurden nun nicht mehr hauptsächlich Heerführer und Offiziere, sondern auch die einfachen Soldaten. Diese mussten sich freilich oft mit Gruppenbildern zufriedengeben. Diese Erweiterung des Blicks ist unter anderem auch der Knipserfotografie geschuldet, die sich von den herkömmlichen Regeln der Bildwürdigkeit löste. Die Knipser dokumentierten den Alltag und trugen fotografische Erinnerungsstücke des Krieges zusammen. Aber auch in der offiziellen Kriegsfotografie nahmen die Soldatenporträts zu. Neben den obligaten „technischen" Bildern (etwa in der Vermessungs- und Aufklärungsfotografie) entstanden Erinnerungsbilder, Fotos von Aufmärschen und Paraden, vom Leben in der Etappe und eben auch Gruppen- und Einzelporträts. Porträtaufnahmen waren sogar derart beliebt und verbreitet, dass das Armeeoberkommando gegen Kriegsende – wohl auch unter dem Eindruck der Materialknappheit – Beschränkungen einführte. „Daher", heißt es im Armeeoberkommandobefehl vom 15. Juli 1918, „sind Gruppen und Portraits nur zu machen, wenn sie für die Kriegsgeschichte von Bedeutung sind oder amtlichen Legitimationszwecken dienen."[18]

Dennoch sind zahlreiche Porträtaufnahmen einfacher Soldaten überliefert. Oft hinterließen die Männer ihren Angehörigen eine Atelieraufnahme, bevor sie einrückten. Gelegentlich ließen sie sich auch in größeren Orten an der Front fotografieren. Diese Bilder wurden dann nach Hause geschickt. Auch in der Knipserfotografie waren Soldatenporträts durchaus verbreitet. Die offizielle Kriegsfotografie allerdings trat den einfachen Soldaten reserviert gegenüber. Porträtaufnahmen galten als Privileg, sie waren vor allem Offizieren und Kommandanten vorbehalten. Wenn einfache Soldaten einzeln vor die Kamera der Kriegsfotografen traten, wurden sie herausgehoben aus der Truppe. Solche Aufnahmen entstanden etwa anlässlich von Dekorierungen und Beförderungen (ABB. 94, 95).

92

93

Während des Ersten Weltkrieges kam es zu tief greifenden Veränderungen im Heldenbild des Soldaten. Die Fotografie übernahm Aufgaben, die bisher die herkömmliche Kriegsmalerei und -zeichnung erfüllt hatte. Sie machte die Feldherrnporträts reproduzierbar. In der veröffentlichten Fotografie wurden diese zu Medienstars. Zugleich gerieten die sozialen Distinktionen, die die herkömmliche Porträtkunst deutlich geprägt hatten, ins Wanken. Sowohl den militärischen „Oberschichten" wie den einfachen Soldaten stand nun – zumindest theoretisch – gleichermaßen ein billiges wie schnelles und leicht handhabbares Reproduktionsmedium zur Verfügung. Dennoch unterscheiden die fotografischen Por-

ABB. 92 Franz Rohr Freiherr von Denta, aufgenommen vermutlich Anfang 1917 in Trient (Trento) [K 3264].

ABB. 93 Franz Rohr Freiherr von Denta, aufgenommen vermutlich Anfang 1917 in Trient (Trento) [K 3263].

94

träts in der Presse nach wie vor deutlich zwischen
der „Mannschaft" und den Führern. Brustbilder
einfacher Soldaten tauchen nur auf, wenn diese
ausgezeichnet wurden oder wenn sie auf dem
„Schlachtfeld der Ehre" den „Heldentod" starben. Die Kommandanten und Heerführer hingegen traten allmählich aus dem starren Rahmen
des Brustbildes heraus. Sie wurden in ihren Amts-
räumen, bei Truppeninspektionen, inmitten von
Offiziersgruppen oder am Schlachtfeld gezeigt.
Konkurrenz erhielten die Heerführer aber auch
von anderer Seite. Ab 1917 tauchten wieder stärker zivile Politikerporträts in der Presse auf.

Das klassische Feldherrn- oder Offizierspor-

trät, das am Beginn der fotografischen Kriegsgeschichte vorherrschend war, erhielt im Ersten
Weltkrieg Konkurrenz. In der offiziellen Kriegs-
publizistik und in der gutbürgerlichen Presse
spielten diese Aufnahmen weiterhin eine zentrale Rolle. Aber die Gruppe der fotografiewürdi-
gen Kriegsteilnehmer hatte sich deutlich ausge-
weitet. Der moderne Krieg, dessen Legitimation
auch mit den Mitteln der Massenmedien er-
kämpft wurde, brauchte weit mehr „Helden" als
der traditionelle Krieg. Die Fotografie, nicht mehr
die Malerei oder die Zeichnung, wurde nun eingesetzt, um ihr Image festzuhalten und vor allem
um es in der Massenpresse zu vervielfältigen.

ABB. 96 Gefallene italieni-
sche Soldaten in einem
Schützengraben am Piave-
Damm, 18. Juni 1918,
„Reservat"; Kriegsvermes-
sung 5; Reproduktion vom
Abzug [K 23142].

Zensur   Die Schattenbilder des Krieges

Zwischen 1914 und 1918 erreichte die systematische und flächendeckende Kontrolle fotografischer Bilder bisher nicht gekannte Ausmaße. Alle Krieg führenden Staaten etablierten in den Propagandaeinrichtungen eigene Abteilungen, die für die Beschaffung und den Vertrieb von propagandistischem Foto- und Filmmaterial zuständig waren. Erst nachdem die Bilder lückenlos kontrolliert und zensiert waren, gelangten sie an die Öffentlichkeit. Die Zensur ließ auf diese Weise neben dem Fundus der offiziell überlieferten Kriegsfotografie einen zweiten, bisher wenig beachteten Bestand an Bildern entstehen: jenen der zensierten, unterschlagenen, ausgeschiedenen Aufnahmen. Er liegt als eine Art omnipräsenter Schatten über dem offiziellen Bild des Krieges. Diese von militärischer Hand aus dem Verkehr gezogenen und damit für ein breites Publikum „unsichtbar" gemachten Bilder[1] haben Leerstellen hinterlassen, die noch wenig erforscht sind.[2] Aus den relativ wenigen erhaltenen Dokumenten zur Fotozensur lässt sich schließen, dass das Verhältnis zwischen Pressefotografen und Zensoren weit widersprüchlicher war, als oft angenommen. Die Kriegsfotografen waren nicht von vornherein die Gegenspieler der Zensoren. Je wichtiger die Fotografie als Medium der Propaganda wurde, desto mehr war das Militär auf die illustrierte Presse angewiesen, diese wiederum zählte auf das Wohlwollen und die Unterstützung durch das Militär.[3] Diese Allianz wurde aber immer wieder auf die Probe gestellt. Zu Konflikten kam es vor allem dann, wenn die Zeitungen auf der Suche nach möglichst aktuellen und sensationellen Aufnahmen Fotografien drucken wollten, die in den Augen des Militärs der Geheimhaltung unterstanden. Es wäre also verkürzt, die Zensur als rein repressive Institution zu sehen, deren Anweisungen sich in Verboten erschöpften. Vielmehr war sie Teil eines komplexen Mediensystems, das militärischen Anforderungen ebenso gehorchte wie der Propaganda. Die Zensur hat Bilder nicht nur ausdrücklich verboten und zurückgehalten, sie hat, und diese Strategie scheint im Rückblick mindestens ebenso erfolgreich gewesen zu sein, den Blick der Fotografen „geschult" und ihr Auge eingeübt auf das „richtige" Sehen des Krieges. Das offizielle Verbot vervielfachte sich so in selbst auferlegten Beschränkungen, die Zensur wurde in vorauseilendem Gehorsam durch Selbstzensur vorweggenommen. Pressebeschränkungen und Propagandakrieg gingen Hand in Hand. Nicht zufällig war daher in Österreich die Bildzensur im Kriegspressequartier untergebracht.

Die Niederlage findet nicht statt

Die Zensur hielt nicht nur die Bilder zurück, die der Kriegsgegner militärisch verwerten konnte, sondern all jene Bilder, die Zweifel am erfolgreichen, siegreichen Vorgehen aufkommen lassen konnten. Es ist daher nicht verwunderlich, dass die Zensur den Tod im Krieg zweigeteilt hat.

Freigegeben wurden in der Regel nur Aufnahmen von getöteten Soldaten der anderen Seite. Sie sollten den eigenen Triumph feiern und die fremde Niederlage ins Bild setzen. Wenn die eigenen Toten gezeigt wurden, dann nicht am Schlachtfeld, sondern eingebettet in die Rituale der Beerdigung und des Gedenkens.

Es gibt aber auch Bilder, die getötete Gegner zeigen und die dennoch zensiert wurden. Eine Reihe solcher Fotos entstand im Juni 1918 am oberitalienischen Piave-Fluss. Die Aufnahmen tragen den Aufdruck „Reservat". Auf einem der

97

Fotos sind die Leichen mehrerer italienischer Soldaten in einem Schützengraben zu sehen (ABB. 96). Die Körper der Toten liegen, halb verschüttet, im Schlamm des Grabens. Im Hintergrund sind mehrere erschöpfte Soldaten zu erkennen. Die Aufnahme entstand offenbar während einer Gefechtspause. Auf einem anderen Bild sind die Körper der Getöteten kaum mehr zu identifizieren (ABB. 97). Die Leichen liegen auf einem Haufen am Damm des Flusses. Im Hintergrund sieht man die Sturmboote, die umgekippt ans Ufer gezogen wurden. Ein Soldat huscht durch das Bild, ein zweiter betrachtet die Szene aus größerer Entfernung.

Diese Aufnahmen stammen von der letzten großen Schlacht an der österreichisch-italienischen Front. Aus den Bildern geht hervor, wer Sieger ist. Aber dieser Triumph sollte nur wenige Tage dauern. Die gemeinsame Offensive der österreichischen und deutschen Truppen in Italien ist schon wenige Tage nach ihrem Beginn ins Stocken geraten und schließlich ganz gescheitert. Die Niederlage des Feindes, die in Bildern gefeiert wurde, „stimmte" plötzlich nicht mehr. Aus diesem Grund wurden die Aufnahmen – im Unterschied zur siegreichen 12. Isonzoschlacht Monate vorher, als ähnliche Aufnahmen durchaus

freigegeben wurden – von den Zensoren aus dem Verkehr gezogen.

Die Praxis der Zensur

Am 16. Februar 1915 beschwerte sich der Leiter des k. u. k. Kriegspressequartiers, Maximilian Ritter von Hoen, über ein in der illustrierten Presse veröffentlichtes Bild: „In der Nr. 5 der ‚Wiener Bilder' ist", so schreibt er, „auf Seite 9 eine Photographie erschienen, die in ganz unzulässiger Weise den Standort eines österreichischen Mörsers wiedergibt."[4] Und weiter heißt es in dem Schreiben: „Da im Texte die Fa. Kilophot als Autor angeführt ist und diese Firma einen Vertreter im Kriegspressequartier hat (Kilophot – Exax), ist zu erheben, ob die beanstandete Photographie von demselben stammt und welche Zensur sie passiert hat. Es ist aber auch zu erforschen, ob nicht ein anderer Photograph des Quartiers dieses Bild für Kilophot geliefert hat." Die Wiener Fotoagentur Kilophot antwortete postwendend: „In Erledigung Ihrer w. Zuschrift (…) erlauben wir uns, höfl. mitzuteilen, dass besagte Aufnahme ‚Unsere Mörser in Feuerstellung etc.' von einem Offizier gelegentlich eines Besuches in unserer Stadtniederlage Wien I., Wollzeile

19, mit dem Reproduktions-Recht erworben wurde. Die Zensurierung erfolgte vor Veröffentlichung durch das k. u. k. Kriegsarchiv, Wien VII., Stiftskaserne. Dies zur gefl. Kenntnisnahme, zeichnen wir mit vorzüglicher Hochachtung."[5]

Den Hintergrund für diesen Briefwechsel bildet die unklare Situation in der Handhabung der Fotozensur. Die Frage, welche Aufnahmen veröffentlicht werden durften und welche zurückgehalten werden sollten, war in den ersten Kriegsmonaten noch nicht einheitlich geregelt. Auch die Zuständigkeit für die Bildzensur war noch unklar. Mehrere Institutionen, in erster Linie das k. u. k. Kriegsarchiv, aber auch das Kriegsüberwachungsamt in Wien und die Kriegsüberwachungskommision in Budapest waren mit Zensuraufgaben befasst. Immer wieder gelangten daher in der ersten Phase des Krieges Aufnahmen in die Öffentlichkeit, die nicht zensiert worden waren. Erst nach und nach gelang es dem KPQ, sich die alleinige und oberste Zuständigkeit für die Zensurangelegenheiten zu sichern.

Am 1. Januar 1916 wurde in der vom Armeeoberkommando herausgegebenen *Vorschrift für die bildliche Berichterstattung im Kriege* die Zensur für alle Kriegsaufnahmen neu geregelt: „Die mit dem Genehmigungsstempel (…) versehenen Aufnahmen sind – wenn keine Titeländerung erfolgt – überall zur Veröffentlichung freizugeben."[6] Zensiert wurden nicht nur die Aufnahmen der offiziellen Kriegsfotografen, sondern auch jene der Amateurfotografen, die zur Veröffentlichung bestimmt waren. Eine Vorzensur wurde bereits in der „Photostelle" des jeweiligen Armeekommandos durchgeführt. „Die Vorzensur hat zu verhüten, dass Bilder veröffentlicht werden, die dem Gegner Aufklärung über sonst für ihn nicht erreichbare Daten (wichtige Batteriestellungen, Wegbauten, Brücken, eigene Stellungen, Unterkünfte etc.) liefern. Die entgiltige Zensurierung für die Veröffentlichung bewirkt jedoch das Kommando des Kriegspressequartiers."[7]

Bei der Vorzensur im Frontgebiet wurden „die sich als unbrauchbar erweisenden Platten und

Filme ausgeschieden, jene, welche der Zensur verfallen sind, mit Beschlag belegt, um gelegentlich dem k. u. k. Kriegsarchiv übergeben zu werden. Von dem übrigen, zur Veröffentlichung geeigneten Material gehören 30 % der Heeresverwaltung, die anderen 70 % verbleiben dem betreffenden Privatunternehmen zur geschäftlichen Ausnützung, wogegen von diesem die Apparate und Platten (Films) beigestellt werden müssen. Der Nachschub der letzteren erfolgt über Wunsch durch das k. u. k. Kriegsarchiv mit Kurier an das zuständige höhere Kommando."[8] Das „die Vorzensur bewirkende höhere Kommando" wählte von den militärisch genutzten Fotografien wiederum etwa ein Drittel für die propagandistische Verwertung im KPQ aus.[9]

Fotografierverbote und Kontrolle

„Die meisten der Amateure", so klagte Ende Februar 1917 der angehende Leiter des Wiener Kriegspressequartiers, Wilhelm Eisner-Bubna, in einem Vortrag zur *Verbesserung des Propagandadienstes durch die Photographie*, „lassen ihre Platten und Films bei den großen photographischen Zentralen, wie Kodak und anderen entwickeln, in denen feindliche Ausländer sitzen, und umgehen auf diese Weise jede Zensur."[10] Es sei daher dringend geboten, nicht nur die Kontrolle der in offiziellem Auftrag entstandenen Bilder zu verstärken, sondern auch die Wege der privaten Fotografien zunehmend zu überwachen. Daher wurde ab Anfang 1917, als der Ausbau der Fotopropaganda systematisch in Angriff genommen wurde, auch die Zensur der fotografischen Bilder intensiviert. Nach 1917 gerieten nicht nur wie bisher die offiziellen, sondern auch die privaten Bilder zunehmend ins Visier der Zensoren.

Die Militärführung war bestrebt, die „Gefahren" des unkontrollierten privaten Fotografierens durch repressive Maßnahmen zu bannen. Fotos, so lautete die Devise, die militärisch bedeutsame Informationen festhielten, durften um keinen Preis in die Hand des Kriegsgegners gelangen. Ebenso wurden Bilder, die auf der „anderen" Seite der Front propagandistisch zu verwenden waren, zurückgehalten. Fotografien wurden aber auch aus dem Verkehr gezogen, wenn sie unangenehme Wahrheiten – den Rückzug der eigenen Truppen, Hunger, Kälte usw. – festhielten und diese von der Front ins Hinterland trugen. Die Fotozensur reihte sich also in jene repressiven Maßnahmen ein, die dazu dienten, die Geschlossenheit der sog. „Heimatfront" aufrechtzuerhalten.

Ab 1916/1917 wurde die Zensur in allen Krieg führenden Staaten deutlich verschärft und es wurden vermehrt auch Fotografierverbote für die Zivilbevölkerung erlassen.[11] Diese betrafen in der Regel den Kriegsschauplatz und militärische Einrichtungen im Hinterland. Bereits Mitte 1915 war etwa in und rund um die Hauptstadt Wien ein „Photographie-Verbots-Rayon" errichtet worden, der über Plakate und die Presse verkündet wurde.[12] Ebenso nahm die Kontrolle der Fotografen mittels umfassender Ausweispflicht zu.[13] Damit sollte erreicht werden, dass auch die privaten Fotografen, die ihre Bilder an private Buch-, Zeitschriften- und Postkartenverlage verkauften, einer zentralen Kontrolle unterworfen wurden. „Ansichtskarten, die Abbildungen von Städten, Stadtteilen, Ortschaften, Landschaften, militärisch wichtigen Objekten etc., wodurch selbst bei Vermeidung von Angaben des Namens die Standorte der Kommanden verraten werden könnten, tragen, dürfen von der k. u. k. Armee im Felde aus mit der Feldpost nicht abgesendet werden", heißt es in einem Befehl vom 4. April 1917.[14]

Trotz aller Anweisungen und Verbote wurde gegen diese öffentlich verlautbarten Vorgaben immer wieder verstoßen. Anfang März 1917 etwa wurden die Behörden in der Papierhandlung Kapper in Triest (Trieste) auf Ansichtskarten aufmerksam, die den Brunecker Flugplatz im Hinterland der Tiroler Front zeigten.[15] Die Fotografien stammten, so ergaben die Nachforschungen, vom Bozner Fotografen Wilhelm Müller[16], der im Spätsommer 1916 am Flugplatz fotografiert hatte und die Aufnahmen im September

desselben Jahres dem Heeresgruppenkommando vor Ort zur Zensur vorgelegt hatte. Dieses hatte keinen Einwand gegen die Veröffentlichung erhoben, „wenn die Nr. der Flugzeuge unkenntlich gemacht und statt der Bezeichnung ‚Tiroler Hochtal' ‚Hochtal an der italienischen oder Südwestfront' angewendet wird".[17] Genau diese Retusche der Flugzeugnummern dürfte aber nicht erfolgt sein, denn am 13. März 1917 wies das Armeekommando auf das Verbot solcher Aufnahmen hin. Die Freigabe derartiger Aufnahmen könne „gewiss nicht im Interesse der Heeresverwaltung" liegen, ließ das Armeekommando wissen, außerdem könne „ein Fachmann die Type der Apparate unschwer erkennen".[18] Daher müsse „auf die Unzulässigkeit solcher Bilder aufmerksam" gemacht werden.[19]

„Obwohl es verboten ist"

Die Maschinerie der militärischen Fotozensur arbeitete von einer großen Öffentlichkeit weitgehend unbemerkt. Ihre immense Arbeit lässt sich aus den offiziellen Verlautbarungen zwar erahnen, deutlich wird ihre Vorgangsweise aber eher anhand konkreter Fälle, die in den Fängen der Zensur „hängen" geblieben sind. Aufschlussreich ist ein Blick auf diese Verstöße auch deshalb, weil sie oft den Anlass für die weitere Verfeinerung der Zensurmaßnahmen bildeten.

Ein Zensurfall aus dem Jahr 1916 drehte sich um Aufnahmen großkalibriger Haubitzen. Am 18. Juli 1916 wandte sich das KPQ telegrafisch an das Kommando der 5. Armee. Der vor Ort befindliche Kriegsfotograf Alexander Exax solle befragt werden, „ob er anlässlich [seines] Aufenthalt[s] [in] Südtirol neue 38 cm Belagerungshaubitze Gudrun und 42 cm Küstengeschütz fotografiert hat, da Aufnahmen von Geschützen über 30,5 cm verboten [sind]. Wenn Aufnahmen existieren, müssen Originale inhibiert werden."[20] Am selben Tag erhielt auch das Kriegsarchiv in Wien ein Telegramm ähnlichen Inhalts: „Fotografieren neuer schwerer Geschütze über 30,5 cm

Kaliber ist verboten, daher Kinoaufnahmen des Operateurs Eywo in Südtirol gefl. nachsehen und inhibieren."[21] Dem KPQ lagen Abzüge vor, die offenbar in der Nähe von Rovereto an der italienischen Front aufgenommen worden waren und die ein schweres Geschütz, aufgenommen aus mittlerer Distanz, zeigten. Auf den Bildern, die dem Zensurakte beiliegen, erkennen wir im Vordergrund den Schienenstrang einer Eisenbahnlinie, auf dem offenbar die schweren Bauteile des Geschützes angeliefert worden waren. Mehrere Männer sind mit dem Laden des Geschützes beschäftigt.[22]

Im selben Jahr, nur gut einen Monat später, entstanden im Hinterland der Isonzofront zwei Fotoserien, die den Aufbau einer solchen schweren 42 cm Küstenhaubitze dokumentieren. Vermutlich am 5. August 1916 wurde im Canaltal bei Gugg mit dem Aufbau des Geschützes begonnen, gute zwei Wochen später, am 21. August, wurde die erste Feuerprobe abgegeben (ABB. 98–101). Eine ähnliche Haubitze wurde zwischen dem 13. und dem 23. August 1916 im Lesachtal aufgebaut (ABB. 102–105). Diese Fotoserien waren, entgegen dem geltenden Fotografierverbot, wohl vom Kommandanten Karl Scotti selbst in Auftrag gegeben worden, denn dieser ließ sich während und nach dem Aufbau mehrmals im Bild festhalten und war auch bei den ersten Probeschüssen vor Ort. Dennoch dürfte die Serie nicht für die Öffentlichkeit bestimmt gewesen sein. Sie war offenbar als technische Dokumentation entstanden. Dies kommt u. a. auch in sehr technisch gehaltenen Bildunterschriften zum Ausdruck, die den Aufbau der einzelnen Geschützteile detailliert beschreiben.[23]

Am 30. Juli 1916 wandte sich das KPQ an das Kriegsüberwachungsamt. „Obwohl es verboten ist, unsere neuen, schweren Geschütze über 30,5 cm Kaliber zu photographieren, legte die ,Wiener illustrierte Zeitung' Bilder eines gewissen Photographen Linhardt zur Zensur vor, die Details über 38 cm und 42 cm Geschütze zeigen. Ich bitte den hier ganz unbekannten Photographen Linhardt

auszuforschen und ihm die Negative abnehmen zu lassen."[24] Am gleichen Tag erhielt auch die Fotoagentur Kilophot ein Schreiben vom KPQ: „Während der letzten Frontreise des Kriegsphotographen Exax in Südtirol, im Juni l. J., hat er unter anderem auch mehrere Aufnahmen von Geschützen gemacht, deren Kaliber 30,5 cm übersteigt. Ein Bild eines 42 cm Geschützes musste vor Veröffentlichung in der Wiener illustrierten Zeitung inhibiert werden, da es streng verboten ist, Details unserer neuen, schweren Geschütze über 30,5 cm in irgendwelcher Form zu veröffentlichen. Ich bitte die betreffenden Ne-

ABB. 98–101 Aufbau einer 42 cm Haubitze an der österreichisch-italienischen Front, im Canaltal bei Gugg, 5. bis 21. August 1916; 10. Armeekommando [K 10052, K 10056, K 10066, K 10081].

98

100

101

gative bis zum Kriegsende zwecks Verwahrung der Kartenabteilung des Kriegsarchivs zu übersenden, später stehen sie wieder zur Verfügung."[25] Kilophot antwortete sofort: „Wir bestätigen Ihre gesch. Zuschrift (…) und erlauben uns mitzuteilen, dass wir von den schweren Mörsern über 30,5 cm Kaliber keine Bilder oder Reproduktionen anfertigen ließen, da wir vorher Rohabdrucke zur Zensur in der Pressegruppe des K.u.K. Kriegs-Ministeriums vorlegten. An die Wr. illustrierte Zeitung, mit welcher wir überhaupt nicht in Verbindung stehen, wurde unsererseits kein Foto geliefert, und dürfte dies jedenfalls von anderer Seite geschehen sein. Die Original-Filmnegative werden wir Auftrags gemäß an die Kartenabteilung des k.u.k. Kriegsarchiv zur Aufbewahrung über Kriegsdauer übersenden."[26]

Der Fall war damit noch nicht abgeschlossen. Am 18. November wurde der Kriegsfotograf Alexander Exax ins KPQ gebeten und von Major Sobička mit den Aufnahmen konfrontiert. Exax gab an, dass von den vorgelegten Fotos vier von ihm hergestellt worden waren, der Rest stamme von einem anderen Fotografen. Und vermutlich etliche Tage später legte er die Sachlage in einem handschriftlich verfassten Brief an das KPQ noch einmal in allen Einzelheiten nieder. „Der Vorgang bei der Aufnahme", schreibt er, „war folgender: Anläßlich des Besuches (…) beim 21. K.K. [Korpskommando] am 5. Juni 1916 fragte im Laufe des Gesprächs Exzellenz v. Lütgendorf Herrn Eywo und mich, ob wir den 42 cm Mörser schon fotografiert hätten. Auf unsere verneinende Antwort versprach Se. Exzellenz, uns nachmittags die Möglichkeit zur Aufnahme zu geben. Mit Herrn Hauptm. Richard Eckl vom Art. Kmdo des 21. Korps, welcher Herr uns auf Befehl Sr. Exzellenz begleitete, um uns zu führen und beim Batteriekommando eine Erlaubnis zum Photographieren zu erwirken, fuhren dann Herr Eywo und ich in einem vom 21. K.K. eigens zur Verfügung gestellten Auto zum Geschütz (bei Rovreit) und ich fertigte dort die oben erwähnten Bilder an, welche nach Ausarbeitung auch vorschriftsmäßig der Zensurstelle vorgelegt wurden. Da diese die Veröffentlichung untersagte, blieben die Negative, ohne abgedruckt zu werden, bei Kilophot Ges. m. b. H. in Verwahrung, bis sie auf Verlangen des k. u. k. Kriegsarchivs diesem abgeliefert wurden.“[27] Exax schließt seinen Brief mit dem Hinweis, nichts vom Fotografierverbot gewusst zu haben: „Ein Verbot bezüglich des Fotografierens der schwersten Kaliber ist mir nie zugekommen.“[28] Er legte seinem Schreiben auch die handschriftlichen Aufzeichnungen bei, die er nach den Aufnahmen gemacht hatte und in denen er die Bildtexte der einzelnen Fotos für Kilophot zusammengestellt hatte.

Der Fall Exax führt vor Augen, wie umfassend die Bildzensur im Jahr 1916 arbeitete. Durch ein kapillares Netz an Informanten und Kontrollen sollte verhindert werden, dass Fotografien vom Kriegsschauplatz ungefiltert in die Öffentlichkeit gelangen konnten. Dazu war es notwendig, nicht nur die Kriegsfotografen, sondern auch die Zeitungen und Verlage unter strenge Beobachtung zu stellen. Ab Mitte / Ende 1916 wurde es für die Presse immer riskanter, Bilder an der Zensur vorbei in die Öffentlichkeit zu bringen. Auch deutsche Blätter mussten nun vermehrt um Abdruckgenehmigungen beim k. u. k. Kriegspressequartier ansuchen, wollten sie ihre Lieferwege auch künftig offen halten.[29] Aufnahmen vom österreichisch-ungarischen Kriegsschauplatz, die in Deutschland erschienen, wurden daher sowohl vom KPQ als auch vom deutschen Generalstab zensiert.

Da es ab 1916 für die illustrierte Presse schwieriger wurde, Fotografen in den Reihen des KPQ unterzubringen, zugleich aber der Bedarf an Bildern stieg, versuchte sie, ihren Lieferantenkreis auch auf die Knipser und Amateurfotografen auszudehnen. Für die Zensureinrichtungen bedeutete dies, dass die Kontrollen zunehmend auch auf die einfachen Soldaten ausgedehnt wurden.

Ein Mittelsmann als Fotograf

Im Jahr 1915 hatte sich der Inhaber des „Leipziger Presse-Büros“, Max Löhrich, mehrfach an das KPQ gewandt, um eine Akkreditierung als Kriegsfotograf am österreichisch-ungarischen Kriegsschauplatz zu erreichen. Nachdem er immer wieder hingehalten wurde, änderte er 1916 seine Strategie. Er nahm Kontakt zu einem Soldaten der k. u. k. Armee auf und bat diesen, aktuelle Fotos von der russischen Front einzuschicken, die er dann vermarkten wollte. Sein Fotograf vor Ort, Theodor Klug, war bei einer Telefon-Abteilung eingeteilt. Das „Leipziger Presse-Büro“ sagte Klug zu, „dass wir soviel wie möglich Aufnahmen von Ihnen kaufen werden und hoffen, dass Sie mit unseren Ankäufen stets zufrieden sein werden“.[30] Die brauchbaren Aufnahmen sollten der Zensur vorgelegt und für jede genehmigte Aufnahme sollte der Fotograf 5 Mark bekommen. „Sie wollen sich nicht daran stossen, wenn hin und wieder von den Herren Offizieren und den auf den Aufnahmen befindlichen Soldaten einige Abzüge verlangt werden Sie können dies zusagen, da wir Ihnen von jeder Aufnahme einige Kopien zur Verteilung zusenden.“[31] Ebenso sei die Agentur bereit, „später die Zeitschriften, in welchen Bilder von Ihnen veröffentlicht sind, einzusenden, nur möchten wir Sie darauf aufmerksam machen, dass bis dahin längere Zeit vergeht, da wir erst auf den Zensurbescheid [warten] müssen und die Blätter erst bei passender Gelegenheit die Aufnahmen bringen“.[32]

Klug hatte offenbar keinerlei Erfahrung mit dem Fotografieren und erhielt daher von Löhrich nicht nur die Filme – vermutlich auch den Fotoapparat – sondern auch detaillierte Anweisungen, wie er mit der Kamera umzugehen hatte. „Was die Filmpacks anbetrifft, so wollen Sie bitte darauf achten, dass zunächst vor dem Gebrauch jeweils das kleine weiße Etikett mit der Aufschrift: ‚Abreissen‘ entfernt wird und dass ferner oberste Lasche mit der Ziffer 0 vor dem Gebrauch (jedoch in der Filmkassette) aufgezogen und abge-

rissen wird. Alsdann ist der Film zur Verwendung bereit und braucht nur noch (wie Sie das ja
ganz richtig gemacht haben) herausgezogen werden. Auch wollen Sie bitte das Wechseln der
Filmpacks nicht in der Sonne vornehmen. Es ist
hierzu keine Dunkelkammer, oder ein dunkler
Raum nötig, sondern es genügt, wenn dies im
Schatten geschieht."[33] Bei den bisher eingeschickten Filmen sei er, schreibt Löhrich, mit der
Themenwahl und den Motiven zufrieden. Dennoch bitte er, „nicht durchweg Schützengraben-
Aufnahmen zu senden, da wir diese zahlreich bekommen. Es können dies auch Motive hinter der
Front sein. Es interessieren uns auch Typen der
dortigen Bauernbevölkerung im Verkehr mit unseren Soldaten, sowie technische Truppen,
Minenwerfer, Schleudern usw. Auch Ansichten
von Städten und Dörfern, die im Bereich der
Front liegen, haben grosses Interesse, ebenso Abtransport von Gefangenen oder von russischen
Flüchtlingen. Natürlich müssen wir die Wahl
ganz Ihnen lassen, da Sie ja auf diese Ereignisse
keinerlei Einfluss haben, sondern dieselben nehmen müssen, wie sie kommen."[34]

Theodor Klug fotografierte in den folgenden
Wochen sehr viel und schickte die Filme mit der
Feldpost nach Leipzig. Immer noch entsprachen
die Bilder nicht ganz den Vorstellungen der Agentur. „Wir (…) müssen der Ordnung halber bemer-
ken, dass allen 3 Sendungen keine schriftliche
Zeile beilag, weshalb wir nicht wissen, was die
Aufnahmen darstellen. Sollten Sie den hierzu ge-
hörigen Brief noch nicht abgesandt haben, so wollen Sie für die sofortige Absendung Sorge tragen",
schreibt Löhrich am 11. Juli.[35] Und auch die Qualität der Bilder könne noch etwas verbessert werden: „Von Ihrer vorletzten Sendung waren 7 Filme
einigermassen gut exponiert, der Rest jedoch war
unbrauchbar (…). Diese 7 Filme sind jedoch noch
um eine Kleinigkeit zu kurz exponiert und wollen
Sie daher die nächsten einen Moment länger belichten."[36] Drei Tage später wandte sich Löhrich
erneut an Klug, um ihm weitere Anweisungen für
die Motivwahl zu geben. „Mit heutigem [Schrei-

ben] bitten wir wiederholt, uns, wenn irgend an-
gängig, Aufnahmen mit technischen Einrichtungen, als Scheinwerfer, Telefonanlagen, evtl. eine
Aufnahme einer größeren Anzahl von Soldaten
mit Gasschutzmasken, ferner Minenschleudern,
Handgranaten und überhaupt von allem, was den
Kleinkrieg betrifft, einzusenden, da derartige Aufnahmen immer Interesse haben."[37] In einem
Postskriptum ergänzt Löhrich: „Wir senden
Ihnen gleichzeitig 7 Aufnahmen zur Ansicht, wo-
raus Sie zu ersehen belieben, welche Sachen uns
hauptsächlich interessieren. Vielleicht können
Sie sich bei Ihren Aufnahmen hiernach richten."[38] Am 18. Juli schickte Löhrich Klug eine
erste Abrechung. Bisher habe das Leipziger
Presse-Büro Klug zehn Filme geschickt, davon
seien viele Bilder überbelichtet gewesen. Insgesamt seien, so Löhrich, nur wenige Aufnahmen
brauchbar. Klug hatte, infolge der Belastung
durch die Filme, deren Preis von seinen Einkünf-
ten abgezogen wurde, noch nichts verdient, sondern einen Schuldenstand von 67 Mark.[39] Wieder
ermahnte Löhrich seinen Fotografen, mehr Sorg-
falt beim Entnehmen der Filme walten zu lassen.
„Wir bitten hierdurch wiederholt, die Filme möglichst nicht herauszunehmen, da bei dieser Mani-
pulation Licht hereinkommt. Wenn sich dies
nicht vermeiden lässt, wollen Sie das Herausneh-
men nur in einem ganz finstern Raume vornehmen."[40] Und schließlich fügte er hinzu: „Nachdem Sie sich nunmehr mit dem Apparat besser
eingearbeitet haben, werden Ihnen wohl die
nächsten Sendungen besseren Erfolg bringen."[41]
Klug schickte erneut Filme ein, aber auch diesmal
gelang es ihm nicht, die Kamera in den Griff zu bekommen. Am 5. August 1916 erhielt er die Mitteilung, „dass die Aufnahmen sämtlich zu lange
exponiert waren. Sie wollen daher bei neuen Aufnahmen nur die Hälfte der jetzigen Zeit belichten
und hoffen wir alsdann gute Erfolge zu haben."[42]

An diesem Tag endet der Briefwechsel zwischen Theodor Klug und Max Löhrich. Und zwar
nicht deshalb, weil Klug nunmehr gelernt hätte,
besser mit der Kamera umzugehen, sondern weil

inzwischen die Briefzensur auf die Korrespondenz aufmerksam geworden war. Am 8. August 1916 schritt das Kriegspressequartier ein. Es wandte sich an das k. u. k. 19. Infanterietruppendivisionskommando, jene Einheit, in der Klug als Telefonist Dienst tat. „Beiliegend wird ein an das Leipziger Presse-Büro gerichteter Brief, welcher gelegentlich einer vorgenommenen Zensur der Feldpost angehalten wurde, mit dem Ersuchen übermittelt, feststellen lassen zu wollen, ob es sich im vorliegenden Falle um die Versendung von solchen Bildern handelt, welche einer amtlichen Überprüfung unterzogen wurden und von wem sie freigegeben wurden."[43] Der Inhaber des „Leipziger Presse-Büros", heißt es weiter, „ist ein gewisser Max Löhrich, der vom Deutschen Generalstab in vertraulicher Weise in Bezug auf Zuverlässigkeit als ‚bedenklich' bezeichnet wurde".[44] Was mit Theodor Klug geschah, wissen wir nicht. Ende August verläuft sich die Spur dieses Falles. Am 20. August 1916 meldet der Kommandant des 19. Infanterietruppendivisionskommandos dem KPQ: „Aufgrund der gepflogenen Erhebungen findet das Divisionskommando keinen Anlass zu einem weiteren Einschreiten."[45]

Der Fall Klug ist kein Einzelfall. Bemerkenswert an diesem Vorfall ist die Art und Weise, in der die publizistische Verwertung von Kriegsbildern auf das Vorgehen der Zensur trifft. Die Presse, die auf der Suche nach neuem, aufsehenerregendem Bildmaterial war, versuchte, ihren Spielraum gegenüber einer immer engmaschigeren Zensur zu behaupten. Die Zensur wiederum war bemüht, die Wege der Bilder immer lückenloser zu kontrollieren. Gerade bei den privaten Aufnahmen gestaltete sich dies oft schwierig. Daher wurden die Zensoren häufig erst fündig, wenn sie die Feldpost genauer in Augenschein nahmen.

Der Fall Fellhofer

Feldwebel Josef Fellhofer war 1916 Trainwachtmeister bei der k. u. k. Ballonabteilung 13 bei der k. u. k. 5. Armee, die an der Isonzofront

102

103

104

105

stationiert war. Im April 1916 begann sich die Zensurabteilung des KPQ mit seiner Post zu beschäftigen. Die Briefzensur hatte Fotografien entdeckt, die der Soldat an seine Frau in Wien geschickt hatte. Das KPQ wandte sich sogleich telegrafisch an das 5. Armeekommando: „Im dortigen Bereich ist ein gewisser Fellhofer tätig, der sich als Kriegsphotograph ausgibt, ohne Bewilligung Aufnahmen nach Wien sendet und sie durch seine Frau geschäftlich verwerten lässt. Erhebungen und Bekanntgabe des Resultates erbeten.“[46] Die Antwort des zuständigen 7. Korpskommandos kam wenige Tage später: „Der genannte Feldwebel leistete bei der Ballonabteilung sehr wertvolle Dienste und wurde auch (...) als Beobachter verwendet. Im Laufe der Zeit wurde er im Beobachtungsdienste so gut ausgebildet,

dass er mit dem Ballon allein aufstieg. Dem Korpskommando ist von einem Missbrauch von photographischen Aufnahmen seitens des genannten Feldwebels bis jetzt nichts bekannt.“[47]

Damit schien der Fall geklärt zu sein. Anfang Mai wandte sich das KPQ aber aus Anlass dieses Vorfalls neuerlich an das 7. Korpskommando, um auf die Bedeutung der lückenlosen Erfassung der Fotos vom Kriegsschauplatz hinzuweisen. „Dem Armeeoberkommando handelt es sich darum, von möglichst allen Aufnahmen, die an der Front gemacht werden, sei es Amateur, sei es Kriegsphotograph oder Dienstaufnahme, je eine genau beschriebene Kopie (Art, Zeit, Truppenkörper bzw. Situation) zu erhalten. Aus diesem Grund wurde der Erlaß E. Nr. 3882 ausgeben. (...) Fellhofer und alle dort befindlichen Photographen wollen auf die Wichtigkeit des beiliegenden Erlasses (...) neuerlich verwiesen werden.“[48]

Die Kontrolle des fotografischen Materials lag im Interesse der Zensur, seine Verbreitung und Verwertung im Interesse der Propaganda. Zensur und Propaganda, das Zurückhalten der Bilder und ihre Mobilisierung mit ausgewählten, gesteuerten Botschaften, diese beiden Aspekte griffen im Medienkrieg immer mehr ineinander. Daher endet der Brief mit folgender Aufforderung: „Besonders interessante Aufnahmen, die für die Öffentlichkeit geeignet sind, können vor anderer Verwertung direkt an den Pressedienst des Kriegsministeriums, Wien 1, Georg Kochplatz, eingesendet werden, von wo sie in der Zeitschrift ‚Unsere Krieger‘ zur Publikation gelangen.“[49] Die Repression ist, so hat es den Anschein, die unmittelbare Kehrseite des propagandistischen Anreizes.

„Veröffentlichung unerwünscht“

Die Bildzensur umfasste neben der Fotografie auch die Arbeiten der Kriegszeichner und -maler. Auch diese hatten das siegreiche Vorgehen der eigenen Truppen mit geeigneten Bildern propagandistisch zu begleiten. Grafische Blätter wurden weniger aus Gründen der Geheimhaltung zurückgehalten, sondern weil die eingefangene Kriegsstimmung nicht die Zustimmung der Zensoren fand. Nicht zur Veröffentlichung freigegeben wurden etwa Vorlagen, die allzu düstere Schlachtszenen einfingen. Mitte April 1916 wandte sich die Schriftleitung der *Illustrirten Zeitung* in Leipzig mit der Bitte um Genehmigung zur Veröffentlichung von drei Zeichnungen des Künstlers Adolf G. Döring an das Kriegspressequartier. „(…) wir wären Ihnen verbunden, wenn Sie die Güte hätten, uns möglichst umgehend von Ihrer Entscheidung zu verständigen. Wir haben die Absicht, eines dieser Bilder schon in der nächstwöchigen Nummer der ‚Illustrirten Zeitung‘ zu veröffentlichen.“[50] Das KPQ gab zwei der Zeichnungen frei und hielt jene zurück, die in düsteren Farben eine Szene am „Plateau von Doberdo“ aus der vierten Isonzoschlacht festhielt.[51] Im Vordergrund ist eine Kolonne ermüdeter k. u. k. Soldaten zu erkennen, die ihre Bajonette schultern. Im Hintergrund ist ein brennendes Haus zu sehen, entlang der Wegstrecke liegen die Körper getöteter Soldaten. Etliche Wochen später, Ende Juni 1916, wandte sich die Redaktion der *Illustrirten Zeitung* in Leipzig erneut an das KPQ, diesmal ging es um die Genehmigung einer Zeichnung, auf der die Begegnung des Thronfolgers Karl mit k. u. k. Kommandanten festgehalten war.[52] Auch diese Zeichnung war an der Isonzofront entstanden. Auch diesmal war der Künstler Adolf G. Döring. Nachdem die „Militärkanzlei seiner Majestät“, der die Zeichnung durch das KPQ ebenfalls vorgelegt wurde, festgestellt hatte, „dass eine Veröffentlichung Höchsten Ortes unerwünscht erscheint“[53], war die Antwort des KPQ an die Redaktion abschlägig. „Die eingesandte Zeichnung Doerings ‚Erzherzog Thronfolger Karl Franz Joseph beim Besuch eines Oberkommandos an der Isonzofront‘ darf der Veröffentlichung nicht zugeführt werden, da eine solche Höchsten Ortes unerwünscht bezeichnet wurde.“[54] Offenbar waren den Zensoren die früheren, düster gehaltenen Zeichnungen des

Künstlers noch in Erinnerung. Die Arbeiten des Künstlers fänden, so heißt es abschließend im Schreiben an die Redaktion, „unter den in Ihrem ausgezeichneten und in der Monarchie mit besonderer Vorliebe gelesenen Blatte bisher erschienen Illustrationen (…) am wenigsten Beifall“.[55]

Möglicherweise war die düstere Ausdrucksweise der inkriminierten Grafik nur einer der Gründe, ihre Veröffentlichung zu untersagen. Bei der Ablehnung dürfte auch eine Rolle gespielt haben, dass die Arbeit in einer großen deutschen Illustrierten erscheinen sollte. Der Fall Döring legt nahe, dass die Fotozensur auch als Mittel diente, die Resonanz der eigenen Presse zu fördern, indem die Konkurrenten gebremst wurden. „Hervorgehoben werden muß“, meinte der Leiter des KPQ, Oberst Eisner-Bubna, Anfang 1917, „daß die deutsche Zensur in den Bilderzentralen unserer Propaganda gewiß nicht sehr förderlich ist.“[56] Weil man sich von der „deutschen“ Berichterstattung hintangesetzt fühlte, griff man selbst zu ähnlichen Mitteln. Tatsächlich setzte die österreichisch-ungarische Armeeführung die Zensur des Öfteren zur „Eindämmung“ ausländischer Konkurrenz ein. Die Akkreditierung deutscher Fotografen und Zeichner wurde für österreichische Kriegsschauplätze ab Mitte 1916 zunehmend erschwert.

106

ABB. 106 Nicht explodierte
Fliegerbombe in Triest
(Trieste), 29. August 1917;
Kriegsvermessung 5
[K 20615].

Die Magie der Waffen Trophäen, Panzer, unsichtbare Waffen

Am 29. August 1917 gab es in der Stadt Triest (Trieste) Fliegeralarm. An diesem Tag traf eine italienische Bombe ein Wohnhaus in der Via Lavalle (ABB. 106). Sie durchschlug, ohne zu explodieren, zwei Geschosse und blieb am Fußboden eines der unteren Stockwerke liegen. Als der Fotograf der 5. k. u. k. Armee den Raum betrat, interessierte er sich nicht für das gutbürgerliche Interieur, auch das Sofa, das mit einem weißen Tuch gegen den Staub abgedeckt ist, gelangt nur nebenbei ins Bild. Im Mittelpunkt steht – oder besser: liegt – die Bombe. Dieses Foto wurde in der zeitgenössischen Presse immer wieder veröffentlicht. Es ist eine Aufnahme, von der eine beschwörende, fast magische Wirkung auszugehen schien.

Die neuen Waffen des Luftkriegs waren im Ersten Weltkrieg erstmals systematisch eingesetzt worden. Sie trugen den Radius der Zerstörung bis ins Hinterland. Jene Städte, die in Reichweite der Flugzeuge lagen, waren besonders gefährdet. Der Luftkrieg war zwar in erster Linie gegen militärische Infrastrukturen wie Befestigungen, Hafenanlagen, Bahnlinien und Bahnhöfe gerichtet. Aber häufig trafen die Bomben auch zivile Gebäude. Ebenso wie die mächtigen Geschosse der großen Haubitzen galten die Fliegerbomben als besonders gefährlich, da man sich nur unzureichend gegen ihre Wirkungen schützen konnte (ABB. 107, 108). In den Städten suchte die Bevölkerung Zuflucht in tief gelegenen Räumen und in Kellergewölben. Jene, die es sich leisten konnten, versuchten sich unter Tage so wohnlich wie möglich einzurichten (ABB. 109).

Drei Tage, bevor die Fliegerbombe in Triest einschlug, entstand am 26. August 1917 nicht weit von Triest entfernt, in Gorjansko bei Monfalcone, ein Foto, das ebenfalls das mächtige Ge-

schoss ins Zentrum der Aufmerksamkeit rückt (ABB. 110). Ein Soldat hat es sich im karstigen Gelände gemütlich gemacht. Seinen Gehstock hat er an einen Stein gelehnt. Der Mann liegt, sichtlich entspannt, am Boden und berührt mit einer Hand die Bruchstelle der Waffe. Das Geschoss mit der gewaltigen Zerstörungskraft liegt nun, unschädlich gemacht, am Boden. Wie einen gewaltigen Phallus trägt der Soldat das gegnerische Geschoss zur Schau, ein Symbol der Macht, dessen Kraft gebrochen ist. Die Wunderwirkung, die den schweren Geschützen während des Krieges zugeschrieben wurde, hat nun, für alle sichtbar, ihre Zerstörungskraft eingebüßt. Das fehlgeleitete Geschoss ist, so signalisiert das Bild, harmlos geworden. Der Körper des Soldaten, dem die Wucht der Zerstörung galt, kann sich der entschärften Waffe auf Tuchfühlung nähern.

Die Szene wurde ein gutes Stück hinter der Frontlinie aufgenommen. Und dennoch präsentiert sie den Triumph über den Gegner vielleicht ausdrucksstärker als manches Bild von der Front. Das Foto inszeniert das Durchbrechen eines Bannes. Die Macht der Wunderwaffe ist erloschen, ihre magische Kraft erscheint umgelenkt. Es scheint, als ob die Stärke dieser Waffe, die zunächst von beiden Seiten propagandistisch überhöht wurde, sich im Bild in Nichts aufgelöst hätte. Das fehlgeleitete Geschoss hat sich in eine Trophäe verwandelt, aus ihr bezieht der Soldat (als Stellvertreter der eigenen Truppe) neue Kräfte. Man könnte auch sagen: Der besiegte Phallus des Gegners ist zum eigenen – unbesiegbaren – Phallus geworden.

Immer wieder ließen sich die Soldaten zusammen mit nicht explodierten, meist übergroßen gegnerischen Geschossen ablichten. Am selben Tag, als der Soldat in Gorjansko sich neben der

107

108

ABB. 107 Zerstörtes
Restaurant beim Bahnhof
in Görz (Gorizia / Nova
Gorica), beschossen am
20. April 1915 [K 214].

ABB. 108 Zerstörtes
Wohnhaus in Podgora bei
Görz (Gorizia / Nova
Gorica), vermutlich Ende
Mai / Juni 1915 [K 230].

zerborstenen Fliegerbombe ins Gras sinken lässt, entstand in Hermada, ebenfalls an der Isonzofront, ein ganz ähnliches Bild (ABB. 111). Vermutlich hat die beiden Aufnahmen sogar der gleiche Fotograf aufgenommen, er arbeitete in der Photostelle der 5. Armee. Der italienische Blindgänger vom Kaliber 28 liegt auf steinigem Grund, unmittelbar dahinter sitzt ein Soldat am Boden. Eine andere Aufnahme zeigt, wie ein Soldat neben einer italienischen Granate badet (ABB. 112). Der Körper des Mannes nähert sich unbekleidet und ungeschützt der Waffe an, ihre Größe erscheint immens, verglichen mit dem Körper des Soldaten.

Auf einem anderen Foto, das am 20. August 1915 in der Nähe von Lavarone, an der Dolomitenfront, entstand, sitzt ein Junge auf einem Blindgänger (ABB. 113). Auch hier wird die Größe des Geschosses im Bildtext genannt: Es handelt sich um eine 30,5 cm Schiffsgranate. Der Junge, so erfahren wir, ist der Sohn von Otto Ritter Ellison von Nidlef, dem Kommandanten der Kaiserjägerbrigade. Die Szene wurde sorgsam komponiert. Schließlich waren die Bilder als Propagandaaufnahmen für die Presse gedacht. Ein Jahr nach dem Kriegseintritt Italiens und wenige Tage nach einem erfolglosen Durchbruchsversuch der

ABB. 109 Als Wohnraum
eingerichteter Keller des
Apothekers Kürner in Görz
(Gorizia / Nova Gorica),
vermutlich Winter
1916/1917; 16. Korpskommando [K 587].

109

110

111

ABB. 110 Soldat mit
Geschossspitze bei
Gorjansko, Isonzofront,
26. August 1917; Kriegs-
vermessung 5 [K 20842].

ABB. 111 Blindgänger an
der Isonzofront, Hermada,
26. August 1917; Kriegs-
vermessung 5 [K 21008].

ABB. 112 Ein Bad in der
Moscenca, nördlich von
Flitsch (Bovec), Isonzo-
front, 12. Juli 1916;
10. Armeekommando
[K 9987].

112

Die Magie der Waffen 103

italienischen Truppen in diesem Frontgebiet, sollte symbolisch die Ziel- und Kraftlosigkeit der italienischen Angriffe demonstriert werden.[1] Zunächst positioniert der Fotograf das Kind sitzend auf dem Geschoss. Im Größenvergleich erscheint die Waffe gewaltig. Dann lässt sich ein Erwachsener, Major Jelinek, hinter der Granate stehend ablichten (ABB. 114). Schließlich nehmen der Vater, der Sohn und andere k. u. k. Offiziere hinter dem Geschoss Aufstellung zu einem Gruppenbild für die Kamera (ABB. 115). Während die unschädlich gemachte Waffe zu ihren Füßen liegt, erheben sich die Männer unbewaffnet und nur auf ihre Gehstöcke gestützt, über der Trophäe des Gegners.

Im Juni 1915 entstand in der galizischen Stadt Halicz (Galič) am Dnjester (Dnister) eine Aufnahme, die auf den ersten Blick nicht in die Reihe dieser „Porträtansichten mit schwerem Geschoss" zu passen scheint. Die Granate ist explodiert und hat einen riesigen Krater ins Gelände gerissen (ABB. 116). In dem knapp mannstiefen Erdtrichter sind zwei Reiter zu sehen. Nur die Köpfe der Pferde – ein Schimmel und ein Rappe – und die Oberkörper der beiden Männer ragen aus dem Loch. Noch zwei weitere Männer sind in die Vertiefung gestiegen. Am Rande der Grube steht ein Soldat, der in seiner ganzen Größe sichtbar ist. Ein weiterer Protagonist der Szene steht nicht in der Mitte, sondern ganz am Rande des Bildes, es ist der Fotograf, der zweite Fotograf, der die Szene im Erdloch einfängt.

Der Fotograf im Bild blickt in die andere, unsichtbare Kamera, vielleicht hat er schon abgedrückt, vielleicht wartet er noch darauf, bis sein Kollege die Arbeit beendet hat. Beide suchen sie nicht einen Schnappschuss, sondern eine sorgfältig komponierte Szene. Nichts im Foto weist auf die Frontlinie hin, die Männer bewegen sich ungeschützt im Gelände, die Kämpfe hier gehören – zumindest vorerst – der Vergangenheit an. Die Landschaft in der Umgebung ist unscheinbar, im Hintergrund erkennt man ein paar Häuser, der Granattrichter befindet sich am Rande einer be-

ABB. 113 Sohn von Otto Ritter Ellison von Nidlef, Kommandant der Kaiserjägerbrigade, auf einer nicht explodierten italienischen Schiffsgranate, aufgenommen am 20. August 1915 auf der 1832 Meter hohen Palu-Alm, hinter der österreichisch-italienischen Front [K 1937].

ABB. 114 Major Jelinek mit italienischer Schiffsgranate auf der Palu-Alm, 20. August 1915 [K 1939].

114

115

wohnten Gegend. Fotografiert wird nicht die Schlacht, nicht der Kampf. Eingefangen werden soll vielmehr die „gewaltige" Wirkung, die die schweren Geschosse im Gelände hinterlassen haben. Eingefangen wird der Schauplatz der Zerstörung, der nun gefahrlos und ohne um Leib und Leben fürchten zu müssen besichtigt werden kann. Es ist die wiedergewonnene Macht über die monströse Vernichtungsmaschinerie, die im Bild

ABB. 115 Österreichische Offiziere mit einem italienischen Blindgänger, in der Mitte hinter dem Geschoss: Otto Ritter Ellison von Nidlef mit Sohn, rechts hinter ihm: Major Freiherr von Unterrichter, Palu-Alm, 20. August 1915; Reproduktion vom Abzug [K 1938].

116

ABB. 116 Kommandanten
mit Pferd in einem
Geschosstrichter, Halicz
(Calič) am Dnjester, Ost-
galizien, Juli 1915; Korps
Hofmann, WS [K 12878].

zum Ausdruck kommt. Wie die Aufnahmen der nicht explodierten Geschosse bannt auch diese Szene die Gefahr der gegnerischen Zerstörung. Damit reiht sich die Aufnahme ein in die Serie jener Bilder, die die zerstörerische Kraft des modernen Krieges in scheinbar skurrilen Sujets zu bändigen suchte.

Beutestücke

Im Spätherbst 1917 gelang den deutsch-österreichischen Truppen der Durchbruch an der italienischen Front am Isonzo. In den folgenden Wochen häufen sich die Aufnahmen, auf denen schwere Waffen als Beutestücke gezeigt werden. Am 11. November 1917 nimmt ein Fotograf der 5. k. u. k. Armee bei Palmanova einen erbeuteten italienischen Mörser auf (ABB. 117). Der Fotograf nähert sich der Waffe bis auf Schrittweite. Nun, nachdem das Geschütz seine Kraft verloren hat, übt der Blick ins Innere des gewaltigen Rohres eine besondere Anziehung aus. Es scheint so, als

würde hier der herkömmliche Blick des Krieges umgekehrt: Der im Schützengraben verschanzte Blick, der sich nur im Schutz der eigenen Waffen auf die gegnerischen Stellungen richten kann (ABB. 118), weicht nun einem triumphierenden Blick ins Auge der gegnerischen Waffe. Das Geschützrohr, das zuvor Zerstörung und Vernichtung brachte, wird zum faszinierenden Schaustück umfunktioniert.

Aufnahmen, die den Blick in den Schlund der ehemals todbringenden Waffe zeigen, tauchen in der Kriegsfotografie immer wieder als Siegerbild auf. Die großen, unschädlich gemachten Waffen übten offenbar eine große Faszination aus. Oft sehen wir lachende Gesichter im und neben dem Rohr der erbeuteten schweren Waffen, es ist ein triumphierendes Lachen im Bewusstsein der eigenen Stärke und wohl auch ein hämisches Lachen über den besiegten Gegner. Die erbeuteten Waffen sind das symbolische Gegenstück der menschlichen „Beutestücke" des Krieges, der Kriegsgefangenen. Ihre fotografische Zurschau-

117

118

ABB. 117 Erbeuteter Mörser
bei Palmanova, Venetien,
11. November 1917;
Kriegsvermessung 5
[K 22088].

ABB. 118 Gebirgsstellung
an der österreichisch-
italienischen Front,
Busagrande, Lagoraimassiv,
vermutlich November
1915 [K 1397].

119

ABB. 119 Italienische
Kriegsgefangene aus der
12. Isonzoschlacht, ver-
mutlich in Opacchiasella
oder Kostanjevica,
7. November 1917; Kriegs-
vermessung 5 [K 21896].

ABB. 120 Gefangene italienische Soldaten im Lager
von Soča, Isonzofront,
vermutlich Anfang / Mitte
November 1917; 10. Ar-
meekommando [K 11748].

120

121

122

stellung wird ebenso wie jene der erbeuteten Waffen als Zeichen des eigenen Sieges inszeniert (ABB. 119, 120). Die Masse der Gefangenen und die Größe der Geschütze sprechen eine ähnliche Bildsprache: Sie inszenieren im Bild die Schwäche des Kriegsgegners und die Größe des eigenen Sieges. Zwar wurden immer wieder auch kleinere Waffen wie Gewehre und Munition fotografiert. Meistens dokumentieren diese Aufnahmen aber eher die Lagerung und das Sortieren der Waffen, sie stellen weniger den Triumph über den Kriegsgegner ins Zentrum (ABB. 121).

Der fotografisch inszenierte Sieg spaltet sich auf in Bilder der Zerstörung und in Bilder der Beute. Besonders häufig wurden Transportmittel und Infrastrukturen, wie Brücken, Bahnlinien, Waggons, Munitionsdepots, aber auch Planwagen in zerstörtem Zustand fotografiert. Diese Bilder zeigen die „Effizienz" der eigenen Kriegsführung und das Chaos der zurückweichenden italienischen Truppen (ABB. 122, 123, 124). In der Presse werden die Bilder der Zerstörung öfter auch den gegnerischen Pressebildern entgegengesetzt. Eine Bildseite in der Wochenzeitung *Sport & Salon* vom 6. Januar 1918 stellt österreichische Bilder den Aufnahmen alliierter Herkunft gegenüber. Eines der alliierten Fotos zeigt eine Straße voller (intakter) Planwagen und marschierender Solda-

ten. Das Bild erhielt in der österreichischen Presse den ironischen Titel „Der ‚geordnete Rückzug der Italiener' wie ihn die Ententepresse schildert". Es wurde durch eigene Aufnahmen kommentiert, die das Gegenteil zeigen: zerstörte Wagen und Waffen am Straßenrand und große Mengen zurückgelassenen Kriegsmaterials. Diese Bilder stehen unter dem Titel: „Wie es nach dem ‚geordneten Rückzug' auf den ital. Heerstraßen aussah."[2]

Die großen und „wertvollen" Kriegsmaschinen, etwa die schweren Waffen, werden häufig als unzerstörte Beutestücke ins Bild gesetzt. Mörser, Haubitzen und Kanonen, gelten als Schaustücke des Triumphs. Auch diese Aufnahmen finden den Weg in die illustrierte Presse. 16. und 17. November 1917 fotografierte ein Fotograf der k.u.k. Truppen ein großkalibriges Geschütz in Zampicchia, einem kleinen Ort in der Nähe von Udine.[3] (ABB. 125, 126). Er ist sichtlich fasziniert von der gewaltigen Waffe und drückt immer wieder auf den Auslöser. Auf diese Weise ist eine Reihe von Bildern überliefert, die die Dimensionen des Geschützes, aber auch die – nun gebrochene – Magie seiner Wirkung ausloten. Die Soldaten, die zu Füßen der großen Räder Aufstellung genommen haben, lassen die Größe des Geschützes erahnen. Das zweigeschossige Gebäude im Hintergrund erhebt sich nicht allzu weit über die

ABB. 121 Sortieren erbeuteter serbischer Waffen, aufgenommen möglicherweise in Prokuplje, westlich von Niš, vermutlich Mitte November 1915; 90. Infanterietruppendivision [K 19358].

ABB. 122 Zerstörte italienische Nachschubwagen an der Straße nach San Daniele, Venetien, vermutlich um den 30. Oktober 1917; 10. Armeekommando [K 11768].

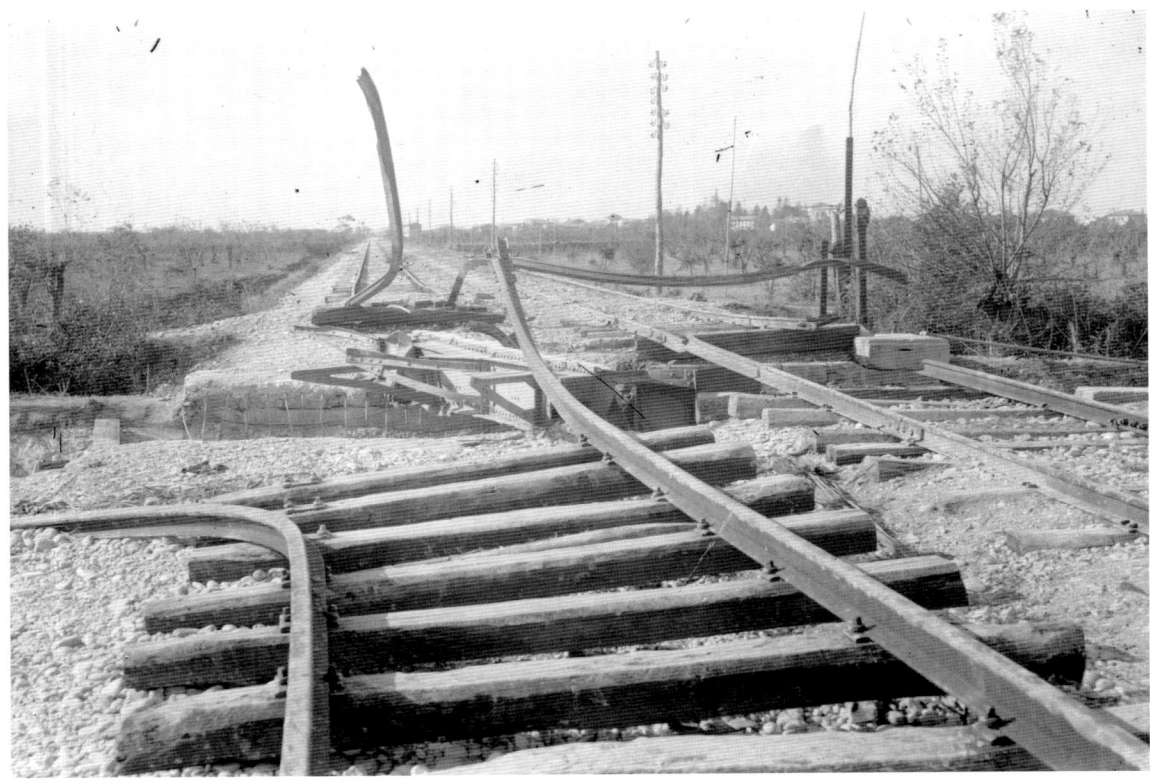

ABB. 123 Gesprengte Eisenbahnbrücke bei Pieris, westlich von Monfalcone, Venetien, 6. November 1917; Kriegsvermessung 5 [K 21952].

ABB. 124 Gesprengtes italienisches Munitionsdepot am Tagliamento bei Tolmezzo, Venetien, vermutlich nach dem 8. November 1917; 10. Armeekommando [K 11892].

123

124

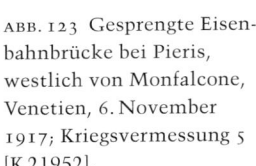

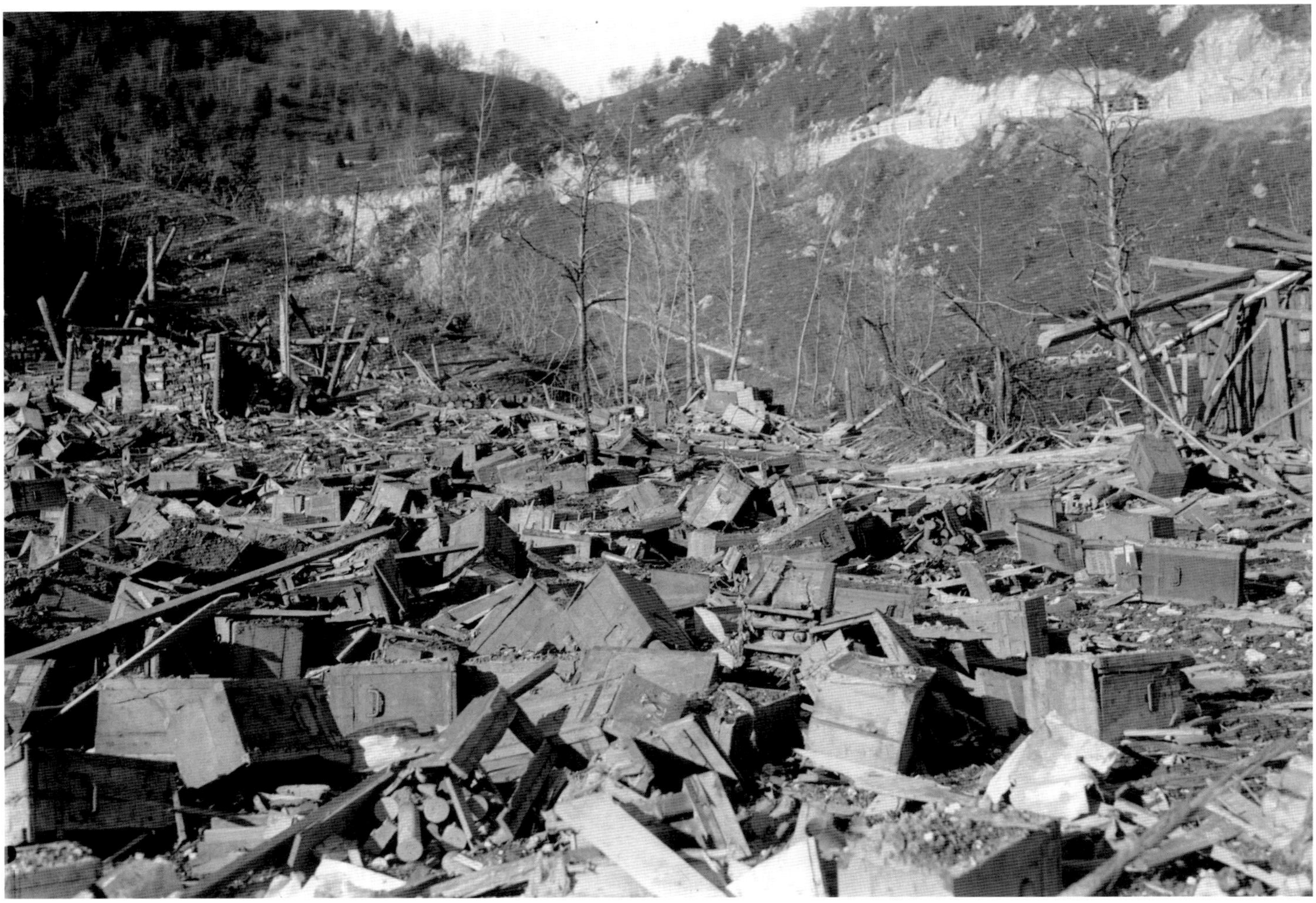

125

126

596

127

128

Waffe, ein Pferd scheint unter ihrem Bauch zu verschwinden. Ein solches Foto wurde drei Wochen später in der illustrierten Wochenzeitung *Das interessante Blatt* veröffentlicht.[4] Der Bildtext lautet: „Ein erbeutetes schweres italienisches Riesengeschütz in einem Dorfe hinter Udine."

Stramme Posen, Masken, Panzer

Auf einem kleinen Platz sehen wir zwei gepanzerte Fahrzeuge (ABB. 127). Die Aufnahme entstand im Sommer 1917 in Ostgalizien, vermutlich in der Ortschaft Zborow (Zboriv). Es handelt sich um Wagen der 2. k. u. k. Armee, die in dieser Gegend operierte. Hinter den Fahrzeugen erkennen wir etliche Soldaten. Ein anderes Foto, das vermutlich in der zweiten Jahreshälfte 1916 oder ebenfalls im Jahr 1917 weiter nördlich, bei Koniuchy (Konjuhi), im russischen Wolhynien, entstand, zeigt einen zerstörten russischen Panzer-

wagen (ABB. 128). Das Fahrzeug steht verlassen auf offener Straße, die Reifen sind verbrannt, die Motorhaube ist offen, eine der beiden gepanzerten Kuppeln ist abgeschlagen. Beide Aufnahmen sind, wiewohl geografisch weit voneinander entfernt entstanden, wie spiegelbildlich aufeinander bezogen. Die Panzerung der eigenen Fahrzeuge ist heil, jene des Kriegsgegners hat den Waffen nicht standgehalten.

Das gepanzerte Fahrzeug ist eine Art Verlängerung des bewaffneten Soldatenkörpers. Im Panzer verschwindet der Körper des Soldaten, seine Verletzlichkeit soll durch technische Aufrüstung kompensiert werden. Auch wenn die Fotografen von der Technik der Panzerung durchaus fasziniert waren, tauchen solche Bilder vom Krieg an der Ostfront relativ selten auf. Gepanzerte Fahrzeuge und Tanks kamen hauptsächlich an der Westfront zum Einsatz, an der Ostfront wurden größere Panzerwagen kaum eingesetzt. In Osteuropa folgte die Kamera des Krieges vor allem dem

ABB. 125 Erbeutetes Geschütz in Zampicchia, Venetien, 17. November 1917; Kriegsvermessung 5 [K 22342].

ABB. 126 Erbeutetes Geschütz in Zampicchia, Venetien, 16. November 1917; Kriegsvermessung 5 [K 22338].

ABB. 127 Gepanzertes Fahrzeug, vermutlich in Zborow (Zboriv), Ostgalizien, Sommer 1917; 2. Armee [K 32889].

ABB. 128 Zerstörter russischer Panzerwagen bei Koniuchy (Konjuhi), Wolhynien, Russland, der Ort liegt zwischen Luck (Luc'k) und Wladimir Wolinsky (Volodimir Volins'kij) [K 6280].

ABB. 129 Vereidigung der Truppe durch Kommandant FML Peter Hofmann in Narajow (Naraiv), in der Nähe von Brzezany (Berezani), Ostgalizien, November 1916; Korps Hofmann [K 13775].

ABB. 130 Ansprache des Generalmajors Adolf von Boog, Kommandant der 25. Infanterietruppendivision, an seine Truppe anlässlich einer Dekorierung, aufgenommen vermutlich im August 1916 in der Umgebung von Brody (Brodí), Ostgalizien; 25. ITD, Sladek, [K 6036].

129

130

ABB. 131 Besuch Kaiser Karls in Oberdrauburg, Kärnten, 16. Dezember 1916; 10. Armeekommando [K 10562].

ABB. 132 Parade anlässlich des Besuchs Kaiser Karls am Flugplatz in Pergine, hinter der Dolomitenfront, 19. März 1918; Kriegsvermessung 10 [K 12541].

131

Soldaten und der Truppe, weniger der anonymen Maschinerie des Krieges.

Die Dramaturgie des Soldatenkörpers im Bild beginnt häufig bei der Parade bzw. beim Appell. Die Aufstellung in Reih und Glied gehört zu den Inszenierungsformen, die uns häufig in offiziellen Aufnahmen begegnen. Hier treten Soldaten und Kommandanten in der räumlichen Idealform auf. Die Soldaten, sie sind meist noch unbewaffnet, stehen Mann an Mann, in geschlossener Aufstellung. Der Einzelne geht im Ganzen auf. Auf den Fotos treten die Kommandanten üblicherweise aus dieser Masse heraus, sie treten vor „ihre" Männer, sind kenntlich als Höhergestellte, die die Mannschaft befehligen. Der Fotograf rückt ebenfalls heraus aus der Gruppe der strammstehenden Soldaten. Häufig positioniert er die Kamera so, dass er im Bild die Gesamtheit der Formation, deren Aufstellung meist diagonal weit in die Bildtiefe reicht, ebenso wie den Standort des Befehlshabers überblickt (ABB. 129). Dieses Sujet kehrt immer wieder. Offenbar kommt es den offiziellen Bildwünschen weit entgegen, es eignet sich, um die Truppe als Ganzes in ihrer militärischen Hierarchie ins Bild zu setzen. Hie und da verliert sich die große Menge der angetretenen Soldaten geradezu in der Tiefe des Raumes (ABB. 130).

132

Wenn der Kommandant der Kaiser ist, wie auf einer Aufnahme vom 16. Dezember 1916, auf der dieser, kurz nach seiner Thronbesteigung, an der Dolomitenfront „seine" Truppen abschreitet, ist das Bild der Parade weit mehr als das Dokument eines flüchtigen Ereignisses (ABB. 131). Die Begegnung des höchsten Vertreters des Staates, des Kaisers, mit „seinen" einfachen Soldaten wird zum symbolträchtigen Schauspiel. Es ist die In-

ABB. 133 Periskop im
Schützengraben, in der
Umgebung von Podhajce
(Pidgajci), vermutlich
in der Ortschaft Sosnow,
Ostgalizien, vermutlich
Herbst 1915; Korps
Hofmann [K 13039].

133

ABB. 134 Horchposten in
einem Schützengraben an
der Strypa (Stripa), bei der
Ortschaft Kupczynce, in
der Nähe von Tarnopol
(Ternopil), Ostgalizien;
Deutsche Südarmee
[K 5456].

134

135

szenierung des Idealbildes der Armee im über-
schaubaren Rahmen. Während der Monarch die
Nähe zu den Soldaten dadurch zeigt, dass er nahe
an die militärische Reihe heranrückt und abrückt
von der strammen Pose, bleibt die Appellordnung
der einfachen Soldaten aufrecht (ABB. 132).

An der Front löst sich die militärische Formation des kollektiven Soldatenkörpers auf, zumindest passt sie sich den Gegebenheiten des Stel-
lungskrieges an. Im Schützengraben folgt die Anordnung der Truppe den Erfordernissen des Geländes und der darin errichteten künstlichen Befestigungen. Dennoch wird für den Fotografen gelegentlich noch die ideale Formation aufrecht-
erhalten. Im Idealbild des Schützengrabens reiht
sich Mann an Mann (ABB. 133). Manchmal taucht
der einsame wachende Soldat auf (ABB. 134). Häufiger aber findet sich das Bild des Schützen-

grabens als geselliger Mikrokosmos, der in allen
alltäglichen und skurrilen Facetten ausgeleuch-
tet wird (ABB. 135).

Nur selten tritt der Soldat als Einzelner mit
voller Ausrüstung und Bewaffnung vor die Kamera. Nur wenn er etwa für Lehrzwecke im Ide-
alzustand festgehalten werden soll, wird er aus
dem Verband der Truppe gelöst und beispielhaft
vor der Kamera aufgerüstet. In einer Serie von
Aufnahmen, die Anfang April 1916 in Kärnten
entstand, werden unterschiedliche Einsätze der
Soldaten exemplarisch vorgeführt. Die Männer
ordnen sich in Haltung und Ausrüstung ihren
idealen Aufgaben unter, etwa der Beförderung
von Ausrüstung für den Kriegseinsatz (ABB. 136,
137, 138, 139). Eine Fotoserie, die eine ähnliche
pädagogische Absicht verfolgt, wurde im Winter
1915/1916 in der Nähe von Czernowitz – ver-

ABB. 135 Alltag im Schüt-
zengraben, aufgenommen
vermutlich in der Gegend
zwischen Brzezany
(Berezani) und Podhajce
(Pidgajci), Ostgalizien,
vermutlich im Sommer
1915; Korps Hofmann
[K 13472].

136

137

138

139

ABB. 136 Eisenarbeiter und Werkzeugkarren eines technischen Infanteriezuges, aufgenommen in Kärnten am 9. April 1916; 10. Armeekommando [K 9303].

ABB. 137 Scheinwerferbedienung (mit Tragtieren) eines technischen Infanteriezuges, Kärnten, 9. April 1916; 10. Armeekommando [K 9305].

ABB. 138 Transport von Sprengmitteln mittels Tragtier, Teil eines technischen Infanteriezuges, Kärnten, 9. April 1916; 10. Armeekommando [K 9306].

ABB. 139 Ausrüstung der „Sappeure" eines technischen Infanteriezuges, Kärnten, 9. April 1916; 10. Armeekommando [K 9307].

mutlich in Doroschautz (Dorosauti) am Dnjester – aufgenommen. Die Fotografien zeigen die Soldaten im technischen „Kleid": Präsentiert werden Schutzschilde und Harnische aus Metall, die in ihren unterschiedlichen Verwendungen vorgeführt werden (ABB. 140, 141, 142). Auch hier steht die technische Funktion des Panzers und nicht der Soldat als Einzelner im Mittelpunkt. Genau genommen dient dieser nur als Staffagefigur, die den Gebrauch der Panzerung vorführt.[5] Er verschwindet hinter dem Metall, nicht nur weil er von ihm geschützt werden soll, sondern auch weil er in seiner Funktionsweise mit der Maschine – in einem Fall ist es das Maschinengewehr – verschmelzen soll.

Am 29. August 1917 wurde am Höhenzug von Stara Lokva, einer Gegend an der Isonzofront, ein Soldat in Kampfausrüstung aufgenommen (ABB. 143). Der Mann kniet im lichten Föhrenwald, das Gewehr hat er griffbereit in der Hand liegen, den Dolch deutlich sichtbar an der Hüfte hängen. Er

trägt eine Gasmaske und darüber den Sturmhelm. Um die Schulter hat er eine Dose hängen, in der die Gasmaske Platz findet. An derselben Stelle entstand eine weitere Aufnahme, die denselben Soldaten stehend zeigt (ABB. 144). Diesmal wendet er den Blick der Kamera zu. Beide Bilder tragen den Titel „Feldwache auf der Stara Lokva". Beide dokumentieren das Idealbild des wachsamen Soldaten, beide sind sorgfältig inszeniert. Der Fotograf achtet darauf, dass alle wichtigen Waffen und Ausrüstungsgegenstände gut sichtbar sind. Die Bilder signalisieren Entschlossenheit. Es sind patriotisch-pädagogische Bilder, die die militärische Ausrüstung in Idealform vorführen. Und es sind propagandistische Bilder, die nach außen gerichtet sind. Der Zeitpunkt der Aufnahme war wohl nicht ganz zufällig gewählt. Vier Tage zuvor, am 25. August 1917, hatte das österreichisch-ungarische Armeeoberkommando den Plan eines neuen Großangriffs an der Isonzofront vorgelegt. Der Angriff, bei dem deutsche

140

141

142

143

144

ABB. 140, 141, 142 Schutz-
schild aus Metall, aufge-
nommen vermutlich in
Doroschautz (Dorosauti),
am Dnjester (Dnister)
nördlich von Czernowitz
(Černivici), Winter
1915/1916; 12. ITD, Lück
[K 6508, K 6510, K 6511].

ABB. 143, 144 Soldat mit
Kampfausrüstung, auf-
genommen in Stara Lokva,
vermutlich in der
Umgebung von Vojščica,
Isonzofront, 29. August
1917; Kriegsvermessung 5
[K 20856, K 20857].

145

und österreichische Truppen gemeinsam vorgehen sollten, war für Ende Oktober vorgesehen. Als die Offensive am 24. Oktober begann, wurde an der Isonzofront systematisch Giftgas eingesetzt.[6] Die Inszenierung „Feldwache auf der Stara Lokva" wirft einen Schatten voraus. Die Aufnahmen kündigen an, was zwei Monate später Wirklichkeit werden sollte.

Fotografien von aufgerüsteten, einzelnen Soldatenkörpern tauchen in der zweiten Kriegshälfte vermehrt auf. Bei militärischen Übungen wurden Ausrüstung und Bewegung des Soldaten fotografisch in der Idealform fixiert. Ein solches Bild entstand etwa Anfang 1917 am Übungsplatz in Schabs bei Brixen (ABB. 145). Der Bildtext „Soldat in Adjustierung der Sturmtrupps" stellt zunächst noch die Kampfausrüstung in den Mittelpunkt. Nach und nach aber werden solche Bilder auch als Propagandabilder entdeckt. In der Presse tauchen sie oft mit aggressiveren Bildunterschriften auf. Die Aufnahmen lösen sich häufig von ihrer Herkunft als technisch-pädagogische Bilder. Diese Verschiebung ist bemerkenswert. Je blutiger und anonymer der Krieg wird, je mehr sich die Kämpfe in zermürbende Stellungsgefechte verwandeln, die auf beiden Seiten viele Opfer fordern, je mehr Tote der Einsatz der schweren Waffen, das Giftgas und der Luftkrieg fordern, desto deutlicher zeichnet sich in der Propaganda eine Hinwendung zur archaischen Figur des Kriegers ab: Er ist ein gut ausgerüsteter, einzelner, tapferer Mann, der dem Gegner furchtlos ins Gesicht blickt. Hier entstehen die Vorlagen, die gegen Ende des Krieges in der Öffentlichkeit zu festen Schablonen werden. Manche dieser Fotos tauchen in der Zwischenkriegszeit, vor allem in Publikationen des konservativen und revanchistischen Lagers wieder auf. Sie verdichten sich schließlich in der nationalsozialistischen Publizistik zum idealtypischen Soldatenbild. Bis weit in die 1930er Jahre hinein wird zu seiner Begründung gerne auf Fotografien aus dem Ersten Weltkrieg zurückgegriffen.[7] Aus dem Übungsbild ist Ernst geworden: Der Mann steht in Waffen, der Mann wird zur Waffe. Er ist auf-

146

147

gerüstet und blickt grimmig, die Augen sind blitzend auf den Feind gerichtet.

Inszenierte Kämpfe

Im Laufe des Ersten Weltkrieges hat sich der Fotograf den kämpfenden Soldaten immer mehr angenähert. Erst in der zweiten Kriegshälfte ent-

ABB. 146 Kampfübung mit Handgranaten in Levico, Dolomiten, März 1917; Kriegsvermessung 11 [K 23731].

ABB. 147 Kampfübung, vermutlich in der Gegend von Narajow (Naraiv) und Hinowice, Ostgalizien, 1916; Korps Hofmann [K 14080].

148

149

150

standen Bilder, die mitten im Getümmel der Schlacht entstanden und die Kämpfe aus dramatischer Nähe zeigen. Eine ganze Reihe solcher Fotografien ist überliefert. Wenn wir aber einige dieser Bilder näher betrachten, wird deutlich, dass sie oft bei militärischen Übungen im Hinterland aufgenommen wurden. Hier konnten die Fotografen ungefährdet Kampfszenen aufnehmen. Natürlich übertrafen diese Bilder die Dokumente von der wirklichen Front oft an Dramatik und Nähe. Im März 1917 entstand im Hinterland der Dolomitenfront, in Levico, eine Aufnahme, die als „Übung" deklariert wurde (ABB. 146). Bilder ähnlicher Kampfübungen sind auch von der Ostfront überliefert (ABB. 147, 148). Oft weisen die Bildtexte nicht darauf hin, dass die Szene im Übungsgelände im Hinterland entstand und nicht während tatsächlicher Kämpfe an der Front. Derartige Fotos konnten als Dokumente von Kämpfen in Nahaufnahme gelten.

Am 10. September 1917 fotografierte ein Kriegsfotograf einen Sturmtruppenangriff an der Isonzofront (ABB. 149). Das Bild ist spektakulär. Wir sehen Soldaten, die aus ihren Stellungen hervorbrechen, um die eine Schulter den Karabiner gehängt, um die andere einen Leinensack, in dem die Handgranaten stecken. In der rechten Hand schwingen die Angreifer die Granate, in der linken halten sie den Dolch für den Nahkampf gezückt. Der Fotograf ist nahe herangerückt. Er hat seine Kamera nicht im Schützengraben, sondern über der Brüstung des Grabens aufgestellt. In einem zweiten Bild rückt er noch näher an die Kämpfer heran (ABB. 150). Wieder werden die Angreifer in voller Ausrüstung ins Bild gesetzt, der Fotograf hat sich so positioniert, dass der „Handgranatenwerfer" im Halbprofil von hinten erscheint. Auf diese Weise wird das Waffenarsenal der angreifenden Soldaten, das sie am Leib tragen, besonders gut sichtbar. Bei dieser Bildserie handelt es sich um Aufnahmen, die *nicht* an der Frontlinie, sondern während einer Übung hinter der Front entstanden sind. Das zeigt ein genaueres Hinsehen und der Vergleich mit anderen

151

Fotos, die tatsächliche Kämpfe zeigen. Wenn der Fotograf die Schlacht wirklich aus den vordersten Reihen verfolgt, verbirgt er sich und die Kamera hinter der schützenden Stellung (ABB. 151). Das Gelände, in dem die Kämpfe stattfinden, zeigt sich nur angeschnitten hinter der Wand des künstlichen Grabens, der freie Blick auf den Kriegsgegner ist versperrt. Während der militärischen Übung hingegen kann der Fotograf sein Objektiv weit über den schützenden Rand des Grabens heben. Nichts in seinem Gesichtsfeld weist auf die Gefahr gegnerischer Soldaten oder Waffen hin. Die Aufnahmen sind als Serie angelegt: Sie dokumentieren den „idealen" Angriff in unterschiedlichen Stadien.

Die Fotografien militärischer Übungen zeigen das Idealbild des für den Kampf gerüsteten Soldaten im „Als ob"-Einsatz, sie illustrieren das reibungslose Funktionieren der Soldaten, die, schwer bewaffnet, unaufhaltsam vorwärtsstürmen. In der Presse wurde die Herkunft dieser für Übungszwecke gestellten Kampfbilder immer wieder verwischt. Sie kursierten, wie ein Beispiel aus der in Wien erscheinenden illustrierten Wochenzeitschrift *Sport & Salon* vom 15. Juli 1917 zeigt, oft als „wirkliche" Kampfbilder. Unter dem Titel „Handgranatenkämpfe" sind schwer bewaffnete Soldaten beim Vorstürmen gegen ein Drahthindernis zu sehen (ABB. 152).[8] Die Kamera rückt auch hier nahe an die Kämpfer heran. Die Aufnahmen sind gestellt.

Feuer und Gas

Am 29. August 1917 trat das Kommando der 11. k. u. k. Gebirgsbrigade, das an der italienischen Front im Einsatz war, vor die Kamera. Die Bilder entstanden in der Nähe von Lokve oder Nemci – die Orte liegen etwa 10 Kilometer nordöstlich von Görz (Gorizia/Nova Gorica). Zunächst entsteht ein traditionelles Gruppenporträt der Offiziere (ABB. 153).[9] Die zweite Auf-

Handgranaten-Kämpfe.

Österreichisch-ungarische Truppen machen auf einen feindlichen Graben einen Angriff mit Handgranaten.

Eine deutsche Stoßtruppe verläßt kriechend die eigene Stellung, um ungesehen an den feindlichen Graben heranzugelangen.

Eine feindliche Position wird im Nahkampf mit Handgranaten gestürmt.

nahme zeigt dieselbe Gruppe, diesmal aber in anderer Aufmachung (ABB. 154). Einige der Männer haben ihre Feldstecher umgehängt, ganz in der Tradition der Kommandanten, die Abstand halten zur unmittelbaren Frontlinie und Überblick signalisieren. Einige stützen sich auf ihren Gehstock. Bemerkenswert sind ihre „Gesichter", die hinter Gasmasken verborgen sind. Das skurril anmutende Gruppenbild ‚Offiziere mit Gasmaske' verdankt sich aber nicht einer augenzwinkernden Laune des Fotografen. Die Inszenierung ist ganz und gar ernst gemeint. Sie weist in die nahe Zukunft und unmittelbar auf das Schlachtfeld. Wenige Wochen später sollte an diesem Frontabschnitt tatsächlich in großem Maß Giftgas zum Einsatz kommen.

Dieses Beispiel zeigt neuerlich, wie weit sich die Kriegsbilder vom dokumentarischen Anspruch entfernen, wenn sie in den Krieg eintreten. Mehr als andere Sujets befördern die fotografischen Darstellungen der Waffen symbolische Botschaften. Die Bilder erzählen zwar auch vom tatsächlichen Transport und Einsatz der Mörser, Bomben und Granaten. Sehr oft aber suchen die Fotografen ihre scheinbar magische Kraft festzuhalten. Wenn es sich um Waffen des Gegners handelt, ist die Macht der Zerstörung gebrochen. Sie tauchen dann als Beutestücke auf oder sie werden in zerstörtem Zustand gezeigt. Die eigenen Waffen hingegen werden in den Bildern oft in Stellung gebracht, es wird die Präzision der eigenen Geschosse illustriert (ABB. 155) oder ihr Einsatz im extremen Gelände vorgeführt (ABB. 156). Die eigenen Waffen vermitteln Stärke, sogar dann, wenn sie Attrappen sind, die den Gegner täuschen sollen (ABB. 157).

Nicht alle Waffen erscheinen selbstbewusst im Bild. So gibt es, gemessen am massiven Einsatz, verhältnismäßig wenige Aufnahmen, die Flammenwerfer- und Giftgaseinsätze zeigen. Diese neuartigen Waffen und ihre tödlichen Wirkungen tauchen, im Unterschied zu den „konventionellen" Waffen, die selbstbewusst in Szene gesetzt werden, in den Kriegsfotos, wenn überhaupt,

dann nur sehr verschämt auf. Der Gaskrieg hinterließ etwa an der italienischen Isonzofront kaum fotografische Spuren. Und dies, obwohl spätestens seit 1917 auch hier (wie vorher schon an der Westfront) das tödliche Gas systematisch zum Einsatz kam.[10] Tausende von Granaten und Minen enthielten den Reizstoff Diphenylchlorarcin (sie waren als „Blaukreuze" gekennzeichnet) und führten über Reizungen der Schleimhäute zu Niesen, Husten und Erbrechen. Die sog. „Grünkreuze" waren mit Phosgengasen gefüllt und wirkten tödlich.

Die wenigen Fotografien von Flammenwerferangriffen, die von der Ost- und Südostfront überliefert sind, wurden durchweg bei Übungen aufgenommen (ABB. 158, 159, 160). Der Einsatz dieser Waffen an der Front wird nicht gezeigt. Freilich sind die Spuren der Zerstörung, die diese Geschosse hinterließen, dennoch nicht ganz bilder-

ABB. 152 „Handgranatenkämpfe" (aus: *Sport & Salon*, 15. Juli 1917, S. 9).

ABB. 153, 154 Kommando der 11. Gebirgsbrigade, ohne und mit Gasmasken, aufgenommen am 29. August 1917 an der Isonzofront, vermutlich in der Nähe von Lokve oder Nemci; Kriegsvermessung 5 [K 20656, K 20657].

155

156

los geblieben. Es sind einige Aufnahmen überliefert, die die Leichen italienischer Soldaten zeigen, die an den Folgen von Gas und Feuer zugrunde gegangen sind.[11] Es ist gewiss kein Zufall, dass diese neuen Waffen nicht selbstbewusst ins Arsenal der anderen Waffen integriert werden, dass die Fotografen ihren Einsatz, wenn überhaupt, nur verschämt zeigen. Diese auffallende „Zurückhaltung" dürfte weniger der Flüchtigkeit des Mediums als vielmehr der Tatsache geschuldet sein, dass der Gaseinsatz überaus umstritten war.

Anfang Dezember 1917 dokumentierte ein Kriegsfotograf in Trient den Einsatz von Brieftauben zum Zweck der Kommunikation hinter der Front. Auf einem der Bilder sehen wir einen Gasschutzkasten, in dem die Tauben im Falle eines Gasangriffs geschützt werden sollten (ABB. 161). Es sind solche indirekten Hinweise, die auf den Einsatz von Giftgas verweisen, die Waffen selbst dagegen – gasgefüllte Minen oder Granaten mit Zünder, die von sog. „Gaswerfer-Apparaten" abgefeuert wurden – bleiben in den offiziellen Aufnahmen unsichtbar. Ein einziges Bild ist überliefert, das möglicherweise auf die Logistik des Gaskrieges verweist (ABB. 162).[12] Zu sehen ist ein mobiler Gaserzeugungsapparat, der von zwei Männern bedient wird. Über die genaue Verwendung der Maschine erfahren wir im Bildtext freilich nichts.[13] Die Aufnahme entstand am 30. August 1917 im Hinterland der Isonzofront, vermutlich bei Vojščica.

ABB. 155 „Prüfen des Luftdruckes und Nachfüllen bei einer 15 cm M.14 Skoda's HB (sFHb 2/25)", vermutlich Frühjahr / Sommer 1916 in Ostgalizien / Wolhynien; 25. ITD, Sladek [K 6020].

ABB. 156 Geschütz am Ortler, September 1917 [K 3590].

ABB. 157 Fliegerabwehr-Attrappen bei Podhajce (Pidgajci), Ostgalizien, vermutlich Herbst 1915; Korps Hofmann [K 12969].

157

158

159

160

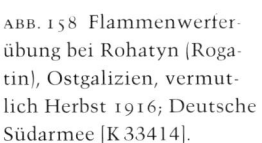

161

ABB. 158 Flammenwerferübung bei Rohatyn (Rogatin), Ostgalizien, vermutlich Herbst 1916; Deutsche Südarmee [K 33414].

ABB. 159 Flammenwerferübung, vermutlich Spätherbst 1915, möglicherweise in Fürnitz, Kärnten; 10. Armeekommando [K 8390].

ABB. 160 Kampfübung mit Flammenwerferausrüstung, Levico, Dolomiten, März 1917; Kriegsvermessung 11 [K 23733].

ABB. 161 Gasschutzkasten für Brieftauben, Trient (Trento), 3. Dezember 1917; Kriegsvermessung 11 [K 24594].

ABB. 162 Gaserzeugungsapparat an der Isonzofront, vermutlich bei Vojščica, 30. August 1917; Kriegsvermessung 5 [K 20859].

Das Auge der Schlacht   Das Licht und die Fotografie

„Wer ist das Auge der Schlacht?", fragte im Kriegsjahr 1918 der Autor eines Berichts über die neue Art der Kriegsführung.[1] „Noch nicht lang ist's her, da war es der Feldherr."[2] Nun aber, im modernen Krieg, habe die Technik seine Rolle übernommen. „Der Feldherr", heißt es in dem Bericht weiter, „ist unsichtbar geworden, nur zu feierlichen Anlässen begeht er die Truppen. Am Schreibtisch sitzt er, statt des Feldstechers das Telephon in der Hand, und trotzt dem Ansturm der aus der Leidenschaftlichkeit des Kampfes geborenen Meldungen, welche in wechselnder Gestalt, bald als atemloser Läufer, bald als galoppierender Reiter, als flatternde Brieftaube, als feuerdurchirrender Meldehund, als Film aus der Dunkelkammer, als Blinkwelle, als sausender Flieger, als ratternder Motorfahrer, als elektrischer Strom durch Drähte und durch die freie Luft, ihn, den Mittelpunkt erreichen."[3]

Materialschlacht und moderner Stellungskrieg haben den Charakter der Schlacht verändert. Die Kriegslandschaft hat sich im Ersten Weltkrieg gewandelt.[4] Bis weit ins 19. Jahrhundert hinein war der Ort der Schlacht noch ein Ort im herkömmlichen Sinne gewesen: ein Feld, eine Gegend mit Namen, auf dem die feindlichen Heere aufeinandertrafen. Das änderte sich nun. Der Raum des Krieges dehnte sich aus. Zugleich, im Licht der Technik, schrumpfte er wieder. Die Einheit von Ort und Zeit zersplitterte als Bezugsgröße. Entlang der Frontlinie wurde potenziell jeder Ort zum Ort des Geschehens, auch das Hinterland wurde nun unmittelbar in die Kriegsführung einbezogen. Max Schwarte, während des Krieges Generalleutnant in der deutschen Armee, schilderte bereits 1913 diese Revolution des Krieges. „Auf mehreren tausend Metern beherrschen Geschütz und Gewehr das Gelände und erzwingen den Kampf gegen unsichtbare Kräfte; auf viele Kilometer rechts und links, vorwärts und rückwärts, im Gelände den Blicken entzogen, stehen und bewegen sich Hunderttausende."[5] Die Ausdehnung des Schlachtfeldes, seine Verlagerung in die Erde und die damit einhergehende Verringerung des Blickfeldes im unübersichtlichen Grabenkrieg musste nun durch technische Hilfsmittel wettgemacht werden. „Nur mechanische Nachrichtenmittel", führt Schwarte weiter aus, „vermögen zeitlich die Räume zu überspannen; lückenhafte Meldungen der Kavallerie, einander widersprechende Nachrichten der Beobachter aus dem Ballon, Luftschiff und Flugzeug – das sind die Grundlagen, auf denen sich die Entschlüsse und Befehle für lange Stunden aufbauen. Und nicht für Stunden, sondern für Tage. Denn taktisch auf dem Schlachtfelde vollendet sich nur das, was operativ vor der Schlacht meist schon entschieden war."[6]

Die Prothesen des Krieges

Im Juli 1917 meldete die Zeitschrift der Österreichischen Berufsphotographen *Der Bund* euphorisch: „Es gibt neuerdings auch Maschinen, die sehen können.[7] Diese neuen Erfindungen sind, so heißt es, „sehende Maschinen mit elektrischen Augen (...). Das Leben ist durch den elektrischen Strom ersetzt, das Gehirn wird durch Messwerkzeuge vertreten, an Stelle der Sehnerven arbeiten elektrische Stromleitungen, und die Gesichtsempfindung oder deren Kundgabe findet ihren Ausdruck in irgendeiner Arbeitsleistung der Maschine."[8] Dieses „elektrische Auge" ist kein Hirngespinst. Es ist kein Zufall, dass mitten im Krieg Überlegungen zur Ersetzung des Sehsinns Konjunktur haben. Auch

164

senheeres"[9]: „Blitzschnell, wie eine Empfindung im menschlichen Körper die Nervenstränge von der Berührungsfläche her nach einem geschützt liegenden Zentrum durcheilt, so rasen die Drahtmeldungen und Fernsprüche in dem weitverzweigten Netze der Nachrichtenverbindungen von den Frontberührungspunkten mit dem Feinde, den geschützt liegenden, wichtigen Stäben konzentrisch zu, von wo aus dann das Nötige veranlasst wird, wenn nicht die Selbsttätigkeit des Unterführers unter dem Eindruck des Augenblicks – den motorischen Nerven vergleichbar – schon darauf reagiert hat."[10]

Wie die Telegrafie so ist auch die Fotografie im Dienst der Aufklärung eine Prothese des Körpers, eine technische Verlängerung des Augensinns. „Auch das beste Auge ist unvollkommen, wenn es sich um das Erkennen rasch erfolgender Eindrücke handelt." So schreibt Max Frank im Juli 1917 in der Zeitschrift *Photo-Sport* über die „Photographie im Dienste der Kriegstechnik und der Kriegswissenschaft". Und genau hier, führt er aus, „springt die Photographie ein. Diese vermag, richtige Einrichtungen vorausgesetzt, überaus kurze Vorgänge wahrheitsgetreu – darin versagt auch selbst bei längeren Eindrücken das Auge allzu häufig – festzuhalten, Vorgänge, deren Kürze über unser Begriffsvermögen geht."[11]

Krieg bei Nacht

Der Erste Weltkrieg markiert einen entscheidenden Einschnitt im Prozess der Bewaffnung des Auges. Der Krieg wurde auch um die Beherrschung der Wahrnehmung geführt. Die gewaltige Materialschlacht, die mehr auf systematische Zerstörung als auf Eroberung setzte, schlug sich, so zeigen etwa Soldatenbriefe, in einer Abstumpfung der Sinne nieder.[12] Der Nacht- und Untertage-Krieg wurde zur Regel, an Schlaf war oft nicht zu denken, viele der Soldaten bewegten sich oft wochenlang bei künstlichem Licht. Umgekehrt aber setzte die neue Technologie des Kampfes einen Schub an technischen Entwick-

wenn, so der Autor des Berichts, diese neuartige Erfindung in Lesegeräten für Blinde Verwendung finden sollten, ist doch klar: Das „elektrische Auge" ist auch eine Technik des Krieges. Es ist eine Prothese für den Soldatenkörper. Der Krieg, der eine zunehmende Schärfung der Sinne erfordert, verlässt sich nicht mehr auf die Fähigkeiten des menschlichen Körpers. „Das Leben ist durch den elektrischen Strom ersetzt", heißt es.

Die Aufrüstung der menschlichen Sinne durch technische Hilfsmittel nahm im Krieg unterschiedliche Formen an: Sie reichte von der Erweiterung der Kommunikation durch Telefon und Telegrafie bis hin zur Schärfung des natürlichen Auges durch das Medium der Fotografie. Das Netz der „Drahtmeldungen", so formulierte Paul Otto Ebe 1917, sind die „Nervenstränge des Mas-

165

ABB. 165 Scheinwerfer am Schützengraben bei Chatki am Fluss Strypa (Stripa), Ostgalizien, vermutlich Herbst 1915; Korps Hofmann [K 13017].

lungen frei, die auf eine Schärfung der Sinne hinausliefen. Dabei spielte neben dem Gehör-, v. a. die technische Aufrüstung des Sehsinns die zentrale Rolle (ABB. 163).[13]

Jahrhundertelang fanden der Krieg und v. a. die Schlacht am Tage statt und nicht in der Nacht. Mit dem Ersten Weltkrieg änderte sich das. Die Schlacht wurde beim Hereinbrechen der Dämmerung nicht mehr unterbrochen. Die Beobachtung des Gegners und seiner Stellungen erfolgte rund um die Uhr. Max Schwarte beschreibt diese Entwicklung in seinem Buch *Die Technik im Weltkriege*, das 1920 erschien. Die Nacht, so argumentiert er, wurde nicht nur überbrückt, sondern für den Krieg nutzbar gemacht: „Mit fortschreitender Entwicklung der Beobachtungsfernrohre nahm die Sicherheit der vorbereitenden Gefechtstätigkeit bei Tage ab. Sie musste in die späteren Nachmittagsstunden und die Nacht verlegt werden, um die eigene Tätigkeit dem Feinde geheim zu halten. Das führte zur Schaffung von Geräten, mit denen man die Bewegung des Gegners auch in der Dunkelheit erkennen konnte."[14] Diese Apparate tauchen den Krieg in ein neues Licht: Es ist das Kunstlicht leistungsstarker Scheinwerfer (ABB. 164, 165).

1904, im russisch-japanischen Krieg, wurden erstmals Scheinwerfer für kriegerische Zwecke eingesetzt. Der Scheinwerfer werde, so schreibt 1913 J. Schroeter im Band *Technik des Kriegswesens*, bereits seit einiger Zeit verwendet: „Eine wichtige Rolle fällt beim Kampf um Küstenbefestigungen den elektrischen Scheinwerfern zu. Bei der Verteidigung werden sie fest eingebaut oder beweglich in verschiedenen Größen verwendet, um die feindlichen Fahrzeuge bei Dunkelheit rechtzeitig zu entdecken, zu beschießen und zu blenden, sowie eigene Bewegungen auf dem Wasser zu verschleiern."[15] Zu Beginn des Ersten Weltkrieges wurde der Scheinwerfer noch hauptsächlich als eines unter mehreren Signalmitteln eingesetzt. Er reihte sich ein in die Sparte der Nachrichtentechniken. Diese legten sich wie ein dichtes Netz über das Kriegsgelände, sie verbanden weit entfernte Punkte und ließen so Raum und Zeit schrumpfen. Während des Krieges nahm die Bedeutung der modernen Nachrichtentechniken ständig zu (ABB. 166, 167). „Telegraph und Telephon", schreibt Schwarte 1913, „übermitteln die Befehle des obersten Führers, den sie auch mit der obersten Heeresleitung dauernd in Verbindung halten, an die unteren Kommandostellen; Gefechtsfernsprecher erstrecken sich von diesen weiter und verzweigen sich bis in die vordersten Schützengräben und Beobachtungswarten; Lichtsignale und Winkerflaggen er-

ABB. 166 Telefon- und Tele-
grafenzentrale in Trient
(Trento), 9. Oktober 1917;
Kriegsvermessung 11
[K 24278].

gänzen sie. Telephone laufen zu den Reserven
und begleiten sie bei ihren Bewegungen. Scheinwerfer geben in Verbindung mit Leuchtraketen
und Leuchtpistolen Sicherheit gegen überraschende nächtliche Unternehmungen. Fesselbal-
lone, Flugzeuge und Luftschiffe bringen Klarheit
über die Angriffsmaßnahmen des Gegners; Fun-
kentelegraphie hält mit ihnen wie mit der ent-
fernten Kavallerie dauernde Verbindung."[16]

Im Laufe des Krieges wurden auch die Scheinwerfer immer wichtiger. Sie blieben nicht nur
Signalgeräte, sondern erhielten neue Aufgaben.
Vom Oktober 1914 an wurden bei der Flugab-
wehr Geschütze und Scheinwerfer kombiniert.
1918 waren in England 284 Flugabwehrkanonen
und 377 Scheinwerfer im Einsatz.[17] 1920, kurz
nach dem Krieg, kommt Max Schwarte wieder
auf die Rolle der künstlichen Beleuchtung zu

sprechen. Die Scheinwerfer dienten, so führt er
nun rückblickend aus, „zur Beleuchtung des
nahen Vorgeländes der Gräben und der Hinder-
nislinien. Dazu war es erforderlich, den Betrieb
unabhängig von den rückwärtigen Verbindungen
zu machen. Dies ist erreicht, indem die für die
Unterhaltung nötigen Stoffe in jeder Niederlage
beliebig lange und in beliebigen Mengen lage-
rungsfähig sind."[18] Für die Ausleuchtung des Ter-
ritoriums und die Fliegerabwehr wurden immer
größere Parabolspiegel mit bis zu zwei Metern
Durchmesser gebaut und mit elektrischen Bo-
genlampen bestückt (ABB. 168). „Der austretende
Lichtstrahl ist (…) in seiner Ausdehnung begrenzt, besitzt aber andererseits eine solche
Lichtstärke dass die Gegenstände auf eine Entfernung von mehreren Kilometern deutlich zu erkennen sind." So schreibt der Ingenieur Max
Günther 1915.[19] Ein Scheinwerfer von 110 cm
Spiegeldurchmesser, ergänzt er euphorisch, gestattet „in einer Entfernung von 2.000 Meter
noch bequem die Ausführung von Schreibarbei-
ten". Aber bereits relativ kleine Scheinwerfer
mit 30 cm Durchmesser und 60 cm Brennweite
erreichten Leuchtweiten bis zu 600 Metern. „Die
Bedienung", so Schwarte, „kann durchweg aus
verdeckter Stellung erfolgen, darunter das Richten der Lenkstange, das Öffnen des Gehäuse-
deckels und der Gashähne, das Anbrennen der
Sparflamme (…)."[20]

Der Kampf um Sichtbarkeit

In seiner Studie über den Zusammenhang von
Krieg und Wahrnehmung verweist der englische
Historiker Eric J. Leed auf die tief greifenden Wirkungen des Grabenkrieges.[21] Der Krieg, so argumentiert er, der im 19. Jahrhundert noch weitgehend zu ebener Erde geführt wurde, verlagerte
sich im Stellungskrieg zunehmend unter Tage.
Die Kriegsausrüstung griff nun mehr und mehr
auf die Techniken des Bergbaus zurück. Unterstände, Kavernen, ja ganze „Städte" wurden
unter Tag, ins Erdreich, in den Felsen oder ins

Gletschereis verlegt. Aus Soldaten wurden Berg-
arbeiter, die, ausgerüstet mit Presslufthämmern
und Fräsen, das Gelände in immer neuen Anläu-
fen umgruben. Sie arbeiteten meist im Schutz
der Dunkelheit, bei Tage ruhten sie sich aus oder
wachten. In den Erinnerungen der Soldaten
taucht daher die Erfahrung vom Leben unter Tage
häufig auf. Sie berichten von einem Krieg in der
Dunkelheit.[22]

Während sich im Stellungskrieg Soldaten und
Kriegsgerät immer mehr ins Gelände vergruben,
hatte die optische Kriegstechnik die Aufgabe,
dieses verengte Blickfeld wieder zu erweitern. Es
ist wohl kein Zufall, dass Max Schwarte in seinem Buch über die „Technik im Kriege" unmittelbar nach dem „Scheinwerfer" auf die „Photographie" eingeht. Scheinwerfer und Fotografie
hängen eng zusammen. Das Kunstlicht des Krieges und das Licht der Fotografie antworteten in
gewisser Weise auf die neuen Formen der Kriegsführung. Sie verlängerten die physische Optik
des Auges, und zwar räumlich und zeitlich. Während der Scheinwerfer mit seinem gebündelten
Lichtkegel das Dunkel der Nacht durchdrang
und überraschende Angriffe oder Vorbereitungen
dazu sichtbar machen sollte, beleuchtete die
Fotografie – zeitlich versetzt – das Gelände, das
sich infolge der Kriegsführung dem natürlichen
Auge mehr und mehr entzog. Beide, das Licht
des Scheinwerfers und das Licht der Fotografie,
sind Teil einer optischen Aufrüstung, die mit der
zunehmenden Technologisierung des Krieges
Schritt hielt.

Geschärfte Sinne, getrübter Blick

„Man hat", schreibt Albin von Palocsay im
August 1915 in der Zeitschrift für Foto-Ama-
teure *Photo-Sport*, „die meisten Bestandteile und
Ausstattungsstücke einer Kamera bereits einer
Beurteilung auf ihre Zweckmäßigkeit für Aufnahmen im Felde unterworfen, so die Eignung
der Kameratype, des Bildformats, des Aufnahme-
materials, des Verschlusses, der Lichtstärke, des

167

168

Wechsel- und Einstellungsmechanismus usw.;
aber über einen doch sicherlich nicht unwichti-
gen Behelf an der Kamera, den Sucher, und dessen zweckmäßigste Form für ‚Kriegsaufnahmen'
erinnere ich mich nicht etwas gelesen zu
haben."[23] Es sei daher naheliegend, im Krieg der
Zielautomatik optischer Geräte Aufmerksamkeit zu schenken. Immerhin sei das Fotografieren
im Schützengraben gefährlich. „Alle Sucher, bei
denen man, um das Bild zu beurteilen, nach abwärts blicken muß, also vornehmlich die Spie-
gelsucher, haben überdies den Nachteil, dass
man während der Beobachtung den Kopf abwärts
neigen muß und infolgedessen zeitweise jeden
Überblick über die eigene nächste Umgebung

ABB. 167 Mechanische
Werkstätte der Telegrafen-
zentrale in Follina, Venetien, vermutlich Frühjahr /
Sommer 1918; Kriegs-
vermessung 13 [K 27088].

ABB. 168 „90 cm M. 15
bespannter Beleuchtungs-
zug, Scheinwerfer auf-
geprotzt, marschbereit",
Oberfellach, Kärnten,
17. Mai 1916; Photostelle
der 10. Armee [K 9534].

169

170

171

verliert, was in nicht wenigen Fällen, wenn nicht verhängnisvoll, so doch gefahrvoll für den Aufnehmenden werden kann. Da man bei solchen Suchern überdies den Apparat in Brusthöhe halten muß, also genötigt ist, wenn man eventuell hinter einer Deckung hervor aufnimmt, den ganzen Oberkörper zu exponieren, so wird das Aufnehmen mit derartigen Instrumenten, wie mir bekannt gewordene Beispiele zur Genüge bestätigen, mitunter zur direkten Gefahr."[24] Der Autor plädiert für ein besonnenes Anheben des Kopfes. Eine Fotografie aus dem Schützengraben ist das Ergebnis eines Abwägens. Das Verlassen der De-ckung bedeutet mehr Überblick, aber auch mehr Gefahr.

„Der eigentliche Sturmangriff", schreibt 1916 der Referatsleiter für Fotografie im Wiener Kriegsarchiv, Richard von Damaschka, „wäre wohl der dankbarste Moment, den der Krieg bietet, doch wird es dem Kriegsphotographen, der nahezu wehrlos mit seiner Kamera mitstürmen wollte, schwerlich gelingen, aus dem Kampfesgetümmel heiler Haut und auch den Apparat noch in den Händen zurückzugelangen."[25] Und er ergänzt: „Der Heldentod für eine Aufnahme, die obendrein höchstwahrscheinlich noch verloren

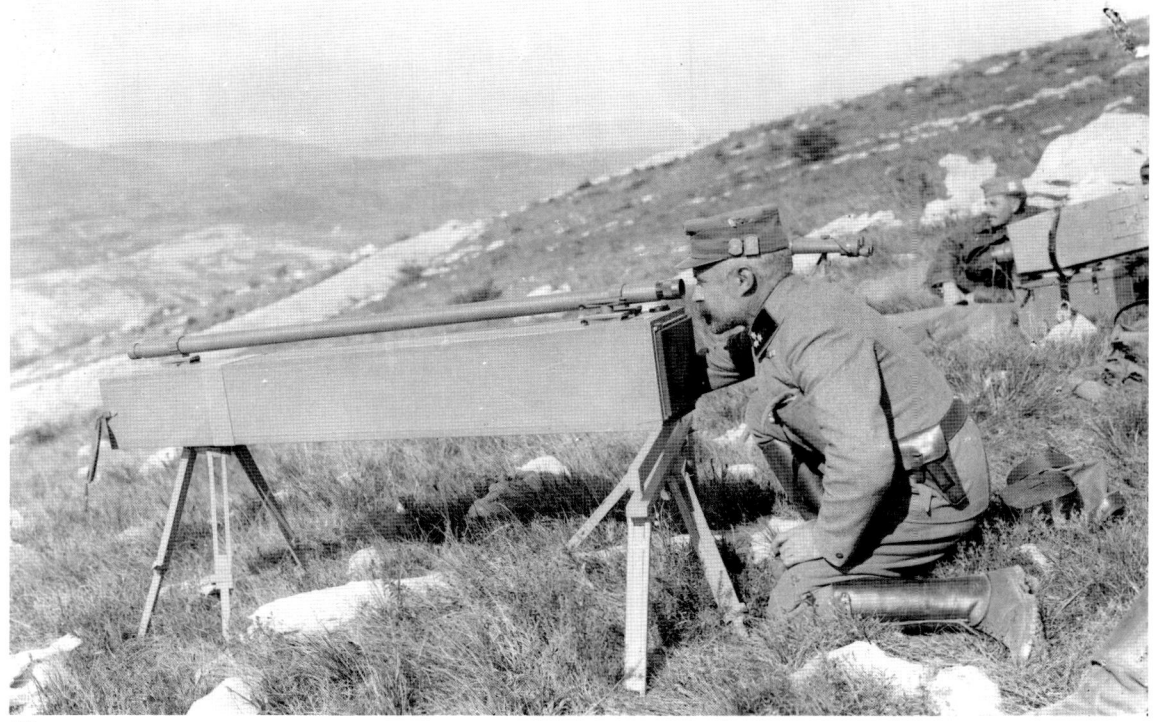

172

173

gehen würde, ist aber zum mindesten eine nicht vernunftgemäße Sache."[26]

Während die privaten Fotografen in den Schützengräben ihren Kopf nicht allzu oft über die Brüstung erhoben, um eine Aufnahme zu machen, fotografierten Spezialisten systematisch an vorderster Front. Sie arbeiteten für die Aufklärung. Aber gerade jene Aufnahmen, die das Blickfeld des menschlichen Auges auszuweiten halfen, erwiesen sich oft als getrübte Bilder. Sei es, dass die große Entfernung das „Objekt" undeutlich werden ließ, sei es, dass Begrenzungen des

175

Blickfeldes, Teile des Schützengrabens oder Ge-
ländeerhebungen, mit ins Bild gelangten. Häufig
zahlten die Fotografien für ihre „Schärfe" den
Preis der Unschärfe (ABB. 169, 170, 171). „Selbst
wenn der Kriegs-Photograph unter Lebensgefahr
in den vordersten Schützengraben geht und dort
eine Aufnahme macht, so wird das Bild in den
meisten Fällen eine höchst langweilige Landschaft zeigen, die nur durch Drahtverhaue und
frisch aufgeworfene Erdwälle gekennzeichnet
ist", so heißt es in einem Bericht der *Berliner
Illustrirten Zeitung* aus dem Jahr 1915 über
das Fotografieren aus dem Schützengraben.[27]
„Denn", so die Überlegung, „der Feind, wenn er
auch nur 50 Meter entfernt ist, liegt natürlich
genau wie der Deutsche hinter diesen Drahtverhauen und Erdwällen tief in den Gräben, so daß
der Photograph in solchen Fällen das Leben für
ein ziemlich uninteressantes Bild wagt."

Auch auf den Aufklärungs- und Vermessungs-
fotografien, die meist aus großer Ferne entstanden, lassen die Bilder auf den ersten Blick oft
wenig Aufschlussreiches erkennen. Oft schieben
sich, wie im Falle von Fernaufnahmen, die mit
eigens konstruierten Kameras mit bis zu 3 Metern Brennweite aufgenommen wurden (ABB.
172), Teile von Messgeräten, die für die Lektüre
und Nachbearbeitung von Bedeutung sind, von
den Rändern her ins Bild (ABB. 173). Die Aufklärungsbilder, die mit Fernkameras aus mehreren
Hundert Metern oder gar mehreren Kilometern
Distanz aufgenommen wurden, mussten daher
analytisch nachbearbeitet werden. Sie gaben das
Gelände des Feindes, seine Stellungen und Befestigungen erst preis, wenn sie mit weiteren optischen Hilfsmitteln entziffert wurden. Sie wurden
gewissermaßen entzerrt, verdeutlicht und über-
setzt.

Die Fotografie erweist sich hier als Krücke, die
anderer technischer Krücken bedarf, um militärisch nutzbar zu werden. Diese Hilfsmittel heißen etwa Stereoskopie, Vergrößerung durch

ABB. 174 Korb eines Fesselballons bei Wierzbow, vermutlich in der Umgebung
von Brzezany, Ostgalizien,
vermutlich Sommer oder
Herbst 1916; Korps Hof-
mann [K 14144].

ABB. 175 Panorama-
aufnahme aus dem Fessel-
ballon über Kostanjevica,
Isonzofront, August 1915;
Kriegsvermessung 5;
Reproduktion vom Abzug
[K 20128].

ABB. 176 Fotografische Luftaufklärung, Doppeldecker der 13. k. u. k. Flieger-Kompanie in Kolomea (Kolomija), Ostgalizien, vermutlich Anfang 1916; Kriegsvermessung 7 [K 31763].

176

Lupen, Fotogrammetrie usw. Die signifikanten Details dieser Bilder werden nicht durch klar erkennbare Umrisse kenntlich, sondern sind Effekte von Trübungen. So ergeben Stereoaufnahmen unter dem Stereoskop zwar dreidimensionale Ansichten des Geländes, aber, so ein zeitgenössischer Beobachter, Veränderungen erschließen sich mehr aus einem Flimmern denn aus optischen Tatsachen dieser Bilder. „Zu ihrer Betrachtung dient ein Stereoskop, das auch zur Vergleichung von nur zeitlich verschiedenen Bildern benutzt wird, um Veränderungen im Gelände festzustellen, die durch eine gewisse Unruhe im Bild, eine Art Glanzerscheinung, auffallen. Einzelheiten werden mit einer großen Leselupe abgesucht."[28]

Auch Aufklärungsfotografien, die vom Fesselballon oder vom Flugzeug aufgenommen wurden, folgen dieser merkwürdigen Ambivalenz (ABB. 174, 175). Aussagekräftig sind diese Auf-

nahmen gerade als abstrakte Bilder, die ihr Objekt auf Abstand halten. Sie mussten mit immer größerem Aufwand technisch entziffert werden.[29] Die Aufklärungsflugzeuge waren gezwungen, immer höher zu fliegen, um den Flakgeschützen zu entgehen.[30] Ebenso wurden die Fesselballons weiter hinter die Front zurückverlegt und mussten dort höher aufsteigen, um vor dem Geschützfeuer sicher zu sein. Im Gegenzug war man gezwungen, die Brennweite der Ballonkameras ständig zu erhöhen. Auch bei den Fliegeraufnahmen, die zunächst schräg und freihändig erfolgten (ABB. 176), ging man mehr und mehr dazu über, mit großen Brennweiten aus großer Höhe senkrecht zu fotografieren. Das Ergebnis sind abstrakte Reihenbilder überflogener Geländestreifen, die im Labor zerschnitten und genau aneinandergefügt werden mussten, um lesbar zu werden (ABB. 177). Erkennen lässt sich auf diesen Fotografien mit freiem Auge oft nicht viel.

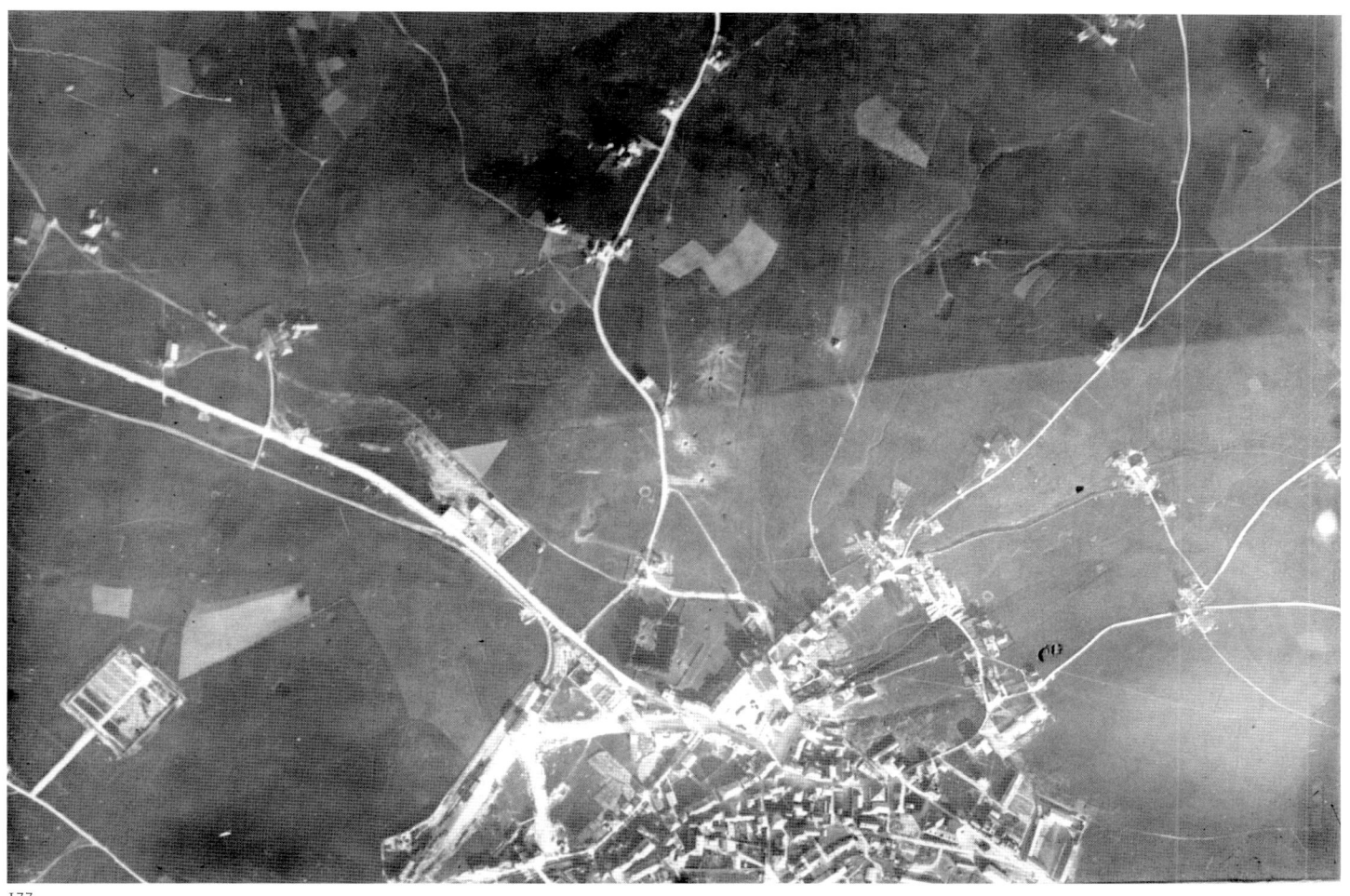

177

Enzesfelder Munitions- und Metallwerke A.-G. Wien.

Blick in die Arbeitsräume der Fabrik.

Menschen-Material und Maschinen   Der industrialisierte Krieg

„Ein Ragen von hohen qualmenden Schloten, aufsteigende Dampfwolken, ein Zischen, Brausen und dumpfes Hämmern über einem Meer von großen Zentralen, Maschinenhallen, turmhohen Kranen, Baracken, und in all dem Maschinegesurre und fiebernden Arbeitslärm ein Heer von rußgeschwärzten sehnigen Gestalten, die unter den gigantischen Kranen durch die hohen Hallen getragenen lautlos dahingleitenden Riesengeschossen ihrer schweren Arbeit oblegen. Dieses Bild taucht wohl vor dem geistigen Auge der Bevölkerung auf, wenn der Name fällt: ‚Munitionsfabrik Wöllersdorf‘ – und ein gewisser scheuer Ernst breitet sich über aller Mienen [aus]."[1] Mit diesen Worten beginnt ein edel aufgemachter offizieller Bericht der Fabriksleitung „über die Tätigkeit im Weltkriege", der im Mai 1918 erschien.

Tatsächlich war die südlich von Wien gelegene Ortschaft Wöllersdorf während des Krieges Schauplatz einer gewaltigen militärisch-industriellen Produktion. Die Munitionsfabrik, die bereits vor dem Krieg in Betrieb war, verwandelte sich innerhalb kürzester Zeit in einen weitläufigen Industriekomplex. „Gleich nach Kriegsanfang", erinnert sich Alfons Friedel, der in der Fabrik als Chefarzt gearbeitet hatte, „begann sich die Munitionsfabrik nach allen Seiten zu recken und zu strecken, sie wuchs durch Neubauten sprunghaft ins Gigantische, und geradezu imponierend, wie von einer Großstadt war des Nachts das Lichtermeer, das sich den Reisenden auf der Südbahnstrecke zwischen Baden und Semmering darbot. Im Dienst der Munitionserzeugung waren hier Zehntausende Tag und Nacht tätig."[2]

Mitte 1914 waren in der k. u. k. Munitionsfabrik 480 Arbeiter tätig. Nach Kriegsbeginn expandierte die Fabrikanlage rasch. Die Zahl der Be-

schäftigten stieg bis 1918 auf 7.000 an. Die Produktionshallen mussten laufend erweitert werden. Immer neue Barackensiedlungen wurden für die ständig wachsende Zahl an Arbeitskräften errichtet. Waren 1914 täglich 2.000 Zünder hergestellt worden, so stieg die ‚Tagesleistung' bald auf 60.000 Stück an. Statt ursprünglich 2.000 Hülsenzündschrauben wurden 1918 täglich 20.000 erzeugt, statt 100 Zündvorrichtungen waren es nun 20.000.[3] Ende 1916 wurden täglich 36.290 Artilleriegeschosse fertiggestellt. Wöllersdorf war die größte Munitionsfabrik der Monarchie. Erzeugt wurden Zünder, Patronen, Artilleriemunition (Schrapnells, Granaten, Infanterie- und Leuchtmunition. Ab 1915/1916 spielte auch die Produktion von – wie es im offiziellen Betriebsbericht heißt – „besonderen Kampfmitteln" eine wichtige Rolle: das waren Hand- und Wurfgranaten, Fliegerbomben, Brand- und Rauchbomben, also jene neuen Waffen, die erst in diesem Krieg in größerem Maße eingesetzt wurden. Ebenfalls in Wöllersdorf erzeugt – aber aus Gründen der Geheimhaltung nicht in der Öffentlichkeit erwähnt – wurden „Gasminenwerfer".

Über die Munitionsfabrik Wöllersdorf drangen, so wie über andere Betriebe dieser Art auch, während der Kriegszeit nur wenige Informationen und kaum Bilder an die breite Öffentlichkeit. Nur hie und da wurden die „Leistungen" der Rüstungsbetriebe in der Presse vorgestellt und mit Aufnahmen versehen.[4] Solche Berichte wandten sich bevorzugt an ein finanzkräftiges, großbürgerliches, oft aristokratisches Publikum, an Kreise also, die bereit waren, viel Geld in die Kriegsproduktion zu stecken und die aus der Kriegswirtschaft nicht selten innerhalb kürzester Zeit großen Gewinn schöpften. *Sport & Salon*, eine wöchentlich in Wien erscheinende *Illus-*

179

trierte Zeitschrift für die vornehme Welt war ein
Sprachrohr dieser Gesellschaft. Auf gutem Papier
gedruckt und großzügig mit Fotografien illustriert, räumte diese Zeitschrift den Anliegen des
k. u. k.-Adels, aber auch dem einflussreichen Fi-
nanzbürgertum der Monarchie viel Platz ein. In
ihrer Ausgabe vom 29. Juli 1917 brachte sie einen
Bildbericht über die „bewundernswerte Leis-
tungsfähigkeit" der ebenfalls in der Umgebung
von Wien gelegenen Enzesfelder Munitions- und
Metallwerke A. G.[5] Die Aufnahmen zeigen die
Arbeit in den Maschinenhallen, die Stanz- und
Fräsmaschinen, mit denen die Geschosshülsen
hergestellt wurden (ABB. 178). Auffallend viele
Frauen sind bei der Arbeit in den Maschinenhallen zu sehen. In Enzesfeld, aber auch in anderen
Rüstungsbetrieben der Monarchie war der Frau-
enanteil während des Krieges besonders hoch.[6]
(ABB. 179)

Die Enzesfelder Munitionsfabrik – sie besaß in
Wien eine Tochterfirma – hatte, ebenso wie die
Fabrik in Wöllersdorf, nach Kriegsbeginn eine rasante Ausweitung der Produktion erfahren.[7] Für
die aufwendige Herstellung von Artilleriemunition wurden neue Hallen gebaut und weitere Beschäftigte aufgenommen. 1914 waren in Enzesfeld 1.000 Arbeiter beschäftigt, drei Jahre später
arbeiteten bereits 11.000 Arbeiter in der Fabrik.
„Das Geheimnis des fast beispiellosen Aufschwungs, den die Enzesfelder Munitionsfabrik
in knapp mehr als einem Jahrzehnt genommen
hat, liegt darin", so resümiert der Bericht in *Sport
& Salon*, „daß hier alle Räder mit der tadellose-
sten Präzision ineinandergreifen, das heißt, daß
alle die an diesem Riesenunternehmen mitwir-
ken, vom Direktor hinab bis zu dem letzten Arbeiter getragen und durchdrungen sind von dem
Bewußtsein strengster Pflichterfüllung, daß sie
alle ein Geist belebt und beseelt: der unbeugsame
Wille, Großes zu schaffen im Dienste des Vaterlandes."[8] Die dem Bericht beigestellten Bilder illustrieren diese paternalistische Botschaft. Die
Aufnahmen sollen Ordnung, Präzision und
Effizienz demonstrieren. Das „Räderwerk" der

Fabrik wird als perfektes Ineinander von menschlicher und maschineller Tätigkeit dargestellt. Die Arbeiterinnen – knapp die Hälfte aller Beschäftigten waren Frauen – und Arbeiter verharren an ihren Plätzen, als der Fotograf von erhöhtem Blickwinkel aus den Raum ins Visier nimmt. Manche von ihnen blicken auf, sie schauen hin zur Kamera, die im Dienste der Direktion tätig wird. Es sind die männlichen Vorarbeiter, die Abstand halten zur Werkbank. Sie sind die Mittler zwischen den einfachen Arbeitern und der Fabriksleitung. Die Aufnahmen zeigen einen Raum und fangen zugleich die Zeichen einer hierarchischen Gliederung ein „vom Direktor hinab bis zu dem letzten Arbeiter".

Verschublinien des Krieges

Die Munitionsfabriken in Wöllersdorf und Enzesfeld bildeten nur einen Bruchteil all jener Betriebe, die die Armee mit Gütern und Nachschubmaterial belieferten. Das amtliche *Verzeichnis der Armeelieferungsbetriebe* führt, alphabetisch gegliedert, „die für die Armeeverwaltung arbeitenden Betriebe und Unternehmungen" auf.[9] Tausende von Unternehmen werden hier als kriegswichtige Zulieferfirmen genannt. Angeführt sind nicht nur militärische Betriebe im engeren Sinne wie Waffenhersteller und Eisengießereien. Auch Schuhfabriken, Dampfsägen, Automobilwerkstätten, Bergbaubetriebe und Baufirmen gehörten zum dichten Netzwerk an Zulieferbetrieben. Endlos scheint die Aufzählung der Betriebe, die die Logistik des Krieges erfasst hat: Konfektionsanstalten, Blechwarenfabriken, Bäckereien, Wäschereien, Strumpferzeuger usw.

Der moderne industrialisierte Krieg hat seine Spuren nicht nur an der Front hinterlassen. Diese ist, wie es Karl Kraus in *Die letzten Tagen der Menschheit* treffend ausdrückt, „ins Hinterland hineingewachsen".[10] Die neue Kriegsführung hat dazu geführt, dass alle relevanten Wirtschaftzweige nach und nach dem kapillaren Netzwerk kriegerischer Logistik eingegliedert wurden. Die

180

Privatwirtschaft wurde mehr und mehr einer zentralisierten staatlichen und militärischen Kontrolle unterzogen.[11] Sie hatte zu liefern, was die Armee am dringendsten brauchte. Umgekehrt aber waren viele Betriebe, die „kriegswichtige" Güter herstellten, auf die Zuweisung von zusätzlichen Arbeitskräften durch die Militärverwaltung angewiesen. Erreicht wurde dies durch eine Reihe von Maßnahmen: etwa die Zwangsrekrutierung von Arbeitskräften unter 50 Jahren für die Industriearbeit, die verstärkte Zuweisung von Frauen an Betriebe, in denen schwere, manuelle Handarbeiten zu verrichten waren. Am größten war der Frauenanteil während des Krieges in den Rüstungsbetrieben, etwa in den Munitionsfabriken und in der Metallindustrie.[12] In der zweiten Hälfte des Krieges wurden die Frauen in manchen Wirtschaftsbereichen freilich wieder zurückgedrängt. Sie wurden nun des Öfteren durch Kriegsgefangene und Zwangsarbeiter ersetzt (ABB. 180).

Das weit verzweigte Netz der Kriegsindustrie fand im Bahnnetz sein Gegenstück. Am Festland wurde die Eisenbahn zur wichtigsten Transportschiene des Krieges. Während in den Küstenregionen die Beförderung von Gütern per Schiff eine wichtige Rolle spielte (ABB. 181, 182), wurden am Land Truppen und Güter v. a. mit der Bahn in Richtung Front befördert. Gewaltige Mengen an Waffen, Proviant und sonstigem Nachschub wurden auf den Schienen bewegt. Verwundete, Gefangene und Flüchtlinge wurden mit Eisenbahnwaggons ins Hinterland der Kriegsschauplätze

ABB. 180 Unterkünfte russischer Kriegsgefangener, die im Kiesbergbau arbeiteten, Großfragant, Kärnten, vermutlich Winter 1915; 10. Armeekommando [K 8674].

181

182

ABB. 181 Einschiffung von Büffeln in Konstantinopel (Istanbul), vermutlich Frühjahr 1917; der Fotograf war Mitglied einer österreichischen 15 cm Haubitzenbatterie [K 15942].

ABB. 182 Ausladen eines Pferdes, Tschanak Kale (Çanakkale), Dardanellen, Türkei, vermutlich Frühjahr 1917; 15 cm Haubitzenbatterie [K 15957].

ABB. 183 „Boryslaw, die ‚Speisekammer der U-Boote': Das Naphta-Revier von Boryslaw mit den in vollem Betrieb stehenden Bohrtürmen", Ostgalizien, aufgenommen vermutlich im Herbst 1917; Reproduktion vom Abzug [ÖNB 5998].

ABB. 184 „Arbeiter in Öl-schutzkleidung vor einem Bohrturm in Boryslaw", Ostgalizien, aufgenommen vermutlich im Herbst 1917; Reproduktion vom Abzug [ÖNB 6004].

183

184

„abgeschoben". Aber auch Güter wie Öl und Kohle legten auf dem Weg zu ihrem Einsatz Tausende Kilometer mit der Bahn zurück.[13] Dieses Verkehrsnetz des Krieges taucht in der Kriegsfotografie als triumphierendes Projekt der Beherrschung von Natur und Maschinen auf. Die beeindruckende Silhouette der Ölbohrtürme im galizischen Boryslaw (Borislav) wird in den propagandistischen Pressebildern mit dem „erfolgreichen" U-Boot-Krieg im Mittelmeer in Verbindung gebracht (ABB. 183, 184). Der weit im Landesinneren gelegene Ort erscheint, dank funktio-

185

186

187

ABB. 185 Holztransport auf einer schlammigen Straße in Wolhynien, vermutlich in der Gegend von Rudnia, aufgenommen vermutlich im Herbst / Winter 1915/ 1916; 25. ITD, Sladek [K 5950].

ABB. 186 Wagen im Schlamm, Podhajce (Pidgajci), Ostgalizien, vermutlich Herbst 1915; Korps Hofmann [K 12965].

ABB. 187 Russische Kriegs- gefangene bei Straßen- arbeiten am Venapass, Dolomitenfront, vermut- lich Winter/Frühjahr 1917/1918; Kriegsvermes- sung 10 [K 12651].

ABB. 188 Einheimische werden zu Straßenarbeiten herangezogen, Oporzec (Oporec), Karpaten, April 1915; Korps Hofmann [K 12806].

nierender Bahnlinien, die das Öl an die Küste be- fördern, als „Speisekammer der U-Boote“.[14]

Zu Kriegsbeginn, im Sommer 1914, wurden 1.985.000 Soldaten, 56.098 Offiziere und Beamte, 662.635 Pferde, 3.142 Geschütze, 162.482 Fuhr- werke und zirka 200.000 Tonnen Güter verladen und in den Grenzraum der Monarchie gebracht.[15] Die Bahn war von Beginn an das logistische Rückgrat des industrialisierten Krieges. Sie ver- band Kasernen, Produktionsstätten, Speicher- plätze und Gefangenenlager im Hinterland. An den Kriegsschauplätzen wurden Hunderte Kilo-

188

189

190

191

meter Feldbahnen ins unmittelbare Frontgebiet errichtet. Vor allem in Ost- und Südosteuropa, wo relativ wenige befestigte Schotterstraßen existierten, weichten die Schwertransporte auf der Straße durch Lastautos oder durch Pferdefuhren die Wege so sehr auf, dass sie oft unpassierbar wurden (ABB. 185, 186). Die wichtigsten Verbindungswege mussten immer wieder instand gesetzt werden. Für diese Arbeiten verwendete man sehr oft Kriegsgefangene (ABB. 187). Es wurde aber auch zwangsweise die Zivilbevölkerung der jeweiligen Gebiete – in erster Linie waren es Frauen und Kinder – eingesetzt (ABB. 188).

Infolge der schlechten Straßenverhältnisse übernahmen die Feldeisenbahnen einen großen Teil der Beförderung von Nachschub zur Front. Zudem sorgten sie dafür, dass Materialien wie Holz, Kohle (ABB. 189, 190, 191), Steine und Erdreich, die im Bereich der Stellungen gebraucht wurden, aus der näheren Umgebung herangeschafft wurden. Im ebenen Gelände wurden einfache Rollbahnen verwendet (ABB. 192, 193). Die Pferdebahnen wichen nach 1916, als Futtermangel den umfassenden Einsatz der Tiere erschwerte, mehr und mehr motorgetriebenen und elektrischen Lokomotiven. Allein im Bereich der 4. Armee an der russischen Front waren Anfang 1918 2.000 Kilometer Feldbahnen im Einsatz.[16] Im Gebirgskrieg, v. a. an der italienischen Front, wurden im steilen Gelände zahlreiche Seilbahnen für den Nachschub gebaut. Ende 1917 standen 1.200 Kilometer Förderseile in Betrieb.[17]

Die Eisenbahn war zwar das zentrale Logistiksystem des modernen Krieges. Sie wurde aber auch zum privilegierten Ziel gegnerischer An-

ABB. 189, 190, 191 Holz- und Kohlegewinnung in Neudegg (Mirna), im Hinterland der Isonzofront, vermutlich im Sommer 1917; Kriegsvermessung 5, Zugf. Flamm [K 20339, K 20337, K 20334].

192

ABB. 192 „Entholzung eines den Besitz des Zaren bildenden Eichenwaldes durch russische Kriegsgefangene bei Bolgorodnica", Wolhynien, Russland, 20. März 1916; der Ort liegt zwischen Luck (Luc'k) und Dubno, in der Nähe von Malin, wo mit dem Holz eine Feldbahn gebaut wurde; 9. Korpskommando [K 15431].

griffe. Die eilends in Angriff genommenen Bahn-bauprojekte im unmittelbaren Frontbereich wurden während der Kämpfe immer wieder in Mitleidenschaft gezogen. Noch stärker aber fielen Zerstörungen ins Gewicht, die während des Rückzugs durch die eigenen Truppen herbeigeführt wurden. Als die k. u. k. Truppen im Herbst 1914 an der Ostfront in die Defensive gerieten und den Rückzug antreten mussten, wurden fast alle Brücken gesprengt, um den Vormarsch der russischen Einheiten zu behindern. Auf offenen Strecken wurden Teile der Schienenstränge abgetragen oder gesprengt, Schwellen wurden verbrannt, an den Stationen wurden Weichen ausgebaut und fortgeschafft, Signaleinrichtungen beschädigt, Telegrafen- und Telefonleitungen zerstört. Allein bis zum 26. September 1914 wurden von den österreichisch-ungarischen Truppen 4.600 Kilometer Bahnlinie und 800 Stationen zerstört.[18]

Besonderes propagandistisches Augenmerk galt in Phasen militärischer Erfolge den Brückenanlagen. Als es den k. u. k. Truppen im Frühjahr und Sommer 1915 gelang, große Teile Galiziens zurückzuerobern, entstanden zahlreiche Fotos zerstörter Brücken. Ein anonymer Kriegsfotograf, der in den Reihe der Deutschen Südarmee unter

193

dem Kommandanten Peter Hofmann arbeitete, machte im Herbst 1915 Aufnahmen von der an der Bahnstrecke zwischen Lemberg (L'viv) und Tarnopol (Ternopil) gelegenen Eisenbahnbrücke bei Pluhow (Plhgiv). Zunächst lichtete er die von den Russen gesprengte Brücke in ihrer gesamten Länge ab (ABB 194). Später wandte er sich den Aufräum- und Wiederaufbauarbeiten zu (ABB. 195, 196).[19]

Während aus der Zeit des eigenen Rückzugs

ABB. 193 Bau einer Feldbahn mit Eichenstämmen aus einem Wald bei Bolgorodnica, Wolhynien, Russland, 10. Februar 1916; 9. Korpskommando [K 15435].

194

195

ABB. 194, 195 Gesprengte
Eisenbahnbrücke bei
Pluhow (Plugiv), Ost-
galizien, Herbst 1915;
Deutsche Südarmee
[K 5270, K 5273].

Wiedereroberung Galiziens wird hier bildlich
festgehalten in „Beweisen" der Rückgewinnung
des Bahnnetzes. Der erfolgreiche Vormarsch soll
auf diesen Großbaustellen sichtbar gemacht werden. Die Schienenstränge führen nun wieder
Richtung Osten. Die Bahn, so lautet die Botschaft, wird wieder das Rückgrat des eigenen
Landes sein.

Baracken

Die Kreuzungs- und Knotenpunkte der Bahnlinien waren die zentralen Verladestationen für
Menschen und Güter. An vielen Orten entlang
der Hauptstrecken wuchsen im Laufe des Krieges
Barackenlager aus viel Holz und wenig Mauer-
werk aus dem Boden. Die provisorischen Gebäude dienten als Magazine und Produktionsstätten für Versorgungsgüter. Sie waren die Um-
schlagplätze des Nachschubs. Allein die Versorgung der Truppen mit Brot sei, so schreibt – sichtlich stolz – ein zeitgenössischer Beobachter, ein
Räderwerk der Effizienz: „Bei den Massenheeren,
die die Gegenwart ins Feld zu stellen pflegt, kann
sich auch der Laie schlechterdings kein Bild
davon machen, welch ungeheure Menge an Brot
tagtäglich herzustellen ist, um immer allen Anforderungen zu genügen. Maß und Ziel gehen

keine derartigen Bilder bekannt sind, sollten diese Aufnahmen im Gefolge des neuerlichen Vormarsches die Zerstörungswut der russischen
Kriegsführung illustrieren. Sie sollten aber auch
die Euphorie der eigenen technischen und milita-
rischen Überlegenheit zum Ausdruck bringen.
Die Bilder zeigen den technischen und materiel-
len Aufwand, mit dem innerhalb kürzester Zeit
die Brücken – manche von ihnen mit gewaltigen
Spannweiten – wieder aufgebaut oder zumindest
notdürftig für den Verkehr geöffnet wurden. Die

ABB. 196 Wiederaufbau der gesprengten Brücke bei Pluhow (Plugiv), Ostgalizien, Herbst 1915; Deutsche Südarmee [K 5401].

196

dabei über den alltäglichen Begriff weit hinaus, und dennoch muß der Apparat so funktionieren, daß die Maschine auch nicht einen Augenblick ins Stocken gerät."[20] Die Etappenbäckereien wurden entlang gut ausgebauter Verkehrswege errichtet. „Man bevorzugt (...) für ihre Einrichtung der Bauten möglichst die Bahnstationen und unter diesen wieder mit Vorliebe Knotenpunkte, um eben als An- und Abtransportmittel die Eisenbahn möglichst rasch benützen zu können."[21]

Die Baracke in Bahnnähe wurde zum prototypischen Gebäude des industrialisierten Krieges. Sie konnte schnell aufgebaut und – je nach Kriegslage – genauso schnell auch wieder abgebaut werden. Die Baracke wurde im Krieg zum Nachschubmagazin, gewissermaßen zur Relaisstation zwischen dem Hinterland und der Front. Sie wurde zum Symbol des alle Gesellschaftsbereiche umfassenden Krieges, zum Zeichen einer neuen Form von Kriegsführung. Ihr Kennzeichen ist die massenhafte Produktion von Kriegsgütern, die große Strecken mit der Bahn zurücklegten, bevor sie umgeladen oder eingelagert wurden. Ihr Kennzeichen ist aber auch der gleichermaßen hohe Verschleiß, der immer neuen Nachschub nötig macht. Bahnen und Baracken hatten für funktionierenden Nachschub zu sorgen. Im Umkreis der Barackenlager wurde viel fotografiert. Das hat zunächst damit zu tun, dass die Bauten meist in unmittelbarer Bahnnähe und nicht weit von den militärischen Kommandostellen entfernt lagen. Hier verkehrten auch die Kriegsfotografen. Darüber hinaus aber entstanden die Aufnahmen oft auch auf expliziten Auftrag hin. Sie sollten das „gut funktionierende" Räderwerk von Versorgung und Nachschub ins Bild setzen.

Die meist eilig aufgezogenen Bauten dienten den unterschiedlichsten Zwecken. Nahrungsmittel wurden hergestellt und zwischengelagert (ABB. 197, 198). Kleidungsstücke wurden ausgebessert, gereinigt und oft auch genäht (ABB. 199). Ausrüstungsgegenstände wurden produziert und zwischengelagert ABB. 200). Baracken dienten als Werkstätten für die Instandsetzung von Schäden und die Wartung von Geräten und Maschinen. Feldspitäler und Sanitätsanstalten wurden häufig ebenfalls in hölzernen Barackenlagern untergebracht. Die provisorischen Holzbauten waren Rückzugsorte für die „Wiederherstellung" von Verletzungen, für die Regeneration von Tier und Mensch (ABB. 201, 202, 203). Die Entscheidungen, wo diese logistischen Knotenpunkte entstanden, folgten den Konjunkturen des Krieges. Barackenlager wurden dort errichtet, wo im sicheren, aber nicht allzu weit von der Front ent-

197

198

199

200

201

202

ABB. 197 Backstube der Divisionsbäckerei in Rudnia, einem Ort an der Bahnstrecke Lemberg (L'viv)–Brody (Brodí)–Dubno, aufgenommen vermutlich im Herbst / Winter 1915/1916. In Rudnia befand sich eine Feldbahnverladestelle, die die Versorgungsgüter in unmittelbare Frontnähe brachte; 25. ITD, Sladek [K 5964].

ABB. 198 Brotmagazin in Rudnia, vermutlich im Herbst / Winter 1915/1916; 25. ITD, Saldek [K 5963].

ABB. 199 Herstellung von Offiziersuniformen, Kappenmacherei, Venetien, 23. Juli 1918; Kriegsvermessung 5 [K 23362].

ABB. 200 Ski-Herstellung in der k. u. k. Etappenwerkstätte für alpine Ausrüstung in Klagenfurt, vermutlich Ende Juni 1916; 10. Armeekommando [K 9778].

ABB. 201 Pferdespital in Klagenfurt, 20. Juni 1917; 10. Armeekommando [K 11329].

ABB. 202 Pferdespital in Klagenfurt, Manipulationsraum, aufgenommen vermutlich am 20. Juni 1917; 10. Armeekommando [K 11508].

203

204

205

206

207

208

ABB. 203 Mobiles Reserve-spital (Feldspital) in Del-lach, Kärnten, Gesamtan-sicht, 3. Mai 1916; 10. Ar-meekommando [K 9413].

ABB. 204 Mörserzugwagen in der Kraftwagenrepara-turwerkstätte für Auto-mobile, untergebracht in der Zellulosefabrik Villach

(Kärnten), aufgenommen vermutlich im Winter 1915/1916; 10. Armee-kommando; Reproduktion vom Abzug [K 8896].

ABB. 205 Automobil-werkstätte in Villach, 30. August 1915; 10. Armeekommando [K 7904].

ABB. 206 Tragkraxen-Erzeugung in der k. u. k. Etappenwerkstätte in Klagenfurt, aufgenommen vermutlich Ende Juni 1916; 10. Armeekommando [K 9777].

ABB. 207 Zur Reparatur angelangte Fahrküchen in der Verpflegungsfeldaus-rüstungswerkstätte in Villach, 25. Mai 1916; 10. Armeekommando [K 9567].

ABB. 208 Goiserer Berg-schuhwerkstätte im Etap-penmontur-Magazin Klagenfurt, aufgenommen vermutlich Ende Juni 1916; 10. Armeekommando [K 9768].

209

210

211

ABB. 209 Lager der Fass-
binderei in der k.u.k
Verpflegungsausrüstungs-
werkstätte in Villach,
21. Juli 1916; 10. Armee-
kommando [K 9914].

ABB. 210 Ziegelproduktion
(Trockenraum) in der
Etappenziegelei Steindorf,
Kärnten, 2. Mai 1916;
10. Armeekommando
[K 9416].

ABB. 211 Materialdepot der
Reparaturwerkstätte für
Kraftwagen in Villach, auf-
genommen im Mai 1916;
10. Armeekommando
[K 9490].

stelle" den Auftrag, eine Bilddokumentation der armeeeigenen Nachschubstellen in Villach und Umgebung[23] zusammenzustellen. Innerhalb von zwei Monaten besuchte er eine Baracke nach der anderen und stellte eine umfangreiche Fotoserie zusammen (ABB. 206, 207, 208, 209, 210). Die Sammlung zeichnet, ganz im Interesse des Armeekommandanten Franz von Rohr, der der Fotografie große Bedeutung zumaß, ein umfassendes Bild des militärischen Nachschubs. Diese ist gekennzeichnet von Ordnung, Übersicht, Präzision und Fülle. Der Fotograf unterscheidet kaum zwischen dem Nachschub an Menschen, Tieren oder Dingen. Er übernimmt die Sichtweise der Kriegsführung, derzufolge Soldaten, Tiere und Kriegsgüter tatsächlich logistische Sach-Einheiten im Hinterland des Krieges sind.

Im Feldspital Villach, einem Barackenlager am Rande der Stadt, dokumentiert der Fotograf die „Wiederherstellung" von kranken und verwundeten Soldaten. Zuvor hatte er in einer Reparaturwerkstätte für Kraftwagen die Ordnung und Präzision festgehalten, mit der die Fahrzeuge wiederhergestellt werden (ABB. 211). Ebenso strahlen die Behandlungsräume des Feldspitals eine Atmosphäre der Sauberkeit, der Ordnung und der Zuversicht aus (ABB. 212, 213, 214). Den Patienten ist ihre Herkunft von der Front nicht anzusehen.

Es werden die neuesten Techniken wie Faradisation, Röntgenuntersuchungen und medizinisch-orthopädische Apparaturen vorgestellt. In den Baracken erscheinen der Krieg und seine Folgen beherrsch- und bewältigbar. Die Baracke wird als überschaubares und gut funktionierendes Räderwerk von (Wieder-)Herstellung, Lagerung und Lieferung vorgestellt.

fernten Hinterland Kriegsmaterial zwischengelagert oder umgeladen werden sollte, wo Kranke eingeliefert, Gefangene festgehalten, wo Arbeiter untergebracht und Nahrungsmittel aufbewahrt werden sollten.

Ein solches Nachschub-Barackenlager entstand Ende Mai 1915, nach dem Kriegseintritt Italiens, in Villach.[22] In der Stadt hatte, in sichererem Abstand von der österreichisch-italienischen Frontlinie, das 10. Armeekommando sein Hauptquartier eingerichtet. Der Ort war durch Bahnlinien gut erschlossen. Bestehende Fabrikeinrichtungen wurden für militärische Zwecke adaptiert. So wurde etwa in einer ehemaligen Zellulosefabrik eine Kraftwagen-Reparaturwerkstätte eingerichtet (ABB. 204, 205).

Ende Mai 1916 erhielt der Fotograf – seinen Namen kennen wir nicht – von der im militärischen Hauptquartier untergebrachten „Photo-

Die Wiederherstellung der Körper

„Die Gesamtheit der im ersten Kriegsjahre in Wien am Nord- und Nordwestbahnhofe, in der großen Mehrheit aber am Ostbahnhofe zugereisten und sanitär überprüften Militär- und Zivilpersonen betrug 1.284.057", berichtet Godfried Hueber, der während des Krieges als Epidemiearzt in diversen Feldspitälern gearbeitet hatte.[24] Die Erinnerung, die nach dem Krieg unter dem bezeichnenden Titel *Der Statistiker sieht dich an* veröffentlicht wurde, lässt die Arbeitsstelle des Arztes als gewaltige Menschenschleuse erscheinen. „Vom Oktober 1916 bis Oktober 1917 am Ostbahnhofe allein 962.450 und dann bis Oktober 1918 am gleichen Bahnhofe sowie zwei Monate am Südbahnhofe über 1.500.000."[25]

Es ist kein Zufall, dass die Bahnknotenpunkte, die in der Logistik des militärischen Nachschubs von zentraler Bedeutung waren, auch im Sanitätswesen eine große Rolle spielten. Die Verletzten wurden über große Strecken mit dem Zug abtransportiert. „Ein normaler Krankenzug", schreibt Karl Cron zu Kriegsbeginn in euphorischem Ton über das komplexe Räderwerk des

212

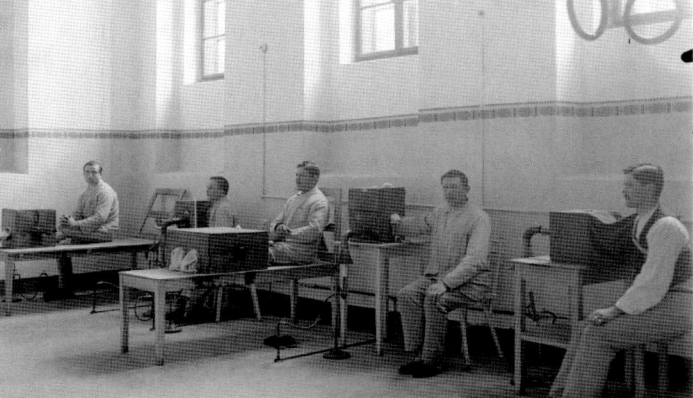

213

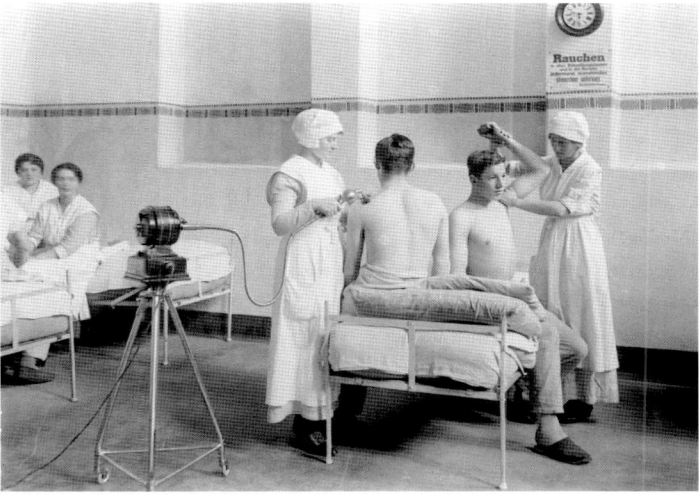

214

ABB. 212 Orthopädische Apparatur für Verwundete im Spital des Roten Kreuzes in Villach, 19. April 1916; 10. Armeekommando [K 9350].

ABB. 213 Heißluftapparatur zur Behandlung Verwundeter im Spital des Roten Kreuzes in Villach, 19. April 1916; 10. Armeekommando [K 9353].

ABB. 214 Elektromassage zur Behandlung Verwundeter im Spital des Roten Kreuzes in Villach, 19. April 1916; 10. Armeekommando [K 9354].

215

216

217

ABB. 215 Transport von
Verwundeten am Bahnhof
Innsbruck, aufgenommen
vermutlich im Sommer
1916 [K 2595].

ABB. 216 „Krankensortier-
stelle" Pradl bei Innsbruck,
Ankunft eines Verwunde-
tentransports, vermutlich
im Sommer 1916 [K 2607].

ABB. 217 Transport von
Verwundeten, „Kranken-
sortierstelle" Pradl bei
Innsbruck, vermutlich
Sommer 1916 [K 2594].

ABB. 218 Waschraum im
Krankenlager Pradl bei
Innsbruck, vermutlich
Sommer 1916 [K 2589].

218

Militärsanitätswesens, „enthält Platz für rund sechzig Liegende und dreihundert Sitzende; doch sind diese Züge, entsprechend den sehr wechselnden Verhältnissen, leicht erweiterungsfähig".[26] Und weiter: „So gelangt denn der verwundete oder erkrankte Krieger schließlich zur endgültigen Aufnahme in die ‚stabilen Reservespitä-

ler' des Abschubs- oder Zerstreuungsgebietes und damit in Behandlungsverhältnisse, die denen des Friedens entsprechen, und in ein Milieu, in dem die Heeressanitätspflege gerne gegenüber der liebevollen Fürsorge der ganzen Bevölkerung zurücktreten würde."[27]

An vielen Bahnhöfen im Hinterland wurden Krankenbaracken für die Verletzten und Verwundeten errichtet. Eine solche Barackenstadt entstand nach dem Kriegseintritt Italiens in Pradl, am Rande Innsbrucks. Das bereits bestehende Garnisonsspital konnte die große Anzahl von Kranken und Verwundeten, die von der italienischen Frontlinie kamen, nicht mehr aufnehmen. Daher wurde die neu errichtete Barackenstadt zur „Krankensortierstelle" umfunktioniert. Diese funktionierte – der Name deutet es bereits an – als eine Art sanitärer Schleusapparat. Die kranken und verwundeten Soldaten wurden ihrem Gebrechen entsprechend „sortiert" und anderen Spitälern zugewiesen.[28] Das Ziel war, die Männer möglichst schnell wieder als Soldaten einsatzfähig zu machen.

Im Sommer 1916 entstand eine Fotoserie, die die – selbstredend tadellose – Funktionsweise des Lagers illustriert. Das Lager wird als perfekter logistischer Mechanismus vorgestellt: Mit der Bahn werden Kranke und Verwundete angeliefert, die Genesenen werden abtransportiert (ABB. 215). Die Wege innerhalb des ausgedehnten Barackenlagers und den Weg vom und zum Bahnhof legen die Verletzten im Hand- oder Pferdewagen zurück (ABB. 216, 217). Das Krankenlager selbst stellt sich uns in den Bildern als ein großer, arbeitsteilig arbeitender Betrieb dar. Hier herrschen, so die Botschaft der Aufnahmen, Ord-

219

220

221

nung, Sauberkeit und Fürsorge. Ganz besonderes Augenmerk schenkt der Fotograf dem Thema Sauberkeit. Er stellt die Waschräume (ABB. 218) ebenso vor wie die Desinfektionsanlage des Lagers, in der mittels heißem Dampf Kleidungsstücke und Wäsche desinfiziert wurden (ABB. 219, 220).[29]

Die Aufnahmen sind nicht einfach Momentaufnahmen aus dem Lageralltag. Sie illustrieren und propagieren die verstärkten Vorkehrungen gegen die Seuchengefahr. Seit dem Sommer 1915, als die Ausbreitung verschiedener Epidemien wie Typhus und Cholera ihren Höhepunkt erreicht und zahlreiche Todesopfer gefordert hatten, wurden zahlreiche Maßnahmen ergriffen, um die Infektionsgefahr zu verringern. Etliche Fotografen erhielten nach 1915 die Aufgabe, diese Anstrengungen festzuhalten. Die Aufnahmen sollten auch pädagogisch wirksam werden und die Vorkehrungen und Neuerungen unter den Truppen verbreiten helfen. Eine derartige Bildserie ist auch aus Kärnten überliefert. Der Fotograf der Photostelle des 10. Armeekommandos bemühte sich, den Kampf gegen den unsichtbaren Feind – die Seuchen – in Bildern sichtbar zu machen. Auf einem der Fotos sehen wir den Untersuchungsraum des bakteriologischen Feldlaboratoriums (ABB. 221). Aufgenommen wurde das Bild vermutlich im Winter 1917 in Villach. Der Fotograf dokumentiert die Arbeit der sog. „Salubritäts-Kommission", die zur Bekämpfung der Seuchengefahr eingerichtet wurde (ABB. 222).[30] In der Serie finden sich Aufnahmen von Desinfektionsapparaten, chemischen Analysen, Dampfwäschereien; gezeigt werden die Sauberkeit im Krankenzimmer, die Abfallentsorgung und die

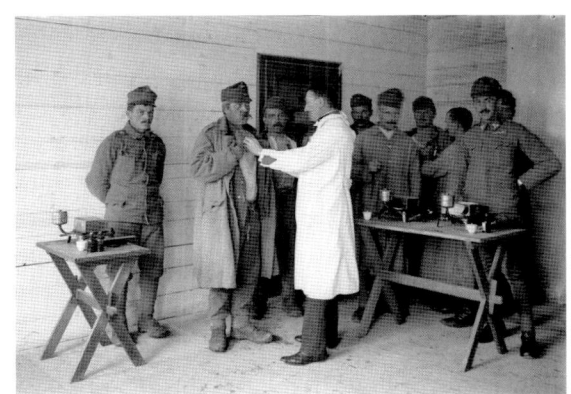

222

Trinkwasseraufbereitung[31] In den Bildern werden die Systematik und die Reichweite der militärischen Gesundheitsvorsorge sichtbar. Es wird deutlich, dass im Krieg die Gesundheit nicht mehr nur eine Frage individueller Entscheidungen war, sondern vor allem kollektiver Vorkehrungen. Der Prozess der sanitären Überwachung

ABB. 219 Desinfektionsanlage im Krankenlager Pradl bei Innsbruck, vermutlich Sommer 1916 [K 2604].

ABB. 220 Desinfektionsanlage im Krankenlager Pradl bei Innsbruck, vermutlich Sommer 1916 [K 2611].

ABB. 221 Untersuchungsraum des bakteriologischen Feldlaboratoriums in Villach, vermutlich im Winter 1917; 10. Armeekommando [K 11222].

ABB. 222 Mannschaftsimpfung bei der „Salubritäts-Kommission" der 10. Armee in Villach, vermutlich Winter 1916/1917; 10. Armeekommando [K 11204].

ABB. 223 „Verwundeten-
abschub" am Bahnhof von
Stryj (Strij), Ostgalizien,
vermutlich Sommer 1915;
Kommando von Hadfy
[K 5139].

ABB. 224 Schwerverwun-
dete vor dem Abtransport
in Haidenschaft (Ajdo-
vščina), Hinterland der
Isonzofront, 23. August
1917; Kriegsvermessung 5
[K 20905].

223

224

ABB. 225 Krankenbaracke an der ostgalizischen Bahnstrecke zwischen Brody (Brodí) und Dubno, vermutlich zwischen den Ortschaften Rudnia und Werba (Verba), die Aufnahme entstand vermutlich im Herbst / Winter 1915/1916; 25. ITD, Sladek [K 5941].

225

ABB. 226 Ein Schwerverwundeter aus der 11. Isonzoschlacht, aufgenommen am 23. August 1917, vermutlich in Haidenschaft (Ajdovščina); Kriegsvermessung 5 [K 20908].

226

227

228

ABB. 227 Abtransport von Kranken bei der Sanitäts-anstalt der 17. Infanterie-truppendivision, Hinterland der Isonzofront, vermutlich Sommer / Herbst 1915; Reproduktion vom Abzug [K 75].

ABB. 228 Zwei schwer ver-wundete Soldaten in der Divisions-Sanitäts-Anstalt bei Görz (Gorizia / Nova Gorica) mit den Ärzten und der Sanitätsmann-schaft, aufgenommen ver-mutlich im August 1917; 16. Korpskommando; Reproduktion vom Abzug [K 829].

ABB. 229 Infektionskran-kensaal im k. u. k. Feld-spital in Haidenschaft (Ajdovščina), Hinterland der Isonzofront, aufgenom-men vermutlich 1915; 16. Korpskommando [K 292].

griff auf die Tugenden des militärischen Appara-tes zurück: Erziehung, Anleitung, Regelung und Zwang kennzeichneten die eingesetzten Mittel. Die umfassenden Eingriffe in die (Wieder-)Her-stellung des einsatzfähigen militärischen Kör-pers führten, wie ein zeitgenössischer Beobach-ter es nannte, dazu, dass die „Desinfektions- und Entlausungsfrage zur Wissenschaft" wurde.[32]

Die Logistik des Sanitätswesens im Krieg ent-sprach jener der militärischen Gliederungen. Sie war streng hierarchisch aufgebaut. Die Eisen-bahn stellte im Hinterland des Kriegsschauplat-zes das wichtigste Transportmittel dar (ABB. 223, 224). Die Holzbaracke war die Standardunter-kunft für Kranke und Verletzte (ABB. 225). Ihr Ab-transport sollte ebenso reibungslos verlaufen wie

der Aufmarsch von Soldaten und der Nachschub von Proviant und Waffen. Nur die Bewegungs-richtung war eine andere.[33] Verwundete und kranke Soldaten wurden den Einsatzplänen ent-sprechend von sog. „Sanitäts-Patrouillen" über die „Abschublinien" von der Frontlinie zu den „Bataillons-Hilfsplätzen" bzw. den „Regiments-Hilfsplätzen" und weiter zu den „Verbandsplät-zen" „abgeschoben" (ABB. 226).[34] Von dort wur-den die Schwerverletzten in die „Divisions-Sani-täts-Anstalten" (ABB. 227, 228), die „Feld-Spitä-ler" (ABB. 229) im Hinterland bzw. in die „Re-serve-Spitäler", „Garnisons-Spitäler" und „Mili-tärheilanstalten" gebracht. Die Verwundeten wurden untersucht und nach der Art der Verlet-zungen „sortiert" (ABB. 230, 231, 232). Teilweise

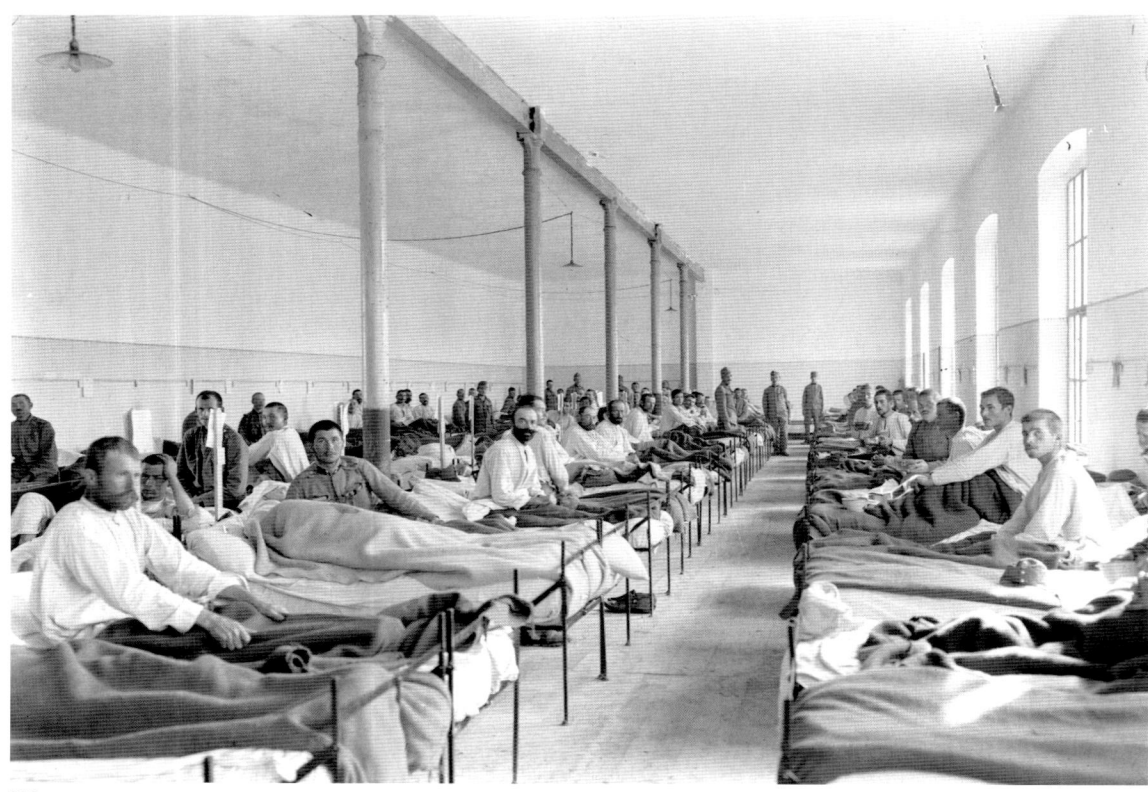

229

230

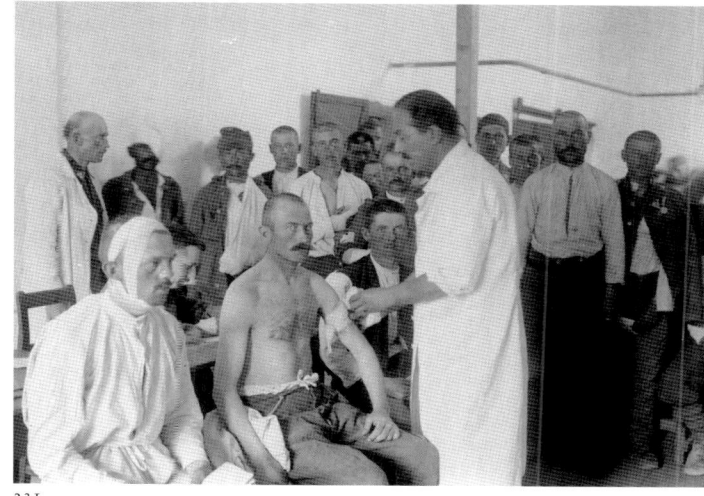

231

wurden die Männer vor Ort weiterbehandelt, andere wurden an eine andere Anstalt weitergeleitet. Für den Fall eines schnellen Vormarsches waren „Mobile Reserve-Spitäler" vorgesehen, die in kurzer Zeit ihren Ort wechseln konnten. Dieses streng reglementierte Wegnetz des Sanitätsdienstes schlägt sich besonders in den offiziellen Aufnahmen nieder. Die Verwundeten und Kranken sind immer in Sicherheit, die sanitäre Fürsorge nimmt sich ihrer an. Ein solches Bild entstand Anfang 1916 in Galizien (ABB. 233). Wir sehen helle, weiße Räume. Die Pfleger beugen sich fürsorglich über die Liegenden.

Neben diesen geschönten Aufnahmen sind auch einige wenige Bilder überliefert, die der „Reibungslosigkeit" der sanitären Versorgung widersprechen. Ein unbekannter Fotograf war im Juni 1916 Zeuge der schweren Kämpfe in der Bukowina. Am 4. Juni hatte auf 300 Kilometern Länge die erste Brussilow-Offensive der russischen Truppen begonnen, bis zum 4. Juli wurden die k. u. k. Truppen fast vollständig aus der Bukowina verdrängt. Im Chaos dieser Kriegsereignisse war die geordnete Versorgung der Verwundeten nicht mehr aufrechtzuerhalten. Im unmittelbaren Kampfgebiet war die Bewegungsfreiheit der Sanitäter oft beschränkt, die Verletzten konnten oft stundenlang nicht versorgt werden. Es mangelte an Verbandplätzen und Ärzten. Da die Bahnlinien überfüllt und im Frontgebiet teilweise zerstört waren, wurden die Verwundeten oft nur notdürftig versorgt und untergebracht. Auf einem

ABB. 230 Saal für Leichtverwundete im Feldspital Haidenschaft (Ajdovščina), 24. August 1917; Kriegsvermessung 5 [K 20918].

ABB. 231 Ärztliche Visite, Feldspital Haidenschaft (Ajdovščina), 24. August 1917; Kriegsvermessung 5 [K 20919].

ABB. 232 Sortierung der Kranken in der Krankenabschubstation Persen (Pergine), hinter der Dolomitenfront, aufgenommen vermutlich Anfang August 1918; Kriegsvermessung 11 [K 25174].

232

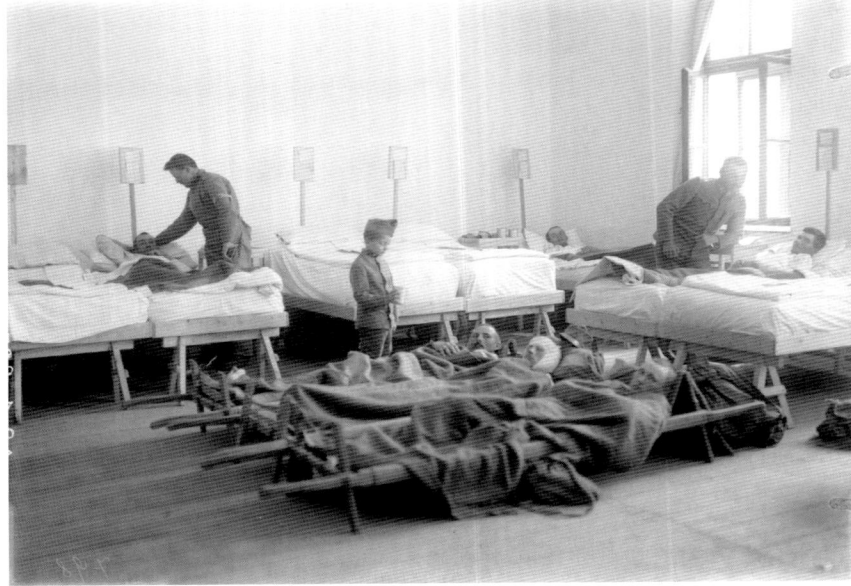

233

234

weiß leuchtenden Bettzeug der Photographien. Zugedeckt mit längst durchgebluteten Kotzen lagen die Leute auf Stroh oder den harten Tragbahren (…).“[37]

Schwestern, „Engel der Barmherzigkeit“

Das Ideal der Fürsorge ist nicht der männliche Pfleger, sondern die Pflege*rin*, die *Schwester*. Sie ist es, die im veröffentlichten Bild zum weiblichen Gegenpart des kämpfenden Soldaten stilisiert wird. Auf dem Titelblatt der illustrierten Wochenzeitschrift *Sport & Salon* vom 16. September 1917 wird ein solches Idealbild der Frau im Krieg vorgeführt (ABB. 236). „Frau Elisabeth von Kállay de Nagy-Kálló, Hofdame Ihrer Majestät der Kaiserin und Königin“, so lautet der Titel der Porträtaufnahme, die im bekannten Wiener Atelier von Madame d'Ora entstanden ist. Das Foto ist vor dunklem Hintergrund aufgenommen, von dem sich das blendend weiße Gewand der Hofdame abhebt. An ihrem Arm ist die Binde des Roten Kreuzes zu erkennen. Immer wieder ließen sich während des Krieges Frauen aus dem Kaiserhaus, aber auch andere adelige Frauen in der Aufmachung der Rotkreuz-Schwester ablichten. Solche Bilder gehen auf eine längere Tradition zurück und finden während des Krieges rasch Eingang in die bildlichen Inszenierungen des adeligen weiblichen Geschlechts.[38]

Aber auch abseits des Kaiserhauses findet die Inszenierung der Frau im Bild der Krankenschwester ihre Fortsetzung. Ende Oktober 1915 entstand etliche Kilometer nördlich von Czernowitz (Černivici), nicht unweit des Flusses Dnjester (Dnister), eine Aufnahme, die die Ordnung der Geschlechter am Kriegsschauplatz in der Symbolik der Farben verdichtet. In einer kleinen Ortschaft, vermutlich in Doroschautz (Dorosauti), ist zu dieser Zeit die 12. Infanterietruppendivision stationiert. Der Fotograf H. Lück – sein Name ist bekannt, weil er als einer der wenigen Kriegsfotografen seine Negativplatten signierte – macht eine Reihe von Gruppen- und Ein-

ABB. 233 Verwundete in der Divisionssanitätsanstalt in Jezierna (Jačivci), Ostgalizien; der Ort liegt an der Bahnstrecke Lemberg (L'viv) – Tarnopol (Ternopil), aufgenommen vermutlich im Frühjahr 1916; Deutsche Südarmee [K 5743].

ABB. 234 Schwerverwundete in der römisch-katholischen Kirche in Huta Nova, Bukowina, 11. Juni 1916; 12. ITD [K 6709].

der Bilder sehen wir mehrere notdürftig verarztete Verwundete, die auf etwas Stroh gebettet, in einer Kirche am Boden liegen (ABB. 234). Unmittelbar darauf nimmt der Fotograf die Verwundeten noch einmal auf. Nun beugt sich ein Soldat über die Verletzten, im Hintergrund ist ein Sanitäter mit der Rotkreuzbinde zu sehen (ABB. 235).[35]

Die Szene gleicht jener, die Stefan Zweig aus eigener Anschauung beschreibt. In *Die Welt von Gestern* berichtet er von „stöhnenden, schwitzenden, todfahlen Menschen, die nach Luft röchelten in dem dicken Geruch von Exkrementen und Jodoform“.[36] Diese Bilder, so Zweig, sind weit entfernt von der heilen Welt der Propagandaaufnahmen. „Nichts war zu sehen von dem

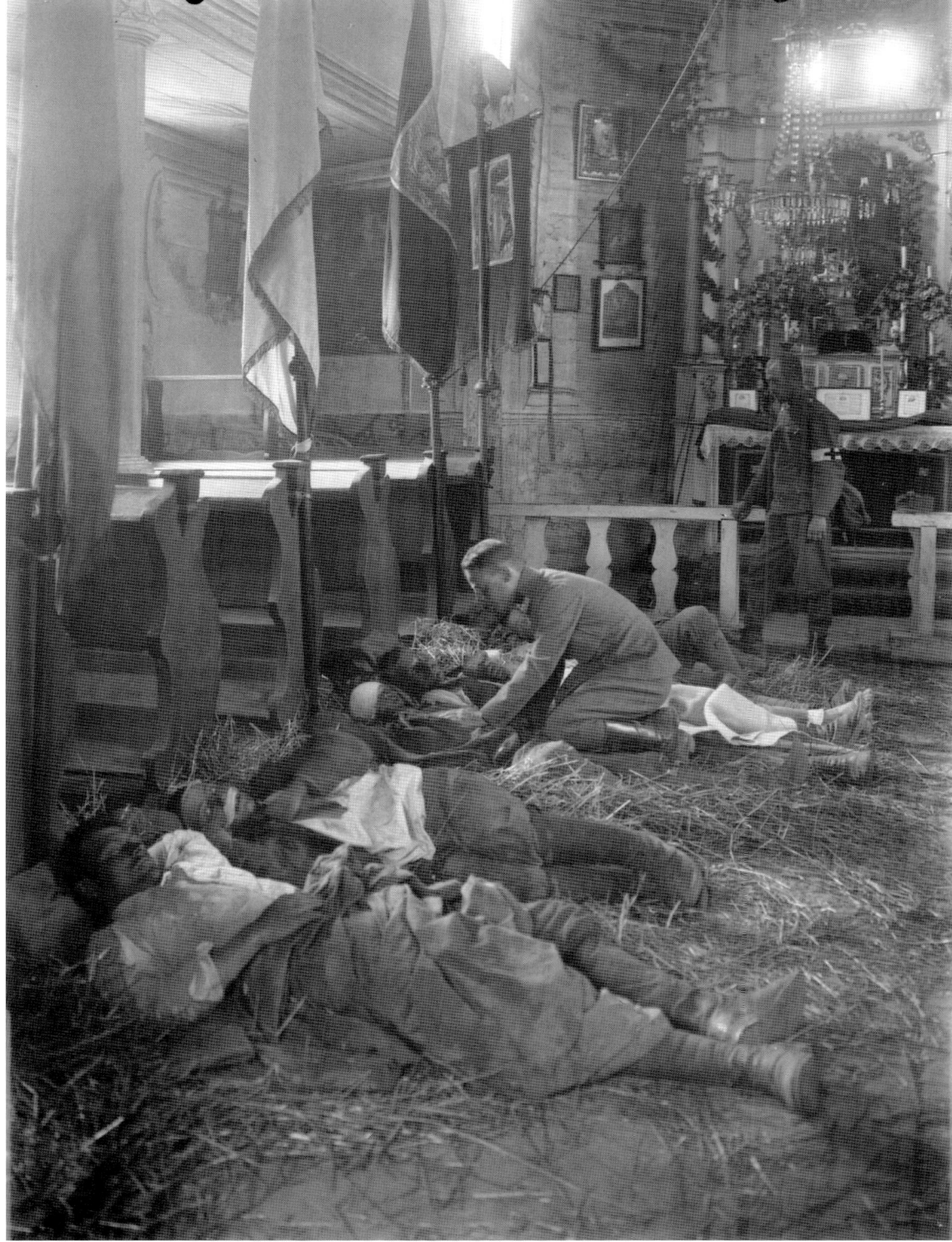

ABB. 235 Schwerver-
wundete in der römisch-
katholischen Kirche in
Huta Nova, Bukowina,
11. Juni 1916; 12. ITD
[K 6710].

zelporträts der Truppenkommandanten. Eine der
Aufnahmen zeigt Oberstleutnant Max Freiherr
von Pitreich und, wie es im Bildtext knapp heißt,
die Krankenschwester Vici (ABB. 237). Kommandant und Schwester haben auf einem freien Feld
Aufstellung genommen. Im Hintergrund erkennen wir einen Hügel, der sich aus dem Flusstal er-

hebt. Mann und Frau halten ein Pferd am Zügel,
Schwester Vici einen Schimmel, Max Freiherr
von Pitreich einen Rappen. Das weiße Pferd ist
der weißen Schwester, das schwarze dem Kommandanten zugeordnet.

Wenige Wochen vorher, im Sommer 1915, entstand etliche Kilometer weiter nördlich, in Ostga-

Wien, 16. September 1917   21. Jahrgang, Nr. 38   Erscheint jeden Sonntag

Sport & Salon

Illustrierte Zeitschrift für die vornehme Welt

Frau Elisabeth von Kállay de Nagy-Kálló,
Hofdame Ihrer Majestät der Kaiserin und Königin.
Atelier D'Ora, Wien, I.

236

ABB. 236 *Sport & Salon*,
16. September 1917,
Titelseite.

lizien, eine Aufnahme, die die Rolle der Schwester noch deutlicher hervorhebt (ABB. 238). Die Frauen im Bild arbeiten für die Einheit der „Deutschen Südarmee", die österreichische und deutsche Truppenteile unter einem Kommando vereint. Der Bildtext präzisiert: „Heidelberger Verband vom Roten Kreuz (Bahnhof Stryj, Küche)". Eine Gruppe von Rotkreuzschwestern hat in blendend weißen Gewändern und weißen Hauben rund um einen Herd Aufstellung genommen. Die Aufnahme weist den Frauen den Innenraum, den Herd und das Geschirr zu. Alle blicken sie in die Kamera. Am Bildrand, in der Tür im Hintergrund, erkennen wir eine Hilfskraft, deren langes, dunkles Kleid sich vom Weiß der Schwestern deutlich abhebt.

Die Schwestern verkörpern das Bild der dienenden, sorgenden Frau. Die Schwester wird als entsexualisiertes, geschlechtsloses Wesen, als „Engel der Barmherzigkeit"[39] dargestellt. Gute Krankenschwestern, so charakterisiert Hugo Kerchnawe, der im Krieg Generalmajor gewesen war, im Rückblick ihre Rolle, sind jene Schwestern, mit denen uns nicht „die Bande des Blutes", sondern „viel zartere, geistigere, aber darum nicht minder feste Bande vereinen".[40] Sie sind, so lautet die Opposition, das leuchtende Gegenbild der verruchten, lasterhaften Frau, der Verräterin. „Man wird", führt der Autor aus, „den Entschluß, sich in den Dienst des Vaterlandes und der Barmherzigkeit zu stellen, ohne eine andere Anerkennung als das eigene Bewußtsein der guten Tat und das ‚Vergeltsgott' eines armen Teufels, einer solchen Frau nicht hoch genug anrechnen können. Und besonders, wenn man damit das lächerliche, zumindesten aber vaterlandslose, ja beinahe gefährliche Treiben so vieler Drohnen vergleicht, die Nur-Mode-Nocken, noch immer Paris nachäffende weibliche Snobs oder bestenfalls reifrockbeschwingte Mesdames Adabei sind."[41] Wiederum ist es die Gegenüberstellung von Hell und Dunkel, die der moralischen Distanzierung Kraft verleiht: „Licht und Schatten sind da fast ebenso grell verteilt, wie zwischen Kämpfern und jammernden Kriegsprofitlern."[42]

Die Schwester wird als fürsorgende Patriotin dargestellt, die den Verlockungen des Geschlechts entsagt und dem „Laster" der (feindlichen) Metropole entgegentritt. Sie wird als zuverlässig, bescheiden, hingebungsvoll, aber zugleich entschlossen geschildert. Die Fotografie beteiligt sich an der Inszenierung dieser guten Schwester im Bild. Sie zeigt die ganz in Weiß gehüllte, gute Frau. Eine Aufnahme, die am 28. November 1915 in einem Feldspital in Ostrozec, Wolhynien, entstand, lässt dieses Ideal der Krankenschwester besonders deutlich hervortreten (ABB. 239). Wir blicken in ein Operationszimmer. In der Bildmitte sehen wir den Arzt, der den Verband des

237

238

Verwundeten aufschneidet und die Vorbereitungen für die Operation trifft. Ihm zur Seite stehen zwei Schwestern. Alle drei haben hinter dem verletzten Soldaten Aufstellung genommen. Für die Kamera rücken sie in das Licht der Güte. Während der Mann die Verantwortung für die Operation trägt, verrichten die beiden Schwestern dienende, zuarbeitende Tätigkeiten. Eine von ihnen stützt den Kopf des Soldaten, in der anderen Hand hält sie eine Blechschale. Die andere Schwester hält ein Blechgefäß bereit. Kopfbedeckung, Kreuz und Rosenkranz weisen die beiden Frauen als Ordensschwestern aus. Der Fotograf interessiert sich nicht für die konkrete Operation des Chirurgen, sondern inszeniert die Hilfeleistung am Verletzten als ein Stimmungsbild der Fürsorge.

Wenn hingegen die fotografische Dokumentation des tatsächlichen chirurgischen Eingriffs im Mittelpunkt des Interesses steht, verändert sich die Inszenierung. Ein solches Foto entstand ebenfalls in Wolhynien, vermutlich im Sommer 1916 (ABB. 240). Der Körper des Patienten reduziert sich nun auf jenen Abschnitt, an dem der „Eingriff" vorgenommen wird. Die Kamera richtet sich auf das Bein als Objekt. Die zu behandelnde Stelle wird ins Licht gerückt. Die Ärzte blicken in die Kamera. In diesem Augenblick drückt der Fotograf auf den Auslöser.

Schwestern, Mütter, Arbeiterinnen

Sorge und Heilung sind der Frau, der Krankenschwester, zugeordnet. Ihr Bild taucht in der Öffentlichkeit häufig auf, denn ihre Arbeit galt im offiziellen Kriegsdiskurs als wichtiges symbolisches Scharnier zwischen Front und Heimatfront. Frauen behandelten und pflegten Verwundete und Kranke im Hinterland der Front. In den Bildern erscheinen sie oft als emotionale Brücke zur Heimat. Im flächendeckenden, industrialisierten Krieg, in dem die Soldaten oft monatelang weit weg von ihrer Heimat im Einsatz waren, spielte die symbolische Verknüpfung zwischen dem Kriegsschauplatz und den „Daheimgebliebenen" eine wichtige Rolle. Über Schmerzen, Langeweile und traurige Anwandlungen kommt, so Hugo Kerchnawe, der Soldat leichter hinweg, „wenn er so etwas wie eine wirkliche Häuslichkeit, eine noch für den Heilungstrieb nicht hoch genug einzuschätzende Illusion von einem Stück Heimat um sich fühlt (…)"[43] Es ist dies das Verdienst der „braven Schwester", „die ihn sorgend umgibt".[44]

Wenn man die offiziellen fotografischen Dokumente des Krieges überblickt, mag der Eindruck entstehen, dass Frauen vor allem im Pflegebereich und dort v. a. als Schwestern tätig waren. Es wurden einige Anstrengungen unternommen,

ABB. 237 Oberstleutnant Max Freiherr von Pitreich und die Krankenschwester Vici, aufgenommen im Oktober 1915 vermutlich in Doroschautz (Dorosauti) am Dnjester (Dnister), Bukowina; 12. ITD, H. Lück [K 6602].

ABB. 238 Rotkreuzschwestern in der Küche am Bahnhof in Stryj (Strij), Ostgalizien, aufgenommen vermutlich im Sommer 1915; Deutsche Südarmee, Kommando von Hadfy [K 5141].

ABB. 239 Operationszimmer im Feldspital in Ostrozec, Umgebung von Luck (Luc'k), Wolhynien, aufgenommen am 28. November 1915. Das Feldspital war in einer orthodoxen Kirche untergebracht; 9. Korpskommando [K 15381].

ABB. 240 Ärzte und Pfleger bei der Versorgung einer Beinwunde, aufgenommen vermutlich im Feldspital in Kowel (Kovel), Wolhynien, im Sommer 1916; Kriegsvermessung 4 [K 28337].

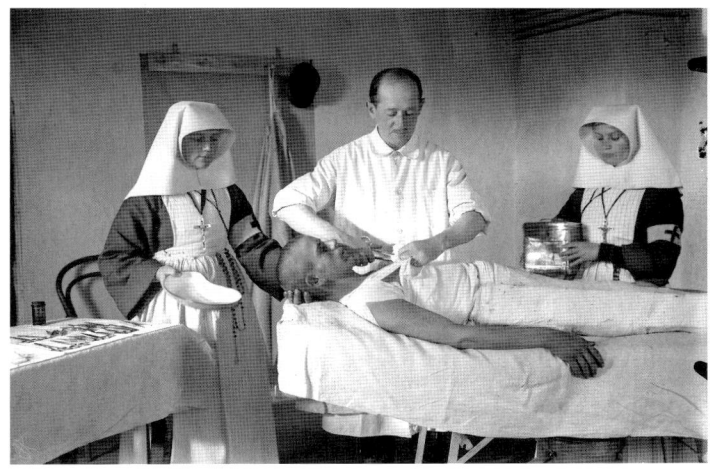

239

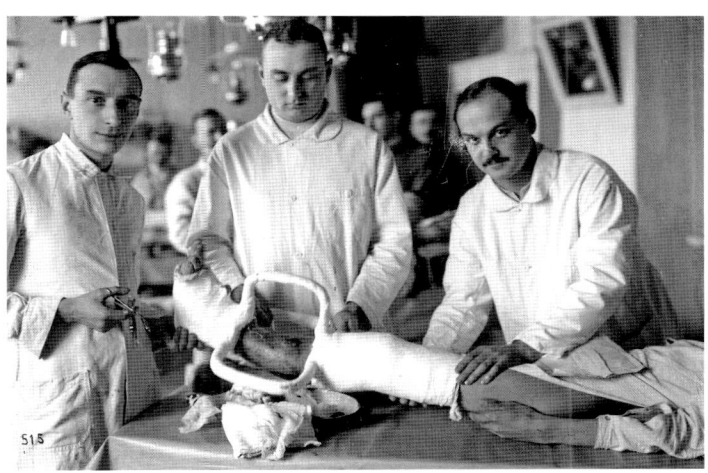

240

241

um dieses Bild zu zementieren. In der Bildpropaganda tauchen Frauen überdurchschnittlich oft als Pflegerinnen in Weiß auf. Tatsächlich aber arbeiteten Frauen während des Krieges in fast allen Berufen. Vor allem in der ersten Kriegshälfte stieg der Anteil weiblicher Arbeitskräfte deutlich an. In der zweiten Kriegshälfte wurde der (Fach-)Arbeitermangel immer stärker durch Kriegsgefangene und Zwangsarbeiter kompensiert.[45] Dennoch arbeiteten weiterhin zahlreiche Frauen in der Kriegswirtschaft. In manchen Betrieben, etwa in der österreichischen Rüstungs- und Maschinenindustrie war die Zunahme der Frauenarbeitskräfte besonders stark. Sie stellten 1916 knapp die Hälfte aller Beschäftigten. Die sog. „Etappenhelferinnen", die nach dem Winter 1916 verstärkt zum Dienst in der Kriegswirtschaft herangezogen wurden, arbeiteten nicht nur als Putzfrauen, Köchinnen, Wäscherinnen und Pflegerinnen.[46] Sie wurden in Fabriken ebenso eingesetzt wie in der Bürokratie und Verwaltung. Verglichen mit den Schwestern tauchen jedoch diese Frauen weit seltener im Bild auf. In der Öffentlichkeit und bei den Soldaten galten sie bald als unliebsame Konkurrentinnen der Männer und genossen oft einen zweifelhaften Ruf.[47] „Binnen kurzem", heißt es in einem Bericht des Armeekommandos aus dem Jahr 1918, „brachten die über 50.000 Ambulanzgehilfinnen, Telephonistinnen, Köchinnen, Schneiderinnen, landwirtschaftlichen Arbeiterinnen u.ä. die etablierte Arbeitsteilung, die Exklusivität der Bindungen und die Selbstregulierung von (Mängeln an) Kampfbereitschaft unter den Männern offenbar nachhaltig durcheinander".[48]

Die Frauen, die in der Etappe zum Einsatz kamen, stießen oft auf den erbitterten Widerstand der Männer. Diese „stille Resistenz der gesunden Männer gegen den Verlust ihrer Arbeitsplätze" sei zwar, so das Armeekommando, „logisch, aber tadelnswert"[49]. Es gehe nicht an, „daß weibliche Hilfskäfte nahezu beschäftigungslos

242

243

ABB. 242 Gebäude der Waschanstalt in Petrikau (Piotrków), vermutlich Frühjahr 1915. Unter dem Flugdach ist die Wäscherei untergebracht, im Gebäude rechts befinden sich Windmaschinen, Maschinenraum, Büglerei und Reparaturraum; Kriegsvermessung 2 [K 19579].

ABB. 243 Wäscherinnen in der mobilen Waschanstalt in Petrikau (Piotrków), „Mannschaftswinterwäsche wird gegen Entgelt durch die Ortsbewohner gewaschen", vermutlich Frühjahr 1915; Kriegsvermessung 2 [K 19577].

244

ABB. 244 Näherinnen in der mobilen Waschanstalt in Petrikau (Piotrków). „Die gereinigte Mannschaftswinterwäsche wird durch die Ortsbewohner gegen Entgelt repariert und sortiert", vermutlich Frühjahr 1915; Kriegsvermessung 2 [K 19578].

die Kanzleien etc. füllen, während die Arbeiten, die sie besorgen sollen, anderen männlichen Kräften aufgebürdet werden, mit der Begründung, sie träfen es besser. Die weiblichen Hilfskräfte sind keineswegs als lästige Anhängsel, sondern als Helferinnen im Durchhalten zu betrachten."[50]

Ambivalent ist auch das Bild der Frauen aus der Zivilbevölkerung im unmittelbaren Hinterland der Kriegsschauplätze. Sie wurden häufig zwangsrekrutiert und zu schweren Handarbeiten (etwa im Straßenbau und in der Straßenausbesserung, in der Metallindustrie, aber auch im Bergbau) herangezogen. Dennoch sind Aufnahmen, die Frauen bei diesen Arbeiten zeigen, nicht sehr zahlreich (ABB. 241). Öfter begegnen wir den Zivilistinnen bei typischen Frauenarbeiten. Eine solche Bildserie entstand 1915 in Petrikau (Piotrków). Der Ort liegt etwa 50 Kilometer südöstlich von Łódź. Hier befand sich das Etappenkommando der 6. Armee. Die Aufnahmen dokumentieren die unterschiedlichen Arbeiten der einheimischen Frauen in der mobilen Waschanstalt der Truppe (ABB. 242). Wir sehen Wäscherinnen bei der Arbeit (ABB. 243) und Näherinnen, die hinter ihren Singer-Maschinen für die Kamera Aufstellung genommen haben (ABB. 244). Der Bildtext betont, dass die Mannschaftswinterwäsche „gegen Entgelt" durch die Ortsbewohner gewaschen bzw. repariert und sortiert werde.

Gegen Kriegsende wurde der Arbeitskräftemangel immer größer. Über das System der zwangsweisen Rekrutierungen wurden ab Ende 1916 zunächst Männer, ab Frühjahr 1917 vermehrt auch Frauen für „kriegswichtige" Arbeiten herangezogen. Je mehr diese in männliche Domänen eindrangen, umso stärker waren die propagandistischen Anstrengungen, die den Kriegseinsatz der Frauen in der Öffentlichkeit rechtfertigten. Mitte August 1918 entstand eine Fotoserie, die Frauen vom „Vaterländischen Hilfsdienst"[51] bei der Arbeit zeigt (ABB. 245, 246).

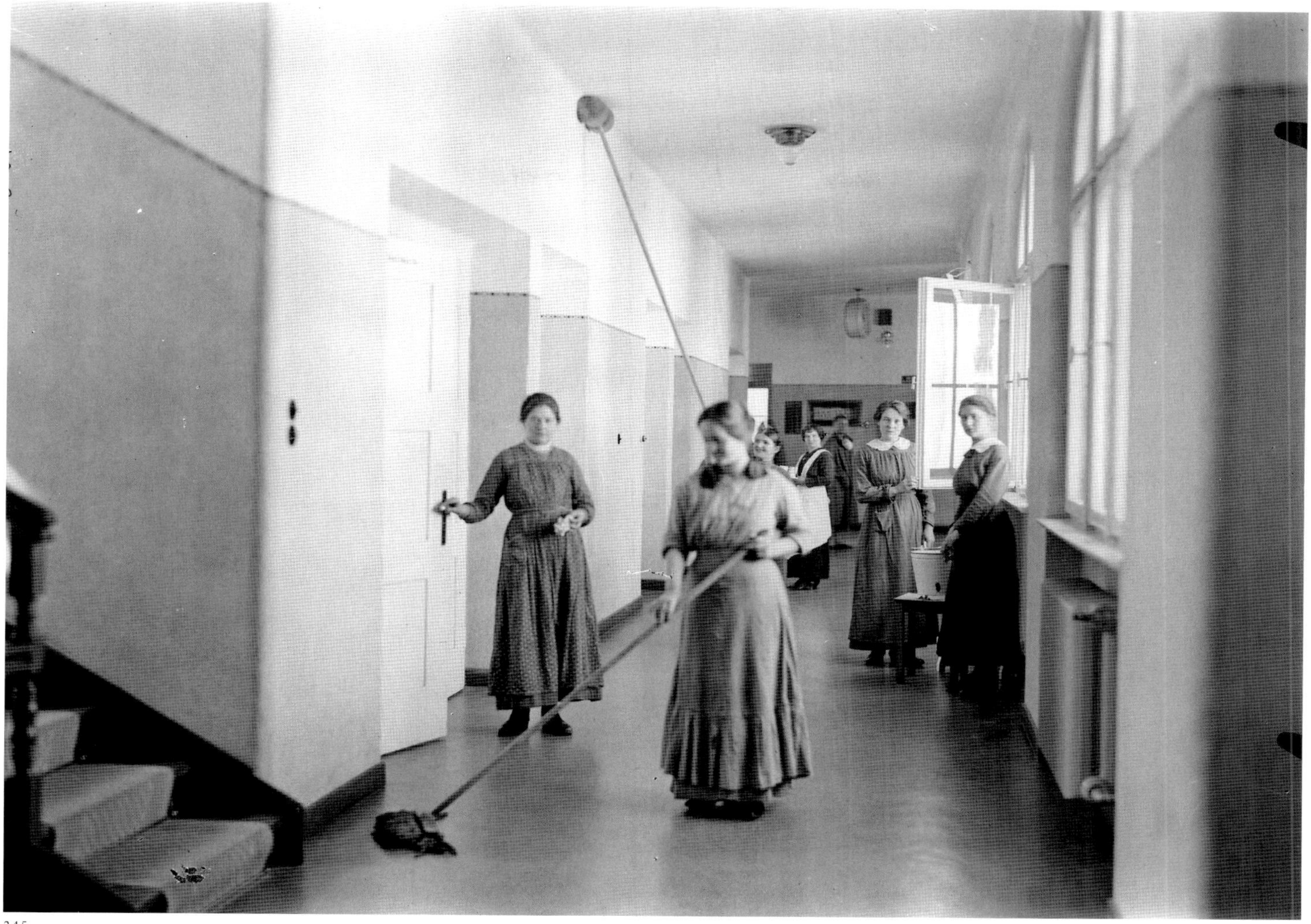

245

Die Aufnahmen, die vermutlich in Trient (Trento) entstanden, fassen die Einsatzbereiche der Frauen, die beim Korpskommando Dienst taten, in idealisierenden Szenen weiblicher Arbeit zusammen. Wir sehen die Frauen, wie sie das Haus putzen oder in einer Küche Essen zubereiten. Solche Aufnahmen versuchen, ein Geschlechtergefüge zu bewahren, das in der Praxis der Kriegswirtschaft längst aus den Fugen geraten war.

246

ABB. 245, 246 Frauen vom „Vaterländischen Hilfsdienst" bei Putzarbeiten, aufgenommen am 15. August 1917, vermutlich in Trient (Trento); 20. Korpskommando [K 4146, K 4150].

Menschliche Beute   Das Bild der Kriegsgefangenen

Ein Soldat sitzt auf einer Baumgabel und lässt die Füße baumeln (ABB. 247). Eine Hand hat er in den Schoß gelegt, in der anderen hält er lässig eine Zigarette. Der Baum und die Sträucher im Hintergrund tragen keine Blätter, der Mann ist warm gekleidet. Ein auf den ersten Blick unscheinbares Foto. Und dennoch: Dieses Bild unterscheidet sich von anderen Bildern, die den Alltag des Krieges zeigen. Der Soldat – er ist vermutlich Offizier – stammt *nicht* aus den eigenen Reihen. Das Bild kommt von der *anderen* Seite der Frontlinie. Die Fotoplatte war ein Beutestück.

Während des Krieges gab es wenige Gelegenheiten, den Soldaten auf der anderen Seite der Frontlinie ins Gesicht zu blicken. Zwar sind immer wieder Erzählungen von Begegnungen zwischen Soldaten beider Seiten überliefert, aber die tatsächlichen Kontakte waren, v. a. ab dem Zeitpunkt, als die Front im Grabenkrieg erstarrte, eher selten. Wenn gelegentlich Deserteure oder Überläufer die Frontlinie überschritten und in den eigenen Stellungen auftauchten, war das ein Ereignis, das im Bild festgehalten wurde. Eine derartige Aufnahme entstand im Januar 1916 vermutlich in Rarancze, einem Ort etwa 20 Kilometer östlich von Czernowitz (ABB. 248). Der Kriegsfotograf Lück – er hat seinen Namen am Negativ hinterlassen – fotografierte zwei Männer in ihren schweren Wintermänteln außerhalb des Unterstandes. Es handelt sich um russische Soldaten, die ihren Truppen den Rücken gekehrt hatten.

Solche Begegnungen fanden nicht täglich statt. Die Soldaten hielten sich in ihren Stellungen verschanzt, der Blick über den Grabenrand war gefährlich. Daher musste das Negativ, das einen russischen Offizier auf der „anderen Seite" zeigt (vgl. ABB. 247), Aufsehen erregen. Es ist, so lässt

248

sich aus den zahlreichen Fingerabdrücken am Negativ schließen, wohl von Hand zu Hand gegangen, bevor ein Abzug hergestellt wurde. Darüber, wie das Bild die Seiten gewechselt hat, wissen wir wenig. Vermutlich wurde es im Frühjahr 1915 während des Vormarsches der „Deutschen Südarmee" an der Karpatenfront „erbeutet".[1] Zusammen mit zwei anderen Aufnahmen (ABB. 249, 250) gelangte es schließlich in das Wiener Kriegspressequartier. Eine der erbeuteten Aufnahmen zeigt eine russische Ballonabteilung in der Nähe von Wyszkow (Biškivs'kij). Das Foto dürfte im Januar oder Februar 1915 entstanden sein, als es an der Frontlinie am Wyszkow-Pass in den Karpaten zu heftigen Kämpfen kam. Die andere Aufnahme

ABB. 249 Russischer Kriegsfotograf: „Russ. Ballonabtlg. im Gelände nächst Wyszkow (Biškivs'kij) (nach erbeut. russ. Platten)", aufgenommen vermutlich im Winter 1914/1915; Deutsche Südarmee [K 5685].

249

250

ABB. 250 „Rastende russische Truppe (nach erbeut. russ. Platten)", aufgenommen möglicherweise in der Umgebung von Stryj, Ostgalizien, vermutlich Winter 1914/1915; Deutsche Südarmee; Reproduktion vom Abzug [K 5687].

zeigt einen Rastplatz der russischen Truppen. Das Gelände ist flacher. Möglicherweise ist das Foto in der Umgebung von Stryj (Strij), im Hinterland der Karpatenfront, entstanden. Die beiden Bilder dürften ebenfalls im Winter 1914/1915 aufgenommen worden sein. Auch auf diesen Bildern hat die Handhabung der Platten deutliche Spuren hinterlassen. Zahlreiche Fingerabdrücke lassen auch hier vermuten, dass die Bilder immer wieder in die Hand genommen wurden. Die erbeuteten Abbilder des Feindes stellten wohl eine kleine Sensation auf dem schwierigen Vormarsch

dar. Zwar waren nicht die Soldaten selbst, sondern nur ihre Fotografien in „Gefangenschaft" geraten. Dennoch sind die Abzüge symbolisch bedeutsame Beutestücke. Die Aufnahmen waren nämlich nicht für die Augen des Kriegsgegners gedacht, sondern sie waren wohl Mitbringsel für die eigene Familie, die im russischen Hinterland die Rückkehr des Mannes oder Sohnes erwartete.

Menschliche Beutestücke

Etwa zur selben Zeit, als die russischen Fotoplatten erbeutet wurden, entstand nicht weit entfernt, ebenfalls in den Karpaten, eine Reihe von Aufnahmen, die russische Kriegsgefangene zeigen. Auf einem der Bilder – es wurde vermutlich in Oporzec (Oporec) oder in der Umgebung dieses Ortes am Beskid-Pass aufgenommen – sitzen etliche der russischen Soldaten auf den Schienen einer Bahnlinie im Schnee (ABB. 251). Andere sind stehend aufgenommen. Zwischen den Gefangenen haben österreichische und deutsche Offiziere Aufstellung genommen. Die Kriegsgefangenen werden triumphierend vor der Kamera vorgeführt. Auch diese Bilder haben symbolischen Charakter. Noch lange, bevor der Kampf entschieden war, sollten diese menschlichen Beutestücke die militärische Überlegenheit dokumentieren.[2]

Am Beskid-Pass hatte die Offensive gegen die russischen Truppen im Frühjahr 1915 begonnen. Am 24./25. April wurde der Karpatenrücken nach schweren, für beide Seiten verlustreichen Kämpfen, von den deutsch-österreichischen Truppen erobert. Das Foto dürfte also in den Wochen zwischen Februar und Ende April 1915 entstanden sein. Der unbekannte Fotograf, der die aus deutschen und österreichischen Soldaten zusammengesetzte Truppe der „Gruppe Hofmann"[3] begleitete, nahm immer wieder Kriegsgefangene auf. Auf den „Gruppenbildern" mischen sich häufig die „siegreichen" Offiziere unter die Gefangenen (ABB. 252). Die Lagerstätten der russischen Soldaten wirken auf den Bildern improvisiert, die Ge-

fangenen ärmlich und schlecht gekleidet. Die Männer sitzen oder liegen am Boden, müde und resigniert warten sie auf ihr ungewisses Schicksal (ABB. 253, 254).

Der Abtransport hinter die Front erfolgte in langen Marschkolonnen; die Gefangenen sind auf den Bildern immer zu Fuß unterwegs, während die Bewacher oft auf dem Pferd zu sehen sind. Mit wehenden Fahnen treiben sie die Männer in die Lager im Hinterland (ABB. 255). Die Aufnahmen von Kriegsgefangenen gleichen einander, auch wenn sie aus unterschiedlichen Gegenden stammen. Immer rückt der Fotograf die Masse der „menschlichen Beute" ins Bild. Der einzelne Gefangene geht auf im Schicksal seiner zahlreichen Genossen. Der Fotograf fängt im Bild der Gefangenen zugleich auch die eigene Überlegenheit, den Sieg ein. Er nimmt lange, oft endlos erscheinende Kolonnen von Männern auf, die zu den Auffanglagern unterwegs sind (ABB. 256, 257, 258). Auf dem Marsch über die staubigen Wege führen die Gefangenen wenig mit sich. Um die Schultern haben sie oft eine Decke geschlagen (ABB. 259, 260). In den Gesichtern ist Erschöpfung zu lesen, vielleicht auch Erleichterung über das Ende der Kämpfe.

Im Frühjahr 1915 waren innerhalb weniger Wochen Tausende von Kriegsgefangenen ins Hinterland verfrachtet wurden. Die Offensive der deutsch-österreichischen Truppen an der Ostfront, die im April in den Karpatenpässen begonnen hatte, kam schnell voran. Bis zum Herbst 1915 gelang es den Truppen, die russische Frontlinie weit zurückzudrängen und bis zum Dnjester (Dnister) vorzudringen. Waren im Dezember 1914 insgesamt an die 200.000 Kriegsgefangene in den Lagern der Monarchie interniert, so stieg nun die Zahl rapide an. Es mussten zahlreiche neue Barackenstädte errichtet werden. Insgesamt standen im Laufe des Krieges im Gebiet der k. u. k. Monarchie an die 50 Kriegsgefangenenlager zur Verfügung. Darin waren zwischen 1,2 bis 1,8 Millionen Gefangene untergebracht.[4]

Bevor die Kriegsgefangenen in die Lager gelang-

251

252

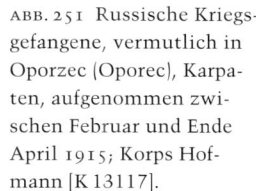
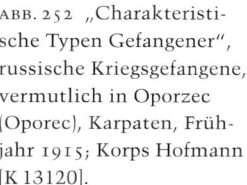
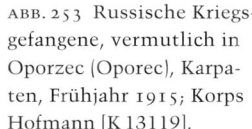
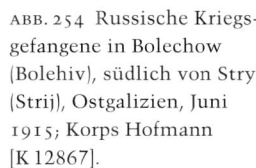

ABB. 251 Russische Kriegsgefangene, vermutlich in Oporzec (Oporec), Karpaten, aufgenommen zwischen Februar und Ende April 1915; Korps Hofmann [K 13117].

ABB. 252 „Charakteristische Typen Gefangener", russische Kriegsgefangene, vermutlich in Oporzec (Oporec), Karpaten, Frühjahr 1915; Korps Hofmann [K 13120].

ABB. 253 Russische Kriegsgefangene, vermutlich in Oporzec (Oporec), Karpaten, Frühjahr 1915; Korps Hofmann [K 13119].

ABB. 254 Russische Kriegsgefangene in Bolechow (Bolehiv), südlich von Stryj (Strij), Ostgalizien, Juni 1915; Korps Hofmann [K 12867].

253

254

255

256

257

ten, legten sie oft weite Strecken zurück. An den Bahnknotenpunkten im Hinterland der Front wurde die menschliche Fracht zunächst in provisorischen Lagern gesammelt, um später mit der Bahn in die festen Gefangenenlager und zur Zwangsarbeit weitertransportiert zu werden. Eine Aufnahme, die – vermutlich im Herbst 1915 – im ostungarischen Munkács (Mukačeve) entstand, zeigt eine Lagerstätte von Kriegsgefangenen (ABB. 261).[5] Der Fotograf „fängt" im Bild eine möglichst große Anzahl von ihnen ein. Zu diesem Zweck baut er seine Kamera in größerer Entfernung auf, oft trennt ihn ein Zaun von den Gefangenen (ABB. 262). Die Bedeutung dieser Inszenierungen ist klar: Die Männer hinter Zäunen und Begrenzungen sind unfrei, so schnell werden sie nicht nach Hause kommen. Auf anderen Aufnahmen drängen sich die Kriegsgefangenen an einer Mauer (ABB. 263) oder vor einer Baracke (ABB. 264). Immer hält der Fotograf Abstand zu den Fremden.

ABB. 255 Russische Kriegsgefangene, vermutlich in der Umgebung von Lawoczne, Oporzec (Oporec) oder Plawie, Karpaten, Galizien, Frühjahr 1915; Korps Hofmann [K 13140].

ABB. 256 „Rumänische Gefangene beim Abschub von Petrozsény", Siebenbürgen, südlich von Hermannstadt (Sibiu), 5. November 1916; Kmdo. Erzh. Carl [K 16501].

ABB. 257 Kriegsgefangenen-Transport in Munkács (Mukačeve), Ostungarn (heute Ukraine), vermutlich Herbst 1915; Deutsche Südarmee [K 5096].

258

ABB. 258 Gefangene
italienische Soldaten in
Resiutta, östlich von
Tolmezzo, Venetien,
vermutlich Anfang / Mitte
November 1917;
10. Armeekommando
[K 11732].

ABB. 259 Russische
Kriegsgefangene in Kowel
(Kovel), Wolhynien, ver-
mutlich Mitte Juli 1916;
Kriegsvermessung 4
[K 30110].

259

Menschliche Beutestücke   171

ABB. 260 „Gefangene Russen aus den Kämpfen auf der Höhe Worobijowka; eingebracht am 1. Juli 1916 durch das k. u. k. IR. 6", aufgenommen möglicherweise in der Umgebung von Zborow (Zboriv), Ostgalizien; 9. Korpskommando [K 15543].

ABB. 261 Kriegsgefangene am Bahnhof in Munkács (Mukačeve), Ostungarn, vermutlich Herbst 1915; Deutsche Südarmee [K 5020].

ABB. 262 Kriegsgefangene bei Tuchla (Tuhlja) im Oportal (Opir), südwestlich von Stryj (Strij) in den Karpaten gelegen, aufgenommen vermutlich im Herbst 1915; Deutsche Südarmee [K 5005].

ABB. 263 Russische Kriegsgefangene in Horodenka (Gorodenka), nordwestlich von Czernowitz (Černivici), 9. Oktober 1915; Kmdo. von Hadfy [K 4905].

ABB. 264 Italienische Kriegsgefangene an der Isonzofront, aufgenommen vermutlich im Sommer 1917 im Gefangenenlager Dornberg (Dornberk); 16. Korpskommando, vermutlich Flamm; Reproduktion vom Abzug [K 822].

260

261

262

263

264

Zwielichtige Gestalten

Am 9. Juni 1916 fotografierte ein k. u. k. Fotograf eine Gruppe russischer Kriegsgefangener auf einem Exerzierplatz in Ostgalizien, in der Gegend zwischen Tarnopol (Ternopil) und Jezierna (Jačivci) (ABB. 265). Die Aufnahme entstand vermutlich in oder in der Nähe der Ortschaft Zborow (Zboriv). Selten traten die Gefangenen, wie hier, in strenger militärischer Formation vor die Kamera. Wenige Tage zuvor, am 4. Juni 1916, hatten die russischen Truppen auf insgesamt 300 Kilometern Breite einen Großangriff gestartet. Unter Führung von General Alexej A. Brussilow (1853–1926) gingen die russischen Einheiten gegen die österreichisch-ungarischen Befestigungen vor. Im Frontabschnitt zwischen Rumänien und dem Fluss Styr mussten die k. u. k. Truppen schwere Niederlagen hinnehmen. Innerhalb weniger Tage starben über 200.000 österreichisch-

265

266

ungarische Soldaten. Erst durch die Unterstützung deutscher Truppen wurde die russische Offensive westlich des Styr zum Stehen gebracht.

In dieser Phase heftiger Kämpfe und angesichts einer drohenden Niederlage wurde der Krieg der Bilder besonders heftig geführt. Die Aufnahmen der russischen Kriegsgefangenen hatten die Aufgabe, angesichts der bedrohlichen Situation die eigene Stärke zu demonstrieren und den Gegner verächtlich zu machen. Deutlich wird dieses Anliegen in einer Aufnahme, die drei der Gefangenen in einer Großaufnahme aus der Menge herausgreift (ABB. 266). Die drei Männer – die beiden hinteren von ihnen überragen den Soldaten im Vordergrund um fast zwei Köpfe – haben in strammer Pose auf dem offenen Platz Aufstellung genommen. Während ihre Körper die Ordnung der militärischen Reihe ihrer Genossen im Hintergrund zu übernehmen scheinen, halten sie die Köpfe der Kamera zugewandt. Der Fotograf isoliert die Männer im Bild, er tastet sie ab, sucht in ihrer Haltung, in ihrer Kleidung und in ihren Zügen das Fremde. Im Bildtext werden die drei Russen als „Typen" vorgestellt: „Typen gefangener Russen des russ. IR. 63, gefangen genommen bei Gebrow, am 9. Juni 1916".

Die Aufnahmen von Kriegsgefangenen dokumentieren stets ein Machtgefälle. Sie bringen bildlich die Überlegenheit der eigenen Truppen zum Ausdruck, die Fotos beweisen die Niederlage des Kriegsgegners. Die Kriegsgefangenen werden durchweg in der Gruppe aufgenommen. Es ist die Masse der „eingebrachten" gegnerischen Solda-

ABB. 265 „Gefangene Russen des bei Gebrow (Cebriv)-Worobijowka [Ostgalizien] vernichteten russ. 6. Korps: 4. und 16. IR. 61, 64 und 13–16; aus den Kämpfen am 9. Juni 1916. Eingebracht von Truppen der 32. ITD. Aufgenommen am 9. Juni 1916"; 9. Korpskommando [K 15499].

ABB. 266 „Typen gefangener Russen des russ. IR. 63,

gefangen genommen bei Gebrow (Cebriv, Ostgalizien), am 9. Juni 1916"; 9. Korpskommando [K 15501].

ABB. 267 Italienische Soldaten, die an der Isonzofront, am Ravelnik, in der Nähe von Flitsch (Bovec), gefangen genommen wurden, aufgenommen vermutlich Ende September 1915; 10. Armeekommando [K 8092].

7/IV

267

268

269

ten, die den eigenen Triumph versinnbildlicht (ABB. 267). Nur gelegentlich lichtet sich die Gruppe der Abgebildeten, dann etwa, wenn der Gefangene einen hohen militärischen Rang einnimmt. In diesem Fall wird er symbolisch als Einzelfigur festgehalten. Auf einem Foto, das am 1. Juli 1916 ebenfalls in oder um Zborow aufgenommen wurde, sind mehrere russische Offiziere zu sehen, die während der Kämpfe auf der Höhe Worobijowka gefangen genommen wurden (ABB. 268). Im Unterschied zu den einfachen Soldaten treten die Offiziere gut gekleidet vor den Fotografen. Einigen von ihnen hat man im Freien sogar Stühle aufgestellt. Die Männer blicken nicht verängstigt, sondern selbstbewusst in die Kamera. Aufgenommen wurde das Bild nicht auf einem Lagerplatz oder einem Exerzierplatz, sondern im Garten einer kleinen Siedlung. Möglicherweise waren die Männer in den Häusern im Hintergrund untergebracht.

Die einfachen Kriegsgefangenen werden hingegen oft als fremde, ärmliche, manchmal vernachlässigte und oft etwas seltsame Vertreter einer anderen, niedrigeren Kultur präsentiert. Wenn einzelne Gefangene aus der Masse herausgeholt werden, werden sie oft zum verachteten „Typus" degradiert. In solchen Aufnahmen fixiert der Blick des Eroberers abschätzig die Vertreter des fremden Ostens oder Südostens. Der Kriegsgefangene wird zur Projektionsfläche jener Ängste und Vorurteile, die nicht erst seit Kriegsbeginn die Vorstellung vom Osten charakterisieren.[6] Die Bilder ziehen eine visuelle Grenze zwischen den eigenen und den „anderen" Soldaten. Im heruntergekommenen Kriegsgefangenen verdichtet sich das Bild vom fremden, gefährlichen Russland.

Im Frühsommer oder Sommer 1916 entstand

ABB. 268 „Gefangene russische Offiziere aus den Kämpfen am 1. Juli auf der Höhe Worobijowka [Ostgalizien]; eingebracht am 1. Juli 1916 durch das k. u. k. IR. 6"; 9. Korpskommando [K 15544].

ABB. 269 „Zwei entflohene russ. Kriegsgefangene", aufgenommen vermutlich in der Umgebung von Wojmica, Wolhynien, Frühsommer / Sommer 1916; 10. Korpskommando [K 7437].

im nordöstlichen Frontabschnitt, vermutlich in der Umgebung von Wojmica[7], in Wolhynien, eine Aufnahme zweier russischer Kriegsgefangener (ABB. 269). Die beiden Männer stehen frontal vor der Kamera. Ähnlich wie die drei Kriegsgefangenen in (oder um) Zborow wurden sie für die Aufnahme sichtlich in Pose gebracht. Die Hände eng an den Körper angelegt, scheinen auch sie „stramm" zu stehen. Der Fotograf ist am Äußeren der beiden Männer interessiert. Einer der beiden trägt eine Militärkappe, seine Jacke ist zerschlissen, der andere trägt einen Hut, auch sein Mantel ist abgetragen, die Jacke darunter wird mit zwei Knöpfen nur notdürftig zusammengehalten, die Hose ist durchlöchert und auch die Stiefel sind arg mitgenommen. „Zwei entflohene russ. Kriegsgefangene" – der Bildtext hebt die beiden Männer von den „normalen" Gefangenen ab: Sie sind bei der Flucht ertappt worden. Einzeln im Bild festgehalten, werden sie nun zu düsteren, zwiespältigen Gestalten.

Die Fotografie fixiert das Äußere der beiden Gestalten. In der Armut der Kleidung, in der Vernachlässigung des Äußeren kommt das angeblich Abweichende zum Ausdruck: die Unzuverlässigkeit, die Hinterhältigkeit, die Doppelbödigkeit. Ähnliche Aufnahmen sind auch aus anderen Gebieten überliefert. In einer Aufnahme, die im Herbst 1915 im Hinterland der Isonzofront entstand, werden zwei – laut Bildtext – „aus der österr. Gefangenschaft entkommene Russen" auf ähnliche Weise dem musternden Blick der Soldaten und der Kamera preisgegeben (ABB. 270).

Der taxierende Blick der Fotografen begegnet uns auch in den Gefangenenlagern. In einer Mischung zwischen ethnologischer Neugierde und verachtendem Blick sucht der Fotograf die „Eigenschaften" des Fremden und Anderen zu isolieren. Oft wird er in den Gesichtszügen der Männer fündig, oft in ihrer Kleidung. Unterstützt durch den Bildtext, wird das angeblich Typische des Kriegsgegners identifiziert (ABB. 271). In manchen der Aufnahmen mischt sich die Zurschaustellung eines armseligen, niedrigen Wesens, das

270

271

ABB. 270 „Zwei aus der österr. Gefangenschaft entkommene Russen", Isonzofront, aufgenommen vermutlich im Herbst 1915; 16. Korpskommando, Flamm [K 253].

ABB. 271 „Typen italienischer Gefangener", aufgenommen vermutlich im Sommer 1917 im Gefangenenlager Dornberg (Dornberk), im Hinterland der Isonzofront; 16. Korpskommado, Flamm; Reproduktion vom Abzug [K 823].

272

ABB. 272 „Serbischer Soldat. III. Aufgebot. Aufgenommen in Cukojevac im November 1915"; 8. Korpskommando [K 7184].

rischen Soldaten besonders deutlich zur Schau stellen soll. Tatsächlich aber, darauf hat der bekannte österreichische Wirtschaftswissenschaftler Otto Neurath bereits kurz vor dem Krieg hingewiesen, waren die „Opanken", das landesübliche Schuhwerk, „sehr vorteilhaft, weil der Mann an seine Fußkleidung bereits gewöhnt ist und die geringe Zahl der serbischen Fußmaroden dürfte sich wohl auf diesen Umstand zurückführen lassen. Die Opanken sind übrigens dem Karstboden weit besser als die Schuhe angepasst."[9]

Solche und ähnliche Bilder wurden nach dem Sieg auf dem Balkan in der Presse und auch in Büchern mehrfach veröffentlicht.[10] Die Darstellung trägt deutlich propagandistischen Charakter. Sie zeigt das Elend und die Armseligkeit der serbischen Armee, die nun endgültig geschlagen wurde. Die Aufnahmen dienen aber auch als Beweisstücke für die behauptete Unordnung, Unsauberkeit und Unzuverlässigkeit, die in den Berichten von der Ostfront immer wieder auftauchen. Der taxierende Blick hält die Schwelle zwischen der fremden, unsauberen, unzivilisierten Welt des Ostens und Südostens und der eigenen zivilisierten Welt fest. Diese Zuschreibung verbindet sich mit dem propagandistischen Versprechen der Reinigung und Besserung im Gefangenenlager. Am 5. Juni 1915 veröffentlichte das *Illustrirte Wiener Extrablatt* unter dem Titel „Die Entlausung russischer Gefangener" eine Zeichnung, die in der linken Bildhälfte die „Behandlung" verwilderter russischer „Typen" zeigt. Rechts werden dem Bild sauber eingekleidete, bartlose Männer nach der „Reinigung" gegenübergestellt. Der Bildtext lautet: „Die russischen Gefangenen werden vor ihrem Abtransport ins Gefangenenlager einem komplizierten Reinigungsverfahren unterzogen, das vor allem ihre ‚Entlausung' zum Zwecke hat. Bärte und Haare werden geschnitten, ausgiebige Bäder appliziert und schließlich frische Wäsche und Kleider verabreicht. Verändert und verjüngt verlassen die Gefangenen die ‚Entlausungsanstalt' und preisen ihr Los."[11]

dem militärischen Ideal einer gut ausgerüsteten, geordneten Streitmacht widerspricht, mit der – gelegentlich rassistisch unterlegten – Typisierung.[8] Ein Foto, das im November 1915, also kurz nach der endgültigen Eroberung Serbiens, aufgenommen wurde, zeigt einen gefangenen serbischen Soldaten des III. Aufgebots (ABB. 272). Das Bild entstand in Čukojevac, einem kleinen Ort an der Morava, südöstlich von Kraljevo, in Mittelserbien. Auch hier wird aus der Gruppe von serbischen Kriegsgefangenen, die im Hintergrund auf einem Lagerplatz zu sehen ist, ein Mann herausgeholt. Es ist kalt, ein Feuer wärmt die Gefangenen im Lager. Der Mann ist ärmlich gekleidet, der alte Militärmantel kann die zerschlissene Hose nicht verdecken. Die Füße des Mannes stecken in Opanken, den traditionellen serbischen Bastschuhen. Wie in anderen Aufnahmen ist es auch hier die Fußbekleidung, die das Elend der gegne-

273

ABB. 273 „Typen von bei den Entholzungsarbeiten angestellten russ. Kriegsgefangenen. Aufgenommen am 20. März 1916"; Bolgorodnica, Wolhynien, zwischen Luck (Luc'k) und Dubno; 9. Korpskommando [K 15436].

ABB. 274 Kriegsgefangene bei Straßenbauarbeiten in Tuchla (Tuhlja) im Oportal, Karpaten, vermutlich Herbst 1915; Deutsche Südarmee, Kommando von Hadfy [K 5004].

ABB. 275 Kriegsgefangene beim Brückenbau in Stryj (Strij), Ostgalizien, vermutlich im Sommer oder Herbst 1915; Deutsche Südarmee, Kommando von Hadfy [K 5157].

Arbeit für die Kriegswirtschaft

Als im Laufe des Krieges der Arbeitskräftemangel stärker wurde, ging man dazu über, Kriegsgefangene zunehmend für schwere Handarbeiten heranzuziehen.[12] Diese Arbeitseinsätze spielten in der Kriegswirtschaft eine wichtige Rolle. Immer wieder wurden die Kriegsgefangenen bei ihrer Arbeit fotografiert. Auf einer Aufnahme sind drei russische Gefangene mit ihren Äxten zu sehen (ABB. 273). Die Männer werden als „Typen" vorgestellt. Sie sind, das zeigen weitere Bilder, mit dem Abholzen von Bäumen und dem Zurichten der Stämme für den Bau von Eisenbahnschwellen beschäftigt. Die Fotografie entstand im Februar/März 1916 in der Umgebung des Ortes Bolgorodnica, in der Nähe von Malin, an der wolhynischen Ostfront, zwischen den Städten Luck (Luc'k) und Dubno.

Am häufigsten wurden die Gefangenen auf Baustellen eingesetzt. Sie waren bei der Instandsetzung und der Neuanlage von Straßen und Feldbahnen im Umfeld der Front beschäftigt (ABB. 274, 275, 276). Sie wurden aber auch weit

274

275

276

ABB. 276 Steinklopfer bei
der Arbeit, vermutlich
in der Nähe des Strypa-
Flusses (Stripa), Umgebung
von Podhajce (Pidgajci),
Ostgalizien, Herbst 1915
[K 12921].

rem Umfang unter militärischer Aufsicht für Bauarbeiten eingesetzt (ABB. 282, 283, 284). Zusätzlich wurden zahlreiche jener Zivilisten für Bauarbeiten verwendet, die zuvor als „politisch Unzuverlässige" aus den Kriegsgebieten deportiert worden waren. Das galt etwa für Tausende von serbischen und bosnischen Zivilisten. Sie wurden zunächst in Internierungslager ins Hinterland gebracht. Ein Teil von ihnen wurde daraufhin zu Zwangsarbeiten angehalten (ABB. 285).

Viele der Gefangenen überlebten die Lagerzeit nicht. „Die Kriegsgefangenen", heißt es Anfang 1918 in einem Bericht der 10. Kriegsgefangenenabteilung, „sterben haufenweise".[13] Tatsächlich war unter den Kriegsgefangenen, die zu schwerer körperlicher Arbeit verpflichtet wurden, die Sterblichkeitsrate groß. Viele starben an Unterernährung, Erschöpfung und schlechter Behandlung. Die offiziellen Bilder aus den Lagern zeigen allerdings nichts von diesen harten Lebensbedingungen. Sie halten vielmehr die Effizienz der Lagerverwaltungen fest. Und dennoch gibt es einige

ins Hinterland abgeschoben, wo sie als Zwangsarbeiter an anderen Frontabschnitten eingesetzt wurden. Kriegsgefangene arbeiteten etwa im Bergbau und in der Bauindustrie (ABB. 277). Sie wurden auch beim Transport von Nachschubmaterial eingesetzt (ABB. 278, 279, 280) sowie beim Straßenbau im Hochgebirge (ABB. 281) an der italienischen Front.

Im Straßenbau waren die Kriegsgefangenen nicht die einzigen Zwangsarbeiter. Hinter der Front wurde auch die Zivilbevölkerung in größe-

ABB. 277 Italienische
Kriegsgefangene bei der
Arbeit in der Ziegelfabrik
in Steindorf, Kärnten,
2. Mai 1916; 10. Armee-
kommando [K 9419].

277

278

ABB. 278 Kriegsgefangene
beim Entladen von Heu an
der Isonzofront, Oktober
1915; 16. Korpskommando
[K 371].

ABB. 279 Russische Träger-
kolonne am Ortler,
September 1917 [K 3593].

279

280

ABB. 280 Russische Kriegs-
gefangene tragen Proviant
auf die Filmoorhöhe,
Karnische Alpen bei
Comelico, vermutlich im
Herbst / Winter 1916;
20. Korpskommando
[K 18127].

ABB. 281 Bau der Rosen-
gartenstraße durch russi-
sche Kriegsgefangene, aufgenommen vermutlich am
3. Februar 1916 [K 1501].

281

282

283

284

ABB. 282 Einheimische
Frauen werden unter mili-
tärischer Aufsicht zum
Brückenbau über den Fluss
Styr (Stir) herangezogen,
Bezirk Brody (Brodí), aufge-
nommen vermutlich im
Frühjahr / Sommer 1916 in
der Umgebung von
Bielawce; 25. ITD, Sladek
[K 6014].

ABB. 283 Bau der Straße zur
Drahtseilbahn Masetti-
Brenstal, bei Pergine, auf-
genommen vermutlich im
November 1915 [K 1409].

AB3. 284 Einheimische
Bevölkerung bei Straßen-
arbeiten in Oporzec
(Oporec), Karpaten, April
1915; Korps Hofmann, WS
[K 2807].

285

286

ABB. 285 „Bosniaken bei der Arbeit (Strassenbau)", aufgenommen vermutlich im Sommer 1915 an der Isonzofront; Reproduktion vom Abzug [K 115].

ABB. 286 Verschütteter Russe (vermutlich ein Kriegsgefangener) in einer Lawine bei Panachia, Dolomitenfront, Januar 1917; 90. ITD [K 19501].

Propaganda und Gegenpropaganda

Während die Aufnahmen, die die Gefangenen bei der Arbeit zeigen, deren Nutzen für die Kriegswirtschaft in den Vordergrund stellen, tragen die Fotografien aus den Kriegsgefangenenlagern viel offener propagandistischen Charakter. Diese Aufnahmen, die in der zeitgenössischen Presse, in Büchern und Broschüren veröffentlicht wurden,[14] hatten die Aufgabe, der gegnerischen Rhetorik von der grausamen Behandlung von Gefangenen entgegenzuwirken und die Stimmung der Zivilbevölkerung in den besetzten Gebieten zu beeinflussen. Im September 1917 wurde der Plan gefasst, fotografische Propagandabilder – in Form von Bildpostkarten – aus österreichisch-ungarischen Kriegsgefangenenlagern zu verbreiten.[15] Ins Auge gefasst wurden „Reproduktion[en] in Ansichtskartengröße mit Darstellungen, wie gut es den Gefangenen in unseren Lagern geht, Vorsorgen für die wirtschaftliche Wohlfahrt in den besetzten Gebieten im Südosten einschließlich Albanien, religiöse Motive, einfache politische Karikaturen, ev. etwas Mandelbogenartiges spez. für die Russen. Weitere Sujets werden die Vertreter der Nachrichtenabteilung noch anzugeben trachten."[16] Ende 1917 gab das k. u. k. Kriegspressequartier eine Broschüre mit dem Titel *Bilder aus österreichisch-ungarischen Kriegsgefangenenlagern* heraus. Verbreitet wurde die Publikation zunächst in den neutralen Ländern, u. a. in der Schweiz.[17]

1918 spitzte sich die Propagandaschlacht über die Behandlung der Kriegsgefangenen weiter zu. In der italienischen Öffentlichkeit wurden die Vorwürfe der schlechten Behandlung und Ernährung der Gefangenen in österreichisch-ungarischen Lagern immer lauter.[18] Ähnliche Anschuldigungen wurden in umgekehrter Richtung von der österreichischen Propaganda vorgebracht. Im Mai 1918 begann das KPQ damit, die Presse gezielt mit Nachrichten über die „unerträglich schlechte Behandlung unserer Gefangenen in Italien" zu versorgen, „mit dem Zwecke, die Gut-

wenige Fotografien von Gefangenen, die ihre Heimat nicht mehr lebend erreichen sollten. Als im Januar 1917 bei Panachia an der italienischen Front im Gebirge eine Lawine niederging, wurden auch russische Arbeiter verschüttet. Auf dem Foto sehen wir mehrere Soldaten, die die Schneemassen wegräumen und dabei auf die zusammengekrümmte Leiche eines Mannes stoßen (ABB. 286). Der Russe – mit ziemlicher Sicherheit ein Kriegsgefangener – dürfte im Hinterland der Front als Straßenbauarbeiter tätig gewesen sein. Der Fotograf interessiert sich freilich weniger für das Schicksal des Verschütteten, er fängt vielmehr die Begegnung der Soldaten mit dem gewaltigen Naturereignis ein, ihren Kampf gegen die Schneemassen.

287

ABB. 287 Österreichisch-ungarische Kriegsgefangene in W. Udinsk, Sibirien [Heeresgeschichtliches Museum, Wien].

mütigkeit und Geduld unserer Bevölkerung auf das richtige Maß zurückzuführen. Die hiezu nötige Pressepolitik", so der Leiter des KPQ, Eisner-Bubna, „erfordert gesonderte Behandlung für In- und Ausland."[19] Diese „Communiqués" wurden, wie es im *Bericht über die Propagandatätigkeit des Kriegspressequartiers* für den Monat Juni 1918 heißt, „in der gesamten Inlandspresse (…) abgedruckt. Material für gleichgerichtete Artikel wurde den Redaktionen ausreichend zur Verfügung gestellt."[20] Die italienischen Vorwürfe der schlechten Ernährung von Gefangenen sollten, so Dr. von Leitmeir vom k. u. k. Ministerium für Äußeres, in der Presse mit dem Hinweis beantwortet werden, „dass die italienischen Kriegsgefangenen bereits in einem unterernährten Zustande bei uns eintreffen, junge unentwickelte und nicht widerstandsfähige Leute sind, die naturgemäß auch bei uns durch die völkerrechtswidrige Lebensmittelblo[c]kade mitbetroffen sind".[21] Allerdings, so räumte er ein, sei die Bekämpfung der italienischen Propaganda schwierig, da „die Italiener unsere Gefangenen, insbesondere die dem Mannschaftsstande angehörigen, besser pflegen und kleiden wie wir die ihren".[22] Zugleich machte er darauf aufmerksam, dass im Zuge des Gefangenenaustauschs immer wieder Fotografien aus österreichischen Kriegsgefangenenlagern nach Italien gelangten. Daher

sei eine strengere „Leibesvisitierung" zu wünschen, „da noch immer Photographien nach Italien hinüberkommen".[23]

Kriegsheimkehrer

Als im Dezember 1917 an der Ostfront ein Waffenstillstand mit der russischen Regierung in Kraft trat, begann in größerem Umfang der Austausch von Kriegsgefangenen. Bis dahin waren die Informationen über die österreichisch-ungarischen Kriegsgefangenen, v. a. jene, die in den Osten und Nordosten Russlands gebracht worden waren, spärlich gewesen. Ihre Mitteilungen, die sie nach Hause schickten, wurden lückenlos zensiert.[24] Viele der Briefe kamen nicht an. Ebenso wie ihre russischen Schicksalsgenossen in den österreichisch-ungarischen Lagern schickten auch die österreichischen Gefangenen hie und da Bildgrüße an ihre Familien oder legten den Briefen Fotografien bei. Die Rückseite einer aus einem sibirischen Gefangenenlager in W. Udinsk nach Wien gerichteten Fotografie weist zahlreiche Zensurstempel und andere amtliche Vermerke auf. Ihr Weg dürfte lang gewesen sein. Die Bildseite zeigt eine Gruppe von Kriegsgefangenen vor einem Holzhaus (ABB. 287). Der Schriftzug in blauer Tinte weist die Gruppe als „Deutsch-Österr. Männer-Gesangs-Chor, W. Udinsk, Sibirien" aus.

288

289

Als im Dezember 1917 die ersten Gefangenen-gruppen nach dem Waffenstillstand an der Ost-front die Frontlinie überschritten und auf der österreichisch-ungarischen Seite in Empfang ge-nommen wurden, richteten sich neugierige Bli-cke auf die Rückkehrer. Manche der Männer hatten Monate oder Jahre fernab der Heimat ver-bracht. Auf einer Aufnahme, die ein Kriegs-fotograf Ende Dezember 1917 in der Umgebung von Wladimir Wolinsky (Volodimir Volins'kij) machte, ist eine Gruppe von heimkehrenden Gefangenen zu sehen (ABB. 288). Die Männer tragen schwere Wintermäntel, etliche von ihnen haben noch ihre russischen Mützen auf dem Kopf, manche haben ein wenig Gepäck geschultert. Die Gesichter sind ernst, die Haltung scheint distanziert und abwartend. Noch wissen diese Männer nicht, was mit ihnen geschehen wird.

In der Eile waren „Übernahmestationen" eingerichtet worden. Insgesamt entstanden in den Wochen nach dem Waffenstillstand an der gesamten Ostfront von Riga bis Konstantinopel 24 solcher Stationen. Hier wurden die Kriegsheimkehrer in Empfang genommen. Die ehemaligen Gefangenen wurden freilich alles andere als mit offenen Armen empfangen. Die Rückkehrer seien, so hieß es in der Militärführung, in den russischen Lagern subversivem und bolschewistischem Gedankengut ausgesetzt gewesen. Unter ihnen befänden sich auch zahlreiche Umstürzler, die die Unterwanderung der Truppenmoral im Sinne hätten. Außerdem seien ehemalige Soldaten während der Gefangenschaft als Spione ausgebildet worden.

Diese Verdächtigungen und Ängste, die vom Armeeoberkommando geschürt und vom Nachrichtendienst verbreitet wurden, führten dazu, dass alle Kriegsgefangenen bei ihrer Ankunft einer strengen Befragung und Prüfung unterzogen wurden. „Zweifellos", schreibt der damalige Chef der Nachrichtenabteilung des österreichisch-ungarischen Armeeoberkommandos und des Evidenzbureaus des Generalstabes, Max Ronge, nach dem Krieg, „verloren diese Heimkehrer auf ihrer Wanderung durch das revolutionäre Rußland viel von ihrer Disziplin, wurden von revolutionären Ideen angesteckt, waren also an sich mit Vorsicht zu behandeln. Wir mussten

ABB. 290, 291 Verhör im Verhörzimmer der „Abwehrstelle" der 4. Armee in Wladimir Wolinsky (Volodimir Volins'kij), 2. Februar 1918; Kriegsvermessung 4 [K 31259, K 31230].

ABB. 292 „Wladimir-Wolynskij: Separation der Konfidenten in der Abwehrstelle", Anfang 1918; Kriegsvermessung 4 [K 31199].

290

291

292

293

294

aber damit rechnen, dass die Bolschewiken in den Heimkehrerstrom obendrein ihre die Weltrevolution propagierenden Sendlinge einschmuggeln würden."[25] Die Kontrolle der Kriegsheimkehrer erfolgte in den Übernahmestationen, „wo die Zurückkehrenden etwa einen Tag verblieben, um Spreu vom Weizen sondern zu können".[26]

Eine dieser Stationen war in der wolhynischen Stadt Wladimir Wolinsky eingerichtet worden. Eine Fotografie, die am 15. Februar 1918 aufgenommen wurde, zeigt eine Gruppe von Kriegsgefangenen, die vor einer hölzernen Baracke im Halbkreis stehen (ABB. 289). In ihrer Mitte erkennen wir einen Offizier, es handelt sich offenbar um einen im Auftrag der Nachrichtenabteilung arbeitenden Kundschaftsoffizier. Er hält einen Block in der Hand und weist die eben angekommenen Kriegsgefangenen in die Station ein oder hält ihnen einen Vortrag.

Rückkehr unter Verdacht

Weiter im Hinterland gab es weitere Auffangstationen. Für die Gefangenen wurden, so Ronge, „dreiundfünfzig Heimkehrerlager [eingerichtet], wo sie etwa fünfundzwanzig Tage einer sanitären und moralischen Quarantäne unterworfen wurden. Hier geschah die Scheidung in Einwandfreie, Bedenkliche, Verdächtige und Straffällige. Die beiden letzten Kategorien wurden anfangs den Gerichten, später den Übergangslagern Wieselburg (Österreicher) und Kenyérmezö (Ungarn) übergeben. Die anderen sollten zu ihren Ersatzkörpern gelangen, wobei auf die Bedenklichen aufmerksam gemacht wurde."[27]

Um innerhalb kurzer Zeit Tausende von Verhören durchführen zu können, benötigte man einen großen Stab an nachrichtendienstlichen Mitarbeitern. „Zur Ausforschung der Gefangenen bezüglich ihrer Gesinnung und zur Gewinnung von Nachrichten bedurfte es einer Zahl von etwa 400 Kundschaftsoffizieren, die nicht dem bereits überlasteten bestehenden Apparat entnommen werden konnten. Die Aufbringung war nicht leicht, der Verwendung musste eine mindestens vierwöchige Schulung vorausgehen. Im Juni 1918 fehlten auf diese Zahl noch 220 Offiziere; in den Übernahmsstationen kamen auf einen Offizier und zwei Schreiber je 100, in den Lagern 2.000 Mann. Zur näheren Ausforschung

295

296

dienten Vertrauensleute, wovon auf je 50 bis 100 Heimkehrer einer kam."[28]

Eine Aufnahme, die am 2. Februar 1918 in Wladimir Wolinsky entstand, zeigt einen Blick in das Verhörzimmer der „Abwehrstelle" der 4. Armee (ABB. 290). Der Verhörte steht vor einem Tisch. Vor ihm sitzen zwei Kundschaftsoffiziere, sie führen die Befragung durch. Im Hintergrund erkennen wir einen Schreiber, der das Protokoll führt. Dieser Verhörte dürfte ein sog. „Konfident", also ein Vertrauensmann sein, der die Aufgabe erhielt, sich unter die Kriegsheimkehrer zu mischen und „Verdächtige" im Auftrag des Nachrichtendienstes auszuforschen. Während einfache Heimkehrer in der „Abwehrstelle" teilweise auch in Gruppen befragt wurden (ABB. 291), wurden die „Konfidenten" besonders strengen Befragungen unterzogen. Sie wurden von den übrigen Gefangenen abgeschirmt (ABB. 292) und in den Lagern einer besonderen Bewachung unterzogen (ABB. 293).

Die Kriegsheimkehrer kamen von der „anderen" Seite. Sie hatten die Frontlinie überschritten, hatten einige Zeit in „feindlicher" Umgebung zugebracht und kehrten nun wieder in ihre ehemaligen militärischen Verbände heim. Suspekt machte sie nicht nur ihre vermutete politische Unzuverlässigkeit zweifelhaft erschien auch ihr Aussehen. Eine Reihe von Aufnahmen, die nach dem Waffenstillstand Mitte Dezember 1917 in bzw. um Wladimir Wolinsky entstanden, zeigen mehrere Heimkehrer im Porträt (ABB. 294, 295, 296). Der Fotograf lässt die Männer vor einer Mauer einzeln und im Halbprofil vor die Kamera treten, einmal rückt er näher heran und macht eine Brustaufnahme, die anderen Bilder halten Abstand zu den Porträtierten. In der Bildserie werden die Angekommenen gemustert. Der Fotograf hält ernste, nicht stolze Gesichter fest, er registriert die kleinen Zeichen des Unterschieds: den zerschlissenen Mantel, die russische Mütze, den langen Bart, das Trinkgeschirr aus Blech, das einer der Männer an einen um die Schulter gelegten Riemen gebunden hat. Die Männer posieren nicht stolz vor dem Objektiv, sondern lassen sich eher passiv ablichten. In den Aufnahmen wird die Distanz zu den Heimkehrern sichtbar. Die ehemaligen Kameraden, die früher in den eigenen Reihen gekämpft hatten, werden wie Fremde in Empfang genommen.

ABB. 294, 295, 296 Kriegsheimkehrer aus der russischen Gefangenschaft, aufgenommen in oder um Wladimir Wolinsky (Volodimir Volins'kij), vermutlich Mitte / Ende Dezember 1917; Kriegsvermessung 4 [K 30931, K 30944, K 30947].

297

ABB. 297 „Hund und Katze
gute Freunde", aufgenom-
men in Wladimir Wolinsky
(Volodimir Volins'kij),
Wolhynien, 20. Dezember
1917 [K 31567].

Zwischen den Fronten   Die Zivilbevölkerung im Blick

Am 20. Dezember 1917, also wenige Tage vor Weihnachten, war ein österreichisch-ungarischer Kriegsfotograf in den Straßen der kleinen russischen Stadt Wladimir Wolinsky[1] unterwegs. Heute heißt der Ort Volodimir Volins'kij – er liegt in der westlichen Ukraine, nicht unweit der polnisch-ukrainischen Grenze. Östlich der Stadt verläuft die Frontlinie. Er fotografiert nicht den Alltag der Soldaten, er fotografiert nicht seine Kommandanten, nicht Waffen, sondern – einen Hund und eine Katze (ABB. 297). Die beiden Tiere haben sich am Fensterbrett eines Hauses niedergelassen. Durch das Fenster erkennen wir nur die Umrisse einer Pflanze und den Zipfel eines Vorhangs. Die Katze hat ihren Körper unter den Bauch des Hundes geschoben. Die beiden Tiere wärmen einander. Gemeinsam trotzen sie der eisigen Dezemberkälte, die hier, weit im Osten Europas, herrscht. Das Foto trägt den Titel „Hund und Katze gute Freunde".

Seit Frühjahr 1917 hatte sich die Lage an der Ostfront geändert. Durch die Februarrevolution war es zu tief greifenden Umbrüchen in der russischen Staatsführung gekommen. Zwar wurde der Krieg nicht beendet, aber die Zukunft der russischen Truppen an der Front war ungewiss. Nach der Oktoberrevolution schlug Leo Trotzki als Volkskommissar des Äußeren eine Friedenskonferenz vor. Anfang Dezember begannen die Verhandlungen für einen Waffenstillstand, der am 15. Dezember in Kraft trat. Eine Woche später, am 22. Dezember 1917, begannen die Friedensverhandlungen von Brest-Litowsk (Brest), die Anfang März 1918 zum Friedensvertrag führten.

In der ersten Dezemberhälfte 1917 kam es zu etlichen Treffen zwischen österreichisch-ungarischen und russischen Offizieren (ABB. 298). Die Vertreter der gegnerischen Truppen schüttelten einander auf offenem Feld die Hand. Bis auf die spitzen Ziersäbel erschienen die ehemaligen Gegner unbewaffnet zu den Unterredungen. Mehrmals schon war es während der vergangenen Monate an der Ostfront zu Treffen russischer und österreichischer Offiziere gekommen. Ende 1916 waren russische Parlamentäre in der Nähe der ostgalizischen Stadt Brody (Brodí) hinter die österreichische Frontlinie geleitet worden (ABB. 299), auch damals wurden die Begegnungen von einem Fotografen festgehalten. Die Aufnahme entbehrt nicht einer gewissen Groteske. Die russischen Parlamentäre irren mit Augenbinden an den Armen der gegnerischen Soldaten durch den Wald. Einer von ihnen trägt eine Flasche im Arm. Die österreichisch-ungarischen Vertreter genießen sichtlich die Darbietung.

Mit dem Waffenstillstand an der Ostfront veränderte sich die Rolle der Kriegsfotografen. Plötzlich tauchten neue Ereignisse, neue Sujets auf. Der verschanzte Blick, der die Aufnahmen aus dem Schützengraben geprägt hatte, wich nun einer anderen Optik. Den Bildern, die in der Zeit der Waffenstillstandsverhandlungen entstanden, ist Vorsicht, Misstrauen, aber auch Neugierde anzusehen. Die Soldaten konnten nun aus ihren Deckungen treten und gefahrlos aufeinander zugehen. Die Kriegsfotografen dokumentierten die offiziellen Übereinkünfte, neugierig wandten sie sich aber auch den gegnerischen Soldaten zu, die nun ebenfalls aus den Stellungen und Gräben aufgetaucht waren. Die Bilder hielten fest, was der offizielle Blick vorschrieb: fremde, hungrige, meist schlecht gekleidete Männer, die von den k. u. k. Truppen wohlwollend versorgt werden (ABB. 300, 301, 302). Die ehemaligen Kriegsgegner erhielten Zuwendungen, etwa Zeitungen, wie die auf Russisch gedruckte Wochenzeitung *Nedelja*

298

299

ABB. 298 Begrüßung der
russischen Parlamentäre
durch Offiziere der k. u. k.
Truppen aus den Reihen
der 2. Infanterie-Division,
vermutlich in der Umge-
bung von Wladimir Wolin-
sky (Volodimir Volins′kij),
Wolhynien, vermutlich
zwischen dem 8./9. und
dem 15. Dezember 1917;
Kriegsvermessung 4 [K
30527].

ABB. 299 Russische Parla-
mentäre mit verbundenen
Augen, die zum Truppen-
kommando geführt wer-
den, aufgenommen ver-
mutlich in der Umgebung
nördlich von Brody (Brodí),
vermutlich Spätherbst
1916; Reproduktion vom
Abzug [K 6220].

ABB. 300 „Type russ. Solda-
ten: Tatar", aufgenommen
in der Umgebung von
Pawlowicze, östlich von
Wladimir Wolinsky,
Wolhynien, Russland,
vermutlich Mitte
Dezember 1917; Kriegs-
vermessung 4
[K 30556].

300

(Die Woche)[2], aber auch Nahrungsmittel. In der
Sprache der Propaganda erwartete die armen russischen Soldaten fortan eine bessere Zeit.

Vor diesem Hintergrund erhält auch die Aufnahme „Hund und Katze gute Freunde" eine besondere Bedeutung. Das idyllische Bild entstand
während der Waffenstillstandsverhandlungen. Es
nimmt die Redewendung „Wie Hund und Katze"
auf und stellt sie auf den Kopf. Das Foto wird zur
Metapher der großen Politik. Das zunächst un-
scheinbare und „friedliche" Foto verpackt die
dramatischen Ereignisse, die über Krieg und Frieden entscheiden, in das Schau-Bild eines bekannten Sprichwortes. Hund und Katze, die ehemali-

gen Kriegsparteien, „vertragen" sich nun, so lautet die Botschaft des Bildes.

Der unbekannte Fotograf

Der Zufall will es, dass in der Fotoserie, die
Hund und Katze zeigt, auch das Bild eines Fotografen erhalten ist, der möglicherweise dieses
Bild gemacht hat (ABB. 303). Die Aufnahme zeigt
ihn vor dem niedrigen, weiten Horizont ir-
gendwo in der Umgebung der Stadt. Der Mann erscheint als dunkle Silhouette im Gegenlicht der
schon tief gesunkenen Sonne. Nur schemenhaft
zeichnen sich seine Gesichtszüge ab. Das Foto
entstand im März 1918. Am Boden sind nur mehr
Reste der Schneedecke zu erkennen. Beide Fotografen, jener im Bild und jener hinter der Kamera,
haben im Winter 1917/1918 in Wladimir Wolinsky und in der Umgebung fotografiert. Beide
waren in der Photostelle der Armee beschäftigt,
jener Einrichtung, die alle anfallenden Fotoarbei-
ten im Frontbereich erledigte. Nachdem der Waffenstillstand Mitte Dezember 1917 in Kraft getreten war, blieben die Photostelle – und wohl auch
deren Fotografen – monatelang an Ort und Stelle.

Eine Aufnahme aus dieser Zeit hält das Innere
der beengten Atelierräume der Photostelle fest
(ABB. 304). Wir sehen drei Männer bei der Arbeit.
Rechts im Bild steht auf einem Tisch das Wasser-
bad mit der Entwicklerflüssigkeit, dahinter sind
zwei Fotokartons zu erkennen. Die entwickelten
Abzüge sind auf dem größeren linken Tisch ausgelegt, darüber sind weitere Aufnahmen mit
Holzklammern zum Trocknen aufgehängt. Auf
den Regalen an den Wänden stehen Behälter und
Fläschchen mit Entwicklerflüssigkeiten, auf den

301

302

ABB. 301 „Die Russen lesen von uns russ. gedruckte Zeitungen und parlamen [...]" (Rest unleserlich), aufgenommen vermutlich Mitte Dezember 1917 in der Umgebung von Wladimir Wolinsky. Die Zeitung trägt den Titel „Nedelja" (Die Woche); Kriegsvermessung 4 [K 30546].

ABB. 302 Verkauf von Lebensmitteln an russische Soldaten, Pawlowieczi, Wolhynien, Russland, vermutlich Mitte Dezember 1917; Kriegsvermessung 4 [K 30560].

303

304

ABB. 303 Kriegsfotograf, aufgenommen wurde das Bild in der Umgebung von Wladimir Wolinsky, Wolhynien, März 1918; Reproduktion vom Abzug [K 7306].

ABB. 304 Atelier der Photostelle der Kriegsvermessung in Wladimir Wolinsky, zweite Dezemberhälfte 1917; Kriegsvermessung 4 [K 30964].

Sie beginnen, die Stadt und die Orte der Umgebung zu erkunden, sie interessieren sich für Alltagsszenen, für das Leben der Einheimischen, für ihre Feste.[3] Am 6. Januar 1918 etwa dokumentierte einer von ihnen das griechisch-orthodoxe Wasserweihe-Fest, das an den Ufern des Flusses Ługa am Rande der Stadt gefeiert wird (ABB. 305). Unter die Einheimischen haben sich zahlreiche Soldaten der k. u. k. Armee gemischt.

Trügerische Idylle

Wladimir Wolinsky war 1917 keine große Stadt. Aber während des Krieges, nach den heftigen Kämpfen im Sommer 1916, erlangte der Ort als militärisches Zentrum im Hinterland der Front eine gewisse Bedeutung. Die Offensive des russischen Generals Alexej A. Brussilow im Juli und August 1916 war zwar im südlichen Teil der russischen Front – v. a. in der Bukowina und in Teilen Galiziens – erfolgreich gewesen, aber weiter nördlich, in der Umgebung von Wladimir Wolinsky, gelang es den deutschen und österreichisch-ungarischen Truppen, den Frontabschnitt zu halten. In der kleinen Stadt wurde der Sitz des österreichischen Armeekommandos an der Nordostfront eingerichtet. Der Bahnknotenpunkt im unmittelbaren Hinterland der Front wurde während der kommenden Monate zum militärisch wichtigen Angelpunkt ausgebaut.

Ansichtskarten aus dem Jahr 1917 zeigen die von deutschen und österreichischen Truppen besetzte russische Stadt im Aufschwung. Zu dieser Zeit bestand die Hoffnung, dass der Ort dauerhaft in das Reichsgebiet der Monarchie eingegliedert werden könne. Die Bilder tragen auf den ersten Blick einen nahezu touristischen Anstrich.[4] Auf einer Karte (ABB. 306) steht, ganz in der Tradition der Vorkriegsmotive, die orthodoxe Kathedrale als Sehenswürdigkeit im Zentrum der Aufmerksamkeit. Im Vordergrund erkennt man den Fluss Ługa. Eine andere Postkartenansicht wirft einen Blick in die Straßen der Stadt, im Vordergrund ist ein Pferdefuhrwerk zu sehen, die „Straßenreini-

Regalbrettern erkennen wir diverses Zubehör und Werkzeuge wie Schere und Pinsel. Im Vordergrund rechts steht eine große Kiste mit Haltegriffen und der Aufschrift „Nicht stürzen!" In dieser Kiste wurden wohl die Apparaturen der Photostelle verpackt, wenn die Einrichtung, bedingt durch die Umstände des Krieges, wieder einmal rasch verlegt werden musste.

Ende 1917 zeichnet sich für die Fotografen eine ruhigere Zeit ab. Der Waffenstillstand hat ihre Einsätze im unmittelbaren Frontbereich beendet. Was ist jetzt ihre Aufgabe, welche Bilder werden jetzt in der Phase des Umbruchs gebraucht? Auffallend ist, dass sich die Kriegsfotografen nun neuen, anderen Themen und Sujets zuwenden.

305

306

307

308

309

ABB. 305 Griechisch-ortho-doxes Fest der Wasser-weihe in Wladimir Wolin-sky, 6. Januar 1918. Am Tag der Gotteserscheinung, Theophania, werden in der Ostkirche in Erinnerung an die Taufe Jesu die Gewässer geweiht; Kriegs-vermessung 4 [K 30982].

ABB. 306 „Władimir Wolyński. Die Kathedrale mit der Ługa", kolorierte Postkarte, 1917 [Foto-sammlung Hermann, Wien].

ABB. 307 Straßenreinigung in Wladimir Wolinsky, kolorierte Postkarte, 1917 [Fotosammlung Hermann, Wien].

ABB. 308 „Władimir Wolyński. Verbrannter Stadtteil. Pfarna- und Luckergasse", kolorierte Postkarte, 1917 [Foto-sammlung Hermann, Wien].

ABB. 309 Panoramaansicht von Wladimir Wolinsky, aufgenommen in der zwei-ten Dezemberhälfte 1917; Kriegsvermessung 4 [K 30934]

gung" der Stadt, wie die umseitige Beschriftung präzisiert (ABB. 307). Ganz am Bildrand steht, erst bei genauerem Hinsehen zu erkennen, ein Sol-dat. Und im Hintergrund befindet sich in der ebenerdigen Geschäftszeile ein Gebäude mit der Aufschrift „Marketenderei bei der 4. Armee".

Erst im dritten Bild, das ebenfalls einen Blick in eine der Straßen wirft, erkennen wir, dass der Ort vom Krieg stark in Mitleidenschaft gezogen wurde (ABB. 308). Die Karte weist ausdrücklich darauf hin: „Verbrannter Stadtteil. Pfarna- und Luckergasse" ist auf der Bildseite zu lesen. Bilder,

310

311

ABB. 310 Luftaufnahme von Wladimir Wolinsky, aufgenommen im Winter 1917/1918 von einem Fotografen des 20. k. u. k. Fliegerkorps. Das Bild wurde am 14. April 1918 von der Photostelle der Kriegsvermessungsabteilung 4 reproduziert [K 31698].

ABB. 311 Luftaufnahme der Kowel-Kasernen in Wladimir Wolinsky, aufgenommen von einem Fotografen des 20. k. u. k. Fliegerkorps. Das Bild wurde am 14. April 1918 von der Photostelle der Kriegsvermessungsabteilung 4 reproduziert [K 31694].

die österreichische Kriegsfotografen Ende 1917 aufnahmen, lassen das Ausmaß der Verwüstung deutlicher erkennen. Ein im Dezember 1917 von einem Dach oder einem Kirchturm der Stadt aus aufgenommenes Foto zeigt die Häuserreihen entlang einer der Hauptstraßen (ABB. 309). Viele der Gebäude sind stark zerstört, man erkennt ausgebrannte Wohnungen und eingestürzte Dächer.

Anfang 1918 wurde die Gegend immer wieder von Aufklärungsflugzeugen überflogen. Dabei entstanden auch mehrere Luftaufnahmen der Stadt, die die Lage und Ausdehnung des Ortes gut erahnen lassen. In einer Fotografie (ABB. 310) ist Schnee zu sehen, wir erkennen das Zentrum des nicht sehr ausgedehnten Ortskernes. Auf einem anderen, aus größerer Höhe aufgenommen Bild (ABB. 311) sind die neu erbauten Militärhallen vor

der Stadt zu sehen. Im Vergleich zum Stadtzentrum ist die Ausdehnung dieses Militärareals gewaltig. Die Kasernenanlagen wurden zunächst für die Soldaten errichtet und dienten nach dem Waffenstillstand zunehmend als Auffanglager für Kriegsheimkehrer. In Wladimir Wolinsky war eines von mehreren „Heimkehrerlagern" untergebracht, in denen nach dem Waffenstillstand im Dezember 1917 freigelassene österreichische Kriegsgefangene einquartiert waren.

Die Zivilbevölkerung im Blick

Zwischen Mitte Dezember 1917 und März 1918 entstand in Wladimir Wolinsky und Umgebung eine Reihe von Aufnahmen, die sich in erstaunlichem Maß von herkömmlichen Kriegsfotografien abheben. Über den Fotografen wissen wir nicht mehr, als dass er im Dienst der Photostelle stand, die die k. u. k. Kriegsvermessungsabteilung 4 in der Stadt eingerichtet hatte. Auch wenn diese Fotografien ihren militärischen Auftrag nicht abstreifen können, werfen sie doch ein ganz anderes Bild auf eine Stadt, ihre Umgebung und ihre Bewohner, als wir es im Krieg erwarten würden. Der militärisch geprägte Ort im Hinterland der Frontlinie erhält nun mit einem Mal die Züge des zivilen Lebens zurück. Der Fotograf entfernt sich von den gewohnten Sujets, er entdeckt nicht weit von den Szenen des Krieges, die er bisher fotografiert hatte, eine ganz andere Welt: nicht militärische Gruppen, sondern Einzelne, Männer, Frauen und Kinder, die nicht in militärischer Uniform stecken, Menschen, die nicht der Krieg hierher gebracht hat. Er fotografiert die Bewohner in der ländlichen Umgebung von Wladimir Wolinsky.

Ein Teil der Bilder entstand kurz nach der Ausrufung des Waffenstillstands Mitte Dezember 1917 im und um das Dorf Pawlowieczi.[5] Hier, knapp zwanzig Kilometer östlich von Wladimir Wolinsky, verlief die Frontlinie, hier trafen sich österreichische und russische Offiziere zu Unterredungen für den Waffenstillstand. Eine der Auf-

312

nahmen zeigt einen Mann im Porträt (ABB. 312).
Seine dicke Winterkleidung ist mehrfach ge-
flickt, mit beiden Händen umklammert er einen
Stock. Der bärtige Mann sitzt gekrümmt da und
blickt unter seiner Kappe nach oben. Die Beschriftung des Abzugs lautet: „Russ. wolhynischer Jude". Unmittelbar danach porträtierte der
Fotograf einen anderen bärtigen Mann. Die Kamera rückt nun näher heran (ABB. 313). Die
Brustaufnahme trägt den Titel: „Russ. wolhynischer Bauer". Wie können wir diese Porträts, die
sich deutlich von herkömmlichen Kriegsaufnahmen abheben, lesen?

Betrachten wir zunächst eine Auswahl aus der
Fotoserie etwas genauer (ABB. 314–320). Die Aufnahmen isolieren die Porträtierten und lösen sie
aus ihrer Umgebung heraus. Die geringe Tiefen-
schärfe lässt den Hintergrund verwischen. Die
Aufnahmen entstanden durchweg im Freien.
Nur gelegentlich sind die Porträtierten am offenen Fenster zu sehen. Die Bilder sind sorgfältig
komponiert. Offenbar hat sich der Fotograf mit

313

ABB. 312 „Russ. wolhyni-
scher Jude", Wladimir
Wolinsky, Mitte / Ende
Dezember 1917; Kriegs-
vermessung 4 [K 30599].

ABB. 313 „Russ. wolhyni-
scher Bauer", Wladimir
Wolinsky), Mitte / Ende
Dezember 1917; Kriegs-
vermessung 4 [K 30600].

314

315

316

317

318

319

320

ABB. 314 „Russ. wolhynische Bäuerin", aufgenommen im Dorf Pawlowicze, in der Umgebung von Wladimir Wolinsky, Mitte Dezember 1917; Kriegsvermessung 4 [K 30583].

ABB. 315 „Russ. wolhynische Bäuerin", aufgenommen in Pawlowicze, in der Umgebung von Wladimir

Wolinsky, Mitte Dezember 1917; Kriegsvermessung 4 [K 30588].

ABB. 316 „Russ. wolhynischer Bauer", aufgenommen in Pawlowicze, in der Umgebung von Wladimir Wolinsky, Mitte Dezember 1917; Kriegsvermessung 4 [K 30590].

ABB. 317 „Russ. wolhynischer Junge", aufgenommen in Pawlowicze, in der Umgebung von Wladimir Wolinsky, Mitte Dezember 1917; Kriegsvermessung 4 [K 30591].

ABB. 318 „Russ. wolhynischer Bauer", aufgenommen in Pawlowicze, in der Umgebung von Wladimir

Wolinsky, Mitte Dezember 1917; Kriegsvermessung 4 [K 30592].

ABB. 319 „Russ. wolhynische Bäuerinnen", aufgenommen in Pawlowicze, in der Umgebung von Wladimir Wolinsky, Mitte Dezember 1917; Kriegsvermessung 4 [K 30603].

ABB. 320 „Russ. wolhynische Juden", aufgenommen in Pawlowicze, in der Umgebung von Wladimir Wolinsky, Mitte Dezember 1917; Kriegsvermessung 4 [K 30608].

321

322

ABB. 321 „Type einer russisch-wolhynischen Verkäuferin", aufgenommen Ende Dezember 1917 in Wladimir Wolinsky; Kriegsvermessung 4 [K 31187].

ABB. 322 „Type eines russisch-wolhynischen Juden", aufgenommen Ende Dezember 1917 in Wladimir Wolinsky; Kriegsvermessung 4 [K 31185].

den Protagonisten ins Einvernehmen gesetzt, bevor er auf den Auslöser drückte. Die Männer und Frauen sind aus nächster Nähe aufgenommen. Sie blicken entweder in die Kamera oder stehen im Halbprofil vor uns. Während die Männer durchweg in einfacher Arbeitskleidung zu sehen sind, tragen einige der Frauen ihre schön verzierten Trachten. Die Fotos zeigen Menschen, Männer, Frauen, Jugendliche, in einer bäuerlich geprägten Gegend im Osten Europas. Die Posen,

die Gewänder, die Werkzeuge, die Gesichter – nichts deutet darauf hin, dass hier bis vor Kurzem Krieg herrschte.

Diese faszinierenden Bilder sind nicht einfach Porträts aus dem Leben einer dörflichen Gesellschaft. Sie gehen über die bloße Dokumentation des ländlichen Alltags an der ehemaligen Frontlinie hinaus. Die sorgfältig inszenierten Fotografien bilden, v. a. in Kombination mit den Bildbeschriftungen, eine Art Typologie der einheimischen Bevölkerung. Nicht das Dorfleben wollte der Fotograf auf seine Platten bannen, sondern die Typologie einer Gemeinschaft an der äußersten Grenze der „eigenen" Welt. Für diese „Typen" hielt er in den Bildtexten wenige Bezeichnungen bereit: „Bauer", „Bäuerin", „Jude", „Junge".

Tage später, vermutlich Ende Dezember 1917, stellte der Fotograf seine Kamera in den Straßen von Wladimir Wolinsky auf. Wiederum versuchte er, in den Porträtserien das „Typische" ans Licht zu bringen. Er fotografierte eine Frau im zerschlissenen Mantel (ABB. 321). Sie sitzt im Freien, hinter einem improvisierten Marktstand und hält einen Tonkrug auf dem Schoß. Der Bildtext lautet: „Type einer russisch-wolhynischen Verkäuferin". Ein anderes Bild, ebenfalls in den Straßen der Stadt aufgenommen, zeigt einen Mann, auch er sitzt im Freien, auch er hält einen Tonkrug in seinen Händen (ABB. 322). Der Bildtext lautet diesmal: „Type eines russisch-wolhynischen Juden". Der Fotograf nahm die ihm fremden Menschen als Gattungsvertreter wahr, die Beschriftungen der Fotos verstärken diesen typisierenden Blick.

Und dennoch: Die Porträts von Wladimir Wolinsky gehen nicht ganz in dieser rubrizierenden Logik auf. Die Porträtierten erwidern hie und da den auf sie gerichteten Blick. Insgesamt sind diese Fotografien eindrucksvolle Dokumente aus einer Gegend, in der der Krieg erst seit Kurzem zu Ende ist. Zum ersten Mal erhält auch die Zivilbevölkerung wieder ein Gesicht.

Die Inszenierung der „Anderen"

Nicht erst Ende 1917, als der Krieg an der Ostfront vorläufig zu Ende war, tauchte die Zivilbevölkerung im Kriegsgebiet im Bild als „Typus" auf. Die typologisierende Wahrnehmung der Bevölkerungen des europäischen Ostens und Südostens reicht weit ins 19. Jahrhundert zurück.[6] Sie ist häufig zweischneidig. Einer negativen Stereotypisierung steht oft eine Idealisierung gegenüber. Das Medium des Bildes eignet sich besonders, diese Zweischneidigkeit der Wahrnehmung festzuhalten. Die Fotografie ist aber nicht nur Aufzeichnungsmedium, um das angeblich typische Bild des „Anderen" zu „dokumentieren". Sie wird zur Bühne, auf der die Zeichen des „Eigenen" und des „Fremden" erscheinen und miteinander in Wettstreit treten.

Die Konstruktion des „Typus" arbeitet mit den Mitteln der Zuspitzung und der Reduktion. Dennoch bleiben solche typologisierenden Bilder in der Regel mehrdeutig, solange sie nicht gesellschaftlich gerahmt und fixiert werden. Der Bildtext trägt dazu bei, die schwankende Bedeutung einzudämmen und Sinn zu schaffen. Während des Krieges dienten die typologischen Zuschreibungen vor allem der visuellen Grenzziehung zwischen der eigenen Welt und der fremden, gegnerischen. Eine Aufnahme, die im März 1918 vermutlich in der Umgebung von Mikulicz, etwa 20 Kilometer südöstlich von Wladimir Wolinsky entstand, mag das illustrieren (ABB. 323). Geleitet durch den Bildtext („Tatarenkopf. ‚Alfandakis, der Räuber der Berge'") wird das Fremde (Tatar) und das Bedrohliche (Räuber) im Porträt des Mannes herausgestrichen. Dadurch erscheint er faszinierend und abschreckend zugleich. Mythos und Legende legen sich über sein Gesicht.[7]

Die Fotografie als Medium des Nationalismus und Rassismus diente dazu, Unterschiede *sichtbar* zu machen. In der Fotopropaganda wurden bestehende Stereotype aufgegriffen und verstärkt. Sie wurden oft innerhalb kürzester Zeit je nach politischer Zweckmäßigkeit umgeformt

323

und neu definiert. Besonders deutlich sichtbar wird das an Kriegsschauplätzen mit ethnisch gemischten Bevölkerungen, etwa in Galizien.[8] Hier spielte die Grenzziehung zwischen „zugehörig" und „nicht zugehörig", zwischen „loyal" und „nicht loyal" eine zentrale propagandistische Rolle. In Ostgalizien, wo den „Ruthenen" (der ukrainischsprachigen Bevölkerung) – und teilweise auch der jüdischen Bevölkerung – schon vor und dann erst recht *nach* Kriegsbeginn politische „Unverlässlichkeit" unterstellt wurde und eine Verfolgungswelle begann, wechselte das Bild mehrmals. Die ruthenische Zivilbevölkerung geriet nicht nur durch wechselnde Eroberungen und Rückeroberungen zwischen die Fronten, auch in den Bildern schlug sich das Pendeln zwischen dem Vorwurf des Verrats und der demonstrativen Rehabilitation, zwischen visuellem Aus- und Einschluss nieder.

ABB. 323 „Tatarenkopf (,Alfandakis, der Räuber der Berge')", aufgenommen vermutlich in der Umgebung von Mikulicz, Wolhynien, März 1918; 10. Korpskommando [K 5791].

XXIII.

324

202 **Zwischen den Fronten** Die Zivilbevölkerung im Blick

Die Entdeckung der „Volkskultur"

Als Kaiser Karl im Sommer 1917 eine seiner häufigen Frontreisen nach Galizien unternahm, besuchte er auch Kalusz (Kaluš). In der Nähe der Stadt entstanden etliche Aufnahmen, darunter auch eine, auf denen sich einer der Männer aus dem kaiserliche Tross demonstrativ zusammen mit drei jungen ukrainischer Frauen ablichten ließ (ABB. 324). Das Foto, das vermutlich am 29. Juli 1917 aufgenommen wurde, trägt den Titel: „Kalusz. Volktypen". Mit Bleistift ist ergänzt: „ukrainische Festtracht". Die Aufnahme ist von großer symbolischer Bedeutung. Sie vollzieht nämlich eine längst eingeleitete, weitreichende Richtungsänderung im Umgang mit der ruthenischen Bevölkerung in der offiziellen Bildsprache nach. Es ist kein Zufall, dass, mitten im Krieg, die Frauen – und nicht die nach wie vor Verdächtigungen ausgesetzten ruthenischen Männer – zusammen mit hohen Repräsentanten des Staates vor die Kamera geholt werden. Die Frauen treten dem kaiserlichen Tross nicht als Einzelindividuen gegenüber, sondern als prototypische Vertreterinnen der lokalen Bevölkerung. In dieser Inszenierung spielt der Rückgriff auf Elemente der Tradition eine wichtige Rolle. Die Frauen in Tracht verkörpern eine Gemeinschaft, die durch Tradition und Folklore gekennzeichnet und im Begriff ist, wieder in die große Gemeinschaft der Monarchie zurückzukehren.

Das Gegenbild zu den drei Frauen ist ein älterer Mann (ABB. 325), den der Fotograf am selben Tag ablichtete. Der bärtige Mann trägt einen abgetragenen Mantel und steht, anders als die drei jungen Frauen zuvor, nicht im Grünen, sondern vor der Türöffnung eines zerstörten und ausgebrannten Hauses. Auch hier dient das Äußere zur Bestimmung des „Typus", der im Bildtitel noch einmal verdichtet wird: „Kalusz, Volkstypen, Flüchtling". Während die Frauen die Positivseite des Typus besetzen, nimmt der alte Mann die Kehrseite ein. Er wird als mittel- und heimatlos gezeichnet, seine verwahrloste Kleidung stellt

325

ihn nicht in die Mitte, sondern an den Rand der Gesellschaft. Als alter Mann und Flüchtling nimmt er erst recht eine Außenseiterrolle ein: Er steht nicht im Dienst des Militär und er ist nicht zu Hause. Solche schablonenhaften Porträts sollten dazu beitragen, durch Aus- und Abgrenzung Sicherheit und Eindeutigkeit schaffen. Während die vertrauten Fremden (die Frauen in Tracht) visuell in die eigene Gemeinschaft integriert wurden, markierte man im Gegenzug die feindlichen Fremden als unzugehörig. Auf diese Weise wurden die „Ränder" einer Gesellschaft im Krieg als Stör- und Unruheherde herausgearbeitet.

Als im Herbst und Winter 1914/1915 die Mittelmächte schwere militärische Rückschläge hinnehmen mussten, setzte eine Welle der brutalen Repression gegenüber der ukrainischsprachi-

ABB. 324 „Kalusz, Volkstypen", Offizier aus dem Tross Kaiser Karls mit Frauen in ukrainischer Festtagstracht, aufgenommen in Kalusz (Kaluš), Ostgalizien, vermutlich am 29. Juli 1917; Photostelle 3 [K 25869].

ABB. 325 „Kalusz, Volkstypen (Flüch[t]ling)", aufgenommen in Kalusz (Kaluš), Ostgalizien, vermutlich am 29. Juli 1917; Photostelle 3 [K 25870].

ABB. 326 Österreichisch-ungarischer Soldat mit zwei einheimischen Frauen („Bauerntypen"), Lawoczne, in den Karpaten, April 1915; Korps Hofmann [K 12816].

326

ABB. 327 Bäuerinnen in Tracht, Oporzec (Oporec), Karpaten, vermutlich Frühjahr 1915; Korps Hofmann [K 13132].

327

terhin zahlreiche Männer und Frauen unter Spionageverdacht fielen und viele von ihnen hingerichtet wurden, wurde versucht, vom Rest der Bevölkerung ein Bild „loyaler" Untertanen zu zeichnen. Das Zwielicht verschwand dadurch nicht, sondern erhielt eine positive Kehrseite. Ab 1915 ließen sich österreichisch-ungarische Soldaten immer wieder zusammen mit Einheimischen, in der Regel sind es Frauen, ablichten.[10]

Eine dieser Aufnahmen entstand, als die Truppen im April 1915 nach Lawoczne, einem kleinen Ort in den Karpaten, kamen (ABB. 326). Wir sehen einen Soldat, der sich mit zwei einheimischen Frauen fotografieren lässt. Dem klein gewachsenen Mann fällt es sichtlich schwer, die beiden Frauen um die Schultern zu fassen. Im Hintergrund sind zwei Soldaten im Gras zu erkennen, die lächeln. Obwohl es noch früh in diesem Jahr ist, tragen die Frauen keine Schuhe. Sie dürften Einheimische sein, die in dieser Gegend zu Straßenarbeiten herangezogen wurden. Auf einem anderen Bild, das offenbar in der Nähe, in Oporzec (Oporec), aufgenommen wurde, werden diese Arbeiter und Arbeiterinnen als „Volkstypen" bezeichnet. Eine andere Aufnahme, ebenfalls aus Oporzec, zeigt „Bäuerinnen im Sonntagsstaat" (ABB. 327).

gen Bevölkerung Galiziens ein. Sie wurde kollektiv des Verrats bezichtigt.[9] Erst seit der erfolgreichen Frühjahrsoffensive 1915 gingen die Verfolgungen zurück. Die Haltung gegenüber den Ruthenen blieb dennoch zwiespältig. Während wei-

328

ABB. 328 Ruthenische Kirche in Tarnawka (Tarnawa), Karpaten, April 1915; Korps Hofmann [K 12814].

Nicht nur die Bevölkerung, auch ihre Traditionen, ihre Kleidung und die traditionelle Architektur, v. a. die Kirchen, rückten nun, da sich die Haltung der militärischen Führung zu ändern begann, als positive Zeichen der Tradition und der religiösen Ergebenheit wieder verstärkt ins Blickfeld (ABB. 328). Die Volkskultur trat, fotografisch festgehalten, ihren Weg in die Zentren der Monarchie an. Sie wurde aber auch in Form von Artefakten und Gegenständen in die Städte geholt. Als im Herbst 1915 in Wien eine große Flüchtlingsausstellung des k.u.k Innenministeriums stattfand, wurden ausgewählte Handwerksstücke und Gegenstände des alltäglichen Lebens von den Kriegsschauplätzen gezeigt. Diese Zurschaustellung diente dazu, so Walter Mentzel, eine „kulturelle Affinität" zwischen den Flüchtlingen aus den Grenzgegenden und der deutschen Bevölkerung im Hinterland herzustellen.[11] Gezeigt wurden auch Fotografien aus Galizien, die nun nicht mehr die Unzuverlässigkeit, sondern die Loyalität der ruthenischen Bevölkerung demonstrieren sollten. Sogar eine nachgebaute ruthenische Bauernstube war in der Ausstellung zu sehen.[12]

Die Inszenierung der Volkskultur in der Kriegsöffentlichkeit der Monarchie lässt sich für fast alle östlichen und südöstlichen Kriegsschauplätze nachweisen. So finden sich etwa in privaten Alben ab 1916 immer wieder Aufnahmen, die die einheimische Bevölkerung – v. a. in Albanien und Mazedonien – als „Volkstypen" fotografisch in Szene setzen. Die Männer werden meist als grimmige, bewaffnete Kämpfer in ihrer „Nationaltracht" inszeniert (oft werden diese Kämpfer als „Komitatschis" bezeichnet), die Frauen als deren folkloristisches, aber friedliches Gegenstück.[13]

Nachdem Ende 1915 Serbien endgültig erobert worden war, brachen im Gefolge der Truppen bald auch Volkskundler zu ihren Beutezügen auf. In den besetzten Gebieten Montenegro, Serbien und Albanien „requirierte" eine vom Volkskundler Arthur Haberlandt[14] geleitete Balkanexpedition zahlreiche Gegenstände der Volkskultur.

1917 wurden diese Beutestücke bei einer Ausstellung im Großen Festsaal der Wiener Universität präsentiert.[15] Durch die systematische Erfassung und Ausstellung der „Volkskultur" aus den eroberten Ländern sollten die neuen Gegenden auch kulturell in die neue Herrschaft eingepasst und als altes Kulturland „wiederentdeckt" werden.

Im Mai 1918 wandte sich Michael Haberlandt, der Direktor des k.k. Museums für österreichische Volkskunde, das sich nun „Kaiser Karl-Museum" nannte und sich unter das „Allerhöchste Protektorat Seiner Kaiserlichen und Königlich Apostolischen Majestät Karl I" gestellt hatte, an das Kriegspressequartier.[16] Er suchte um Unterstützung für einen Band zur *Volkskunst in den Balkanländern* an. Das Buch, das reich illustriert und mit teils farbigen Lichtdrucktafeln ausgestattet werden sollte, stellt, so hieß es in dem Antrag, die „Studien, Forschungsarbeit und Aufsammlungstätigkeit von Offizieren bei der K.u.K. Armee im Felde in Albanien, Serbien, und Montenegro" dar. Eine derartige Veröffentlichung geschehe „vor allem im Hinblick auf das erhöhte politische und volkswirtschaftliche Interesse, das, dem Gange der Ereignisse folgend, heute jedermann in der Monarchie an den südöstlichen Nachbargebieten zu nehmen hat. Die Direktion verspricht sich von diesen Veröffentlichungen zugleich einen propagandistischen Zweck in der Aufklärung des öffentlichen Dankens über die Kulturleistungen dieser Länder."[17]

„Unzuverlässig"

Ein Foto, das vermutlich im Herbst 1915 in Podhajce (Pidgajci) entstand, einem ostgalizischen Ort südwestlich von Tarnopol (Ternopil), zeigt einen Mann, der barfuß und in ärmlicher Kleidung an einem Zaun lehnt (ABB. 329). Die Bildunterschrift gibt dem Bild eine bestimmte Richtung: „Ein Unzuverlässiger" wird der Mann genannt. Als „unzuverlässig" galten im Herbst und Winter 1914 nahezu alle ruthenischen Einwohner Ostgaliziens. Ab Frühjahr 1915 wurde dieses Pauschalimage nach und nach ersetzt. Das Prädikat der „Unzuverlässigkeit" wurde einem Großteil der einheimischen Frauen erlassen. Sie erschienen nun immer öfter als fleißige, durchaus loyale Bewohnerinnen der Grenzgegenden. Als „Unzuverlässig" galten aber noch viele der Männer, v. a. jene, die äußerlich stigmatisiert werden konnten. Gelegentlich aber wurden auch Frauen verdächtigt, wie ein Bild zeigt, das im Mai 1915 in Plahwie, einem Ort in den Karpaten, aufgenommen wurde (ABB. 330). Es zeigt eine auf

329

40

ABB. 329 „Ein Unzuverlässiger", aufgenommen vermutlich in Podhajce (Pidgajci) oder Umgebung, Ostgalizien, vermutlich Herbst 1915; Korps Hofmann [K 13104].

ABB. 330 „Bauerntype, Plahwie", aufgenommen im Mai 1915, der Ort liegt in den Karpaten, etwa 50 Kilometer südwestlich von Stryj (Strij), Ostgalizien; Korps Hofmann [K 12830].

330

331

332

333

dem Boden kauernde Bäuerin, die eine Pfeife im Mund hat. Ihre Hacke hat sie vor sich liegen. Die Bildbeschriftung bezeichnet sie abwertend als „Bauerntype". Eine andere Aufnahme, sie entstand vermutlich Herbst 1917 in Dorna Kantreny (Dorna Candrenilor), im südlichen Teil der Bukowina, zeigt eine junge Frau auf einem Stuhl vor einem Haus, im Bildtext wird sie als „Zigeunerin" bezeichnet (ABB. 331). Männer aus der Zivilbevölkerung wurden selten gezeigt. Es sei denn als ungefährliche Greise, als Teil eines Flüchtlingszuges, im größeren Familienverband inmitten von Frauen und Kindern (ABB. 332) oder als Teil einer bemitleidenswerten, „armen" bäuerlichen Gemeinschaft (ABB. 333).

In Podhajce entstand, kurz bevor die Aufnahme des am Zaun lehnenden „Unzuverlässigen" auf-

ABB. 331 Junge Frau auf einem Stuhl vor einem Haus, („Zigeunerin"), Dorna Kantreny (Dorna Candrenilor), Bukowina, vermutlich Herbst / Winter 1917; vermutlich 10. Korpskommando [7550].

ABB. 332 Bewohner von Brzaza, Karpaten, vermutlich Ende Mai / Juni 1915. Der Ort liegt ca. 40 Kilometer südwestlich von Stryj (Strij) in der Nähe von

Skole und Tuchla (Tuhlja); Korps Hofmann [K 13180].

ABB. 333 Ruthenische Bauern vor ihrem Haus in Holowiecko, südlich von Sambor (Sambir), Ostgalizien, vermutlich Herbst 1915; Deutsche Südarmee [K 5198].

ABB. 334 „Typen von Podhajce", Ostgalizien, vermutlich im September / Oktober 1915; Korps Hofmann [K 12994].

334

335

ABB. 335 „Typen in der
Kirche von Grubiszow",
Umgebung von Wladimir
Wolinsky, Wolhynien,
16. Februar 1918; Kriegs-
vermessung 4 [K 31278].

Grubiszow (Hrubieszów) eine Aufnahme, die den typologisierenden Blick deutlich zeigt (ABB. 335). Wir erkennen drei verarmte, Not leidende Männer, zwei von ihnen kauern am Boden, einer steht aufrecht. Wie der „Unzuverlässige" aus Podhajce sind auch diese Männer an einen Zaun gedrängt, wie jene werden auch diese taxiert und auf Abstand gehalten. Der Bildtext spricht von „Typen in [sic!] der Kirche von Grubiszow".

Die „verdächtigen" Männer aus der einheimischen Bevölkerung wurden im Krieg entweder gar nicht gezeigt oder nur als „Typen" am Rande der Gesellschaft: etwa als Wandernde und Nichtsesshafte. Der „Typus" erscheint in Zeiten der Gefahr als zwielichtige Gestalt. In ihm kommt der Zweifel am Ideal der stabilen, geordneten Gemeinschaft zum Ausdruck. Er stellt die Kehrseite der Gruppe der „Verlässlichen" dar.

Die nationale Tracht

Als mit dem Waffenstillstand im Dezember 1917 die Kämpfe an der Ostfront beendet waren, traten die ruthenischen und jüdischen Männer wieder in das Spektrum der Bildwürdigkeit ein. Für die Ruthenen hatte man nun einen neuen Namen parat: Ukrainer. Bald war von ihrem eigenen Staat die Rede: der Ukraine. Eine Reihe von Fotos, die Anfang 1918 in der Umgebung von Wladimir Wolinsky entstanden, machten den Prozess dieser nationalen Umdeutung deutlich.

In Ustilug, einem kleinen Ort wenige Kilometer westlich der Stadt Wladimir Wolinsky, fotografierte der (ehemalige) Kriegsfotograf in einer Schule. Auf einem der Bilder sind zwei Mädchen in kunstvoll bestickten weißen Kleidern zu sehen (ABB. 336). Es handelt sich, so betont der Bildtext, um „ukrainische Mädchen in nationaler Tracht". Das Bild des Typus ist nun eingebettet in jenes der nationalen Tracht. Auf einem anderen Bild sehen wir die Mädchen beim Tanz auf einer Bühne, die in einem der Klassenzimmer aufgebaut wurde (ABB. 337). Die Bühne ist weihnachtlich geschmückt, die Aufnahme dürfte

genommen wurde, ein anderes Porträt eines angeblich verdächtig erscheinenden Mannes (ABB. 334). Der Straßenmusikant sitzt auf seinem ausgebreiteten Mantel auf dem Boden, den Gehstock hat er darunter geschoben. Die linke Hand legt er um sein Instrument, die rechte scheint in schneller Bewegung zu sein, denn auf dem Foto bleibt sie unscharf. Wie der „Unzuverlässige" ist auch er als Typus dargestellt. Wie jener hebt er sich ab vom idealisierenden Bild der jungen Frauen in Tracht, die für „die" Ruthenen stehen.

Auch in der Umgebung von Wladimir Wolinsky fanden die Fotografen, die zu Vermessungsarbeiten die Dörfer durchstreiften, immer wieder Menschen, die in dieses Bild des Außenseiters passten. Am 16. Februar 1918 entstand vor der Kirche in

336

338

337

ABB. 336 „Ukrainische
Mädchen in nationaler
Tracht", aufgenommen in
der Schule von Ustilug,
Umgebung von Wladimir
Wolinsky, Wolhynien,
vermutlich Mitte / Ende
Dezember 1917; Kriegs-
vermessung 4 [K 30705].

ABB. 337 „Ukrainische
Nationaltänze, vorgeführt
vor Mädchen der ukraini-
schen Schule in Ustilug",
Umgebung von Wladimir
Wolinsky, vermutlich
Mitte / Ende Dezember
1917; Kriegsvermessung 4
[K 30696].

ABB. 338 Wolhynische
Handarbeiten, aufgenom-
men wahrscheinlich in
Ustilug, Umgebung von
Wladimir Wolinsky,
vermutlich Mitte / Ende
Dezember 1917; Kriegs-
vermessung 4 [K 30693].

Die nationale Tracht 209

339

ABB. 339 „Ukrainische[s]
Mädchen in nationaler
Tracht", aufgenommen
vermutlich in der Schule
von Ustilug, Umgebung
von Wladimir Wolinsky,
vermutlich Mitte / Ende
Dezember 1917; Kriegs-
vermessung 4 [K 30708].

kurz vor Weihnachten 1917 entstanden sein. Im
Hintergrund ist ein Porträt des ukrainischen Na-
tionaldichters Taras Schewtschenko zu sehen.[18]
„Ukrainische Nationaltänze, vorgeführt von
Mädchen der ukrainischen Schule in Ustilug"
heißt die Aufnahme. Wahrscheinlich ebenfalls in
der Schule von Ustilug lichtete der Fotograf auch
eine Reihe von „wolhynischen Handarbeiten" ab
(ABB. 338). Und er bat einige der Kinder einzeln
vor die Kamera. So entstand eine Reihe von be-
eindruckenden Ganzkörper- und Brustbildern.
Für den Fotografen steht wiederum der Typus,
nun ausgedrückt im nationalen Gewand, im Vordergrund. „Ukrainisches Mädchen in nationaler
Tracht" heißt eine Fotografie (ABB. 339), ein an-

deres Bild trägt den Titel „Ukrainischer Junge in
nationaler Tracht" (ABB. 340).

Die Akzentverschiebung in den Bildern geht
mit einer veränderten Bildbeschriftung einher.
Nun, nach Abschluss des Waffenstillstands, wurden die bisher üblichen ethnischen und regionalen Bezeichnungen (Ruthenen, Wolhynien) durch
eine nationale (Ukraine) ersetzt. Die Bilder reagierten aufmerksam auf die neuen politischen
Vorzeichen. Das Kriegspressequartier im fernen
Wien gab die Linie vor. Die „Ukraina", die sog.
„Kornkammer Russlands" wurde nun in der
Presse verklärt. Ihre reiche Landwirtschaft
werde, so heißt es in Zeitungsartikeln Anfang
1918, den Hunger in der Monarchie beseitigen.
Die Bewohner der Ukraine seien der Tradition
(und nicht der Revolte, d. h. der russischen Revolution) zugeneigt. „Weithin dehnen sich die
Ackerfelder, unübersehbar wogen die Getreide-
felder zur Sommerzeit. Es ist ein Volk von Acker-
bauern, das dieses schöne, fruchtbare Land be-
wohnt. Alte Sitten und Gebräuche, von Urväters
Zeiten her vererbt und mit treuer Ehrfurcht be-
obachtet, sind bis auf den heutigen Tag lebendig
geblieben und werden es bei der ruhigen, am Alt-
hergebrachten hängenden Sinnesart des Volkes
wohl noch auf lange Zeit hin bleiben."[19] Diese
Charakterisierung der Ukraine erschien Ende
Februar 1918, also kurz vor dem Abschluss des
Friedensvertrags in Brest-Litowsk in der Wiener
Zeitschrift *Sport & Salon*. Illustriert ist der Text
mit Aufnahmen, die das Kriegspressequartier zur
Verfügung gestellt hat: eine ukrainische Hoch-
zeitsgesellschaft in traditioneller Tracht, einfache Bauern am Markt, eine „typische Holzkirche" und „die übliche Dorfanlage in der
Ukraina". Wenige Nummern später, am 17. März
1918, wurde der „friedliebenden" Bevölkerung
der Ukraine die Zerstörungswut der „Bolschewiki" gegenübergestellt. Die abgebildete Aufnahme – sie stammt wiederum von der Lichtbildstelle des Kriegspressequartiers – zeigt eine zerstörte Straße. Im Bildtext heißt es: „Die Tätigkeit der Bolschewiki in der Ukraine. Von Bol-

schewiki-Banden zerstörte Straße in einer ukrainischen Ortschaft."[20]

Die Inszenierung der nationalen ukrainischen Symbolik passte in die Ostpolitik der Mittelmächte: Sie unterstützten massiv die aufkommenden Nationalbewegungen an den Rändern der sowjetischen Einflusszone.[21] Im Gegenzug wurde diesen die nationale Unabhängigkeit zugesichert. Anfang März 1918 gingen diese Pläne im Frieden von Brest-Litowsk auf. Sowjetrussland musste die Ukraine, Polen, die baltischen Staaten, Finnland, Georgien und Armenien in die Unabhängigkeit entlassen.

Im März 1918 verlieren sich auch die Spuren unseres Fotografen in Wladimir Wolinsky. Mittlerweile hatte sich die Lage der Stadt grundlegend geändert. Sie war nun Teil des neu geschaffenen ukrainischen Satellitenstaates geworden. Das Fotoprojekt vom nationalen Erwachen wurde nun offenbar nicht mehr gebraucht.

Monate später ist der Erste Weltkrieg zu Ende. Die Bilder der Zivilbevölkerung geraten in Vergessenheit. Sie erzählen vom Krieg, indirekt zwar, aber doch deutlich sichtbar. Sie berichten vom Kampf um Grenzziehungen, der auch mit den Mitteln der Fotografie geführt wurde. Die Aufnahmen aus Wladimir Wolinsky erzählen aber auch, durch ihre propagandistische Lasur hindurch, von der Neugierde eines Kriegsfotografen. Seine Bilder haben die Gesichter von Menschen aufbewahrt, die vielleicht zum ersten Mal in ihrem Leben vor eine Kamera getreten sind.

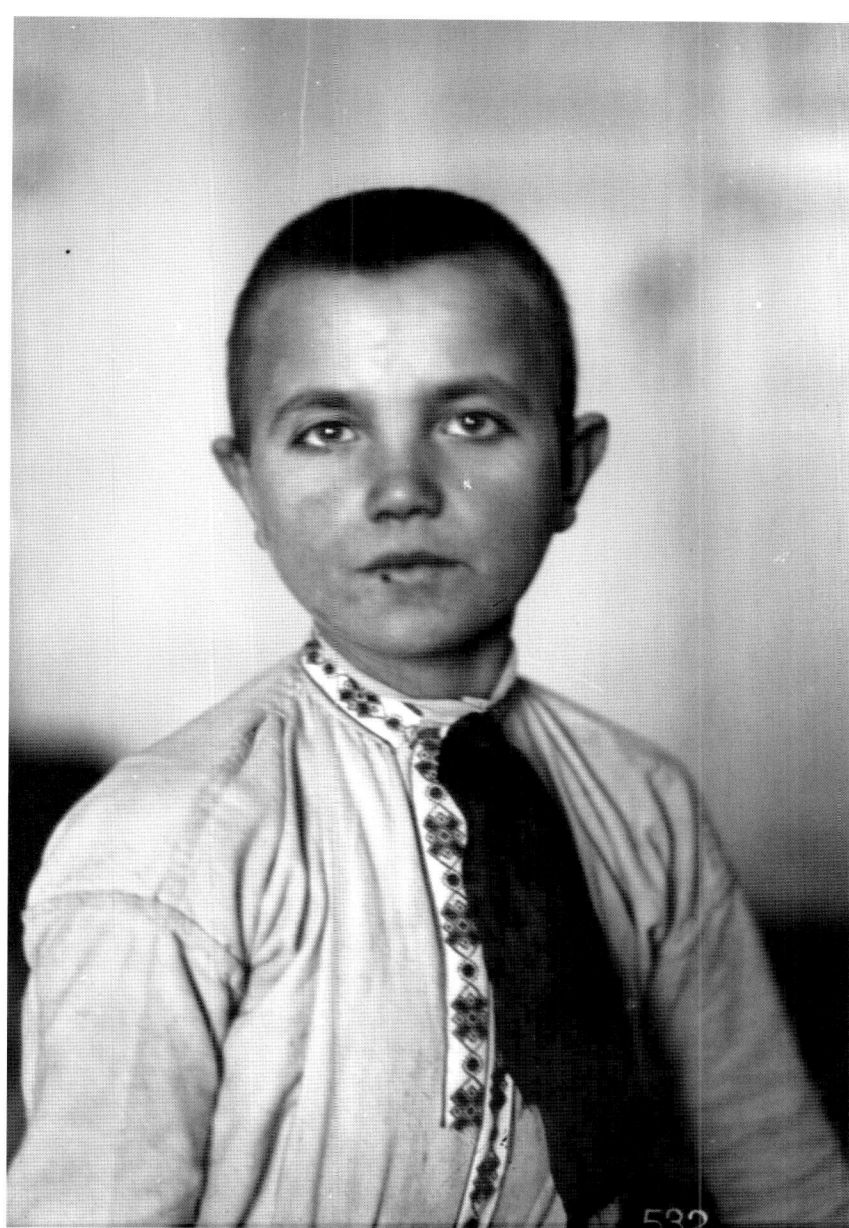

340

ABB. 340 „Ukrainischer Junge in nationaler Tracht", aufgenommen vermutlich in der Schule von Ustilug, Umgebung von Wladimir Wolinsky, vermutlich Mitte / Ende Dezember 1917; Kriegsvermessung 4 [K 30709].

Reiche Ernte   Fotografische Inbesitznahme

Eine reiche Ernte (ABB. 341). Der Soldat hält zwei Kohlköpfe in der Hand. Das Kind, das neben ihm steht, blickt scheu zur Seite. Vielleicht steht dort noch jemand, der nicht auf dem Bild Platz gefunden hat. Im Vordergrund sehen wir mehrere Holzkisten, auf denen eine reiche Auswahl von Feldfrüchten zur Schau gestellt wird: Kürbisse unterschiedlicher Größe, Tomaten, Sonnenblumen, Rüben, Karotten, Kartoffeln und Zwiebeln. Die Früchte sind für die Kamera aufgebaut. Das Bild entstand am 13. September 1918 im oberitalienischen Venetien.

Nach dem unerwarteten Durchbruch an der italienischen Frontlinie hatten die österreichischen und deutschen Truppen Ende 1917 große Teile Venetiens besetzt. In den eroberten Gebieten wurde ein hartes Besatzungsregime errichtet. Die wirtschaftlichen Angelegenheiten wurden ab Februar 1918 sukzessive der k. u. k. Militärverwaltung unterstellt. Es wurde eine „Wirtschaftsgruppe" eingesetzt, die dem Kommandanten der Isonzoarmee, Svetozar Boroević, unterstellt war. Diese hatte die Aufgabe, die besetzten Gebiete einer systematischen wirtschaftlichen Ausbeutung zu unterziehen.[1] Jene Industriebetriebe, die nach den teils schweren Zerstörungen noch funktionstüchtig waren, wurden der Militärverwaltung unterstellt. Zahlreiche Industrieanlagen wurden abgebaut, die Maschinen und Rohstoffe außer Landes gebracht.[2] Nur die in den besetzten Gebieten traditionell wichtige Seidenproduktion wurde vor Ort der Militärkontrolle unterworfen und die Erträge wurden nach Österreich und Deutschland umgeleitet (ABB. 342, 343, 344).

In den vom Militär verwalteten Betrieben sollte die Produktion möglichst rasch wieder aufgenommen werden. Daher wurden auch zahlreiche einheimische Frauen, aber auch Kinder, zur Fabrikarbeit angehalten. Zur Instandsetzung der Infrastrukturen setzte die Militärverwaltung ebenfalls zwangsweise Frauen und Jugendliche ein.[3] Die meisten waren im Straßenbau tätig (ABB. 345). Teilweise wurden die einheimischen Arbeiterinnen in Arbeitslagern untergebracht. Darüber hinaus wurden in den größeren Zentren auch Arbeitskräfte für den Einsatz in Österreich und Deutschland angeworben.[4]

Da im Winter 1917/1918 die Versorgungslage in den Städten der Monarchie katastrophal war, wurde der Landwirtschaft und der Fischzucht in den eroberten Gebieten besondere Aufmerksamkeit geschenkt. Durch Kontrollmaßnahmen (etwa strenge Handelskontrollen, Ablieferungspflicht der Ernte, kontrollierte Vergabe von Samen und Setzlingen) sollte die landwirtschaftliche Produktion erhöht werden. Das Heer sollte mit Lebensmitteln versorgt und die Hunger leidenden österreichischen Städte in den Genuss oberitalienischer Lebensmittel kommen.

„Zu den Erntearbeiten", heißt es Anfang 1918 in der von General Boroević, dem Oberkommandierenden der Besatzungstruppen, herausgegebenen Ernte-Verordnung, „werden vor allem die Grundbesitzer und Kolonen, sowie deren Hausgenossen strenge zu verhalten sein. Jene zivilen Arbeitskräfte, die nicht durch die Ernte auf den selbstbewirtschafteten Grundstücken in Anspruch genommen werden, sind in Arbeitsparteien zu formieren (...) Hierzu sind besonders die arbeitsfähigen beschäftigungslosen Einwohner der Städte und grösseren Ortschaften, dann Flüchtlinge heranzuziehen. Dort, wo die Arbeitskräfte nicht ausreichen, wird die weitestgehende Unterstützung durch Beistellen von *Mannschaft* zu gewähren sein. Hierzu sind die im Etappen-

ABB. 341 Gemüseernte in Venetien, 13. September 1918; Kriegsvermessung 5 [K 23576].

342

343

344

bereiche befindlichen Formationen intensiv heranzuziehen."[5]

Vor diesem Hintergrund erhält das Foto „Gemüseernte in Venetien" (vgl. ABB. 341) vom September 1918 eine besondere symbolische Bedeutung. Es sollte, entgegen der in Wirklichkeit noch immer schlechten Versorgungslage, den Erfolg der neuen Landwirtschaftspolitik „beweisen". Die Militärverwaltung drängte darauf, dass die lokalen landwirtschaftlichen Märkte wieder geöffnet wurden. Tatsächlich aber kam ein regelmäßiger Marktbetrieb nur vereinzelt in Gang. Die Belieferung war stockend, es wurden nur wenige Waren angeboten, auch aus Angst, dass die Behörden auf noch nicht „requirierte" Güter aufmerksam werden könnten. Dafür blühte, allen Verboten und schweren Strafen zum Trotz, der Schwarzmarkt.[6]

Am 17. September 1918, wenige Tage, nachdem der Fotograf die Früchte des Bodens in einem Stimmungsbild des wirtschaftlichen Aufschwungs festgehalten hatte, fotografierte er wiederum eine „reiche Ernte" (ABB. 346). Mehrere k. u. k. Soldaten stehen vor einem Gebäude, in dem eine Bienenzucht untergebracht ist. Auch dieses Bild hat programmatischen Charakter. Die Bienen, Sinnbild des Fleißes, und ihre Honigernte werden zu weitreichenden Metaphern für ein Land, in dem der Wiederaufbau „Früchte trägt".

Kolonisierung in Bildern

Viele der Aufnahmen, die 1918 in Venetien entstanden, tragen deutliche Züge einer propagandistischen Inszenierung. Sie dokumentieren nicht den Alltag der Bevölkerung in einem vom Krieg zerstörten Land, sondern schildern die

ABB. 342 Venetianische Frauen sortieren in einer Seidenspinnerei die Kokons, 20. März 1918; Kriegsvermessung 5 [K 22774].

ABB. 343 Venetianische Frauen bei der Arbeit im Spinnerei-Saal einer Seidenspinnerei, 20. März 1918; Kriegsvermessung 5 [K 22775].

ABB. 344 Venetianische Frauen bei der Arbeit in einer Seidenspinnerei, 20. März 1918; Kriegsvermessung 5 [K 22776].

scheinbare „Normalität" eines nunmehr wieder funktionierenden Gemeinwesens. Sie zeigen die Wiederherstellung der Versorgungslage, den wirtschaftlichen Aufschwung und die einträchtige Zusammenarbeit von Besatzungssoldaten und Einheimischen. Auf einer Aufnahme vom 10. Februar 1918 sehen wir die „Mithilfe österr. Soldaten beim Weinbau in Venetien", wie es im Bildtext heißt (ABB. 347). Die Soldaten, die soeben erst als Teil einer Besatzungsmacht ins Land gekommen sind, wechseln vor der Kamera ihre Rolle: Sie helfen, nun mit Werkzeug „bewaffnet", beim Stutzen und Aufbinden der Triebe. Die einheimischen Kinder leisten ihnen fröhlich Beistand. Diese Fotografie wurde wenige Wochen später, am 17. März 1918, in der in Wien erscheinenden illustrierten Zeitschrift *Sport & Salon* abgedruckt.[7]

Auf einem Bild, das gut einen Monat später aufgenommen wurde, bereiten einheimische Frauen und Kinder zusammen mit k. u. k. Soldaten den Boden für eine neue Ernte auf (ABB. 348). Eine ganze Reihe ähnlicher Aufnahmen ist überliefert. Stets mischen sich die Soldaten demonstrativ unter die Bevölkerung. Sie sind inmitten der Fischer zu sehen (ABB. 349, 350), ebenso wie bei der Verarbeitung der Maisernte (ABB. 351). Bei der Essensverteilung sieht man einheimische Frauen und Kinder inmitten von Soldaten (ABB. 352). Die Besatzungssoldaten und die einheimische Bevölkerung pflegen in den Bildern einen vertrauten Umgang.

Die Kriegsfotografen, die bisher das erfolgreiche militärische Vordringen der Soldaten begleitet hatten, traten nun, auf Anordnung des Kommandos vor Ort, aber auch der Propagandaanweisungen aus Wien, zu einer ganz neuen Mission an. Sie zeigten in Bildern nicht, wie das Land ist, sondern wie es sein wird: ein Gebiet, dem die fremden Soldaten Frieden und Wohlstand bringen werden. Dargestellt wurde das Aufblühen einer neuen Kultur. Die Aufnahmen abseits des Kriegsschauplatzes waren für die österreichische und deutsche Presse gedacht. Viele der Aufnah-

345

346

ABB. 345 Österreichische Soldaten und italienische Frauen bei Bauarbeiten in Venetien, 10. März 1918; Kriegsvermessung 5 [K 22719].

ABB. 346 Bienenzucht in Venetien, 17. September 1918; Kriegsvermessung 5 [K 23584].

ABB. 347 „Mithilfe österr. Soldaten beim Weinbau in Venetien", 10. Februar 1918; Kriegsvermessung 5 [K 22618].

347

ABB. 348 „Mithilfe österr. Soldaten beim Feldbau in Venetien", 21. März 1918; Kriegsvermessung 5 [K 22780].

348

349

350

351

352

men erschienen im Frühjahr und Frühsommer 1918 in der illustrierten Presse.[8] Ab Mitte 1918 wurden die Bilder aber auch in den besetzten Gebieten selbst verbreitet. Das k. u. k. Kriegspressequartier begann in Venetien mit dem Aufbau der italienischsprachigen Tageszeitung *Gazzetta del Veneto*, die ab Juni 1918 durch die *Domenica della Gazzetta* ergänzt wurde. In diesem Blatt spielte die Bildpropaganda, v. a. in Form von Zeichnungen und Fotografien, eine wichtige Rolle.[9]

Auch wenn die „friedensstiftende" Mission der Kriegsfotografen in Oberitalien erst im Frühjahr 1918 einsetzte, finden wir die ersten Anzeichen dafür schon früher. Bereits in den Tagen des Vormarsches entstanden Ende Oktober und im November 1917 immer wieder Aufnahmen, die neben die Bilder vom Eroberungszug ganz andere Szenen stellten: Fotos, die die großzügige Versorgung der Zivilbevölkerung zeigen (ABB. 353, 354), finden ebenso als Propagandabilder des Kriegspressequartiers Eingang in die illustrierte Presse wie fröhliche Kinder auf der Straße (ABB. 355).[10]

Auf den Bildserien des Vormarschs durch das Dognatal nach Tolmezzo und zum Tagliamento treten uns immer wieder zügig marschierende österreichische Soldatenkolonnen entgegen, die dabei sind, das eroberte Territorium in Besitz zu nehmen. Daneben entstanden aber auch Aufnahmen italienischer Flüchtlinge, die sich aus den Kampfgebieten in Sicherheit bringen. Unter dem Eindruck der zusammenbrechenden Frontlinie waren Ende Oktober 1917 zahlreiche Zivilisten zwischen die Fronten geraten. Jene Flüchtlinge, die dem überhasteten Abzug der italienischen Einheiten nicht folgen konnten, zogen in die entgegengesetzte Richtung. Sie versuchten, sich hinter die österreichische Frontlinie durchzuschlagen (ABB. 356, 357, 358, 359). Damit waren sie zwar der unmittelbaren Gefahr entkommen, aber in Sicherheit waren sie noch nicht. Hinter den österreichischen Linien waren sie nicht selten dem Vorwurf der Spionage ausgesetzt. Inhaftierungen und Abschiebungen waren an der Tagesordnung (ABB. 360). Bereits in den ersten Dezembertagen 1917 war ein etwa zehn Kilometer

ABB. 349 „Adria. Sammeln d. erbeuteten Fische", 22. August 1918; Kriegsvermessung 5 [K 23531].

ABB. 350 „Adria. Seefischerei. Anfertigen und Ausbessern der Fischnetze", 23. August 1918; Kriegsvermessung 5 [K 23532].

ABB. 351 „Militär und Zivilbevölkerung bei der Maisrebelung in Venetien", aufgenommen möglicherweise in Ceggia, 2. Februar 1918; Kriegsvermessung 5; Reproduktion vom Abzug [K 22556].

ABB. 352 „Menage-Verteilung an Mannschaft u. Zivilbevölkerung in Venetien", 22. Mai 1918; Kriegsvermessung 5 [K 22993].

353

breiter Streifen hinter der neuen Frontlinie durch Zwangsumsiedungen und Evakuierungen geräumt worden.[11]

Die Fotos bildeten die propagandistische Kehrseite dieser misstrauischen Stimmung. Obwohl das Verhältnis zwischen dem Besatzungsregime und der Zivilbevölkerung gespannt blieb, wurde in den Bildern die Entwicklung des Landes hin zu einem neuen, blühenden Paradies vorgeführt. Der Fotograf arrangierte immer wieder Kinder und junge Frauen zu idyllischen Arbeitsszenen im Freien. Ein solches Foto entstand am 21. Mai 1918 (ABB. 361). Am selben Tag fotografierte derselbe Fotograf noch weitere bukolische Szenen im Grünen. Er ließ junge Frauen – eine von ihnen sehen wir mit Kind – am Rande eines Weizenfeldes Aufstellung nehmen (ABB. 362, 363). Im Größenvergleich tritt die Höhe des Weizenfeldes hervor. In diesen geradezu idyllisch anmutenden Bildern rückt der Krieg in weite Ferne. Oft sind die Protagonistinnen in Sonn- oder Feiertagskleidung zu sehen. Die Fruchtbarkeit wird mit dem Image junger Frauen und Mädchen in Verbindung gesetzt. Sie stehen für ein Land, das, so die Botschaft der Propaganda, dabei ist, erneut aufzublühen.

Dass die Landwirtschaft zur bevorzugten Kulisse dieser harmonisierenden Bildwelt wird, hat nicht nur mit ihrer realen Bedeutung für die Versorgung zu tun. Die Wahl der Motive hat eine weiter reichende Bedeutung. Ebenfalls am 21. Mai 1918 entstand eine Aufnahme, die mehrere Männer, Frauen und Kinder am Rande eines umgepflügten Ackers zeigt (ABB. 364). Einer der Männer weist mit seiner ausgestreckten Hand zum Horizont. Wir sehen ein vom Krieg deutlich gezeichnetes Gelände: eine Landschaft nach der Schlacht. Im Hintergrund sieht man zahlreiche vom Artilleriebeschuss zerfetzte Bäume. Und in der Ferne lassen sich die Ruinen der Vororte von Görz (Gorizia / Nova Gorica) ausmachen. Der Bildtext verbindet den Vordergrund mit dem Hintergrund, den Ackerbau mit der ehemaligen Schlachtlandschaft: „Rückgekehrte Bevölkerung beim Feldbau im verwüsteten Terrain bei Görz,

354

355

ABB. 353 „Ital. Einwohner erhalten von unseren Soldaten Essen", vermutlich in Dogna (Dognatal), Ende Oktober / Anfang November 1917; 10. Armeekommando [K 11848].

AB3. 354 „Itl. Einwohner recuirieren Käse von der Fassungsstelle Dognatal", Ende Oktober / Anfang November 1917; 10. Armeekommando [K 11853].

ABB. 355 Kinder auf der Straße in Tolmezzo, Venetien, vermutlich Mitte November 1917; 10. Armeekommando [K 11942].

356

357

358

359

ABB. 356 „Zurückkehrende itl. Flüchtlinge", aufgenommen vermutlich in Tolmezzo, Venetien, vermutlich Anfang / Mitte November 1917; 10. Armeekommando; Reproduktion vom Abzug [K 11912].

ABB. 357 Italienische Flüchtlinge, vermutlich im Dognatal bzw. in der Gegend östlich von Tolmezzo, Venetien, aufgenommen vermutlich Ende Oktober oder Anfang November 1917; 10. Armeekommando [K 11840].

ABB. 358 Italienische Flüchtlinge, vermutlich im Dognatal bzw. in der Gegend östlich von Tolmezzo, aufgenommen vermutlich Ende Oktober oder Anfang November 1917; 10. Armeekommando [K 11839].

ABB. 359 Italienische Flüchtlinge, vermutlich im Dognatal bzw. in der Gegend östlich von Tolmezzo, Venetien, aufgenommen vermutlich Ende Oktober oder Anfang November 1917; 10. Armeekommando [K 11841].

21.5.18". Das Bild und seine Beschriftung tragen symbolischen Charakter. Die Aufnahme spricht nicht nur von der Landwirtschaft, sondern vom neuen Wachstum, das sich auf dem toten Boden des Krieges abzeichnet. Sie verweist auf die Indienstnahme eines durch die Kämpfe schwer gezeichneten Geländes für eine neue Kultur. Immer wieder begegnet uns dieses metaphernschwere Bildprogramm des Wiederaufbaus (ABB. 365). Das Pflügen des Ackers wird zur symbolischen Geste, die weit über den Zeitraum der nächsten Ernte hinausreicht.

„Venetianerinnen"

Am 12. Juni 1918 veröffentlichte die in Wien erscheinende Wochenzeitung *Das interessante Blatt* auf einer Seite zwei Fotografien aus den eroberten Gebieten. Im oberen Bild sehen wir zwei junge Frauen vor einem Toreingang, die untere Aufnahme zeigt mehrere Frauen in einem weitläufigen Feld beim Gemüsebau.[12] Die Aufnahme mit den beiden Frauen ist sechs Wochen zuvor, am 1. Mai 1918, in Venetien entstanden (ABB. 366). Die Frauen stehen unter einem Torbogen, sie tragen Kopftücher, Arbeitsschürzen und niedrige, einfache Arbeitsschuhe. Eine der Frauen hält einen Eimer in der Hand, ein Korb liegt am Boden. Der Fotograf hat die beiden Frauen wohl gebeten, vor dem Haus Aufstellung zu nehmen. In der Beschriftung des Fotos werden sie zu prototypischen Figuren des Landes. „Venetianerinnen" lautet der Bildtitel der Aufnahme, in der Zeitung sind sie „Venetianische Mädchen". Während wir auf der Originalaufnahme im Hintergrund eine alte Frau im dunklen Hauseingang

360

361

362

363

364

ABB. 360 „Eskorte verdächtiger Zivilbevölkerung in Venetien", 28. Januar 1918; Kriegsvermessung 5 [K 22535].

ABB. 361 „Feldbau in Venetien. Weinkultur und Kukuruzfeld", 21. Mai 1918; Kriegsvermessung 5; [K 23028].

ABB. 362 „Saatenstand in Venetien. Weizenfeld", 21. Mai 1918; Kriegsvermessung 5; [K 23023].

ABB. 363 „Saatenstand in Venetien. Weizenfeld", 21. Mai 1918; Kriegsvermessung 5; [K 23024].

ABB. 364 „Rückgekehrte Bevölkerung beim Feldbau im verwüsteten Terrain bei Görz", 21. Mai 1918; Kriegsvermessung 5 [K 23013].

365

366

erkennen können, ist diese in der Zeitung verschwunden. Dies liegt, wie ein genauer Blick zeigt, nicht nur daran, dass das Bild beschnitten wurde und im Druck an Kontrast verliert. Es wurde auch retuschiert. Diese Nachbearbeitung des Bildes, die zu dieser Zeit in der illustrierten Presse durchaus üblich war, hebt die beiden jungen Frauen zusätzlich ins Licht. Ihre Erscheinung als „Venetianerinnen" müssen sie nicht mit der alten Frau im Hintergrund teilen. Auch die Schuhe und die Beine sind für die Veröffentlichung nachgezeichnet. In der Vorlage sind die Schlammspuren – vor dem Haus ist der Boden aufgeweicht – auf den niedrigen Schuhen deutlich sichtbar. In der Veröffentlichung hingegen erscheinen die Schuhe eleganter, die Musterung der dicken Wollstrümpfe ist nicht mehr zu erkennen.

Das offizielle Bild der besetzten Gebiete ist von Frauengestalten geprägt. Männer sind auf den Fotografien selten zu sehen. Ende Januar 1918 entstand eine Aufnahme mit dem Titel „Heim einer ital. Familie in Venetien" (ABB. 367). Das Bild zeigt einen einfachen Innenraum eines Bauernhauses. Die Familie ist um den Herd versammelt, die Großmutter, die junge Frau und sechs Kinder drängen sich auf engem Raum. Nur der Mann fehlt. Die junge Frau hält ein Stück Papier in der Hand, einen Brief wohl. In der sorgfältig arrangierten Szene sticht dieses Detail heraus. Das Schriftstück zieht die Aufmerksamkeit auf sich: Die Erwachsenen blicken zur jungen lesenden Frau, die Kinder hören zu. Und auch wir richten den Blick auf die Frau mit dem Brief. Das Stück Papier steht für eine Botschaft von außen. Vielleicht kommt sie vom Mann, der auf seine Heimkehr wartet.

Die Frauen Venetiens sind, das vermitteln die offiziellen Propagandabilder, Bäuerinnen und Arbeiterinnen, die tatkräftig am Wiederaufbau des Landes beteiligt sind. Sie arbeiten in der Landwirtschaft, im Straßenbau, in der Industrie. Als Wäscherinnen stehen sie auch im Dienst des Heeres (ABB. 368, 369). Die Frauen begegnen uns aber auch in einer anderen Rolle: als kokette, ein-

ABB. 365 „Feldbau in Venetien", 12. März 1918; Kriegsvermessung 5 [K 22720].

ABB. 366 „Venetianerinnen", aufgenommen möglicherweise in der Umgebung von San Stino, 1. Mai 1918; Kriegsvermessung 5 [K 22938]

367

ABB. 367 „Heim einer ital.
Familie in Venetien",
30. Januar 1918; Kriegs-
vermessung 5 [K 22508].

368

369

ladende junge Mädchen. Eine derart stilisierte Weiblichkeit nimmt in den Bildern der Eroberer metaphorische Züge an. Die Frauen verkörpern *die* Venetianerinnen, aber auch das eroberte Land. Die Bilder verknüpfen den Fleiß mit der Anmut, die Arbeit mit der Schönheit. Diese Sujets, deren Entstehung auf das 19. Jahrhundert zurückgeht,[13] sind keineswegs ungeschminkte Dokumente des Alltags. Die Darstellerinnen sind sorgfältig ausgewählt, fast alle Szenen sind arrangiert. Die Aufnahmen, die im Frühjahr und Sommer 1918 in den besetzten Gebieten Nordostitaliens entstanden, mischen alte Italien-Stereotype mit den aktuellen Anforderungen des Besatzungsregimes.

Auf einer Aufnahme, die am 15. April 1918 entstand, sehen wir zwei junge Frauen (ABB. 370). Sie schöpfen Wasser an einem Brunnen. Auf einem Holzbügel über der Schulter tragen sie die Eimer ins Haus. Am 23. Juli 1918 entstand ebenfalls ein Bild, auf dem junge Frauen vor einem Bauernhaus zu sehen sind (ABB. 371). Eine von ihnen ist mit einem Kalb beschäftigt, vor ihr steht ein Soldat mit einer Mistgabel in der Hand. Eine weitere Frau steht einem Soldaten gegenüber, sie ist, so scheint es, in ein Gespräch mit ihm vertieft. Beide Frauen in der Bildmitte haben Blickkontakt zu den fremden Männern aufgenommen. Ein freundlicher, fröhlicher Umgang zwischen den Frauen und den Männern, den Ein-

ABB. 368 Wäscherinnen in Nomesino, einige Kilometer südöstlich von Udine, Venetien, vermutlich im November 1917; 10. Armeekommando [K 12240].

ABB. 369 Wäscherinnen in Venetien, 6. März 1918; Kriegsvermessung 5 [K 22751].

370

371

heimischen und den Soldaten, spricht aus der Aufnahme. „Österr. Militär im Verkehr mit der Bevölkerung in den besetzten venet. Gebieten" lautet der Bildtext. Die Soldaten, die als Besatzer gekommen sind, werden offen empfangen, die Aufnahme hält eine einladende, entgegenkommende Geste fest. Der „Verkehr" zwischen Militär und Zivilbevölkerung vor Ort erscheint, folgen wir den Bildern, unkompliziert, herzlich, gelegentlich geradezu intim (ABB. 372). Diese Propagandabilder wurden auf italienischer Seite als besonderer Affront gesehen. Sie erweckten den Eindruck, die Besatzungssoldaten hätten nicht nur im Land, sondern auch bei den einheimischen Frauen stets „offene Türen" vorgefunden. Die italienische Propaganda sah in den fremden Soldaten Eindringlinge, die es auf das Land ebenso abgesehen hätten wie auf die eigenen Frauen. Die Rückeroberung müsse also beiden gelten, dem Boden und den Frauen.

Filippo Tommaso Marinettis Roman *L'alcova d'accaio* (Alkoven aus Stahl) aus dem Jahr 1921, der in den letzten Kriegswochen spielt, formuliert diese sexuelle Revanche explizit. Die italienischen Männer, so die Prophezeiung, werden ihren Besitz zurückerobern. „Sie holen sich die eigenen Frauen und die eigenen Berge mit der gesunden Männlichkeit des Volkes zurück."[14]

„Katzelmacher"

Das Bild der Zivilbevölkerung in den besetzten italienischen Gebieten wird in den offiziellen Fotografien also von jungen, angeblich überaus entgegenkommenden Frauen beherrscht. Ab und zu aber fotografierten die Kriegsfotografen auch alte Frauen. Auch sie wurden in typologisierten Rollen vorgeführt. Am 17. Oktober 1918, wenige

ABB. 370 „Venetianische Mädchen am Brunnen", 15. April 1918; Kriegsvermessung 5 [K 22884].

ABB. 371 „Österr. Militär im Verkehr mit der Bevölkerung in den besetzten venet. Gebieten", 23. Juli 1918; Kriegsvermessung 5 [K 23393].

372

Tage vor Kriegsende, entstand, wohl in einem In-nenhof eines Bauernhauses, ein ausdrucksstar-kes Bild (ABB. 373). Wir sehen eine alte Frau beim Spinnen. Sie sitzt auf einem Stuhl. Auf einem Stiel, dem Spinnrocken, den sie unter ihrem Arm geklemmt hält, hält sie die Wollfasern, zwischen ihren Händen führt sie den Faden. Die Frau schaut in Richtung Kamera. Auf einem zweiten Bild ist sie stehend abgebildet (ABB. 374). Der Stuhl ist verschwunden, wieder blickt die Frau in die Richtung des Fotografen. „Spinnende Vene-tianerin", so lautet der Bildtitel. Der Fotograf hat, mittels Beschriftung und Arrangement, ein „ty-pisches" Bild entworfen.

Um das angeblich „Typische" der einheimi-schen Bevölkerung herauszuarbeiten, aktivier-ten die Fotografen immer wieder gängige Stereo-type, die sie bebilderten. Am 21. Juli 1918 ent-stand, möglicherweise in San Vito al Taglia-mento[15], eine Aufnahme mit dem Titel „Venetia-nische Händlerinnen" (ABB. 375). Zu sehen sind zwei ärmlich gekleidete Frauen, eine ältere und eine jüngere. Die jüngere zieht einen hölzernen,

mit Reisig beladenen Wagen durch die Straße des Ortes. Die ältere Frau trägt einen geflochtenen Korb auf dem Rücken und eine Kanne in der Hand. Es handelt sich um Wanderhändlerinnen, wie sie seit alters her in dieser Gegend unterwegs waren.[16] Im Frühjahr zogen die Frauen aus den Gebirgsdörfern der höher gelegenen Gegenden Venetiens und aus den Karnischen Alpen ins Tal. In ihren Wagen transportierten sie Gebrauchsge-genstände aus Holz und Metall, die sie im Win-ter in den Gegenden um Pordenone und Treviso angefertigt hatten: Holzlöffel, Schüsseln, Nudel-hölzer und sog. „cathe" bzw. „cazze", das sind Schöpfkellen. Letztere brachten ihnen in Öster-reich den abschätzigen Namen „Katzelmacher" ein.

Für die Veröffentlichung wurde das Motiv der beiden Wanderhändlerinnen aufbereitet. Die Vor-lage wurde beschnitten. Der am Negativ vorge-zeichnete Rahmen hebt die beiden Frauen aus der Straßenszene heraus. Weggeschnitten ist der Sol-dat am linken Bildrand, der sich neugierig nach dem Gefährt umdreht. Der Weg der Inszenierung

373

374

ABB. 373 „Spinnende Venetianerin", 17. Oktober 1918; Kriegsvermessung 5 [K 23623].

ABB. 374 „Spinnende Venetianerin", 17. Oktober 1918; Kriegsvermessung 5 [K 23624].

wird, anders als beim Sujet der „Spinnerin", hier nicht von einem Bild zum anderen kenntlich, sondern er wird im Bild selbst sichtbar.

Venetien nach dem Krieg: In der propagandistischen Anstrengung ist das Land weiblich. In erster Linie ist es ein blühendes, fruchtbares Land. Dafür stehen die Bilder der jungen Frauen. Die Kehrseite davon, das zwiespältige Bild der älteren „Katzelmacherinnen", kündigt sich nur mehr zaghaft an. All diese Sujets sind keine Erfindungen der Kriegsfotografen. Sie greifen verbreitete Vorstellungen und Zuschreibungen auf, verdichten sie und machen diese Projektionen haltbar. Jahrelang war über das „Feindesland" nur in negativen Schlagzeilen berichtet worden. Nun wurden auf Anweisung von oben die Vorzeichen geändert. Präsentiert wird ein Land, dem die Eroberer Glück gebracht haben und das den Eroberern Wohlstand bringen wird. Kurz: In der Sprache der Propaganda hat sich die Angliederung Venetiens in jeder Hinsicht ausgezahlt.

375

ABB. 375 „Venetian. Händ-
lerinnen", aufgenommen
möglicherweise in San Vito
al Tagliamento, 21. Juli
1918; Kriegsvermessung 5
[K 23353].

376

ABB. 376 „Flüchtlinge in Podhajce", Ostgalizien, vermutlich September oder Oktober 1915; Korps Hofmann [K 12993].

Das Drama der Vertreibung   Flucht und Deportation

Das kleine Kind auf dem Leiterwagen schreit (ABB. 376). Sein weinendes Gesicht ist in Bewegung, als der Fotograf auf den Auslöser drückt. Sein Gesicht erscheint im Bild leicht verwischt. Kopf und Oberkörper ragen aus einer Lage Heu und Decken heraus, die dem Kind das Sitzen auf dem harten Gefährt angenehmer machen sollen. Auf dem Leiterwagen, vor den Pferde gespannt sind, haben noch zwei Kinder Platz genommen. Zusammen mit anderen Pferdefuhrwerken hat der Wagen mitten am Stadtplatz Halt gemacht. Vor dem Gefährt sind zwei Frauen mit Kopftüchern und ein älterer Mann mit Hut zu sehen. Sie sind mit den Kindern und dem Leiterwagen beschäftigt. Hinter dem Gefährt erkennen wir zwei weitere Kinder. Die Aufnahme entstand vermutlich im September oder Oktober 1915 in Podhajce (Pidgajci).

Die kleine ostgalizische Stadt liegt am Fluss Koropiec (Koropec), etwa 70 Kilometer südwestlich von Tarnopol (Ternopil).[1] Der Stadtplatz ist gesäumt von niedrigen ein- und zweistöckigen Gebäuden. Im Herbst 1915 hatte Podhajce eine leid- und wechselvolle Geschichte hinter sich. Zu Kriegsbeginn war die Gegend Teil des Aufmarschgebietes der k. u. k. Armee an der Ostfront gewesen. Nach dem für die k. u. k. Armee ungünstigen Kriegsverlauf fiel Podhajce, zusammen mit großen Teilen Ostgaliziens, ab Herbst 1914 zunächst monatelang an Russland. Am 29. November 1914 hatte die russische Offensive in Galizien ihren weitesten Vorstoß nach Westen erreicht. Zu diesem Zeitpunkt standen die russischen Truppen 20 Kilometer vor Krakau. Im Frühjahr 1915 begann eine groß angelegte deutsch-österreichische Gegenoffensive, in deren Verlauf große Gebiete zurückerobert wurden. Anfang Juli 1915 rückten die k. u. k. Truppen gemeinsam mit ihren deutschen Verbündeten wieder in Podhajce ein. Die Frontlinie wurde noch vor dem Wintereinbruch entlang des Flusses Strypa (Stripa) befestigt.

Der Fotograf, der die vorrückenden Truppen begleitete, war dem Korps Hofmann unterstellt.[2] Er dokumentierte nicht nur die Befestigungsarbeiten und den Alltag der Soldaten an der Front. Er fing auch Bilder von Flüchtlingen ein, die in den Gebieten hinter der Front unterwegs waren. Das Flüchtlingsfoto aus Podhajce wurde Mitte 1916 in der patriotisch-nationalistischen Zeitschrift *Unsere Krieger. Bilder aus groszer Zeit* veröffentlicht.[3] Der Bildtext lautet: „Vor Kosaken flüchtende russische Bauernfamilien". Er lässt keinen Zweifel, wer die Schuld am Elend der Flüchtenden trägt: Das „Gegenstück" zu solchen Aufnahmen bilden Fotografien, die die „russischen Verwüstungen" in den ehemals besetzten Gebieten dokumentierten (ABB. 377). Flucht und Verwüstung werden so in einen unmittelbaren Zusammenhang gebracht, auch wenn in Wirklichkeit sehr oft nicht die Zerstörungen der Häuser die entscheidenden Gründe dafür waren, das eigene Dorf zu verlassen, sondern Räumungsbefehle, Deportationen und Vertreibungen.

Die propagandistische Verwendung von Aufnahmen, die zerstörte Häuser und Verwüstungen zeigen, spielte bereits in den ersten Kriegsmonaten eine wichtige Rolle. Im Herbst 1914, erinnert sich Max Ronge, sei er als Offizier der österreichischen Nachrichtenabteilung an die Ostfront gereist, um Dokumente und Fotos russischer Verwüstungen zu sammeln.[4] Die Bilder sollten in der anlaufenden Propagandaschlacht gegen Russland verwendet werden. Er war, so erzählt er, vom ostungarischen Munkács (Mukačeve) aus zu einer langen Autofahrt aufgebrochen, hatte die

377

379

ABB. 377 „Brandruinen in Stryj (Lembergerstrasse)", Ostgalizien, aufgenommen vermutlich Sommer / Herbst 1915; Deutsche Südarmee [K 5166].

ABB. 378 „Russ. Unterstand hinter der Kirche von Holobutow (Stryj)", Ostgalizien, aufgenommen vermutlich im Herbst 1915 [K 5089].

ABB. 379 „Zerstörungswut d. Russen in Torgowitza (8.10.1915)"; 14. Korpskommando, Schilder [K 7611].

Karpatenpässe überquert und war schließlich in Czernowitz (Černivici) angekommen. „Der Landesgendarmeriekommandant, Oberst Fischer, ging mir zur Erreichung des Hauptzweckes meiner Expedition sehr an die Hand: Sammlung von Aufnahmen verwüsteter Stätten und Berichten von Greueltaten, welche die Russen in den von Rumänien besiedelten Gebieten begangen hatten. Die Veröffentlichung dieses reichen Materials durch unsere Vertretung in Rumänien sollte den dortigen Gelüsten, sich unseren Feinden anzuschließen, entgegenwirken."[5]

Das österreichische Armeeoberkommando und das Kriegspressequartier sahen in diesen Bildern die „barbarische" Seite der russischen Invasion bestätigt.[6] Ähnliche Aufnahmen wurden auch aus Ostpreußen veröffentlicht.[7] „Erbar-

mungslos gegen die eigenen Volksgenossen und Freunde führt der Russe den Krieg", heißt es in einem Bericht der *Berliner Illustrirten Zeitung* vom August 1915.[8] „Wo er kommt, als Sieger oder Besiegter, bezeichnen Trümmer und Leichen den Weg (...). Eine Ortschaft, in der die Russen als Sieger gehaust haben, ist in den meisten Fällen ziemlich ausgeplündert, die Bewohner haben furchtbare Leiden erdulden müssen, und beim Abzug stecken die Russen stets die Häuser in Brand, sofern ihnen Zeit dazu bleibt."[9]

Auch die russische Presse veröffentlichte ähnliche Bilder, die die Barbarei der Feinde zeigen sollten: bis auf die Grundmauern niedergebrannte Häuser, Ruinen, aus denen gespenstisch die Reste von Kaminen ragten, Flüchtlingskolonnen, oft mit schwer bepackten Pferdewagen. Die propagandistische Deutung wies in eine ähnliche Richtung. Auch diese Bilder sollten, wenn auch unter umgekehrten Vorzeichen, die Übergriffe und Gräuel der gegnerischen Kriegsführung anprangern. Eine Reihe solcher Aufnahmen finden sich in der russischsprachigen illustrierten Zeitschrift *Tagebuch des Krieges 1914–15*.[10]

In den von österreichischen und deutschen Truppen zurückeroberten Gebieten Galiziens entstanden im Spätsommer 1915 eine ganze Reihe von Aufnahmen, die die „russischen Verwüstungen" ins Bild setzten. Die Fotos waren – wenigstens teilweise – das Ergebnis eines Sammelaufrufs der Wiener Regierung. Anfang September wandte sich ein Vertreter des österreichischen Außenministeriums mit einem entsprechenden Auftrag an das Kriegspressequartier: „Behufs einer gegen die Entente und insbesondere Russland gerichtete Propaganda-Aktion unter den ziemlich einflussreichen Juden der Vereinigten Staaten ersuche ich (...) um Beschaffung möglichst zahlreicher und anschaulicher Bilder, welche die Leiden der jüdischen Einwohner Galiziens und der Bukowina während der Russen-Invasion zum Gegenstande haben", heißt es in dem Brief.[11] Welche Bilder gesammelt werden sollten, wird in der Folge genauer ausge-

380

381

ABB. 380 „Brandruinen,
Zawalow", südöstlich von
Podhajce (Pidgajci), Ost-
galizien; Korps Hofmann,
W. S. [K 12891].

ABB. 381 Zerstörte Häuser
in Bieniawa am Fluss
Strypa (Stripa), etwa
30 Kilometer nordöstlich
von Podhajce (Pidgajci),
Ostgalizien, aufgenommen
vermutlich im Herbst
1915; Korps Hofmann
[K 12935].

führt. „Die Bilder hätten beispielsweise die an
den Liegenschaften und deren Einrichtung ange-
richteten Schäden, sowie getötete, verstüm-
melte, geschändete oder beraubte Individuen darzustellen. In Fällen, wo die verübten Greuel
nicht ganz klar aus dem Bilde selbst hervorgehen,
wäre eine kurze Darstellung des Sachverhaltes
erwünscht."[12]

Der Aufruf stieß auf eine gewisse Resonanz.
Denn im Sommer und Herbst 1915 wurde eine
ganze Reihe fotografischer Dokumente der „russischen" Zerstörungen (ABB. 378, 379) zusammengetragen, einige davon auch in der Umgebung von Podhajce. In Zawalow, wenige Kilometer von Podhajce entfernt, hatte der Fotograf der
Heeresgruppe Hofmann, der seine Aufnahmen
mit dem Kürzel „WS" signierte, die russische

Zerstörung bereits wenige Wochen zuvor, im August 1915, in einem dramatischen Bild festgehalten (ABB. 380). In den Trümmern eines bis auf die
Grundmauern niedergebrannten Hauses steht,
mit dem Rücken zur Kamera, eine Frau mit
einem Stück Brot in der Hand. Gelegentlich dienten solche Häuserruinen auch den Soldaten als
„Kulisse" für eine Aufnahme. In Bieniawa, am
Strypa-Fluss, etwa 30 Kilometer nordöstlich von
Podhajce, ließen sich mehrere Soldaten vor
einem zerstörten Haus ablichten (ABB. 381). Anders als viele Orte in der Umgebung war Podhajce
nicht vollständig zerstört, als die österreichisch-
ungarischen Truppen wieder einrückten. Der an
einer Bahnlinie gelegene Ort bevölkerte sich
nach der Wiedereroberung rasch wieder und
wurde umgehend zum militärischen Stützpunkt
hinter der nun wieder nach Osten vorgeschobe-
nen Front bestimmt.

Flucht ins Hinterland

Bereits in den ersten Kriegsmonaten setzten
sich an der Ostfront Flüchtlingstrecks in Bewegung. Ein Teil der ostgalizischen Zivilbevölkerung, die sich in unmittelbarer Frontnähe auf-
hielt, floh ins Hinterland. In den zerstörten
Kriegsgebieten griffen Hunger, Verelendung und
Epidemien um sich.[13] Die Flüchtlingsströme bewegten sich nicht nur Richtung Westen, Tausende von Menschen flohen auch ins russische
Hinterland.

Ein Jahr nach Kriegsbeginn verlief die Front
entlang des Strypa-Flusses, etliche Kilometer
östlich von Podhajce. In dieser Gegend waren im
Sommer und Herbst 1915 zahlreiche Flüchtlings-
züge unterwegs. Einem von ihnen begegnete der
Fotograf des Korps Hofmann auf der Straße bei
Podwiesoky, in der Umgebung von Brzezany (Berezani) (ABB. 382). Die von Ochsen, Kühen und
Pferden gezogenen Leiter- und Planwagen stehen
auf einem Feld neben der Straße. Die meisten der
Flüchtlinge sind Frauen und Kinder. Sie lagern
mit ihren Habseligkeiten am Boden. Links im

382

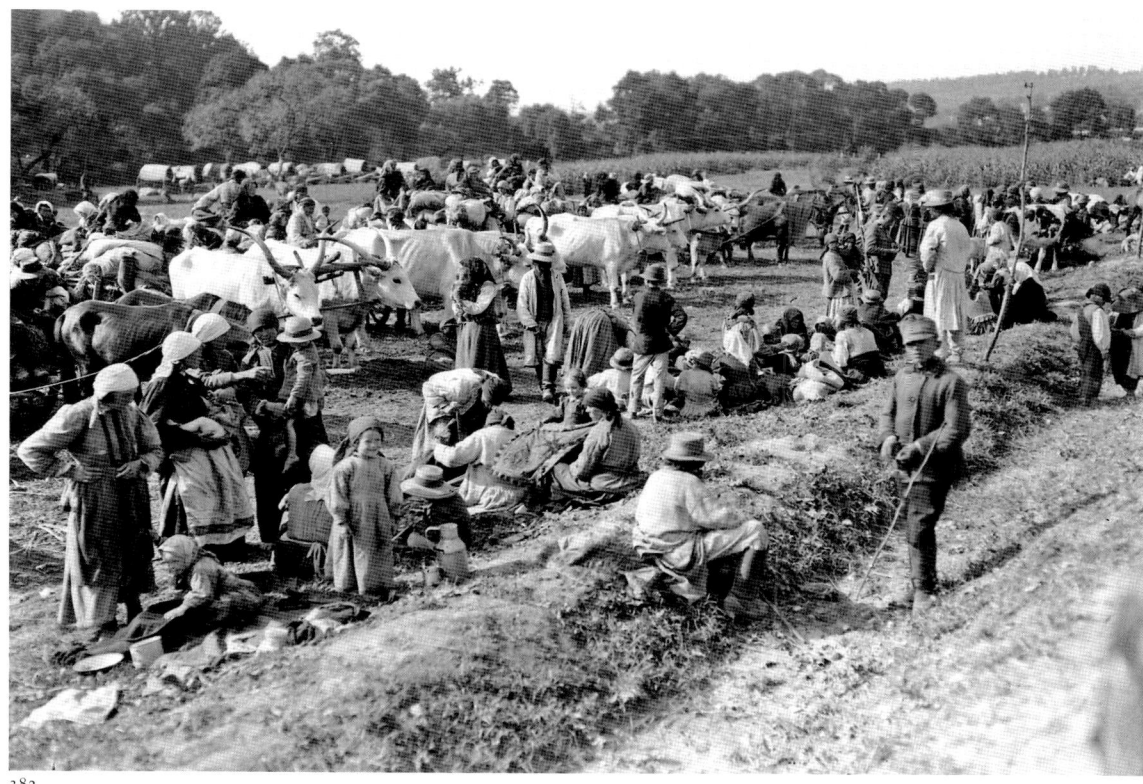

ABB. 382 „Flüchtlinge auf der Straße Podwiesoky“, Umgebung von Brzezany (Berezani), Ostgalizien, aufgenommen vermutlich im Sommer 1915; Korps Hofmann [K 13430].

ABB. 383 „Kowel: Evakuierte“, Wolhynien; Kriegsvermessung 4 [K 27997].

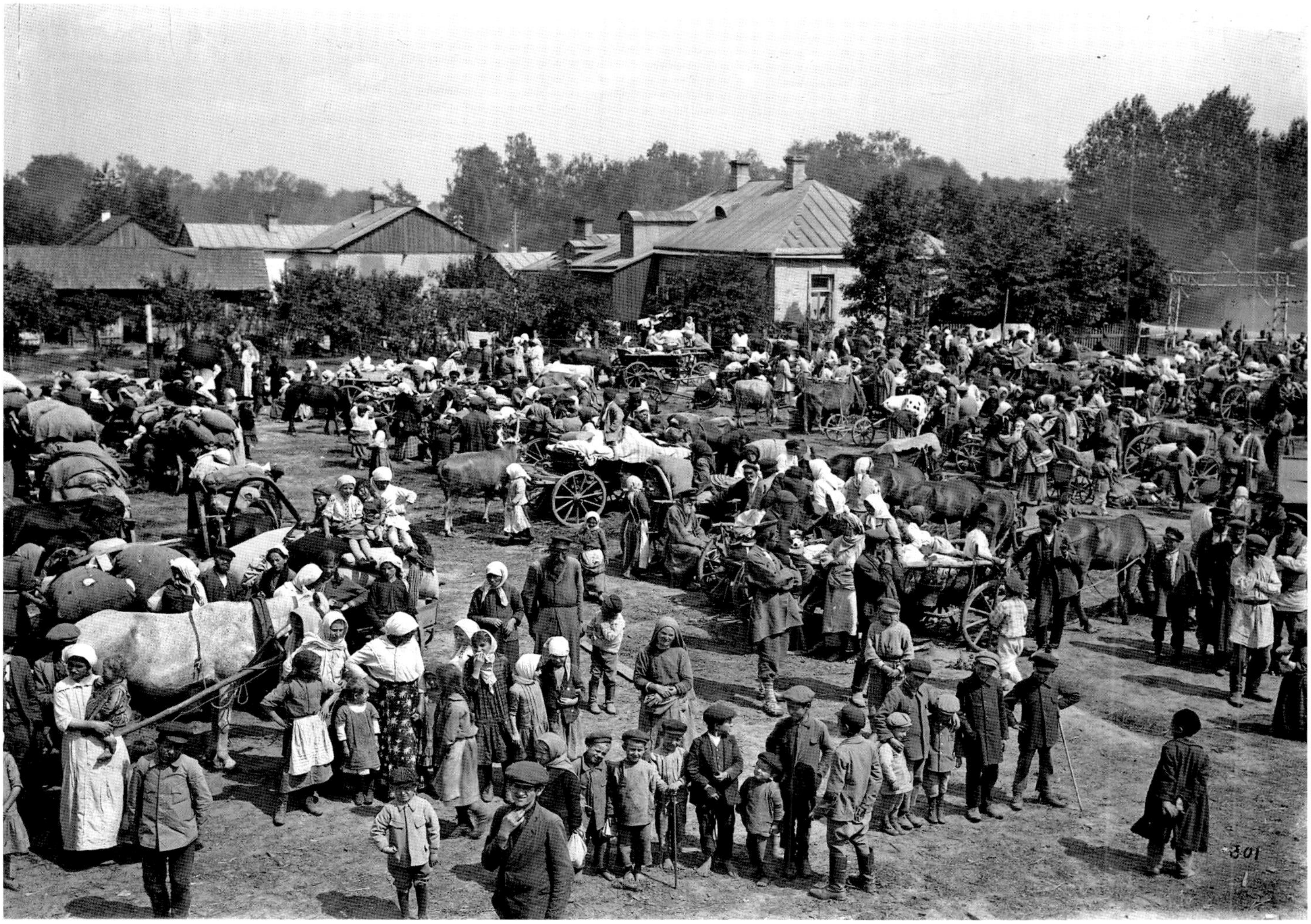

383

Hintergrund sehen wir einen Mann in einem langen weißen Mantel und mit einem Hut. Vor ihm steht ein k. u. k. Soldat mit einem Bajonett. Er ist, so scheint es, gerade dabei, den Mann zu kontrollieren. Die aus den Kriegsgebieten kommenden Zivilisten wurden durchwegs einer strengen Überwachung unterzogen. Dabei gingen die Soldaten häufig auch nach dem Aussehen vor. Mit Schwierigkeiten zu rechnen hatten Personen, die bereits ihrem Äußeren nach als „unzuverlässig" „spionageverdächtig", „arbeitsscheu" eingestuft wurden oder der sog. „Vagabundage" bezichtigt wurden.[14]

Eine Aufnahme, die knapp ein Jahr später, am 12. Juli 1916 in Kowel (Kovel) entstand, zeigt einen Platz am Rande der Stadt, auf dem zahlreiche Frauen, Kinder und Männer mit ihren Pferdewagen lagern (ABB. 383). Kowel liegt an der Bahnlinie zwischen Brest-Litowsk (Brest) und Luck (Luc'k) im russischen Wolhynien. Bis Kriegsbeginn stand dieser Teil Polens unter russischer Herrschaft, während des Krieges wechselte das Gebiet immer wieder die Fronten. Anfang Juli 1916, als das Foto entstand, war an der Ostfront die erste russische Brussilow-Offensive noch im Gange. Die österreichische Front wurde teilweise weit zurückgedrängt. Wiederum setzten sich große Flüchtlingsströme in Bewegung. Zwei Monate später, am 8. August, begann eine zweite russische Offensive. Bei Kowel konnten sich die Truppen der Mittelmächte halten, weiter im Süden erlitt die österreichisch-ungarische Front tiefe Einbrüche.

Unter dem Eindruck des russischen Vormarsches wurden die einheimischen Männer, Frauen und Kinder in größeren und kleineren Gruppen ins Hinterland gebracht. Teilweise beförderten sie ihre Habe mit Pferdefuhrwerken. Viele Flüchtlinge jedoch legten große Strecken zu Fuß zurück. Die Lagerplätze lagen oft direkt an den Straßen. Ein Fotograf, der mit der 12. k. u. k. Infanterietruppendivision unterwegs war, fotografierte eine solche Flüchtlingsgruppe vom Straßenrand aus (ABB. 384). Frauen, Kinder und ein paar wenige Männer im Hintergrund haben sich auf einer Wiese zur Rast niedergelassen. Die kleine Gruppe ist ohne Fahrzeuge unterwegs. Das nötigste Gepäck liegt, eingeschlagen in Tücher oder in Säcken verstaut, am Boden. Immer wieder mussten sich die Flüchtlingskolonnen ihren Weg durch unwegsames Gelände suchen. Ein anderer Fotograf namens Sladek – er gehörte zur 25. k. u. k. Infanterietruppendivision – dokumentierte in einer Aufnahme, wie sich ein solcher Treck mit schwer beladenen Wagen durch ein Waldgebiet mühte (ABB. 385, 386). Aber auch jene Flüchtlinge, die mit der Bahn ins Hinterland gebracht wurden, hatten oft kilometerlange Fußmärsche bis zum nächsten Bahnhof zurückzulegen, das zulässige Reisegepäck durfte 20 kg nicht überschreiten.

Die Flüchtlinge, die in Kowel zusammengeführt wurden, kamen in eine Stadt, deren Bewohner vom Krieg bereits stark in Mitleidenschaft gezogen worden waren. Weitere schwierige Monate standen diesen Menschen bevor. Auf einer Aufnahme, die vermutlich Mitte Juli 1916 entstand, sind hinter dem am Straßenrand rastenden Flüchtlingszug zerstörte Gebäude zu sehen (ABB. 387). Die Zivilisten, die derselbe Fotograf später auch auf einem Platz in Kowel im Bild festhielt (ABB. 388), wurden in der Militärsprache euphemistisch als „Evakuierte" bezeichnet. Sie sind, davon erzählen die Bildtexte freilich nichts, nicht freiwillig hier. Das Lager ist umzäunt, der Eingang wird von Soldaten kontrolliert. Für viele von ihnen ist Kowel nicht die letzte Station auf der Flucht. Die Männer, Frauen und Kinder machen sich mit ihren Fuhrwerken offenbar zum neuerlichen Aufbruch bereit. Das lockere Treiben im Lager ist nun konzentrierter Vorbereitung gewichen. Die Wagen sind schwer beladen, auf einigen Fahrzeugen sitzen bereits Menschen.

Evakuierte, Deportierte, Zwangsarbeiter

Die Zivilisten, die „aus eigenen Stücken" aus dem Frontgebiet flüchteten, bildeten nur einen

384

Teil jener großen Menschenmasse, die während des Krieges ihre Orte und Häuser verlassen musste. Der Großteil der „Flüchtlinge" verließ seine Heimat freilich unfreiwillig: Diese Menschen wurden vertrieben, deportiert und oder als Zwangsarbeiter rekrutiert. Unter dem Begriff der „strategischen Evakuierung" wurden unter der Zivilbevölkerung hinter der Front in großem Ausmaß Zwangsrekrutierungen von Arbeitskräften für die Kriegsführung durchgeführt. Die Bildunterschriften der offiziellen Fotografien sprechen in der Regel von „Flüchtlingen" oder „Evakuierten". Sie unterschlagen damit die Zwangs- und Gewaltmaßnahmen, die den Zivilisten gegenüber angewandt wurden.

Die Kriegswirtschaft benötigte gewaltige Massen an Arbeitskräften. Als die Versorgungslage der Armee ab 1916 schlechter wurde, sollte die Zivilbevölkerung die Lücken in der wirtschaftlichen Versorgung schließen helfen. Auf diese Weise wurden die „Evakuierten" im Laufe des Krieges immer stärker in die Logistik des Krieges eingebunden. Die systematischen Evakuierungen dienten nun mehr und mehr der Rekrutierung von Zwangsarbeitern. Gesucht waren vorzugsweise jüngere, arbeitsfähige Männer, in manchen Bereichen, etwa im Straßenbau, kamen aber auch zahlreiche Frauen zum Einsatz. Die Zwangsrekrutierung von Arbeitskräften konzentrierte sich ab Frühjahr 1916 auf die Gebiete Wolhyniens und Polens.[15] Während der zweiten russischen Invasion im Frühjahr und Sommer 1916 wurde die „evakuierte" Zivilbevölkerung von den Kriegsgebieten nicht mehr ins Hinterland gebracht, sondern in den Etappengebieten v. a. zu landwirtschaftlichen Arbeiten herangezogen.[16]

385

ABB. 384 „Gruppe der Evakuierten bei Panowice [Ostgalizien] am 12. August 1916", 12. ITD [K 6717].

ABB. 385, 386 „Die aus den durch Feuer gefährdeten Ortschaften evakuierte Bevölkerung wird durch Mitnahme ihrer notwendigsten Habseligkeiten nach rückwärts abgeschoben." Die Aufnahmen entstanden vermutlich in der Umgebung von Bielawce, in der Nähe des Flusses Styr, Bezirk Brody (Brodí), wahrscheinlich im Frühjahr / Sommer 1916; 25. ITD, Sladek [K 6017, K 6018].

386

387

ABB. 387 „Flüchtlinge,
Kowel", Wolhynien, auf-
genommen vermutlich
Mitte Juli 1916; Kriegs-
vermessung 4 [K 29831].

begonnen, systematisch zivile Arbeitskräfte aus dem Kriegsgebiet „nutzbar" zu machen. Dazu wurden die in den von Österreich verwalteten Gebieten Polens und Wolhyniens stationierten Truppen angewiesen, Arbeitskräfte für die landwirtschaftliche Nahrungsmittelversorgung im Hinterland zu rekrutieren. Die Requirierungserlässe des Armeeoberkommandos schlossen aber nicht nur Menschen, sondern auch materielles Gut ein.

Im Sommer 1916 etwa wurde ein Lager in Auschwitz (Oświęcim) als Auffanglager für galizische Flüchtlinge eingerichtet, „um sie hier", wie es in der Anweisung heißt, „konzentriert zu landwirtschaftlichen Arbeiten im Bereich der Armee im Felde zuzuführen".[17]

Ab 1916 traten wirtschaftliche Begründungen für die Abschiebung größerer Bevölkerungsteile in den Vordergrund. Im Frühjahr 1916 hatten die Militärbehörden in den okkupierten Gebieten

Auch am südlichen Kriegsschauplatz fanden umfangreiche Evakuierungen und Deportationen von Zivilisten statt. Bereits mehrere Tage vor dem Kriegseintritt Italiens Ende Mai 1915 fanden im südlichen Teil Tirols (heute Trentino) die ersten Evakuierungen statt. Von diesen frühen Abschiebungen gibt es nur ganz wenige fotografische Dokumente. Eines der Bilder – es handelt es sich vermutlich um eine private Aufnahme eines an der Aktion beteiligten österreichischen Soldaten[18], die im KPQ reproduziert

ABB. 388 „Flüchtlinge,
Kowel", Wolhynien, auf-
genommen vermutlich
Mitte Juli 1916; Kriegs-
vermessung 4 [K 29825].

388

389

wurde – zeigt die Deportation der Einwohner der Ortschaft Bondo (ABB. 389). Wir sehen Frauen und Kinder, die kurz vor dem Aufbruch stehen. Ihre Habseligkeiten haben sie bereits auf Leiterwagen geladen, die Ziegen werden am Seil mitgeführt, ein Soldat überwacht den Abtransport.

Die Planungen für diese gewaltsam durchgeführten Bevölkerungsverschiebungen – allein bis Ende 1915 wurde die Anzahl der Flüchtlinge in der Monarchie auf über eine Million geschätzt – reichen in die Vorkriegszeit zurück. Allein aus der Stadt Trient wurden zu Kriegsbeginn innerhalb von drei Tagen 15.000 Personen evakuiert.[19] Im Sommer 1915 dürften allein aus den südlichen Gebieten Tirols insgesamt an die 114.000 Menschen, das entspricht etwa einem Drittel der italienischsprachigen Bevölkerung des Gebietes, unter Zwang ins Hinterland verschleppt worden sein.[20] Die „Flüchtlinge" wurden vorwiegend in die deutschsprachigen Gebiete Österreichs, aber auch nach Böhmen und Mähren transportiert und dort in Lagern untergebracht.[21] Ähnliche Deportationen fanden auch im adriatischen Küstenland (im Isonzogebiet und im Hinterland) statt. Die Abschiebungen erfolgten mit brutaler Härte. In Pola (Pula) wurden, so berichtet ein zeitgenössischer Beobachter, die Leute „von den Gendarmen mit aufgepflanztem Bajonett, meistens mitten in der Nacht aus den Häusern geholt, beziehungsweise gejagt und hatten nicht einmal Zeit, auch nur die notwendigen Kleider oder sonstigen Bedarfsgegenstände mit sich zu nehmen. Sie wurden in Eisenbahnwaggons rücksichtslos wie Vieh hineingepfercht und mussten trotzdem viele Stunden lang auf der Abfahrtsstation warten, bevor der Zug abging."[22] Die Gewaltmaßnahmen wurden in der Regel mit der Notwendigkeit der „Entfernung" von „unverlässlichen" Bewohnern in den Grenzgebieten begründet. Kollektive Spionagevorwürfe, Inhaftierungen und Verurteilungen vor Kriegsgerichten begleiteten die Massendeportationen.

Die gewaltigen Flüchtlingsströme entstanden also nicht von selbst. Sie stehen in direktem Zu-

sammenhang mit einem, teilweise bereits vor dem Krieg vorbereiteten, systematischen und mit Gewalt durchgesetzten Vertreibungs-, Deportations- und Abschubsystem. Den Zwangsmaßnahmen liegt – darauf hat Walter Mentzel aufgrund detaillierter Forschungen aufmerksam gemacht – ein „Raster an ethnischen und sozialen Zuordnungen spezifischer Bevölkerungen an der Peripherie der Monarchie"[23] zugrunde. Besonders betroffen war etwa die mittellose Bevölkerung in den und um die größeren Städte im Hinterland der Front. Allein in Czernowitz wurden bis zum 27. November 1914 zwischen 50.000 und 60.000 Menschen „evakuiert".[24] Betroffen von den Zwangsmaßnahmen waren besonders die jüdische und die ruthenische Bevölkerungsgruppe, denen kollektiv politische Unzuverlässigkeit und Spionage unterstellt wurde, sowie Ausländer und darüber hinaus „alle (..) nicht ortszuständigen, politisch verdächtigen und unverlässlichen Individuen".[25] Hinter den militärisch-strategischen, technokratischen, ökonomischen und medizinischen Rationalisierungen, die diese Maßnahmen begleiteten, verbargen sich tief verwurzelte rassistische Vorurteile. So wurden etwa immer wieder die Attribute der „mittellosen" und „seuchenverdächtigen" Personen mit der jüdischen Herkunft in Verbindung gebracht.[26]

Die Zwangsevakuierungen hatten im Herbst 1914 begonnen.[27] Der Großteil dieser ersten großen systematisch angelegten Abschiebungen und Ausweisungen führte die „Flüchtlinge" aus Ostgalizien und der Bukowina in eigens errichtete

ABB. 389 „Evakuierung von Bondo", südliches Tirol (heute Trentino), aufgenommen vermutlich Ende Mai oder Anfang Juni 1915 [K 2632].

Barackenlager weit im Hinterland der Monarchie, etwa nach Graz-Thalerhof, nach Gmünd oder Wolfsberg.[28]

Die „Flüchtlinge" wurden mit der Bahn über fest vorgeschriebene Routen nach Westen „abgeschoben". Damit sollte verhindert werden, dass sie unkontrolliert in die größeren Städte gelangen konnten, wo ihre Überwachung schwieriger gewesen wäre. Die Menschen-Transporte führten zunächst in sog. „Perlustrierungsstationen", etwa nach Prerau (Přerov) oder nach Ungarisch-Hradisch (Uherské Hradiště) in Mähren. Hier wurden die „Flüchtlinge" einem lückenlos arbeitenden Registrierungsapparat unterworfen. In der Sprache der Bürokratie verwandelten sich die Menschen in Stückzahlen. In einem Telegramm vom 26. Juni 1916 rapportierte etwa die Bezirkshauptmannschaft Mährisch-Trübau (Moravská Třebová): „Abgegangen 1.600 Juden um 11 Uhr nachts. Sollen eintreffen 155 Flüchtlinge."[29] Und am 27. Juni heißt es in diesem Zusammenhang: „Abgegangen 1.000 Juden, neu angekommen 2.481 Juden, 60 Pferde, 178 Rinder, 109 Schweine und 50 Fuhrwerke." Einen Tag später, am 28. Juni, lautet die Bilanz: „(…) 1.500 Juden neu angekommen, 1.514 Evakuierte, 7 Pferde, 1 Kuh, 2 Schweine. 38 Fuhrwerke (…)"[30]

Die oft wochenlangen Desinfektions- und Quarantäneprozeduren in den „Perlustrierungsstationen" unterzogen die Männer, Frauen und Kinder nicht nur einer sanitären Kontrolle. Die „Flüchtlinge" galten im Kollektiv als „Gefahr aus dem Osten". Ihnen schlug Ablehnung und Abwehr entgegen. Die „Perlustrierungsstationen" wurden zu Orten rassistisch begründeter Absonderung.[31] Die „Flüchtlinge" wurden nicht nur einer „gesundheitlichen", sondern auch einer ethnisch-nationalen und religiösen „Perlustrierung", d. h. Selektion, unterzogen. So wurden etwa die „Polen", die „Ruthenen" und die „Juden" voneinander getrennt. Leute, die mit Bargeld ausgestattet waren, hatten gegenüber Mittellosen bessere Chancen, schneller weiterreisen zu können.

Das Drama der Vertreibung

Die „Evakuierung" der Zivilisten war gegen den teilweise anhaltenden Widerstand der Bevölkerung auch mit Gewalt durchgesetzt worden. In den Festungsstädten, aus denen in erster Linie Frauen, Kinder und Greise abgeschoben wurden, gingen die zuständigen Evakuierungskommissionen mithilfe von Soldaten mit äußerster Härte und Rücksichtslosigkeit vor. Die Kommissionen hatten weitgehende Vollmachten und konnten jederzeit Personen „arretieren" lassen.[32]

Bruno Wolfgang schildert in seinem Buch *Przemysl 1914/15* die Dramatik einer „Evakuierung" in einem galizischen Dorf, die er als Augenzeuge miterlebt hatte: „Gegen Mittag erscheinen plötzlich zwei Gendarmen, versammeln die Dorfältesten und verlautbaren, daß bis vier Uhr nachmittags das Dorf von sämtlichen Bewohnern geräumt sein muß. Erklärungen, Fragen, Bitten helfen nichts. Der Befehl ist klar und muß vollzogen werden. Um die Gendarmen versammeln sich die Bauern, Weiber und Kinder mit angstvoll fragenden Mienen. Sie begreifen noch nicht, worum es sich handelt. Ungeduldig wiederholt der Gendarm den Befehl. Sie sehen ihm noch minutenlang gespannt ins Antlitz. So hohe Herren belieben manchmal zu scherzen. Doch es ist Ernst. Der Herr lächelt nicht. Nun brechen sie in lautes Wehgeschrei aus, das sich allmählich über das ganze Dorf verbreitet. (…) Die Gendarmen bahnen sich endlich einen Weg durch die Menge und verlangen beim Kommando militärische Unterstützung. Es wird eine Abteilung unter dem Kommando eines Offiziers beordert, die Räumung des Dorfes zu überwachen und zu beschleunigen. (…) Eine Stunde vergeht und nichts ist getan. Manche stehen in finsterer Teilnahmslosigkeit mit gekreuzten Armen abseits, entschlossen, sich nur mit Gewalt fortjagen zu lassen. Andere schleppen in fieberhafter Eile Wagen und kleine Karren auf die Straße. Dann laden sie keuchend von ihrem armseligen Hausrat auf, so viel sie nur können, Kisten und Truhen, oft mit wertlosem, doch lieb-

390

ABB. 390 „K. k. Baracken-lager Braunau a. Inn – Totalansicht gegen Süden". Dieses und die folgenden Bilder (ABB. 390–406) stammen aus der Foto-mappe: „k. k. Ministerium des Innern, Flüchtlings-fürsorge 1914/15", her-gestellt wurden sie vom Atelier Wolken (Joachim Wolken), Wien [ÖNB, Pk 3.148/144].

gewonnenem Tand angefüllt, hochgetürmte Bün-del und Ballen aus buntem Bettzeug, Tücher, Kleider, Schuhe, Geschirr. Kleine Kinder tragen Töpfe, Krüge, Kannen und Kochgefäße herbei und weinen laut, weil sie die Mutter weinen sehen. Heiligenbilder, geliebte Spielzeuge, eine kleine Katze oder ein Hühnchen halten sie fest in den kleinen, von der Kälte erstarrten Händen. (…) Barfüßige Jungen jagen den Hühnern und Gänsen hinterher. Die Frauen zerren die Kühe, Kälber und Schweine aus dem Stall. (…) Die Kühe wer-den hoch mit Körben und Bündeln beladen. Immer erscheinen noch neue Gegenstände, die ir-gendwo untergebracht werden sollen. Was sie an Stroh und Heu mitnehmen können, laden sie auf den Wagen auf. Die Kinder, in Tücher ver-mummt, werden sorglich ins Heu gebettet, nur ihre kleinen, blassen Gesichter mit den großen, angstvollen Augen ragen hervor. Die großen Kin-der werden mit Bündeln beladen, die fast so groß sind wie sie selbst. Die kleinen struppigen Pferde werden vor den Wagen gespannt. (…) Der traurige Zug wankt langsam zum Dorfe hinaus."[33]

Im Lager

Der Transport der Menschen mit der Bahn er-folgte in offenen, unbeheizten und unbeleuchte-ten Viehwaggons. An die 20 bis 30 Personen wur-den in die Waggons eingeschlossen, um Flucht-versuche zu vereiteln. Die Reise dauerte meis-tens zwischen acht und zwölf Tagen. Wohin die Fahrt ging, erfuhren die Männer, Frauen und Kin-der nicht. Aufgrund der schlechten sanitären Ver-sorgung, der Kälte und des Hungers kam es be-reits auf dem Weg in die Lager häufig zu Todes-fällen. Unterwegs wurden die „Flüchtlinge" in Scheunen, Baracken und Fabriken unterge-bracht.[34] Wer am Endpunkt der anstrengenden Reise die eigens für „Flüchtlinge" errichteten Ba-rackenlager erreichte, fand „Aufnahme" in einer nach außen hin abgeschotteten Welt. Die nach strengen hierarchischen und militärischen Prin-zipien geführten Lager dienten der Überwa-chung, Disziplinierung, Zwangsarbeit und „Er-ziehung" der hierher verfrachteten Menschen.[35] Sie waren unterschiedlich groß. Die größten Ba-rackenstädte waren für 30.000 Personen errichtet worden.[36] Die einzelnen Lager stellten im breiten Spektrum der Überwachung unterschiedliche Aufgaben in den Mittelpunkt: Arbeit, Erziehung, Bestrafung. Im niederösterreichischen Enzers-dorf im Thale etwa, im Bezirk Oberhollabrunn, wurde ein „Straflager" eingerichtet, in das „Flüchtlinge" eingeliefert wurden, die „ärgernis-erregendes Verhalten" an den Tag gelegt hatten, u. a. Juden, die preistreiberischer Delikte bezich-tigt wurden, des Weiteren „sieche und kranke" Menschen sowie politisch Verdächtige.[37]

Die streng geometrisch angelegten Baracken-

391

392

ABB. 391 „K. k. Baracken-
lager Bruck a. d. Leitha –
Totalansicht"
[Pk 3.148/158].

ABB. 392 „K. k. Baracken-
lager Chotzen – Exspek-
tanz" [Pk 3.148/131].

ABB. 393 „Wien – Ausstel-
lung – Ukrainische Bauernstube (erzeugt im Lager in
Gmünd)" [PK 3.148/254].

ABB. 394 „Altenburg –
Gruppe von Kriegsflücht-
lingen", 1915 [PK 3.148/1].

siedlungen (ABB. 390, 391) sorgten für die totale Kontrolle der „Flüchtlinge".[38] Schlafstätten, Arbeitsbaracken, Schulen, Turnplätze und Kirche waren getrennt. Zäune, Bewachungstürme und Wachposten sorgten für Ordnung und Disziplin (ABB. 392). Die hierarchische Gliederung, die Abgeschlossenheit – teilweise wurden in den Lagern eigene Geldscheine eingeführt – und die übersichtliche Bauweise der Barackenstädte erleichterten die Kontrolle. Die Hierarchie im Inneren der Lager entsprach militärischen Vorbildern. In Leibnitz etwa unterstand jede Baracke einem Barackenkommandanten, dem eine Reihe von Unterführern unterstellt war. Diese wiederum kommandierten je 25 „Flüchtlinge".[39]

Die Lager selbst sollten in „angemessener Entfernung von geschlossenen Ortschaften" errichtet werden, heißt es in einer Weisung des Ministeriums des Inneren an die Landesbehörden vom September 1914.[40] Um die Situation der Internierten vor der Bevölkerung zu verheimlichen und Kontakte zwischen „Flüchtlingen" und der einheimische Bevölkerung möglichst zu verhindern, wurden die Lager nach außen hin lückenlos abgeschottet. Wenn offizielle Nachrichten oder Bilder aus den Lagern an die Öffentlichkeit drangen, wurden die Leistungen der staatlichen Flüchtlingsfürsorge betont.

Die Fotografie spielte in der propagandistischen Überhöhung der Fürsorge- und Erziehungsleistungen im Dienste der „Flüchtlinge" eine zentrale Rolle. Sie sollte die Öffentlichkeit vom wohlwollenden Umgang mit den Flüchtlingen überzeugen und der immer wieder geäußerten Angst vor „Überfremdung aus dem Osten" positive Bilder entgegensetzen.

Zivilisation und Idylle

Am 14. Dezember 1915 wurde im Auftrag des k. k. Ministeriums des Inneren eine große Flüchtlingsausstellung in Wien eröffnet. Mit ihrer Hilfe sollte, so die offizielle Erwartung, die „Hilfsbereitschaft" des Staates und der „patriotische Gemeinsinn gestärkt und gefördert werden".[41] Mit geschönten Aufnahmen aus den Flüchtlingslagern wollten die Behörden den verbreiteten Ressentiments gegen die „Flüchtlinge" entgegentreten und den patriotischen „Erfolg" des Lagerlebens dokumentieren. Die Ausstellung betonte die Gemeinsamkeiten der Völker der Monarchie. Flüchtlinge selbst waren angehalten worden, Szenarien ihrer Herkunftsgebiete für die Schau beizusteuern. So wurde etwa im Lager in Gmünd von galizischen „Flüchtlingen" eine ukrainische Bauernstube für die Wiener Ausstellung nachgebaut (ABB. 393). Die Fotografien, die den „Flüchtlingsalltag" dokumentieren sollten, entstanden hauptsächlich in den Sommer- und Herbstmonaten 1915. Sie richteten sich nicht nur an ein inländisches Publikum, sondern sollten im Rahmen einer Wanderausstellung auch in den Metropolen der alliierten und neutralen Staaten gezeigt werden: in Berlin, München, Köln, Hamburg, Breslau (Wrocław), Bern, Haag, Kopenhagen, Kristiana (Oslo), New York, Pittsburgh und Philadelphia.[42] Um die einzelnen Ausstellungsstationen beschicken zu können, wurden mehrere Konvolute des aus 254 Aufnahmen bestehenden fotografischen Ausstellungsteils hergestellt.

Die Sammlung beginnt mit einer Fotografie aus Altenburg (ABB. 394). Eine große Gruppe von sauber gekleideten, freundlich blickenden „Kriegs-

393

394

395

396

397

flüchtlingen" hat im Freien Aufstellung genommen. Der Fotograf hat die Männer, Frauen und Kinder sorgsam vor der Kamera arrangiert. Aus der amorphen Masse menschlicher Körper ragen die Köpfe heraus. Alle von ihnen sind sichtbar. Ihnen allen, so die Botschaft, gilt die Aufmerksamkeit der staatlichen Fürsorge. Die Bilder vermitteln die Zuversicht, dass das zivilisierende Projekt Erfolg haben wird. Die „Flüchtlinge" werden eingekleidet, ärztlich versorgt und in gut ausgestatteten Räumen untergebracht. Ihre Kinder werden erzogen, sie erlernen Berufe, die Erwachsenen gehen sinnvollen Tätigkeiten nach, kurz: Das Lagerleben erscheint als gesellschaftlicher Aufstieg. Die weiteren Bilder zeigen idealisierende Momentaufnahmen aus dem Lagerleben: die Großzügigkeit der Behörden in der Versorgung der „Flüchtlinge" mit Bekleidung und Nahrungsmitteln (ABB. 395), saubere Unterkünfte (ABB. 396), die Ausbildung der Kinder (ABB. 397, 398), die berufliche Ertüchtigung (ABB. 399), die Freude an der handwerklichen Arbeit (ABB. 400), die Betreuung der Alten und Kranken (ABB. 401), die religiösen Zusammenkünfte (ABB. 402) und die patriotische Gesinnung (ABB. 403).

„Wer diese Lager besucht hat und das Leben der Flüchtlinge dort (...) beobachten konnte, weiß, daß sie sich durchaus wohl fühlen", heißt es im Herbst 1915 in einem lobhudelnden Pressebericht über die Situation in den Lagern, der mit Fotos der Ausstellung illustriert war.[43] Zu danken, so der Bericht weiter, sei diese wohlwollende Behandlung der Regierung. „Da jetzt die Regierung für ihre Verköstigung und Bekleidung sorgt, sehen sie [die Flüchtlinge] fast durchweg besser und gesünder aus als in ihrer Heimat."[44]

Die großteils gestellten Aufnahmen inszenie-

ABB. 395 „Teplitz – Schönau – Verteilung der Osterkartoffeln an Flüchtlinge", 1915 [PK 3.148/82].

ABB. 396 „Gablonz a. N. – Ladinische Flüchtlings-

familien in ihrer Wohnung", 1915 [Pk 3.148/112].

ABB. 397 „Reichenberg – Schulunterricht ladinischer Flüchtlinge", 1915 [Pk 3.184/134].

398

399

400

401

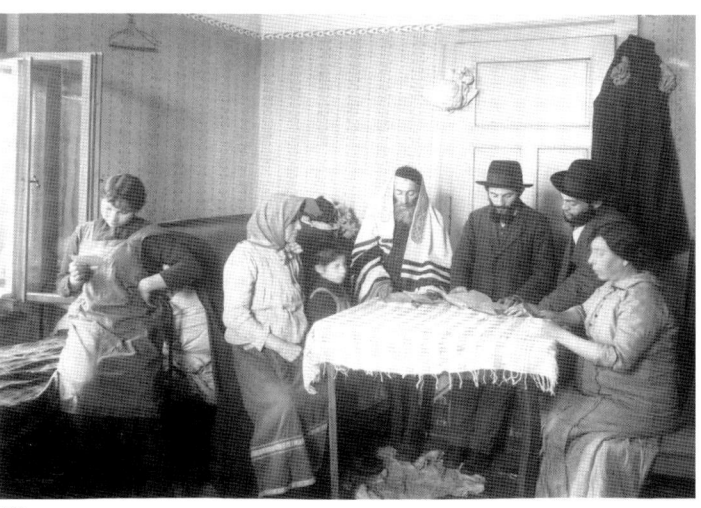

402

403

ABB. 398 „K. k. Baracken-
lager Gmünd – Schule:
Mädchenklasse", 1915
[Pk 3.184/200].

ABB. 399 „K. k. Baracken-
lager Gmünd – Gärtner-
kurs", Sommer 1915
[Pk 3.148/201].

ABB. 400 „K. k. Baracken-
lager Wagna – Handarbeits-
saal", 1915 [PK 3.148/25].

ABB. 401 „Teplitz – Schö-
nau – Kurbäder für Flüchtlinge", 1915 [Pk. 3.148/84].

ABB. 402 „Gablonz a. N. –
Galizische Flüchtlinge
beim Gebet", 1915
[PK 3.148/113].

ABB. 403 „K. k. Baracken-
lager Gmünd – ‚Lemberg
befreit'", Ende Juni 1915
[Pk 3.148/203].

404

ren ein frohes, heiteres, zufriedenes Lagerleben.
Sie dokumentieren den Erfolg der staatlichen
Flüchtlingspolitik und illustrieren die Anstrengungen zur körperlichen, moralischen und geistigen „Erziehung" der Menschen aus der „Fremde". Die „Flüchtlinge" erscheinen in den Bildern
als willige Untertanen der Monarchie, die eifrig
um Mitarbeit am patriotischen Projekt des Reiches bemüht sind.

In einem szenischen „Schnappschuss", der
ebenso inszeniert ist wie die anderen Bildern
sehen wir zwei Männer und eine Frau, in traditionelle Tracht gekleidet, die sich vor einer Baracke
um einen am Boden sitzenden Soldaten gruppieren (ABB. 404). Der Bildtext – „Sie erzählen uns
aus der Heimat" – lässt die Gruppe in ein Gespräch vertieft erscheinen. Die Heimat ist fern
und die Verbindung dorthin abgeschnitten – Galizien ist im Sommer 1915 immer noch teilweise
von russischen Truppen besetzt. Aber das Bild
will eine Brücke herstellen zwischen „dort" und
„da". Der Soldat als Repräsentant des Staates,
dessen Kameraden weit im Osten, nämlich in der

Heimat der „Flüchtlinge", den Krieg gegen Russland führen, leiht den von weit her kommenden
Geschichten ein aufmerksames Ohr. Die Szene
stellt auf symbolische Weise die bedrohte Einheit
des Reiches her.

Nur wenige Fotografien werfen ein Licht auf
die tatsächliche Politik der Absonderung und Abwehr der als Bedrohung empfundenen Menschen
aus der Fremde. Das Unbekannte tritt, wenn es
nicht in Gestalt der Folklore sichtbar wird, hinter den „Leistungen" der nationalen und patriotischen Integration der Völker zurück. Manchmal aber scheint in den idealisierten Aufnahmen,
deren Sinn es ist, die Botschaften der Fürsorge
und der staatlichen Obhut zu vermitteln, auch
unvermittelt ein Hinweis auf die Politik des Rassismus auf. In einer Aufnahme aus dem Lager in
Mährisch-Trübau (ABB. 405), die die sanitären
Anstrengungen der Behörden illustrieren soll,
kommt bei genauerer Betrachtung in der Metapher der Säuberung auch der abschätzige Unter-
ton – die Bekämpfung der Seuchengefahr aus dem
Osten – zum Vorschein. Deutlicher wird diese

405

ABB. 405 „Mährisch-Trü-bau – Desinfektion der Strohsäcke", Sommer 1915 [Pk. 3.148/53].

doppelte Lesart bei einer Fotografie, die – wohl zur selben Zeit – im gleichen Lager entstand (ABB. 406). Die Aufnahme ist mit „Kopfreinigung und Haarschneiden" betitelt. Sie zeigt die „sanitäre Behandlung" einer Gruppe von Kindern. Diese werden nicht, wie in anderen Bildern, sauber gekleidet und in Reih und Glied aufgestellt und dann fotografiert. Sie treten im Zustand ihrer „Verwahrlosung" vor die Kamera. Einige der Kinderbeine stecken in zerschlissenen Schuhen, andere Kinder stehen barfuß da. Bevor sich der zivilisierende Einfluss des Lagers bemerkbar macht, werden die Kinder in vorzivilisiertem Zustand vorgeführt: heruntergekommen und unsauber. Erst im Lager werden sie der Not und dem Elend entrinnen.

Die Rückkehr der „guten" Flüchtlinge

Am 21. März 1918 entstand in der ukrainischen Stadt Wladimir Wolinsky (Volodimir Volins'kij) eine bemerkenswerte Aufnahme (ABB. 407). Wir sehen mehrere Frauen und Kinder, die in schwere Winterkleidung gehüllt sind. Eine der Frauen führt in einer mit Stofffetzen ausgekleideten Holzkiste ein kleines Kind mit sich. Es handelt sich, so erfahren wir im Bildtext, um „heimkehrende Auswandernde". Im Sommer 1916 waren diese Menschen noch als „Evakuierte" oder „Flüchtlinge" bezeichnet worden. Mit einem Mal sind aus den ehemals Geächteten „Ausgewanderte" geworden, aus den „unzuverlässigen" Bewohnern der Grenzgebiete anerkennenswerte, gute Rückkehrer, die sich dem Wiederaufbau ihres Landes widmen werden. Die „Heimkehrer" kommen nun in „ihre" – de facto aber unter deutscher und österreichisch-ungarischer Besatzung stehenden – ehemaligen Gebiete zurück. Die Aufnahme trägt offen propagandistischen Charakter. Die Zivilbevölkerung, die zu Beginn und während des Krieges kollektiv der Spionage und Kollaboration verdächtigt und gewaltsam ausgesiedelt wurde, wurde nun unter großen propagandistischen Kraftanstrengungen zurückgeholt.

Drei Wochen, bevor diese Aufnahme entstand,

406

ABB. 406 „Mähr.-Trübau – Kopfreinigung und Haarschneiden", Sommer 1915 [PK. 3.148/52].

mals russische, nun ukrainische Staatbürger handelte, war die praktische Abwicklung der Rückkehr schwieriger zu bewerkstelligen als die Rückführung von Flüchtlingen innerhalb der Grenzen der Monarchie. Die Repatriierung der wohlhynischen „Flüchtlinge" hatte nach dem „Brotfrieden" begonnen, der am 9. Februar zwischen den Mittelmächten und der Ukraine ausgehandelt wurde. In einem Zusatzvertrag wurde die Rückführung der ukrainischen und polnischen Zivilisten aus Österreich vereinbart.[45]

In den ehemals österreichisch-ungarischen Gebieten hingegen hatte die Repatriierung bereits viel früher begonnen. Erste größere Rückkehraktionen waren bereits im Sommer und Herbst 1915 im Zuge der Rückeroberung großer Teile Galiziens und der Bukowina erfolgt.[46] Weitere Rückkehraktionen initiierte das Innenministerium 1917/1918 unter dem Eindruck der Zunahme einer flüchtlingsfeindlichen Stimmung in der Bevölkerung.[47] Durch eine Mischung aus Anreiz und Repression – etwa durch die Einschränkung der Bewegungsfreiheit mittels Passzwang, durch den Entzug der Unterstützung durch die Flüchtlingsfürsorge usw. – sollten die „Flüchtlinge" wieder nach Osten und Südosten abgeschoben werden. Im Sommer 1918 wurde die Flüchtlingshilfe immer mehr in die ehemaligen Kriegsgebiete verlegt. Zunehmend kam es auch zu Zwangsrepatriierungen.[48]

Die zurückkehrenden Flüchtlinge wurden alles andere als offen empfangen. In den kriegszerstörten Orten war die Integration der Neuankömmlinge schwierig. Ethnische und rassistische Konflikte verbanden sich mit dem sozialen Elend. Es kam immer wieder zu schweren, gewaltsamen Zwischenfällen. Im November und Dezember 1918 richteten sich Gewaltakte und Pogrome häufig gegen rückkehrende jüdische Flüchtlinge.[49] Diese Tatsachen waren in Österreich bekannt, dennoch wurden die Repatriierungen fortgesetzt.[50]

am 3. März 1918, war knapp 100 Kilometer weiter nördlich, in Brest-Litowsk (Brest), der Friedensvertrag mit Russland geschlossen worden. Das ukrainische Gebiet, in dem auch Wladimir Wolinsky lag, wurde zum Satellitenstaat der Mittelmächte. Diese waren daran interessiert, Flüchtlinge aus den Lagern der Monarchie als Arbeitskräfte in die zerstörten und wirtschaftlich daniederliegenden Gebiete zurückzuführen. Da es sich bei den Einwohnern Wolhyniens um ehe-

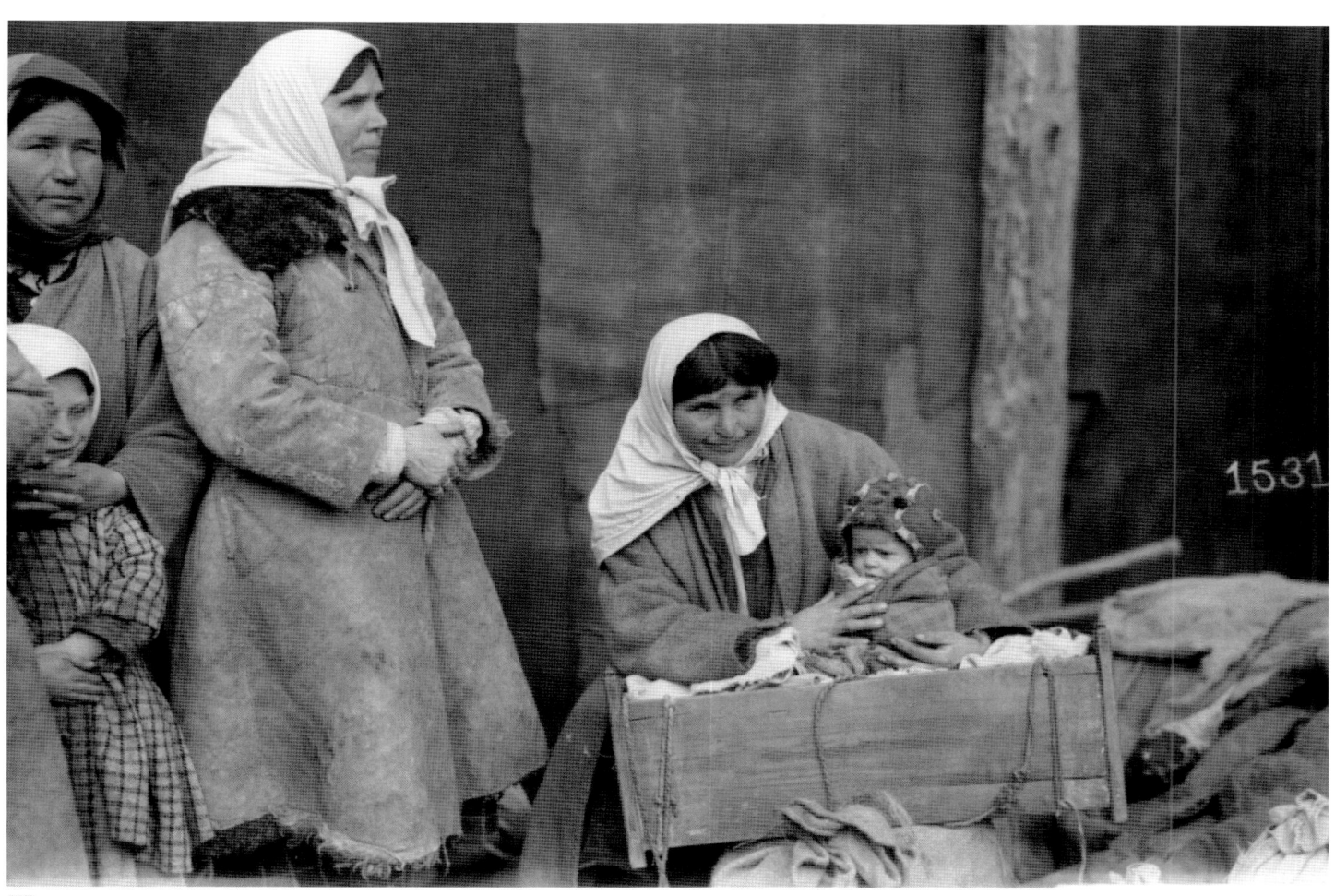

407

ABB. 407 „Wladimir-
Wolynskij: Heimkehrende
Auswandernde
(21./III.1918)" [K 31599].

Die Rückkehr der „guten" Flüchtlinge   247

ABB. 408 Cesare Battisti
nach seiner Festnahme,
Trient (Trento), 11. Juli
1916; 10. Korpskommando
[K 22046].

Am Galgen — Krieg gegen die Zivilbevölkerung

Am 12. Juli 1916 wurden in Trient (Trento) zwei Männer hingerichtet, die im Ersten Weltkrieg auf italienischer Seite gekämpft hatten. Das Urteil lautete auf Hochverrat. Einer der beiden war Cesare Battisti, der andere Fabio Filzi. „Der Tod ist um 7.14 Uhr eingetreten, das heißt 8 ½ Minuten nach Beginn der Hängung", steht lapidar im Protokoll der Sanitätskommission des 5. österreichischen Armeekorps zu lesen, das eine Stunde nach dem Tod der beiden Männer aufgesetzt wurde.[1]

Battisti und Filzi waren am 10. Juli bei einem überraschenden Vorstoß der österreichischen Truppen gefangen genommen und anschließend vom Frontgebiet im Hochgebirge nach Trient gebracht worden. Am Abend des 11. Juli wurden die beiden Männer verhört, der kurze Prozess beim k. u. k. Militärstationskommando in Trient fand in den Morgenstunden des 12. Juli statt, unter dem Bild des Kaisers Franz Joseph.

„Der Angeklagte Dr. Cäsare Battisti hat (…) das Verbrechen des Hochverrats (…), der Angeklagte Dr. Fabio Filzi das Verbrechen des Hochverrats (…) begangen – und werden hiefür beide Angeklagte gem. § 59 lit.b STG beziehungsweise 335 lit.b MSTG infolge einstimmiger Schuldigerklärung im standgerichtlichen Verfahren im Sinne des § 444 MSTPO zur Strafe des Todes durch den Strang verurteilt", heißt es in der kurzen Begründung des Militärgerichts.[2]

Bei der Festnahme hatte man den beiden Gefangenen alle persönlichen Habseligkeiten abgenommen. Auch darüber wurde in akribischer Weise Protokoll geführt. In der Brieftasche Battistis fanden sich, so heißt es in der Aufstellung, „4 Photographien, 1 Notizblock, 10 beschriebene Zettel, 1 Veröffentlichung des italienischen Kriegsministeriums".[3]

Tod vor der Kamera

„Morgen, im Laufe des Vormittags werden Dr. Cesare Battisti (…) und Dr. Fabio Filzi (…) hierher zum Gericht des k. u. k. Militärstationskommandos [nach Trient; A. H.] überführt."[4] Der Aufruf richtete sich an die Bevölkerung. Der Zug durch die Stadt sollte zum öffentlichen Massenspektakel werden: „Noch heute", heißt es im Appell, „kann diese Nachricht in der Stadt verbreitet werden, (…) damit die Bevölkerung bei der Ankunft der beiden Gefangenen dabei sein kann. Um eventuelle Gewaltausbrüche zu vermeiden, sind Vorkehrungen zu treffen."[5] Am 11. Juli waren die Straßen von Trient dicht von Schaulustigen gesäumt. Die beiden Gefangenen – sie waren noch mit ihren Militäruniformen bekleidet, Battisti trug noch seinen Helm – wurden auf einem von Pferden gezogenen Leiterwagen durch die Stadt geführt. An eine Kette gebunden führte man Battisti, den prominenteren der beiden Gefangenen, vor die Kamera (ABB. 408). An den Fenstern drängten sich Menschen, die den Zug durch die Straßen der Stadt verfolgten.

Am Ort der Hinrichtung, im Innenhof des Trienter Kastells, hatte man eine kleine Bühne aufgebaut. Der eigens aus Wien angereiste Standrichter Josef Lang konnte so über eine kleine Treppe von hinten an den Galgen gelangen. Die Hinrichtung war für die Abendstunden des 12. Juli geplant. Ein kleiner Platz vor dem niedrigen Galgen war freigehalten worden. Rechtwinklig um diesen Raum nahmen österreichische Offiziere und Soldaten Aufstellung. In einer zweiten Reihe umstellten weitere Soldaten den Platz und sorgten dafür, dass die zahlreichen Schaulustigen, ebenfalls großteils Soldaten, genügend Abstand hielten. Diese drängten sich in

ABB. 409 Der Hinrichtungsplatz im Kastell in Trient (Trento), 12. Juli 1916. Ein genauerer Blick auf das Bild zeigt die zahlreichen Fotografen unter den Schaulustigen [ÖNB 460.793].

409

den schmalen Korridoren am Rande des Innenhofes und kletterten zum Teil auf die Felsen, die den Platz auf zwei Seiten begrenzten. Mehrere Hundert Personen verfolgten dieses Schauspiel. Auf einem der Fotos, das aus leicht erhöhtem Standpunkt aufgenommen wurde und das einen Großteil des Platzes vor der Hinrichtungsstätte zeigt, sind die zahlreichen fotografierenden Männer gut zu erkennen (ABB. 409). Es sind so viele, dass man davon ausgehen kann, dass mindestens zwei Dutzend Kameras das Ereignis dokumentiert haben. Die Apparate sind zum Großteil kleine Handkameras, teilweise mit Stativ versehen, teilweise um die Schulter gehängt. Einige der Fotografen bauten ihre Apparate in unmittelbarer Nähe des Galgens auf. Es dürfte sich bei ihnen um offiziell beauftragte Kriegsfotografen gehandelt haben. Aber in den Reihen der Schaulustigen befanden sich auch zahlreiche „private" Knipser.[6]

Das Spektakel der Exekution dauerte samt Vorführung und Urteilsverlesung nicht länger als eine knappe Stunde. Während der Hinrichtung wurde pausenlos fotografiert. Das Hauptinteresse galt Cesare Battisti. Seine Tötung ist auf zahlreichen Fotos festgehalten (ABB. 410, 411, 412). In geradezu manischer Dichte zeigen sie jede Einzelheit seines Todes. Die erhaltenen Fotos von der Hinrichtung – es dürften an die 100 sein[7] – orientieren sich fast ausnahmslos am Zentrum des Platzes, an der Bühne der Hinrichtung. Ein genauerer Blick auf einige der Bilder zeigt zunächst, wie viele der Soldaten mit der Kamera „bewaffnet" sind. Das „Schießen" all dieser Kameras schwillt wie ein Gewitter im Augenblick der Hängung an, so als ob es darum ginge, den kurzen Moment zwischen Leben und Tod um jeden Preis festzuhalten. Kurze Zeit nach dem Tod des Hingerichteten lassen die Fotografen ab vom Gehängten. Wenige Bilder sind überliefert, die den am Boden zusammengesunkenen Leichnam festhalten. Kein einziges zeigt den Abtransport des Toten.

Der Hingerichtete war vor dem Krieg italienischer Abgeordneter zum österreichischen Reichsrat in Wien gewesen. Bei Kriegsbeginn hatte er sich auf die Seite Italiens gestellt. Er hatte für den Anschluss des italienischsprachigen Teils des südlichen Tirols an Italien gekämpft und als Sozialist für die soziale und nationale Emanzipation aus dem „Völkerkerker" der Habsburgermonarchie. Eine solche „Untreue" bestrafte die Militärgerichtsbarkeit mitten im Krieg mit drakonischen Maßnahmen. Battisti – nicht aber Filzi[8] – wurde aber auch medial zum „Fall" stilisiert. Unter gewaltigem propagandistischem Aufwand wurde er zu einer der symbolträchtigs-

ABB. 410 Der Henker legt Battisti die Schlinge um den Hals, Trient (Trento), 12. Juli 1916 [ÖNB 214.545].

410

411

412

ABB. 411 Gruppenbild mit einem Toten. Cesare Battisti nach der Hinrichtung [Österreichisches Staatsarchiv, Kriegsarchiv, Wien].

ABB. 412 Ein verwackeltes Bild im Gedränge nach der Hinrichtung [Österreichisches Staatsarchiv, Kriegsarchiv, Wien].

ten Figuren des Krieges: für die eine Seite ein „Hochverräter", für die andere ein „Märtyrer" der anderen Seite. Seine Hinrichtung wurde daher zum symbolischen politischen Schauspiel, dessen Echo bald weit über Trient hinausreichen sollte. Und dieser symbolische Kampf zwischen

den „eigenen" und den „anderen" Reihen, zwischen Patriotismus und Verrat wurde auch mit den Waffen der Fotografie ausgefochten.

413

ABB. 413 Karl Kraus: *Die letzten Tage der Menschheit*, Wien 1922, Frontispiz.

ABB. 414 „Die letzten Augenblicke C. Battistis", italienische Propagandapostkarte [Archivio E. Sturani, Rom].

ABB. 415 „Das Martyrium von Cesare Battisti", italienische Propagandapostkarte, abgeschickt am 17. Januar 1917 von Mailand nach Sardara, Cagliari / Sardinien [Archivio E. Sturani, Rom].

414

415

Verräter und Märtyrer

Als 1922 Karl Kraus' Buchausgabe von *Die letzten Tage der Menschheit* erschien, stellte der Autor dem Text eine Fotografie voran (ABB. 413). Sie zeigt die Hinrichtung Cesare Battistis in Trient. Kraus hat sich – das zeigt ein Vergleich mit der Vorlage (vgl. ABB. 411) – offenbar einer retuschierten bzw. montierten Version der Szene bedient.[9] Die abgebildete Fotografie hebt die in die Kamera grinsenden Schaulustigen dadurch hervor, dass der Hintergrund – die Mauer des Kastells – durch eine weiße Fläche ersetzt wurde. Battisti ist von Soldaten und Zivilisten umringt, die neben dem zusammengesackten Körper Aufstellung genommen haben und in die Kamera grinsen.

Karl Kraus veröffentlichte ein Foto, das von einem österreichischen Kriegsfotografen und offenbar mit Billigung der Militärbehörden aufgenommen wurde. Die Geschichte dieses Bildes ist bemerkenswert: Schon wenige Tage nach der Hinrichtung verschwand es aus der österreichischen Öffentlichkeit. In einem Befehl an das Trentiner Militärkommando hatte der Kommandant der 11. österreichischen Armee nämlich angeordnet, dass „die fotografischen Reproduktionen der Überführung und der Hinrichtung Battistis und Filzis nicht verkauft und in den Zeitungen nicht gedruckt werden" dürfen.[10] Was war geschehen?

Die Militärzensur hatte erkannt, dass die Bilder aus Trient in den Augen des „Feindes" ihre Lesart zu ändern begannen. Die Fotografien, die aus dem Augenwinkel der österreichischen Gaffer aufgenommen worden waren, gelangten in die Hände des italienischen Militärs und wurden dazu verwendet, die Abscheulichkeit des Gegners auf drastische Weise darzustellen. Schon bald nach der Hinrichtung waren die Fotografien als Bildpostkarten aufgetaucht, die in Italien bald in großen Auflagen zirkulierten. Die Bildunterschriften prangerten die Grausamkeit, die Barbarei und die Unmenschlichkeit Österreichs an und präsentierten den Hingerichteten als nationalen Märtyrer. Ikonografisch überhöht wurde die Szene in gemalten Ansichten, die die Bühne erhöhten und Battisti als angehenden Volkshelden inszenierten: Er steht gefesselt vor dem Galgen und blickt wild entschlossen und letztlich siegessicher dem Tod entgegen (ABB. 414, 415). Die Postkartenserie stellte die dramatischen Stunden rund um die Hinrichtung in ein vollkommen neues Licht. Sie zeigt die Ankunft Battistis in Trient als Vorspiel eines nationalen Dramas. Die Hinrichtung selbst wird zur dramaturgisch überhöhten politischen Geste: Der Tod Battistis soll das wahre Antlitz eines barbarischen Regimes zeigen, das seinem Ende entgegengeht.

Es gibt ein Foto, das den toten, zusammengesunkenen Leichnam Battistis zeigt (ABB. 416). Um den Kopf ist ein weißes Tuch gelegt – die Ikonografie erinnert an die Christusfigur. Dieses Bild könnte den Höhepunkt in der Dramaturgie des Märtyrers bilden. Aber es fehlt in den italienischen Sammlungen. Die österreichische Zensur hatte es offenbar erfolgreich zurückhalten können.

Die italienischen Postkartenbilder – deren Veröffentlichung in Österreich verboten war – hatte Kraus vor Augen, als er die politische Doppeldeutigkeit der Fotografie ins Spiel brachte. Er veröffentlichte eine Fotografie, die der Zensur zum Opfer gefallen war, die aber auf der „anderen" Seite Kultstatus erlangt hatte: „Sie wurde", so der *Nörgler* in *Die letzten Tage der Menschheit*, „von amtswegen hergestellt, am Tatort wurde sie verbreitet, im Hinterland zeigten sie ‚Vertraute' Intimen, und heute ist sie als Gruppenbild des k. k. Menschentums in den Schaufenstern aller feindlichen Städte ausgestellt, ein Denkmal des Galgenhumors unserer Henker, umgewertet zum Skalp der österreichischen Kultur." (…). *Der Optimist*: „Aber die Zeugen der Hinrichtung haben sich doch nicht absichtlich mitphotographieren lassen?!" *Der Nögler*: „Es bildeten sich Gruppen. Und zwar, um nicht nur bei einer der viehischsten Hinrichtungen dabei zu sein, son-

ABB. 416 Der Leichnam Battistis, mit einem Schweißtuch bedeckt, Kupfertiefdruck nach einer Fotografie [ÖNB 499.982].

416

dern auch dabei zu bleiben; und alle machten ein freundliches Gesicht. Dieses, das österreichische, ist auch auf einer anderen Ansichtskarte, der unter vielen ähnlichen eine nicht geringere kulturhistorische Bedeutung zukommt, in zahlreichen Soldatentypen, die zwischen zwei hängenden Rutheninnen Schulter an Schulter die Hälse recken, um ja ins Dokument zu kommen."[11]

Die Bilder von Trient, darauf macht Kraus aufmerksam, stehen also nicht isoliert da: Er vergleicht sie mit Fotografien von der Ostfront, die, ähnlich wie die Aufnahmen aus Trient, die Hinrichtung von sog. „Verrätern" zeigen. Auch wenn das Foto, das die beiden hingerichteten Rutheninnen zeigt, bei Kraus nicht abgebildet und daher nicht eindeutig zu rekonstruieren ist, so finden sich dennoch Fotografien aus dieser Zeit, die dem beschriebenen Foto gleichen. Auf einem Bild, ebenfalls im Jahr 1916 aufgenommen, hat sich die Gruppe der Schaulustigen schon fast aufgelöst (ABB. 417). Die beiden Männer, „gehenkte Verräter" in den Worten der österreichischen Kriegsarchivare[12], hängen noch inmitten der Straße einer polnischen Stadt. Und wiederum blicken die Soldaten und Zivilisten nicht auf die beiden Gehängten, sondern in die Kamera.

ABB. 417 „Gehenkte Verräter", Polen 1916 [ÖNB 154.904].

417

„Vorgehen in rücksichtsloser Weise"

Die Hingerichteten im Hinterland der Ost- und Südostfront waren – im Unterschied zu Cesare Battisti – keine Soldaten, sondern fast immer Zivilisten. Als im Herbst / Winter 1914 die österreichische Armee große Rückschläge erlitt und die russischen Verbände weit nach Westen vorrückten, wurde im Armeeoberkommando und in Militärkreisen die angebliche Unzuverlässigkeit der Bevölkerung dafür verantwortlich gemacht. Die Folge waren systematische Repressalien und Übergriffe gegen die nichtdeutsche und nichtungarische Bevölkerung, die kollektiv der Kollaboration verdächtigt wurde. Das brutale Vorgehen gegen die eigene Zivilbevölkerung war durch umfassende Vollmachten und eine Reihe von Ausnahmegesetzen möglich geworden. Schon wenige Tage vor der Kriegserklärung an Serbien waren die Weichen für eine Art Militärdiktatur in den künftigen Kriegsgebieten gestellt worden. Mithilfe von Kriegs- und Ausnahmegesetzen – allein im Juli 1914 wurden 156 sog. „Notverordnungen" erlassen – wurden die Freiheitsrechte der Bevölkerung drastisch eingeschränkt.[13] In weiten Teilen der Monarchie wurde die Zivilverwaltung aufgehoben und de facto dem Armeeoberkommando unterstellt. Die Zivilbevölkerung unterstand hier der Militärgerichtsbarkeit, die mit einer ungeheuren Machtfülle ausgestattet wurde (ABB. 418).[14]

Besonders hart bestraft wurden Zivilisten, die unter Spionageverdacht fielen oder – wie es in der Verordnung vom 25. Juli 1914 hieß – des „Verbrechens der Ausspähung und anderer Einverständnisse mit dem Feind oder sonstiger, einen Nachteil für die bewaffnete Macht oder deren verbündete Truppen oder einen Vorteil für den Feind bezweckenden Handlungen beschuldigt wurden."[15] Verhaftungen und Geiselnahmen waren an der Tagesordnung.

Um die Geiselnahmen zu erleichtern, wurden Listen mit angeblich „russophilen" Personen und Ortschaften zusammengestellt. „Sobald Truppen in oder in der Nähe dieser Ortschaften gelangen, sind unbedingt nach eingeholter Orientierung Geiseln auszuheben. In erster Linie jedenfalls die angesehensten und einflussreichen Personen. Sobald sich irgendwo nur die geringsten Anzeichen einer Unterstützung des Feindes bemerkbar machen, ist in rücksichtslosester Weise vorzugehen. Kein Mittel ist in einem solchen Falle scharf genug."[16] Der Begriff „Vorgehen in rücksichtsloser Weise" bedeutete nichts anderes als die Erlaubnis von Exekutionen.[17] An den Repressalien waren die regulären Einheiten der

418

k. u. k. Armee und die k. u. k. Nachrichtenabteilungen beteiligt. Aber auch die einheimische Bevölkerung vor Ort nahm teilweise an den Plünderungen, Vertreibungen und Denunziationen teil.[18]

Bereits zu Kriegsbeginn wurden, so schätzt der Historiker Hans Hautmann, von österreichisch-ungarischen Armeeangehörigen an die 30.000 Ruthenen (Ukrainer) und ebenso viele Serben unter dem Kollaborations- und Spionagevorwurf hingerichtet.[19]

Das Misstrauen galt vielen: Ruthenen und Juden in Galizien, orthodoxen Priestern, die als „Russophile" galten, Bosniern, Serben und Italienern in der Monarchie. Verdächtig waren aber auch Sozialisten, Zigeuner sowie generell nicht deutsch- oder ungarischsprachige Bevölkerungsgruppen im Hinterland der Front. Das Prädikat „unzuverlässig" war schnell zur Hand. Zehntausende „Verdächtige" wurden in Lager weit im Hinterland der Monarchie deportiert. Diese „Maßnahmen" gegen die Zivilbevölkerung nahmen derartige Ausmaße an, dass die Militärgerichte mit den gewaltigen Verhaftungswellen nicht mehr Schritt halten konnten: „Das Militärkommando", heißt es in einem militärinternen Schreiben vom 27. August 1914, „wird daher angewiesen, durch die Militäranwälte mit allen Mitteln dahin zu wirken, daß es die Gerichte an der unbedingt nötigen Raschheit, Entschiedenheit und Strenge nicht fehlen lassen und daß den gefährlichen Elementen baldigst durch die strenge Bestrafung Schuldiger der Ernst der Strafverfolgung und die schweren Folgen staatsgefährlicher Verbrechen vor Augen geführt werden."[20]

Die meisten Hinrichtungen fanden freilich ohne die Einschaltung der Militärgerichte statt. In den Anweisungen an die örtlichen Kommandanten wurde darauf hingewiesen, dass bei „feindseliger Haltung der Ortsbevölkerung" das „Kriegsnotwehrrecht" zu gelten habe. Dieses legitimierte Strafaktionen ohne feld- oder standgerichtliche Verfahren.[21] Ein bloßer Verdacht genügte, um Hinrichtungen anzuordnen.

Hinrichtungen am Galgen

„Der Krieg der österreichischen Armee begann mit Militärgerichten." In Joseph Roths Roman *Radetzkymarsch* aus dem Jahr 1932 wird die Situation zu Beginn des Krieges in Ostgalizien geschildert: „Tagelang hingen die echten und vermeintlichen Verräter an den Bäumen auf den Kirchplätzen, zur Abschreckung der Lebendigen."[22] Nachdem an der Front der große Krieg begonnen hatte, setzte im Hinterland ein zweiter Krieg ein, der im Schatten der großen Öffentlichkeit stand. Wir wissen immer noch sehr wenig über diese Ereignisse. In den militärischen Akten haben sich nur spärliche Spuren erhalten, da die Befehle meist mündlich erteilt wurden. Zu den wenigen Zeugnissen, die überliefert sind, gehören Fotografien.[23]

Im Unterschied zum Zweiten Weltkrieg gab es im Ersten Weltkrieg keine offiziellen Fotografierverbote bei Hinrichtungen. Viele der Aufnahmen wurden daher nicht heimlich, sondern offenbar mit Billigung des Militärs aufgenommen. Dennoch suchen wir diese Bilder in den offiziellen österreichischen und ungarischen Militärarchiven vergebens. In der Sammlung des k. u. k. Kriegspressequartiers etwa wurde kein einziges Hinrichtungsfoto aufbewahrt. Hinrichtungsfotos finden sich eher in privaten Alben und Nachlässen, aber auch in den Kriegs- und Fotoarchiven jener Staaten, die nach dem Zerfall des Habsburgerreiches entstanden waren.[24]

Aus den ersten beiden Kriegsjahren sind zahl-

ABB. 418 „Gerichtssitzung des Feldgerichtes d. 16. Korpskommando in Dornberg. Oktober 1915"; 16. Korpskommando [K 331].

LEADING CITIZEN

419

420

ABB. 419 „Leading citizen",
(aus: T. A. Innes, Ivor
Castle (Hg.): *Covenants
with death*, London 1934,
o. S.).

ABB. 420 „Hinrichtung der
friedlichen einheimischen
Bevölkerung durch die ös-
terreichische Armee. Weltkrieg 1914–1918, Lublin,
russisch Polen 1914"
[Militärarchiv Prag].

reiche Aufnahmen von Hinrichtungen am Galgen überliefert. Danach werden die fotografischen Dokumente seltener. Fotografiert wurde
– das ist kaum verwunderlich – ausschließlich
aus der Sicht der beteiligten Soldaten. Im Laufe
des Krieges wurden diese Bilder, die zunächst
noch gelegentlich in die Presse gelangten, immer
mehr der Öffentlichkeit entzogen. Dennoch
wurde unter dem Galgen weiterhin ausgiebig fotografiert. Erst im Frühsommer 1917, als das Parlament wieder einberufen wurde, nahm die Kritik an den willkürlichen „Justifizierungen" zu.
Nun sickerten auch Details über die Brutalität
der militärischen Gewaltherrschaft im Hinterland der Front an die Öffentlichkeit. Die sozial-
demokratische Presse berichtete – trotz Zensur –
1917 und 1918 immer wieder über die Repressalien. Unter dem öffentlichen Druck waren Regierung und Militärführung gezwungen, ihre Vorgangsweise zu ändern. Mitte 1917 wurde die seit
Kriegsbeginn – auch für die Zivilbevölkerung gel-
tende – Militärstrafgesetzgebung eingeschränkt.
Die Politik der massenhaften und willkürlichen
Hinrichtungen war damit vorläufig zu Ende. Erst

in den letzten Kriegsmonaten setzten wieder
Massenhinrichtungen ein. Diesmal richteten sie
sich hauptsächlich gegen Deserteure.

Auf einer der Fotografien, die während einer
Hinrichtung entstand, ist im Zentrum des Bildes
ein aus Balken zusammengezimmerter Galgen
zu erkennen (ABB. 419). Dahinter steht ein großes
Holzfass. Der Mann, der soeben hingerichtet
wurde, ist in einen dunklen, vorne offenen Mantel gehüllt. Er trägt eine ärmliche Hose aus ge-
streiftem Tuch, die um die Hüfte mit einer
Schnur zusammengebunden ist. Die Beine sind
ihm mit einem Strick gefesselt. Sein Hut liegt
neben ihm auf dem Boden. Die kleine Holz-
treppe, über die er den Galgen besteigen musste,
ist schon zur Seite geräumt. Neben dem Toten
steht ein Soldat, der ihn mit der Hand berührt.
Dahinter gruppieren sich zahlreiche andere Soldaten. Gebannt blicken sie nach vorne: auf den
Toten oder in die Kamera. Das Bild wurde in dem
1934 in England erschienen Buch *Covenants
with death* (Im Bund mit dem Tode) abgebildet.[25]

Die Szene ist gespenstisch. Der Fotograf hat
vor dem Galgen Platz genommen. Dahinter stehen Soldaten. Die im Hintergrund verschwom-
men sichtbare Fensterreihe deutet an, dass der
Ort der Hinrichtung nicht außerhalb des be-
wohnten Gebietes, sondern mitten in einem Ort
oder einer Stadt liegt. Hinter dem Galgen drängen sich Zuschauer, zahlreiche Soldaten und
wohl auch etliche Bewohner des Ortes, die den
Hingerichteten womöglich gekannt haben.[26]
Wann und wo das Bild aufgenommen wurde, darüber erfahren wir im Buch nichts. Es sind aber
weitere Fotos dieser Hinrichtungsszene aufgetaucht. Mit ihrer Hilfe ist es möglich, einen Teil
der Unklarheiten zu beseitigen, denn zu diesen
Bildern sind auch Bildbeschriftungen erhalten.
Eine der Aufnahmen bzw. eine Reproduktion
davon diente wohl als Vorlage für das in England
gedruckte Bild (ABB. 420). Der Bildausschnitt ist
etwas größer. Im Vordergrund sind die Helme
zweier Soldaten zu sehen. Die Zuschauerränge
rund um den Hinrichtungsplatz scheinen also ge-

schlossen gewesen zu sein. Diese beiden Figuren sind in der Buchabbildung wegretuschiert. Die Archivbeschriftung lokalisiert das Bild im russischen Polen und gibt als Entstehungsdatum das Jahr 1914 an.[27] Die Szene ist noch auf einem weiteren Bild überliefert, von dem ein zeitgenössischer Abzug erhalten ist (ABB. 421). Hier rückt der Fotograf näher an den Toten heran. Die Holzkonstruktion des Galgens ist nicht mehr sichtbar. Das Bild dürfte wenige Augenblicke nach der anderen Aufnahme entstanden sein. Die Haltung der Soldaten hat sich gelockert. Mehrere von ihnen drehen den Kopf in Richtung Kamera, um ins Bild zu kommen. Dieser Beschriftung zufolge ist das Foto im Juni 1916 aufgenommen worden. Beim Hingerichteten handelt es sich – in der Sprache der k. u. k. Propaganda – um einen „russ. Spion". Die beiden Zeitangaben liegen deutlich auseinander. Wenn wir den Frontverlauf an der Ostfront verfolgen, wird deutlich, dass das Foto nicht aus dem Jahr 1914 stammen kann. 1914 war die Gegend um Lublin tief im russischen Hinterland, erst 1916 rückte die Frontlinie der Mittelmächte nach Osten, sodass die Stadt in das eroberte Territorium der Mittelmächte fiel. Das Bild dürfte also tatsächlich im Juni 1916 in Ostgalizien oder in den angrenzenden russisch-polnischen Gebieten entstanden sein.

Blicke, Berührung

In den Fotografien wird die Hinrichtung zum Schauspiel: Der Galgen steht auf einem freien Platz, das Opfer wird in die Mitte gerückt, es wird umringt von Schaulustigen. Der Platz vor dem Galgen gehört dem Fotografen. Er hält beide fest, den Getöteten und die Zuschauer. Diese Logik der Blicke begegnet uns in ähnlicher Weise auch auf anderen Hinrichtungsfotografien. Der Tote gehört den Soldaten, er wird von ihnen umringt. Viele von ihnen blicken nicht auf den Toten, sondern in die Kamera. Der Fotograf zeichnet die Szene auf und macht sie für eine größere Öffentlichkeit zugänglich. Er ist ein Beteiligter – im

421

Kreis der Schaulustigen und zugleich außerhalb. Außerhalb steht er nicht nur, weil er sein Auge hinter der Kamera verbirgt, sondern auch, weil sein Blick auf die Szene von der Erwartung eines *Nachher* geprägt ist. Er macht ein Foto für die Zeit danach. Für sich selbst und für andere (auch uns), die später ebenfalls aus sicherer Distanz einen Blick auf die Szene werfen wollen. Durch das Foto ist er Teilhaber beider Gemeinschaften, jener der Täter und der Zuschauer vor Ort, die unmittelbar teilhaben am Schauspiel der Tötung, und jener der Schaulustigen, die später dazustoßen, indem sie das Bild in die Hand nehmen und den Akt der Gewalt aus sicherem Abstand neuerlich betrachten.

Auf einer der Aufnahmen (vgl. ABB. 421) ist die

ABB. 421 „Henken eines russischen Spions", Juni 1916 [ÖNB 154.907].

422

Hand eines Soldaten zu sehen, der das Opfer berührt. Dieser Akt der Berührung ist bemerkenswert. Schon wenige Jahre nach dem Krieg, Mitte der 1920er Jahre, hat Ernst Friedrich in seinem berühmt gewordenen Buch *Krieg dem Kriege* (1924) auf diese Geste aufmerksam gemacht. „Man beachte", schreibt er im Bildtext zu einer Fotografie, die ebenfalls einen am Galgen Hingerichteten zeigt, „den Soldaten, der den Erhängten anfasst, um damit anzudeuten, daß er selbst der Henker ist und auf seine Leistung stolz ist."[28]

Nun könnte man einwenden, dass der Soldat den Toten nur berührt, um die Drehung des Stricks zu verhindern und den Toten den Fotografen frontal zu präsentieren. Diese Begründung ist nicht ganz von der Hand zu weisen. Und dennoch reicht die Bedeutung dieser Geste darüber hinaus. Ernst Friedrichs Beobachtung, dass nämlich der Akt der Berührung und der Akt des Fotografierens aufeinander bezogen sind, sollte man ernst nehmen. Die körperliche Berührung des Opfers – das Angreifen – fügt der Zeugenschaft durch das Auge noch etwas hinzu: die Bezeugung durch den Tastsinn. Der Soldat, der den Toten anfasst, tut dies ebenfalls für die Kamera. Seine Geste ist auf den zweiten Zeugen hin entworfen, den Fotografen: Beide gehen sie ein Bündnis ein. Es beruht auf dem Blick, aber auch auf der Berührung.

Das Bild des „Verräters"

Am 11. Februar 1915 erschien in der illustrierten Wochenzeitung *Das interessante Blatt* das Foto einer Hinrichtung (ABB. 422).[29] Die Mitte des Bildes markiert ein starker Mast aus Holz. An ihm hängt der Getötete. Vor dem Toten steht ein österreichischer Soldat und blickt in die Kamera. Im Hintergrund erkennen wir einen Baum ohne Blätter – das Foto wurde offenbar im Winter aufgenommen. Wo genau an der Ostfront das Foto entstanden ist, wissen wir nicht. Auf der Straße sind Zivilisten und Soldaten unterwegs, vor einem Haus steht ein Auto. „Strafe für Verrat. Hinrichtung eines überwiesenen Spions in einer galizischen Stadt", so lautet der Bildtext in der Zeitung. Der Hingerichtete scheint schon einige Zeit auf der Straße zu hängen. Sein Anblick sollte eine abschreckende Wirkung erzielen. Und auch das Bild in der Zeitung sollte die drakonischen Strafen für „Verrat" in Erinnerung rufen.

Mittlerweile ist ein zweites Foto von dieser Hinrichtung aufgetaucht. In einem Teilnachlass des ungarischen Kriegsfotografen Rudolf Balogh findet sich ein Glasplattennegativ, das dieselbe Szene aus größerer Entfernung und aus einem etwas anderen Blickwinkel zeigt (ABB. 423).[30] Unter dem Toten sind zahlreiche Schaulustige zu erkennen, in der Mehrheit sind es Soldaten in schweren Wintermänteln. Aber auch ein paar Zivilisten sind unter ihnen. Der Fotograf unterhielt gute Kontakte zur Presse und lieferte seine Bilder an ungarische, österreichische und deutsche Blätter. Er hatte vor dem Krieg für die ungarische Wochenzeitung *Vasárnapi Újság* (Sonntagsblatt) gearbeitet und war im Herbst und Winter 1914 als offizieller Kriegsfotograf des Kriegspressequartiers an der Ostfront unterwegs.

Die Hinrichtungen im Hinterland der Front wurden, das zeigen diese Bilder, als publikumswirksames Spektakel inszeniert. Die „Bestrafung" der angeblichen „Spione" erfolgte stets vor Schaulustigen, häufig wurden die Szenen auf Fotos festgehalten. Nicht nur Soldaten mit ihren

privaten Kameras fotografierten am Ort der Hinrichtung, auch offizielle Kriegsfotografen machten Bilder. Dennoch wurden derartige Hinrichtungsfotos während des Krieges in Österreich oder Deutschland nicht sehr oft veröffentlicht.[31] In den großen illustrierten Zeitungen finden sich nach 1915 keine solchen Bilder mehr. Unter dem Druck der Zensur und durch den Ausbau zentraler militärischer Fotostellen, die die Belieferung der Zeitungen mit Illustrationsmaterial mehr und mehr kontrollierten, wurden Bilder, die Gewalttaten an Zivilisten zeigten, zusehends aus dem Verkehr gezogen.[32] Spätestens seit dem Fall Battisti, der im Sommer 1916 hingerichtet wurde und dessen massenwirksame Hinrichtung zum medialen Boomerang geworden war, misstraute man offenbar dem fotografischen Triumph über die hingerichteten „Verräter". Solche Bilder konnten, wenn sie dem Gegner in die Hände fielen, als Zeugnisse des „barbarischen" Regimes der Habsburger verwendet werden.

Angebliche Spione wurden zwar weiterhin in Bildern gezeigt, aber die Tötung selbst fand mehr und mehr unter Ausschluss der Öffentlichkeit statt. Dass die unter Spionageverdacht Festgenommenen in der Regel die Hinrichtung erwartete, blieb dem Publikum dennoch nicht verborgen. In einer Aufnahme, die am 23. Mai 1915 in der illustrierten Beilage *Der Krieg. Illustrierte Wochen-Chronik* zu der Wochenzeitung *Wiener Hausfrau* erschien, ist von einem „jüdischen Spion" die Rede. In die Anklage des Spionagevorwurfs mischen sich antisemitische Untertöne. Aus dem Text, der dem Bild beigestellt ist, wird klar, dass den Mann die Hinrichtung erwartet: „Auf dem östlichen Kriegsschauplatz spielt das Spionagewesen eine weit größere Rolle als im Westen, wo es doch nur vereinzelt vorkommt. In Russisch-Polen, in Galizien usw. ist aber das eigentliche Feld der Vaterlandsverräter, jener traurigen Gesellen, die oft für wenig Geld dem Feinde zu diensten sind. (...) Mit diesen Menschen kann natürlich niemand Mitleid haben; sie finden ein verdientes Ende."[33]

Hinrichtungsfotografien waren Dokumente und Beweise in den Händen der Vollstrecker. Sie waren aber auch drastische Appelle an die vor Ort Lebenden: Zum Opfer, so die Botschaft der Bilder, könnte jeder werden, auf den der Verdacht des „Verrats" fällt. Die Kamera hielt beides fest: den Vollzug der Bestrafung und die Abschreckung. Ein Detail auf manchen Bildern macht diese doppelte Funktion der Fotos besonders sichtbar. Es sind die Tafeln, die manchen der Getöteten um den Hals gehängt wurden. In einem – vermutlich in Galizien aufgenommenen – Bild wird diese rhetorische Funktion der Fotografie sehr deutlich (ABB. 424). Die Tafel um den Hals war gewissermaßen eine Sprechblase der Schuld, die dem zum Tode Verurteilten aufgezwungen wurde. Dauerhaft gemacht wurde diese Botschaft durch die Fotografie.

ABB. 425 „Untersuchung Spionageverdächtiger", vermutlich in Bojan, Bukowina, 28. August 1917; Photostelle 3 [K 25704].

ABB. 426 Junge serbische Frau in Tracht, aufgenommen vermutlich in der Nähe von Kowiljača, Serbien, vermutlich November 1915; 2. Armee [K 33230].

425

Verdächtige

Das Festhalten von angeblichen „Verrätern", „Spionen" und „Kollaborateuren" im Bild antwortete auf ein kollektives Gefühl der Verunsicherung. Die „unsichtbaren" Feinde sollten auch bildlich dingfest gemacht werden. Die Aufnahmen von „Verdächtigen" gingen einher mit der Typologisierung und der rassistischen Markierung der inkriminierten Bevölkerungen. Gerade dort, wo die angenommene politische „Andersartigkeit" – die sich, so die Unterstellung, im „heimtückischen Verrat" äußere – nicht sichtbar zu machen war, diente die Fotografie der visuellen Unterscheidung und Brandmarkung. Ein Foto, das am 28. August 1917 in der Bukowina – vermutlich in der Ortschaft Bojan – aufgenommen wurde, zeigt eine Gruppe von Soldaten, die auf offenem Feld drei Männer aufgegriffen haben (ABB. 425). Diese erwecken einen ärmlichen Eindruck. Sie werden sichtbar auch aufgrund ihres Aussehens – lange Haare, zerschlissene Kleidung – als Spionageverdächtige ins Bild gesetzt. Wo der Nachweis des fehlenden Patriotismus schwer zu führen ist, klammert sich die Verdächtigung oft an äußere Unterschiede. So kann der Vorwurf des Verrats und der Spionage im Bild sichtbar gemacht werden.

Als im Laufe des Krieges das Armeeoberkommando seine Politik den Ruthenen gegenüber änderte und die kollektiven Verdächtigungen einer vorsichtigen Anerkennung wichen, änderten sich auch die Wahrnehmungsmuster in der Fotografie. Nun traten positiv besetzte Folklorebilder an die Stelle der Fotografien von Verwahrlosung, Elend und Andersartigkeit.[34]

Nachdem 1915 große Teile Galiziens wieder zurückerobert wurden, war die Militärführung bestrebt, ein archaisches, nun aber durchaus patriotisches Bild der Ruthenen zu zeichnen. Ab 1915/1916 entstanden zahlreiche Porträtaufnahmen und Bilder von Feierlichkeiten und Ritualen, bei denen die Bevölkerung durchweg in Tracht zu sehen ist.

Aber auch in anderen Kriegsgebieten wandelte sich das Bild der Zivilbevölkerung, als es darum ging, die eroberten Gebiete kulturell zu annektieren. Nachdem die österreichisch-deutschen Truppen im Herbst 1915 Serbien endgültig erobert hatten, wechselte die Zivilbevölkerung, die zuvor regelmäßig der Kollaboration beschuldigt worden war, ihr fotografisches Ansehen. Vor die Kamera des Fotografen der 2. k. u. k. Armee tritt nun nicht mehr eine Verdächtige, sondern eine junge stolze Serbin in traditionellem Festtagsgewand (ABB. 426).

Kirchen, Heilige und Ruinen   Symbole des Überlebens

Hinter der italienisch-slowenischen Stadt Görz (Gorizia / Nova Gorica) erhebt sich der Wallfahrtsberg Monte Santo. Auf der Anhöhe liegen eine Kirche und ein Friedhof. Ein Serpentinenweg führt entlang der Stationen des Kalvarienbergs hinauf. Das Marienkloster stammt aus dem 16. Jahrhundert und war vor dem Krieg die meistbesuchte Wallfahrtskirche dieser Gegend gewesen. Als am 24. Mai 1915 Italien in den Krieg eintrat, nutzte das österreichische Militär den Berg und die Klosteranlage als Artillerie- und Beobachtungsstützpunkt. Wenige Tage später begann die italienische Artillerie mit dem Beschuss des Gebäudes. Innerhalb kürzester Zeit richteten die Geschosse große Zerstörung an. Eine Aufnahme, die vermutlich im Juni 1915 entstand, zeigt einen Blick in das Innere des Mittelschiffs (ABB. 427). Der Altar ist noch unversehrt, das Dach ist durch Granattreffer schon stark in Mitleidenschaft gezogen, die Außenmauern des Gebäudes stehen noch. Zwei Engelsfiguren an den beiden Säulen im Vordergrund blicken auf die Trümmerhaufen am Boden.

In den folgenden Monaten wurde die Kirche immer wieder getroffen. Als Alice Schalek im Frühjahr und Sommer 1916 an die Isonzofront reiste, besuchte sie auch das ehemalige Kloster. „Auf den Monte Santo", schreibt sie, „muß man zweimal gehen. Einmal bei Nebel, um oben umherwandern zu können und alles anschauen zu können, was der feindliche Beobachter bei klarem Wetter nicht zu gestatten pflegt, und einmal bei Sonne, um die Kirchenruinen zu photographieren, die an Bizarrheit alles übertreffen, was ich am Isonzo so reich er an grotesken Trümmern ist, gesehen habe."[1] Als sie den Berg im März 1916 zum ersten Mal bestiegen hatte, war die Klosteranlage schon weitgehend zerstört. „Da-

mals hauste das Artilleriekommando noch unter den Trümmern und in den Kellern hingen Telephone. Auf den umgestürzten Säulen standen die Fernrohre."[2] Aufgrund des schlechten Wetters verschob sie den Besuch der Klosterkirche auf ein anderes Mal. Im Juli war sie neuerlich in Görz und diesmal fand sie schönes Wetter vor. „Aber wie sieht es da oben bei diesem zweiten Besuche aus! Die Beobachter haben ihr Quartier ganz woandershin verlegen müssen, denn ihr Speisesaal ist dahin. (…) Das Refektorium ist ebenfalls weg und in der Kirche ist eine ganze Ecke umgefallen, so daß der schön gemeiselte Papst Benedikto XIV. nun im Freien einsam an seinem Pfeiler lehnt."[3]

Alice Schalek beginnt, ihren Fotoapparat in der Hand, in den Trümmern herumzuklettern. Sie ist fasziniert von der „Bizarrheit" der Ruinen und den „grotesken Trümmern". Und immer wieder drückt sie auf den Auslöser. Schaleks Fotos, die an diesem sonnigen Julitag 1916 entstehen, verdichten sich, geführt durch den Text, in ihrem Buch *Am Isonzo* zu einer Art visueller Ortsbegehung (ABB. 428). „Die Fassade (…) und die östliche Längswand des Kirchenschiffes stehen noch wie einst. Sorgsam decke ich mich nach Tunlichkeit vor den zuschauenden Feinden, aber diesmal scheint die Sonne zu verführerisch, als daß man nicht nach Herzenslust photographieren sollte. Findet man doch nicht oft Kirchengemälde, die man ohne verdunkelndes Dach aufnehmen kann. Drei Fresken sind merkwürdig gut erhalten, trotzdem der reichliche Regen des Görzer Klimas jetzt Zutritt hat. Der Apostel Matthäus und die heiligen drei Könige sind sogar tadellos. Die Mauer wird von Balken gestützt – und die Soldaten, die sie pölzten [abstützten; A. H.], haben in verblüffender Unbekümmertheit das Holz gerade mitten in das eine der drei Gemälde gestemmt.

428

stehen noch wie einst. Sorgsam decke ich mich nach Tunlichkeit vor
den zuschauenden Feinden, aber diesmal scheint die Sonne zu ver=

führerisch, als daß man nicht nach Herzenslust photographieren
sollte. Findet man doch nicht oft Kirchengemälde, die man ohne

ABB. 428 Alice Schalek:
Ruinen am Monte Santo
(Doppelseite aus ihrem
Buch: *Am Isonzo*, Wien
1916, S. 168 und 169).

ABB. 429 Altar der zerstörten Kirche in Segusino,
Venetien, aufgenommen
vermutlich im Sommer
1918; Kriegsvermessung
13; Reproduktion vom
Abzug [K 27616].

ABB. 430 „Görz. Corso
Franzisko 25. Das im
zerschossenen Haus un-
beschädigt gebliebene
Marienbild"; 16. Korps-
kommando, Flamm
[K 426].

Der Hauptaltar ist umgefallen, aber die vier schö-
nen Säulen der Krypta stehen noch. Hier liegen
kleine Stücke Porphyr im Schutthaufen, die nehmen wir als kostbare Gedenkstücke vom Monte
Santo mit. Vom Seitenaltar ist der Heilige wegge-
schossen worden und in der Westecke ist der
schönmodellierte Christus aus kostbarem Holz
mitsamt dem Kreuz abgestürzt. Sonderbar mystisch ragt er unversehrt aus den Trümmern."[4]

Wunder des Überlebens

Fotos von Kriegserstörungen finden sich in
Schaleks Bericht immer wieder. Am Monte
Santo aber huldigt sie in Bild und Text geradezu
der Ästhetik der Trümmer. Nicht das Bedauern
über die Zerstörung steht im Vordergrund, es ist
vielmehr ein faszinierender Schauer, der sie in
der Ruinenlandschaft umgibt. Die Ruinen am
Monte Santo werden in ihrem Bildbericht zu Ikonen des Krieges. Die Journalistin und Fotografin
Schalek ist freilich nicht die einzige, die am Mythos dieses Berges baut. Im Sommer 1916, als sie
das zweite Mal am Monte Santo zu Besuch ist,
entstand auch ein Ölgemälde des Kriegsmalers
Eduard Adrian Dussek, das dieselbe Ruinenszene
einfängt.[5] Der Maler wählte fast genau denselben
Standpunkt wie Schalek. Auch bei ihm ragt die
abgestürzte Christusfigur aus den Trümmern.

429

Und etliche Monate später tauchte dasselbe
Sujet, diesmal in Großaufnahme, in der illustrierten Presse auf. Am 25. Februar 1917 erschien
das Foto in der illustrierten Wochenzeitschrift
Wiener Bilder. Der Bildtext lautet: „Das Kruzifix
in der durch italienische Artillerie böswillig zerstörten Klosterkirche auf dem Monte Santo im
Görzischen."[6]

240

431

ABB. 431 „Schützengraben mit Madonnenbild beim Feldjäger Bataillon Nr. 32", aufgenommen vermutlich in Chatki, in der Umgebung von Podhajce, Ostgalizien, vermutlich im Herbst 1915; Korps Hofmann [K 13030].

ABB. 432 „Baumgruppe mit Bildsäule (1731er Jahre) an der Strasse Brzezany–Podhajce", Ostgalizien, aufgenommen vermutlich im Winter 1915/1916; Deutsche Südarmee [K 5660].

ABB. 433 „Durch feindl. Granaten zerstörter Altar im Schlosse Duino", 8. September 1917; Kriegsvermessung 5 [K 21243].

In das Bild der Zerstörung mischt sich also die Faszination der auf wundersame Weise unzerstörten Christusfigur, die, obwohl sie „abgestürzt" ist, noch immer heil inmitten der Trümmer liegt. Dieses Beispiel zeigt die Begeisterung für religiöse Symbole, die die Zerstörungen des Krieges auf wundersame Weise überlebten. In der Kriegsfotografie, sowohl in der offiziellen wie auch in der privaten, tauchen derartige Motive immer wieder auf.[7] Sie bilden sogar eine Art Genre, das gelegentlich die Züge eines Stilllebens annimmt (ABB. 429). Der Sinn dieser Aufnahmen liegt nicht so sehr in der Dokumentation der Kriegsereignisse, sondern in der Inszenierung symbolischer Überlebensbotschaften inmitten der Zerstörung. Die Zeichen der Unversehrtheit nahmen während des Krieges Züge des Glaubens und des Aberglaubens an. Die Fotografie stellte den Drohungen der Verwundung Bilder der Unversehrtheit entgegen. Sie zeigte die Zerstörungswut des Feindes und zugleich hält sie den heil gebliebenen Körpers fest. Gelegentlich ließen sich die Soldaten zusammen mit diesen Zeichen des Überlebens ablichten. Auf einem Foto, das im November oder Dezember 1915 in Görz entstanden ist, sehen wir einen Soldaten auf den Trümmern einer durch Bombenangriffe zerstörten Kirche (ABB. 430). Er sitzt auf einem Balken und blickt zum unversehrt gebliebenen Marienbild auf. In solchen Aufnahmen verschmilzt das religiöse Ritual mit dem fetischistischen Gebrauch des Bildes. Die Kraft des Freskos, das ganz geblie-

ben ist, solle, so die Erwartung, auf den Betrachter übergehen. Diesen Augenblick der Stärkung inszeniert und stützt die Fotografie.

Die Wundergläubigkeit und der Hang zur Legendenbildung waren während des Ersten Weltkrieges weit verbreitet. Sie schufen in einer Situation der kollektiven Orientierungslosigkeit Ordnung und Vertrauen. Die auffallende Häufung dieser quasireligiösen, archaischen Erzählungen hat, so der französische Historiker Marc Bloch, aber nicht nur mit psychischen Überlebensstrategien zu tun. Er deutet sie auch als Folge eines massiven Glaubwürdigkeitsverlustes, den die moderne Kriegsführung mit sich brachte.[8] Die immer stärker zentralisierte und kontrollierte Informationspolitik schuf in den eigenen Reihen nicht Sicherheit, sondern, im Gegenteil, Unsicherheit und Misstrauen. Dieses Vakuum wurde, so Bloch, oft durch wild wuchernde Gerüchte und eben auch durch Legenden und Aberglauben gefüllt.

In der Presse wurden häufig Berichte und Fotos über die kleinen „Wunder" inmitten der Zerstörung gedruckt. Ein solcher Bericht erzählt von einer Marienstatue, die inmitten der Trümmer einen schweren Angriff „überlebte". Die dem Zeitungstext beigestellte Aufnahme stammt ebenfalls von der italienischen Front. „Die wie durch ein Wunder verschont gebliebene Statue der Maria Lourdes", so heißt es im Bildtext, „ist das einzig übriggebliebene, unversehrte menschliche Gebilde in der zu einem Trümmerhaufen zerschossenen Kirche von Cimadolma."[9] Das Marienbild spielte als Symbolfigur eine wichtige Rolle im Krieg. Maria war jahrhundertelang die religiöse Schirmherrin der Habsburger im Krieg gewesen.[10] Während des Ersten Weltkrieges kam es an fast allen Kriegsschauplätzen zu einem Aufblühen der traditionellen Marienkulte. Und auch neue Formen der Verehrung entwickelten sich. 1917, mitten im Krieg, entstand etwa der Fatima-Kult.[11] Während des Krieges tauchte die Marienfigur gelegentlich in kleinen Altären im Schützengraben auf (ABB. 431).[12] Sie begleitete

266 **Kirchen, Heilige und Ruinen** Symbole des Überlebens

die Soldaten beim Kampf. Immer wieder wurden Marienbildstöcke fotografiert (ABB. 432). Am häufigsten aber wird Maria als unzerstörte Figur in zerschossenen Kapellen und Kirchen dargestellt (ABB. 433).

Auch Alice Schalek lässt ihren Blick über die Landschaft der Zerstörung schweifen und fixiert jene Bauteile der Kirche, die in ihren Augen der geballten Kraft der Artillerie auf unerklärliche Weise widerstanden haben: die Fresken, die „merkwürdig gut erhalten" sind, den Apostel Matthäus, die Heiligen Drei Könige, die Säulen der Krypta und eben die Christusfigur. Mithilfe der Fotografie isoliert sie diese Zeichen als Andenken, als Symbole des Erhabenen und des Überlebens. Sie fixiert diese wundersamen Zeichen im Bild und trägt dadurch zur Bergung der symbolträchtigen Reste bei. Die Fotografie verwandelt sich in eine säkularisierte Reliquie, deren Kraft weit über das einfache Abbilden hinausgeht. Aber nicht nur die Fotografien nimmt Alice Schalek vom Monte Santo mit. Sie steckt auch kleine Stücke Porphyr aus dem Trümmerhaufen „als kostbare Gedenkstücke" in ihre Tasche. Auch diese Steine werden zu „Reliquien", die Heil und Rettung versprechen.

Nur Tage, bevor Alice Schalek über die Trümmer des zerschossenen Klosters kletterte, war der Fotograf des 16. k. u. k. Korps ebenfalls am Monte Santo unterwegs. Flamm, so der Name des Fotografen, der auf den Negativplatten aufscheint,[13] fotografierte ebenfalls die Ruinen der Anlage. Auch er hat für seine Aufnahmen offenbar auf schönes Wetter gewartet. Auf einem Foto ragen die wenigen stehen gebliebenen Mauerreste gespenstisch in den klaren Himmel (ABB. 434). Im Vordergrund türmen sich schwere Steinquader und umgestürzte Säulen. Im Hintergrund erkennen wir unter der Fensteröffnung ein kleines Holzkreuz mit der Christusfigur. „Sonderbar mystisch ragt er unversehrt aus den Trümmern." So beschreibt Schalek dieses Kreuz, als sie kurz darauf ebenfalls dieses Bild vor sich hat. Auch sie fotografiert es und nimmt das Bild auf in ihr Buch

432

433

434

435

ABB. 434 „Jahrestag der italienischen Kriegserklärung
an Österr. Ungarn. Die
vollständig nutzlose
Beschiessung des Klosters
am Monte Santo durch die
Italiener. Panorama der
zerschossenen Kirche",
Juni 1916; 16. Korps-
kommando, Flamm
[K 672].

ABB. 435 „Das beinahe
unbeschädigte Relief in
einer total zerschossenen
Kirche am Monte Santo",
Juni 1916; 16. Korps,
Flamm [K 690].

Am Isonzo.[14] Sie rückt näher heran und hebt die
unversehrte Figur heraus aus den Trümmern der
Zerstörung.

Wie Schalek klettert auch Flamm, der Fotograf, in der Ruine umher. Auch er stößt auf weitere Zeichen der Unversehrtheit. Eine Aufnahme
zeigt das Fresko mit der Huldigung der Heiligen
Drei Könige auf der Innenwand der Kirche, das
nun im Freien steht und das auch Schalek aufge-
fallen war (ABB. 435). Sein Auftrag war, so entnehmen wir seiner Bildbeschriftung, am „Jahrestag der italienischen Kriegserklärung an Österr.
Ungarn" die „vollständig nutzlose Beschiessung
des Klosters am Monte Santo durch die Italiener"
zu zeigen. Das Kriegspressequartier, das seine

Aufnahmen an die Zeitungen weitergab, wollte
die Zerstörungswut des Feindes ans Licht bringen. Eine Aufnahme aus dieser Serie wurde am
15. Juli 1916 in der offiziellen, halbmonatlich erscheinenden illustrierten Zeitung *Unsere Krieger* veröffentlicht.[15] Und auch Schaleks Bericht
über den Monte Santo endet mit einer Anklage:
„Der ganze Wahnwitz des Krieges", schreibt sie,
„symbolisiert sich in solch einer Kirchenruine.
Das Kloster war sicherlich keine zwei Millionen
wert – soviel ließen sich's die Italiener kosten, es
zu vernichten. Es war aber schön und von Künstlern geschaffen und tat niemandem etwas zu-
leide. Und seine Baumeister ahnten nicht, dass
einst dunkle Tage kommen würden, da es das
Vergnügen und den Stolz eines Kulturvolkes ausmachen würde, es zusammenzuschießen."[16]

Fremde Kirchen, eigene Kirchen

Etliche Kilometer nördlich von Görz, in der
Nähe von Tarvis, liegt die Wallfahrtskirche
Maria Luschari (Maria Lussari). Auch diese Kir-
che wurde im September 1915 von italienischen
Artilleriegeschossen getroffen und zerstört.
Auch hier nimmt die Dokumentation der Zerstörung symbolische Züge an. Auch hier werden die
Fotografien der Ruinen zu Anklagen, denen die
Kriegspropaganda ein großes Echo verschaffte.
Im Frühjahr 1917, als das Kriegspressequartier
seine antiitalienische Propaganda verstärkte,
kam sie auf das Bild der zerstörten Wallfahrtskirche zurück. Am 21. Mai 1917 wandte sich der
Leiter des KPQ, Wilhelm Eisner-Bubna, an den
zuständigen Fürstbischof von Gurk, Michael Napotnik: „Diese Schandtat", schreibt er, „die mit
militärischen Gründen nicht zu entschuldigen
ist, soll nun ihre entsprechende Brandmarkung
finden. Das geeignetste Mittel hiezu erscheint
dem Kommando des k. u. k. Kriegspressequartiers die Vorführung der zerschossenen Wallfahrtskirche im Bilde. Um diesem Bilde die wei-
teste Verbreitung unter der gläubigen Bevölkerung Kärntens und Krains zu sichern, wird das

436

k. u. k. Kriegspressequartier eine Ansichtskarte herausgeben, welche, mit entsprechendem Texte in deutscher und slovenischer Sprache versehen, das geschändete Heiligtum nach einer sehr guten Photographie eines k. u. k. Offiziers darstellt. Der Erlös aus dem Verkaufe dieser Karte soll einzig und allein der Wiederaufrichtung der Gnadenkirche von Sancta Maria Luschari dienen."[17] Weiter heißt es in dem Schreiben: „Das KPQ stellt sich den Vertrieb der Karte so vor, dass seitens der Hochwürdigen Geistlichkeit in jeder Pfarrkirche, bei der sonntäglichen Predigt, die erfolgte Ausgabe dieser Postkarte zur Kenntnis gebracht und nach Schluß des Gottesdienstes durch Kinder in den Kirchen die Karte verkauft wird."[18] Der Bischof stimmte dem Plan sofort freudig zu. Die übersandten Probedrucke hätten, so betonte sein Kanzler, der am 16. Juni antwortete, „hieramts volle Billigung gefunden".[19]

Propagandapostkarten spielten in der Bildpropaganda des Ersten Weltkrieges eine zentrale Rolle. Aufgrund ihrer hohen Auflagen und ihrer populären Bildsprache erreichten sie ein breites Publikum. In einer „Kommissionssitzung für die Besprechung der Auslandspropaganda" am 6. April 1917 in der Direktion des Kriegsarchivs berichtete Dr. Emil Müller vom Kriegsfürsorgeamt, „dass das Kriegsfürsorgeamt 15 Millionen Ansichtskarten mit 400–500 Sujets (Porträts der Heerführer, des Kaiserhauses, Szenen aus dem Kriege) abgesetzt habe, die Künstler haben entsprechende Reproduktionshonorare und perzentuelle Beteiligung am Reinertrag erhalten".[20] Die Bildpostkarte der zerstörten Wallfahrtskirche Maria Luschari reihte sich ein in diese Propagandaschlacht (ABB. 436). Sie wurde – versehen mit deutscher und slovenischsprachiger Beschriftung – im September / Oktober 1917 in einer Auflage von 50.000 Stück gedruckt. Den Auftrag erhielt die mit dem KPQ eng zusammenarbeitende Wiener Druckerei Angerer und Göschl. Für den Fürstbischof von Gurk waren 10.000 Exemplare vorgesehen, die vor Ort verkauft werden sollten. Der Rest sollte über das KPQ vertrieben werden.

Zerstörte Kirchen waren während des Krieges ein begehrtes Fotomotiv. Auffallend ist, dass sehr viele dieser Aufnahmen von der italienischen Front stammen, seltener sind Bilder zerstörter Kirchen aus dem Kriegsgebiet im Osten, und so gut wie gar keine derartigen Fotografien sind vom Balkan bekannt. Besonders aus den ersten Wochen und Monaten des Krieges gegen Italien sind zahlreiche Innenaufnahmen zerstörter Kirchen überliefert (ABB. 437). Sie sollten den Kultur- und Zivilisationsbruch des Kriegsgegners illustrieren. Die zerstörten Kirchen im Osten konnten für diese Argumentation kaum herangezogen werden, da den russischen und serbischen Truppen höhere Kulturleistungen ohnehin abgesprochen wurden. Und so tauchen die Kirchen an der Ostfront in den Bildern oft nicht als religiöse Orte auf, sondern als beschlagnahmte Räume, die vom Militär genutzt wurden. Eine Aufnahme, die im Frühjahr 1916 in einer russischen Kirche entstand, zeigt die Arbeit einer Feldkanzlei (ABB. 438). Aufgenommen wurde die Fotografie in Ostgalizien, vermutlich in der Umgebung von Brody (Brodí).

Wenn am östlichen Kriegsschauplatz Kirchen fotografiert wurden, waren es fast durchweg jene, die dem katholischen oder dem unierten Ritus folgten. Sie wurden der eigenen, nicht der fremden Symbolik zugeschlagen. Ein Foto, das vermutlich im Winter 1914 oder Frühjahr 1915 im Innern einer Holzkirche in der russischen (polnischen) Grenzgegend zu Westgalizien entstand, zeigt einen Soldaten beim Gebet (ABB. 439). Am

ABB. 436 Zerstörte Wallfahrtskirche Maria Luschari (Maria Lussari), Bildpostkarte, gedruckt im Auftrag des KPQ, Herbst 1917 [Privatbesitz].

437

438

pertoire der Sehenswürdigkeiten. Sie stießen aber auch in der zeitgenössischen Publizistik auf Interesse. Der Wiener Architekt und Professor Ludwig Lepuschitz etwa veröffentlichte 1917 in der *Monatsschrift Wiener Bauhütte* einen begeisterten, mit eigenen Zeichnungen illustrierten Aufsatz über die galizischen Holzkirchen.

Zwei Jahre nach der Wiedereroberung großer Teile Galiziens war er sichtlich bemüht, den Nachweis der Zugehörigkeit dieser Bauwerke zur westlichen Kultur zu führen. Sichtbar sei das vor allem an der Architektur. „Mit geringen Ausnahmen", schreibt der Autor, „sind die Holzkirchen griechisch-katholische Gotteshäuser und werden kurzweg, aber unrichtigerweise, russische Kirchen genannt."[21] Er beschreibt die Gebäude als archaische Monumente der eigenen Kultur. „Die alten Holzkirchen sind ringsum von Bäumen umstanden und stehen auf einer Anhöhe, welche die Ortschaft beherrscht. Unter den Bäumen ganz versteckt macht diese ihre Lage einen sehr poesievollen Eindruck und erinnert an einen heiligen Hain."[22] Die russisch-orthodoxen Holzkirchen dagegen, die für den Glauben des Kriegsgegners stehen, finden keinen Eingang in die Sammlung. Auch in der offiziellen Kriegsfotografie tauchen sie nicht auf.

betenden Soldaten vorbei richtet sich die Kameraperspektive an der Kirchenachse aus. Der Blick wandert zum Hauptaltar. Deutlich ist an seiner Altararchitektur die katholische Kirche zu erkennen. Mag der Anblick der Holzkirche auch fremd erscheinen, in ihrem Innern hält der Fotograf die Zeichen des eigenen Glaubens fest.

Solche Holzkirchen erregten des Öfteren die Neugierde der Fotografen. Die fremd anmutenden Bauwerke, auf die die Soldaten v. a. in Ostgalizien häufig stießen, fanden Eingang in das Re-

440

ABB. 440 Soldatenbegräb-
nis, Dornberg (Dornberk),
Hinterland der Isonzofront,
6. August 1916; 16. Korps,
Flamm [K 808].

Das letzte Bild Die Toten und ihre Orte

Eine Beerdigung ist im Gang (ABB. 440). Auf dem Foto sehen wir mehrere Männer, die dabei sind, den Sarg, eine einfache Holzkiste, mit Stricken in das Grab zu senken. Etwas abseits der Szene, und fast ganz aus dem Bild gedrängt, erkennen wir einen Jungen, er hält einen Hut in der Hand. Neugierig blickt er auf das Geschehen vor sich. Im Hintergrund steht der Pfarrer im schwarzen Talar. Mit einer Hand fährt er sich gerade übers Haar. Erst bei genauerem Hinsehen erkennen wir, dass es sich nicht um ein „normales" Begräbnis handelt. Nicht eine, sondern drei ausgehobene Gruben sind vorbereitet, auf den Erdhaufen hinter den Gräbern stecken bereits die Holzkreuze, die später am Grabhügel aufgestellt werden. Die Männer, die wir bei der Arbeit sehen, sind nicht Zivilisten, sondern Soldaten. Drei von ihnen – sie stehen im Hintergrund – haben ihre Uniformen und Kappen nicht abgelegt. Die anderen sind hemdsärmelig bei der Arbeit. Denn es scheint heiß zu sein an diesem Tag.

Das Foto entstand in Dornberg (Dornberk), am 6. August 1916. Der Ort liegt im Hinterland der Isonzofront, etliche Kilometer südöstlich von Görz (Gorizia / Nova Gorica) im Wippachtal (Vipavatal). Zu Beginn des Krieges gegen Italien, im Mai 1915, hatte der Generalstab hier sein Hauptquartier eingerichtet. Dornberg wurde später zu einem wichtigen Nachschubknotenpunkt für die Isonzofront ausgebaut, auch ein Kriegsgefangenenlager wurde hier errichtet. Als Anfang August 1916 mehrere italienische Artilleriegeschosse auf den Ort niedergingen, kamen drei Soldaten ums Leben (ABB. 441). Die drei zerfetzten Körper liegen „aufgebahrt" in einem Zimmer auf einem weißen Tuch. Solche Aufnahmen, die die eigenen Toten zeigen, bilden die Ausnahme im Spektrum der Kriegsbilder. Gezeigt werden sie nur

dann, wenn sie als Beweise für die Brutalität des Kriegsgegners stehen können. Die getöteten Soldaten haben nicht an der Front gekämpft, sondern sie hatten, so erfahren wir aus dem Bildtext, ihren Dienst als Soldaten der Kantonierungswache getan. Die Gewalttätigkeit des Kriegsgegners unterscheidet, so signalisieren die Aufnahmen, nicht zwischen der kämpfenden Front und dem Hinterland.

Zwei Tage nach der Beerdigung, am 8. August 1916, entstand ein weiteres Foto (ABB. 442). Der Schauplatz ist derselbe: der Friedhof von Dornberg. Wieder erkennen wir im Hintergrund die Friedhofsmauer, auf diesem Bild ist sogar ein Teil der Kirche zu sehen. Die drei Gräber sind inzwischen zugeschüttet, die Erde wurde zum Grabhügel aufgerichtet, die drei Kreuze stecken im Boden, die Gräber sind mit Blumen geschmückt. Und um die Gräber herum haben sich Soldaten und einige Bewohner des Ortes versammelt. Im Vordergrund sehen wir mehrere Frauen und Kinder, die die Hände zum Gebet gefaltet haben, daneben knien zwei Soldaten. Im Hintergrund stehen weitere Soldaten und ein paar Männer in Zivilkleidung. Fast alle haben zum Gebet die Hüte abgenommen. Ihre Blicke sind ernst. Der Fotograf hat auf der anderen Seite Aufstellung genommen. Er hat seine Kamera sorgfältig eingerichtet und über die Grabhügel hinweg die Toten *und* die Lebenden in einem Bild festgehalten. Die Namen der Toten auf den Holzkreuzen erscheinen wie aufgehoben in der Trauergemeinschaft des Ortes.

Die Fotoserie aus Dornberg, die den Abschied von drei Soldaten dokumentiert, hebt sich von anderen Kriegsbegräbnissen ab. Trauerfeiern, die in der Tradition eines herkömmlichen zivilen Begräbnisses liegen, werden während des Krieges selten fotografisch festgehalten. Nur ab und zu,

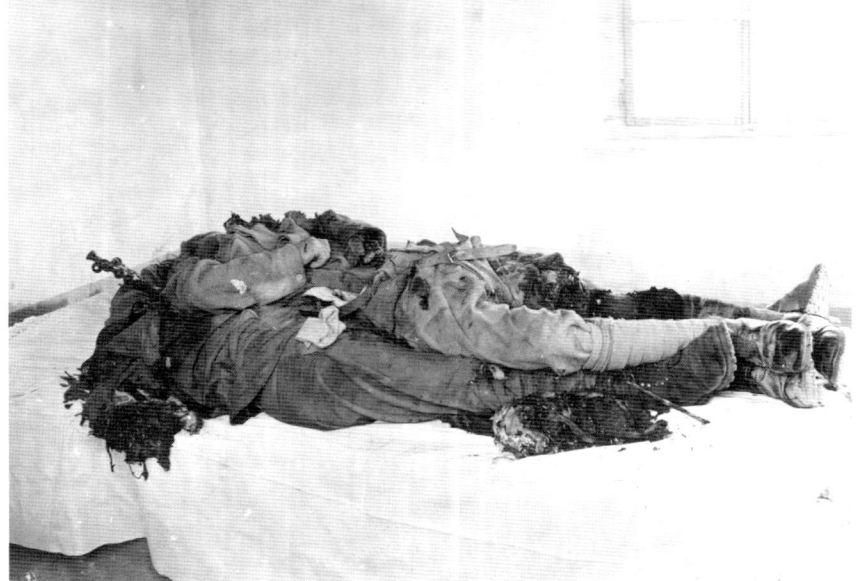

441

442

wenn der Tote einen höheren Rang einnahm und nicht im Kampf starb, nähert sich der Fotograf dem Sarg des Verstorbenen. Eine solche Aufnahme entstand, vermutlich Ende Januar 1918, in Trient (Trento) (ABB. 443). Sie zeigt die aufgebahrte Leiche des Kapellmeisters des 10. k. u. k. Armeekommandos.

Eine andere Aufnahme, die am 29. August 1917 entstand, zeigt das Opfer eines italienischen Fliegerangriffs. Der Mann wurde bei einem Bombenabwurf auf das Arsenal in Triest (Trieste) getötet (ABB. 444). Er liegt, aufgebahrt und für den Fotografen zur Schau gestellt, auf einem hölzernen Tisch, flankiert von zwei Soldaten. Auch dieses Bild hat anklagenden Charakter. Der Tote wird als Opfer dargestellt, das nicht durch einen gezielten Schuss, sondern durch die Wucht einer unvorhersehbaren Explosion ums Leben gekommen ist.

Der einsame Tote

Die offizielle Kriegsfotografie beteiligte sich an der kollektiven Sinngebung des Todes, sie dokumentierte die Ehrung der Gefallenen, das Feiern der toten Helden. Sie half mit, die architektonischen Zeichen, die an die Toten erinnern, zu befestigen. Die Fotografie trug aber auch dazu bei,

ABB. 441 „3 Mann der Kantonierungswache durch einen Granat Volltreffer getötet", Dornberg (Dornberk), 6. August 1916; 16. Korps, Flamm; Reproduktion vom Abzug [K 811].

ABB. 442 Soldatenbegräbnis, Dornberg (Dornberk), 8. August 1916; 16. Korps, Flamm [K 810].

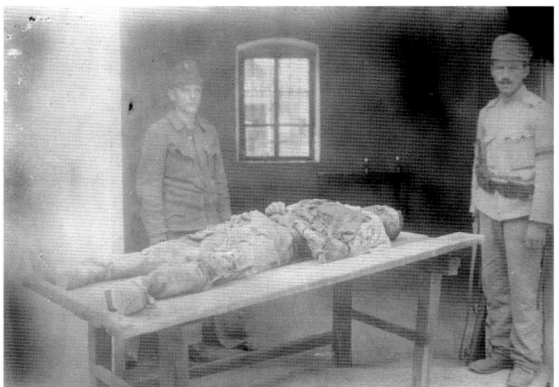

443

444

ABB. 443 Aufgebahrte Leiche des Kapellmeisters des 10. Armeekommandos, Linhart, vermutlich Ende Januar 1918 in Trient (Trento); Kriegsvermessung 10 [K 12193].

ABB. 444 „Fliegerangriff auf Triest, Todesopfer im Arsenal", 29. August 1917; Kriegsvermessung 5 [K 20617].

445

ABB. 445 Hauptmann Rohn
von Rohnau am Soldaten-
grab des Infanteristen
Eduard Oberbacher, ge-
fallen am 8. Oktober 1915
in der Nähe von Kamie-
nica, Grabstelle südlich
von Turkowitzy, Ost-
galizien. Das Foto wurde
vermutlich im Spätherbst
1915 aufgenommen;
25. ITD, Sladek [K 5869].

Der einsame Tote   275

den massenhaften Tod in Bildern zu verdunkeln, indem sie die Körper der Toten hinter der Architektur der Erinnerung zum Verschwinden brachte. Sie arbeitete an der Teilung des Todes in einen sichtbaren und einen unsichtbaren Tod. Sichtbar sind die Getöteten des Kriegsgegners, weitgehend unsichtbar die Toten aus den eigenen Reihen.

Ein einzelnes Grab auf einem weiten Feld (ABB. 445). Der mit einem Zaun aus Birkenholz eingefasste Grabhügel mit dem Kreuz liegt einsam da, im Hintergrund steht ein Baum, davor ein Soldat. Er hält seine Militärkappe in der linken, den Gehstock in der rechten Hand. Er hat die Pose des Gedenkens eingenommen. Der k. u. k. Hauptmann Rohn von Rohnau steht vor dem Grab des Infanteristen Eduard Oberbacher, der am 8. Oktober 1915 in der Nähe von Kamienica gefallen war. Die Grabstelle liegt südlich von Turkowitzy in Ostgalizien. Das Foto wurde vermutlich im Spätherbst 1915 von einem Fotografen (namens Sladek[1]) der 25. k. u. k. Infanterietruppendivision aufgenommen. In dieser, südöstlich von Brody (Brodí) gelegenen Gegend hatten im Sommer und Herbst 1915 erbitterte Kämpfe stattgefunden, bevor sich die Front – zunächst bis zur Brussilow-Offensive ab 4. Juni 1916 – im Stellungskrieg zwischen Czernowitz (Černivici) und Dubno verfestigte.

Das Foto zeigt nicht den massenhaften Tod, es dokumentiert nicht die Massengräber, die die Schlacht hier zurückgelassen hat. Der Fotograf greift vielmehr stellvertretend ein gut gepflegtes Grab heraus, er isoliert es vom kriegerischen Geschehen ringsum und inszeniert den Ort des Todes als stimmungsvolles Naturschauspiel. Damit setzt er dem Massensterben den sinnstiftenden Einzeltod entgegen. Das Gedenken der Gefallenen konkretisiert sich hier an einem abgegrenzten Ort, der Tote tritt wieder heraus aus der Anonymität der vielen Gefallenen, er erhält Namen und Vornamen, sogar der Tag seines Ablebens ist genannt. Ein Ranghöherer steht am Grab des einfachen Infanteristen. Dessen letzter

Ort verwandelt sich im fotografischen Abzug zum prototypischen Ort des Gedenkens. Der Schmerz des Todes löst sich auf in einer pietätvollen Geste.

Die Inszenierung des einsamen Todes in Gestalt eines Soldatengrabes in offener Landschaft taucht verstärkt nach dem Beginn der Wiedereroberung Galiziens im Frühjahr und Sommer 1915 auf (ABB. 446). Die Bilder häuften sich ab Herbst 1915, zum Zeitpunkt also, als der Bedeutung und der Symbolik der Kriegsgräber auch von offizieller Seite größere Aufmerksamkeit geschenkt wurde. Im Spätherbst 1915 nahm die Kriegsgräberabteilung im k. u. k. Kriegsministerium ihre Arbeit auf. Im Winter 1915/1916 entstand, vermutlich im galizischen Ort Folwarki, etwa 30 km südlich von Brzezany (Berezani) ein ähnliches Bild. Auch hier steht ein Soldat, inmitten einer stimmungsvollen Winteratmosphäre, vor dem einsamen Grab eines Gefallenen (ABB. 447). Der Grabplatz verschmilzt, wie ein anderes Beispiel zeigt (ABB. 448) zusammen mit der Pose des gedenkenden Soldaten davor zur dichten, symbolgeladenen Szene. Gelegentlich wird das einsame Kreuz oder ein einzelnes Grab auf weiter Flur als Sinnbild des einzelnen gefallenen Soldaten herausgegriffen. Es setzt dem Soldaten ohne Namen ein Denkmal, es zeigt einen Grabplatz eines gefallenen Helden (ABB. 449). An jenen Orten, an denen das Einzelgrab in einen improvisierten Soldatenfriedhof übergeht, dort, wo sich Grabkreuz an Grabkreuz reiht, tritt uns die Figur des gedenkenden Soldaten in einsamer Pose gegenüber. Er nähert sich einem einzelnen Grab (ABB. 450). Oft aber wird die Begräbnisstätte selbst zum entrückten Ort des Gedenkens, zum laubüberwucherten Erinnerungsort (ABB. 451), der den Alltag des Krieges in weite Ferne rückt.

„Auf dem Felde der Ehre"

Es gibt ein Gegenstück zum Totengedenken am Heldenfriedhof: die Veröffentlichung fotografischer Porträts Gefallener in Buchform und

446

447

448

449

450

451

ABB. 446 Grab eines russischen Soldaten bei Ossova, Russland, Februar 1915; 1. Armeekommando [K 15222].

ABB. 447 Soldatengrab bei Folwarki, Ostgalizien, Winter 1915 / 1916; [K 5528].

ABB. 448 Soldatengräber in Prezeginia, Juli 1915; 2. Armee [K 33039].

ABB. 449 Grab des Piloten Erich Richler, k. u. k. Fliegerkompanie 27, in Ole-

jow, 1917; 9. Korpskommando [K 15729].

ABB. 450 Soldatengräber in Uszie Zielona, Ostgalizien, Juli 1915; Korps Hofmann [K 13187].

ABB. 451 Soldatengräber östlich von Podhajce (Pidgajci), Ostgalizien, 1915; Korps Hofmann [K 13261].

452

ABB. 452 „Offiziere, die auf dem Felde der Ehre den Heldentod fanden" (aus: *Das interessante Blatt*, 8. Juli 1915, S. 6).

in der Presse. Die Fotos stammen nicht von der Front, sondern wurden vor und während des Krieges – teilweise mithilfe der Verwandten – zusammengetragen. Es sind in der Regel Brustbilder. Im Unterschied zur Ordnung des Soldatenfriedhofs, der allen (eigenen) Toten einen Platz einräumt, erhalten nicht alle getöteten Soldaten ein fotografisches Porträt in der Öffentlichkeit, sondern nur die Offiziere. Diese in der Zeitung veröffentlichten Ehrenbilder scheinen das Tabu der Darstellung der eigenen Toten zu durchbrechen. Während Fotografien von im Krieg getöteten Soldaten, die in den eigenen Reihen gekämpft hatten, selten veröffentlicht wurden, greift die Publikation von Gefallenenporträts zurück auf ein Sujet, das bereits bekannt war: die Todesanzeige mit Bild. Im Krieg wurde diese in eine Heldengalerie der Gefallenen umfunktioniert.

Die Veröffentlichung derartiger Soldatenporträts geht in Österreich auf eine groß angelegte Sammelaktion zurück, die zu Kriegsbeginn vom Armeeoberkommando angeordnet worden war und vom Kriegsarchiv durchgeführt wurde. Die Sammlung wurde von den Zeitungen unterstützt und hatte enormen Erfolg. In den ersten beiden Kriegsjahren wurden Tausende Porträts zusammengetragen und nach und nach in der illustrierten Presse veröffentlicht. In der Rubrik „Offiziere, die auf dem Felde der Ehre den Heldentod fanden" druckten Wochenzeitungen wie *Das interessante Blatt* und die *Wiener Bilder* wöchentlich jeweils eine Reihe von derartigen Offiziersporträts (ABB. 452). Veröffentlicht wurden die Fotografien auch im Erinnerungsband *Auf dem Felde der Ehre*, der in hoher Auflage vom Kriegsarchiv herausgegeben wurde.[2] Das Buch listete die Gefallenen mit Bild und kurzen biografischen Hinweisen alphabetisch auf. Dieses enzyklopädische Projekt des Heldengedenkens stieß aber bald auf Hindernisse. Die Herausgeber sprachen in der Einleitung offen von den enormen Schwie-

rigkeiten bei der Beschaffung der Bilder und der lebensgeschichtlichen Daten. Tatsächlich dürfte allerdings auch der Kriegsverlauf diesem Projekt des fotografischen Heldengedenkens Grenzen gesetzt haben. Die Veröffentlichung von Gefallenenporträts konnte mit dem Massensterben im Stellungskrieg nicht mehr mithalten. Der Krieg, dessen Ende nicht absehbar war, hatte den Rahmen der Erinnerung gesprengt. Die Fiktion des Einzeltodes, die im Gefallenenporträt noch kultiviert wurde, war angesichts der zerstörerischen Kriegsereignisse nicht mehr aufrechtzuerhalten.

Eine abgewandelte Form des veröffentlichten Heldenbildes bildeten fotografische Gedenkblätter. Sie richteten sich an Familien, die einen Angehörigen „auf dem Felde der Ehre" verloren. Karl Kraus kommt in den *letzten Tagen der Menschheit* in sarkastischen Worten auf diesen „Wandschmuck" des Todes zu sprechen: Die „hochkünstlerische Kupferstichimitation" zeige, so der *Optimist*, „neben ergreifenden Schlachtenbildern aller Waffengattungen ein stilles Soldatengrab, darunter Name und Ort des Gefallenen eingetragen wird. Seine Photographie, von einem Eichenkranz umrahmt, wird inmitten des Bildes befestigt und von den Strahlen des darüber befindlichen Eisernen Kreuzes glorifiziert, während ihm die Friedensgöttin den Sieges-Lorbeer reicht. (...) Ein Gedenkblatt, so vornehm und ergreifend, daß es von Arm und Reich begehrt wird."[3]

Die eigenen und die anderen Toten

Die eigenen Toten sind im Ritual des Gedenkens – im Symbol des Kreuzes, in der Weite einer stillen Landschaft oder in der Galerie der Helden – aufgehoben. Ihre Körper sind dem Ort des Kampfes entrückt, sie sind unsichtbar. Dagegen bleiben die toten Körper des „Feindes" viel deutlicher sichtbar. Die Leichen des Kriegsgegners werden weitaus häufiger fotografiert als die eigenen Toten. Es sind zahlreiche Aufnahmen überliefert, die getötete Soldaten des „Feindes" zeigen. Diese Bilder stehen für die eigene militärische Stärke, der getötete Kriegsgegner wird zur Trophäe im Kampf.

Die Darstellung der toten Körper des Kriegsgegners gehorcht häufig einer Inszenierung, die den Tod und die Landschaft nach der Schlacht in einem Bild zusammenführt. Die Getöteten liegen am Boden, die Kamera sucht das leere Feld als Hintergrund (ABB. 453, 454). Oft nimmt die Kamera einen tiefen Blickwinkel ein, auf diese Weise fügt sich der Körper des Toten ein in das vom Krieg durchwühlte, aber entleerte Gelände.

Die Körper der eigenen Toten treten hinter die Symbole des Gedenkens zurück. Die Spuren des Kampfes werden in die Architektur der Erinnerung überführt. An der Grabstelle erhebt sich ein Holzkreuz, das der ehemaligen weiten Schlachtlandschaft eine Markierung verleiht (ABB. 455). In der Symbolik des Soldatengrabes verschwindet die Frontstellung des Krieges. Hier, am Ort des Gedenkens, wird der Krieg, auch wenn er noch im Gange ist, in ein anderes Licht getaucht. In einer Aufnahme, die – vermutlich im Frühjahr

1915 – in Oprzenzow, in der Umgebung von Petrikau (Piotrków), südöstlich von Lodz (Łódź) entstand, ist eine Gruppe von Männern, Frauen und Kindern zu sehen, die hinter mehreren Soldatengräbern Aufstellung genommen haben (ABB. 456). Der Fotograf hat seine Kamera etliche Schritte vor den Gräbern aufgebaut, sodass nicht nur die Grabhügel sichtbar sind, sondern auch

453

ABB. 453 „Leichenfeld und Ort Kotovice südlich der Strasse", in der Umgebung von Wolbrom, Russland (heute Polen), vermutlich November oder Dezember 1914. Die Aufnahme entstand in der Umgebung von Pilica, zwischen Krakau (Kraków) und Tschenstochau (Częstochowa); 1. Operationsarmee [K 14948].

ABB. 454 „Leichenfeld westlich von Kotovice im Hintergrund Stacheldrahtverhaue", in der Umgebung von Wolbrom, Russland (heute Polen), vermutlich November oder Dezember 1914; 1. Operationsarmee [K 14951].

454

die Gruppe der Gedenkenden durch die Äste der Bäume im Vordergrund gerahmt wird. Die Aufnahme, die von einem Fotografen der k. u. k. Kriegsvermessungsabteilung der 2. Armee aufgenommen wurde, ist als Teil einer Bilddokumentation der ehemaligen Kriegslandschaften entstanden. Die – oft mehrteiligen – Panoramaaufnahmen sind meist aufwendig kommentiert. In der militärischen Lektüre der Landschaft sollen im Rückblick die Spuren eines erfolgreichen Krieges gesichert werden.[4] Festgehalten wird die Lage der ehemaligen Stellungen, sichtbar gemacht werden aber nicht nur die teils schon verwischten Spuren der Kämpfe im Gelände (Schützengräben, ehemalige Stellungen), sondern auch die Orte der Toten. Die Kreuze sind Teil einer heroischen Landschaft. Nachdem die Gräber Zeichen einer siegreichen vergangenen Schlacht sind, wird nun auch den Toten des Kriegsgegners Ehre bezeugt. Der Bildtext weist darauf hin, dass in den Soldatengräbern nicht nur eigene Tote liegen: „Ein Russe im ersten links, je 4 Gefallene der eigenen Armee in den anderen 2 Gräbern rechts".

Der massenhafte Tod

„Begräbnis gefallener Soldaten". Diesen Titel tragen zwei Bilder, die die Beerdigung mehrerer gefallener Soldaten zeigen (ABB. 457, 458). Der Bildtext lässt ihre nationale Zugehörigkeit offen, wahrscheinlich aber handelt es sich um russische Soldaten. Die Bilder wurden im Frühjahr

455

ABB. 455 Soldatengrab bei Pilica, Umgebung von Wolbrom, Russland (heute Polen), vermutlich im November oder Dezember 1914 [K 15014].

ABB. 456 „Gräber in Opreznow. (Ein Russe im ersten links, je 4 Gefallene der eigenen Armee in den anderen 2 Gräbern rechts)", vermutlich Frühjahr 1915; Kriegsmappierung 2 [K 19560].

456

457

1915 aufgenommen, und zwar in Ostry, in der
Nähe von Tuchla (Tuhlja), am Beskid-Pass in den
Karpaten. Hier begann die k.u.k Gegenoffensive,
in deren Verlauf sich, nach den schweren Einbrü-
chen vom Herbst und Winter 1914/1915, die
Frontlinie wieder nach Osten schob. Am 24./25.
April wurde der Karpatenrücken nach schweren,
für beide Seiten verlustreichen Kämpfen von den
deutsch-österreichischen Truppen endgültig zurückerobert.

Die Fotos sind Bilder des Sieges, die Beerdigung
passt in die Symbolik der erfolgreichen Schlacht.
Nachdem die Gräber zugeschüttet und die
Kreuze aufgerichtet worden sind, spricht der
Priester ein Gebet (vgl. ABB. 458). Der Fotograf,
der seinen Platz vor den Gräbern eingenommen
hat und die christlichen Symbole vor die Soldaten rückt, ist Zeuge einer improvisierten Gedenkfeier. Die Soldaten haben ihre Mützen abgenommen, die Hände halten sie gesenkt. Sie er-
weisen den Toten die letzte Ehre.

Wenige Monate später ist ein Kriegsfotograf –
möglicherweise handelt es sich um Eduard
Frankl, der ab Ende Juli 1915 beim Korps Hofmann stationiert war – neuerlich Zeuge einer Beerdigung. Die Dokumentation besteht aus einer
Reihe von Aufnahmen (ABB. 459, 460, 461, 462,

458

463, 464), die vermutlich im Juli / August 1915 in
der Umgebung der ostgalizischen Stadt Podhajce
(Pidgajci) entstanden sind [5] Auch sie sind Teil
einer Serie über das siegreiche Vorgehen der eigenen Truppen. Dargestellt ist zunächst in mehreren Bildern der Abtransport von Toten aus dem
Schützengraben und – im letzten Bild – die Beerdigung der Soldaten.[6] Die Darstellung der Kriegs-

ABB. 457, 458 Begräbnis gefallener Soldaten am Ostry
in der Nähe von Tuchla
(Tuhlja), in den Karpaten,
vermutlich April / Mai
1915; Korps Hofmann
[K 13153, K 13154].

459

460

ABB. 459 Eduard Frankl (?):
Zwei tote Soldaten, ver-
mutlich in der Umgebung
von Podhajce (Pidgajci),
Ostgalizien, vermutlich
Juli / August 1915; Korps
Hofmann [K 13337].

ABB. 460, 461 Eduard
Frankl (?): Abtransport von
Toten aus dem Schützen-
graben, Ostgalizien, ver-
mutlich in der Umgebung
von Podhajce (Pidgajci),
vermutlich Juli / August
1915 [K 13339, K 13341].

461

toten folgt hier aber nicht einer Ikonografie des Triumphs, sondern der Logik einer nüchternen Dokumentation.

Wenn das Begräbnis Teil eines technischen und sanitären Problems im Umgang mit dem Massentod am Schlachtfeld wird, tritt die nationale Zugehörigkeit der Soldaten in den Hintergrund. Der Erste Weltkrieg hat nicht nur die Opferzahlen auf dem Schlachtfeld in ungeahnter Weise vervielfältigt, auch die Entsorgung der Toten folgte der unbarmherzigen Logik der großen Zahl. Die vielen Toten brauchten Grabkreuze.

Der Einfachheit halber wurden diese oft vor Ort gefertigt, nicht weit von der Front entfernt. Britof ist ein kleiner Ort, knapp zehn Kilometer nord-östlich von Görz. Hier hatten die k. u. k. Truppen ein Nachschublager eingerichtet. Und in der klei-nen Kapelle von Britof wurden von den armee-eigenen Tischlern Friedhofskreuze angefertigt (ABB. 465). Der Kirchenraum ist zum Handwerks-raum geworden. Die Knotenpunkte des Nach-schubs für die Lebenden und für die Toten deck-ten sich im Hinterland oft. Längst arbeiteten die Handwerker nicht mehr auf Vorrat. Der Stel-

462

463

464

lungskrieg forderte mehr Opfer als Kreuze zur Verfügung standen.

Dort, wo der industrialisierte Krieg mit aller Gewalt tobte, wurden die Gefallenen nicht mehr einzeln, sondern haufenweise abtransportiert und verscharrt. Es wurden, erinnert sich Johann W., ein einfacher Soldat, der an der Isonzofront im Einsatz war, „mit Kalk weiß gestrichene Truhenwagen [verwendet], auf denen man die Toten, regellos und manchmal nach einem Trommelfeuer übervoll, gewöhnlich frühmorgens von den vordersten Stellungen zurückführte. Zuerst lud man sie, da in der Nähe kein Kriegsfriedhof angelegt war, bei der Mauer des Ortsfriedhofes von Lipa nächst Kostanjewitza auf Haufen ab. (…) Man kann sich vorstellen, wie furchtbar der Anblick der bereits aufgedunsenen, zerfetzten, in Zersetzung übergegangenen Toten war. Später wurde dann außerhalb der Ortschaft ein Friedhof errichtet wohin man nun immer die Toten mit dem bereits beschriebenen Wagen brachte. Dort breiteten drei Mann auf der Erde am hinteren Ende des Wagens ein Zeltblatt aus und die durch das traurige Geschäft schon abgestumpften Leute

465

ergriffen einen Toten bei irgendeinem Kleidungs-
stück und ließen ihn auf das Zeltblatt kollern.
Sie nahmen ihm, wenn es nicht schon in der Stellung geschehen war, die Legitimationskapsel und
andere Sachen aus den Taschen und schleiften so
einen nach dem anderen zum Massengrab. Nur
die Legitimationskapsel mit den sonst noch vor-
gefundenen Effekten wurde dem Feldgeistlichen
geschickt, der dann die Sachen an die Angehörigen der Toten mit ein paar Trostworten – ‚Auf
dem Felde der Ehre gefallen' – sandte."[7]

In den heißen Sommermonaten mussten die
Toten aufgrund der Seuchengefahr schnell begraben werden. In dieser Zeit häufen sich auch die
Aufnahmen, die die „Entsorgung" der Toten zeigen. Eine Reihe von Aufnahmen, die am 27. August 1917 in Nabresina[8] an der Isonzofront entstand, zeigt die Beerdigung von Kriegsopfern. Die
moderne Kriegsführung – u. a. der Einsatz von
Brandgranaten – hat die Leiber der Soldaten

furchtbar zugerichtet. Ihr Platz war schon längst
nicht mehr das Einzel-, sondern das Massengrab.
Am Soldatenfriedhof von Nabresina ist das Massensterben Bild geworden (ABB. 466). Während im
Hintergrund die Soldaten Gräber ausheben, küm-
mert sich im Vordergrund der Feldkurat um die
verstümmelten Körper, die mit hölzernen Tragbahren zum Bestattungsfeld gebracht werden
(ABB. 467).[9] Unter den Opfern der 11. Isonzoschlacht sind Tote, deren Körper bis zur Unkennt-
lichkeit entstellt sind. Viele der Getöteten gingen
an den Folgen der modernen Massenvernich-
tungsmittel zugrunde. Sie starben nicht durch
gegnerische Kugeln, sondern durch den Einsatz
von Brandgranaten und Giftgas (ABB. 468).

Nachdem Giftgas an der Westfront schon seit
1914/1915 zum Einsatz gekommen war, wurden
die Gasangriffe 1916/1917 auch auf die Isonzofront ausgedehnt. Im Sommer 1917 wurde erstmals intensiv mit Gasgeschossen experimen-

tiert. Ende Oktober 1917 kamen auf der Seite der deutsch-österreichischen Truppenkoalition systematisch sog. Blau- und Grünkreuz-Granaten zum Einsatz. 12.000 Giftgasgranaten mit den tödlichen Reizstoffen waren an die Front geschafft worden.[10] Die italienischen Truppen waren nur unzureichend mit Gasmasken ausgestattet. Die chemischen Reiz- und Giftstoffe forderten zahlreiche Tote.

Der massenhafte Tod taucht in den offiziellen Fotografien des Krieges nur schemenhaft auf. Noch immer wird in den Aufnahmen von Einzelgrabstätten die Illusion des individuellen Sterbens kultiviert. Tatsächlich aber sind der anonyme Tod und das hastige Verscharren der Leichen längst Wirklichkeit geworden. Anschaulich wird dieser erbarmungslose Umgang mit den Getöteten am ehesten in Bildern, die die Kriegsgegner zeigen. Die Körper der gegnerischen Soldaten verlieren ihre Form. Sie werden zusammengehäuft, bevor sie in eilig ausgehobenen Gräben verscharrt werden. Schon bevor die Toten in der Erde verschwinden, sind sie, wie eine Aufnahme aus der Bukowina zeigt, Teil des schlammigen Bodens geworden (ABB. 469).

Aufnahmen getöteter Feinde dienten dem Nachweis des Sieges. Sie sollten aber auch triumphierend den erwarteten Ausgang laufender Kämpfe zeigen. Besonders deutlich wird dies in einer Fotoserie, die während der letzten großen Schlacht in Italien entstand. Am 15. Juni 1918 begann eine große Offensive der österreichischen und deutschen Truppen. Während der ersten Kampftage entstanden ungezählte Aufnahmen (ABB. 470, 471).[11] Die Bilder getöteter italienischer Soldaten waren als Beweise für das eigene siegreiche Vorgehen gedacht. Aber die Kämpfe erwiesen sich als erbitterter und härter als angenommen, der Triumph ließ auf sich waren. Schließlich errangen die italienischen Truppen die Überhand, die Einheiten der Mittelmächte mussten sich geschlagen zurückziehen. Am 25. Juni war die Offensive endgültig gescheitert. Die Fotos „stimmten" nun nicht mehr. Sie wur-

466

467

468

ABB. 466 „Heldenfriedhof in Nabresina", Isonzofront, 27. August 1917; Kriegsvermessung 5 [K 20793].

ABB. 467 „Opfer der XI. Isonzoschlacht bei Nabresina", Isonzofront, 27. August 1917; Kriegsvermessung 5 [K 20791].

ABB. 468 „Opfer von Gasbomben", Isonzofront, möglicherweise in Nabresina, 30. Juli 1917; Kriegsvermessung 5 [K 21277].

469

470

471

den nie veröffentlicht. Mit dem Zensuraufdruck „Reservat" versehen wanderten sie ins Archiv.

Der schöne Tod, der hässliche Tod

Während im 19. Jahrhundert die Kriegsfotografen noch gelegentlich die Fronten wechselten und die Bilder der Toten noch nicht gänzlich nach dem Schema Freund und Feind getrennt wurden, änderte sich das bis zum Ersten Weltkrieg. Zwar wurden während des Ersten Weltkrieges weit mehr Tote in Bildern festgehalten als in allen Kriegen zuvor. Und dennoch: Gemessen an der Zahl der Gefallenen ist die Anzahl der überlieferten Bilder von Toten auffallend gering. Aufnahmen des Triumphs, in denen die Toten zu Trophäen des eigenen Sieges werden, tauchen erst vermehrt in der zweiten Kriegshälfte auf. Von den Kriegsschauplätzen des Ostens und Südostens sind insgesamt weit weniger Bilder von Toten überliefert.

Auf den Fotos liegt der Körper des Feindes auf der Erde, im Schlamm, manchmal beginnt er sich schon aufzulösen, oft hat die Verwesung bereits begonnen, die tödliche Verwundung liegt offen zutage. Ein italienischer Soldat, der in der 11. Isonzoschlacht gefallen war, vermutlich in der Nähe von Lokve oder Nemci, wurde am 24. August 1917 von einem österreichischen Kriegsfotografen fotografiert (ABB. 472). Der Mann ist am Kopf getroffen, sein Schädel ist zerschmettert, das Gehirn liegt neben ihm am Boden. Fast genau ein Jahr zuvor, am 15. August 1916, entstand, ebenfalls an der Isonzofront, ein ganz anderes Bild (ABB. 473). Das Bild des toten eigenen Soldaten ist eine Art Gegenstück zum Toten der anderen Seite. Der Fotograf hat je eine halbe Platte belichtet. Dadurch liegen zwei Auf-

ABB. 469 Beerdigung in Mahala (Magala), östlich von Czernowitz, Bukowina, Winter 1915/1916; 12. ITD, Lück [K 6519].

ABB. 470 „Stelle eines Granattreffers a. d. Piave", Venetien, 17. Juni 1918,

„Reservat"; Kriegsvermessung 5 [K 23166].

ABB. 471 „Zerschossene ital. Stellung am Piave-Damm", Venetien, 16. Juni 1918; Kriegsvermessung 5 [K 23185].

ABB. 472 „Opfer der XI. Isonzoschlacht", aufgenommen vermutlich in der Nähe von Lokve oder Nemci, 24. August 1917; Kriegsvermessung 5; Reproduktion vom Abzug [K 20668].

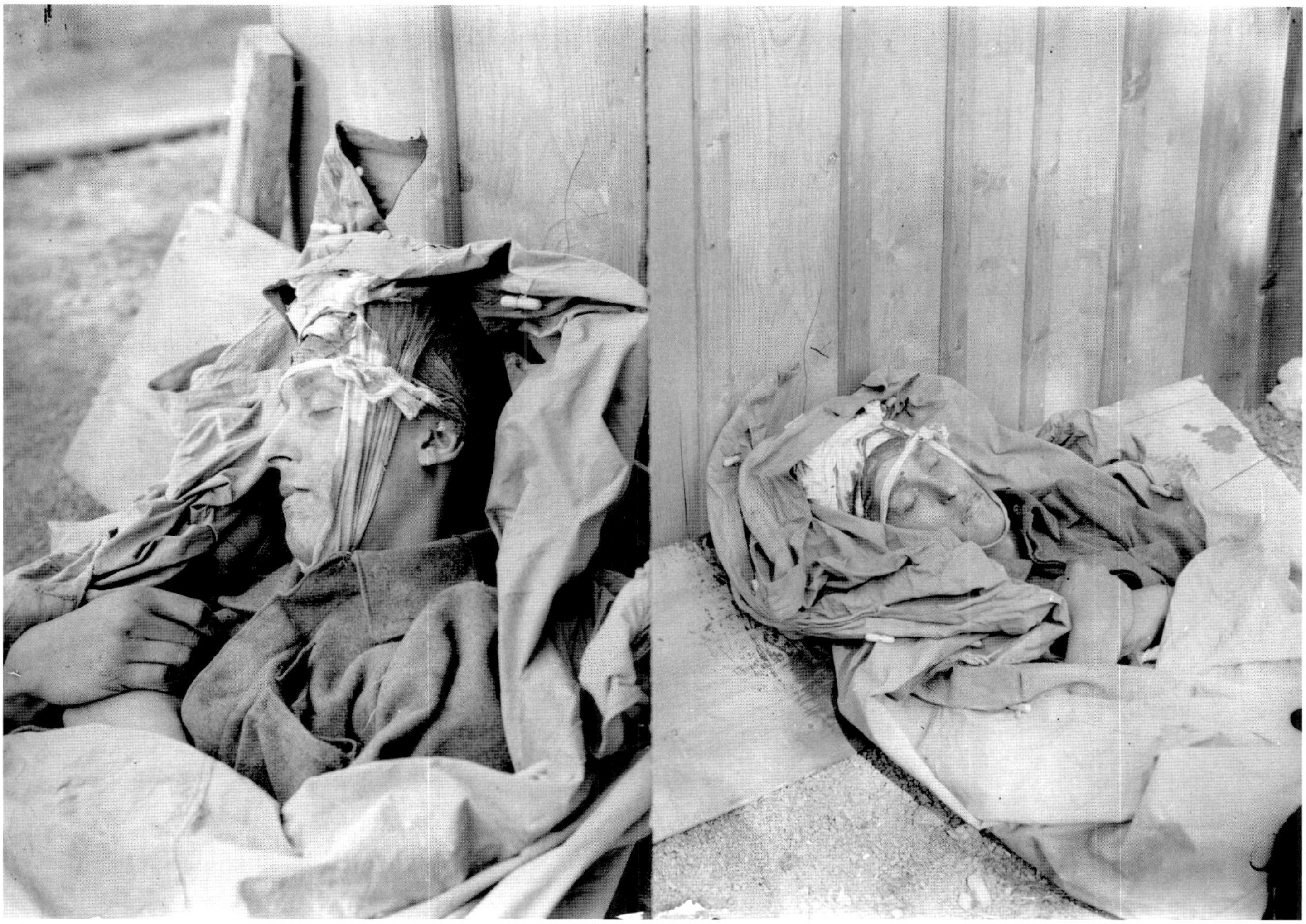

472

473

ABB. 473 „Unbekannter Infanterist mit grünen Aufschlägen, gestorben am 15. VIII. 1916 in einer Inf. Div. San. Anstalt an Kopfschuss. Ungefähres Alter des Infanteristen 20 Jahre", Isonzofront; 16. Korps; zwei halbe Platten [K 828].

474

nahmen im Brustformat nebeneinander. Der Getötete ist in ein Tuch gehüllt und wurde vor einer Holzbaracke auf den Boden gelegt. Das Bild ist möglicherweise in Dornberg entstanden, im Hinterland der Isonzofront, dort betrieb die Armee eine Sanitätsanstalt. Der Mann dürfte in den Kämpfen der 6. Isonzoschlacht (4. bis 17. August 1916) verwundet worden sein. Er wurde daraufhin zur Versorgung ins Hinterland gebracht. Der Kopf des Toten ist verbunden, durch den Verband ist Blut gesickert. Die Hände hat man dem Toten über der Brust zusammengelegt. Die Augen sind geschlossen. Der Fotograf zeichnet im Halbprofil und in der frontalen Aufnahme die Züge des jungen Mannes auf. Durch Ausschnitt und Wirkung des Tuches unterstützt, entsteht kein erschreckendes Bild des Todes, sondern wir blicken in ein entrücktes, schönes Gesicht. Obwohl der Name des jungen Soldaten nicht bekannt ist, erhält der Tote im Bildtext, wenn auch schemenhaft, eine eigene Geschichte: „Unbekannter Infanterist mit grünen Aufschlägen, gestorben am 15. VIII. 1916 in einer Inf.Div.San.Anstalt an Kopfschuss. Ungefähres Alter des Infanteristen 20 Jahre".

Der Körper des „fremden" Soldaten wird am Ort des Kampfes fotografiert, sein Körper liegt oft in verzerrter, entstellter Lage da, fast immer liegt er auf dem nackten Boden, nur selten sehen wir ihn aufgehoben und geborgen (ABB. 474). Die Toten des Kriegsgegners werden auch dann noch im Bild festgehalten, wenn die Verwesung die Leiche entstellt hat, wenn das Gesicht zum grausigen Totenschädel geworden ist. Der eigene Soldat hingegen ist, wenn er nicht schon bestattet ist, dem Boden enthoben. Er ist, oft nur notdürf-

475

ABB. 474 „Abtransport eines gefallenen Italieners", aufgenommen vermutlich am Mittagskofel, Gailtal, Kärnten, 19. Juli 1916; 10. Armeekommando [K 9954].

ABB. 475 Toter mit einer Kopfverletzung, vermutlich in der Gegend von Kowel (Kovel), Wolhynien, vermutlich Sommer 1916; Kriegsvermessung 4 [K 28294].

tig, aufgebahrt, sein Leichnam ist eingefasst. Vermutlich im Sommer 1916 entstand an der Ostfront, in Wolhynien, wohl in der Gegend von Kowel (Kovel), das Bild eines toten Soldaten (ABB. 475). Ein einfacher Sarg lehnt offen an einem Zaun. Möglicherweise handelt es sich um die Umzäunung eines Soldatenfriedhofes. Im Sarg liegt ein junger Mann mit entblößtem Oberkörper, die Hände über der Brust zusammengelegt, die Augen geschlossen. Er ist sorgsam in den Sarg gebettet. Auf den ersten Blick wirkt er unverletzt, bei genauerem Hinsehen entdecken wir, dass er eine Kopfverletzung hat, die dunklen Flecken auf seiner Hose könnten Blut sein. Auch hier tritt uns der Tod als schöner Tod entgegen, nichts verweist auf das Schlachtfeld, den Schlamm, die Wunden, den Schmerz.

Der Körper des „Feindes" ist ein entstellter, erschreckender, oft hässlicher Körper. Vermutlich im Jahr 1917 fotografierte der Kriegsfotograf der 2. k. u. k. Armee die Leiche eines – wahrscheinlich russischen – Soldaten in Galizien (ABB. 476). Das Bild entstand möglicherweise in der Umgebung von Zborow (Zboriv). Die Leiche liegt am Rande eines Granattrichters. Der Soldat ist, so scheint es, bei einer Granatexplosion ums Leben gekommen. Sein Helm liegt neben ihm auf dem Boden. Der Kopf ist bereits ziemlich verwest, der Tod dürfte schon etliche Zeit zurückliegen. Ein anders Foto, das im Juni 1915 entstand, zeigt die verbrannte Leiche eines wahrscheinlich ebenfalls russischen Soldaten in Bolechow (Bolehiv) (ABB. 477). Der Ort liegt ca. 20 Kilometer südlich von Stryj (Strij), eine Stadt, die nach schweren Kämpfen am 27. Mai 1915 von deutschen und österreichischen Truppen (zurück)erobert wurde. Auch dieser Körper hat sich bereits aufgelöst, der Mann dürfte seinen Verbrennungen erlegen sein, er liegt vornüber gekippt auf einem Gleis, neben ihm liegt seine Ledertasche und ein Stück verkohltes Holz. Der tote Körper des Kriegsgegners ist entstellt, seine Identität und Wiedererkennbarkeit sind gebrochen, er geht auf im Boden des Schlachtfeldes.

476

477

Wiedergänger

Gelegentlich taucht der Leichnam eines getöteten Soldaten der Gegenseite aus seiner Versenkung im Kriegsgelände wieder auf. Er erhebt sich auf fast unerklärliche Weise aus dem Boden, er tritt auf erschreckende Weise wieder ans Licht. Es ist die Wiederkehr des Toten als Erscheinung. Am 27. Januar 1918 traf der Fotograf der k. u. k. Kriegsvermessungsabteilung 11 auf dem Hochplateau von Asiago, am Monte Meletta, auf zwei seltsame Funde (ABB. 478). Er fand die Leichen zweier italienischer Soldaten, die der Schnee und das Eis wohl infolge eines frühen Wärmeeinbruches freigegeben haben. Ob die Soldaten den Er-

ABB. 476 Leiche eines (vermutlich russischen) Soldaten, möglicherweise in der Umgebung von Zborow (Zboriv), Ostgalizien, vermutlich 1917; 2. Armee [K 32901].

ABB. 477 „Verbrannte Leiche, Bolechow", Karpaten, Galizien, Juni 1915; Korps Hofmann, WS [K 12870].

478

479

ABB. 478 „Mt. [Monte] Me-
letta. Gefallene Italiener",
Hochplateau von Asiago,
27. Januar 1918, zwei halbe
Platten; Kriegsvermessung
11 [K 24822].

ABB. 479 „Gefallene[r] Ita-
liener auf dem Mt. [Monte]
Spiel", Hochplateau von
Asiago, 30. Januar 1918;
Kriegsvermessung 11
[K 24835].

frierungstod starben, ob sie einer Lawine zum
Opfer fielen oder im Kampf umkamen, wissen
wir nicht.[12] Schnee und Kälte haben die Körper je-
denfalls weitgehend vor der Verwesung bewahrt.
Die Italiener dürften etwa eineinhalb Monate im
Schnee gelegen haben. Zwischen dem 4. und dem
6. Dezember 1917 gelang es den k. u. k.-Truppen,
das Meletta-Massiv zu erobern. Noch stecken die
Körper der beiden Männer bis zur Hüfte im
Schnee, nur ihr Oberkörper ist aufgetaucht, einer
von ihnen neigt sich gespenstisch aus seinem
Schneebett dem Betrachter zu.

In den folgenden Tagen traf der Fotograf im selben Gebiet immer wieder auf die Leichen italienischer Soldaten, die aus dem Schnee aufge-

taucht sind. Auf allen Aufnahmen ragt der Torso
halb aus dem Schnee. Einer der Soldaten hat, wie
um sich zu schützen, seine Hand um den Kopf gelegt (ABB. 479). Sie wirkt, als wäre sie unversehrt.
Es entsteht ein merkwürdiger Eindruck: Der
Tote scheint „entschlafen" zu sein, sein Körper
scheint den Tod überdauert zu haben. Es hat den
Anschein, als ob er nicht eines gewaltsamen
Todes gestorben sei. Tatsächlich aber wissen wir:
Viele der Soldaten, die hier ums Leben kamen,
gingen an Brandverletzungen zugrunde, möglicherweise auch an Giftgas. Einer der Soldaten,
der aus dem Schneefeld aufgetaucht ist, hat deutliche Brandverletzungen im Gesicht (ABB. 480).
Den Helm trägt der Mann noch auf dem Kopf, er
dürfte an Ort und Stelle seinen Verletzungen erlegen sein. Um die Schultern trägt der Tote den
Behälter mit einer Gasmaske. Sie trägt die Aufschrift: „Chi leva la maschera, muore" (Wer die
Maske abnimmt, stirbt).

Die Fotografie hält in diesen Erscheinungen
das Paradoxon des Todes fest. Sie fixiert einen
Körper, der, obwohl nicht mehr am Leben, nicht
verschwindet, sondern nach einiger Zeit wieder
auftaucht aus dem eisigen Boden, der ihn ver-
schluckt hat. Es ist, als ob sich das fotografische
Bild vor dem Objektiv verdoppelte. Die fotografische Aufnahme hat es an sich, die Zeit anzuhalten. Sie schlägt das Abbild der Lebenden der Seite
der Vergangenheit, des Todes, zu. Ebenso scheinen in den Bildern dieser Wiedergänger Leben
und Tod miteinander zu verschmelzen. Obwohl
die Körper schon seit Wochen hier liegen, sind sie
nicht verwest, der Prozess der Auflösung hat
noch nicht eingesetzt. In einer der Aufnahmen
erkennen wir noch Haare am Kopf der Toten. Was
uns hier entgegentritt, ist eine Maske des Todes.
Es ist, als ob in diesen entrückten und doch ganz
nahen Körpern der schöne und der hässliche Tod
in ein einziges Bild eingepasst worden wäre.
Diese Fotografien sind Vexierbilder des Krieges,
der mit großem Aufwand daran geht, die beiden
Seiten der Gewalt, die eigene legitime und die andere, illegitime, auseinanderzuhalten.

480

ABB. 480 „Gefallene[r] Italiener auf Mt. Spiel", Hochplateau von Asiago, 30. Januar 1918; Kriegsvermessung 11 [K 24833].

Architektur der Erinnerung

Dort, wo die Toten ihrer großen Zahl wegen oder weil es der Boden nicht anders zuließ, am Ort der Kämpfe begraben wurden, vermischte sich das Bild des Schlachtfeldes mit jenem des Friedhofes. Ein Soldatenfriedhof an der Isonzofront, aufgenommen wahrscheinlich im Spätherbst oder Winter 1915 bei S. Lucia in der Nähe von Tolmein (Tolmin), liegt inmitten der Kriegslandschaft. Wir sehen das tief aufgewühlte Gelände, die Reste von Stellungen, zerfetzte Bäume und dazwischen immer wieder Holzkreuze mit dem Namen eines Soldaten (ABB. 481). Es ist dies ein wiederkehrendes Bild im Krieg. Der Schützengraben, der zum Friedhof wird. Aber es kann auch umgekehrt sein: Der Friedhof selbst verwandelt sich in ein Schlachtfeld (ABB. 482). Die Kämpfe verschonen die Orte der Toten nicht. Sie werden ebenso zum Kriegsgelände wie das umliegende Gebiet. Den Fotografen erscheinen diese Aufnahmen voller Symbolik. Der zerstörte Soldatenfriedhof auf San Marco bei Görz (ABB. 483) etwa verweist auf die Lückenlosigkeit des Krieges, der keine Pause macht und keine Schutzzonen kennt.

Hinter der Front entstanden ab Herbst 1915 unter der Regie der neu gegründeten Kriegsgräberabteilung des k. u. k. Kriegsministeriums sys-

tematisch eigene Orte des Totengedenkens: große oder kleinere Anlagen mit Soldatengräbern.[13] Die Toten wurden oft an ihren vorläufigen Grabstätten exhumiert und in die neu errichteten Friedhofsanlagen überführt. So entstand im Hinterland der Front, insbesondere in Galizien, der Bukowina, in Wolhynien, in Serbien, an der Dolomiten- und an der Isonzofront, ein dichtes Netz an Friedhöfen, das die ehemaligen Landschaften des Krieges überzog. Die Grabanlagen hatten Tausende und Abertausende von Toten aufzunehmen. 1.106.000 österreichisch-ungarische Soldaten, so lauten Schätzungen, kamen während des Krieges ums Leben.[14] Gegenüber früheren Kriegen hatte sich zwischen 1914 und 1918 die Zahl der Opfer vervielfältigt. Der letzte große Krieg vor dem Ersten Weltkrieg, an dem österrei-

ABB. 481 „Soldatenfriedhof und Unterstände der 14. Kop. des Infanterie Regiments Nro. 53 auf dem Südhange der Kote 588", vermutlich bei S. Lucia bei Tolmein (Tolmin), Isonzofront, vermutlich Spätherbst / Winter 1915; 10. Armeekommando [K 8551].

483

484

ABB. 482 „Feldwache am Friedhof in Skala", Bezirk Brzezany (Berezani), Ost-galizien, vermutlich Sommer 1917; Korps Hofmann [K 14227].

ABB. 483 Zerstörter Soldatenfriedhof auf San Marco bei Görz, Isonzo-front, 14. September 1917; Kriegsvermessung 5 [K 21419].

ABB. 484 Militärfriedhof in Luck (Luc'k), Wolhy-nien, Russland, vermutlich 26. Mai 1916; Kriegs-vermessung 4 [K 2795C].

chische Soldaten beteiligt waren, der österrei-chisch-preußische Krieg von 1866, hatte noch einen Bruchteil an Todesopfern gekostet. Etwa 20.000 Soldaten kehrten nicht mehr zurück.[15]

Manche der ab Ende 1915 errichteten Soldaten-friedhöfe waren weitläufige Grabanlagen (ABB. 484). Sie dienten der Massenbestattung, vor allem aber den Erfordernissen des kollektiven Gedenkens. Ihre Anlage und Architektur folgte der Industrialisierung des Krieges. Nicht nur die Bestattung, auch die Errichtung und Verwaltung dieser gewaltigen Architekturen der Erinnerung erfolgte zentral gelenkt. Allein die Kriegsgräber-abteilung Krakau (Kraków), die für Westgalizien

485

486

ABB. 485 Türkischer Soldatenfriedhof in Podwiesoky, Ostgalizien, vermutlich Spätherbst 1916; Korps Hofmann [K 13789].

ABB. 486 „Durchreise türkischer Truppen in Chodrow", Ostgalizien, 12. August 1916; Kommando Erzherz. Carl [K 16246].

ABB. 487 Jüdischer Friedhof in Halicz (Calič) am Dnjester (Dnister), Ostgalizien, vermutlich Juli 1915; Korps Hofmann [K 13185].

ABB. 488 Jüdischer Friedhof in Brzezany (Berezani), Ostgalizien, vermutlich Herbst 1915 / Winter 1916; Deutsche Südarmee [K 5713].

zuständig war, beschäftigte 3.000 Arbeiter, darunter waren viele russische Zwangsarbeiter. Unzählige Handwerker und Techniker, Architekten und Baumeister, Maurer, Zimmerleute, Bildhauer, Maler und Fotografen arbeiteten an den Baustellen. Innerhalb von drei Jahren entstanden allein in Westgalizien an die 400 Grabanlagen für 60.000 Tote.[16] Die Architektur der Anlagen folgte häufig den Bau-Moden der Jahrhundertwende, wie sie in den Städten, allen voran Wien, Brünn (Brno), Budapest und Prag (Praha) unterrichtet wurden.[17] Kirchen, Kapellen und Symbolbauten wurden oft im neoklassizistischen Stil ausgeführt, immer wieder aber wurden auch Elemente der populären Holz-Architektur, wie sie vor Ort verbreitet war, in die Gestaltung einbezogen.[18] Die Einbettung der Gedenkarchitektur in die Landschaft, die Verbindung von Natur und Bauwerk war ein Anliegen, das bei fast allen Grabanlagen eine zentrale Rolle spielte. Die Soldatenfriedhöfe waren nicht als entlegene Ruhestätten gedacht, sondern sie hatten, vor dem Hintergrund des Massensterbens, die Aufgabe der patriotischen Sinngebung zu erfüllen. Ihre Botschaft drang weit über die jeweilige Grabstätte hinaus. Künstlerische Entwürfe, Ansichten und Fotografien der fertiggestellten Soldatenfriedhöfe wurden in allen größeren Städten der Monarchie ausgestellt; Bücher und Bildpostkarten verbreiteten die Bilder der Anlagen; Konzerte und Sammlungen sollten dazu beitragen, neue Bauwerke zu finanzieren.[19]

Die Soldatenfriedhöfe können als Projekt der symbolischen Neubeschriftung der Schlachtlandschaft gesehen werden. Dort, wo ehemals die Kampfplätze waren, ist nun Ruhe eingekehrt.

Die vorübergehende Architektur des Krieges hat dauerhaften Bauformen für die Toten Platz gemacht. Die Ereignisse der Schlacht treten hinter die Zeitlosigkeit des Gedenkens zurück, die Hektik des Krieges ist der Ruhe gewichen. Der Soldatenfriedhof etabliert somit an der Stelle des eben in die Vergangenheit entrückten Massenkrieges eine neue, weithin sichtbare Ästhetik des Gedenkens. Die Architektur der Friedhofsanlagen für die Soldaten zeugt aber auch vom Bemühen, die politischen, sozialen und nationalen Spannungen einer Gesellschaft im Krieg in der versöhnenden Praxis des Gedenkens und in der Architektur einer für alle geltenden kollektiven Erinnerung neu aufzulösen. Die Architektur der Kreuze, aber auch die räumliche Aufteilung trug der religiösen Zugehörigkeit der Soldaten Rechnung, während die nationalen Grenzziehungen innerhalb der Monarchie auf den Friedhöfen in der Regel hinter den Umrissen der Armee und ihrer Gliederungen verschwanden.

Gelegentlich aber tauchen dennoch die nationalen Vorzeichen in der Gestaltung der letzten Ruhestätten auf. Eine Aufnahme, die der Fotograf des deutsch-österreichischen Korps Hofmann vermutlich im Spätherbst 1916 im galizischen Podwiesoky[20] gemacht hat, zeigt einen türkischen Soldatenfriedhof (ABB. 485). Nachdem seit Anfang Oktober 1916 auch ein türkisches Korps als Teil der Deutschen Südarmee an der Ostfront im Einsatz war, konnte im Bild des Soldatenfriedhofs der neue türkische Beitrag der nationenübergreifenden Truppe am deutlichsten sichtbar gemacht werden. Die türkischen Bundesgenossen waren als „fremde" Soldaten im eigenen Heer immer wieder Grund für neugierige

Blicke (ABB. 486). Dagegen kamen in der Architektur für die Toten die symbolischen Umrisse einer – angestrebten – großen Kriegsgemeinschaft besonders sichtbar zum Ausdruck.

Parallel zum Aufbau einer kapillaren Kriegsgräberfürsorge stieg auch das fotografische Interesse an bereits bestehenden zivilen Friedhofsanlagen. Fotografiert wurden unter anderem jüdische Friedhöfe in Ostgalizien (ABB. 487, 488). Die jüdische Bevölkerung, die zu Beginn des Krieges zusammen mit der ruthenischen harten Repressionen und dem Vorwurf der Kollaboration mit dem Kriegsgegner ausgesetzt war, wurde nun, da das Land wiedererobert war – zumindest in der Architektur und den Bildern des Gedenkens – allmählich wieder in die Erinnerungsgemeinschaft der Monarchie einbezogen.

487

488

489

ABB. 489 Zerstörte Land-
schaft in St. Peter (Sv.
Peter) bei Görz (Gorizia /
Nova Gorica) nach der
12. Isonzoschlacht, aufgenommen am 30. Oktober
1917; vermutlich Kriegs-
vermessung 5 [K 21777].

Nach der Schlacht Die Landschaft des Krieges

Am 30. Oktober 1917 entstand in der kleinen Ortschaft St. Peter (Sv. Peter) nahe bei Görz (Gorizia / Nova Gorica) eine Aufnahme, die eine vom Krieg schwer gezeichnete Landschaft zeigt (ABB. 489). Hier an der Isonzofront war mehr als drei Jahre lang ein erbitterter Stellungskrieg geführt worden. Zurück blieb ein Landstrich, der ein Bild der totalen Zerstörung bot. Von den Gebäuden sind nur ein paar Ruinen übrig geblieben. Kein einziger Baum ist unversehrt, Stümpfe ohne Äste ragen in die Höhe. Im Vordergrund erkennt man Reste von Drahtverhauen, ein paar zurückgelassene Helme liegen am Boden, der Weg ist durch den Artilleriebeschuss unbefahrbar geworden. Wir sehen, wie Soldaten die Straße säubern, um dem Nachschub Platz zu machen. Und inmitten der Trümmer steht ein Mann, der seine Kamera hebt, um die Szene des Schreckens im Bild festzuhalten. Er fotografiert die „Landschaft nach der Schlacht". Während im Hintergrund Soldaten mit Aufräumarbeiten beschäftigt sind, richtet dieser Mann seinen Körper auf. Er sucht Überblick im zerfurchten Gelände, er nimmt jene Spuren auf, die der Krieg nach monatelangen zermürbenden Kämpfen zurückgelassen hat.

Wenige Tage zuvor, am 24. Oktober 1917, war der k. u. k. Armee an der Isonzofront ein entscheidender Durchbruch gelungen. Die italienischen Truppen verließen überstürzt ihre Stellungen. Mit einem Mal geriet der Krieg an diesem Frontabschnitt in Bewegung. Die Soldaten tauchten aus ihren Unterständen auf, die Kriegsmaschinerie setzte sich in Gang. Die italienischen Truppen hatten in der Hast des Aufbruchs schweres Kriegsgerät zurücklassen müssen, die österreichischen Soldaten setzten nach und rückten weit auf italienisches Territorium vor. Plötzlich weitete sich auch der Blick auf die Landschaft des Krieges. Die Fotografen verließen die alten Unterstände, aus denen heraus sie monatelang ihren Blick auf die Frontlinien gerichtet hatten.

Ein Sieg im Bild

Die große Offensive, die Ende Oktober 1917 begonnen hatte, verlief erfolgreich. Die k. u. k. Truppen standen, zusammen mit ihrem deutschen Verbündeten, vor der Eroberung größerer Teile der venezianischen Tiefebene. Schon am 29. Oktober 1917, wenige Tage nach dem überraschenden Durchbruch, tauchten im Wiener Kriegspressequartier Überlegungen auf, den Vormarsch der Truppen, der noch im Gange war, propagandistisch mit Bildern zu begleiten. Ins Auge gefasst wurde ein reich illustriertes fotografisches Album, das den zu erwartenden Sieg feiern sollte. „Mit der Herstellung des Buches könnte", so Oberleutnant von Klarwill von der Propagandagruppe des KPQ, der das Projekt koordinierte, „jetzt schon begonnen werden und zwar in der Form, dass die Bildertafeln nach Maßgabe des Einlangens der Bilder von der Front zusammengestellt und klischiert werden könnten. Wenn dann ein gewisser Ruhepunkt in den Aktionen eintritt, wird der Text geschrieben und die Drucklegung könnte dann bedeutend rascher geschehen (…). Umschlagzeichnungen könnten auch schon jetzt fertiggestellt werden, sodass in kurzer Zeit nach vorläufigem Abschluss der großen Kampfhandlungen das Buch fertig vorliegen würde."[1] Bereits am 2. November 1917 erhielt der Kriegsmaler Theo Matejko, der in Laibach (Ljubljana) seinen Dienst tat, den Auftrag, das Umschlagblatt zu gestalten. „Auf diesem Umschlagblatte", so führte Klarwill aus, „ist das siegreiche Vorwärtsstür-

men der k. u. k. und deutschen Truppen darzustellen und zwar womöglich das Niedersteigen
der Verbündeten aus dem Gebirge in die hochkul-
tivierte Ebene. Es ist hierbei darauf Bedacht zu
nehmen, dass die Mitwirkung der deutschen
Truppen deutlich sichtbar werde, jedoch muß
dabei das Schwergewicht auf die k. u. k. Truppen
gelegt werden. Der Titel der Schrift hat zu lauten
‚Vergeltung'." [2] Das Buch sollte in einer Auflage
von 10.000 deutschsprachigen Exemplaren gedruckt werden. Darüber hinaus waren 5.000 fran-
zösischsprachige und 5.000 italienischsprachige
Ausgaben geplant. „Hauptbedingung für einen
buchhändlerischen Erfolg wäre", so die Überlegungen im KPQ, „möglichst unveröffentlichte
Bilder in möglichst großer Zahl zu bringen. Bei
dem großen Aufgebot an Photographen an der
Front, würde dies wohl zu erreichen sein." [3]

Obwohl während der ersten Tage der 12. Isonzoschlacht zahlreiche Aufnahmen entstanden,
dürfte der Versand des Materials nach Wien weit
schleppender vor sich gegangen sein als erwartet.
Denn Anfang November warf Klarwill der Lichtbildstelle im KPQ vor, sie sei nicht imstande, aktuelle Fotos vom Kriegsschauplatz zu liefern. Am
10. November 1917 setzte sich Nikolaus Schindler, der Leiter der Lichtbildstelle, gegenüber diesen Anschuldigungen zur Wehr. Das Versäumnis,
so rechtfertigte er sich, sei nicht in der Bildpropa-
gandastelle in Wien, sondern vor Ort zu suchen.
Er klagte, „dass die Lichtbildstelle am 14. Tag der
Offensive leider auch noch immer kein einziges
Bild von dieser zu Gesicht bekommen hat". [4]
Daher setzte das KPQ am 14. November ein
Rundschreiben auf, das an die Kommandos der
k. u. k.-Truppen ergehen sollte. „Es wird der
größte Wert darauf gelegt", heißt es darin, „recht
viele Lichtbilder zu erhalten und es wird gebeten,
auch interessante Bilder von Stellungen einsenden zu wollen, welche beim Vormarsche verlassen werden, insbesondere Aufnahmen aus dem
Gebirgskriege, welche die Schwierigkeit des Ter-
rains zeigen, wären sehr erwünscht. Das Kommando des k. u. k. Kriegspressequartiers bittet,

die unterstellten Photostellen anzuweisen,
Lichtbilder in möglichst großer Anzahl direkt
einsenden zu wollen, damit unverweilt mit den
Vorarbeiten begonnen werden kann. Je rascher
das geplante Buch erscheinen kann, desto größer
wird sein Absatz beim Publikum sein." [5]

Triumph in der Zerstörung

Der Aufruf zeigte Wirkung. Nach und nach trafen zahlreiche Aufnahmen ein. Die schnelle Offensive bot den Fotografen neue Motive. Sie fotografierten die Zeichen des Triumphs in der Zerstörung (ABB. 490), sie hielten den Gang einer
siegreichen Schlacht fest. Immer wieder nahmen
sie die vorrückenden Soldatenkolonnen auf, sie
lichteten die vom Gegner zurückgelassenen Waffen als Beutestücke ab (ABB. 491). Sie fotografierten die „eingebrachten" Kriegsgefangenen (ABB.
492). Das zerstörte Kriegsgerät, das beim übereil-
ten italienischen Rückzug Ende Oktober / Anfang
November 1917 zurückgelassen wurde, wurde
zum Symbol des eigenen Triumphs, ebenso die
toten Leiber der Pferde am Straßenrand (ABB. 493,
494).

Immer wieder wurden auch getötete italienische Soldaten in ihren verlassenen Stellungen fotografiert (ABB. 495). Es scheint, als ob der Sieges-
rausch der Soldaten sich auch in einer Art Bild-
rausch niedergeschlagen hätte. Die Körper der
getöteten Kriegsgegner verwandelten sich,
ebenso wie die Beutestücke des Krieges, in Zeichen der Überlegenheit und des Triumphs. Von
keiner Schlacht an der Ost- und Südostfront sind
so viele Aufnahmen überliefert wie von der
12. Isonzoschlacht. Und von keiner Schlacht gibt
es so viele Fotografien von toten Soldaten. Die
Zensur, die bisher darauf geachtet hatte, die Brutalität des Krieges in der Öffentlichkeit nicht
allzu sichtbar werden zu lassen, hatte bereits in
den schweren Kämpfen der 11. Isonzoschlacht im
Sommer 1917 vermehrt Aufnahmen getöteter
italienischer Soldaten freigegeben.

Nun weitete die Kriegspropaganda den Foto-

ABB. 490 Zerstörter
Friedhof in Görz (Gorizia /
Nova Gorica) nach der
12. Isonzoschlacht, auf-
genommen vermutlich
Ende Oktober 1917;
10. Armeekommando
[K 11775].

Triumph in der Zerstörung   299

491

492

krieg weiter aus. Immer drastischere Bilder gelangten an die Öffentlichkeit. Ausnahmsweise wurden jetzt auch eigene Opfer gezeigt. Eine solche Aufnahme entstand am 27. August 1917 in der kleinen italienischen Ortschaft Nabresina (ABB. 496). Sie zeigt ein auf furchtbare Weise entstelltes österreichisches Opfer eines Brandangriffes. Bilder wie diese sollten – unterstützt durch den Bildtext – die Rücksichtslosigkeit der gegnerischen Kriegsführung anprangern.

Ende Oktober / Anfang November 1917 erlangte diese Bildwut einen neuen Höhepunkt. Eine Orgie voyeuristischer Gewaltdarstellungen setzte ein. Die deutliche Zunahme der Fotografien Getöteter hat nicht nur mit der gewaltigen Zahl der Getöteten und Verwundeten zu tun, sondern ist das Ergebnis einer brutaler werdenden Propagandaschlacht.

Angefacht wurde die Bildwut von offizieller Seite und von der Presse. Im KPQ suchte man Bilder der „Vergeltung", und auch die illustrierte Presse wollte in der Berichterstattung über dieses „große" Ereignis des Krieges nicht nachstehen und verlangte ebenfalls nach dramatischen Aufnahmen. Die offiziellen Kriegsfotografen reagierten auf die gestiegene Nachfrage, aber auch die Amateure und Knipser gerieten in den Bildtaumel des Sieges.

Die eingeschickten Fotografien hielten die Vernichtung des Kriegsgegners in allen Facetten fest. Aufgenommen wurden nicht nur Soldaten, die in den laufenden Kämpfen gefallen waren. Die Fotografen „entdeckten" nun, da sie die alten Schützengräben verlassen konnten, auch Leichen von Soldaten, die schon seit Wochen oder Monaten zwischen den Stellungen lagen und noch nicht begraben werden konnten (ABB. 497, 498). Bereits einen Monat nach dem Aufruf sah sich das KPQ

ABB. 491 Zerstörte italienische Nachschubwagen in Brunzaco, Venetien, aufgenommen vermutlich am 30. Oktober 1917; 10. Armeekommando [K 11764].

ABB. 492 Transport gefangener italienischer Soldaten durch Villach, nach der 12. Isonzoschlacht, vermutlich Mitte November 1917; 10. Armeekommando [K 11941].

ABB. 493 „Strassenbild
vom ital. Rückzug bei
Muzzano", Venetien.
3. November 1917; Kriegs-
vermessung 5 [K 21949].

493

ABB. 494 Zerstörter italienischer Nachschubwagen,
aufgenommen nach der
12. Isonzoschlacht an der
Straße nach Udine,
vermutlich Ende Oktober /
Anfang November 1917;
10. Armeekommando
[K 11758].

494

495

gezwungen, dieser Bildwut Einhalt zu gebieten. All jene Erzeugnisse sollten unterdrückt werden, „die infolge künstlerischer Minderwertigkeit oder Gefühlsrohheit im Sujet zur Verbreitung nicht geeignet sind".[6] In Zukunft, so heißt es in der Anweisung weiter, sei „stets das Hauptaugenmerk darauf zu richten, dass nicht Vorgänge auf eine widerliche und blutrünstige Art dargestellt werden, die dem Interesse der k. u. k. Wehrmacht gänzlich zuwiderläuft".[7]

Wie kein anderes Ereignis an der österreichisch-ungarischen Frontlinie erlebte die 12. Isonzoschlacht ein mediales Echo, das weit über die Landesgrenzen hinaus reichte. Dem KPQ war daran gelegen, den Sieg nicht nur im Inland, sondern auch im Ausland mit großem medialen Aufwand zu feiern. Dargestellt und inszeniert wurde der „Sieg am Isonzo" vorwiegend in fotografischen Bildern.

Die im Frühjahr 1917 beim KPQ eingerichtete „Auslandsstelle des k. u. k. Kriegspressequartiers" belieferte die ausländische Presse verstärkt mit aktuellen Kriegsfotografien über die Ereignisse an der italienischen Front. Über das dichte Netz an „Aushängestellen für Lichtbilder", die im In- und Ausland eingerichtet worden waren, erreichten die Fotografien den gesamten deutschsprachigen Raum und auch die neutralen Länder.[8] Lichtbildvorträge und v. a. eigens zusammengestellte Kriegsausstellungen, die in allen größeren österreichischen, ungarischen und deutschen Städten gezeigt wurden, rückten die Ereignisse am Isonzo ins Zentrum.

Landschaft nach der Schlacht

Das Gelände der Isonzofront war zunächst ein Kriegsschauplatz unter anderen. Erst nach und nach verwandelte sich diese Landschaft zum mythologisch überhöhten, geradezu sakralen Boden. Als im k. u. k. Kriegsministerium der Plan auftauchte, die bedeutendsten Schlachtfelder des Krieges in Form überdimensionaler Dioramabilder zu verewigen, fand sich in einer Aufstellung des KPQ vom März 1918 die „Isonzofront (Görz)" zusammen mit zehn anderen Orten.[9] Die meisten dieser „berühmten" Schlachtfelder gerieten schon wenige Jahre nach dem Ende des Krieges wieder weitgehend in Vergessenheit. Für den Isonzo gilt das nicht.

Mehr noch als der tatsächliche Kriegsverlauf hat die kulturelle und propagandistische Überformung der Kämpfe die historische Landschaft geprägt. So wie bei anderen Schlachtlandschaften des Ersten Weltkrieges (Ypern, Verdun, Langemarck, Tannenberg [Stębark]) ist die Berühmtheit jener Schlacht am Isonzo das Ergebnis der Kämpfe vor Ort *und* ihres medialen Echos. Dieses entstand während des Krieges und reichte weit über die Kriegszeit hinaus.

Am 13. September 1917 – die 12. und letzte Isonzoschlacht stand noch bevor – veröffentlichte *Das interessante Blatt* eine panoramatisch angelegte „Landschaft nach der Schlacht" am Isonzo. Der Blick schweift über ein von Artilleriegeschossen zerfurchtes Gelände. Aus dem aufgerissenen Boden ragen zerfetzte Baumstümpfe empor. Erhalten ist auch die Vorlage, die das Kriegspressequartier Anfang September an die Redaktionen geschickt hatte (ABB. 499). Der Vergleich beider Bilder ist aufschlussreich. Es fällt auf, dass die Vorlage aus zwei Fotos zusammengeklebt wurde. Die Landschaft wächst gewissermaßen in die Breite, der konkrete Ortshinweis, der auf dem Untersatzpapier des Pressebildes noch aufscheint, fehlt in der Zeitung. Auf der Rückseite finden wir den Vermerk „Vom Preßbureau des Kriegsministeriums genehmigt". Darüber hat der Redakteur mit rotem Stift geschrieben: „Größe bleibt". Weitere Stempel und die Beschriftung auf der Vorderseite zeichnen den Weg der Aufnahme nach. Entstanden ist das Bild am 13. Juli 1917. Es kam, wie die Registratur ordnungsgemäß mit Stempel festhält, am 31. August 1917 in der „Zentralstelle für milit. Bilderpropaganda" des Kriegspressequartiers an. Zunächst wurden die beiden Einzelbilder vervielfältigt, dann zu einem neuen Bild zusammengeklebt, auf Untersatzblätter montiert und von der Registratur mit der Nummer 25733 versehen. Ein aufgeklebter Papierstreifen enthält den Bildtext für die Presse. Wenige Tage später schon geht das nunmehr panoramatisch angelegte Bild an die Redaktionen. Am 13. September 1917, jenem Tag, als das Foto im *interessanten Blatt* erschien, endete die 11. Isonzoschlacht. Das Foto ist zur „Landschaft nach der Schlacht" geworden.

Mythologisierung des Schlachtfeldes

1916 erschien in der Zeitschrift *Über Land und Meer. Deutsche Illustrirte Zeitung* eine mehrteilige Fotoserie unter dem Titel „Die Landschaften des Krieges". In der vierten Folge beschäftigt sich der Autor Josef Ponten mit der Schlachtlandschaft in den Karpaten, die im Jahr zuvor in verlustreichen Kämpfen von den Mittelmächten zurückerobert worden waren. Zwei der Abbildungen zeigen ein vom Krieg deutlich gezeichnetes Gelände, einen Wald am Wyszkow (Biškivs'kij)-Pass und den Höhenrücken des Zwinin. Das Artilleriefeuer hat den Baumbestand zerfetzt. „Unmittelbar auf dem Passe ist auch die Kriegslandschaft von schrecklicher Deutlichkeit", schreibt Ponten zu den Aufnahmen. „Der Nadelwald über den Geschützgräben ist vom Granatfeuer geknickt und zerfetzt."[10]

In der zweiten Kriegshälfte tauchten solche Bilder immer wieder in der illustrierten Presse auf. Viele der Aufnahmen stammten von Amateuren, die den Krieg und seine Folgen als ästhetisches Motiv entdeckten. Die Fachpresse ver-

496

sorgte die Fotografen mit Vorschlägen und Anweisungen, wie die Landschaft nach der Schlacht eindrucksvoll festzuhalten sei. Friedrich König riet im Mai 1916 in den *Wiener Mitteilungen*: „Durch Artilleriefeuer stark beschädigte Waldlisieren geben eindrucksvolle Bilder, wenn eine Profilaufnahme möglich. Man photographiere auch Baumwunden, in Holz stecken gebliebene Hülsen und Blindgänger. Sowie bei alten Beschädigungen das Ausheilen der Bäume, Ansetzen neuer Triebe, Vergiftungszonen (die dauernd dürr bleiben), eventuell das Einwandern von Forstschädlingen (Beratung durch Forstmann), stehen gebliebene Einrichtungen des Waldkrieges, wie Verbindung der Bäume durch Stacheldraht, Verhaue (Achtung auf Minen), Beobachtungs- und Schützenstände, Benützung der Wurzeln etc."[11]

Während sich im modernen Krieg der Ort der

ABB. 496 „Wirkung einer feindl. Brandgranate", toter österreichischer Soldat aus der 11. Isonzoschlacht, aufgenommen am 27. August 1917, vermutlich bei Nabresina; Kriegsvermessung 5 [K 20792].

497

ABB. 497 „Leiche eines
gefallenen Italieners am
Mt. S. Gabriele", aufge-
nommen am 4. November
1917 an der Isonzofront
nördlich von Görz
(Gorizia / Nova Gorica);
Kriegsvermessung 5
[K 21792].

Schlacht als konkreter Ort – als überschaubares
Feld – aufzulösen beginnt und die Trennung zwischen Frontlinie und Hinterland an Bedeutung
verliert, weil der Kriegsraum die herkömmlich
raumzeitliche Begrenzung des Schlachtfeldes
sprengt,[12] stellt sich das in Bildern mythologi-
sierte Schlachtfeld dieser Entgrenzung entgegen.
Das dargestellte Schlachtfeld beharrt auf der
– wenn auch symbolisch verdichteten – Örtlich-
keit des Krieges, es begrenzt die Ausdehnung
der Kämpfe im Bild. Es versucht, den Ort des
Krieges im Gelände zu lokalisieren. Für die Erinnerung zurechtgerichtet werden im Rückblick
jene Kämpfe, die das Prädikat der Entscheidungs-
schlacht tragen. Die Fotografen, die den Spuren
solcher Ereignisse im Gelände und in der Vegeta-
tion folgen, erzeugen einen mythologischen Ort.
Er ist stets menschenleer,[13] die Wirkung der Zerstörung erscheint überhöht, eine sakrale Stimmung legt sich über den Ort. Hier zeichnen sich
jene Bildmuster ab, die in den 1920er und 1930er
Jahren zu Ikonen des Ersten Weltkrieges werden
sollten.

Die Ikonografie des modernen Schlachtfelds
entstand durch Bezeichnung, Abbildung, Überhöhung. Sie entstand aber auch durch die nach-
trägliche Begehung, durch seine Öffnung für den
Tourismus. Bereits um die Mitte des 19. Jahrhunderts war die Schlachtlandschaft des Krimkriegs
erstmals als Spektakel für ein breites Publikum
zugänglich gemacht worden. Die ersten Schlacht-
feldtouristen machten sich auf den Weg an die
berühmten Orte der Entscheidung. Aber auch

zu Hause, in den großen Städten, wurde das
Schlachtfeld als Bühne nachgebaut und die
Kämpfe wurden nachgestellt. Im Ersten Weltkrieg gab es ab 1916 verstärkte Bemühungen, die
Landkarte der Schlachten neu zu ordnen und für
ein breiteres Publikum zu öffnen. Damit verbunden war die Erwartung, die Erzählung an die „großen" Ereignisse des Krieges an bestimmten Orten
zu bündeln. Das Schlachtfeld sollte zum begeh-
baren Denkmal im Freien werden. Hier sollten
die Besucher die Landschaft nach der Schlacht
abschreiten und überblicken können, hier sollte
Erinnern und Gedenken vor Ort, auf geschichts-
trächtigem Boden, möglich werden.

Im Dezember 1916 tauchten in Österreich die
ersten Pläne zur Herausgabe von Reiseführern
für die östlichen Schlachtfelder auf. Zunächst
wurden Bände für die in sicherem Abstand zur
Front gelegenen ehemaligen westgalizischen
Kriegsschauplätze ins Auge gefasst. Die Idee ging
vom Kriegsberichterstatter Karl Hans Strobl
aus.[14] Die Unterlagen zur Bearbeitung der Bände
sollte das Wiener Kriegsarchiv zur Verfügung
stellen. Das Kriegsministerium schloss sich Ende
März 1917 der Idee an. „Die Verwirklichung dieses Projektes ist im Interesse der Wehrmacht gelegen: überdies würde dadurch der Fremdenver-
kehr in der Monarchie gehoben."[15] Geplant war
die Herausgabe von 15 Führern in deutscher und
ungarischer Sprache. Das Projekt geriet freilich
ins Stocken, da die Straßen- und Bahnverbindungen, die Hotels und Unterkünfte noch in einem
besorgniserregenden Zustand seien, wie das Ministerium für öffentliche Arbeiten auf Anfrage
mitteilte.[16] „Die Bereisung der Kriegsschauplätze
wird erst ziemlich lange nach Friedensschluss
möglich sein", dämpfte das Ministerium die im
KPQ gehegten Erwartungen, „denn die für die
Reisen in betracht kommenden Gebiete werden
ja zunächst vom sanitären Standpunkte, dann
vom militärwissenschaftlichen und vom Standpunkte der Sicherheit für den Verkehr (Aufsu-
chen nicht krepierter Geschosse, vergrabener
Munition und Sprengstoffe, Verschüttung von

498

Gräben und Unterständen etc.) gründlichst überprüft werden müssen, ehe sie für den Reiseverkehr frei gegeben werden können."[17]

Der eigentliche Kriegstourismus begann tatsächlich erst in den 1920er Jahren. Die Hauptattraktionen waren aber nicht Orte an der Ostfront, sondern die ehemaligen Schlachtfelder an der Westfront. Zwanzig Jahre nach Kriegsende waren einige der ehemaligen Kriegslandschaften zu klassischen Ansichten geworden. Sie hatten als „herausragende" Schlachtfelder Eingang in Romane und Erinnerungsbücher gefunden. In Bildbänden und Zeitschriften wurde das Gelände der „großen" Schlachten überhöht. In der von Erich Otto Volkmann herausgegebenen mehrbändigen Reihe *Die unsterbliche Landschaft.*

Aus der 11.Isonzoschlacht.Waldruinen und Geschosskrater auf
St.Marco bei Görz am 13.Juli 1917.

25733 Kriegsvermessungsab t.5.

499

ABB. 499 „Aus der
11. Isonzoschlacht. Wald-
ruinen und Geschosskrater
auf St. Marco bei Görz
am 13. Juli 1917"; Kriegsvermessung 5
[ÖNB 25733].

Die Fronten des Weltkrieges erschien 1935 der
Band X: *Der Kampfraum Verdun.* Das ehemalige
Frontgebiet sollte in Bildern noch einmal aufle-
ben. Zahlreiche Luft- und Panoramaaufnahmen
zeigen eine zerfurchte, zerstörte Landschaft. Der
Krieg hinterließ, so die Botschaft des Bandes, tief
gezeichnete Landstriche, zerfetzte Wälder, gewaltige Sprengkrater, Festungsruinen. Nun,
zwanzig Jahre danach, sind die Spuren der Gewalt von einer Vegetationsdecke überzogen. Die
Touristen dieser Schauplätze müssen die Landschaft des Krieges mit archäologischem Blick
entziffern. Der Autor will den Blick schärfen für
den Boden der Schlacht, der sich unter dem Gras
und dem Gebüsch verbirgt, für die überwucher-
ten Gräben und Stellungen. Gedenksteine und
Monumente helfen bei der Entzifferung der
Landschaft, sie weisen auf die herausragenden
Ereignisse des vergangenen Krieges hin. Das Bild
eines überwachsenen Teiches steht als Schluss-
bild: „Wie friedliche Teiche und Tümpel wirken
heute die Granattrichter auf den Höhen rings um
Verdun, überwuchert von Gebüsch, Gras und

Schilf. Aber noch viele Jahrzehnte werden sie
Mahnzeichen sein für die Toten von Verdun."[18]

Blut und Boden

Das Motiv „Landschaft nach der Schlacht" gehört bis heute zum Standardrepertoire der Kriegsbilder aus dem Ersten Weltkrieg. Der Erfolg dieses Motivs fällt in die Nachkriegszeit, in den
1920er und 1930er Jahren wurde es zum „klassischen" Kriegsbild. Mit Georg Soldans *Der Weltkrieg im Bild. Originalaufnahmen des Kriegs-,
Bild- und Filmamtes aus der modernen Materialschlacht* erlebte Mitte der 1920er Jahre die Allegorisierung des Krieges in Bildern ihren ersten
Höhepunkt.[19]

Der Bildband verzichtet bei den Bildtexten fast
durchgehend auf Orts- und Zeitangaben. Dadurch entsteht ein symbolhaftes, entrücktes Bild
des Krieges. Das Schlachtfeld erscheint als leblo-
ses, von Menschen entvölkertes, schwer gezeichnetes Feld. Die tiefen Kamerapositionen und das
breite Bildformat rücken die Kampfplätze in die

Zeitlosigkeit. Luftbildaufnahmen, ehemals zu Aufklärungszwecken hergestellt, erzeugen nun eine Landschaft im Überblick, in der die Zeichen der Zerstörung aus großem Abstand zu abstrakten Musterungen und Ornamenten werden. Die „Landschaft nach der Schlacht" geht in das Spektrum der immer wieder abgebildeten Aufnahmen ein, die nicht für einen bestimmten Augenblick, sondern für *den* Krieg schlechthin stehen. Die „Landschaft nach der Schlacht" avancierte vor allem im Umfeld des nationalistisch-revanchistischen Lagers zum ikonenhaften Sujet.[20] Sie wurde im Laufe der 1920er Jahre zum geheiligten Boden umfunktioniert, der immer wieder beschworen wurde.

Als Ende der 1920er Jahre Franz Schauwecker seinen Bildband *So war der Krieg. 200 Kampfaufnahmen aus der Front* herausbrachte, kam auch er auf die Landschaft des Krieges zu sprechen. Die Kriegslandschaft, so Schauwecker, ist die Landschaft der Front, und nicht jene des Hinterlandes. „In diesem Werk", schreibt er in der Einleitung zum Bildband, „geht es nur um den Krieg als solchen. Etappe, Paradebesichtigung, Übungsfeld und Garnison sind ausgeschaltet. Maßgebend allein ist der Krieg als Landschaft und Material und ist der deutsche Mensch als Kampfsoldat. In diesem Verständnis ist dieses Bildwerk eine Geschichte des deutschen Frontsoldaten. Es ist sein Tagebuch in Bildern."[21] Schauweckers Blick auf den Krieg wird stilbildend im nationalen, völkischen Diskurs der Zwischenkriegszeit. Die Ästhetik der zerstörten Landschaft lässt die dokumentarische Sicht auf den Krieg weit hinter sich. Stattdessen wird sie mit mythischen und nationalen Bedeutungen aufgeladen. In ihr verbindet sich, so Schauwecker, Blut und Boden. „In diesen Trichtergeländen voll Schlamm und Wasser oder erstarrt zu einem wüst zersplitterten Meer von Erde und Draht, Balken, Sandsäcken und Eisengefetz, in diesen Schutthalden und Trümmerhaufen der Dörfer und Städte, diesen toten Wäldern aus Baumstümpfen wie Besenstrünke, diesen zerfolterten Schluchten und furchtbar zerwühl-

500

ten Abhängen, auf dieser Erde, die die Toten in sich aufgesogen und die Gefallenen, zu Erde verwandelt, sich wieder einverleibt hat – in diesem durch das Blut geheiligten Erdreich ist unter Krämpfen von Stahl und Explosion und unter den rasenden Stürmen und Ausbrüchen donnernder Sprengungen der Nationalismus geboren worden."[22] Schauweckers Buch beginnt mit dem Kapitel „Vormarsch" und endet mit dem Kapitel „Grab" (ABB. 500).

Es zeichnet sich hier eine sakrale Überhöhung der Landschaft des Krieges ab, ein nationaler Auferstehungsmythos, der auf den Boden des Krieges zurückführt. Das Schlachtfeld als nationaler Friedhof wird zum Boden einer nationalen Wiedergeburt des „Volkes". Die Auferstehung der Nation „rang sich", so Schauwecker, „stöhnend, schwitzend, blutend, verklebt und entzündet von Gasnebel und Qualm des Ecrasits ins Licht, wie eine Neugeburt sich aus Nebel und Schlamm der Urwelt verwundert ins Leben hebt".[23]

501

ABB. 501 Anti-Habsburg-
Spruchband auf der „Nie
wieder Krieg"-Kundgebung
am Rathausplatz in Wien,
27. Juli 1924, Fotoarchiv
Der Abend, für die Ver-
öffentlichung beschnitten
[ÖNB 514, 5].

Nach dem Krieg   Die schwierige Erinnerung

„Nie wieder Habsburg!" Unter dieser Parole hat sich wenige Jahre nach dem Krieg eine Gruppe von Männern versammelt (ABB. 501). Es sind Kriegsinvaliden aus dem Ersten Weltkrieg. Einer der Männer trägt eine Augenbinde, andere Veteranen halten Holzkrücken in der Hand. Die Gehbehinderten sitzen auf Stühlen. Einer von ihnen hat ein Bein verloren, ein anderer, ebenfalls mit Krücken, trägt noch die Kappe der längst untergegangenen k. u. k. Armee auf dem Kopf. Viereinhalb Jahre nach Kriegsende protestieren diese Männer gegen den Krieg, der sie die Gesundheit gekostet hat, und sie prangern das Regime an, das diesen Krieg herbeigeführt hat.

Die Kundgebung fand am Sonntag, den 27. Juli 1924 in Wien statt – genau zehn Jahre nach dem Beginn des Krieges. Unter dem Motto „Nie wieder Krieg!" wurden zur selben Zeit in vielen anderen europäischen Großstädten Antikriegsdemonstrationen veranstaltet. In Wien hatten die Sozialdemokraten zur Versammlung aufgerufen.[1] Auf der Ringstraße sammelte sich der Zug und mündete schließlich auf den Platz vor dem Rathaus, wo die Schlusskundgebung stattfand. „Besonders eindrucksvoll", so berichtet die Tageszeitung *Der Abend* am folgenden Tag über das Ereignis, „war der Zug der Kriegsbeschädigten und Kriegsblinden, die sich um halb 9 Uhr im Hofe ihres Verbandsheimes, 8. Bez., Lerchenfelderstraße 1, zum Abmarsch sammelten. An der Spitze des Zuges schritten Obmann Brandeis, der Obmann der Kriegsblinden, Hirsch, der Hauptarzt Dr. Schneider und Sekretär Foscht. Hinter einer Gruppe des republikanischen Schutzbundes trugen zwei Kriegsbeschädigte ein großes Plakat mit der Inschrift ‚Nie wieder Habsburg!' Die Insassen des Rainer-Spitals, durchweg Schwerkriegsbeschädigte, die mit Krücken im Zuge mit-

502

ABB. 502 „Nie wieder Krieg"-Kundgebung, Wien, 27. Juli 1924, Fotoarchiv *Der Abend*, [ÖNB 514, 1].

gingen und auf Rollstühlen mitfuhren, hatten eine Tafel mit: ‚Der Krieg zeitigte dieses Elend'. Mit ihnen wurden die Kriegsblinden geführt. Diese Gruppe der Hilflosesten, bedauernswertesten Opfer der Habsburger machte den erschütterndsten Eindruck. Die nachfolgenden Invaliden trugen Tafeln mit den Inschriften: ‚Wir sind die wahren Frontkämpfer!' ‚Statt Blei zum Gruss die Bruderhand!', ‚Es lebe der internationale Friedensgedanke!', ‚Das Menschenleben ist das höchste Gut!' (…) Die Kriegsbeschädigten nahmen unter den Arkaden und auf den Stiegen des Rathauses Aufstellung. Der weite Platz vor dem Rathaus war um halb 10 schon vollständig ausgefüllt und immer noch kamen neue Züge heran."[2]

Die Veranstaltung ist gut dokumentiert. Journalisten begleiteten den Zug, Fotografen machten Aufnahmen, die Presse berichtete ausführlich über die Großkundgebung.[3] Die linke Tageszeitung *Der Abend* veröffentlichte am Tag nach der Veranstaltung ein Foto, das den „Aufmarsch der Jugend" zeigt (ABB. 502). Am Tag danach brachte die Zeitung eine ganze Bildseite über die Wiener Veranstaltung. Eine Aufnahme zeigt die versammelte Menge vor dem Rathaus (ABB. 503). Zahlreiche Transparente sind auf dem Platz zu

503

ABB. 503 „Nie wieder Krieg"-Kundgebung auf dem Rathausplatz in Wien, 27. Juli 1924, Fotoarchiv *Der Abend* [ÖNB 514, 4].

ABB. 504 „Wir sind die wahren Frontkämpfer", Anti-Habsburg-Slogans auf der „Nie wieder Krieg"-Kundgebung in Wien, 27. Juli 1924 [ÖNB 514, 3].

ABB. 505 Rednertribüne am Wiener Rathausplatz, während der „Nie wieder Krieg"-Kundgebung, 27. Juli 1924 [ÖNB 514, 2].

504

505

sehen. Die Parolen reichen von „Nie wieder Krieg!" bis hin zu „Es lebe der Sozialismus und der Völkerfrieden!" Vor den Arkaden des Rathauses sind die Kriegsinvaliden aus dem Rainerspital zu sehen. Einer von ihnen hält ein Plakat mit dem Spruch: „Wir sind die wahren Frontkämpfer" (ABB. 504). Alles blickt zum Eingangstor des Rathauses. Von hier aus ergreifen die Politiker das Wort (ABB. 505). Insgesamt 15 Redner aus mehreren Ländern sind angekündigt. Eine der Aufnahmen zeigt Labé, der aus Frankreich angereist war, neben ihm erkennen wir den österreichischen Sozialdemokraten Otto Bauer (ABB. 506).

Diese Fotovorlagen der Aufnahmen, die *Der Abend* am 29. Juli 1924 veröffentlichte, sind erst vor Kurzem wieder aufgetaucht – und zwar in der für die Veröffentlichung beschnittenen und retuschierten Form.[4] Sie wurden möglicherweise von Mario Wiberal aufgenommen, der Mitte der 1920er Jahren für die Zeitung fotografierte. Die Bilder haben – zusammen mit anderen Presseaufnahmen aus den 1920er Jahren – einen besonderen dokumentarischen Wert. Sie zeigen ein bisher kaum beachtetes, aber wichtiges Ereignis in der Nachgeschichte des Ersten Weltkrieges in Bildern. Entlang dieser Fotografien werden die heftigen politischen Auseinandersetzungen sichtbar, die um die Erinnerung an den Krieg geführt wurden. Die Fotografie spielte, das ist bisher kaum wahrgenommen worden, in diesen Debatten eine herausragende Rolle.[5] Der Kampf um die Deutung der jüngsten Vergangenheit floss in den 1920er Jahren unmittelbar in die Tagespolitik ein. Die Debatten entzündeten sich vor allem an der Frage der Kriegsschuld, der Reparationszahlungen, der Grenzfrage sowie an der Rolle und Verantwortung des Hauses Habsburg im Krieg. Zu Auseinandersetzungen kam es aber auch in der Politik gegenüber den Flüchtlingen, Kriegsinvaliden und abgerüsteten Soldaten.

Umkämpfte Erinnerung

Im Jahr 1924 erinnerten zahlreiche Veranstaltungen an den Kriegsbeginn zehn Jahre zuvor. In ganz Europa nutzten pazifistische Organisationen den Anlass, um gegen den „Irrweg" des Krieges zu demonstrieren. Unter der Parole „Nie wieder Krieg" war in Deutschland nach der Novemberrevolution 1918/1919 eine breite Friedenskampagne entstanden. Die Bewegung ging auf die Initiative pazifistischer Organisationen, u. a. die von Bertha von Suttner mitgegründete „Deutsche Friedensgesellschaft" und den „Bund Neues Vaterland", zurück.[6] Sie setzte sich zum Ziel, alljährlich am 1. August an die Gräuel des vergangenen Krieges zu erinnern.[7] Nachdem 1921 die Linksparteien und die Gewerkschaftsbewegung der Kampagne beigetreten waren, wurde daraus eine Massenbewegung. Veranstaltungen fanden neben Deutschland auch in Österreich, der Schweiz, in Portugal, in Skandinavien und am Balkan statt.

Der von den pazifistischen und linken Gruppierung getragene Antikriegstag 1924 wurde zum Höhepunkt der Friedenskampagne. In allen größeren europäischen Städten fanden Kundgebungen statt, in Paris ebenso wie in Berlin, in Prag und eben auch in Wien. In Deutschland und Österreich markierte der Antikriegstag 1924 aber auch den Wendepunkt und den beginnenden Niedergang der Antikriegsbewegung. In diesem Jahr kam es erstmals zu massiven Konkurrenzkundgebungen nationaler und konservativer Vereinigungen. In der Presse fand deren „Opfertag" bzw.

506

der „Totensonntag" größere Beachtung als die pazifistischen Gedenkfeiern. In den folgenden Jahren büßten die jährlichen Friedenskundgebungen allmählich ihren Massencharakter ein. Die politische Auseinandersetzung um die Erinnerung an die Vergangenheit verschwand aber nicht aus der Öffentlichkeit. Sie verlagerte sich zunehmend in die tagespolitischen Debatten, in die Presse und in die Publizistik.

Neben Filmen waren es vor allem Fotobildbände, die in die visuelle Erinnerungspolitik des Krieges eingreifen wollten. In der zweiten Hälfte der 1920er Jahre und in den 1930er Jahren wurde eine ganze Reihe solcher Bücher aufgelegt. 1924 erschien das berühmt gewordene Buch von Ernst Friedrich *Krieg dem Kriege*[8]. So wie viele andere Bildbandautoren löste auch er die Kriegsbilder aus dem ursprünglichen Entstehungszusammenhang und ordnete sie zu effektvollen Bildfolgen an. Während sich Friedrich dem pazifistischen Lager zurechnete, gehörte die Mehrheit der bekannten Autoren, Bildredakteure und Herausgeber – von Franz Schauwecker über Georg Soldan und Hermann Rex bis hin zu Ernst Jünger – dem konservativ-nationalen Lager an.[9] Allerdings gibt es auch einen – bisher wenig beachteten – Beitrag nichtrevanchistischer, linker und sozialdemokratischer Bildbandautoren. Um 1930 entstanden, etwa im Frankfurter Societäts-Verlag oder im Berliner Transmare Verlag, Fotobände, die in den Einleitungen, aber auch in Motiv- und Bildauswahl, Dramaturgie, Bildbetextung und Lay-

ABB. 506 Redner (u. a. der österreichische Sozialdemokrat Otto Bauer [rechts im Bild] und der französische Pazifist Labé) auf der „Nie wieder Krieg"-Kundgebung am Rathausplatz in Wien, 27. Juli 1924, für die Veröffentlichung beschnitten [ÖNB 514, 6].

out andere Wege gingen als diejenigen konservativer Autoren.[10] Aber auch im konservativen Lager gab es bemerkenswerte Unterschiede. Während etwa der im Layout traditionelle Bildband von Franz Schauwecker aus dem Jahr 1927 durch die Auswahl und Reihung der Bilder eine pathetische Überhöhung und Allegorisierung des Krieges herbeiführt,[11] geht der 1934 im Ullstein Verlag erschienene Band von Wilhelm Reetz *Eine ganze Welt gegen uns* auch in der Bildgestaltung ganz neue Wege.[12] Er arbeitet mit motivischen Gegenüberstellungen ebenso wie mit dem Wechsel zwischen groß- und kleinformatigen Bildern. Das Layout führt, unterstützt durch wirkungsvolle Bildtexte, zu einer dynamischen Bilderzählung des Krieges. Die Fotobände der Zwischenkriegszeit waren weniger historische Dokumentationen als vielmehr visuelle Stellungnahmen in den laufenden gesellschaftspolitischen Auseinandersetzungen.[13] Aus dem riesigen Fundus an überlieferten Fotografien wurden jene Bilder ausgewählt, die für die politische Dramaturgisierung des Krieges brauchbar waren. Bilder unterschiedlichster Herkunft – aus militärischen Archiven ebenso wie aus privaten Sammlungen – wurden zu neuen Bilderzählungen verschmolzen, die dem Krieg ein meist heroisches Gesicht gaben.

Die Bildbände schlagen in der Regel einen dramaturgisch genau kalkulierten Spannungsbogen von der Kriegsbegeisterung 1914 bis hin zu symbolisch aufgeladenen Stimmungsbildern gegen Kriegsende.[14] Sie spitzen den Krieg sehr oft auf den Schauplatz *Front* zu.[15] Durch den Verzicht auf durchgängige Orts- und Zeitangaben werden die Fotografien aus ihrem ursprünglichen Kontext herausgehoben. Die Fotobände allegorisieren die Kriegserfahrung in ausdrucksstarken, atmosphärisch aufgeladenen Aufnahmen. Aus den Bildern der Zerstörung werden erhabene, geradezu sakrale Landschaften. Fotografien aus der Etappe treten in den Hintergrund. Der Soldat wird immer wieder aus der starren militärischen Formation herausgelöst und tritt oft als Einzelheld ins Licht der Öffentlichkeit. In den 1930er Jahren verdichtete sich das Bild des Kriegshelden aus dem Ersten Weltkrieg zum wiedererkennbaren Sujet (ABB. 507). Nach und nach wird es mit zeitgenössischen Soldatenporträts überblendet. Aufnahmen, die dieses Heldentum infrage stellten, rücken zunehmend in den Hintergrund. Die Bilder von Kriegsopfern verschwinden zunehmend aus der Öffentlichkeit. Im Einklang mit den aktuellen politischen Frontstellungen werden bestimmte – durchweg an der Westfront gelegene – Kriegsschauplätze (etwa Verdun, Ypern, Langemarck) heroisiert, die Schauplätze an der Ostfront treten zunehmend in den Hintergrund.

Während deutsche Bildbandautoren in der Zwischenkriegszeit v. a. auf die umfangreiche Fotosammlung der ehemaligen Kriegspropagandastelle BUFA (Bild- und Filmamt) im Reichsarchiv in Potsdam zurückgreifen konnten und ihre Fotobände immerhin hie und da noch ein schmales Kapitel über den Krieg in Osteuropa beinhalteten,[16] war die Situation in Österreich anders.

Der umfangreiche fotografische Nachlass des BUFA-Pendants, des k. u. k. Kriegspressequartiers, war in den Wirren der Nachkriegszeit zunächst in Vergessenheit geraten.[17] Ende Oktober 1918, wenige Tage vor Kriegsende, hatte Wilhelm Eisner-Bubna, der Leiter des KPQ, noch an eine Weiterführung der Lichtbildstelle des KPQ nach dem Krieg geglaubt. „Für die Lichtbildstelle", heißt es in einem Sonderkommandobefehl vom 29. Oktober 1918, in dem die Weichen für die Organisation des KPQ nach Kriegsende gestellt werden sollten, „ist die sukzessive Umwandlung in einen Privatbetrieb durch Fusion mit einer angesehenen privaten Firma und ihr Ausscheiden aus dem militärischen Rahmen anzubahnen. (…) Eine Verringerung des Standes an Kriegsphotographen ist bis spätestens 1. Jänner 1919 vorzunehmen."[18]

Zur Ausführung des Befehls kam es nicht mehr, die Ereignisse überschlugen sich. Wenige Tage später, am 3. November 1918, willigte Österreich-Ungarn in die Unterzeichnung des Waffenstillstandes ein. Der Krieg war zu Ende.

Große Teile der Aktenbestände des KPQ wurden verbrannt, um sie vor dem Zugriff der Siegermächte zu schützen. Der gewaltige Fotobestand wurde zunächst in den Räumen des ehemaligen Militärgeographischen Instituts untergebracht. An eine Bearbeitung oder gar Veröffentlichung von Bildern aus diesen Beständen dachte – im Unterschied zu Deutschland, wo die offiziellen Kriegsfotos bald wieder in die Öffentlichkeit gelangten – zunächst niemand. Die k. u. k. Armee war aufgelöst, die Nachfolgestaaten der Monarchie erhoben zwar Ansprüche auf Wiener Kriegsdokumente, aber an die Rückforderung der Bilder dachte man anscheinend nicht. Zudem unternahmen die österreichischen Behörden nichts, um auf die Bestände aufmerksam zu machen.

Im Februar 1929 wurde die Fotosammlung des KPQ von der Österreichischen Nationalbibliothek angekauft.[19] Als in den 1930er Jahren mit der Neuinventarisierung der Bestände begonnen wurde, tauchten Fotografien aus dem KPQ nach und nach wieder in der Öffentlichkeit auf. Nicht zufällig richteten sich die Verwalter der Sammlung nach dem Februar 1934, als ein autoritärdiktatorisches Regime die Macht im Land übernahm, schnell auf einen neuen Kundenkreis ein: die Veteranenverbände und die ehemaligen Soldaten. „Zahlreiche Aufnahmen der Kriegsbildersammlung", heißt es in den monatlichen Mitteilungen *Lichtbild- und Filmdienst* vom 1. Mai 1934, „sind begreiflicherweise für ehemalige Kriegsteilnehmer, für Kriegervereine, Kameradschaftsverbände usw. von ganz besonderem Interesse. Daher erfolgt auch die Abgabe von Kopien dieser Aufnahmen, sei es zur Erinnerung, sei es zur Illustration von Druckschriften."[20]

Wie Antikriegsbilder entstehen

Am 28. Juli 1928 veröffentlichte die Tageszeitung *Der Abend* unter dem Motto „Nie wieder Krieg!" neuerlich eine Bildseite in Erinnerung an den Krieg (ABB. 508). Gegenüber der Berichterstattung aus dem Jahr 1924 hatte sich die Art und

507

Verwendung des Bildmaterials grundlegend geändert. Die pazifistische Bewegung hatte mittlerweile an Bedeutung verloren, die Gedenkaktivitäten hatten sich von der Straße in die Presse verlagert. Nicht mehr aktuelle Aufnahmen von Antikriegskundgebungen wurden gedruckt, sondern Fotografien aus dem Krieg. Bereits im Jahr zuvor hatte die Berichterstattung am Antikriegstag auf historische Aufnahmen aus dem Krieg zurückgegriffen. Die Fotos stammten, so betonte die Redaktion, aus der Zeitschrift *Unsere Krieger.* „Dieses Werk wurde zu dem Zweck herausgegeben um den besorgten Angehörigen der Soldaten einzureden, der Krieg wäre etwas Schönes. Und selbst in diesem Werk ist der Krieg so, wie ihn unsere heute wiedergegebenen Bilder zeigen."[21] Ein Jahr später druckte die Zeitung wiederum zwei Fotoseiten. Die Bilder, die die Grausamkeit und Sinnlosigkeit des Krieges zeigen sollten, stammten, so heißt es, zur Gänze aus dem „Nie-wieder-Krieg"-Museum, „das eben in Wien gegründet wird".[22] „Sie sind Leihgaben von Martin Bach, Oskar Mück und Karl Schöbel."[23]

Tatsächlich handelte es sich um Aufnahmen aus ganz unterschiedlichen Quellen. Eine der Ab-

Frauen! Mütter! Vergesset es nicht! So mußtet ihr euch um ein paar kotige, halbverfaulte Kartoffeln stundenlang anstellen – oder . . .

. . . sollte es euch auch so gut gegangen sein wie dieser da? Eure Kinder – waren sie so gepflegt wie diese da? Vergesset es nie!

Seelenaufschwung.

Einer von den Millionen Gästen des Stahlbades.

Wer Kriegsanleihe zeichnet, schützt sich selbst und sein Vermögen! Wer zeichnen kann und tut es nicht, tut Feindesdienste!

Bild ohne Worte.

Was ich bin und was ich habe – dank' ich dir, mein Vaterland! Behausung eines Kriegskrüppels, eine von Millionen.

NIE WIEDER KRIEG!

Sämtliche Bilder stammen aus dem „Nie-wieder-Krieg!"-Museum, das eben in Wien gegründet wird. Sie sind Leihgaben von Martin Bach, Oskar Mück und Karl Schöbel.

Kriegsgegner! Mütter! Frauen! Witwen, Waisen, Kriegsteilnehmer, Krüppel! Helfet den Gründern, dem Landesverband für Kriegsinvalide, VIII., Lerchenfelderstrasse 1 und dem Verband der Kriegsblinden, III., Henslerstrasse 3 durch Spenden und Leihgaben!

Links: Das Völkerrecht verbietet es, Kriegsgefangene im Kriegsgebiet zu verwenden. Krieg und Recht??? Hier arbeiten Serben knapp hinter der österreichischen Front.

Frauen! Wollt ihr das auch vergessen? Wie man euch auf den Bahnhöfen das mühsam gehamsterte Lackerl Milch über Befehl raubte?

508

314   **Nach dem Krieg**   Die schwierige Erinnerung

509

bildungen zeigt einen Marktplatz in Wien (ABB.
509). Aufgenommen wurde das Foto vermutlich
im Winter 1917/1918, als die Versorgungslage der
Hauptstadt immer prekärer wurde.[24] Man sieht,
wie die Frauen in einer endlos scheinenden War-
teschlange stehen, um ein paar der raren Lebensmittel zu ergattern. Der Not der Zivilbevölkerung wird das luxuriöse Leben der militärischen
Oberschicht gegenübergestellt, der es, so die Botschaft, auch während des Krieges an nichts
fehlte. Darunter ist ein Bild zu sehen, das auf
drastische Weise die Grausamkeit des Krieges
vor Augen führt: Ein Soldat liegt mit zerfetztem
Bauch und aufgerissenem Oberschenkel auf einer
Tragbahre (ABB. 510). Die Vorlage für diese und
eine weitere Aufnahme stammt von einem k.u.k
Kriegsfotografen, dessen Glasplattennegativ erhalten ist (ABB. 511). Das Foto zeigt einen schwer
verwundeten Mann, dessen Unterkörper – so der
Bildtext – „durch ein Sprengstück eines 30,5 cm
Geschosses" zerfetzt wurde. Bei dem Soldaten
dürfte es sich um einen k. u. k. Soldaten handeln.
Das Foto war nicht als Antikriegsbild entstanden, sondern sollte die Brutalität der gegnerischen Kriegsführung anklagen. Ein zweites Bild,
das ebenfalls für die Veröffentlichung am 28. Juli
1928 vorbereitet worden war, zeigt das Gesicht
eines schwer verletzten Soldaten (ABB. 512).
Auch in diesem Fall stammt die Vorlage aus den
Beständen des KPQ, auch hier ist das Originalne-
gativ erhalten (ABB. 513). Während auf der Bild-

rückseite „Gas" als Ursache der Verletzung genannt ist, bleibt der Originalbildtext allgemeiner: „Verwundung durch eine Handgranate".
Beide Fotografien wurden an der österreichisch-
italienischen Dolomitenfront aufgenommen. Sie
gelangten als Propagandabilder in das Kriegspressequartier, um die „mörderische" Wirkung der
italienischen Geschütze anzuprangern. Nun,
eineinhalb Jahrzehnte später, wurden die Fotos
zu drastischen fotografischen Stellungnahmen
gegen den Krieg im Allgemeinen.

Noch deutlicher wird die Umdeutung von
Kriegsaufnahmen zu Antikriegsbildern in einem
anderen Fall. Drei der im *Abend* vom 28. Juli
1928 veröffentlichten Fotografien zeigen eine
Hinrichtung. Der historische Hintergrund einer
Szene (ABB. 514) – sie zeigt die Erhängung dreier
Männer – ist mittlerweile gut untersucht.[25] Am
18. Juni 1918 um 18 Uhr wurden in Oderzo – einer
kleinen Ortschaft im damals von österreichischen Truppen besetzten Venetien – drei Männer aus Böhmen hingerichtet. Sie hatten in einer
tschechischen Legion auf italienischer Seite gekämpft und waren von Soldaten der 64. k.u.k.
Infanterie-Division am Piavefluss als „Verräter"
gefangen genommen worden. Es handelte sich
um den 23-jährigen Glasarbeiter Vinzenz Hytl,
den 28-jährigen Schuhmacher Vacláv Ripa und
den 26-jährigen Bäcker František Tomaides. Sie
wurden zum Tod am Strang verurteilt. Bevor sie
zum Galgen geführt wurden, mussten sie ihre

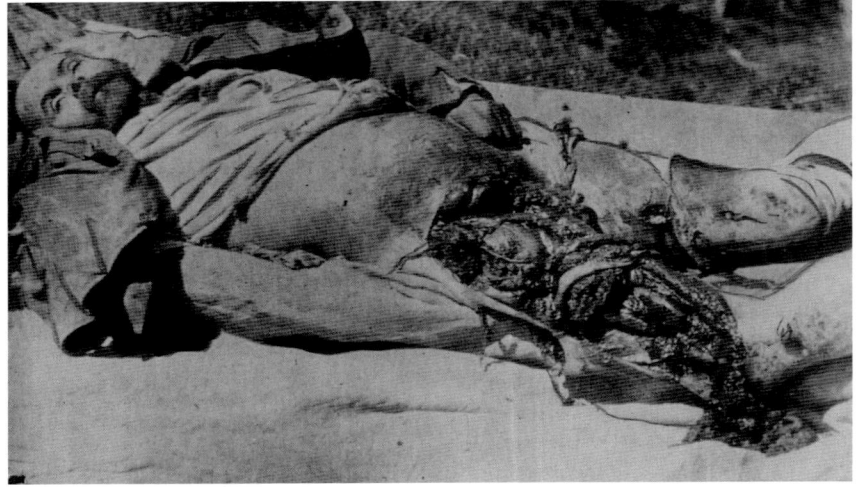

510

ABB. 510 „Einer von den
Millionen Gästen des
Stahlbades", veröffentlicht
in *Der Abend*, 28. Juli
1928, für die Veröffent-
lichung retuschiert
[ÖNB 515, 19].

ABB. 511 „Verwundung
durch ein Sprengstück
eines 30,5 cm Geschosses",
Dolomitenfront [K 1567].

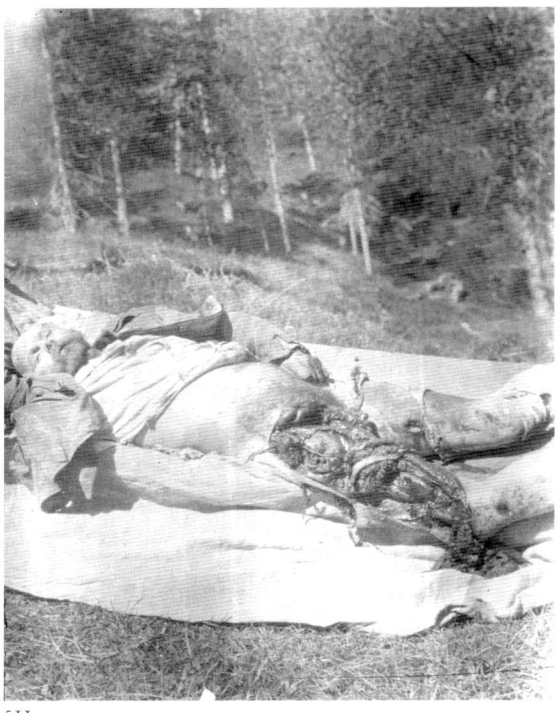

511

Uniformen ablegen. Die „Bestrafung" erfolgte
auf offenem Feld. Zahlreiche Soldaten säumten
den Platz. Auch Einheimische waren gezwungen
worden, das makabre Schauspiel mit anzusehen.
Mehrere Fotografen hielten die „Bestrafungs-
aktion" in Bildern fest.

Die Hinrichtung in Oderzo erfolgte drei Tage
nach dem Beginn der letzten großen Offensive an
der italienischen Front. Die österreichischen und
deutschen Truppen hatten versucht, die Frontlinie am oberitalienischen Piave-Fluss zu überschreiten und weiter auf italienisches Territorium vorzudringen. Das Vorhaben misslang, die
Verluste waren enorm. Die publikumswirksame
Hinrichtung sollte die bröckelnde Moral inner-

halb der eigenen Truppen stärken, mögliche Deserteure von ihrem Vorhaben abbringen und der
Zivilbevölkerung im Hinterland die drakonischen Strafen gegen „Verräter" vor Augen führen.

Eine Woche nach der Hinrichtung – die letzten
Kämpfe waren noch im Gange – beriet man im
Wiener Kriegspressequartier Maßnahmen gegen
die „tschecho-slowakischen Legionsumtriebe".
Rittmeister von Klarwill schlug am 24. Juni 1918
vor, „Plakate herstellen zu lassen, die mit guten
Bildern versehen, zum Gemüte und zur Phanta-
sie der Bevölkerung sprechen, um den Leuten das
ganz ungeheuerliche Treiben dieser Agitation vor
Augen zu führen".[26] Das mehrteilige Plakat
sollte mit drastischen Aufnahmen den „Verrat"
anprangern. Eines der Bilder sollte die Hinrichtung der Legionäre zeigen: „Die Tschecho-Slowa-
ken werden von den k. u. k. Truppen gefangen
und aufgehängt."[27]

Die Fotos aus Oderzo tauchten bald nach dem
Krieg wieder in der Öffentlichkeit auf. Zwei Aufnahmen wurden im Band von Josef Logaj *Oběti*
(Die Opfer) veröffentlicht, der 1922 in Prag erschien. Sie transportierten nun eine diametral
entgegengesetzte Botschaft: Die Fotos waren zur
vehementen Anklage gegen das habsburgische
Regime und zum Sinnbild des nationalen Befrei-
ungskampfes geworden. In der linken und sozialdemokratischen Presse und Publizistik wurden
solche Bilder als Anti-Kriegs-Appelle oder als Anklagen gegen das Krieg führende Regime verwendet. Die nationalistische und revanchistische
Presse argumentierte – oft mit genau denselben
Aufnahmen – ganz anders: Hinrichtungsbilder
sollten die (rechtmäßige) Bestrafung von Verrätern, Überläufern und Spionen vor Augen führen
und legitimieren.[28]

Anklage in Bildern

In Wien sammelte das Mitte der 1920er Jahre
gegründete „Nie-wieder-Krieg"-Museum bildliche Dokumente aus der Kriegszeit, die Gewalt-

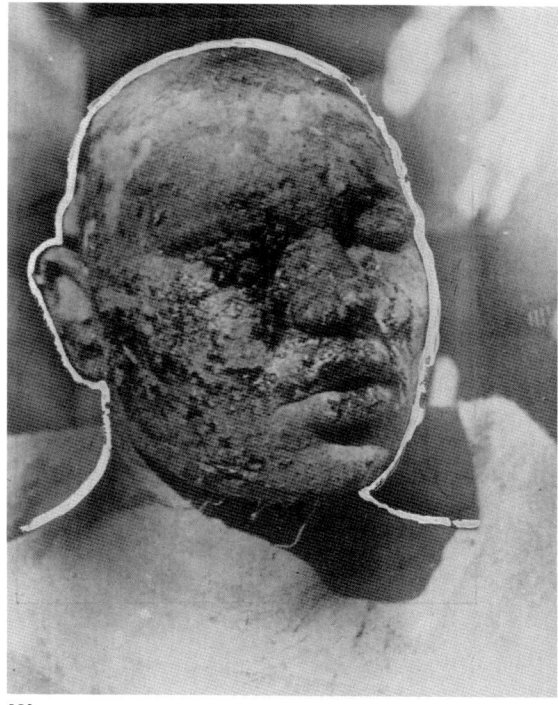

512

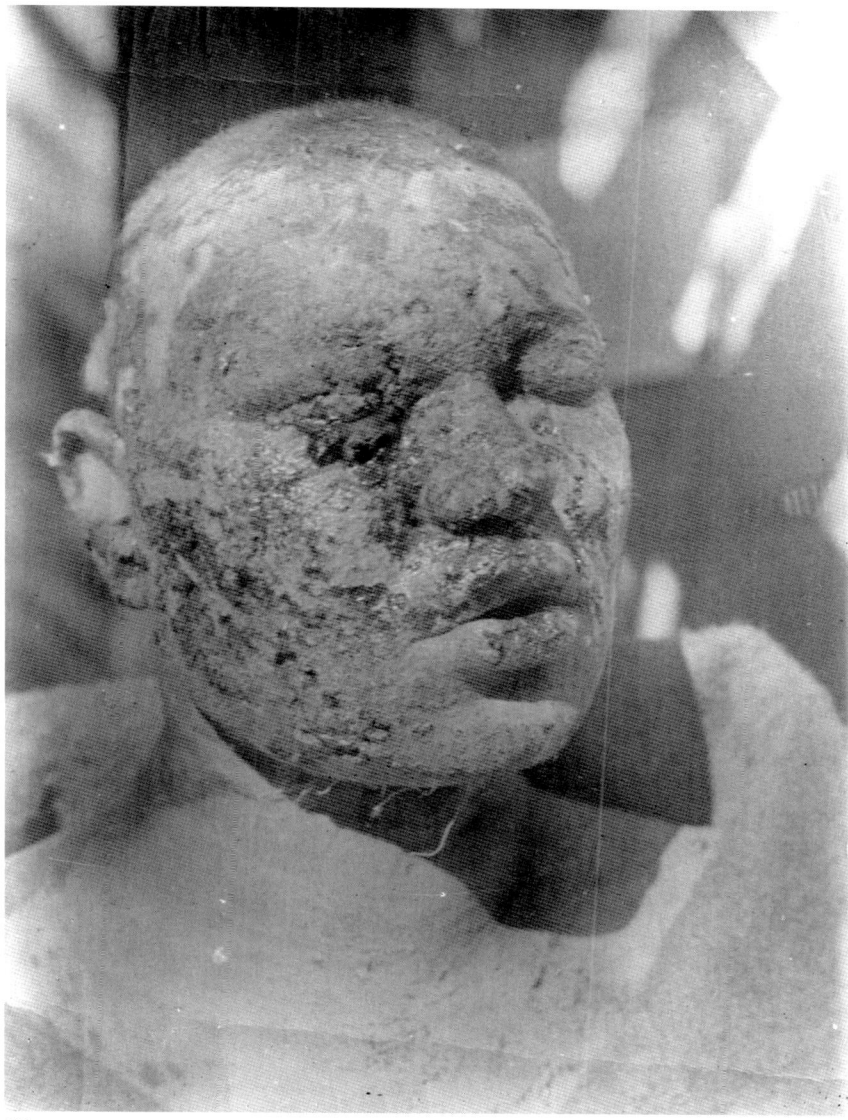

513

taten der k. u. k. Armee zeigen.[29] Eines der Bilder, das vermutlich aus dieser Sammlung stammt, zeigt die Erschießung eines Mannes (ABB. 515).[30] Dieser steht mit verbundenen Augen vor einer Steinmauer. Mehrere Soldaten haben mit ihren Waffen vor ihm Aufstellung genommen. Ein Offizier im Hintergrund gibt den Befehl zur Tötung. Beim Hingerichteten handelt es sich vermutlich um einen „Deserteur", der gegen Kriegsende gefangen genommen wurde. Das Foto gelangte in den 1920er Jahren in das Archiv der linken Wiener Tageszeitung *Der Abend*, wurde aber nie veröffentlicht.

Die Hinrichtungsfotos, die in den 1920er und frühen 1930er Jahren an die Öffentlichkeit gelangten, standen meist im propagandistischen Kontext der sozialdemokratischen Publizistik. Die Fotografien sollten die Grausamkeit der k. u. k. Kriegsführung sichtbar machen. Sie sollten aber auch die Notwendigkeit eines klaren Bruchs mit der habsburgischen Vergangenheit verdeutlichen. Auffallend ist, dass fast alle Bilder in eher schlechten Reproduktionen überliefert sind, da sie unzählige Male vervielfältigt und weitergegeben worden waren. Die Orts- und Zeitangaben fehlen meistens. Zudem werden Retuschen und Eingriffe in das Bild, die häufig vorkamen, nicht eigens angeführt. So ist etwa in ABB. 516 ein Teil der Szene herausgeschnitten, um die Soldaten, die der Hinrichtung am Galgen

beiwohnen, näher an den Ort der Tötung zu rücken. In ABB. 517 ist die Länge des Strickes, an dem die Getöteten hängen, ebenfalls durch einen Eingriff in das Bild „verkürzt" worden. Ein Teil des Bildes wurde herausgeschnitten und beide Bildreste wurden neu zusammengefügt. Auf diese Weise rückt der Querbalken ins Bild.

Als die Wiener Tageszeitung *Das Kleine Blatt* 1931 einen Aufruf startete, Erinnerungen und Kriegsfotografien aus dem Ersten Weltkrieg einzusenden, erhielt sie knapp 1.000 Zuschriften. Unter den Einsendungen waren auch zahlreiche Fotografien. Diese wurden für die Anti-Kriegskampagne „Ein Volk klagt an" in der Fotoillustrierten *Der Kuckuck* verwendet, die zwischen 15. Februar und 26. April 1931 erschien.[31] Es war der letzte größere Versuch der sozialdemokratischen Presse, die Geschichtserzählung über und

ABB. 512 „Gas 28.7.1928" (Bildbeschriftung Rückseite). Fotoarchiv *Der Abend*, für die Veröffentlichung retuschiert; das Foto wurde, entgegen der rückseitigen Datierung, *nicht* am 28 Juli 1928 in *Der Abend* veröffentlicht [ÖNB 515, 24].

ABB. 513 „Verwundung durch eine Handgranate", Dolomitenfront [K 1666].

ABB. 514 Hinrichtung
tschechischer Legionäre,
die auf italienischer Seite
gekämpft hatten, in
Oderzo, Venetien, 18. Juni
1918, veröffentlicht in
Der Abend, 28. Juli 1928,
für die Veröffentlichung
retuschiert [ÖNB 515, 18].

514

die Erinnerung an den Krieg mitzubestimmen, bevor die nationalen und konservativen Kräfte die Deutung der Vergangenheit endgültig an sich reißen konnten. Als Mitte der 1930er Jahre die sozialdemokratischen Zeitungen und Zeitschriften verboten wurden, verschwanden auch diese Dokumente des Grauens wieder aus der Öffentlichkeit. Der Krieg gegen die Zivilbevölkerung, der in den offiziellen Geschichtsbüchern ohnehin keinen Platz hatte, geriet wieder in Vergessenheit.

Schon Ende der 1920er Jahre war es den konservativen und nationalen Verbänden gelungen, in der breiten Öffentlichkeit die Deutungshoheit über die Erinnerung an den Krieg zurückzugewinnen. Die paramilitärischen Verbände mobilisierten nicht nur die ehemaligen Soldaten, sondern wiesen auch den Opfern des Krieges eine neue Rolle zu. Am 12. Mai 1929, einem regnerischen Tag, fand in Wien eine Kundgebung des rechtsgerichteten paramilitärischen Heimwehr-Verbandes statt. Einer der Teilnehmer war ein Kriegsversehrter in seinem kleinen Wagen (ABB. 518). Ein Pressefoto unbekannter Herkunft zeigt den Invaliden und einen vorbeihastenden Passanten, der ihm von oben her einen kurzen Blick zuwirft. Der Ausschnitt, der für die Veröffentlichung isoliert wurde, erlöst das Opfer vom mitleidigen Blick. „Kriegsinvalider bei Heimwehraufmarsch" lautet der Bildtext zum Ausschnitt. Das Bild ist symptomatisch für die politische Gewichtsverschiebung. Die Aufnahmen von Kriegsversehrten, die wenige Jahre zuvor im

Namen der Linken die Grausamkeit des Krieges angeklagt hatten, kamen nun auch in der konservativen Presse zum Einsatz. Die Botschaft dieser Bilder hatte nun die Seiten gewechselt.

Die Rückkehr der Helden

Als im Februar 1934 in Wien ein autoritäres Regime die Macht übernahm, mischten sich immer deutlicher nationale und patriotische Töne in die Gedenkfeiern des Krieges. Die habsburgischen Protagonisten, deren Andenken nach Kriegsende rasch aus der Öffentlichkeit entsorgt worden war, tauchten nun wieder auf. Vor allem Kaiser Franz Joseph und Kaiser Karl kehrten nach 1934 als nationale Heldenfiguren auf die Bühne der Politik zurück. Zahlreiche Denkmäler wurden zu ihren Ehren errichtet, Gedenkfeiern wurden abgehalten.

Der 20. Jahrestag des Kriegsbeginns stand unter einem ganz anderen politischen Stern als jener zehn Jahre zuvor. Am 6. September 1934 wurde im Wiener Künstlerhaus eine große „Österreichische Kriegsbilderausstellung 1914–1918" eröffnet. Gezeigt wurden Gemälde, Zeichnungen, aber auch Medaillen, die während des Krieges im Auftrag der Kriegspropaganda entstanden waren. Im Ehrenpräsidium der Ausstellung versammelten sich neben dem Bundeskanzler Kurt Schuschnigg alle Landeshauptleute, ein Gutteil der Bundesregierung sowie weitere Honoratioren aus dem konservativen Lager. Die leitenden Offiziere des ehemaligen Kriegspressequartiers

515

516

517

518

ABB. 518 „Kriegsinvalider
bei Heimwehraufmarsch,
12. VI. 29", mit Bezeich-
nung des Bildausschnitts
für die Veröffentlichung
[ÖNB 515, 29].

Die der k.u.k. Wehrmacht gewidmete Schau
„Von Front zu Front" war ein großer Publikums-
erfolg. Drei Jahre später, im Herbst 1937, wurde
die Ausstellung noch einmal gezeigt, diesmal im
Niederösterreichischen Landhaus in der Herren-
gasse. Unter den rund 4.000 ausgestellten Bildern
waren zahlreiche Fotografien.[35]

Zehn Jahre nach der machtvollen „Nie wieder
Krieg"-Kundgebung vom Juli 1924 hatte sich die
politische Situation also radikal verändert. Nach
dem Februar 1934 wurden die oppositionellen
Zeitungen verboten. Die konservativen und nationalen Verbände nahmen den öffentlichen
Raum mehr und mehr in Besitz. Das Thema
„Krieg" hatte in der Öffentlichkeit die politischen Vorzeichen gewechselt. Nicht mehr die
Kritik am Jahrestag des Kriegs*beginns* stand nun
im Mittelpunkt, sondern Heldenfeiern, die das
Kriegs*ende* Anfang November 1918 als heroischen Schlussakt einer patriotischen Epoche
stilisierten. Totengedenken und Heldenehrung
fielen nun in eins.

Am 3. November 1935 gehörte die Stadt Wien
den Konservativen. Eine Großkundgebung führte
über die Ringstraße zum Karlsplatz, wo eine
offizielle Feier zu Ehren der „Helden" des Krieges
stattfand. Eine Presseaufnahme zeigt eine
Gruppe von Kriegsversehrten, die vor zahlrei-
chem Publikum zum Versammlungsort unterwegs ist (ABB. 519). Die Männer stellen ihre
Kriegsabzeichen stolz zur Schau. Die Bildunterschrift lautet: „Die gestrige von der Österreichischen Reichskameradschafts- und Soldatenfront veranstaltete Heldenfeier. – Defilierung der
Kriegsinvaliden vor den Regierungsmitgliedern
auf dem Ring".[36] Die Kundgebung fand ihren Höhepunkt nicht vor dem Parlament, das inzwischen ausgeschaltet worden war, sondern am
Karlsplatz. Die abschließende Gedenkfeier fand
in der Karlskirche statt. „Nach dem Gottes-
dienst", berichtete die regierungsnahe *Wiener
Zeitung*, „gruppierten sich die ausgerückten Verbände zu beiden Seiten des machtvollen Portikus
der Kirche zu einem überwältigenden bunten

waren ebenfalls im Ehrenausschuss vertreten.
Den Entschluss zu dieser Ausstellung hatte die
Genossenschaft Bildender Künstler Wiens im
Herbst 1933 gefasst. Die Schau wurde aufgrund
ihrer „vaterländischen Bedeutung" vom Staat
großzügig gefördert.[32] „Der leitende Gedanke
dabei war, der heutigen Generation vor Augen zu
führen, was in diesen Jahren an Heldentum,
Pflichterfüllung und selbstloser Aufopferung in
Erscheinung getreten ist."[33] Die Eröffnung der
Ausstellung fiel mit der Einweihung eines neuen
Heldendenkmals in der Hauptstadt und einem
großen Veteranentreffen in Wien zusammen.
Ebenfalls 1934 veranstaltete die Wiener Seces-
sion eine patriotische Kriegsausstellung, die anschließend auch in den Bundesländern gezeigt
wurde. Begleitet wurde die Schau durch Sammel-
aufrufe, die auf ein breites Echo stießen. Es wurden zahlreiche private Kriegsfotos eingesendet.[34]

Bild. Inmitten des Fahnenwaldes erschienen nunmehr Bundeskanzler Dr. Schuschnigg und die Ehrengäste."[37] Der Bundeskanzler legte vor dem Denkmal des toten Soldaten einen Lorbeerkranz mit den Worten nieder: „Im Namen der österreichischen Soldatenfront in treuem und unverbrüchlichem Gedenken". Generaloberst Fürst Schönburg-Hartenstein führte in einer Ansprache aus, dass die Zeit, da die Kriegsopferverbände „zu politischen Zwecken ausgenützt wurden (…) Gott sei dank vorbei" sei. Seine Rede schloss er mit den Worten: „Im Gedenken an die vielen Tausenden von Kriegshelden rufe ich Euch liebe Kameraden auf zur höchsten Vaterlandsliebe und zur engsten und treuesten Kameradschaft."[38] Der Reporter des *Neuen Wiener Tagblattes* schildert die Stimmung in der Menge: „Mit stürmischen Rufen der Zustimmung wurden diese Worte aufgenommen."[39]

In einer kurzen Rundfunkansprache am selben Abend betonte Bundeskanzler Schuschnigg, „daß straffe Disziplin, selbstlose Einordnung und stille Pflichterfüllung am Anbeginn jedes wahren Heldentums steht. Für dieses vorbildliche stille Heldentum danken wir unseren Toten im Bewußtsein, daß ihr Opfer uns Heimat und Vaterland erhalten hat und daß manches Schwere, das die Neugestaltung des Vaterlandes mit sich brachte, gewiß nicht ihre Schuld war, daß es aber ihr Verdienst war, noch viel Schwereres zu verhüten."[40]

Noch gute zwei Jahre hatte der autoritäre österreichische Ständestaat Zeit, an dieses neu entfachte Heldentum der k. u. k. Wehrmacht anzuknüpfen. Als im März 1938 Hitlers Truppen in Wien einmarschierten, wurden die glorreichen Erinnerungen an die Monarchie rasch wieder verräumt. Nun stand eine Wehrmacht im Rampenlicht, die mit der Tradition eines „österreichischen" Krieges nichts mehr zu tun haben wollte.

ABB. 519 „Die gestrige von der Österreichischen Reichskameradschafts- und Soldatenfront veranstaltete Heldenfeier. – Defilierung der Kriegsinvaliden vor den Regierungsmitgliedern auf dem Ring", 3. November 1935, mit Bezeichnung des Bildausschnitts für die Veröffentlichung [ÖNB 515, 32].

520

ABB. 520 „Russischer Straßenphotograph in Odessa",
März / April 1918; Photo-
stelle 7 [K 26756].

Geschichte in Bildern   Schluss

Ein letztes Bild (ABB. 520): Ein Fotograf ist über seine großformatige Plattenkamera gebeugt. Er ist dabei, den schweren Apparat auf dem dreibeinigen Stativ einzurichten, vor ihm auf der Mattscheibe zeichnet sich das Bild ab, das er fixieren will. In wenigen Augenblicken wird er unter das schwarze Tuch schlüpfen und auf den Auslöser drücken. Das Porträt wird den Soldaten auf dem Pferd zeigen. Dieser hat die Aufnahme offenbar in Auftrag gegeben. Aber nicht er wird in der Bildbeschriftung genannt, sondern nur der „russische Straßenphotograph in Odessa".

Als ich während meiner Recherchen für dieses Buch im Bildarchiv der Österreichischen Nationalbibliothek in Wien unter Tausenden anderen Bildern auf dieses Foto aus Odessa gestoßen bin, habe ich es länger als andere Aufnahmen betrachtet. Ich bin gewissermaßen „hängen geblieben". Auf den ersten Blick ist es kein außergewöhnliches Bild: Es zeigt einen Straßenfotografen, der in einem Vorort von Odessa einen Soldaten fotografiert. Und dennoch ist es ein spannungsreiches und dichtes Bild. Die Aufnahme entstand zu einer Zeit, als der Krieg an der Ostfront zu Ende war. Im Dezember 1917 kam es zu einem ersten Waffenstillstand, Verhandlungen mit der neuen Regierung der Bolschewiki begannen. Als die Gespräche im Februar 1918 abgebrochen wurden, schufen die Mittelmächte vollendete Tatsachen. Sie besetzten große Teile der baltischen Gebiete, Weißrusslands und der Ukraine. Am 3. März 1918 wurden diese neuen Grenzen im Frieden von Brest-Litowsk festgeschrieben. Im Osten Europas war der Krieg damit zu Ende. Die Besatzer gingen nun daran, die eroberten Gebiete ökonomisch auszupressen. Viele Waggonladungen von Waren und Nahrungsmitteln wurden „requiriert" und nach Westen abtransportiert.

Von all dem berichtet unsere Aufnahme nichts. Es gehört zu den Eigenschaften der Fotografie, schmale historische Ausschnitte zu fixieren. Lange Zeit wurde ihr dies von der Geschichtswissenschaft als Defizit ausgelegt. Fotos, so hieß es, seien nicht imstande, die komplexen Zusammenhänge der Geschichte adäquat wiederzugeben. Ihr Platz sei dort, wo es darum geht, Ereignisse zu illustrieren. Die eigentliche Geschichte aber, heißt es, erzählen Texte. Ich habe in diesem Buch zu zeigen versucht, dass die Fotografie ebenfalls Geschichte schreibt und erzählt – oft eine ganz andere als jene, die wir aus den herkömmlichen Quellen kennen.

Eine andere Geschichte des Krieges

Um die Rolle und Bedeutung der Fotografie in der Zeit des Ersten Weltkriegs rekonstruieren zu können, war eine Verschiebung der Frage- und Blickrichtung notwendig. Es konnte nicht darum gehen, Fotografien illustrativ in das Muster herkömmlicher Kriegsgeschichten einzubauen. Vielmehr habe ich versucht, dem Blick der Fotografen kritisch zu folgen. Ich habe mich bemüht, jene Themen, Wahrnehmungen und Botschaften ernst zu nehmen, die mir in den Bildern begegneten. Oft habe ich kleinere Untersuchungsausschnitte gewählt, als dies die klassische Ereignis- und Schlachtengeschichte tut. Immer aber habe ich versucht, die Bilder in einen breiteren, auch außerfotografischen Kontext – jenen ihrer Entstehung und (propagandistischen) Verwendung – (zurück)zustellen. Auf diese Weise bin ich auch zu anderen Fragestellungen und damit gelegentlich zu anderen Ergebnissen gekommen, als wir sie aus der herkömmlichen Kriegsgeschichte kennen. Das Bild der Zivilbevölkerung in den

Kriegsgebieten und im Hinterland etwa ist in der traditionellen Kriegsgeschichte noch wenig untersucht, wenig bekannt ist auch über die Formen der Gewalt, die sich abseits der Frontlinien und im Schatten der offiziellen Dokumente abspielten (etwa Deportationen und Massenhinrichtungen von Zivilisten). Ebenso tritt uns der Tod in Fotografien auf andere Weise entgegen als in Texten: Er wird im Fall der getöteten Gegner unmittelbarer sichtbar, andererseits werden die eigenen Toten propagandistisch noch stärker ausgeblendet als in schriftlichen Beschreibungen.

Kriegsaufnahmen sind, ob sie nun propagandistisch verwertet wurden oder nicht, immer eingespannt in ein militärisch geprägtes Korsett der Wahrnehmung. Vor allem die offiziellen Pressefotografen sahen in der Regel das, was man sehen durfte und wollte (das siegreiche Vorgehen, zerstörte Waffen des Gegners, die funktionierende Logistik im Hinterland usw.), und sie vermieden Aufnahmen, die Gefahr liefen zensiert zu werden. Um die Kriegsfotografien lesbar zu machen, war es notwendig, diesen propagandistisch ausgerichteten Blick kritisch zu hinterfragen. Das begann oft schon bei den Bildbeschriftungen, deren Codierung und teilweise euphemistische und propagandistische Grundierung erst als solche entziffert werden musste. Um ein Beispiel zu nennen: Dass eine Gruppe von „Flüchtlingen" in Wirklichkeit ein Zug von Zwangsdeportierten ist, ergibt sich nicht aus den Bildern und ihren Beschriftungen, sondern nur aus einer aufmerksamen historischen Kontextualisierung, die auch zahlreiches anderes Quellen- und Untersuchungsmaterial miteinbezieht. Überhaupt sind die Bildtexte von Kriegsaufnahmen mit Vorsicht zu verwenden. Die Teilung der Wahrnehmung in die „eigene" und die „fremde" Seite schlägt sich in den Bildern, besonders aber in den offiziellen Beschriftungen nieder. Auffallend ist etwa, dass höherrangige eigene Militärs immer mit Namen genannt sind, einfache *eigene* Soldaten dagegen selten, Kriegsgegner und Zivilisten werden so gut wie nie namentlich genannt, auch

dann nicht, wenn sie in großformatigen Porträts erscheinen.

Ein Gutteil jener Kriegsbilder, die bis heute als „typische" Aufnahmen des Ersten Weltkrieges gelten, wurde in der Zwischenkriegszeit publizistisch verbreitet. Die Zuspitzung des Krieges auf einige ausgewählte Schlüsselszenen (der Schützengraben, die Westfront, der Stellungskrieg etc.) hat einen Großteil jener Aufnahmen verdrängt, die nicht in dieses Schema passten (die Ostfront, den Alltag der Soldaten, die Deportationen von Zivilisten, Bilder aus dem Hinterland etc.). Es ist erstaunlich, wie sehr die (v. a. deutschsprachige) Kriegsgeschichte des Ersten Weltkrieges bis heute jenem interpretatorischen Rahmen folgt, der in der Zwischenkriegszeit aufgespannt wurde. Auch wenn die politischen Implikationen der Deutungskämpfe dieser Jahre längst der Vergangenheit angehören, blieben viele der zentralen Fragestellungen und die regionalen Begrenzungen der Forschung bis heute bestehen. Um den Blick auf die Ereignisse und Entwicklungen des Krieges wieder ausweiten zu können, ist es daher notwendig, sich bewusst von dieser historiografischen Erbschaft zu lösen. Eine Möglichkeit, neue Themen und Methoden in der historischen Analyse ins Spiel zu bringen, sehe ich darin, dort Anleihen zu machen, wo die historischen Verkrustungen des Faches weniger spürbar sind, etwa bei der Fotografiegeschichte. Umgekehrt kann es für diese belebend sein, sich aus der methodischen Umarmung einer oft apolitischen Kunstgeschichte zu lösen und verstärkt gesellschaftliche und politische Themen zu erschließen. Die Scheu der Historiker vor der Fotografie hat auch ihr Gegenstück: die Scheu der Fotohistoriker vor der Geschichte. Beide profitieren davon, wenn sie ein Stück weit aufeinander zugehen.

Mehrdeutige Bilder

Kommen wir noch einmal auf das Foto aus Odessa zurück. Erst wenn wir dieses Bild in einen breiteren Kontext stellen und zugleich die

Aufnahme selbst genauer betrachten, lässt sie sich weiter entschlüsseln. Unser Bild hält die merkwürdige Schwebelage zwischen Krieg und Frieden fest: Auf der einen Seite der Szene ist der Reiter, der als Vertreter der Besatzungsmacht auftritt. Er beherrscht, hoch zu Ross, noch immer die Szene. Auf der anderen Seite steht ein einheimischer Straßenfotograf, der ihn im Porträt festhält. Er ist mit einem Militärmantel bekleidet, vielleicht hat er noch wenige Monate vorher gegen die österreichischen Truppen gekämpft. Und dann gibt es die Zuschauer, ein alter und ein jüngerer Mann, eine Frau im Hintergrund und eine ganze Reihe von Kindern (eines davon mit einer Militärmütze auf dem Kopf). Sie alle blicken nicht auf den Berittenen, der stolz im Sattel sitzt, auch nicht auf den Straßenfotografen, sondern auf den österreichischen Militärfotografen, der die Szene aus größerer Distanz aufnimmt. Sie blicken uns an. Und auch der Porträtierte blickt aus dem Augenwinkel in unsere Richtung, dorthin, wo der zweite Fotograf steht. Es ist ein komplexes Spiel der Blicke, das uns auf diesem Bild begegnet.

In gewisser Weise stehen dieses Bild und seine (unabgeschlossene) Lektüre für die Möglichkeiten, aber auch die Schwierigkeiten einer methodischen Annäherung an das Thema Fotografie im Krieg. Ich habe in diesem Buch versucht, die von Historikern oft als bedrohlich empfundene Mehrdeutigkeit von Fotografien als Chance, nicht als Hemmnis für eine Interpretation von Bildern zu begreifen. Die Voraussetzung für einen produktiven Einsatz von Fotografien in der Geschichtsinterpretation ist die Bereitschaft, den komplexen Status von Fotografien im historischen Prozess anzuerkennen. Fotos sind anders mit geschichtlichen Abläufen verknüpft als schriftliche Dokumente. Sie sind stärker in die Ereignisse involviert, denn der Fotograf muss zwangsläufig „vor Ort" sein. Aber vor Ort, dort, wo die Fotografen ihren Apparat aufbauen, passiert meist nicht das, was Eingang in die Geschichtsbücher findet. Hier fallen in der Regel keine historischen Entschei-

dungen. Unsere Aufnahme aus Odessa ist dafür ein gutes Beispiel. Wir sehen eine Alltagsszene, die kaum stellvertretend für ein großes, wichtiges Ereignis zu nennen ist. Weder der Straßenfotograf noch der Soldat und schon gar nicht die Schaulustigen am Rande der Szene sind Protagonisten der „großen" Geschichte. Die Aufnahme, die im März oder April 1918 entstand, ist ein recht beiläufiges Dokument des Krieges.

Die Kriegsfotografen waren bei aller militärischen „Einbettung" nicht nur mechanische Werkzeuge der Propaganda. Sie dokumentierten das, was man von ihnen erwartete. Aber sie fotografierten auch das, was ihnen fremd, anders, ungewohnt erschien. Sie richteten ihre Kamera nicht nur an den Vorgaben der Auftraggeber, sondern auch an ihrer eigenen Neugierde, ihren subjektiven Interessen aus. In jede Aufnahme geht auf diese Weise neben dem deklarierten Interesse auch ein Überschuss an Bedeutung ein, der das Bild offen hält. Historische Fotografien bilden, so könnte man vielleicht sagen, eine Art Traumprotokoll der Geschichte. Sie sind bildliche Niederschriften, die immer mehr und immer auch anderes festhalten, als das, was der Fotograf bewusst aufnehmen wollte. Fotografien sind also durch einen Überschuss an Bedeutung gekennzeichnet und eben auch durch jene Mehrdeutigkeit, die die herkömmliche Geschichtswissenschaft oft abschreckt. Ich möchte diese Qualität des Mediums als Vorzug begreifen. Fotografien erzählen nicht eine einzige Geschichte, sondern sie bündeln meist mehrere Erzählungen: Sie lassen den offiziellen Auftrag durchscheinen, sie bewahren die Spuren privater Neugierde auf, halten die Sichtweisen der Zeit fest. Sie erzählen nicht nur vom „Objekt" vor der Kamera, sondern geben auch Aufschluss über Blickweisen und Wahrnehmungsformen hinter der Kamera. Folgt man einer Fotografiegeschichte, die sich nicht im sturen Positivismus erschöpft, kann gerade diese Mehrsinnigkeit des fotografischen Bildes zum Ansatzpunkt spannender historischer Fragestellungen werden.

Der Fotokrieg und seine Folgen

Ich habe in diesem Buch zu zeigen versucht, wie der Krieg die Fotografie verändert und wie, umgekehrt, die Fotografie den Krieg verändert hat. Diese Rückkoppelung zwischen Medium und Militär ist, historisch gesehen, nicht neu. Bereits der Krimkrieg hat zu einer tief greifenden Umschichtung des Mediensystems geführt.[1] Aber es war der Erste Weltkrieg, der die Fotografie als modernes Propagandamedium entdeckt und nach und nach auch systematisch eingesetzt hat. Militärs und Medienvertreter haben ihre Lektionen schnell gelernt. Seit dem Ersten Weltkrieg gehört die – propagandistisch verwendete – Fotografie ins Waffenarsenal eines jeden modernen Krieges. Auch die aktuellsten Bilderkriege gehen in ihren Grundzügen auf den Ersten Weltkrieg und die Umwälzungen des medialen Propagandasystems zurück. Dazu gehören sowohl zentral gelenkte Praktiken des *Anreizes* wie der *Kontrolle*.

Die fotografische Bildproduktion und -reproduktion erlebte in den vier Kriegsjahren zwischen 1914 und 1918 einen immensen Aufschwung. Einen guten Teil der Fotos gab die Militärführung in Auftrag, weitere Fotos entstanden im Auftrag der Presse. Daneben setzten auch Amateure und Knipser Tausende Bilder in Umlauf. Je mehr der Krieg zu einem visuellen Ereignis wurde, das sich in illustrierten Zeitungen, im Kino, in Büchern und in Ausstellungen niederschlug, desto mehr Bilder wurden gebraucht. Sowohl das Militär als auch die Presse investierten viel Geld in die Verbesserung der Fotoberichterstattung. Um in Zeiten nationaler und patriotischer Abschottung die Auflagenhöhen halten bzw. erhöhen zu können, war ein kontinuierlicher Nachschub an Sensationen vonnöten. Eine erbitterte Konkurrenz auf dem militärisch kontrollierten Markt trieb die Verleger in die Hände des Militärs. Dieses wiederum ging enge Allianzen mit Verlagen und Zeitungen ein, um eine flächendeckende Verteilung der propagandistischen Botschaften zu gewährleisten. Das Militär setzte alles daran, Verleger, Journalisten und Fotografen in ihrer Gunst zu halten und sie mit aufsehenerregenden Szenen und Bildern zu versorgen.

Im Laufe des Krieges kam es zu einer grundlegenden Umschichtung im Mediensystem. Zensur, Akkreditierungsmaßnahmen und die systematische „Einbettung" der fotografischen Berichterstattung in die militärische Logistik hatten zu einer engen Verzahnung von Militär und Medien geführt, zu einer Symbiose zwischen Kriegsführung und Propaganda. Die lenkenden Fäden dieses Systems liefen in den militärischen Zentralen zusammen, aber ihre Ausläufer reichten weit in den zivilen Bereich hinein. Vorformen dieser propagandistischen Strukturen begegnen uns bereits um die Jahrhundertwende. Neuartige Allianzen zwischen Militär und Medien wurden etwa im amerikanisch-kubanischen Krieg (1898), im südafrikanischen Krieg (1899–1902) und im russisch-japanischen Krieg (1904/1905) erprobt.[2] Aber erst während des Ersten Weltkrieges wurden diese Prototypen eines modernen militärisch-medialen Komplexes zu einer professionell geführten Propagandamaschinerie ausgebaut.

Die Propagandaschlachten der Jahre 1914 bis 1918 hatten weitreichende Folgen für die Nachkriegszeit. Die umfassende militärische Kontrolle und die enge Symbiose zwischen Medien und Militär hatten – vor allem in der zweiten Hälfte des Krieges – zu Monopol- und Oligopolbildungen am Zeitungs-, Zeitschriften- und Filmmarkt geführt. Es waren diese Kriegsmonopolisten, die auch unmittelbar nach dem Krieg die Öffentlichkeit beherrschten. Erst Mitte der 1920er Jahre begann sich das Feld der kommerziellen Anbieter von Bildern wieder langsam auszuweiten.[3]

Bezogen auf die Entwicklung der Pressefotografie heißt das: Die angebliche Stunde Null des Bildjournalismus nach 1918 hat es nie gegeben.[4] Zahlreich sind die strukturellen und personellen Brücken zwischen der Vorkriegs-, der Kriegs- und der Nachkriegszeit. Viele Pressefotografen, die in der Zwischenkriegszeit erfolgreich waren, hatten ihre ersten Erfahrungen als Kriegsfotografen gesammelt, manche von ihnen waren bereits vor 1914 aktiv.[5] Der Boom der Illustrierten, der in den 1920er Jahren einsetzte und bis in die 1960er und 1970er Jahre andauern sollte, wurzelte – auch – im Krieg. Die wichtigen illustrierten Blätter konnten während des Krieges ihre Auflagen deutlich steigern.[6] Die illustrierte Presse hatte sich bereits während des Krieges und unter dem Einfluss des Krieges radikal gewandelt. Das bereits vor 1914 weit entwickelte internationale Vermarktungssystem für Fotografien war zwar bei Kriegsbeginn mit einem Schlag zusammengebrochen, dafür aber wurde die Logistik der aktuellen Fotoberichterstattung während des Krieges laufend ausgebaut und die Geschwindigkeit der fotografischen Bildübermittlung in atemberaubenden Tempo erhöht. Es kam, trotz aller Zensurmaßnahmen, zu einer Professionalisierung der Pressefotografen.

Nach 1918 wurden die Themen des Krieges zwar in der schnelllebigen Welt der illustrierten Presse bald verdrängt, aber hinter den Kulissen waren seine Folgen noch lange spürbar.

Anmerkungen

Vergessene Bilder aus dem Osten

1 Anton Holzer: Den Krieg sehen. Zur Bildgeschichtsschreibung des Ersten Weltkrieges, in: ders. (Hg.): *Mit der Kamera bewaffnet. Krieg und Fotografie*, Marburg 2003, S. 57–70, hier S. 61 ff.

2 Vgl. dazu Bernd Boll: Vom Album ins Archiv. Zur Überlieferung privater Fotografien aus dem Zweiten Weltkrieg, in: Anton Holzer (Hg.): *Mit der Kamera bewaffnet. Krieg und Fotografie*, Marburg 2003, S. 167–178, insbes. 173 ff.

3 Damit verbunden setzte in der jüngsten Zeit auch ein verstärktes Interesse der Geschichtsschreibung an der lange vergessenen Ostfront ein. Den Auftakt machte Vejas Gabriel Liulevicius mit seiner Untersuchung: *War Land on the Eastern Front. Culture, National Identity and German Occupation in World War I*, Cambridge 2000, 2. Aufl. 2001 (dt. 2002). Der jüngst erschienene Band von Gerhard P. Groß (Hg.): *Die vergessene Front. Der Osten 1914/1915. Ereignis, Wirkung Nachwirkung*, Paderborn 2006 versammelt die Beiträge einer Tagung des Militärgeschichtlichen Forschungsamtes Potsdam und des Deutschen Historischen Museums, Berlin, aus dem Jahr 2004. Interessant für den Kontext der Wahrnehmung des Ostens sind darin die Beiträge von Peter Hoeres und Hans-Erich Volkmann.

Der unbekannte Krieg

1 *Das interessante Blatt*, Nr. 11, 18. März 1915, S. 12.

2 Anton Holzer: Die Sau von Kolomea, in: *Die Presse/Spectrum*, 30. April 2004.

3 Der Name ist hier abgekürzt wiedergegeben.

4 Karl Kraus: *Die letzten Tage der Menschheit*, Frankfurt am Main 1986, S. 543.

5 Diese Bildbeschriftung findet sich nicht auf den Negativen, sondern auf Abzügen, die im Heeresgeschichtlichen Museum in Budapest aufbewahrt werden. Die Beschriftung des Bildes im Bildarchiv der Österreichischen Nationalbibliothek bleibt dagegen vage: „Aufgefundene Karikatur unserer Offiziere in Serbien."

6 Die Agentur hatte in Wien eine Niederlassung in der Zieglergasse 54, im 7. Gemeindebezirk. Während des Krieges nannte sie sich „Welt-Preß-Photo".

7 Das Foto ist, wie bei Pressebildern aus der Zwischenkriegszeit oft üblich, auf ein größeres Blatt Papier aufgeklebt, das zwei ähnliche, aber unterschiedlich lange, maschinenschriftlich verfasste Bildtexte trägt. Es stammt vermutlich aus der Fotosammlung der Wiener Tageszeitung *Der Abend* und ist mit 10.9.1930 datiert.

8 Für die Unterstützung meiner Forschungsarbeit am Bildarchiv der Österreichischen Nationalbibliothek möchte ich mich sehr herzlich bei Dr. Hans Petschar, Mag. Uwe Schögl und dem Team des Bildarchivs bedanken.

9 Aufnahmen von der Ost- und Südostfront gibt es natürlich auch in anderen – v. a. deutschen, österreichischen und teilweise britischen – Archiven, aber nirgendwo existiert ein derart umfassender und vollständiger Bestand. Das Österreichische Staatsarchiv / Kriegsarchiv und das Wiener Heeresgeschichtliche Museum verfügen über Abzüge (keine Negative) aus den Beständen des k. u. k. Kriegspressequartiers. Allerdings ist nur im Bildarchiv der ÖNB auch die ursprüngliche Sammlungsstruktur des KPQ erhalten. Diese bietet bei genauerer Recherche auch zahlreiche zusätzliche Hinweise (etwa zu Aufnahmeort, -zeitpunkt, zur militärischen Einheit, in der der Fotograf tätig war, und teilweise zum Namen der Fotografen).

10 Die Negative der vergleichbaren offiziellen deutschen Fotobestände aus dem Ersten Weltkrieg (BUFA, Bild- und Filmamt), die im Reichsarchiv in Potsdam aufbewahrt wurden, wurden bei alliierten Luftangriffen im April 1945 zerstört. Erhalten sind in mehreren deutschen Archiven größere oder kleinere Teile der zeitgenössischen Abzüge, etwa in der Bibliothek für Zeitgeschichte in Stuttgart, im Bildarchiv des Bundesarchivs in Koblenz oder im Ullstein Bildarchiv in Berlin. Da in diesen Beständen v. a. die Westfront im Vordergrund steht, kommt der Wiener Sammlung herausragende Bedeutung zu. Sie bildet (aus den Quellen der Mittelmächte) den einzig verfügbaren geschlossenen offiziellen Bildbestand, der den Krieg im Osten und Südosten Europas zeigt. Die Aufnahmen des k. u. k. Kriegspressequartiers dokumentieren nicht nur den Krieg der österreichischen Truppen, sondern zeigen zahlreiche Kriegsschauplätze, an denen deutsche Truppen an der Seite österreichisch-ungarischer Einheiten im Einsatz waren.

Auf Fotobeute

1 Veröffentlicht sind diese Bilder beispielsweise in: *Großer Bilderatlas des Weltkrieges mit über 2.500 Abbildungen*, Erster Band, München 1915, S. 286.

2 Legitimation für Herrn K. [sic!] Seebald, L. Nr. 72, Österreichisches Staatsarchiv / Kriegsarchiv, Akten des Kriegspressequartiers (im Folgenden zitiert als ÖStA/KA, KPQ), Karton 39 (23). Pressefotografen wurden in der Zeit vor dem Ersten Weltkrieg häufig als „Illustratoren" bezeichnet.

3 Vgl. etwa Brief an das KPQ vom 9. Februar 1915, ÖStA/KA, KPQ, Karton 39 (850).

4 Wichtige Fotoverlage und Bildagenturen, die sich – auch – für Bilder von der Ost- und Südostfront interessierten, waren u. a.: Leipziger Presse-Bureau, Welt-Illustrations-Dienst (Berlin), Presse-Photo-Syndikat (Berlin), Presse-Centrale Wilhelm Braemer (Berlin), Internationaler Illustrations-Verlag – Robert Sennecke (Berlin), Photothek, Techno-Photographisches Archiv (Berlin), Verlag Illustrations-Gesellschaft, Neue Photographische Gesellschaft, Presse-Zentrale, Vereenigden Fotobureaux (Amsterdam) mit dem Berliner Repräsentanten Paul Lesch, „Kilophot" (Wien), Weltpressephoto, auch Welt-Preß-Photo (Wien), Verlag künstlerischer Kriegsbilder (Wien), Athenaeum (Budapest). Diese Firmen standen teilweise in Konkurrenz zu den staatlichen, militärischen Fotolieferanten, allen voran dem k. u. k. Kriegspressequartier (Wien) und dem Bild- und Filmamt (Berlin).

5 So gelang es etwa der in Budapest erscheinenden Zeitung *Az Est* (Der Abend) mit ihren (meist vom Kriegsfotografen Karl Dittera gelieferten) Bildern rege Geschäftskontakte nicht nur zur österreichisch-ungarischen, sondern auch zur deutschsprachigen Presse und zu deutschsprachigen Verlagen aufzubauen. Eine Auswahl dieser Bilder findet sich im Heeresgeschichtlichen Institut und Museum in Budapest, aber auch in anderen Archiven.

6 Zu nennen wäre etwa der Berliner Fotograf Eduard Frankl oder Alfred Kühlewindt aus Königsberg (Kaliningrad).

7 Laut Stempel auf erhaltenen Pressebildern in der Bibliothek für Zeitgeschichte, Stuttgart, hatte Trampus eine Niederlassung in der Via Monti 35, Milano.

8 Verhältnismäßig wenige Fotos, die auf der russischen Seite der Front aufgenommen worden waren, wurden während des Krieges in westlichen Zeitungen und Publikationen veröffentlicht. Einer der wenigen westlichen Journalisten war R. Scotland Lidell, der als Mitglied einer Gruppe polnischer Rot-Kreuz-Freiwilliger an der russischen Front war. Er veröffentlichte seinen Bericht 1916: R. Scotland Lidell: *On the Russian Front*, London 1916. Das Buch enthält auch Fotos, die Lidell mit seiner „precious Kodak" aus dem Schützengraben heraus aufgenommen hatte.

9 In der Bibliothek für Zeitgeschichte, Stuttgart, wo zahlreiche Presseabzüge der deutschen illustrierten Presse aufbewahrt werden, finden sich Abzüge mit dem Stempel von Trampus.

10 Zu ihnen gehörten u. a. Erich Benninghoven, Eduard Frankl, Alfred und Karl Groß (auch Grohs), Franz Gerlach, Gebr. (Otto und Georg) Haeckel, Hohlwein und Walter Girke, Conrad Hünich, Franz Kühn, Paul Lamm, die „Berliner Illustrations-Gesellschaft", Alfred Kühlewindt (Königsberg) und L. & A. Schaul (Hamburg). Vgl. Dirk Halfbrodt, Ulrich Pohlmann (Hg.): *Philipp Kester – Fotojournalist. New York, Berlin, München 1903–1935*, Berlin 2003, S. 76, Anm. 234, sowie Diethart Kerbs: Die Epoche der Bildagenturen. Zur Geschichte der Pressefotografie in Berlin 1900 bis 1933, in: Diethart Kerbs, Brigitte Walz-Richter, Walter Uka (Hg.): *Die Gleichschaltung der Bilder. Zur Geschichte der Pressefotografie 1930–36*, Berlin 1983, S. 32–73. Biografische Informationen finden sich auch bei Bernd Weise, Institut für Auslandsbeziehungen

(Hg.): *Fotografie in deutschen Zeitschriften 1883–1923*, Stuttgart 1991, S. 110 ff.

11 Im September 1914 wurde das KPQ nach Poprad verlegt, im Oktober nach Zsolna (Žilina) bzw. nach Alt Sandec (Stary Sacz). Am 10. November 1914 übersiedelte das KPQ wieder, diesmal nach Teschen (polnisch: Cieszyn; tschechisch: Český Těšín). Nach weiteren Stationen (Nagybicscse bzw. Nagy Bicscse (Velka Bytča), Mährisch Ostrau (Ostrava) und Rodaun) liefen die Fäden des KPQ seit Anfang 1917 in Wien zusammen.

12 Siehe Aufstellung vom 19. Juli 1915, in der fünf Fotografen genannt werden: Alexander Exax, Heinrich Findeis, Rezsö (Rudolf) Kaulich, Karl Dittera und Eduard Frankl, in einer Aufstellung vom 27. August kommt ein weiterer Fotograf dazu: Friedrich Bittner; ÖStA/KA, KPQ, Karton 44.

13 Siehe das *Verzeichnis aller bei der Kunstgruppe des Kriegspressequartiers eingeteilten Kriegsfotografen*, 24. Februar 1917, ÖStA/KA, KPQ, Karton 58. Anfang 1917 betrug die Anzahl der Fotografen im KPQ 13.

14 Vgl. dazu Gerhard Paul: *Bilder des Krieges. Krieg der Bilder. Die Visualisierung des modernen Krieges*, Paderborn 2004, S. 111 ff. sowie Almut Lindner-Wirsching: Patrioten im Pool. Deutsche und französische Kriegsberichterstattung im Ersten Weltkrieg, in: Ute Daniel (Hg.): *Augenzeugen. Kriegsberichterstattung vom 18. bis zum 21. Jahrhundert*, Göttingen 2006, S. 113–140, hier S. 129 f.

15 Brief von Aladár Hehs sen. an das KPQ vom 28. Juni 1916, ÖStA/KA, KPQ, Karton 31 (199).

16 Brief vom 30. September 1915 an das KPQ, ÖStA/KA, KPQ, Karton 36 (1769). Meerkämper hatte vor dem Krieg ein Atelier in Davos betrieben.

17 Ebenda. Handschriftliche Notiz auf demselben Brief.

18 ÖStA/KA, KPQ, Karton 26 (1417/3).

19 Brief des k. u. k. Kriegsministeriums an das KPQ vom 6. Dezember 1915, ÖStA/KA, KPQ, Karton 44 (2110).

20 Dokumentation des Falles nach: ÖStA/KA, KPQ, Karton 27 (1884).

21 Ebenda.

22 Ebenda.

23 Befehl des KPQ/Armeeoberkommando vom 19. Juli 1915, ÖStA/KA, KPQ, Karton 44 (1185).

24 Dieser und die folgenden biografischen Hinweise wurden zum überwiegenden Teil aus den Akten des KPQ im Österreichischen Staatsarchiv / Kriegsarchiv zusammengetragen. Ergänzende Hinweise stammen aus Nachschlagewerken sowie aus der Datenbank von Timm Starl: *FotoBibl. Biobibliografie zur Geschichte der Fotografie in Österreich 1839 bis 1945* (Online unter: www.albertina.at). Die Aufstellung umfasst nur die wichtigsten Kriegsfotografen des KPQ. Einige, etwa Moritz Nähr (bekannt als Kammerphotograph), Anton Sussmann oder Eduard von Groß, waren zwar Mitglieder des KPQ, aber über ihre fotografischen Arbeiten aus dem Krieg ist nichts bekannt.

25 Die Kurzbiografie von Alexander Exax beruht auf Informationen, die mir dankenswerterweise sein Sohn, Dipl. Ing. Herwig Exax, zur Verfügung gestellt hat. Siehe: Herwig Exax: *Alexander Exax. Biographie*, unveröffentlichtes Manuskript, o. J. Die Angaben wurden ergänzt durch Informationen aus der Datenbank der Plakatsammlung der Österreichischen Nationalbibliothek (Dank an Frau Mag. Marianne Jobst-Rieder) sowie aus den Akten des ÖStA/KA, KPQ und Haupt-Grundbuchblatt.

26 ÖStA/KA, Haupt-Grundbuchblatt Wien, 1877 (Kt. 613): Hugo Maria (Ritter von) Eywo.

27 ÖStA/KA, KPQ, Karton 29 (9435). Zahlreiche seiner Aufnahmen wurden etwa im *Welt Spiegel*, der illustrierten Beilage des *Berliner Tageblatts*, veröffentlicht.

28 Mitteilung des KPQ an das Kommando Hofmann, vermutlich vom 29. Juli 1915, ÖStA/KA, KPQ, Karton 29 (1403).

29 Mitteilung des KPQ an das Kommando Hofmann vom 5. August 1915, ÖStA/KA, KPQ, Karton 29 (1433).

30 Franz Planer ist nicht zu verwechseln mit dem gleichnamigen Kameramann, der ab den 1920er Jahren international bekannt wurde. Er hatte vor 1914 als Porträtfotograf begonnen und ab 1910 als „Film-Operateur" für Wochenschauen gearbeitet.

31 Brief von „Kilophot" an das KPQ, 21. Oktober 1915, ÖStA/KA, KPQ, Karton 29 (1870).

32 Telegramm des Kommandos Starorgan an das KPQ vom 18. August 1915, ÖStA/KA, KPQ, Karton 29 (1507).

33 Insgesamt waren im Herbst 1915 vier österreichische Kriegsfotografen am serbischen Kriegsschauplatz tätig. Neben Perscheid und Exax ist ein weiterer Pressefotograf namentlich bekannt, nämlich Karl Dittera, der für die ungarische Zeitung *Az Est* (Der Abend) tätig war. Etliche seiner Bilder wurden in *Das interessante Blatt* veröffentlicht; vgl. etwa die Ausgabe vom 2. Dezember 1915, S. 9. Der vierte Mann, der im Auftrag des KPQ fotografierte, war vermutlich der Berliner Pressefotograf Eduard Frankl. Da am Serbienfeldzug auch deutsche Truppen beteiligt waren, rückten mit den Soldaten auch zahlreiche deutsche Fotografen vor, etwa Schönherr, Hocheneder, Braemer, Trebesius u. a.

34 *Das interessante Blatt*, 4. November 1915, S. 4.

35 Vgl. dazu auch Anton Holzer: Den Krieg sehen. Zur Bildgeschichtsschreibung des Ersten Weltkrieges, in: Anton Holzer (Hg.): *Mit der Kamera bewaffnet. Krieg und Fotografie*, Marburg 2003, S. 57–70, hier S. 66.

36 Bereits im September 1915 hatte das KPQ eine negative Antwort auf sein Ansuchen um Teilnahme an einer Frontreise erteilt. Eine handschriftliche Notiz wird deutlicher: „Dawson wird hier nicht gewünscht, da nach Sachlage jetzt überhaupt keine Frontreise eingeleitet wird." ÖStA/KA, KPQ, Karton 28 (1909/4992).

37 Offene Order des k. u. k. Kriegsarchivs für Albert K. Dawson vom 25. Oktober 1915, ÖStA/KA, KPQ, Karton 28 (1909/57).

38 Telegramme des KPQ an das Brückenkopfkommando Belgrad und an das Kriegsarchiv in Wien vom 28. und 30. Oktober und vom 2. November 1915, ÖStA/KA, KPQ, Karton 28 (1909/1 ff.).

39 K.u.k. Brückenkopf- und Stadtkommando Belgrad an das KPQ vom 3. November 1915, ÖStA/KA, KPQ, Karton 28.

40 Telegramm vom 10. November 1915, ÖStA/KA, KPQ, Karton 29 (1870/4).

41 Einige dieser Bilder wurden – ohne Namensnennung – auch in Büchern veröffentlicht. Vgl. *Großer Bilderatlas des Weltkrieges*, Erster Band, München 1915, S. 351 ff. und Zweiter Band, München 1916, S. 294.

42 Das „Leipziger Presse-Büro" spielte als kommerzielle Fotoagentur zunächst an der Westfront eine wichtige Rolle. Es stellte sich deutlich hinter den Propagandakrieg des deutschen Generalstabes. Später gelang es der Firma, auch an der Ostfront Fuß zu fassen.

43 Brief des Leipziger Presse-Büros an die Presse-Abteilung des Stellvertretenden Generalstabes in Wien vom 28. Mai 1915, ÖStA/KA, KPQ, Karton 35.

44 Brief des KPQ an das Leipziger Presse-Büro vom 9. Juni 1915, ÖStA/KA, KPQ, Karton 35 (1195/5,6).

45 Brief des Leipziger Presse-Büros an den Pressedienst des k. u. k. Kriegsministeriums vom 17. Juni 1915, ÖStA/KA, KPQ, Karton 35 (1195).

46 Brief des Leipziger Presse-Büros vom 21. Juli 1915 an das KPQ, ÖStA/KA, KPQ, Karton 35 (1195).

47 Mittlerweile waren Vorwürfe der „Unzuverlässigkeit" gegen Löhrich aufgetaucht. In einem Telegramm des KPQ an den deutschen Generalstab heißt es am 30. Juni 1915: „gegen zuverlässigkeit leipziger pressebüros und von max löhrich bestehen bedenken." Eine Begründung wird nicht genannt; ÖStA/KA, KPQ, Karton 35. Möglicherweise sind diese „Bedenken" erst aufgetaucht, um die Ablehnung Berlin gegenüber zu begründen. Das k. u. k. Armeeoberkommando hat öfter die eigenen Berichterstatter gegenüber der ausländischen Konkurrenz begünstigt.

48 Brief des Leipziger Presse-Büros an das KPQ vom 3. November 1915, ÖStA/KA, KPQ, Karton 35 (1195).

49 Brief des KPQ an das k. u. k. Kriegsministerium vom 11. November 1915, ÖStA/KA, KPQ, Karton 35.

50 Das Unternehmen war 1905 durch Felix Leutner (1881–1966) gegründet worden und schnell expandiert. 1912 erwarb die Firma vom Verlag „Würthle & Sohn" in Salzburg das gesamte, etwa 20.000 Bilder umfassende Lager an fotografischen Platten. Damit trat „Kilophot" das Erbe eines international renommierten Fotoverlages an. Das Unternehmen existierte bis zum Zweiten Weltkrieg. Vgl. Erika Werl: *Karl Friedrich Würthle (1820–1902)*, Diplomarbeit, Salzburg 1988.

51 So stammen etwa zahlreiche Fotografien von der Ost- und Südostfront im dreibändigen *Großer Bilderatlas des Weltkrieges*, der im Münchner Bruckmann Verlag erschien, von „Kilophot".

52 Anzeigen in der Zeitschrift *Der Bund*, ab September 1914.

53 Vgl. etwa Anzeige in der Zeitschrift *Der Bund*, 4. Mai 1916, S. 19.

54 Exaxs Autorschaft lässt sich in manchen Fällen auch durch sein Tagebuch erschließen. Weitere Hinweise sind einer Liste von Fotomotiven der Firma „Kilophot" zu entnehmen, in der ebenfalls die Aufnahmeorte genannt sind. Die Liste wird in der Plakatsammlung der Österreichischen Nationalbibliothek aufbewahrt. Dank für den Hinweis an Herrn Mag. Christian Maryška.

Der Medienkrieg

1 Karl Lustig-Prean: Referat für die Besprechung [des KPQ] am 24. Februar 1917, ÖStA/KA, KPQ, Karton 58 (1988).

2 [Hauptmann Neumann]: Allgemeiner Bericht über die Bilderpropaganda des Pressedienstes, vorgetragen bei der Besprechung zur Verbesserung des Propagandadienstes durch die Photographie im Kriegsministerium in Wien, 24. Februar 1917, Staatsarchiv / Kriegsarchiv (Wien), Akten des Kriegspressequartiers (KPQ), Karton 58 (1988).

3 Verbesserung des Propagandadienstes durch die Photographie. Protokoll der Sitzung im Kriegsministerium, Wien, vom 24. Februar 1917, ÖStA/KA, KPQ, Karton 58 (1988).

4 Eisner-Bubna war 1916 als Generalstabschef des 7. Korps in der von Boroević befehligten 5. Armee im Einsatz gewesen.

5 Wilhelm Eisner-Bubna: Brief an die Kunstgruppe des KPQ, Wien 15. Februar 1917, ÖStA/KA, KPQ, Karton 58 (1988).

6 Ebenda.

7 Ebenda.

8 Ebenda.

9 Maximilian von Hoen leitete das Kriegsarchiv bis 1925, also über das Kriegsende hinaus.

10 Dienstordnung des KPQ aus dem Jahr 1917, zitiert nach Klaus Mayer: *Die Organisation des Kriegspressequartiers beim k. u. k. AOK im ersten Weltkrieg 1914–1918*, Diss., Wien 1963, S. 13; Peter Broucek: Das Kriegspressequartier und die literarische Gruppe im Kriegsarchiv 1914–1918, in: Klaus Amann, Hubert Lengauer (Hg.), *Österreich und der Große Krieg 1914–1918. Die andere Seite der Geschichte*, Wien 1989, S. 132–139, S. 136.

11 Übersicht über den derzeitigen Aufenthalt der Mitglieder der Kunstgruppe des Kriegspressequartiers, Stand: 4.11.1916, ÖStA/KA, KPQ, Karton 1.

12 In der k. u. k. Monarchie blieb die Luftfotografie während des gesamten Kriegsverlaufs organisatorisch von der Bodenfotografie getrennt.

13 Brief des k. u. k. Armeeoberkommandos an das KPQ vom 2. Juni 1915 betreffend Einteilung von Kriegsphotographen bei den Armeen, ÖStA/KA, KPQ, Karton 29 (1348).

14 Ebenda.

15 Karl Milius von Rastičevo: *Mitteilungen des k. u. k. Militärgeographischen Institutes für die Zeit vom Jahre 1914–1920*, Wien 1992 [1925], S. 33. Im Herbst 1915 umfasste das Kriegsvermessungswesen 15 Offiziere und 70 einfache Soldaten, bis Kriegsende stieg das Personal rapide an und umfasste im Herbst 1918 729 Offiziere und 4.500 Soldaten. Ebenda, S. 86.

16 Verbesserung des Propagandadienstes durch die Photographie. Protokoll der Sitzung im Kriegsministerium, Wien, vom 24. Februar 1917, ÖStA/KA, KPQ, Karton 58 (1988).

17 Armeeoberkommandobefehl zur *Kriegsphotographie – Organisation der Photostelle* (Kriegsvermessung 13) bei der 6. Armee, Feldpost 515, am 15. Juli 1918, Österreichische Nationalbibliothek, Bildarchiv (im Folgenden zitiert: ÖNB, Slg. POR), (PK 3101, 1 ff.). In ähnlicher Weise waren die Aufgaben der Kriegsfotografie bereits 1917 skizziert worden.

18 Kriegsphotographie, Vortrag, gehalten von k. u. k. Oberleutnant i. d. Res. Richard Ritter von Damaschka in der Plenarversammlung der k. k. Photographischen Gesellschaft am 7. November 1916, in: *Photographische Korrespondenz*, Nr. 677, Februar 1917, S. 39–53, hier S. 40.

19 Ebenda.

20 Die Abteilung wird in den Akten unter unterschiedlichen Bezeichnungen geführt: Lichtbildstelle, Bildstelle, Photostelle bzw. Fotostelle.

21 Vgl. dazu Klaus Mayer: *Die Organisation des Kriegspressequartiers beim k. u. k. AOK im ersten Weltkrieg 1914–1918*, Diss., Wien 1963, S. 81 f.

22 Bericht über die Propagandatätigkeit des k. u. k. Kriegspressequartiers im Monat Dezember 1917, ÖStA/KA, KPQ, Karton 1 (2500).

23 Von den 28.457 Abzügen wurden 3.298 Legitimationsbilder, 18.936 Fotos für den Versand an Zeitungen und der Rest für Aushangzwecke hergestellt. Vgl. Bericht über die Propagandatätigkeit des k. u. k. Kriegspressequartiers im Monat Jänner 1918, S. 3, ÖStA/KA, KPQ, Karton 1 (4400).

24 Ebenda.

25 *Amateurphotographen der k. u. k. Armee!* Gedruckte Aussendung des KPQ, unterzeichnet von Oberst Eisner-Bubna, 15. April 1917, ÖStA/KA, KPQ, Karton 58 (1988).

26 Ebenda.

27 Ebenda.

28 Der in Armeekreisen verwendete Begriff „Amateurphotographen" umfasst – etwas abweichend von der gängigen zeitgenössischen Sprachregelung – sowohl die Gruppe der Amateurfotografen (viele von ihnen waren meist mit teuren Kameras ausgerüstet und in Vereinen organisiert; ihre ästhetischen Ansprüche waren deutlich von künstlerischen Ambitionen gekennzeichnet) als auch jene der Knipser (ihre ästhetischen Ansprüche waren weniger ausgeprägt, sie verwendeten billigeres Material, ihre Bilder umfassten ein populäreres, stärker am Alltag orientiertes Themenspektrum). Zur Unterscheidung zwischen Amateuren und Knipsern siehe Timm Starl: *Knipser. Die Bildgeschichte der privaten Fotografie in Deutschland und Österreich von 1880 bis 1980*, München, Berlin 1995, S. 12 ff.

29 Wilhelm Eisner-Bubna: Ruhm der Armee! Artikel „betreffend die Mitarbeit der Amateurphotographen an der Propaganda für die k. u. k. Armee", eingesandt an die *Soldatenzeitung* von Wilhelm Eisner-Bubna, Wien am 8. Mai 1917, ÖStA/KA, KPQ, Karton 36 (1988).

30 Vgl. Armeeoberkommandobefehl zur *Kriegsphotographie – Organisation der Photostelle* (Kriegsvermessung 13) bei der 6. Armee, Feldpost 515, am 15. Juli 1918, ÖNB, Slg. POR (Pk 3101, S. 1 ff.).

31 Ebenda.

32 Karl Milius von Rastičevo: *Mitteilungen des k. u. k. Militärgeographischen Institutes für die Zeit vom Jahre 1914–1920*, Wien 1992 [1925], S. 75.

33 Wilhelm Eisner-Bubna: Ruhm der Armee! Artikel „betreffend die Mitarbeit der Amateurphotographen an der Propaganda für die k. u. k. Armee", eingesandt an die *Soldatenzeitung* von Wilhelm Eisner-Bubna, Wien am 8. Mai 1917, ÖStA/KA, KPQ, Karton 36 (1988).

34 Nikolaus Schindler: Merkblatt, Beilage eines Schreibens an die Verbindungsoffiziere in den Photostellen, 29. Mai 1917, ÖStA/KA, KPQ, Karton 58 (1988).

35 Ebenda.

36 *Bericht* [des Kriegsarchivs an das KPQ] *über Photographien vom Kriegsschauplatze*, Feldpost Nr. 11, Wien, 18. Oktober 1915, ÖStA/KA, KPQ, Karton 1 (15).

37 Brief des k. u. k. Kriegsministeriums an Raimund Czerny, 12. April 1913, ÖStA/KA, KPQ, Karton 28 (5607).

38 Elisabeth Büttner, Christian Dewald: *Das tägliche Brennen. Eine Geschichte des österreichischen Films von den Anfängen bis 1945*, Salzburg, Wien, 2002, S. 182–195, hier v. a. S. 184.

39 Ebenda, S. 182.

40 Zur Rolle Kolowrats und der seiner filmischen Kriegsberichterstattung siehe Thomas Ballhausen und Günter Krenn: Musen in Uniform. Filmische Kriegsberichterstattung Österreich-Ungarn während des Ersten Weltkriegs, in: *Musen an die Front! Schriftsteller und Künstler im Dienst der k. u. k. Kriegspropaganda 1914–1918*, Begleitband zur gleichnamigen Ausstellung, Teil 1: Beiträge, hg. vom Adalbert Stifter Verein, München 2003, S. 83–97, hier S. 90 f. sowie diess.: Krieg und Kino. Ein Name wird Programm: Alexander „Sascha" Kolowrat-Krakowsky, in: *Filmarchiv* 06, Februar 2003, S. 75–81.

41 Geschäftsführer waren Anton Kolm und Carl Wiener, der Kameramann war (1915) Josef Letzter.

42 Vgl. Schreiben der jeweiligen Firmen an das KPQ, ÖStA/KA, KPQ, Karton 25.

43 Etwa „Wien im Krieg", 1916.

44 Elisabeth Büttner, Christian Dewald: *Das tägliche Brennen. Eine Geschichte des österreichischen Films von den Anfängen bis 1945*, Salzburg, Wien 2002, S. 186.

45 Brief der Firma Express-Films G.m.b.H. an das KPQ vom 3. August 1914, ÖStA/KA, KPQ, Karton 29 (109).

46 Brief der Firma Messter, Berlin, an das KPQ vom 24. Juni 1915, ÖStA/KA, KPQ, Karton 25.

47 Ebenda.

48 Maximilian von Hoen: Notiz vom 21. September 1915, ÖStA/KA, KPQ, Karton 25 (1717).

49 Bericht des KPQ über die „Deutsche Propaganda in Österreich", ungezeichnet und undatiert. Der Bericht dürfte, wie aus dem Aktenkontext ersichtlich ist, vom Frühjahr 1918 (vermutlich Mai oder Juni) stammen. ÖStA/KA, KPQ, Karton 62 (4917).

50 Das deutsche Bild- und Filmamt (BUFA) war im Januar 1917 aus der im November 1916 gegründeten „Deutschen Lichtbild-Gesellschaft" und der im selben Monat beim Generalstab eingerichteten „Militärischen Film- und Fotostelle" hervorgegangen. Vgl. Gerhard Paul: *Bilder des Krieges, Krieg der Bilder. Die Visualisierung des modernen Krieges*, Paderborn 2004, S. 114 sowie Bodo von Dewitz: Schießen oder fotografieren? Über fotografierende Soldaten im Ersten Weltkrieg, in: *Fotogeschichte*, 12. Jg., Heft 43, 1992, S. 49–59, hier S. 53.

51 Gegen Kriegsende intensivierte sich die Zusammenarbeit der deutschen und der österreichischen Propagandastellen, u. a. wurden auch Fotos ausgetauscht. 1917 übergab das Kriegsarchiv in Wien dem Bild- und Filmamt (BUFA) in Berlin 11.286 Duplikate von Fotografien aus den eigenen Beständen. Vgl. Robert Rill: Zur Geschichte der Bildersammlung des Kriegsarchivs Wien, in: *Alois Beer. Eine fotografische Reise durch Spanien um 1900*, Ausstellungskatalog Museo Municipal de Madrid und Österreichische Nationalbibliothek, Porträtsammlung, Wien, Madrid 1999, S. 92.

52 Zur Gründung der UFA siehe auch: Wolfgang Mühl-Benninghaus: Oskar Messters Beitrag zum Ersten Weltkrieg, in: *Kintop 3, Jahrbuch zur Erforschung des frühen Films*, Basel, Frankfurt am Main 1994, S. 103–115, hier S. 113 ff.

53 Thomas Ballhausen, Günter Krenn: Krieg und Kino. Ein Name wird Programm: Alexander „Sascha" Kolowrat-Krakowsky, in: *Filmarchiv 06*, Februar 2003, S. 75–81, hier S. 75.

54 Bericht des KPQ über die „Deutsche Propaganda in Österreich", ungezeichnet und undatiert (vermutlich Mai oder Juni 1918). ÖStA/KA, KPQ, Karton 62 (4917).

55 Ute Eskildsen, Institut für Auslandsbeziehungen (Hg.): *Fotografie in deutschen Zeitschriften 1924–1933*, Stuttgart 1982, S. 8.

56 Dieser Verdrängungsprozess verlief in den am Krieg beteiligten Ländern unterschiedlich schnell. In Frankreich etwa setzte sich die fotografische Berichterstattung in der illustrierten Presse schneller durch als im deutschsprachigen Raum. Die führende französische Illustrierte *L'illustration* druckte zwischen 1914 und 1918 71 Prozent aller Bilder nach Fotovorlagen, die (Leipziger) *Illustrirte Zeitung* hingegen nur 55 Prozent. Vgl. dazu Joëlle Beurier: Violenza e fotografia di guerra nel primo conflitto mondiale: uno studio comparativo franco-tedesco attraverso due settimanali illustrati, in: *Memoria e ricerca. Rivista di storia contemporanea* (Themenheft: Fotografia e Violenza. Visioni della brutalità dalla Grande Guerra ad oggi) [Nr. 20, September–Dezember 2005]: S. 23–38, hier S. 33.

57 In der österreichischen illustrierten Zeitung *Das interessante Blatt* ist diese Entwicklung verstärkt nach 1917 zu beobachten. Fotografien dramatischer Kampfszenen werden nun auch auf dem Titelblatt veröffentlicht. Des Öfteren finden sich verwischte Bilder, die Geschwindigkeit und Bewegung sowie Momentaufnahmen des Kampfes zeigen. Vgl. etwa das Foto eines Angriffs, *Das interessante Blatt*, Nr. 42, 18. Oktober 1917. Die Vorlage stammt vom deutschen Bild- und Filmamt (BUFA).

58 Im Originalbildtext ist zwar keine Rede davon, dass die Aufnahme gestellt ist. Dennoch könnte das Bild – wie ähnliche Fotos auch – während einer Übung entstanden sein. Zu inszenierten und gestellten Kriegsfotografien siehe das Kapitel „Die Magie der Waffen".

Mit der Kamera bewaffnet

1 Alexander Exax: *Tagebuch* [1914–1918], unveröffentlichtes Manuskript, Wien o. J. Das Tagebuch, das während des Krieges entstand, wurde später maschinenschriftlich transkribiert. Es ist heute im Besitz von Ing. Herwig Exax, dem Sohn des Fotografen. Er stellte es mir für diese Arbeit dankenswerterweise zur Verfügung.

2 Brief von Alexander Exax an das KPQ vom 26. August 1915, ÖStA/KA, KPQ, Karton 29.

3 Ebenda.

4 Ebenda.

5 Brief von Alexander Exax an das KPQ vom 13. November 1915, ÖStA/KA, KPQ, Karton 29.

6 Telegramm des KPQ an Alexander Exax vom 14. November 1915, ÖStA/KA, KPQ, Karton 29. Ende des Jahres dürfte Exaxs Ansuchen nach einem Gehilfen dennoch stattgegeben worden sein, denn am 3. Dezember 1915 notierte er in sein Tagebuch: „Habe Diener Matthias bekommen"; vgl. Alexander Exax: *Tagebuch* [1914–1918], unveröffentlichtes Manuskript, Wien o. J.

7 *Vorschrift für die bildliche Berichterstattung im Kriege*, hg. vom k. u. k. Armeeoberkommando, 1. Jänner 1916, in: ÖStA/KA, KPQ, Karton 1 (4992).

8 Ebenda. Zu den Kriegsbildhauern siehe Andreas H. Zajic: Die Kriegsbildhauer im Dienst des k. u. k. Kriegspressequartiers im Ersten Weltkrieg, in: *Österreichische Zeitschrift für Kunst und Denkmalpflege*, Nr. 54, Heft 3/4, 2005, S. 275–284.

9 Siehe: Verzeichnisse der vom Dezember 1915 bis November 1916 an das Kriegsarchiv eingesandten Fotos. ÖStA/KA, KPQ, Karton 44. Während die Negative an das KPQ gingen, erhielt das Kriegsarchiv je eine Kopie zur Archivierung.

10 Der (Teil-)Nachlass von Rudolf Ahsbahs (1880–1938) liegt im Städtischen Museum in Villach. Ich möchte mich bei Herrn Dr. Dieter Neumann für den Hinweis auf das Konvolut bedanken.

11 Ebenda.

12 Die Abzüge der einzelnen Aufnahmen klebte er in ein großformatiges Heft und notierte neben dem jeweiligen Bild Entfernung, Belichtungszeit und Blende. Vgl. den Nachlass von Ahsbahs; Stadtarchiv Villach.

13 Schreiben der 10. Armee an das Armeeoberkommando, Feldpost 510, vom 20. Mai 1917, ÖStA/KA, KPQ, Karton 58 (1988).

14 Ebenda.

15 Ebenda.

16 Robert Schwarz: Photographie im Kriege, in: *Wiener Mitteilungen aus dem Gebiete der Literatur, Kunst, Kartographie und Photographie*, 10. und 25. September 1914, S. 401–404, hier S. 404.

17 Timm Starl: *Knipser. Die Bildgeschichte der privaten Fotografie in Deutschland und Österreich von 1880 bis 1980*, München, Berlin 1995, S. 73.

18 Robert Schwarz: Photographie im Kriege, in: *Wiener Mitteilungen aus dem Gebiete der Literatur, Kunst, Kartographie und Photographie*, 10. und 25. September 1914, S. 401–404, hier S. 404.

19 Richard von Damaschka: *Kriegsphotographie. Ein Leitfaden für Kriegsphotographen und Amateure im Felde*, Wien 1916, S. 30 ff.

20 Vgl. dazu Bernd Weise: Kamera- und Fototechnik im journalistischen Gebrauch, Teil II: 1914–1932, in: *Rundbrief Fotografie*, Vol. 12, No. 1, 2005 (N. F. 45), S. 27–33, hier S. 27 f.

21 Im Bestand des k. u. k. Kriegspressequartiers sind allerdings keine Rollfilmnegative, sondern ausschließlich Glasplattennegative erhalten.

22 Der Feldzug gegen Rumänien dauerte nur mehrere Monate, im November 1916 wurde die rumänische Armee in den Südkarpaten geschlagen, am 6. Dezember wurde Bukarest eingenommen.

23 Telegramm des KPQ an das 1. Armeeoberkommando vom 21. September 1916, ÖStA/KA, KPQ, Karton 47 (833).

24 Brief von Rudolf Kaulich an Major Sobička, KPQ, 29. September 1916, ÖStA/KA, KPQ, Karton 33. Ähnliche Ansuchen sind auch von anderen Fotografen überliefert.

25 Brief von Rudolf Kaulich an Major Sobička, KPQ, 4. Jänner 1917, ÖStA/KA, KPQ, Karton 33.

26 Heute liegt der Ort in der Slowakei.

27 Alexander Exax: *Tagebuch* [1914–1918], unveröffentlichtes Manuskript, Wien o. J.

28 Der Ort liegt östlich von Nagy Varad (Oradea), im heutigen Rumänien.

Karl

1 *Sport & Salon*, 29. Juli 1917, S. 33. Allein in dieser Sondernummer finden sich 141 Abbildungen des Kaisers.

2 Ludwig Schuhmann war Mitglied des k. u. k. Militärgeographischen Instituts, arbeitete aber nicht im Vermessungswesen, sondern begleitete, wie sein Bruder Heinrich, Erzherzog Carl (später Kaiser Karl I.) auf seinen Reisen. Österreichisches Staatsarchiv / Kriegsarchiv, Militärkanzlei Seiner Majestät (im Folgenden zitiert als ÖStA/KA, MKSM) 13–16/7, 1918.

3 Heinrich Schuhmann hatte bereits vor dem Ersten Weltkrieg als Presse- und Sportfotograf für die illustrierte Presse gearbeitet, während des Krieges war er vor allem als Fotograf Kaiser Karls tätig, nach 1918 arbeitete er auch als Porträtfotograf. Er starb 1963. Teile seines fotografischen Nachlasses gelangten daraufhin ins Bildarchiv der Österreichischen Nationalbibliothek in Wien. Siehe dazu Hans Pauer: *Kaiser Franz Joseph I. Beiträge zur Bild-Dokumentation seines Lebens*, Wien 1966, S. 25.

4 Johann Heinrich Schuhmann sen. gehörte zu den ersten Pressefotografen Österreichs. Er arbeitete als Journalist und Fotograf v. a. für Wiener Zeitungen.

5 ÖStA/KA, MKSM 13–16/7, 1918, Karl Werkmann: Belohnungsantrag Ludwig Schuhmann, 26. Jänner 1918.

6 Elisabeth Büttner, Christian Dewald: *Das tägliche Brennen. Eine Geschichte des österreichischen Films von den Anfängen bis 1945*, Salzburg, Wien 2002, S. 150 f.

7 Ebenda, S. 151.

8 Diese Aufnahme wurde sowohl in der österreichischen als auch in der deutschen Presse veröffentlicht. Der Berliner *Welt Spiegel* druckte das Bild am 3. Dezember 1917 auf dem Umschlag.

9 Vgl. Timm Starl: Kaiserliche Hoheiten. Sammelbilder aus dem Ersten Weltkrieg, in: *Fotogeschichte*, 15. Jg., Heft 57, 1995, S. 35–45 hier S. 41 ff..

10 *Das interessante Blatt*, 4. April 1918, Titelseite.

11 Alexander Exax: *Tagebuch* [1914–1918], unveröffentlichtes Manuskript, Wien o. J.

12 Der Pressedienst wurde bei der „Generaladjutantur Seiner Majestät des Kaisers und Königs" eingerichtet. Siehe Brief der Generaladjutantur an das KPQ vom 20. Februar 1917, ÖStA/KA, KPQ, Karton 26.

13 Werkmann hatte zuvor im Heeresfrontkommando Erzherzog Joseph gedient. Am 5. Januar 1917 wurde er nach Wien beordert, Ende Februar 1917 trat er seinen neuen Dienst an. ÖStA/KA, MKSM/9–3/1–3. Telegramm der Militärkanzlei Seiner Majestät an das Heeresfrontkommando Erzherzog Joseph, 5. Januar 1917.

14 Ebenda. 1918 kam noch ein Kopist für das fotografische Atelier dazu.

15 Werkmann blieb zwar formal dem KPQ unterstellt, unterlag aber nicht dessen Weisungen, sondern war der Militärkanzlei Seiner Majestät unterstellt.

16 Karl Lustig-Prean von Preansfeld: Aus den Geheimnissen des Kriegspressequartiers, mehrere Fortsetzungen in: Neues Wiener Journal, 28. Jg., 21., 24., 28. und 30. April 1920, 1., 6. und 7. Mai 1920, in: *Musen an die Front! Schriftsteller und Künstler im Dienst der k. u. k. Kriegspropaganda 1914–1918*, 2 Begleitbände zur gleichnamigen Ausstellung, Teil 1: Beiträge; Teil 2: Dokumentation, hg. vom Adalbert Stifter Verein, München 2003, S. 37–55, hier S. 51.

17 Brief von Karl Werkmann an die Militärkanzlei Sr. Majestät: Konzept für die Errichtung des Pressedienstes für die Allerhöchsten Herrschaften, 19. Februar 1917, ÖStA, MKSM/9–3/1–3.

18 Generaladjutantur Seiner Majestät des Kaisers und Königs, Karl Werkmann: Bericht an das KPQ, Wien, 25. April 1917, ÖStA/KA, KPQ, Karton 58 (1988).

19 Ebenda.

20 Ebenda.

21 KPQ: Bericht über die Propagandatätigkeit im Monate Juli und August [1917], ÖStA/KA, KPQ, Karton 61 (8031).

22 Generaladjutantur Seiner Majestät des Kaisers und Königs, Karl Werkmann: Bericht an das KPQ, Wien, 25. April 1917, ÖStA/KA, KPQ, Karton 58 (1988).

23 Ebenda.

24 Belohnungsantrag Karl Werkmann an die Militärkanzlei Seiner Majestät des Kaisers, 23. Juli 1918, ÖStA/KA, MKSM, 1918.

25 Sascha-Film, Wien (Hg.): *Die zehnte Isonzoschlacht*, o. J. [1917], S. 1 f. Ein Foto in dieser Broschüre zeigt Kameramänner mit Helm und Gasmaske und mindestens drei Kameras (S. 2).

26 Ebenda, S. 1.

27 Ebenda, S. 3.

28 *Das interessante Blatt*, 24. Mai 1917, S. 5.

29 Sascha-Film, Wien (Hg.): *Die zehnte Isonzoschlacht*, o. J. [1917], S. 1 f.

30 *Sport & Salon*, 29. Juli 1917, S. 17 ff.

31 Sascha-Film, Wien (Hg.): *Die zehnte Isonzoschlacht*, o. J. [1917], S. 3 f.

Helden

1 Zu Alice Schalek im Krieg siehe Christian Rapp: „Das ganze ist so grandios organisiert …" Der Weltkrieg der Alice Schalek, in: Elke Krasny, Marcus Patka, Christian Rapp und Nadia Rapp-Wimberger (Hg.): *Von Samoa zum Isonzo. Die Fotografin und Reisejournalistin Alice Schalek*, Wien, Hamburg 2000, S. 23–35.

2 Alice Schalek: *Am Isonzo. März bis Juli 1916.* Mit 109 Abbildungen meist nach eigenen Aufnahmen und einer Übersichtskarte, Wien 1916, S. 1 f.

3 Ebenda.

4 Die Bilder sind undatiert. Aus dem Kontext anderer Aufnahmen, die vom selben Fotografen stammen, lässt sich aber die ungefähre Entstehungszeit bestimmen.

5 Unter anderem fertigten folgende Kriegskünstler Porträts und Skulpturen des Kommandanten an: Nikolaus Schattenstein, G. S. Herrmann, Lona von Zamboni, K. Schufinsky, Robert Franges und Oskar Brüch. Der Zagreber Bildhauer Robert Frangeš-Mihanovič war eine Art von Leibbildhauer Boroevićs. Vgl. dazu auch Andreas H. Zajic: Die Kriegsbildhauer im Dienst des k. u. k. Kriegspressequartiers im Ersten Weltkrieg, in: *Österreichische Zeitschrift für Kunst und Denkmalpflege*, Nr. 54, Heft 3/4, 2005, S. 275–284, hier S. 276.

6 Aufstellung des k. u. k. Heeresmuseums über Bilder, die von Kriegsmalern eingelangt sind, 22. März 1916, ÖStA/KA, KPQ, Karton 44.

7 *Vorschrift für die bildliche Berichterstattung im Kriege*, hg. vom k. u. k. Armeeoberkommando, 1. Jänner 1916, ÖStA/KA, KPQ, Karton 1 (4992).

8 Ebenda.

9 Alexander Exax: *Tagebuch* [1914–1918], unveröffentlichtes Manuskript, Wien o. J.

10 *Das interessante Blatt*, 16. November 1916, S. 3. Das gedruckte Foto ist gegenüber der Originalvorlage oben leicht beschnitten. Der Name des Fotografen ist nicht angegeben. Dasselbe Bild war zwei Wochen zuvor, am 1. November 1916, ganzseitig in der Zeitschrift *Unsere Krieger* veröffentlicht worden. *Unsere Krieger*, 1. November 1916, S. 538. Es tauchte auch später immer wieder in der Presse auf, beispielsweise in: *Das interessante Blatt*, 8. November 1917, nach der 12. Isonzoschlacht.

11 *Unsere Krieger*, 15. Juni 1917, S. 753.

12 *Das interessante Blatt*, 24. Mai 1917.

13 Brief der Bildersammelstelle des KPQ vom 27. Februar 1917 an Karl Domenigg in Bozen, dem die Ankunft der Bilder angekündigt wird, ÖStA/KA, Karton 70.

14 Boroević hatte sich, ganz in der ikonografischen Tradition der Feldherrnporträts, gern in erhöhter Pose abbilden lassen: auf der Treppe stehend oder hoch zu Ross. 1917 fotografierte ihn der ungarische Kriegsfotograf Rudolf Balogh am Pferd. Das Bild wurde als Bildpostkarte vervielfältigt. Ein Exemplar befindet sich in der Fotosammlung des Museums für Zeitgeschichte in Ljubljana, es trägt eine handschriftliche Widmung Boroevićs: „Zur Erinnerung an den 29. und 30. März bei der Isonzo-Armee."

15 Vgl. Timm Starl: Die kriegerischen Geschäfte der Fotografie, in: *Fotogeschichte*, 12. Jg., Heft 43, 1992, S. 5–16, S. 6.

16 Ulrich Keller: *The Ultimate Spectacle. A Visual History of the Crimean War*, Amsterdam u. a. 2001, insbes. S. 135 ff.

17 Vgl. dazu Frank Becker: Die „Heldengalerie" der einfachen Soldaten. Lichtbilder in den deutschen Einigungskriegen, in: Anton Holzer (Hg.): *Mit der Kamera bewaffnet. Krieg und Fotografie*, Marburg 2003, S. 39–56, hier S. 48 f.

18 Armeeoberkommandobefehl zur *Kriegsphotographie – Organisation der Photostelle* (Kriegsvermessung 13) bei der 6. Armee, Feldpost 515, am 15. Juli 1918, ÖNB, Slg. POR, (Pk 3101, 1 ff.)

Zensur

1 Beispiele zensierter Fotoabzüge mit dem rückseitigen Stempel „Reservat" finden sich etwa in der Fotosammlung des Österreichischen Staatsarchivs / Kriegsarchiv. In der Sammlung der Originalglasplatten aus dem Ersten Weltkrieg im Bildarchiv der Österreichischen Nationalbibliothek gibt es nur wenige Negative mit der Beschriftung „Reservat". In der Regel wurde der Reservat-Stempel nämlich auf den Abzügen angebracht.

2 Erschwert wird die Beschäftigung mit dem Thema dadurch, dass die schriftlichen Unterlagen der Fotozensur im Kriegspressequartier Ende 1918 vernichtet wurden. Die Untersuchung von Thilo Eisermann: *Pressephotographie und Informationskontrolle im Ersten Weltkrieg. Deutschland und Frankreich im Vergleich*, Hamburg 2000, behandelt die Handhabung der Zensur ausgehend von publizierten Veröffentlichungsge- und -verboten, siehe insbes. S. 58 ff. Die konkrete Praxis der Zensur lässt sich daraus aber nur indirekt erschließen. Zur Pressezensur siehe auch Almut Lindner-Wirsching: Patrioten im Pool. Deutsche und französische Kriegsberichterstattung im Ersten Weltkrieg, in: Ute Daniel (Hg.): *Augenzeugen. Kriegsberichterstattung vom 18. bis zum 21. Jahrhundert*, Göttingen 2006, S. 113–140, hier S. 115–117.

3 Ähnlich war das Verhältnis zwischen Kriegsjournalisten und Zensur. Vgl. dazu Ute Daniel: Einleitung zu dies (Hg.): *Augenzeugen*, ebenda, S. 7–22, insbesondere S. 16 ff.

4 Brief von Maximilian von Hoen, dem Leiter des KPQ, an das Platzkommando des KPQ in Zsolna (Žilina), ÖStA/KA, KPQ, Karton 29 (862).

5 Ebenda.

6 *Vorschrift für die bildliche Berichterstattung im Kriege*, hg. vom k. u. k. Armeeoberkommando, 1. Jänner 1916, ÖStA/KA, KPQ, Karton 1 (4992).

7 Ebenda.

8 Ebenda.

9 Ebenda.

10 Referat über die Verbesserung des Propagandadienstes durch die Photographie, vorgetragen von Oberst Eisner-Bubna bei einer Besprechung im KPQ am 24. Februar 1917, ÖStA/KA, KPQ, Karton 29 (1988).

11 Vgl. dazu Bodo von Dewitz: *So wird bei uns Krieg geführt! Amateurfotografie im Ersten Weltkrieg*, München 1989, S. 74.

12 „Photographie-Verbots-Rayon" – Kundmachung vom 31. Mai 1915 für Wien, in: *Photographische Korrespondenz*, Nr. 658, Oktober 1915, siehe Abb. S. 236 gegenüber.

13 Über die Kontrolle der Amateurfotografen durch die Truppenkommandanten heißt es im Juli 1918: „Da die genaue Überprüfung der Verlässlichkeit der mit solchen Legitimationen beteilten [sic] Personen die einzige mögliche Maßnahme ist, dass diese Legitimationen nicht zum Nachteil der Armee missbraucht werden, wird gewissenhafte und rigorose Beurteilung jedes Einzelfalls allen zur Stellungnahme berufenen Kommandanten zur Pflicht gemacht." Vgl.: *Bericht über Photographien vom Kriegsschauplatze*, Feldpost Nr. 11, Wien, 18. Oktober 1915, ÖStA/KA, KPQ, Karton 1.

14 Befehl des Armeeoberkommandos vom 4. April 1917, ÖStA/KA, KPQ, Karton 26 (2239).

15 Brief der Generalstabsabteilung der k. u. k. 11. Armeekommandos an das k. u. k. Heeresgruppenkommando FM Erzherzog Eugen vom 13. März 1917, ÖStA/KA, KPQ, Karton 29 (9572).

16 Wilhelm Müller war Inhaber der 1895 gegründeten „Anstalt für Illustrations-, Alpine- und Sportphotographie". Er stand bereits vor dem Krieg als Pressefotograf mit zahlreichen illustrierten Blättern in Geschäftskontakt. Unter anderem lieferte er immer wieder Aufnahmen an den Berliner *Welt Spiegel*.

17 Brief des k. u. k. Heeresgruppenkommandos FM Erzherzog Eugen an das k. u. k. Rayonskommando V vom 12. Dezember 1916, ÖStA/KA, KPQ, Karton 29.

18 Brief der Generalstabsabteilung des k. u. k. 11. Armeekommandos an das k. u. k. Heeresgruppenkommando FM Erzherzog Eugen vom 13. März 1917, ÖStA/KA, KPQ, Karton 29 (9572).

19 Ebenda.

20 Telegramm des KPQ an das 5. Armeekommando, 18. Juli 1916, ÖStA/KA, KPQ, Karton 25 (1409/2).

21 Telegramm des KPQ an das 5. Armeekommando, Quartierabteilung, 18. Juli 1916, ÖStA/KA, KPQ, Karton 25 (1409/2).

22 ÖStA/KA, KPQ, Karton 25.

23 Innerhalb des 10. Armeekommandos, das in der Entwicklung der Kriegsfotografie eine Pionierrolle spielte, nahm die technische Fotografie breiten Platz ein.

24 Brief des KPQ an das Kriegsüberwachungsamt vom 30. Juli 1916, ÖStA/KA, KPQ, Karton 25 (1409/1).

25 Brief des KPQ an die Firma Kilophot vom 30. Juli 1916, ÖStA/KA, KPQ, Karton 25 (1409/2).

26 Brief der Firma Kilophot an das KPQ vom 2. August 1916, ÖStA/KA, KPQ, Karton 25 (1409/2).

27 Brief von Alexander Exax an das KPQ, undatiert, vermutlich Ende November 1916, ÖStA/KA, KPQ, Karton 25 (1409/3).

28 Ebenda.

29 Ende 1916 häuften sich beim KPQ die Ansuchen deutscher Blätter um Fotografiergenehmigungen an den österreichischen Frontabschnitten.

30 Brief von Max Löhrich, Leipziger Presse-Büro, an Theodor Klug, Telephon-Abteilung, Feldpoststation No. 94, vom 29. Mai 1916, ÖStA/KA, KPQ, Karton 25.

31 Ebenda.

32 Ebenda.

33 Ebenda.

34 Ebenda.

35 Brief von Max Löhrich, Leipziger Presse-Büro, an Theodor Klug, Telephon-Abteilung, Feldpoststation No. 94, vom 11. Juli 1916, ÖStA/KA, KPQ, Karton 25.

36 Ebenda.

37 Brief von Max Löhrich, Leipziger Presse-Büro, an Theodor Klug, Telephon-Abteilung, Feldpoststation No. 94, vom 14. Juli 1916, ÖStA/KA, KPQ, Karton 25.

38 Ebenda.

39 Brief von Max Löhrich, Leipziger Presse-Büro, an Theodor Klug, Telephon-Abteilung, Feldpoststation No. 94, vom 18. Juli 1916, ÖStA/KA, KPQ, Karton 25.

40 Ebenda.

41 Ebenda.

42 Brief von Max Löhrich (i. A. Heilmann), Leipziger Presse-Büro, an Theodor Klug, Telephon-Abteilung, Feldpoststation No. 94, vom 5. August 1916, ÖStA/KA, KPQ, Karton 25.

43 Brief des KPQ an das k. u. k. 19. Infanterietruppendivisionskommando vom 8. August 1916, ÖStA/KA, KPQ, Karton 25.

44 Ebenda.

45 Brief des k. u. k. 19. Infanterietruppendivisionskommandos an das KPQ vom 20. August 1916, ÖStA/KA, KPQ, Karton 25 (1195/3).

46 Telegramm des KPQ an das Kommando der 5. Armee vom 21. April 1916, ÖStA/KA, KPQ, Karton 29.

47 Brief des 7. Korpskommandos an das k. u. k. 5. Armeekommando vom 28. April 1916, ÖStA/KA, KPQ, Karton 29 (510).

48 Mitteilung des KPQ an das k. u. k. 7. Korpskommando vom 7. Mai 1916, ÖStA/KA, KPQ, Karton 29 (510/2).

49 Ebenda.

50 Brief der *Illustrirten Zeitung* an das KPQ vom 14. April 1916, ÖStA/KA, KPQ Karton 25 (469/18). Der Maler und Radierer Döring arbeitete als „Sonderzeichner" im Auftrag der *Illustrirten Zeitung*.

51 Fotografische Abzüge der drei Zeichnungen liegen dem Zensurakt bei; ÖStA/KA, KPQ, Karton 25 (469/18).

52 Brief der *Illustrirten Zeitung*, Leipzig, an das KPQ vom 28. Juni 1916, ÖStA/KA, KPQ, Karton 25 (469/18).

53 Brief der Militärkanzlei seiner Majestät an das KPQ vom 14. Juli 1916, ÖStA/KA, KPQ, Karton 25 (469/18).

54 Brief des KPQ an die Schriftleitung der *Illustrirten Zeitung*, Leipzig, vom 9. Juli 1916, ÖStA/KA, KPQ, Karton 25 (469/18).

55 Ebenda.

56 Referat über die Verbesserung des Propagandadienstes durch die Photographie, vorgetragen von Oberst Eisner-Bubna bei einer Besprechung im KPQ am 24. Februar 1917, ÖStA/KA, KPQ, Karton 29 (1988).

Die Magie der Waffen

1 Ellison von Nidlef kommandierte eine Einheit, die Mitte August 1915 den italienischen Durchbruch vereiteln konnte. Er wurde dafür 1917 ausgezeichnet.

2 *Sport & Salon*, 6. Jänner 1918, S. 7.

3 Die Schreibweise des Ortes variiert in den Bildtexten, teilweise ist sie handschriftlich verbessert. Heute heißt der Ort Zampicchia.

4 *Das interessante Blatt*, 6. Dezember 1917, S. 2. Als Quelle ist das deutsche „Bild- und Filmamt" (BUFA) angegeben. Das bedeutet, dass nicht nur ein k. u. k. Fotograf das Geschütz fotografierte, sondern offenbar zur gleichen Zeit auch ein Kriegsfotograf der deutschen Truppen seine Kamera vor dem „Riesengeschütz" aufbaute.

5 Dieser Zweig der militärtechnischen Fotografie hatte in der k. u. k. Armee eine längere Tradition. Das „k. u. k. Technische Militärkomitee", das die technische Ausrüstung des Heeres überwachte und verbesserte, war 1895 aus der Zusammenlegung von „Artillerie-" und „Geniekomitee" entstanden. Es verfügte über eine leistungsfähige Fotoanstalt. Vgl. Koloman Kiticsán: Das k. u. k. Technische Militärkomitee, in: *Die Wehrmacht der Monarchie im Weltkrieg 1914*, Wien o. J. [1914], S. 157–160, hier S. 157.

6 Vasja Klavora: *Blaukreuz. Die Isonzofront. Flitsch/Bovec 1915–1917*, Klagenfurt, Ljubljana, Wien 1993, S. 203 ff. Der erste kleinere Giftgaseinsatz an der Isonzofront erfolgte am 29. Juni 1916.

7 Bildbeispiele finden sich in Wilhelm Reetz (Hg.): *Eine ganze Welt gegen uns. Eine Geschichte des Weltkriegs in Bildern*, eingeführt von Werner Beumelburg, Berlin 1934, o. S. Vgl. dazu Anton Holzer: Den Krieg sehen. Zur Bildgeschichtsschreibung des Ersten Weltkrieges, in ders. (Hg.): *Mit der Kamera bewaffnet. Krieg und Fotografie*, Marburg 2003, S. 57–70, hier S. 63.

8 *Sport & Salon*, 15. Juli 1917, S. 9. Auch in anderen Zeitschriften und Zeitungen wurden immer wieder Übungsaufnahmen als wirkliche Kampfbilder ausgegeben.

9 Der Bildtext zum Positiv ist falsch: Es handelt sich um den 29. August (nicht Juli) 1917. Der Textstreifen am Negativ zeigt (schwer lesbar) den richtigen Monat: „Geb. Brigade Kommando mit Gasmasken, 29.8.17".

10 Vgl. dazu Vasja Klavora: *Blaukreuz. Die Isonzofront. Flitsch/Bovec 1915–1917*, Klagenfurt, Ljubljana, Wien 1993.

11 Siehe dazu das Kapitel „Das letzte Bild. Die Toten und ihre Orte".

12 In der über 33.000 Aufnahmen umfassenden Fotosammlung des Kriegspressequartiers finden sich nur eine Handvoll Aufnahmen, die indirekt mit dem Gaskrieg zu tun haben.

13 Möglicherweise diente das Gerät auch zum Erzeugen von Gas für Fesselballons.

Das Auge der Schlacht

1 Anonym: Das Auge der Schlacht, in: *Der Krieg. Illustrierte Chronik des Krieges 1917/18*, Vierter Jahrgang, (Bd. X und XI), Stuttgart 1918, S. 206.

2 Ebenda.

3 Ebenda.

4 Vgl. dazu auch Bernd Hüppauf: Das Schlachtfeld als Raum im Kopf. Mit einem Postscriptum nach dem 11. September 2001, in: Steffen Martus, Marina Münkler, Werner Röcke (Hg.): *Schlachtfelder. Codierung von Gewalt im medialen Wandel*, Berlin 2003, S. 207–233.

5 Max Schwarte: Organe der Kriegsführung. Der Führer, in: *Technik des Kriegswesens*. Unter Redaktion von Max Schwarte (= Die Kultur der Gegenwart, Teil IV, Bd. 12), Berlin, Leipzig 1913, S. 153.

6 Max Schwarte (Hg.): *Die Technik im Weltkriege*. Unter Mitwirkung von 45 technischen und militärischen fachwissenschaftlichen Mitarbeitern, Berlin 1920, S. 116 f.

7 *Der Bund. Monatsschrift für die Interessen der Österreichischen Berufsphotographen*, Juli 1917, S. 14.

8 Ebenda, S. 14 f.

9 Paul Otto Ebe: Die Mittel des Krieges. Die Nervenstränge der Waffenheere, in: *Der Krieg. Illustrierte Chronik des Krieges*, Dritter Jahrgang 1916 (Bd. VII–IX), Stuttgart 1917, S. 350.

10 Ebenda.

11 Max Frank: Die Photographie im Dienste der Kriegstechnik und der Kriegswissenschaft, in: *Photo-Sport*, Heft 7, Juli 1915, S. 67.

12 Vgl. dazu Bernd Ulrich: Nerven und Krieg, in: Bedrich Loewenstein (Hg.): *Geschichte und Psychologie. Annäherungsversuche*, Pfaffenweiler 1992, S. 205–233.

13 Zum Krieg als Schule des Horchens siehe Julia Encke: *Augenblicke der Gefahr. Der Krieg und die Sinne 1914–1934*, München 2006, S. 111 ff.

14 Max Schwarte (Hg.): *Die Technik im Weltkriege*. Unter Mitwirkung von 45 technischen und militärischen fachwissenschaftlichen Mitarbeitern, Berlin 1920, S. 116 f.

15 J. Schroeter: Technik des Befestigungswesens, in: *Technik des Kriegswesens*. Unter Redaktion von Max Schwarte (= Die Kultur der Gegenwart, Teil IV, Bd. 12), Berlin, Leipzig 1913, S. 548.

16 Max Schwarte: Kriegsvorbereitung, Kriegsführung, in: Ebenda, S. 193 f.

17 Paul Virilio: *Krieg und Kino. Logistik der Wahrnehmung*, Frankfurt am Main 1994, S. 26.

18 Max Schwarte (Hg.): *Die Technik im Weltkriege*. Unter Mitwirkung von 45 technischen und militärischen fachwissenschaftlichen Mitarbeitern, Berlin 1920, S. 160 f.

19 Max Günther, Verwendung der Scheinwerfer im Kriege, in: *Über Land und Meer. Deutsche Illustrierte Zeitschrift*, Bd. 114, Nr. 28, 1915, S. 506.

20 Max Schwarte (Hg.): *Die Technik im Weltkriege*. Unter Mitwirkung von 45 technischen und militärischen fachwissenschaftlichen Mitarbeitern, Berlin 1920, S. 133.

21 Eric J. Leed: *No man's land. Combat & Identity in World War I*, Cambridge 1979, S. 138 ff.

22 Ebenda, S. 144.

23 Albin von Palocsay: Über den Sucher an der Feldkamera, in: *Photo-Sport*, Heft 8, August 1915, S. 77.

24 Ebenda, S. 78

25 Richard von Damaschka: *Kriegsphotographie. Ein Leitfaden für Kriegsphotographen und Amateure im Felde*, Wien 1916, S. 31.

26 Ebenda.

27 Mit der Kamera an der Front, in: *Berliner Illustrirte Zeitung*, 25. Juli 1915, S. 409–411, hier S. 410.

28 Max Schwarte (Hg.): *Die Technik im Weltkriege*. Unter Mitwirkung von 45 technischen und militärischen fachwissenschaftlichen Mitarbeitern, Berlin 1920, S. 135.

29 Vgl. dazu: Allan Sekula: Das instrumentalisierte Bild: Steichen im Krieg, in: *Fotogeschichte*, 12. Jg., Heft 45/46, S. 55–73, hier S. 58 ff.

30 Die Höhenreichweite der Fliegerabwehr lag 1914 bei 800 Meter und stieg bald auf 3.000 Meter und mehr an. Vgl. dazu und zur militärischen Luftfotografie Bernhard Siegert: Luftwaffe Fotografie. Luftkrieg als Bildverarbeitungssystem 1911–1921, in: *Fotogeschichte*, 12. Jg., Heft 45/46, 1992, S. 41–54, hier S. 42.

Menschen-Material und Maschinen

1 *Bericht der k. u. k. Munitionsfabrik in Wöllersdorf über die Tätigkeit im Weltkriege*, Wöllersdorf, Mai 1918, o. S.

2 Alfons Friedel: Aus der Munitionsfabrik Wöllersdorf, in: Burghardt Breitner (Hg.): *Ärzte und ihre Helfer im Weltkriege 1914–1918 (Helden im Weißen Kittel). Apotheker im Weltkriege*, redigiert von Rudolf Rauch, Wien 1936, S. 365.

3 *Bericht der k. u. k. Munitionsfabrik in Wöllersdorf über die Tätigkeit im Weltkriege*, Wöllersdorf, Mai 1918, S. 1.

4 Die Zeitschrift *Unsere Krieger. Bilder aus groszer Zeit* brachte in ihrer Ausgabe vom 1. Juni 1917 eine mehrseitige Bilddokumentation über die „Munitionserzeugung in Österreich-Ungarn". Unter anderem finden sich darin auch mehrere Innenaufnahmen der Maschinenhallen in Wöllersdorf. Vgl. S. 747 f.

5 *Sport & Salon*, 29. Juli 1917, S. 113–114.

6 Der Anteil der Frauen war in der Rüstungsindustrie besonders hoch. In Wöllersdorf betrug er über 50 Prozent, in Enzesfeld 45 Prozent der Beschäftigten. Vgl. dazu Robert J. Wegs: *Die österreichische Kriegswirtschaft 1914–1918*, deutsche Bearbeitung von Heinrich Mejzlik, Wien 1979, S. 96.

7 Die 1904 gegründete Fabrik erzeugte zunächst mit wenigen Hundert Arbeitern Zünder, Patronen und Schwarzpulver.

8 *Sport & Salon*, 29. Juli 1917, S. 113.

9 Vgl. beispielsweise das *Verzeichnis der Armeelieferungsbetriebe*, Wien 1916, S. III.

10 Karl Kraus: *Die letzten Tage der Menschheit*, Frankfurt am Main 1986, S. 659.

11 Vgl. Robert J. Wegs: *Die österreichische Kriegswirtschaft 1914–1918*, deutsche Bearbeitung von Heinrich Mejzlik, Wien 1979, S. 26 ff. Zur Einrichtung von militärisch gelenkten Zentralen für die Rohstoffbeschaffung siehe: Richard Riedl: *Die Industrie Österreichs während des Krieges*, Wien 1932, S. 28 ff. Nach dem Kriegsleistungsgesetz von 1912 unterstanden in Österreich alle Waffen- und Munitionsfabriken dem Kriegsministerium, während die zivile Industrie durch sog. „Zentralen" vom Handelsministerium kontrolliert wurde. Vgl. dazu: Hans-Peter Ullmann: Kriegswirtschaft, in: Gerhard Hirschfeld, Gerd Krumeich, Irina Renz in Verbindung mit Markus Pöhlmann (Hg.): *Enzyklopädie Erster Weltkrieg*, Paderborn u. a. 2003, S. 220–232, hier insbes. S. 221.

12 Robert J. Wegs, *Die österreichische Kriegswirtschaft 1914–1918*, deutsche Bearbeitung von Heinrich Mejzlik, Wien 1979, S. 93 ff.

13 Um 1910 begannen die k. k. Staatseisenbahnen im östlichen Streckennetz die Umstellung in der Beheizung der Lokomotiven von Kohle auf Öl. 1910 wurde zu diesem Zweck in der galizischen Ölstadt Drohobycz (Drogobič) eine staatseigene RoHöldestillationsanlage in Betrieb genommen. Vgl. dazu Ernest Kolbe: *Die staatliche Mineralölfabrik in Drohobycz*, Wien 1918, S. 4 ff.

14 Abb. 183 wurde am 14. April 1918 in der Zeitschrift *Sport & Salon* (S. 6) veröffentlicht. Das Bild wurde von der Lichtbildstelle des Kriegspressequartiers (Stempel auf der Bildrückseite) an die Presse geliefert und trägt sichtlich propagandistischen Charakter. Im Frühjahr 1918 waren die Förderanlagen in Galizien nicht mehr die wichtigsten Öllieferanten für die Schiffe und U-Boote, da nun auch die rumänischen Ölvorkommen genutzt werden konnten.

15 Bruno Enderes: *Verkehrswesen im Kriege. Die österreichischen Eisenbahnen*, Wien 1931, S. 173

16 Ebenda, S. 192.

17 Ebenda, S. 195.

18 Ebenda, S. 183 f.

19 Die Fotos sind Teil einer umfangreicheren Serie von Aufnahmen, die im Hinterland der Ostfront die Wiederherstellung von Bahnübergängen und die behelfsmäßige Errichtung von Eisenbrücken, aber auch von provisorischen Holzbrücken zeigen.

20 E. Alschmidt: Die Mittel des Krieges: Die Feldbäckerei, in: *Der Krieg. Illustrierte Chronik des Krieges*, Vierter Jahrgang, Bd. X und XI, 1917/1918, Stuttgart 1918, S. 290–294, hier S. 290.

21 Ebenda, S. 292.

22 Weitere Lager wurden zu dieser Zeit in Klagenfurt und in anderen Kärntner Ortschaften errichtet.

23 Ein Teil der Bilder entstand in Klagenfurt, ein weiterer in Steindorf.

24 Godfried Hueber: Der Statistiker sieht dich an, in: Burghardt Breitner (Hg.): *Ärzte und ihre Helfer im Weltkriege 1914–1918 (Helden im Weißen Kittel). Apotheker im Weltkriege*, redigiert von Rudolf Rauch, Wien 1936, S. 371.

25 Ebenda.

26 Karl Cron: Das Militärsanitätswesen, in: *Die Wehrmacht der Monarchie im Weltkrieg 1914*, Wien o. J. [1914], S. 145–151, hier S. 149.

27 Ebenda.

28 Daniela Claudia Angetter: *Die Militär-Sanitätsversorgung an der Südwestfront 1915–1918*, Diss., Wien 1995, S. 82 f.

29 Im Laufe des Krieges trat die Dampfdesinfektion mehr und mehr an die Stelle der Behandlung mit Heißluft, da sie sich nicht nur zur Entlausung, sondern auch zur Entkeimung eignete. Vgl. Rudolf Rauch: *Momentbilder aus feldärztlicher Tätigkeit*, Graz, Leipzig 1918 S. 27 ff.

30 Es wurden insgesamt 13 „Salubritäts-Kommissionen" bei den jeweiligen Armee-Etappenkommandos eingerichtet. Sie waren für die Bekämpfung von Epidemien zuständig. Vgl. dazu Brigitte Biwald: *Vom Helden zum Krüppel. Das österreichisch-ungarische Militärsanitätswesen und dessen Auswirkungen auf die Gesellschaft im Ersten Weltkrieg*, 2 Bde., Diss., Wien 2000, S. 65 ff.

31 Ein Teil der Bilder stammt aus Kolomea (Kolomija), Galizien. Sie zeigen die Funktionsweise des Epidemiespitals sowie Bäder nach den Plänen von Ing. Ltn. Rosenthal.

32 Rudolf Rauch: *Momentbilder aus feldärztlicher Tätigkeit*, Graz, Leipzig 1918, S. 29.

33 Schematische Darstellungen, wie sie während des Krieges öfter publiziert wurden, betonen die Brückenfunktion des Sanitätswesens zwischen „Kampffront" und „Heimatfront". Eine panoramatische Übersicht aus dem Jahr 1916 verbindet das „Heimatgebiet" im Bild unmittelbar mit der „Kampffront". Die Verbindungen schaffen „Lazarettzüge", Verbandplätze und Feldlazarette. Vgl. *Heim und Herd. Deutsche Jugend- und Hausbücherei*, Band 14, Lahr (Baden) 1916, S. 32. Die Abbildung findet sich in: Birgit Panke-Kochinke, Monika Schaidhammer-Placke: *Frontschwestern und Friedensengel. Kriegskrankenpflege im Ersten und Zweiten Weltkrieg. Ein Quellen- und Fotoband*, Frankfurt am Main 2002. S. 43.

34 Zur organisatorischen Gliederung der Sanitätseinrichtungen siehe Brigitte Biwald: *Vom Helden zum Krüppel. Das österreichisch-ungarische Militärsanitätswesen und dessen Auswirkungen auf die Gesellschaft im Ersten Weltkrieg*, 2 Bde., Diss., Wien 2000, S. 52 ff. sowie Daniela Claudia Angetter: *Die Militär-Sanitätsversorgung an der Südwestfront 1915–1918*, Diss., Wien 1995, S. 42 ff. und S. 78 ff.

35 Aufnahmen, die die schlechte Unterbringung der eigenen verletzten Soldaten zeigen, tauchen in der Presse naturgemäß kaum auf. Hingegen wurden solche Fotografien veröffentlicht, um die „Armseligkeit" des russischen Sanitätswesens zu beweisen. Vgl. Eduard Senftleben, Wolfgang Foerster, Gerhard Liesner (Hg.): *Unter dem Roten Kreuz im Weltkriege. Das Buch der freiwilligen Krankenpflege*, Berlin 1934, S. 167.

36 Stefan Zweig: *Die Welt von Gestern. Erinnerungen eines Europäers*, Frankfurt am Main 2003 (Erstausgabe 1942), S. 284.

37 Ebenda, S. 284 f.

38 Bianca Schönberger: Mütterliche Heldinnen und abenteuerlustige Mädchen. Rotkreuz-Schwestern und Etappenhelferinnen im Ersten Weltkrieg, in: Karen Hagemann, Stefanie Schüler-Springorum (Hg.): *Heimat-Front. Militär und Geschlechterverhältnisse im Zeitalter der Weltkriege*, Frankfurt 2003, S. 108–127, insbes.

S. 112 f. sowie Birgit Panke-Kochinke, Monika Schaidhammer-Placke: *Frontschwestern und Friedensengel. Kriegskrankenpflege im Ersten und Zweiten Weltkrieg. Ein Quellen- und Fotoband*, Frankfurt am Main 2002, S. 27 f.

39 Hugo Kerchnawe: Die Schwester, in: Burghardt Breitner (Hg.): *Ärzte und ihre Helfer im Weltkriege 1914 – 1918 (Helden im Weißen Kittel). Apotheker im Weltkriege*, redigiert von Rudolf Rauch, Wien 1936, S. 244.

40 Ebenda.

41 Ebenda.

42 Ebenda.

43 Ebenda, S. 245.

44 Ebenda.

45 Ute Daniel: Frauen, in: Gerhard Hirschfeld, Gerd Krumeich, Irina Renz in Verbindung mit Markus Pöhlmann (Hg.): *Enzyklopädie Erster Weltkrieg*, Paderborn u. a. 2003, S. 116–134, hier insbes. S. 126 ff.

46 Vgl. dazu Bianca Schönberger: Mütterliche Heldinnen und abenteuerlustige Mädchen. Rotkreuz-Schwestern und Etappenhelferinnen im Ersten Weltkrieg, in: Karen Hagemann, Stefanie Schüler-Springorum (Hg.): *Heimat-Front. Militär und Geschlechterverhältnisse im Zeitalter der Weltkriege*, Frankfurt 2003, S. 108–127, hier S. 110 ff.

47 Ebenda, S. 117 f. Vgl. dazu auch Katharina Menzel: „Frauen helfen siegen". Frauenarbeit in der Fotopropaganda des Ersten und Zweiten Weltkrieges, in: Anton Holzer (Hg.): *Mit der Kamera bewaffnet. Krieg und Fotografie*, Marburg 2003, S. 71–96, hier S. 72 ff.

48 Ergänzende Bestimmungen des 7. Armeekommandos zu den „Bestimmungen für die Aufnahme weiblicher Hilfskräfte und deren Verwendung im Bereiche der A. i. F.", S. 1 und Reservat-Armeekommandobefehl Nr. 65, 2. September 1918, k. u. k. 11. Armeekommando, ÖStA/KA, 1917–1918, zitiert nach Hanna Hacker: Ein Soldat ist meistens keine Frau. Geschlechterkonstruktionen im militärischen Feld, in: *Österreichische Zeitschrift für Soziologie*, Heft 2, 1995, S. 45–64, hier S. 52.

49 Ebenda.

50 Ebenda.

51 In Deutschland wurde am 6. Dezember 1916 das „Gesetz über den Vaterländischen Hilfsdienst" verabschiedet, das alle Männer zwischen dem 17. und dem 60. Lebensjahr zum Dienst in der Kriegswirtschaft verpflichtete. Frauen waren zwar zunächst ausdrücklich ausgenommen, aber infolge des großen Arbeitskräftemangels warb ab Frühjahr 1917 die „Frauenarbeitszentrale" für den Dienst in der Kriegsindustrie und auch für den Dienst in der Etappe. Frauen aus Deutschland waren auch an österreichischen Frontabschnitten im Einsatz.

Menschliche Beute

1 Im Januar 1915 wurde zur Unterstützung der k. u. k. Truppen in den Karpaten unter Führung von General von Linsingen die „Deutsche Südarmee" aufgestellt.

2 Die illustrierte Presse wurde rasch mit solchen Aufnahmen versorgt, die als Bilddokumente des Triumphs veröffentlicht werden sollten. Am 8. April 1915 etwa veröffentlichte *Das interessante Blatt* eine Fotografie, die russische Kriegsgefangene in den Karpaten (im Gebiet des Uzsok [Užoc'kij] Passes) zeigt.

3 Feldmarschallleutnant Peter Hofmann war Militärkommandant im ostungarischen Munkács (Mukačeve). Im Frühjahr 1915 gelang es seiner Truppe, die russische Frontlinie am Uzsok (Užoc'kij) Pass in den Karpaten zurückzudrängen.

4 Hannes Leidinger, Verena Moritz: Verwaltete Massen. Kriegsgefangene in der Donaumonarchie 1914–1918, in: Jochen Oltmer (Hg.): *Kriegsgefangene im Europa des Ersten Weltkriegs*, Paderborn 2006, S. 35–66, hier S. 38 und 54.

5 In Munkács war während der russischen Offensive Ende 1914 das für die Karpatenfront zuständige militärische Kommando untergebracht, später, nach den großen Kämpfen in den Karpaten, verwandelte sich die Stadt in einen wichtigen Nachschubknotenpunkt. Heute liegt die ehemals ostungarische Stadt in der westlichen Ukraine.

6 Sie kommen nicht nur in den Bildern, sondern beispielsweise auch in den Feldpostbriefen zum Ausdruck. Vgl. dazu Walter Mentzel: *Kriegsflüchtlinge in Cisleithanien im Ersten Weltkrieg*, Diss., Wien 1997, S. 107 ff.

7 Der Ort liegt auf der Bahnstrecke Wladimir Wolinsky (Volodimir Volins'kij) – Luck (Luc'k), ca. 30 Kilometer östlich von Wladimir Wolinsky. Diese Strecke war eine wichtige Nachschublinie. Ganz in der Nähe, in Rogozno, befand sich ein Nachschublager der k. u. k. Truppen.

8 Während des Ersten Weltkrieges kam es zu einer Reihe rassistisch begründeter ethnologischer Untersuchungen an Kriegsgefangenen. Vgl. dazu Maureen Healy: *Vienna and the Fall of the Habsburg Empire. Total War and Every Day Life in World War I*, Cambridge 2004, S. 112 ff. Rassistisch orientierte Kollektionen von fotografischen Kriegsgefangenenporträts fanden regelmäßig Eingang in die Presse. Die halbmonatlich erscheinende offizielle illustrierte Zeitschrift *Unsere Krieger* veröffentlichte des Öfteren rassistisch motivierte Kriegsgefangenenporträts. Vgl. etwa die Serie „Typen von Kriegsgefangenen in den österr.-ungar. Kriegsgefangenenlagern", in: *Unsere Krieger. Bilder aus groszer Zeit*, 1. Juni 1917, S. 749–751.

9 Otto Neurath: *Serbiens Erfolge im Balkankriege. Eine wirtschaftliche und soziale Studie*, Vortrag, gehalten vor dem Verein absolvierter Prager Handelsakademiker und dem Deutschen Kaufmännischen Verein in Prag, Wien 1913.

10 Eine ähnlich verwahrloste Gruppe von serbischen Kriegsgefangenen wurde vom deutschen Kriegsfotografen Bruennlein in Mitrovitza (Kosovska Mitrovica) fotografiert, veröffentlicht ist die Aufnahme in: *Großer Bilderatlas des Weltkrieges*, Erster Band, München 1915, S. 351.

11 *Illustrirtes Wiener Extrablatt*, 5. Juni 1915, S. 7. Die Abbildung findet sich bei Brigitte Biwald: *Vom Helden zum Krüppel. Das österreichisch-ungarische Militärsanitätswesen und dessen Auswirkungen auf die Gesellschaft im Ersten Weltkrieg*, 2 Bde., Diss., Wien 2000, S. 423.

12 Nicht nur das österreichische und deutsche Militär setzten während des Krieges systematisch Zwangsarbeiter ein, auch die russische, serbische und montenegrinische Regierung sahen ihren Einsatz vor. Etliche Hinweise zu diesem noch wenig erforschten Thema finden sich bei Brigitte Biwald: Ebenda, S. 444 ff.

13 Bericht der 10. Kriegsgefangenenabteilung, Anfang 1918, zitiert nach: Hannes Leidinger, Verena Moritz: Verwaltete Massen. Kriegsgefangene in der Donaumonarchie 1914–1918, in: Jochen Oltmer (Hg.): *Kriegsgefangene im Europa*

des Ersten Weltkriegs, Paderborn 2006, S. 35–66, hier S. 61.

14 Eine der frühen Publikationen erschien 1915 in Deutschland: *Die Kriegsgefangenen in Deutschland. Gegen 250 Wirklichkeitsaufnahmen aus deutschen Gefangenenlagern mit einer Erläuterung von Professor Dr. Backhaus*, Siegen, Leipzig, Berlin 1915. Das Buch wurde in hoher Auflage (Erstdruck: 30.000 Ex.) in deutscher, französischer, englischer, spanischer und russischer Sprache gedruckt.

15 Vgl. Antrag des Pressedienstes des k. u. k. Kriegsministeriums an das KPQ zur „Verwertung der Kriegsgraphik für die Propaganda", 22. Mai 1917, ÖStA/KA, KPQ, Karton 60 (3413).

16 Reservatsbefehl des KPQ E. Nr. 9946 vom 17. September 1917, ÖStA/KA, KPQ, Karton 32 (4549).

17 Zunächst sollten, so das KPQ, die „Presse- und Propagandaoffiziere im neutralen Ausland" mit der Broschüre versorgt werden; ÖStA/KA, KPQ, Karton 63 (12483).

18 Vgl. dazu: Mario Isnenghi, Giorgio Rochat: *La Grande Guerra 1914–1918*, Milano 2004, S. 343 und 351. Im April 1918 wurden über 130.000 österreichische Kriegsgefangene (Offiziere und Verletzte nicht eingerechnet) in italienischen Lagern festgehalten. Bis Ende Oktober 1917 gerieten ca. 260.000 italienische Soldaten in österreichische Gefangenschaft, nach dem Durchbruch im November 1917 kamen weitere 280.000 dazu. Ebenda, S. 347 und 349.

19 Protokoll einer Besprechung im KPQ über die „Kriegsgefangenen in Italien", 21. Mai 1918, ÖStA/KA, KPQ, Karton 73 (145).

20 *Bericht über die Propagandatätigkeit des k. u. k. Kriegspressequartiers und der kriegführenden Staaten im Monate Juni 1918*, ÖStA/KA, KPQ, Karton 72.

21 Ebenda.

22 Ebenda.

23 Ebenda.

24 Brigitte Biwald: *Vom Helden zum Krüppel. Das österreichisch-ungarische Militärsanitätswesen und dessen Auswirkungen auf die Gesellschaft im Ersten Weltkrieg*, 2 Bde., Diss., Wien 2000, S. 436 ff.

25 Max Ronge: *Kriegs- und Industriespionage. Zwölf Jahre im Kundschaftsdienst*, Zürich, Leipzig, Wien 1935, S. 328.

26 Ebenda.

27 Ebenda.

28 Ebenda.

Zwischen den Fronten

1 Die zeitgenössische Schreibweise von Wladimir Wolinsky variiert: Wladimir Wolynsk; Wladimir Wolynskij.

2 *Nedelja* wurde ab Juli 1916 vom österreichischen Kriegsministerium herausgegeben und von Hugo Nagele geleitet. Zunächst erschien sie auf vier Seiten einmal pro Woche (Auflage 10.000), dann, ab Ende 1917 bis Frühjahr 1918, zwei Mal pro Woche mit höherer Auflage. Sie wandte sich zunächst an die russischen Kriegsgefangenen und sollte einer „zweckmäßigen Propaganda mit Vermeidung aller Übertreibungen" dienen. Während der Zeit der Waffenstillstandsverhandlungen wurde sie auch an russische Soldaten ausgegeben. Vgl. dazu Hannes Leidinger, Verena Moritz: Verwaltete Massen. Kriegsgefangene in der Donaumonarchie 1914–1918, in: Jochen Oltmer (Hg.): *Kriegsgefangene im Europa des Ersten Weltkriegs*, Paderborn 2006, S. 35–66, hier S. 64.

3 Schon vor den Waffenstillstandsverhandlungen Ende 1917 hatten sich einzelne Fotografen in Zeiten relativer Waffenruhe hinter der Frontlinie und in den besetzten Gebieten für das Leben abseits der Front interessiert. Diese Aufnahmen unterscheiden sich deutlich von den herkömmlichen Kriegsbildern. Ein Beispiel dafür ist die Fotoserie des Berliner Pressefotografen Willy Römer, die dieser 1916 in Weißrussland und in Russisch-Polen aufnahm. Er fotografierte v. a. den Alltag und das Leben der einheimischen Bevölkerung. Vgl. Ulrich Hägele: Hinter der Front – Zur Ikonografie von Armut und Folklore in Willy Römers Fotografien aus dem Ersten Weltkrieg in Russland, 1916, in: Diethart Kerbs (Hg.): *Auf den Strassen von Berlin. Der Fotograf Willy Römer (1887–1979)*, Ausstellungskatalog Deutsches Historisches Museum, Bönen 2004, S. 79–93.

4 Die Postkarten stammen aus der privaten Fotosammlung Hermann in Wien. Sie sind rückseitig handschriftlich mit „3.6.1917" datiert.

5 Die zeitgenössische Schreibweise wechselt. Des Öfteren wird der Ort auch Pawlowicze genannt.

6 Maria Todorova etwa weist darauf hin, dass die – auch rassistisch begründeten – Stereotypen sich, bezogen auf den Balkan, im 19. Jahrhundert herausgebildet und zu Beginn des 20. Jahrhunderts zu einem spezifischen Diskurs verdichtet haben. Maria Todorova: *Die Erfindung des Balkans. Europas bequemes Vorurteil*, Darmstadt 1999, insbes. S. 38 ff. und 176 ff. Vgl. dazu auch Mechthild Golczewski: *Der Balkan in Deutschen und Österreichischen Erlebnisberichten 1912–1918*, Wiesbaden 1981.

7 Der abschätzig gebrauchte Begriff „Tataren-Horden" taucht während des Krieges häufig in Texten und Bildern als Bezeichnung für die russischen Truppen auf. Vgl. dazu Peter Jahn: „Zarendreck, Barbarendreck – Peitscht sie weg!" Die russische Besatzung Ostpreußens 1914 in der deutschen Öffentlichkeit, in: *August 1914. Ein Volk zieht in den Krieg*, hg. von der Berliner Geschichtswerkstatt, Berlin 1989, S. 147–155.

8 1910 setzte sich die Bevölkerung Ostgaliziens zu 62 Prozent aus Ukrainern (Ruthenen), zu 25 Prozent aus Polen und zu 12 Prozent aus Juden zusammen. Zur ethnischen „Landkarte" Galiziens vgl. Larissa Cybenko: Mythen in der ukrainischen Vergangenheit und Gegenwart, in: Valeria Heuberger, Arnold Suppan, Elisabeth Vyslonzil (Hg.): *Das Bild des Anderen. Identitäten, Mentalitäten, Mythen und Stereotypen in multiethnischen europäischen Regionen*, Frankfurt am Main 1998, S. 105–122, hier S. 107.

9 Vgl. dazu ausführlicher das Kapitel „Das Drama der Vertreibung. Flucht und Deportation".

10 Bilder von der Begegnung von Soldaten mit der ruthenischen Zivilbevölkerung wurden ab 1915 nicht nur geduldet, sondern auch in der Öffentlichkeit verbreitet. Ein ähnliches Bild („Ruthenische Mädchen im Festschmuck mit einem Tiroler Oberjäger") findet sich etwa in *Das interessante Blatt*, 16. März 1916, S. 10.

11 Walter Mentzel: *Kriegsflüchtlinge in Cisleithanien im Ersten Weltkrieg*, Diss., Wien 1997, S. 181.

12 Ebenda.

13 Ein Beispiel für ein solches Album findet sich bei Bodo von Dewitz: Zur Geschichte der Kriegsphotographie des Ersten Weltkriegs, in:

Rainer Rother (Hg.): *Die letzten Tage der Menschheit. Bilder des Ersten Weltkriegs*, Ausstellungskatalog Deutsches Historisches Museum, Berlin, 1994. S. 163–176, hier S. 168.

14 Er war der Sohn des Volkskundlers Michael Haberlandt, dem Direktor des österreichischen Museums für Volkskunde.

15 Vgl. dazu Albert Ottenbacher: *Eugenie Goldstern. Eine Biographie*, Wien 1999, S. 58. Im Herbst 1939 machte sich Arthur Haberlandt wieder zu einem Beutezug in ein besetztes Gebiet auf, diesmal in Polen. Im Gefolge des SS-Sturmbannführers Kajetan Mühlmann, eines Schützlings Seyß-Inquarts, machte er sich als „Sachbearbeiter für Ethnographie und Kulturwissenschaft" im Generalgouvernement Polen in Bibliotheken, Archiven und Universitäten auf die Suche nach Sammlungen. „Das Museum für Volkskunde in Wien meldet bei der Entscheidung über diese Sammlung seinen Erstanspruch für eine Zuteilung der volkskundlichen Gegenstände und der Speziallöffelsammlung in Bausch und Bogen an", schreibt Haberlandt am 5. Dezember 1939. Vgl. ebenda., S. 105.

16 Michael Haberlandt (1860–1940) war der Gründer des österreichischen Museums für Volkskunde (1895).

17 Brief des k. k. Museum für österreichische Volkskunde an das KPQ vom 22. Mai 1918, ÖStA/KA, KPQ, Karton 65 (3481/18).

18 Für den Hinweis danke ich Martin Pollack.

19 *Sport & Salon*, 24. Februar 1918, S. 6.

20 *Sport & Salon*, 17. März 1918, S. 14.

21 Zur deutschen Ostpolitik während des Krieges vgl. Vejas Gabriel Liulevicius: *War Land on the Eastern Front: Culture, National Identity and German Occupation in World War I*, Cambridge 2000, 2. Aufl. 2001, S. 176 ff.

Reiche Ernte

1 Siehe dazu Gustavo Corni: La società veneto-friulana durante l'occupazione militare austro-germanica 1917–1918, in: Gustavo Corni, Eugenio Bucciol, Angelo Schwarz: *Inediti della Grande Guerra. Immagini dell'invasione austro-germanica in Friuli e nel Veneto orientale*, hg. von Bruno Gallegher und Adriano Miolli, Portogruaro, 2. Aufl. 1992, S. 55 ff.

2 Zeitgenössischen Schätzungen zufolge wurden 3.764 Waggons mit Industriegütern und Rohstoffen nach Österreich gebracht, 1.765 nach Deutschland. Vgl. H. Leidl: Die Verwaltung des besetzten Gebietes Italiens, in: Hugo Kerchnawe (Hg.): *Die Militärverwaltung in den von österreichisch-ungarischen Truppen besetzten Gebieten*, Wien 1928, S. 347, zitiert nach Gustavo Corni: La società veneto-friulana durante l'occupazione militare austro-germanica 1917–1918, in: Gustavo Corni, Eugenio Bucciol, Angelo Schwarz: *Inediti della Grande Guerra. Immagini dell'invasione austro-germanica in Friuli e nel Veneto orientale*, hg. von Bruno Gallegher und Adriano Miolli, Portogruaro, 2. Aufl. 1992, S. 61.

3 „Die gesamte arbeitsfähige Bevölkerung kann", so heißt es in den ‚Weisungen für die erste Einrichtung und Ausnützung des besetzten Gebietes', „soweit es ihre Land- und Hauswirtschaft zulässt, zu Arbeiten, die nicht unmittelbar Kampfzwecken dienen, ausserhalb der Feuerzone herangezogen und in Zivilarbeiter-Kompagnien organisiert werden. (...) Dienst- und Arbeitsleistungen sind nach billiger Schätzung oder nach dem ortsüblichen Taglohn bar zu bezahlen." Vgl. Beilage zum AK.-Befehl Nr. 12 von 1918, herausgegeben vom k. u. k. AK., Q.-Abt. [Armeekommando, Quartierabteilung], Nr. 3699, S, 27, ÖStA/KA. Eine italienische Untersuchungskommission sprach nach dem Krieg von 72.000 Zwangsarbeitern allein in Venetien (ohne das Gebiet Friaul). Vgl. Gustavo Corni: La società veneto-friulana durante l'occupazione militare austro-germanica 1917–1918, in: Gustavo Corni, Eugenio Bucciol, Angelo Schwarz: *Inediti della Grande Guerra. Immagini dell'invasione austro-germanica in Friuli e nel Veneto orientale*, hg. von Bruno Gallegher und Adriano Miolli, Portogruaro, 2. Aufl. 1992, S. 82.

4 Ebenda.

5 *Ernte-Verordnung für das besetzte Gebiet von Italien pro 1918*, hg. vom Heeresgruppenkommando FM v. Boroević, o. O., o. J., S. 4.

6 Vgl. dazu Gustavo Corni: La società veneto-friulana durante l'occupazione militare austro-germanica 1917–1918, in: Gustavo Corni, Eugenio Bucciol, Angelo Schwarz: *Inediti della Grande Guerra. Immagini dell'invasione austro-germanica in Friuli e nel Veneto orientale*, hg. von Bruno Gallegher und Adriano Miolli, Portogruaro, 2. Aufl. 1992, S. 62.

7 *Sport & Salon*, 17. März 1918, S. 4.

8 Vgl. etwa *Wiener Bilder*, 17. März 1918, S. 9 und 24. März, S. 7.

9 Die *Gazzetta del Veneto* erreichte im März / April 1918 eine Auflage von 18.000 Exemplaren. Vgl. Bericht über die Propagandatätigkeit des k. u. k. Kriegspressequartiers und der kriegführenden Staaten in den Monaten März und April 1918, ÖStA/KA, KPQ, Karton 73.

10 Abb. 354 (K 11848) beispielsweise wurde in *Das interessante Blatt* vom 29. November 1917 auf S. 12 abgedruckt. Als Pressebilder wurden, so berichtet das KPQ, vor allem jene Bilder ausgewählt, die die Versorgung der Bevölkerung mit Lebensmitteln zeigen. Vgl. Bericht über die Propagandatätigkeit des k. u. k. Kriegspressequartiers und der kriegführenden Staaten im Monat Februar 1918, ÖStA/KA, KPQ, Karton 73.

11 Vgl. dazu Gustavo Corni: La società veneto-friulana durante l'occupazione militare austro-germanica 1917–1918, in: Gustavo Corni, Eugenio Bucciol, Angelo Schwarz: *Inediti della Grande Guerra. Immagini dell'invasione austro-germanica in Friuli e nel Veneto orientale*, hg. von Bruno Gallegher und Adriano Miolli, Portogruaro, 2. Aufl. 1992, S. 40.

12 *Das interessante Blatt*, 12. Juni 1918, S. 11.

13 Folkloristisch angehauchte Porträts von Venetianerinnen, etwa in Gestalt von „Wasserträgerinnen" tauchen als Visitenkartenfotos schon ab den 1860er Jahren auf. Vgl. dazu Viktoria Schmidt-Linsenhoff: Genrefotografie und Kunstreproduktion, in: *Fotogeschichte*, 3. Jg., Heft 9, 1983, S. 41–55, Bildbeispiel auf S. 51.

14 Filippo Tommaso Marinetti: L'alcova d'acciaio. Romanzo vissuto, Milano, Vitagliano 1921, zitiert nach Mario Isnenghi, Giorgio Rochat: *La Grande Guerra 1914–1918*, Milano 2004, S. 443 [Übersetzung: A. H.].

15 Der Ort liegt etwa zwei Kilometer von Savorgnano und 17 Kilometer von Portogruaro entfernt.

16 Eugenio Bucciol: *Il Veneto nell'obiettivo Austro-Ungarico. L'occupazione del 1917–1918 nelle foto dell'Archivio di Guerra di Vienna*, Treviso 1992, S. 156.

Das Drama der Vertreibung

1 Vor dem Ersten Weltkrieg lebten rund 6.000 Menschen in der Stadt, darunter Polen, Ruthenen und knapp 40 Prozent Juden. Heute ist Pidgajci eine Stadt mit 10.000 Einwohnern.

2 Das Korps Hofmann war Teil der am 23. Januar 1915 gebildeten „Deutschen Südarmee". Nach dem erfolgreichen Vormarsch im Frühjahr 1915 war ab 15. Oktober das Hauptquartier des Armeekommandos des Korps Hofmann in Brzezany (Berezani) untergebracht.

3 *Unsere Krieger. Bilder aus groszer Zeit*, 1. August 1916, S. 445.

4 Max Ronge: *Kriegs- und Industriespionage. Zwölf Jahre im Kundschaftsdienst*, Zürich, Leipzig, Wien 1935. Bis Kriegsende war Ronge zum Chef der mächtigen Nachrichtenabteilung des k. u. k. Armeeoberkommandos mit dem „Evidenzbureau" des Generalstabes an der Spitze aufgestiegen. Beide Einrichtungen beschäftigten sich mit Spionage und Spionageabwehr. Ihre Missionen und Ermittlungen fanden nicht nur im gegnerischen Territorium statt, sie spielten auch eine wichtige Rolle bei der Kontrolle der nichtdeutschen und nichtungarischen Volksgruppen der Monarchie, insbesondere am Balkan und in Galizien.

5 Ebenda, S. 124.

6 Beide Kriegsparteien setzten v. a. während der Rückzugsphasen die Politik der „verbrannten Erde" ein. Nicht nur die russischen Truppen zerstörten oder verbrannten zurückgelassene Dörfer, auch die österreichisch-ungarischen Truppen richteten beim Rückzug systematische Zerstörungen an. Berichte und Quellen dazu finden sich bei Walter Mentzel: *Kriegsflüchtlinge in Cisleithanien im Ersten Weltkrieg*, Diss., Wien 1997, S. 47 ff.

7 Der Königsberger Fotograf Alfred Kühlewindt lieferte zahlreiche Aufnahmen von Zerstörungen. Sie wurden, mit drastischen Bildtexten versehen, in mehreren deutschen Zeitungen veröffentlicht. Vgl. etwa eine Aufnahme im *Welt Spiegel*, der illustrierten Beilage des *Berliner Tageblatts* vom 26. Februar 1915. Sie trägt die Bildunterschrift: „Wie die Russen in Ostpreußen gewütet haben." Ähnliche Bildberichte wurden auch in der *Berliner Illustrirten Zeitung* und in der Leipziger *Illustrirten Zeitung* veröffentlicht.

8 *Berliner Illustrirte Zeitung*, 29. August 1915, S. 478.

9 Ebenda.

10 Auffallend ist, dass die Bildbeispiele in der russischen Presse öfter aus den deutschen als aus den österreichisch-ungarischen Frontabschnitten stammen.

11 Brief des Vertreters des k. u. k. Ministeriums des Äußeren beim k. u. k. Armeeoberkommando, Teschen, 4. September 1915 an das KPQ, ÖStA/KA, KPQ, Karton 37 (1626).

12 Ebenda. Am 14. November 1915 legte das Landesgendarmeriekommando Czernowitz 24 fotografische Aufnahmen vor und meldete, „dass weitere Serien folgen werden". Brief des Landesgendarmeriekommandos Czernowitz an das KPQ, 14. November 1915, ÖStA/KA, KPQ, Karton 37 (1626/7). Aufnahmen trafen auch aus Drohobycz (Drogobič, Galizien) und Sniatyn (Snjatin, Bukowina) ein. Das Landesgendarmeriekommando Tarnobrzeg hingegen meldete am 16. Oktober, „dass im hierortigen Bereiche keine Photographien, Ansichtskarten oder Bilder, welche die Leiden der jüdischen Einwohner Galiziens zum Gegenstande haben, zu bekommen sind". Brief des Landesgendarmeriekommandos Tarnobrzeg an das Etappenkommando der 4. k. u. k. Armee, 16. September 1915, ÖStA/KA, KPQ, Karton 37 (1626/8).

13 Der Bericht einer im Winter 1916 zusammengestellten österreichischen Kommission, die das Ausmaß der Zerstörung im nordöstlichen Kriegsgebiet erheben sollte, kam zum Ergebnis, dass von 689 Gemeinden 418 bis zu 50 Prozent und 271 Gemeinden über 50 Prozent zerstört wurden. Siehe Walter Mentzel, *Kriegsflüchtlinge in Cisleithanien im Ersten Weltkrieg*, Diss., Wien 1997, S. 49.

14 Ebenda, S. 68.

15 Ebenda, S. 118.

16 Ebenda, S. 113.

17 Ebenda, S. 113.

18 Die Aufnahme, die kleiner ist als die üblichen Formate der offiziellen Kriegsbilder, stammt vermutlich von einem Amateur oder Knipser. Das Foto wurde aber im Kriegspressequartier reproduziert.

19 Walter Mentzel: *Kriegsflüchtlinge in Cisleithanien im Ersten Weltkrieg*, Diss., Wien 1997, S. 124.

20 Ebenda, S. 124

21 An zahlreichen Orten wurden Lager errichtet: in Böhmen und Mähren: in Budweis (České Budějovice), Datschitz (Dačice), Brünn (Brno), Pohrlitz (Pohořelice), Marienbad (Mariánské Lázně), Deutsch Brod (Český Brod), Reichenau (Rychnov), Deutsch Gabel (Jablonné v Podještedí), Kralup (Kralupy nad Vltavou), Neubydzow (Nový Bydžov), Saaz (Žatec), Pisek (Písek), Teplitz-Schönau (Teplice), Niemes (Mimoň), Humpoletz (Humpolec), Jungbunzlau (Mladá Boleslav), Nachod (Náchod), Hohenfurt (Vyšší Brod), Mies (Stříbro), Klattau (Klatovy), Aussig (Ústí nad Labem), Komotau (Chomutov), Gablonz (Jablonec nad Nisou), Chotzen (Choceň), Niederhanichen, Mährisch-Trübau (Moravská Třebová), Nikolsburg (Mikulov), Groß-Meseritsch (Velké Meziříčí), Gaya (Kyjov), Prerau (Přerov) und Hohenstadt (Zábřeh), Römerstadt (Rýmařov); in der Steiermark: in Graz-Thalerhof, Wagna; in Kärnten: in Wolfsberg-Reding, Pettau und Heilenstein (Polzela); in Salzburg: in Salzburg, Katzenau; in Niederösterreich: in Altenburg, Gmünd, Oberhollabrunn, Mitterndorf, Bruck a. d. Leitha, Landegg, St. Pölten, Steinklamm sowie in Oberösterreich: in Vöcklabruck, Braunau, Linz. In den großen Städten wie Prag (Praha) und Wien wurden Kinder- und Mädchenheime sowie Waisenunterkünfte unterhalten.

22 So der italienische Abgeordnete Pietro Spadaro in einer Rede, die er am 30. November 1917 im Wiener Reichsrat gehalten hat, zitiert nach Walter Mentzel: *Kriegsflüchtlinge in Cisleithanien im Ersten Weltkrieg*, Diss., Wien 1997, S. 126.

23 Ebenda, S. 63.

24 Ebenda, S. 75.

25 Ebenda, S. 63 und 65. Neben der Flüchtlingswelle, die sich Richtung Westen bewegte, kam es auch zu Flüchtlingsströmen ins russische Hinterland. Durch die Verbreitung von russischen Gerüchten über angebliche österreichische „Gräueltaten" gegenüber Ruthenen wurden Tausende von Zivilisten dazu bewogen, ins russische Gebiet zu flüchten. Allein im Bezirk Kiew hielten sich im Oktober 1915 an die 300.000 Flüchtlinge auf, im Bezirk Charkow etwa 700.000. Bis 1916 stieg der Anteil der

polnischen Flüchtlinge in Russland auf eine Million an. Ebenda, S. 43 ff.

26 Ebenda, S. 69.

27 Ebenda, S. 53 ff.

28 Ebenda, S. 63 ff.

29 Ebenda, S. 243.

30 Ebenda.

31 Ebenda, S. 241 ff.

32 Ebenda, S. 81.

33 Bruno Wolfgang: *Przemysl 1914/15*, Wien 1935, S. 27–30.

34 Walter Mentzel: *Kriegsflüchtlinge in Cisleithanien im Ersten Weltkrieg*, Diss., Wien 1997, S. 237–247.

35 Ebenda, S. 298 ff. In diesen Barackenstädten kündigt sich in Grundzügen bereits das Modell der Konzentrationslager an. In einer am 12. Juli 1917 vor dem Reichsrat gehaltenen Rede kam der italienische Abgeordnete De Gasperi auf die Unterbringung der „Flüchtlinge" zu sprechen. Er bezeichnete die Barackenstädte als „Konzentrationslager". Ebenda, S. 299.

36 Große Lager befanden sich in Gmünd, Pottendorf und Steinklamm (alle Niederösterreich) sowie in Chotzen (Böhmen) und Wagna (Steiermark).

37 Walter Mentzel: *Kriegsflüchtlinge in Cisleithanien im Ersten Weltkrieg*, Diss., Wien 1997, S. 305 ff.

38 Die Fotografien der Flüchtlingslager sind Teil einer 254 Aufnahmen umfassenden Fotomappe, die eigens für die große Wiener Flüchtlingsausstellung im Dezember 1915 hergestellt wurde. Die Mappe trägt den Titel „k. k. Ministerium des Innern, Flüchtlingsfürsorge 1914/15". Ein Exemplar dieses in mehreren Kopien hergestellten Konvoluts wird im Bildarchiv der Österreichischen Nationalbibliothek aufbewahrt (Sig. PK 3.148 1–254). Die Abzüge sind auf braunen Karton geklebt und mit gedruckten Bildtexten versehen.

39 Walter Mentzel: *Kriegsflüchtlinge in Cisleithanien im Ersten Weltkrieg*, Diss., Wien 1997, S. 301.

40 Ebenda, S. 299.

41 Zitiert nach ebenda, S. 180 f.

42 Ebenda.

43 Anonym: Österreichische Flüchtlingsfürsorge, in: *Illustrierte Geschichte des Weltkrieges 1914–1918 (Allgemeine Kriegszeitung)*, Bd. IV [1915], S. 214–216, hier S. 216.

44 Walter Mentzel: *Kriegsflüchtlinge in Cisleithanien im Ersten Weltkrieg*, Diss., Wien 1997, S. 180 f.

45 Ebenda, S. 412.

46 Ebenda, S. 391.

47 Ebenda, S. 388.

48 Ebenda, S. 417.

49 Die Gewaltsamkeiten dauerten auch nach dem offiziellen Kriegsende an. Allein im Dezember 1918 kam es in über 100 Orten zu Pogromen mit 600 Toten. Die Übergriffe gingen zunächst v. a. von polnischen Legionären aus, im russisch-polnischen Feldzug (1920) kam es aber auch zu Gewalttaten der russischen Soldaten. Isaak Babel schildert diese Ereignisse in seinem Tagebuch aus eigener Anschauung. Vgl. Isaak Babel: *Tagebuch 1920*, Zürich 1998, S. 136 ff.

50 Walter Mentzel: *Kriegsflüchtlinge in Cisleithanien im Ersten Weltkrieg*, Diss., Wien 1997, S. 417.

Am Galgen

1 Pina Pedron, Nicoletta Pontati: *Cesare Battisti. Il processo e la condanna. Materiali didattici*, Trento 1999 (documento 51). Eine ausführlichere Analyse der Fotodokumentation zur Hinrichtung Cesare Battistis findet sich in: Anton Holzer: Die Kamera und der Henker. Tod, Blick und Fotografie, in: *Fotogeschichte*, 20. Jg., Heft 78, 2000, S. 43–62.

2 Claus Gatterer: *Unter seinem Galgen stand Österreich. Cesare Battisti. Porträt eines Hochverräters*, Wien, Bozen 1997 [Erstausgabe 1967], S. 20.

3 Pina Pedron, Nicoletta Pontati: *Cesare Battisti. Il processo e la condanna. Materiali didattici*, Trento 1999 (documento 21).

4 Ebenda, (documento 43).

5 Ebenda.

6 Aufnahmen der Hinrichtung Battistis finden sich auch in privaten Kriegsalben. Ein Beispiel:

Der Flieger Johannes Kosch aus Waidhofen hat neben anderen Szenen aus dem südlichen Tirol auch eines der Hinrichtungsbilder in sein Album eingeklebt. Eine Abbildung der Albumseite ist veröffentlicht in: Bodo von Dewitz: Zur Geschichte der Kriegsphotographie des Ersten Weltkriegs, in: Rainer Rother (Hg.): *Die letzten Tage der Menschheit. Bilder des Ersten Weltkriegs*, Ausstellungskatalog Deutsches Historisches Museum, Berlin 1994. S. 163–176, hier S. 173.

7 Zu den (geschätzten) Zahlen der bekannten und dem „Eisberg" der verschollenen Fotografien zur Hinrichtung Battistis siehe: Ando Gilardi: La fotografia „spontanea" della impiccagione di Cesare Battisti, in: *Archivio Trentino*, anno XLVI, Nr. 1, 1997, S. 156.

8 Battisti war als Abgeordneter Protagonist der italienischen Einigungsbewegung bekannter als der aus Istrien stammende Filzi. Bisher sind nur einige wenige Fotos bekannt, die Filzi am Hinrichtungsplatz zeigen.

9 Vgl. dazu ausführlicher Anton Holzer: Die Kamera und der Henker. Tod, Blick und Fotografie, in: *Fotogeschichte*, 20. Jg., Heft 78, 2000, S. 43–62, S. 61, Anm. 33. Zur Rolle der Fotografie bei Karl Kraus siehe Leo A. Lensing: „Photographischer Alpdruck" oder die politische Fotomontage? Karl Kraus, Kurt Tucholsky und die satirischen Möglichkeiten der Fotografie, in: *Fotogeschichte*, 14. Jg., Heft 52, S. 51–57.

10 Pina Pedron, Nicoletta Pontati: *Cesare Battisti. Il processo e la condanna. Materiali didattici*, Trento 1999 (documento 48). Einige wenige Bildpostkarten, die alle *vor* der Hinrichtung aufgenommen wurden – sie zeigen die Vorführung Battistis im Kastell, nicht aber seinen Tod – sind auch aus Österreich bekannt. In den Bildunterschriften wird Battisti als „Verräter" bezeichnet. Freilich dürften diese Bilder keine sehr hohen Auflagen erzielt haben, da die Zensur effizient arbeitete. Vgl. dazu: Hans Weigel, Walter Lukan, Max D. Peyfuss: *Jeder Schuß ein Russ, jeder Stoß ein Franzos. Literarische und graphische Kriegspropaganda in Deutschland und Österreich 1914/18*, Wien 1983, S. 100 f.

11 Karl Kraus: *Die letzten Tage der Menschheit*, Frankfurt am Main 1986, S. 508.

12 Die Fotoplatten sind als Teil eines privaten Nachlasses in das Bildarchiv der Österreichischen Nationalbibliothek in Wien gelangt.

Sie gehören nicht zur Fotosammlung des Kriegspressequartiers.

13 Zur Kriegsjustiz während des Krieges siehe Hans Hautmann: Kriegsgesetze und Militärjustiz in der österreichischen Reichshälfte 1914–1918, in: Erika Weinzierl, Oliver Rathkolb, Rudolf G. Ardelt, Siegfried Mattl (Hg.): *Justiz und Zeitgeschichte 1976–1993*, Bd. 1, Wien 1995, S. 73-85.

14 Mit der Verordnung vom 25. Juli 1914 wurde die Zuständigkeit für eine große Anzahl von Vergehen an die Landwehrgerichte bzw. an die Gerichte der gemeinsamen Wehrmacht übertragen. Dazu gehörten Vergehen wie Hochverrat, Störung der öffentlichen Ruhe, Aufstand, Aufruhr, Desertion, Sabotage, Mord, Totschlag und Raub. Mit der Verordnung vom 4. November 1914 wurde die Kriegsgerichtsbarkeit auf alle Delikte ausgedehnt. Vgl. Joseph Redlich: *Österreichische Regierung und Verwaltung im Weltkriege*, Wien 1925, S. 120 f. Unter die Militärjustiz fielen zu Kriegsbeginn alle Kriegsgebiete und weite Teile des Hinterlandes, u. a. die Bukowina, Galizien, der nordöstliche Teil Mährens, der östliche Teil des österreichischen Schlesiens, Dalmatien, Tirol, Vorarlberg, Salzburg, Steiermark, Kärnten, Krain, Görz (Gorizia / Nova Gorica), Gradisca, Triest (Trieste) und Istrien. Vgl. dazu auch: Walther Mentzel: *Kriegsflüchtlinge in Cisleithanien im Ersten Weltkrieg*, Diss., Wien 1997, S. 60.

15 Feststellung des k. u. k. Kriegsüberwachungsamtes, KÜA. 2647, vom 27. August 1914, zitiert nach *Das Militärstrafverfahren im Felde nach Gesetzen, Verordnungen und Erlässen*, als Hilfsbuch zusammengestellt von Majorauditor Dr. Albin Schager und Oberleutnantauditor i. V. d. E. Dr. Ludwig Kadečka des Kommandos der Südwestfront, Wien 1916, S. 114.

16 Dieser Befehl vom 19. August 1914 „Ergeht an die 30. Inft.Trupp.Div., 11. M. Brig. 93. Lst.Brig., höchste Kommandanten Zólkino, Sokal, Mosty Wielkie, Kamionka str., Stojanów, 3. ITD Lemberg; 3. Armeekommando Lemberg, Militärkommando Lemberg, AE Kdo. Lemberg und Landesgenkdo. Lemberg, am 19. August 1914", zitiert nach Gerhard Oberkofler, Eduard Rabofsky: Tiroler Kaiserjäger in Galizien, in: *Historische Blickpunkte. Festschrift für Johann Reinalter*, zum 65. Geburtstag dargebracht von Freunden, Kollegen und Schülern, herausgegeben von Sabine Weiss, unter Mitarbeit von Ulrike Kemmerling-Unterthurner und Hermann

J. W. Kuprian (Innsbrucker Beiträge zur Kulturwissenschaft, Bd. 25), Innsbruck 1988, S. 516.

17 Ähnliche Befehle sind aus dem serbischen Kriegsgebiet überliefert. Siehe dazu Anton Holzer: Augenzeugen. Der Krieg gegen Zivilisten. Fotografien aus dem Ersten Weltkrieg, in: *Fotogeschichte*, 22. Jg., Heft 85/86, 2002, S. 45–74, hier S. 51.

18 Walter Mentzel: *Kriegsflüchtlinge in Cisleithanien im Ersten Weltkrieg*, Diss., Wien 1997, S. 26.

19 Hans Hautmann: *Die Verbrechen der österreichisch-ungarischen Armee im Ersten Weltkrieg und ihre Nicht-Bewältigung nach 1918*, Referat auf der 23. Jahrestagung der amerikanischen „German Studies Association" in Atlanta, 7.–10.10.1999, (http://www.doew.at/ thema/thema_alt/justiz/kriegsverbr/haut mann.html). Karl Kraus spricht von 11.400 bis 36.000 Hinrichtungen. Kraus: *Die letzten Tagen der Menschheit*, Frankfurt am Main 1986, S. 505. Walter Mentzel schreibt: „Die quantitative Dimension der Verurteilungen und Hinrichtungen konnte bis heute nicht geklärt werden. Die Angaben schwanken zwischen 11.400, 30.000 bis zu 60.000 Hingerichteten. Die Höhepunkte der Kriegsjustiz stimmen mit den Vertreibungs- und Evakuierungswellen im Herbst 1914 und im Frühjahr 1915 mit der Rückkehr der k. u. k. Armee nach Galizien überein. In innenpolitischen Angelegenheiten konnte das AOK nur vom Kaiser selbst oder von der österreichischen Regierung eingeschränkt werden." Walter Mentzel: *Kriegsflüchtlinge in Cisleithanien im Ersten Weltkrieg*, Diss., Wien 1997, S. 62.

20 Feststellung des k. u. k. Kriegsüberwachungsamtes, KÜA. 2647, vom 27. August 1914, zitiert nach *Das Militärstrafverfahren im Felde nach Gesetzen, Verordnungen und Erlässen*, als Hilfsbuch zusammengestellt von Majorauditor Dr. Albin Schager und Oberleutnantauditor i. V. d. E. Dr. Ludwig Kadečka des Kommandos der Südwestfront, Wien 1916, S. 165 f.

21 In einer „Ergänzenden Anweisung des k. u. k. Ministeriums für Landesverteidigung, Praes. Nr. 4684, IV von 1914" zur Verordnung vom 25. Juli 1914 „über die Unterstellung der Zivilstrafgerichtsbarkeit unterworfenen Personen unter die Landwehrstrafgerichtsbarkeit" heißt es: „Die zuständigen Kommandanten werden darauf aufmerksam gemacht, daß nach der imperativen Anordnung des § 322 M. St. G. gegen Spione, die auf der Tat oder noch während des Krieges ergriffen werden, unbedingt *auch ohne vorausgegangene Kundmachung des Standrechtes standrechtmäßig zu verfahren ist.*" zitiert nach *Das Militärstrafverfahren im Felde nach Gesetzen, Verordnungen und Erlässen*, als Hilfsbuch zusammengestellt von Majorauditor Dr. Albin Schager und Oberleutnantauditor i. V. d. E. Dr. Ludwig Kadečka des Kommandos der Südwestfront, Wien 1916, S. 114.

22 Joseph Roth: *Radetzkymarsch*, München 1984 [1932], S. 303.

23 Vgl. dazu ausführlicher Anton Holzer: Augenzeugen. Der Krieg gegen Zivilisten. Fotografien aus dem Ersten Weltkrieg, in: *Fotogeschichte*, 20. Jg. Heft 85/86, 2002, S. 45–74 sowie ders.: Der lange Schatten von Abu Ghraib. Schaulust und Gewalt in der Kriegsfotografie, in: *Mittelweg 36. Zeitschrift des Hamburger Instituts für Sozialforschung*, Nr. 1/2006, S. 4–21.

24 Etwa in Tschechien, Slowenien, Serbien und Bosnien.

25 T. A. Innes, Ivor Castle (Hg.): *Covenants with death*, London 1934. Für den Hinweis danke ich Fred Plisner, Cambridge. Castle hatte während des Krieges als kanadischer Kriegsfotograf gearbeitet und war Mitarbeiter des englischen *Daily Mirror* gewesen.

26 Es gibt eine Reihe anderer Hinrichtungsfotos, die ebenfalls inmitten von – meist galizischen – Städten aufgenommen wurden. Das verweist darauf, dass die Exekutionen keineswegs im Geheimen stattfanden, sondern gut sichtbar, vor einer größeren Öffentlichkeit.

27 Das Foto befindet sich im Militärarchiv in Prag, siehe Karteikarte zum Bild.

28 Ernst Friedrich: *Krieg dem Kriege*, München 2004 (Reprint) [Originalausgabe 1924], S. 132.

29 *Das interessante Blatt*, 11. Februar 1915, S. 13.

30 Károly Kincses, Magdolna Kolta: *Minden magyar fotóriporterek atyja: Balogh Rudolf*, Magyar Fotográfiai Múzeum, Kecscemét, Budapest 1998, S. 91. Hier ist das Foto irrtümlich mit 1919 datiert.

31 Die meisten dieser Fotos gelangten im Frühjahr und Frühsommer 1915 in die Presse, als die Offensive der Mittelmächte die russische Front-

linie wieder weit nach Osten zurückdrängen konnte. Am 21. Februar 1915 veröffentlichte beispielsweise *Oesterreichs Illustrierte Zeitung* ein Hinrichtungsfoto mit der Bildunterschrift: „Vom nördlichen Kriegsschauplatz: Die Hinrichtung eines Spions", ebenda, S. 496. Am 30. September 1915 wurde in *Das interessante Blatt* ein Bild gedruckt, das mehrere Zivilisten zeigt, die, so der Bildtext, „der russischen Spionage verdächtig" seien und „von unseren Soldaten zum Verhör geführt" werden (S. 14).

32 In armeeeigenen Zeitschriften tauchen Fotos von Hinrichtungen in seltenen Fällen auch noch nach 1915 auf. Ein solches Bild ist abgedruckt in: *Illustrierte Kriegszeitung der k. u. k. 32. Infanterie-Truppendivision*, 2. Jg., 10. Mai 1917, S. 100.

33 *Wiener Hausfrau*, 23. Mai 1915, Beilage *Der Krieg. Illustrierte Wochen-Chronik*, S. III.

34 Siehe dazu ausführlicher das Kapitel „Zwischen den Fronten. Die Zivilbevölkerung im Blick" im vorliegenden Band.

Kirchen, Heilige und Ruinen

1 Alice Schalek: *Am Isonzo. März bis Juli 1916*. Mit 109 Abbildungen meist nach eigenen Aufnahmen und einer Übersichtskarte, Wien 1916, S. 166.

2 Ebenda.

3 Ebenda, S. 167.

4 Ebenda, S. 167 ff.

5 Kriegsbilderausstellung des Kriegsmalers Eduard Adrian Dussek: *Isonzofront – Triest – Belgrad*, Militärcasino Wien, o. J. [1918], o. S. Dussek, geboren 1871, war seit Oktober 1915 Mitglied des KPQ.

6 *Wiener Bilder*, 25. Februar 1917, S. 7. Die Fotovorlage stammt von der Fotoagentur „Leipziger Presse-Bureau".

7 Vgl. dazu Bodo von Dewitz, Detlef Hoffmann: Christus in aktualisierter Gestalt. Über ein Motiv der Kriegsfotografie von 1914–1954, in: *Fotogeschichte*, 1. Jg., Heft 2, 1981, S. 43–48 sowie Bodo von Dewitz: *So wird bei uns Krieg geführt! Amateurfotografie im Ersten Weltkrieg*, München 1989, S. 280.

8 Vgl. dazu ausführlicher: Peppino Ortoleva: Guerra e mass media nel XX secolo, in: Peppino Ortoleva, Chiara Ottaviano (Hg.): *Guerra e mass*

media. Strumenti e modi della comunicazione in contesto bellico, Napoli 1994, S. 9–20, hier S. 13.

9 *Das interessante Blatt*, Nr. 27, 4. Juli 1918, S. 6.

10 Klaus Schreiner: *Maria. Jungfrau, Mutter, Herrscherin*, München 1996, S. 395–409, hier insbes. S. 398.

11 Jay Winter: *Sites of Memory, Sites of Mourning. The Great War in European Cultural History*, Cambridge 1995, S. 66.

12 Das Foto wurde am 15. Juli 1916 in der Bildillustrierten *Unsere Krieger. Bilder aus groszer Zeit* veröffentlicht. In Galizien spielte das Marienbild auch deshalb eine Rolle, weil es als gegenreformatorisches Symbolbild dazu beitrug, die katholischen Grenzen der Monarchie gegenüber orthodoxen Ansprüchen zu verteidigen.

13 Möglicherweise handelt es sich um Rudolf Flamm, der vor dem Krieg Mitglied im Wiener Amateurphotographenklub war, oder um Franz Flamm (1890–1932), der ab 1913 als Fotograf in Innsbruck tätig war und später in Spitz a. d. Donau lebte. Die Hinweise stammen aus Timm Starl: *FotoBibl. Biobibliografie zur Geschichte der Fotografie in Österreich von 1839 bis 1945* (online unter www.albertina.at).

14 Alice Schalek: *Am Isonzo. März bis Juli 1916*. Mit 109 Abbildungen meist nach eigenen Aufnahmen und einer Übersichtskarte, Wien 1916, S. 170.

15 *Unsere Krieger. Bilder aus groszer Zeit*, 15. Juli 1916, S. 429.

16 Alice Schalek: *Am Isonzo. März bis Juli 1916*. Mit 109 Abbildungen meist nach eigenen Aufnahmen und einer Übersichtskarte, Wien 1916, S. 171.

17 Brief vom Leiter des KPQ, Wilhelm Eisner-Bubna, an den Fürstbischof von Gurk, Michael Napotnik, ÖStA/KA, KPQ, Filmstelle 1917, Karton 58 (1988).

18 Ebenda.

19 Brief des Kanzlers Martin Nater vom 16. Juni 1917 an das KPQ, ebenda.

20 ÖStA/KA, KPQ, Filmstelle 1917, Karton 58 (1988).

21 Ludwig Lepuschitz: Galizische Holzkirchen, in: *Monatsschrift Wiener Bauhütte*, 11. Jg., Heft 8, Wien 1917, S. 106.

22 Ebenda.

Das letzte Bild

1 Der Name scheint am Rande des Glasplattennegativs auf. Möglicherweise handelt es sich um Franz Sladek, der im ersten Jahrzehnt des 20. Jahrhunderts als Schüler der Graphischen Lehr- und Versuchsanstalt, Wien, auftaucht. Vgl. Timm Starl: *FotoBibl. Biobibliografie zur Geschichte der Fotografie in Österreich von 1839 bis 1945* (online unter: www.albertina.at).

2 *Auf dem Felde der Ehre, 1914–1915*, bearbeitet im k. u. k. Kriegsarchiv, 3 Bde., Verlag des k. u. k. Kriegsarchivs, Wien 1915.

3 Karl Kraus: *Die letzten Tage der Menschheit*, Frankfurt am Main 1986, S. 651 f.

4 Es handelt sich um die in der Frühjahrsoffensive 1915 wiedereroberten Gebiete Galiziens.

5 Die Fotos der Serie sind nicht datiert und nicht beschriftet. Die Bilder dürften tatsächlich in einen Zusammenhang gehören, da die Negativnummern aneinander anschließen. Durch Bildvergleiche mit andern Aufnahmen (K 13314 ff.), die teilweise gleiche Szenen in Podhajce (Pidgajce) zeigen, lässt sich schließen, dass die Fotos vermutlich im Juli oder August 1915 in der Umgebung von Podhajce aufgenommen wurden.

6 Die Bildtexte geben keine eindeutigen Hinweise, dennoch können wir annehmen, dass es sich bei den Toten um russische Soldaten handelt, die während der – für die k. u. k. Truppen erfolgreichen – Kämpfe ums Leben kamen.

7 Der Brief stammt aus dem Buch: *Ein Volk klagt an. 50 Briefe über den Krieg*, Wien 1931, S. 30 f.

8 Nabresina liegt zwischen Monfalcone und Triest (Trieste).

9 Nicht zufällig sind es solche Bilder des Schreckens, die nach 1918 als anklagende Dokumente gegen den Krieg verwendet wurden. Das vorliegende Foto wurde 1931 in der österreichischen sozialdemokratischen Illustrierten *Der Kuckuck* (22. März 1931) veröffentlicht.

10 Vasja Klavora: *Blaukreuz. Die Isonzofront. Flitsch / Bovec 1915–1917*, Klagenfurt, Ljubljana, Wien 1993, S. 208.

11 Die Fotos von der letzten Piave-Schlacht (15. bis 25. Juni 1918) entstanden zwischen dem 15. und dem 22. Juni 1918. Als sich die Niederlage abzeichnete, entstanden keine offiziellen Aufnahmen mehr.

12 Das linke der beiden Bilder wurde am 19. April 1931 von der österreichischen sozialdemokratischen Bildillustrierten *Der Kuckuck* (an den Rändern beschnitten) veröffentlicht. In der Bildunterschrift wird angedeutet, dass es sich um einen erfrorenen Soldaten handelt.

13 Paweł Pencakowski: Monumenti dimenticati agli „eroi di nessuno". I cimiteri austriaci di guerra nella Galizia occidentale, in: Gianluigi Fait (Hg.): *Sui campi di Galizia (1914–1917). Gli italiani d'Austria e il fronte orientale: uomini, popoli, culture nella guerra europea*, Rovereto 1997, S. 464. Die k. u. k. Kriegsgräberabteilung wurde am 3. November 1915 eingerichtet.

14 Robert A. Kann u. a.: *The Habsburg Empire in World War I. Essays on the Intellectual, Military, Political and Economic Aspects of the Habsburg War Effort*, New York 1977, S. 137.

15 Ebenda.

16 Paweł Pencakowski: Monumenti dimenticati agli „eroi di nessuno". I cimiteri austriaci di guerra nella Galizia occidentale, in: Gianluigi Fait (Hg.): *Sui campi di Galizia (1914–1917). Gli italiani d'Austria e il fronte orientale: uomini, popoli, culture nella guerra europea*, Rovereto 1997, S. 465 ff.

17 Ebenda, S. 471. Einige der Architekten, wie Hans Mayr und Gustav Rossmann, waren Schüler von Otto Wagner.

18 Ebenda, S. 470 f.

19 Ebenda, S. 475 f. Die Kriegsgräberabteilungen legten eigene Fotosammlungen an, die teilweise erhalten sind, etwa im Staatsarchiv Krakau (Kraków).

20 Podwiesoky liegt bei Kurzany (Kurjani), wenige Kilometer westlich von Brzezany (Berezani), Ostgalizien.

Nach der Schlacht

1 Albums über die Offensive gegen Italien, Referat von Oblt. von Klarwill vom 29. Oktober 1917, ÖStA/KA, KPQ, Karton 63 (11943).

2 Brief von Oblt. von Klarwill an den Kriegsmaler Theo Matejko vom 2. November 1917, ÖStA/KA, KPQ, Karton 63 (12634).

3 Ebenda.

4 Brief von Nikolaus Schindler, Lichtbildstelle des KPQ, an die Propagandagruppe des KPQ vom 10. November 1917, ÖStA/KA, KPQ, Karton 63 (12780).

5 Rundschreiben des KPQ an die an der Italienfront operierenden Truppen vom 14. November 1917, ÖStA/KA, KPQ, Karton 63 (12780).

6 Oblt. Krauß, KPQ: Rundschreiben vom 24. November 1917, ÖStA/KA, KPQ, Karton 63 (12589).

7 Ebenda.

8 Zahlreiche dieser Aushangfotos sind in der Bibliothek für Zeitgeschichte, Stuttgart, erhalten. Man erkennt sie an den Einstichlöchern am Bildrand.

9 Brief des KPQ an das k. u. k. Kriegsministerium vom 3. April 1918, ÖStA/KA, KPQ, Karton 66 (4582). Darin heißt es: „Die für Dioramen in Betracht kommenden Orte von weltgeschichtlicher Bedeutung (…) sind: Gorlice, Görz, Uzsok Pass, Belgrad, Lovcen, Durazzo, Brasso, Folgaria, Czernowitz, Strasse von Otranto (Marinebild). Das k. u. k. Kriegspressequartier glaubt mit dieser Zusammenstellung die wichtigsten Punkte von sämtlichen Kriegsschauplätzen genannt zu haben."

10 Josef Ponten: Landschaften des Krieges, IV., Karpathen, in: *Über Land und Meer. Deutsche Illustrierte Zeitung*, Bd. 116, Nr. 47, 1916, S. 881.

11 Friedrich König: Photographie für kriegsmuseale und archivarische Zwecke, in: *Wiener Mitteilungen der Literatur, Kunst, Kartographie und Photographie*, 10. und 25. Mai 1916, S. 149. Für den Hinweis danke ich Timm Starl.

12 Bernd Hüppauf: Das Schlachtfeld als Raum im Kopf. Mit einem Postscriptum nach dem 11. September 2001, in: Steffen Martus, Marina Münkler, Werner Röcke (Hg.): *Schlachtfelder. Codierung von Gewalt im medialen Wandel*, Berlin 2003, S. 207–233.

13 Vgl. dazu Christian Rapp: Last Frontiers. Landschaft zwischen Krieg und Erinnerungskultur, in: Anton Holzer, Wieland Elfferding

(Hg.): *Ist es hier schön. Landschaft nach der ökologischen Krise*, Wien 2000, S. 236.

14 Vgl. dazu den Brief des k. u. k. Kriegsministeriums an das k. k. Ministerratspräsidium vom 21. März 1917, ÖStA/KA, KPQ, Karton 59 (Präs. Nr. 5990) und den folgenden Briefwechsel, der sich bis zum Sommer 1917 hinzieht.

15 Ebenda.

16 Brief des k. u. k. Ministeriums für öffentliche Arbeiten an das KPQ vom 21. Juli 1917, ÖStA/KA, KPQ, Karton 59 (2843).

17 Ebenda.

18 *Die unsterbliche Landschaft. Die Fronten des Weltkrieges.* Ein Bilderwerk herausgegeben von Erich Otto Volkmann, Band X: *Der Kampfraum Verdun*, Leipzig 1935, S. 46.

19 *Der Weltkrieg im Bild.* Bd. I: *Originalaufnahmen des Kriegs-Bild- und Filmamtes aus der modernen Materialschlacht*, mit einem Geleitwort von Georg Soldan, Berlin, Oldenburg 1926.

20 Deutlicher als in Österreich tritt diese Entwicklung in Deutschland hervor. Die Westfront stand viel stärker im Brennpunkt der politischen Debatten der Nachkriegszeit als die Ost- und Südostfront.

21 Franz Schauwecker: *So war der Krieg. 200 Kampfaufnahmen aus der Front*, 2. Aufl., Berlin 1927, S. 3.

22 Ebenda, S. 3 f.

23 Ebenda, S. 4.

Nach dem Krieg

1 Bereits einen Tag vorher, am 26. Juli 1924, hatte in Wien eine Antikriegskundgebung stattgefunden. Aufgerufen zur Versammlung hatten 15 Friedensvereine unterschiedlicher Parteien. Die Veranstaltung fand in der Volkshalle des Rathauses statt, ging dann über in einen Fackelzug auf der Ringstraße und endete am Schwarzenbergplatz. Vgl. *Neuigkeits-Welt-Blatt*, 29. Juli 1924, S. 4.

2 Von der großen Kundgebung, in: *Der Abend*, 28. Juli 1924, S. 3.

3 Während die linke Presse ausführliche (Bild-)Berichte brachte, war das Echo der bürgerlichen Zeitungen verhaltener. Hier wurde auch Kritik an der „sozialdemokratischen" Veranstaltung geäußert. Vgl. etwa die Leitartikel in der *Wiener*

Allgemeinen Zeitung, 23. Juli 1924, S. 1 sowie im *Neuigkeits-Welt-Blatt*, 27. Juli 1924, S. 1.

4 Die Aufnahmen wurden bei Inventurarbeiten wiederentdeckt. Sie stammen aus dem Archiv der Tageszeitung *Der Abend* und gelangten (vermutlich nach dem Verbot der Zeitung 1934) zusammen mit einem umfangreichen Bestand anderer Presseaufnahmen zunächst in die Bibliothek des Parlaments und von dort 1975 in das Bildarchiv der Österreichischen Nationalbibliothek. Die Negative sind nicht erhalten. Mitte der 1920er Jahre hatte *Der Abend* eine tägliche Auflage von 160.000.

5 Vgl. dazu Anton Holzer: Den Krieg sehen. Zur Bildgeschichtsschreibung des Ersten Weltkriegs, in: ders. (Hg.): *Mit der Kamera bewaffnet. Krieg und Fotografie*, Marburg 2003.

6 Zur Geschichte und internen Differenzierung der Bewegung siehe Christl Wickert: Das „pazifistische" Kriegserlebnis und seine Verarbeitung in der Weimarer Republik, in: *August 1914. Ein Volk zieht in den Krieg*, hg. von der Berliner Geschichtswerkstatt, Berlin 1989, S. 264–273.

7 In Dänemark und Schweden wurde dieser Tag schon während des Krieges als Antikriegstag begangen.

8 Ernst Friedrich: *Krieg dem Kriege*, München 2004 (Reprint). Die Originalausgabe erschien 1924.

9 Franz Schauwecker: *So war der Krieg. 200 Kampfaufnahmen aus der Front*, 2. Aufl., Berlin 1927; *Der Weltkrieg im Bild.* Bd. I: *Originalaufnahmen des Kriegs-Bild- und Filmamtes aus der modernen Materialschlacht*, mit einem Geleitwort von Georg Soldan, Berlin, Oldenburg 1926; *Der Weltkrieg im Bild.* Bd. II: *Frontaufnahmen aus den Archiven der Entente*, mit einem Vorwort von Werner Beumelburg, o. O., o. J.; Ernst Jünger: *Das Antlitz des Weltkrieges*, Berlin 1930; Hermann Rex: *Der Weltkrieg in seiner rauhen Wirklichkeit („Das Frontkämpferwerk")*. 600 Original-Aufnahmen des Krieg-Bild- und Filmamtes und des Kriegsphotographen Hermann Rex, Oberammergau 1926.

10 Vgl. etwa *Kamerad im Westen. Ein Bericht in 221 Bildern*, Frankfurt am Main 1930; *Wehrlos hinter der Front. Leiden der Völker im Krieg. 144 Bilddokumente*, Frankfurt am Main 1931; *1910 – 1930. Zwanzig Jahre Weltgeschichte in 700 Bildern*. Mit einer Einleitung

von Friedrich Sieburg, Bildauswahl und -zusammenstellung: Sándor Márai und László Dormándi, Berlin 1931 (Die ungarische Ausgabe erschien im selben Jahr in Budapest).

11 Eine Bild-Text-Analyse zu Schauweckers Bildband *So war der Krieg* liefert Bernd Hüppauf: Zwischen Metaphysik und visuellem Essayismus. Franz Schauwecker: So war der Krieg (1928), in: Thomas F. Schneider, Hans Wagener (Hg.): *Von Richthofen bis Remarque: Deutschsprachige Prosa zum Ersten Weltkrieg. Amsterdamer Beiträge zur neueren Germanistik*, Bd. 53, Amsterdam, New York 2003, S. 233–248. Zu Ernst Jüngers Fotoband siehe Julia Encke: *Augenblicke der Gefahr. Der Krieg und die Sinne 1914–1934*, München 2006, insbes. S. 40 ff.

12 Wilhelm Reetz (Hg.): *Eine ganze Welt gegen uns. Eine Geschichte des Weltkriegs in Bildern*, eingeführt von Werner Beumelburg, Ullstein Verlag, Berlin 1934.

13 Dora Apel stellt die visuellen Erzählstrategien dieser Autoren vor und verweist darauf, dass die Bücher auch – oft implizite – Antworten auf pazifistische Stimmen waren, u. a. auf Ernst Friedrichs 1924 erschienenes Buch *Krieg dem Kriege*. Dora Apel: Cultural Battlegrounds: Weimar Photographic Narratives of War, in: *New German Critique*, Number 76, Winter 1999, S. 49–85, hier insbes. S. 70 ff.

14 Franz Schauweckers Bildband *So war der Krieg* etwa beginnt mit dem Kapitel „Vormarsch" und endet mit dem Kapitel „Grab" und dem Bild eines Soldatenfriedhofs vor verwüsteter Landschaft.

15 Schauwecker schreibt in der Einleitung: „In diesem Werk geht es nur um den Krieg als solchen. Etappe, Paradebesichtigung, Übungsfeld und Garnison sind ausgeschaltet. Maßgebend allein ist der Krieg als Landschaft und Material und ist der deutsche Mensch als Kampfsoldat. In diesem Verständnis ist dieses Bildwerk eine Geschichte des deutschen Frontsoldaten. Es ist sein Tagebuch in Bildern." Franz Schauwecker: *So war der Krieg. 200 Kampfaufnahmen aus der Front*, 2. Aufl., Berlin 1927; Die pazifistisch orientierten Veröffentlichungen hingegen räumten dem Thema Zivilbevölkerung und Hinterland mehr Platz ein.

16 So findet sich etwa im Band *Der Weltkrieg im Bild.* Bd. I: *Originalaufnahmen des Kriegs-Bild- und Filmamtes aus der modernen*

Materialschlacht, mit einem Geleitwort von Georg Soldan, Berlin, Oldenburg 1926, ein Kapitel über die Ostfront, S. 249 bis 285.

17 Vgl. dazu Anton Holzer: Mit der Kamera bewaffnet. Kriegsfotografien aus dem Ersten Weltkrieg, in: Uwe Schögl (Hg.): *Im Blickpunkt. Die Fotosammlung der Österreichischen Nationalbibliothek*, Innsbruck 2002, S. 166–191.

18 Wilhelm Eisner-Bubna: Neuorientierung des Kriegspressequartiers, Sonderkommandobefehl Nr. 26 vom 29. Oktober 1918, ÖStA/KA, KPQ, Karton 73.

19 Zur Odyssee der Fotosammlung des KPQ nach 1918 siehe Anton Holzer: Mit der Kamera bewaffnet. Kriegsfotografien aus dem Ersten Weltkrieg, in: Uwe Schögl (Hg.): *Im Blickpunkt. Die Fotosammlung der Österreichischen Nationalbibliothek*, Innsbruck 2002, 166–191, hier 174 ff.

20 *Lichtbild- und Filmdienst*, Nr. 5, 1. Mai 1934.

21 *Der Abend*, 30. Juli 1927.

22 Nie wieder Krieg! In: *Der Abend*, 28. Juli 1928, S. 8.

23 Ebenda.

24 Vg. Dazu Maureen Healy: *Vienna and the Fall of the Habsburg Empire. Total War and Everyday Life in World War I*, Cambridge 2004, S. 31 ff.

25 Siehe dazu Anton Holzer: Augenzeugen. Der Krieg gegen Zivilisten. Fotografien aus dem Ersten Weltkrieg, in: *Fotogeschichte*, 22. Jg., Heft 85/86, 2002, S. 45–74, S. 65

26 Rittmeister von Klarwill: Agitation gegen die tschecho-slowakischen Legionsumtriebe, 24. Juni 1918, ÖStA/KA, KPQ, Karton 67 (4918).

27 Ebenda. Zur Herstellung des Plakates dürfte es freilich nicht mehr gekommen sein.

28 Vgl. dazu Dora Apel: Cultural Battlegrounds: Weimar Photographic Narratives of War, in: *New German Critique*, Nummer 76, Winter 1999, S. 49–85. Die Autorin vergleicht v. a. die Bände von Friedrich, Rex, Schauwecker und Jünger.

29 Das Museum entstand im Zuge der „Nie wieder Krieg“-Bewegung. Vorbild war das Berliner Museum von Ernst Friedrich. Die Hinweise zum Wiener Museum sind spärlich. Vermutlich hatte es nur eine kurze Lebensdauer.

30 Armeeangehörige, die der Desertion beschuldigt wurden, wurden häufig (aber nicht immer) erschossen. Zivilisten hingegen, die als „Spione“ oder „Verräter“ hingerichtet wurden, wurden meistens am Galgen getötet. Während Erhängungen häufig fotografiert wurden, sind Aufnahmen von Erschießungen weitaus seltener.

31 Vgl. dazu Stefan Riesenfellner, Josef Seiter: *Der Kuckuck. Die moderne Bildillustrierte des Roten Wien* (Studien zur Gesellschafts- und Kulturgeschichte, Bd. 5), Wien 1995, S. 240.

32 Vgl. dazu Monika Mayer: Freiwillige Verschmelzung. Künstlervereinigungen in Wien 1933–1945, in: Jan Tabor (Hg.): *Kunst und Diktatur. Architektur, Bildhauerei und Malerei in Österreich, Deutschland, Italien und der Sowjetunion 1922–1956*, Bd. 1, Wien 1994, S. 288–293, hier S. 288. sowie dies.: Gesunde Gefühlsregungen. Das Wiener Ausstellungswesen 1933–1945, in: Ebenda, S. 294–301, hier S. 294.

33 *Österreichische Kriegsbilderausstellung 1914–1918*, veranstaltet von der Genossenschaft der Bildenden Künstler Wiens, 6. September bis 14. Oktober 1934 (verlängert bis 28. Oktober), o. O. [Wien], o. J. [1934], S. 13.

34 Vgl. dazu Hans Pauer: *Das Bildarchiv der Österreichischen Nationalbibliothek. Ein Institut zur öffentlichen Pflege der Dokumentarphotographie. Geschichte und Programm*, Wien 1947, S. 38.

35 *Neues Wiener Tagblatt*, 29. und 30. September 1937.

36 Das Foto wurde offenbar nicht veröffentlicht Allerdings wurden ähnliche Bilder in der Tagespresse abgedruckt. Am 5. November 1935 erschien ein Foto, das, so der Bildtext, den „Aufmarsch der Kriegsinvaliden“ zeigt. Vgl. *Das Kleine Blatt*, 5. November 1935, S. 8. Am selber Tag veröffentlicht die *Illustrierte Kronen-Zeitung* eine Zeichnung nach der Vorlage dieser Aufnahme (S. 4).

37 Große Heldenfeier der Soldatenfront, in: *Wiener Zeitung*, 4. November 1935, S. 2.

38 Heldenehrung der Kameradschaften, in: *Neues Wiener Tagblatt*, 4. November 1935, S. 3.

39 Ebenda.

40 Der Kanzler gedenkt der toten Kameraden, in: *Wiener Zeitung*, 3. November 1935, S. 7.

Der Text der Ansprache war der Zeitung vorab zur Verfügung gestellt worden.

Geschichte in Bildern

1 Siehe dazu u. a. Ulrich Keller: *The Ultimate Spectacle. A Visual History of the Crimean War*, Amsterdam u. a. 2001 sowie Ute Daniel: Der Krimkrieg 1853–1856 und die Entstehungskontexte medialer Kriegsberichterstattung, in: dies. (Hg.): *Augenzeugen. Kriegsberichterstattung vom 18. bis zum 21. Jahrhundert*, Göttingen 2006, S. 40–67.

2 Zum amerikanisch-kubanischen Krieg siehe Ulrich Keller: Blut und Silber. Die Inszenierung der Kuba-Invasion in der amerikanischen Bildpresse, in: *Fotogeschichte*, 25. Jg., Heft 97, 2005, S. 25–46. Zum südafrikanischen Krieg siehe Andreas Steinsieck: Ein imperialistischer Medienkrieg. Kriegsberichterstatter im Südafrikanischen Krieg (1899–1902), in: Ute Daniel (Hg.): *Augenzeugen. Kriegsberichterstattung vom 18. bis zum 21. Jahrhundert*, Göttingen 2006, S. 87–112.

3 Bereits vor 1914 hatte sich ein verzweigtes und professionell hoch entwickeltes System der Pressefotografie herausgebildet, an das sowohl in der Kriegs- wie auch in der Nachkriegszeit angeknüpft werden konnte. Siehe dazu: Bernd Weise: Pressefotografie, Teil III, in: *Fotogeschichte*, 10. Jg., Heft 37, S. 13–36.

4 Diese u. a. von Tim Gidal immer wieder geäußerte These ist mittlerweile längst widerlegt, u. a. von Bernd Weise, Institut für Auslandsbeziehungen (Hg.): *Fotografie in deutschen Zeitschriften 1883–1923*, Stuttgart 1991 sowie Ute Eskildsen, Institut für Auslandsbeziehungen (Hg.): *Fotografie in deutschen Zeitschriften 1924–1933*, Stuttgart, 1982. Vgl. dazu auch Bodo von Dewitz, Robert Lebeck (Hg.): *KIOSK. Eine Geschichte der Fotoreportage 1839–1973*, Göttingen 2001.

5 Ein Beispiel unter mehreren ist Carl (auch Karl) Seebald. Er arbeitete seit 1905 als Pressefotograf in Wien, war während des Ersten Weltkrieges Kriegsfotograf und arbeitete auch nach Kriegsende noch jahrelang für die Presse (bis 1935).

6 Vgl. Bernd Weise: Pressefotografie, Teil I, in: *Fotogeschichte*, 9. Jg. Heft 31, 1989, S. 15–40 und ders.: Pressefotografie, Teil II, in: *Fotogeschichte*, 9. Jg. Heft 33, 1989, S. 27–62.

Literatur

Bücher, Aufsätze:

1910–1930. Zwanzig Jahre Weltgeschichte in 700 Bildern. Mit einer Einleitung von Friedrich Sieburg, Bildauswahl und -zusammenstellung: Sándor Márai und László Dormándi, Berlin 1931.

ALLARD, PAUL (en collaboration avec F. Drach): *Images secrètes de la guerre. 200 photographies et documents censurés en France,* Paris 1933.

ALLMAYER-BECK, J. C., P. BROUCEK, M. RAUCHENSTEINER: Der Erste Weltkrieg in der österreichischen Geschichtsschreibung zwischen 1914 und 1984, in: JÜRGEN ROHWER (Hg.): *Neue Forschungen zum Ersten Weltkrieg. Literaturberichte und Bibliographien,* Koblenz 1985, S. 267–278.

ALSCHMIDT, E.: Die Mittel des Krieges: Die Feldbäckerei, in: *Der Krieg. Illustrierte Chronik des Krieges,* Vierter Jahrgang, Bd. X und XI, 1917/1918, Stuttgart 1918, S. 290–294.

AMANN, KLAUS UND HUBERT LENGAUER (Hg.): *Österreich und der Große Krieg 1914–1918. Die andere Seite der Geschichte,* Wien 1989.

AMELUNXEN, HUBERTUS VON: Das Memorial des Jahrhunderts. Fotografie und Ereignis, in: MICHEL FRIZOT (Hg.): *Neue Geschichte der Fotografie,* Köln 1998, S. 131–148.

AMELUNXEN, HUBERTUS VON: Von der Vorgeschichte des Abschieds. Bilder zum Zustand des Kriegerischen in der Fotografie, in: *Fotogeschichte,* 12. Jg., Heft 43, 1992, S. 27–37.

ANGETTER, DANIELA CLAUDIA: *Die Militär-Sanitätsversorgung an der Südwestfront 1915–1918,* Diss., Wien 1995.

ANONYM: Das Auge der Schlacht, in: *Der Krieg. Illustrierte Chronik des Krieges 1917/18,* Vierter Jahrgang, (Bd. X und XI), Stuttgart 1918.

Anordnungen für die Durchführung und Verwertung der Maisernte 1918 im besetzen Gebiete Italiens, herausgegeben vom Heeresgruppenkommando FM v. Boroević, Feldpost 239, am 14. September 1918.

APEL, DORA: Cultural Battlegrounds: Weimar Photographic Narratives of War, in: *New German Critique,* Number 76, Winter 1999, S. 49–85.

Auf dem Felde der Ehre, 1914–1915, bearbeitet im k. u. k. Kriegsarchiv, 3 Bde., Verlag des k. u. k. Kriegsarchivs, Wien 1915.

AVENARIUS, FERDINAND: *Das Bild als Verleumder. Bemerkungen zur Technik der Völkerverhetzung,* München 1919.

BABEL, ISAAK: *Tagebuch 1920,* Zürich 1998.

BACHMANN, KLAUS: *Kriegsgrund Galizien. Der Nationalitätenkonflikt in Galizien und seine außenpolitischen Auswirkungen 1907–1914,* Diplomarbeit, Wien 1986.

BALLHAUSEN, THOMAS, GÜNTER KRENN: Krieg und Kino. Ein Name wird Programm: Alexander „Sascha" Kolowrat-Krakowsky, in: *Filmarchiv 06,* Februar 2003, S. 75–81.

BALLHAUSEN, THOMAS, GÜNTER KRENN: Musen in Uniform. Filmische Kriegsberichterstattung Österreich-Ungarn während des Ersten Weltkriegs, in: *Musen an die Front! Schriftsteller und Künstler im Dienst der k. u. k. Kriegspropaganda 1914–1918.* Begleitband zur gleichnamigen Ausstellung, Teil 1: Beiträge, hg. vom Adalbert Stifter Verein, München 2003, S. 83–97.

BECKER, FRANK: Die Anfänge der deutschen Kriegsfotografie in der Ära der Reichseinigungskriege (1864–1871), in: THILO EISERMANN, DIRK MACZKIEWITZ, RAOUL ZÜHLKE (Hg.): *Propaganda. Von der Macht des Wortes zur Macht der Bilder,* Hamburg 1998, S. 69–102.

BECKER, FRANK: Die „Heldengalerie" der einfachen Soldaten. Lichtbilder in den deutschen Einigungskriegen, in: ANTON HOLZER (Hg.): *Mit der Kamera bewaffnet. Krieg und Fotografie,* Marburg 2003, S. 39–56.

Bericht der k. u. k. Munitionsfabrik in Wöllersdorf über die Tätigkeit im Weltkriege, Wöllersdorf, Mai 1918.

BEURIER, JOËLLE: Violenza e fotografia di guerra nel primo conflitto mondiale: uno studio comparativo franco-tedesco attraverso due settimanali illustrati, in: *Memoria e ricerca. Rivista di storia contemporanea* (Themenheft: Fotografia e Violenza. Visioni della bru-

talità dalla Grande Guerra ad oggi), Nr. 20, September – Dezember 2005, S. 23–38.

BINDER, PETER: *Zur Truppenbetreuung der k. u. k. Armee von 1914–1918. Versuch einer Annäherung,* Diplomarbeit, Wien 1999.

BIWALD, BRIGITTE: *Vom Helden zum Krüppel. Das österreichisch-ungarische Militärsanitätswesen und dessen Auswirkungen auf die Gesellschaft im Ersten Weltkrieg,* 2 Bde., Diss., Wien 2000.

BOJKOVIĆ, SLADJANA, MILOJE PRŠIĆ: *Stradanje srpskog narodna u srbije 1914–1918* (Die Leiden des serbischen Volkes 1914–1918), hg. vom Historischen Museum Serbiens, Beograd 2000.

BOLL, BERND: Das Adlerauge des Soldaten. Zur Fotopraxis deutscher Amateure im Zweiten Weltkrieg, in: *Fotogeschichte,* 22. Jg., Heft 85/86, 2002, S. 75–87.

BOLL, BERND: Vom Album ins Archiv. Zur Überlieferung privater Fotografien aus dem Zweiten Weltkrieg, in: ANTON HOLZER (Hg.): *Mit der Kamera bewaffnet. Krieg und Fotografie,* Marburg 2003, S. 167–178.

BRANDT, SUSANNE: Kriegssammlungen im Ersten Weltkrieg. Denkmäler oder Laboratories d'histoire?, in: GERHARD HIRSCHFELD, GERD KRUMEICH, IRINA RENZ (Hg.): *Keiner fühlt sich hier mehr als Mensch ... Erlebnis und Wirkung des Ersten Weltkrieges,* Essen 1993, S. 283–302.

BROCKS, CHRISTINE: Der Krieg auf den Postkarten, in: ROLF SPILKER, BERND ULRICH (Hg.): *Der Tod als Maschinist. Der industrialisierte Krieg 1914–1918,* Bramsche 1998, S. 154–163.

BROTHERS, CAROLINE: *War and Photography. A Cultural History,* London u. a. 1997.

BROUCEK, PETER: *Karl I (IV.). Der politische Weg des letzten Herrschers der Donaumonarchie,* Wien 1997.

BROUCEK, PETER: Das Kriegspressequartier und die literarische Gruppe im Kriegsarchiv 1914–1918, in: KLAUS AMANN, HUBERT LENGAUER (Hg.), *Österreich und der Große Krieg 1914–1918. Die andere Seite der Geschichte,* Wien 1989, S. 132–139.

BUCCIOL, EUGENIO: Dalla Moldava al Piave. I legionari cecoslovacchi sul fronte italiano nella Grande Guerra, in: GUSTAVO CORNI, EUGENIO BUCCIOL, ANGELO SCHWARZ: Inediti della Grande Guerra. Immagini dell'invasione austro-germanica in Friuli e nel Veneto orientale, 2. Aufl. Portogruaro 1992.

BUCCIOL, EUGENIO: Österreichisch-ungarische und italienische Kriegsfotos. Eine Gegenüberstellung, Portogruaro 1995.

BUCCIOL, EUGENIO: Il Veneto nell'obiettivo Austro-Ungarico. L'occupazione del 1917–1918 nelle foto dell'Archivio di Guerra di Vienna, Treviso 1992.

BÜTTNER, ELISABETH, CHRISTIAN DEWALD: Das tägliche Brennen. Eine Geschichte des österreichischen Films von den Anfängen bis 1945, Salzburg, Wien 2002.

CARMICHAEL, JANE: Die Entwicklung der britischen Photographie während des Ersten Weltkrieges, in: RAINER ROTHER (Hg.): Die letzten Tage der Menschheit. Bilder des Ersten Weltkriegs, Ausstellungskatalog Deutsches Historisches Museum, Berlin 1994, S. 177–185.

CORNI, GUSTAVO: La società veneto-friulana durante l'occupazione militare austro-germanica 1917–1918, in: GUSTAVO CORNI, EUGENIO BUCCIOL, ANGELO SCHWARZ: Inediti della Grande Guerra. Immagini dell'invasione austro-germanica in Friuli e nel Veneto orientale, hg. von Bruno Gallegher und Adriano Miolli, Portogruaro, 2. Aufl. 1992.

CORNI, GUSTAVO, EUGENIO BUCCIOL, ANGELO SCHWARZ: Inediti della Grande Guerra. Immagini dell'invasione austro-germanica in Friuli e nel Veneto orientale, hg. von BRUNO GALLEGHER UND ADRIANO MIOLLI, Portogruaro, 2. Aufl. 1992.

CRON, KARL: Das Militärsanitätswesen, in: Die Wehrmacht der Monarchie im Weltkrieg 1914, Wien, o. J. [1914], S. 145–151.

CYBENKO, LARISSA: Mythen in der ukrainischen Vergangenheit und Gegenwart, in: VALERIA HEUBERGER, ARNOLD SUPPAN, ELISABETH VYSLONZIL (Hg.): Das Bild des Anderen. Identitäten, Mentalitäten, Mythen und Stereotypen in multiethnischen europäischen Regionen, Frankfurt am Main 1998, S. 105–122.

DAMASCHKA, RICHARD VON: Kriegsphotographie. Ein Leitfaden für Kriegsphotographen und Amateure im Felde, Wien 1916.

DANIEL, UTE: Frauen, in: GERHARD HIRSCHFELD, GERD KRUMEICH, IRINA RENZ in Verbindung mit MARKUS PÖHLMANN (Hg.): Enzyklopädie Erster Weltkrieg, Paderborn u. a. 2003, S. 116–134.

DANIEL, UTE: Der Krieg der Frauen 1914–1918: Zur Innenansicht des Ersten Weltkrieges in Deutschland, in: GERHARD HIRSCHFELD, GERD KRUMEICH, IRINA RENZ (Hg.): Keiner fühlt sich hier mehr als Mensch … Erlebnis und Wirkung des Ersten Weltkrieges, Essen 1993, S. 157–177.

DANIEL, UTE: Der Krimkrieg 1853–1856 und die Entstehungskontexte medialer Kriegsberichterstattung, in: DIES. (Hg.): Augenzeugen. Kriegsberichterstattung vom 18. bis zum 21. Jahrhundert, Göttingen 2006, S. 40–67.

DEMM, EBERHARD: Ostpolitik und Propaganda im Ersten Weltkrieg, Frankfurt am Main u. a. 2002.

DEWITZ, BODO VON: „Ich begreife nicht, wo die Photographen bleiben!" Zur Photographie von Kriegen im 19. Jahrhundert, in: DERS. UND ROLAND SCOTTI (Hg.): Alles Wahrheit! Alles Lüge! Photographie und Wirklichkeit im 19. Jahrhundert. Die Sammlung Robert Lebeck, Köln 1996.

DEWITZ, BODO VON: Schießen oder fotografieren? Über fotografierende Soldaten im Ersten Weltkrieg, in: Fotogeschichte, 12. Jg., Heft 43, 1992, S. 49–59.

DEWITZ, BODO VON: So wird bei uns Krieg geführt! Amateurfotografie im Ersten Weltkrieg, München 1989.

DEWITZ, BODO VON: Zur Geschichte der Kriegsphotographie des Ersten Weltkriegs, in: RAINER ROTHER (Hg.): Die letzten Tage der Menschheit. Bilder des Ersten Weltkriegs, Ausstellungskatalog Deutsches Historisches Museum, Berlin, 1994. S. 163–176.

DEWITZ, BODO VON, DETLEF HOFFMANN: Christus in aktualisierter Gestalt. Über ein Motiv der Kriegsfotografie von 1914–1954, in: Fotogeschichte, 1. Jg., Heft 2, 1981, S. 43–48.

DEWITZ, BODO VON, ROBERT LEBECK (Hg.): KIOSK. Eine Geschichte der Fotoreportage 1839–1973, Göttingen 2001.

DORSI, PIERPAOLO: La giustizia militare Austriaca nella prima guerra mondiale e i fondi dell'Archivio di Stato di Trieste, in: Rassegna degli Archivi di Stato, Nr. 2–3, 1991.

DREISZINGER, NÁNDOR F., BÉLA KIRÁLY, ALBERT A. NOFI (Hg.): East Central European Society in World War I, New York 1985.

DUDEN, BARBARA: Der Kodak und der Stellungskrieg. Versuch einer Situierung von Weltkriegsfotografien, in: BIOS. Zeitschrift für Biografieforschung und Oral History, 7. Jg., Heft 1, 1994, S. 64–82.

DÜLFFER, JOST, GERD KRUMEICH (Hg.): Der verlorene Frieden. Politik und Kriegskultur nach 1918 (Schriften der Bibliothek für Zeitgeschichte – Neue Folge, hg. von GERHARD HIRSCHFELD, Bd. 15), Essen 2002.

DUSSEK, EDUARD ADRIAN: Isonzofront – Triest – Belgrad, Militärcasino Wien, o. J. [1918], o. S.

EBE, PAUL OTTO: Die Mittel des Krieges. Die Nervenstränge der Waffenheere, in: Der Krieg. Illustrierte Chronik des Krieges, Dritter Jahrgang 1916 (Bd. VII–IX), Stuttgart 1917.

EICHTA, MARIO: Braunau 1915–1918. I profughi di Lavarone e del Trentino. Die Alt-Tiroler Flüchtlinge aus Lafraun, Cremona 1997.

EISERMANN, THILO: Pressephotographie und Informationskontrolle im Ersten Weltkrieg. Deutschland und Frankreich im Vergleich, Hamburg 2000.

ENDERES, BRUNO: Verkehrswesen im Kriege. Die österreichischen Eisenbahnen, Wien 1931.

ENCKE, JULIA: Augenblicke der Gefahr. Der Krieg und die Sinne 1914–1934, München 2006.

Ernte-Verordnung für das besetzte Gebiet von Italien pro 1918, hg. vom Heeresgruppenkommando FM v. Boroević.

ESKILDSEN, UTE, Institut für Auslandsbeziehungen (Hg.): Fotografie in deutschen Zeitschriften 1924–1933, Stuttgart 1982.

Ethnographie ohne Grenzen. Galizien in den Sammlungen des Österreichischen Museums für Volkskunde, Wien 1998.

EXAX, ALEXANDER: Tagebuch [1914–1918], unveröffentlichtes Manuskript, Wien o. J.

EXAX, HERWIG: Alexander Exax. Biographie, unveröffentlichtes Manuskript, o. J.

FABI, LUCIO: Foto di guerra per una ricerca sulla guerra, in: AFT, Rivista di Storia e Fotografia, anno IX, Nr. 17, giugno 1993, S. 36–39.

FABI, LUCIO: La guerra nel mirino. Il ruolo della fotografia nel primo conflitto mondiale, in: Storia e Dossier, Nr. 62, maggio 1992, S. 60–65.

FABIAN, RAINER, HANS CHRISTIAN ADAM (Hg.), Bilder vom Krieg. 130 Jahre Kriegsfotografie – Eine Anklage, Hamburg 1983.

FAIT, GIANLUIGI (Hg.): Sui campi di Galizia (1914–1917). Gli italiani d'Austria e il fronte orientale: uomini, popoli, culture nella guerra europea, Materiali di lavoro, Museo storico italiano della guerra, Rovereto 1997.

FIGES, ORLANDO: Die Tragödie eines Volkes. Die Epoche der russischen Revolution 1891 bis 1924, Berlin 1998.

FISCHER, FRITZ: *Griff nach der Weltmacht. Die Kriegszielpolitik des kaiserlichen Deutschland 1914–1918*, Düsseldorf 1961.

FISCHER, PETER: Die propagandistische Funktion von Bildpostkarten im Ersten Weltkrieg, in: SIEGFRIED QUANDT, HORST SCHICHTEL (Hg.): *Der Erste Weltkrieg als Kommunikationsereignis*, Gießen 1993, S. 63–75.

FORCELLA, ENZO, ALBERTO MONTICANE: *Plotone di esecuzione. I processi della prima guerra mondiale*, Bari 1968.

FRALIN, FRANCES: *The Indelible Image. Photographs of War – 1846 to the present*, New York 1985.

„Die Frau im Krieg“. Ausstellungskatalog des Heeresgeschichtlichen Museums Wien, Wien 1986.

„Die Frau im Krieg. Plakate“. Beiheft zum Ausstellungskatalog der Ausstellung „Die Frau im Krieg“, Wien 1986.

FRIEDEL, ALFONS: Aus der Munitionsfabrik Wöllersdorf, in: BURGHARDT BREITNER (Hg.): *Ärzte und ihre Helfer im Weltkriege 1914–1918 (Helden im Weißen Kittel), Apotheker im Weltkriege*, redigiert von Rudolf Rauch, Wien 1936.

FRIEDRICH, ERNST: *Krieg dem Kriege*, München 2004 (Reprint) [Originalausgabe 1924].

Die 5. Reserve-Division im Weltkrieg. 300 Bilder aus Belgien, Polen, Litauen und Frankreich, hg. im Auftrag der Division von Major von Behr, München 1918.

GARSCHA, WINFRIED: *Kriegs- und Humanitätsverbrechen im politischen und historiographischen Diskurs nach dem Ersten und Zweiten Weltkrieg*, Referat auf der 23. Jahrestagung der amerikanischen „German Studies Association“ in Atlanta, 7.–10.10.1999, (http://www.doew.at/thema/thema_alt/justiz/kriegsverbr/kriegsverbrechen.html).

GATTERER, CLAUS: *Unter seinem Galgen stand Österreich. Cesare Battisti. Porträt eines Hochverräters*, Wien, Bozen 1997 [Erstausgabe 1967].

Geschichte der Fotografie in Österreich, Bd. 1, hg. vom Verein zur Erarbeitung der Geschichte der Fotografie in Österreich, Bad Ischl 1983.

Geschichte der Fotografie in Österreich, Bd. 2, hg. von OTTO HOCHREITER UND TIMM STARL im Auftrag des Vereins zur Erarbeitung der Geschichte der Fotografie in Österreich, Bad Ischl 1983.

GESTRICH, ANDREAS: *Gewalt im Krieg. Ausübung, Erfahrung und Verweigerung von Gewalt in Kriegen des 20. Jahrhunderts*, Jahrbuch für Historische Friedensforschung, 4. Jg., 1995, Münster 1996.

GEYER, MICHAEL: Gewalt und Gewalterfahrung im 20. Jahrhundert. Der Erste Weltkrieg, in: ROLF SPILKER, BERND ULRICH (Hg.): *Der Tod als Maschinist. Der industrialisierte Krieg 1914–1918*, Ausstellungskatalog, Bramsche 1998, S. 241–257.

GILARDI, ANDO: La fotografia „spontanea“ della impiccagione di Cesare Battisti, in: *Archivio Trentino*, anno XLVI, Nr. 1, 1997.

GLAISE-HORSTENAU, EDMUND u. a., Österreichisches Bundesministerium für Heereswesen, Kriegsarchiv (Hg.): *Österreich-Ungarns letzter Krieg 1914–1918*, 7 Bde., Wien 1931–1938.

GOLCZEWSKI, MECHTHILD: *Der Balkan in deutschen und österreichischen Reise- und Erlebnisberichten 1912–1918*, Wiesbaden 1981.

GOMOLL, WILHELM CONRAD: *Im Kampf gegen Rußland und Serbien*, Leipzig 1916.

Grieshofer, Franz: Galizien in der Photothek des Österreichischen Museums für Volkskunde, in: *Ethnographie ohne Grenzen. Galizien in den Sammlungen des Österreichischen Museums für Volkskunde*, Wien 1998.

Der Grosze Krieg Serbiens zur Befreiung und Vereinigung der Serben, Kroaten und Slovenen, Serbisches Generalstabswerk, 7 Bde. (dt. Übersetzung der serbischen Ausgabe), Belgrad (Buchdruckerei des Ministeriums für Krieg und Marine) 1924.

GROSS, GERHARD P. (Hg.): *Die vergessene Front. Der Osten 1914/15. Ereignis, Wirkung, Nachwirkung*, Paderborn 2006.

Großer Bilderatlas des Weltkrieges, Erster Band, München 1915; Zweiter Band, München 1916; Dritter Band, München 1919.

GRUNDHEWER, HERBERT: Die Kriegskrankenpflege und das Bild der Krankenschwester im 19. und frühen 20. Jahrhundert, in: *Medizin im Krieg. Vom Dilemma der Heilberufe 1865–1985*, hg. von JOHANNA BLEKER und HEINZ-PETER SCHMIEDEBACH, Frankfurt am Main 1987, S. 135–152.

GRUNDHEWER, HERBERT: Von der freiwilligen Kriegskrankenpflege bis zur Einbindung des Roten Kreuzes in das Heeressanitätswesen, in: *Medizin im Krieg. Vom Dilemma der Heilberufe 1865–1985*, hg. von JOHANNA BLEKER und HEINZ-PETER SCHMIEDEBACH, Frankfurt am Main 1987, S. 29–44.

La guerre. Documents de la section photographique de l'Armée, Bd. 1, Paris 1916.

GUNDACKER, FELIX: *Genealogisches Ortsverzeichnis Slowenien*, Wien 2002.

GUNDACKER, FELIX: *Historisches Ortsverzeichnis Galizien und Bukowina*, Wien 1998.

HACKER, HANNA: Ein Soldat ist meistens keine Frau. Geschlechterkonstruktionen im militärischen Feld, in: *Österreichische Zeitschrift für Soziologie*, Heft 2, 1995, S. 45–64.

HÄGELE, ULRICH: Hinter der Front – Zur Ikonografie von Armut und Folklore in Willy Römers Fotografien aus dem Ersten Weltkrieg in Russland, 1916, in: DIETHART KERBS (Hg.): *Auf den Strassen von Berlin. Der Fotograf Willy Römer (1887–1979)*, Ausstellungskatalog Deutsches Historisches Museum, Bönen 2004, S. 79–93.

HÄGELE, ULRICH, FRANZ WIESENHOFER: *Zensurierte Bildergrüsse. Familienfotos russischer Kriegsgefangener 1915–1918*, documenta ethnographica 3, hg. von KLAUS BEITL, FRANZ GRIESHOFER und KONRAD KÖSTLIN, Wien 2002.

HALFBRODT, DIRK, ULRICH POHLMANN (Hg.): *Philipp Kester – Fotojournalist. New York, Berlin, München 1903–1935*, Ausstellungskatalog des Fotomuseums im Münchner Stadtmuseum, Berlin 2003.

HÄMMERLE, CHRISTA: „Wir strickten und nähten Wäsche für Soldaten …“ Von der Militarisierung des Handarbeitens im Ersten Weltkrieg, in: *L'Homme. Zeitschrift für feministische Geschichtswissenschaft*, 3. Jg., Heft 1, 1992 (Krieg), S. 88–128.

HAUTMANN, HANS: Kriegsgesetze und Militärjustiz in der österreichischen Reichshälfte 1914–1918, in: ERIKA WEINZIERL, OLIVER RATHKOLB, RUDOLF G. ARDELT, SIEGFRIED MATTL (Hg.): *Justiz und Zeitgeschichte 1976–1993*, Bd. 1, Wien 1995, S. 73–85.

HAUTMANN, HANS: Die österreichisch-ungarische Armee auf dem Balkan, in: FRANZ W. SEIDLER, ALFRED M. DE ZAYAS (Hg.): *Kriegsverbrechen in Europa und im Nahen Osten im 20. Jahrhundert*, Hamburg, Berlin, Bonn 2002, S. 36–41.

HAUTMANN, HANS: Prozesse gegen Defätisten, Kriegsgegner, Linksradikale und streikende Arbeiter im Ersten Weltkrieg, in: KARL R. STADLER (Hg.): *Sozialistenprozesse. Politische Justiz in Österreich 1870–1936*, Wien, München, Zürich 1986, S. 153–179.

HAUTMANN, HANS: *Die Verbrechen der österreichisch-ungarischen Armee im Ersten Weltkrieg und ihre Nicht-Bewältigung nach 1918*, Referat auf der 23. Jahrestagung der amerikanischen „German Studies Association" in Atlanta, 7.–10.10.1999, (http://www.doew.at/thema/thema_alt/justiz/kriegsverbr/hautmann.html).

HAUTMANN, HANS: Zum Sozialprofil der Militärrichter im Ersten Weltkrieg, in: ERIKA WEINZIERL, OLIVER RATHKOLB, SIEGFRIED MATTL, RUDOLF G. ARDELT (Hg.): *Richter und Gesellschaftspolitik (Symposion Justiz und Zeitgeschichte, 12. und 13. Oktober 1995 in Wien)*, Innsbruck, Wien 1997, S. 21–29.

HAVERKAMP, MICHAEL: „Zwei Millionen Tote! Umsonst?" Der Erste Weltkrieg in der politischen Progaganda der Zwischenkriegszeit, in: ROLF SPILKER, BERND ULRICH (Hg.): *Der Tod als Maschinist. Der industrialisierte Krieg 1914–1918*, Ausstellungskatalog, Bramsche 1998, S. 228–239.

HEALY, MAUREEN: *Vienna and the Fall of the Habsburg Empire. Total War and Every Day Life in World War I*, Cambridge 2004.

Heim und Herd. Deutsche Jugend- und Hausbücherei, Band 14, Lahr (Baden) 1916.

HIRSCHFELD, GERHARD (Hg.): *Kriegserfahrungen: Studien zur Sozial- und Mentalitätsgeschichte des Ersten Weltkrieges*, Essen 1997.

HIRSCHFELD, GERHARD, GERD KRUMEICH, IRINA RENZ in Verbindung mit MARKUS PÖHLMANN (Hg.): *Enzyklopädie Erster Weltkrieg*, Paderborn u. a. 2003.

HOERES, PETER: Die Slawen. Perzeptionen des Kriegsgegners bei den Mittelmächten. Selbst- und Feindbild, in: GERHARD P. GROSS (Hg.): *Die vergessene Front 1914/15. Ereignis, Wirkung, Nachwirkung*, Paderborn 2006, S. 179–200.

HOFFMANN, DETLEF: Die zwei Gesichter des Krieges. Offizielle und private Fotografie im ersten Weltkrieg, in: *Fotogeschichte*, 2. Jg., Heft 5, 1982, S. 21–27.

HOFFMANN-CURTIUS, KATHRIN: Trophäen und Amulette. Die Fotografien von Wehrmachts- und SS-Verbrechen in den Brieftaschen der Soldaten, in: *Fotogeschichte*, 20. Jg., Heft 78, 2000, S. 63–76.

HOLZER, ANTON: Augenzeugen. Der Krieg gegen Zivilisten. Fotografien aus dem Ersten Weltkrieg, in: *Fotogeschichte*, 22. Jg., Heft 85/86, 2002, S. 45–74.

HOLZER, ANTON: Das elektrische Auge. Das Licht, die Fotografie und der Krieg, in: *Mittelweg 36. Zeitschrift des Hamburger Instituts für Sozialforschung*, 11. Jg., Oktober / November 2002, S. 77–92.

HOLZER, ANTON: Die Kamera und der Henker. Tod, Blick und Fotografie, in: *Fotogeschichte*, 20. Jg., Heft 78, 2000, S. 43–62.

HOLZER, ANTON: Den Krieg sehen. Zur Bildgeschichtsschreibung des Ersten Weltkrieges, in: ANTON HOLZER (Hg.): *Mit der Kamera bewaffnet. Krieg und Fotografie*, Marburg 2003, S. 57–70.

HOLZER, ANTON: Der lange Schatten von Abu Ghraib. Schaulust und Gewalt in der Kriegsfotografie, in: *Mittelweg 36. Zeitschrift des Hamburger Instituts für Sozialforschung*, Nr. 1/2006, S. 4–21.

HOLZER, ANTON: Mit der Kamera bewaffnet. Kriegsfotografien aus dem Ersten Weltkrieg, in: UWE SCHÖGL (Hg.): *Im Blickpunkt. Die Fotosammlung der Österreichischen Nationalbibliothek*, Innsbruck 2002, S. 166–191.

HOLZER, ANTON (Hg.): *Mit der Kamera bewaffnet. Krieg und Fotografie*, Marburg 2003.

HOLZER, ANTON: Die Sau von Kolomea, in: *Die Presse/Spectrum*, 30. April 2004.

HOLZER, ANTON: „Üb Aug' und Hand fürs Vaterland!" Österreichische Kriegsfotografie im Ersten Weltkrieg, in: *Wiener Zeitschrift zur Geschichte der Neuzeit*, 6. Jg., Heft 2, 2006, S. 87–98.

HORNE, JOHN, ALAN KRAMER: *German Atrocities 1914. A History of Denial*, New Haven, London 2001 (dt. 2004).

HUEBER, GODFRIED: Der Statistiker sieht dich an, in: BURGHARDT BREITNER (Hg.): *Ärzte und ihre Helfer im Weltkriege 1914–1918 (Helden im Weißen Kittel). Apotheker im Weltkriege*, redigiert von Rudolf Rauch, Wien 1936.

HÜPPAUF, BERND: Der entleerte Blick hinter der Kamera, in: HANNES HEER, KLAUS NAUMANN (Hg.): *Vernichtungskrieg. Verbrechen der Wehrmacht 1941–1944*, Hamburg, 10. Aufl. 1997.

HÜPPAUF, BERND: Ground Zero und Afghanistan. Vom Ende des fotografischen Bildes im Krieg der Unschärfen, in: *Fotogeschichte*, 22. Jg., Heft 85/86, 2002, S. 7–30.

HÜPPAUF, BERND: Kriegsfotografie, in: WOLFGANG MICHALKA (Hg.): *Der Erste Weltkrieg. Wirkung, Wahrnehmung, Analyse*, München 1994.

HÜPPAUF, BERND: Kriegsfotografie an der Schwelle zum Neuen Sehen, in: BEDRICH v. LÖWENSTEIN (Hg.): *Geschichte und Psychologie. Annäherungsversuche*, Pfaffenweiler 1992.

HÜPPAUF, BERND: Kriegsliteratur, in: GERHARD HIRSCHFELD, GERD KRUMEICH, IRINA RENZ in Verbindung mit MARKUS PÖHLMANN (Hg.): *Enzyklopädie Erster Weltkrieg*, Paderborn u. a. 2003, S. 177–191.

HÜPPAUF, BERND: Das Schlachtfeld als Raum im Kopf. Mit einem Postscriptum nach dem 11. September 2001, in: STEFFEN MARTUS, MARINA MÜNKLER, WERNER RÖCKE (Hg.): *Schlachtfelder. Codierung von Gewalt im medialen Wandel*, Berlin 2003, S. 207–233.

HÜPPAUF, BERND: „Der Tod ist verschlungen in den Sieg". Todesbilder aus dem ersten Weltkrieg und der Nachkriegszeit, in: DERS. (Hg.): *Ansichten vom Krieg. Vergleichende Studien zum ersten Weltkrieg in Literatur und Gesellschaft*, Königstein 1984.

HÜPPAUF, BERND: Zwischen Metaphysik und visuellem Essayismus. Franz Schauwecker: So war der Krieg (1928), in: THOMAS F. SCHNEIDER, HANS WAGENER (Hg.): *Von Richthofen bis Remarque: Deutschsprachige Prosa zum Ersten Weltkrieg. Amsterdamer Beiträge zur neueren Germanistik*, Bd. 53, Amsterdam, New York 2003, S. 233–248.

HUTTERER, CHRISTINE: *Der Nachrichtendienst des k. u. k. Armeeoberkommando von 1914–1918 mit besonderer Berücksichtigung der italienischen Kriegsgefangenen- und Überläuferaussagen an der Tiroler Front*, Diss., Wien 1970.

Illustrierte Geschichte des Weltkrieges 1914–1918 (Allgemeine Kriegszeitung), Stuttgart u. a., o. J.

Illustrierte Weltkriegschronik der Leipziger Illustrirten Zeitung, Text von Paul Schreckenbach, 3 Bde., Leipzig 1914–1916.

IMHOF, KURT, PETER SCHULZ (Hg.) *Medien und Krieg – Krieg in den Medien*, Zürich 1995.

INGOLD, FELIX PHILIPP: *Der große Bruch. Russland im Epochenjahr 1913. Kultur, Gesellschaft, Politik*, München 2000.

INNES, T.A., IVOR CASTLE (Hg.): *Covenants with Death*, London 1934.

ISNENGHI, MARIO, GIORGIO ROCHAT: *La Grande Guerra 1914–1918*, Milano 2004.

JAHN, PETER: „Zarendreck, Barbarendreck – Peitscht sie weg!" Die russische Besatzung Ostpreußens 1914 in der deutschen Öffentlichkeit, in: *August 1914. Ein Volk zieht in den Krieg*, hg. von der Berliner Geschichtswerkstatt, Berlin 1989, S. 147–155.

JAHN, PETER, ULRIKE SCHMIEGELT (Hg.): *Foto-Feldpost. Geknipste Kriegserlebnisse 1939–1945*, Ausstellungskatalog Museum Berlin-Karlshorst, Berlin 2000.

JEISMANN, MICHAEL: Propaganda, in: GERHARD HIRSCHFELD, GERD KRUMEICH, IRINA RENZ in Verbindung mit MARKUS PÖHLMANN (Hg.): *Enzyklopädie Erster Weltkrieg*, Paderborn u. a. 2003, S. 198–209.

JERABEK, RUDOLF: *Potiorek. General im Schatten von Sarajewo*, Graz 1991.

JÜNGER, ERNST: *Das Antlitz des Weltkrieges*, Berlin 1930.

JUNK, ERNST: *Das Verbrechertum im Kriege. Kriminalstatistische Denkwürdigkeiten aus dem Weltkriege*, Wien 1920.

JÜRGENS-KIRCHHOFF, ANNEGRET: „Sterbelust und Opferdrang". Die Erotisierung des Krieges, in: ANDREAS GESTRICH (Hg.): *Gewalt im Krieg. Ausübung. Erfahrung und Verweigerung von Gewalt in Kriegen des 20. Jahrhunderts*, Münster 1996.

Kamerad im Westen. Ein Bericht in 221 Bildern, Frankfurt am Main 1930.

KANDL, LEO: Pressefotografie und Fotojournalismus in Österreich bis 1960, in: *Geschichte der Fotografie in Österreich*, Bd. 1, hg. vom Verein zur Erarbeitung der Geschichte der Fotografie in Österreich, Bad Ischl 1983, S. 311–324.

KANN, ROBERT A. u. a.: *The Habsburg Empire in World War I. Essays on the Intellectual, Military, Political and Economic Aspects of the Habsburg War Effort*, New York 1977.

KELLER, ULRICH: Blut und Silber. Die Inszenierung der Kuba-Invasion in der amerikanischen Bildpresse, in: *Fotogeschichte*, 25. Jg., Heft 97, 2005, S. 25–46.

KELLER, ULRICH: Fentons Porträtatlas der britischen Krimarmee, in: *Fotogeschichte*, 12. Jg., Heft 43, 1992, S. 17–26.

KELLER, ULRICH: *The Ultimate Spectacle. A Visual History of the Crimean War*, Amsterdam u. a. 2001.

KERBS, DIETHART: Die Epoche der Bildagenturen. Zur Geschichte der Pressefotografie in Berlin 1900 bis 1933, in: DIETHART KERBS, BRIGITTE WALZ-RICHTER, WALTER UKA (Hg.): *Die Gleichschaltung der Bilder. Zur Geschichte der Pressefotografie 1930–36*, Berlin 1983, S. 32–73.

KERCHNAWE, HUGO: Die Schwester, in: BURGHARDT BREITNER (Hg.): *Ärzte und ihre Helfer im Weltkriege 1914–1918 (Helden im Weißen Kittel). Apotheker im Weltkriege*, redigiert von Rudolf Rauch, Wien 1936.

KINCSES KÁROLY, MAGDOLNA KOLTA: *Minden magyar fotoriporterek atyja: Balogh Rudolf*, Magyar Fotográfiai Múzeum, Kecscemét, Budapest 1998.

KISCH, EGON ERWIN: *„Schreib das auf, Kisch!" Das Kriegstagebuch von Egon Erwin Kisch*, Berlin 1930.

KITICSÁN, KOLOMAN: Das k. u. k. Technische Militärkomitee, in: *Die Wehrmacht der Monarchie im Weltkrieg 1914*, Wien o. J. [1914], S. 157–160.

KLAVORA, VASJA: *Blaukreuz. Die Isonzofront. Flitsch / Bovec 1915–1917*, Klagenfurt, Ljubljana, Wien 1993.

KNIGHTLEY, PHILLIP: *The First Casualty. The War Correspondent as Hero and Mythmaker. From the Crimea to Kosovo*, 2. überarb. Aufl., London 2000.

KNOCH, HABBO: *Die Tat als Bild. Fotografien des Holocaust in der deutschen Erinnerungskultur*, Hamburg 2001.

KNOCH, HABBO: Das Unsichtbare im Medienkrieg. Gewaltbilder, Kriegsfotografie und Öffentlichkeit 1850–1950, in: *Fotogeschichte*, 22. Jg., Heft 85/86, 2002, S. 23–30.

KOENIG, THILO: Das kriegerische Vokabular der Fotografie, in: *Fotogeschichte*, 12. Jg., Heft 43, S. 39–48.

KOLBE, ERNEST: *Die staatliche Mineralölfabrik in Drohobycz*, Wien 1918.

KONAKOWITSCH, TED PETER: *Österreichische Militärgerichtsbarkeit im Ersten Weltkrieg am Beispiel des Landwehrdivisionsgerichts Graz im Jahre 1914*, Diplomarbeit, Graz 1993.

KRAMER, ALAN: Kriegsrecht und Kriegsverbrechen, in: GERHARD HIRSCHFELD, GERD KRUMEICH, IRINA RENZ in Verbindung mit MARKUS PÖHLMANN (Hg.): *Enzyklopädie Erster Weltkrieg*, Paderborn u. a. 2003, S. 281–292.

KRASE, ANDREAS: „Aber die armen Kerle, die in diesem Feuer sind." Tagebuch und Bildchronik des Otto H. aus dem Ersten Weltkrieg, in: *Fotogeschichte*, Jg. 11, Heft 41, 1991, S. 15–30.

KRAUS, KARL: *Die letzten Tage der Menschheit*, Frankfurt am Main 1986.

Kriegs-Atlas 1914, 32 Karten mit Angabe sämtlicher Kriegsereignisse vom Juli bis Oktober auf allen Kriegsschauplätzen der Welt, Wien 1914.

Die Kriegsgefangenen in Deutschland. Gegen 250 Wirklichkeitsaufnahmen aus deutschen Gefangenenlagern mit einer Erläuterung von Professor Dr. Backhaus, Siegen, Leipzig, Berlin 1915.

Ein Krieg wird ausgestellt. Die Weltkriegssammlung des Historischen Museums [Frankfurt am Main], 1914–1918. Themen einer Ausstellung, hg. von RUTH DIEHL, DETLEF HOFFMANN, INGRID TABRIZIAN, Frankfurt am Main 1976.

KRUMEICH, GERD, GERHARD HIRSCHFELD: Die Geschichtsschreibung zum Ersten Weltkrieg, in: GERHARD HIRSCHFELD, GERD KRUMEICH, IRINA RENZ in Verbindung mit MARKUS PÖHLMANN (Hg.): *Enzyklopädie Erster Weltkrieg*, Paderborn u. a. 2003, S. 304–315.

LAGGER, HANS: *Im Schatten des Weltkrieges. Aus Geheimbefehlen eines k. u. k. Militärkommandos*, (Selbstverlag), Klagenfurt, o. J. [vermutlich frühe 1920er Jahre].

LATZEL, KLAUS: *Vom Sterben im Krieg*, Warendorf 1988.

LEED, ERIC J.: *No man's Land. Combat & Identity in World War I*, Cambridge 1979.

LEIDINGER, HANNES, VERENA MORITZ: Verwaltete Massen. Kriegsgefangene in der Donaumonarchie 1914–1918, in: JOCHEN OLTMER (Hg.): *Kriegsgefangene im Europa des Ersten Weltkriegs*, Paderborn 2006, S. 35–66.

LEIDL, H.: Die Verwaltung des besetzten Gebietes Italiens, in: HUGO KERCHNAWE (Hg.): *Die Militärverwaltung in den von österreichisch-ungarischen Truppen besetzten Gebieten*, Wien 1928.

LENSING, LEO A.: „Photographischer Alpdruck" oder die politische Fotomontage? Karl Kraus, Kurt Tucholsky und die satirischen Möglichkeiten der Fotografie, in: *Fotogeschichte*, 14. Jg., Heft 52, S. 51–57.

LEONI, DIEGO: La montagna violata. Note sulla guerra, il turismo, l'alpinismo nelle Dolomiti, in: *La guerra bianca*, Atti del Convegno Sesto Cultura / Sexten Kultur, 28. giugno – 21. luglio 1989, Materiali di lavoro, Nr. 3, nuova serie, Rovereto 1989, S. 5–31.

LEPUSCHITZ, LUDWIG: Galizische Holzkirchen, in: *Monatsschrift Wiener Bauhütte*, 11. Jg., Heft 8, Wien 1917.

LEWINSKY, JORGE: *The Camera at War. A History of War Photography from 1848 to the present Day*, London 1978, 2. Aufl. 2000.

LIBER, TULLIO, UGO LEITEMPERGHER: *1914–1918. Folgaria – Lavarone – Vezzena – Monte Cimone – Pasubio. Attraverso una documentazione storico-fotografica*, Trento 1971.

LIDDELL, ROBERT SCOTLAND: *On the Russian Front*, London 1916.

LINDNER-WIRSCHING, ALMUT: Patrioten im Pool. Deutsche und französische Kriegsberichterstattung im Ersten Weltkrieg, in: UTE DANIEL (Hg.): *Augenzeugen. Kriegsberichterstattung vom 18. bis zum 21. Jahrhundert*, Göttingen 2006, S. 113–140.

LIULEVICIUS, VEJAS GABRIEL: *War Land on the Eastern Front. Culture, National Identity and German Occupation in World War I*, Cambridge 2000, 2. Aufl. 2001 (dt. 2002).

LIVESEY, ANTHONY: *Atlas of World War I*, London 1994.

LOEWENFELD, HANS: *Im Kampf gegen den Hunger. Aus den Erinnerungen des Staatssekretärs für Volksernährung 1918–1920*, Wien 1986.

LUSTIG-PREAN VON PREANSFELD, KARL: Aus den Geheimnissen des Kriegspressequartiers, mehrere Fortsetzungen in: Neues Wiener Journal, 28. Jg., 21., 24., 28. und 30. April 1920, 1., 6. und 7. Mai 1920, in: *Musen an die Front! Schriftsteller und Künstler im Dienst der k. u. k. Kriegspropaganda 1914–1918*. 2 Begleitbände zur gleichnamigen Ausstellung, Teil 1: Beiträge; Teil 2: Dokumentation, hg. vom Adalbert Stifter Verein, München 2003, S. 37–55.

MAGENSCHAB, HANS: *Der Krieg der Großväter 1914–1918. Die Vergessenen einer großen Armee*, Wien 1988.

MAI, EKKEHARD: „Ja, das ist der Krieg!" Zur Militär- und Schlachtenmalerei im Kaiserreich, in: BODO VON DEWITZ: Zur Geschichte der Kriegsphotographie des Ersten Weltkrigs, in: RAINER ROTHER (Hg.): *Die letzten Tage der Menschheit. Bilder des Ersten Weltkriegs*, Ausstellungskatalog Deutsches Historisches Museum, Berlin 1994. S. 241–258.

MAYER, KLAUS: *Die Organisation des Kriegspressequartiers beim k. u. k. AOK im ersten Weltkrieg 1914–1918*, Diss., Wien 1963.

MAYER, MONIKA: Freiwillige Verschmelzung. Künstlervereinigungen in Wien 1933–1945, in: JAN TABOR (Hg.): Kunst *und Diktatur. Architektur, Bildhauerei und Malerei in Österreich, Deutschland, Italien und der Sowjetunion 1922–1956*, Bd. 1, Wien 1994, S. 288–293.

MAYER, MONIKA: Gesunde Gefühlsregungen. Das Wiener Ausstellungswesen 1933–1945, in: JAN TABOR (Hg.): *Kunst und Diktatur. Architektur, Bildhauerei und Malerei in Österreich, Deutschland, Italien und der Sowjetunion 1922–1956*, Bd. 1, Wien 1994, S. 294–301.

MENTZEL, WALTER: *Kriegsflüchtlinge in Cisleithanien im Ersten Weltkrieg*, Diss., Wien 1997.

MENZEL, KATHARINA: „Frauen helfen siegen". Frauenarbeit in der Fotopropaganda des Ersten und Zweiten Weltkrieges, in: ANTON HOLZER (Hg.): *Mit der Kamera bewaffnet. Krieg und Fotografie*, Marburg 2003, S. 71–96.

METKEN, SIGRID: „Ich hab' diese Karte im Schützengraben geschrieben ..." Bildpostkarten im Ersten Weltkrieg, in: RAINER ROTHER (Hg.): *Die letzten Tage der Menschheit. Bilder des Ersten Weltkriegs*, Berlin 1994, S. 137–148.

MIERISCH, HELENE: *Ärzte, Schwestern und Soldaten. Erlebtes aus zwei Weltkriegen*, Biberach 1957.

Military Photography. Prepared under the Direction of the Chief of Engineers, United States Army, Washington 1917.

Das Militärstrafverfahren im Felde nach Gesetzen, Verordnungen und Erlässen, als Hilfsbuch zusammengestellt von Majorauditor Dr. Albin Schager und Oberleutnantauditor i. V. d. E. Dr. Ludwig Kadečka des Kommandos der Südwestfront, Wien 1916.

MILIUS VON RASTIČEVO, KARL: *Mitteilungen des k. u. k. Militärgeographischen Institutes für die Zeit vom Jahre 1914–1920*, Wien 1992 [1925].

MILTON, SYBIL: Argument oder Illustration, in: *Fotogeschichte*, 8. Jg., Heft 28, 1988, S. 61–90.

MOELLER, SUSAN D.: *Shooting War: Photography and the American Experience of Combat*, New York 1989.

MÜHL-BENNINGHAUS, WOLFGANG: Oskar Messters Beitrag zum Ersten Weltkrieg, in: *Kintop 3, Jahrbuch zur Erforschung des frühen Films*, Basel, Frankfurt am Main 1994, S. 103–115.

Musen an die Front! Schriftsteller und Künstler im Dienst der k. u. k. Kriegspropaganda 1914–1918. 2 Begleitbände zur gleichnamigen Ausstellung, Teil 1: Beiträge; Teil 2: Dokumentation, hg. vom Adalbert Stifter Verein, München 2003.

NEUMAIR, JOSEF: *Im Serbischen Feldzug 1914. Erlebnisse und Stimmungen eines Landsturmoffiziers*, hg. vom Österreichischen Volksschriften-Verein, Innsbruck 1917.

NEURATH, OTTO: *Serbiens Erfolge im Balkankriege. Eine wirtschaftliche und soziale Studie*, Vortrag, gehalten vor dem Verein absolvierter Prager Handelsakademiker und dem Deutschen Kaufmännischen Verein in Prag, Wien 1913.

NOLL, THOMAS: Sinnbild und Erzählung. Zur Ikongraphie des Krieges in den Zeitschriftenillustrationen 1914 bis 1918, in: BODO VON DEWITZ: Zur Geschichte der Kriegsphotographie des Ersten Weltkriegs, in: RAINER ROTHER (Hg.): *Die letzten Tage der Menschheit. Bilder des Ersten Weltkriegs*, Ausstellungskatalog Deutsches Historisches Museum, Berlin, 1994. S. 259–272.

OBERKOFLER, GERHARD, EDUARD RABOFSKY: Tiroler Kaiserjäger in Galizien, in: *Historische Blickpunkte. Festschrift für Johann Reinalter*, zum 65. Geburtstag dargebracht von Freunden, Kollegen und Schülern, herausgegeben von SABINE WEISS, unter Mitarbeit von ULRIKE KEMMERLING-UNTERTHURNER und HERMANN J.W. KUPRIAN (Innsbrucker Beiträge zur Kulturwissenschaft, Bd. 25), Innsbruck 1988.

Österreichische Kriegsbilderausstellung 1914–1918, veranstaltet von der Genossenschaft der Bildenden Künstler Wiens, 6. September bis 14. Oktober 1934, verlängert bis 28. Oktober, o. O. [Wien], o. J. [1934].

ORTOLEVA, PEPPINO: Guerra e mass media nel XX secolo, in: PEPPINO ORTOLEVA, CHIARA OTTAVIANO (Hg.): *Guerra e mass media. Strumenti e modi della comunicazione in contesto bellico*, Napoli 1994, S. 9–20.

OTTENBACHER, ALBERT: *Eugenie Goldstern. Eine Biographie*, Wien 1999.

PANKE-KOCHINKE, BIRGIT, MONIKA SCHAIDHAMMER-PLACKE: *Frontschwestern und Friedensengel. Kriegskrankenpflege im Ersten und Zweiten Weltkrieg. Ein Quellen- und Fotoband*, Frankfurt am Main 2002.

PAUER, HANS: *Das Bildarchiv der Österreichischen Nationalbibliothek. Ein Institut zur öffentlichen Pflege der Dokumentarphotographie. Geschichte und Programm*, Wien 1947.

PAUER, HANS: *Kaiser Franz Joseph I. Beiträge zur Bild-Dokumentation seines Lebens*, Wien 1966.

PAUL, GERHARD: *Bilder des Krieges. Krieg der Bilder. Die Visualisierung des modernen Krieges*, Paderborn 2004.

PAUL, GERHARD: Der Kampf um das „wahre Gesicht" des Krieges – der Erste Weltkrieg in der Bildpublizistik der Weimarer Republik, in: DIETHART KERBS, WALTER UKA (Hg.) *Fotografie und Bildpublizistik in der Weimarer Republik*, Bönen 2004, S. 49–78.

PEDRON, PINA, NICOLETTA PONTATI: *Cesare Battisti. Il processo e la condanna. Materiali didattici*, Trento 1999.

PEERZ, RUDOLF: *Unsere Sorge um die Kriegsinvaliden. Eine sozialpolitische Studie*, Wien 1915.

PENCAKOWSKI, PAWEŁ: Monumenti dimenticati agli „eroi di nessuno". I cimiteri austriaci di guerra nella Galizia occidentale, in: GIANLUIGI FAIT (Hg.): *Sui campi di Galizia (1914–1917). Gli italiani d'Austria e il fronte orientale: uomini, popoli, culture nella guerra europea*, Rovereto 1997.

PONSONBY, ARTHUR: *Lügen in Kriegszeiten. Eine Sammlung von Lügen, die während des Weltkrieges bei allen Völkern in Umlauf waren*, Berlin 1930.

PONSTINGL, MICHAEL: „Der Soldat benötigt sowohl Pläne als auch Karten." Fotografische Einsätze im k. (u) k. Militärgeographischen Institut, Teil 2, in: *Fotogeschichte*, 21. Jg., Heft 83, 2002, S. 53–82.

POPELKA, LISELOTTE: *Vom „Hurra" zum Leichenfeld. Gemälde aus der Kriegsbildersammlung 1914–1918*, hg. vom Heeresgeschichtlichen Museum / Militärwissenschaftlichen Institut, Wien 1981.

PROTTE, KATJA: Das Erbe des Krieges. Fotografien aus dem Ersten Weltkrieg als Mittel nationalsozialistischer Propaganda im „Illustrierten Beobachter" 1926–1939, in: *Fotogeschichte*, 16. Jg., Heft 60, 1996, S. 19–43.

PRZYBILOVSKI, INGE: *Die Rückführung der österreichisch-ungarischen Kriegsgefangenen aus dem Osten in den letzten Monaten der k. u. k. Monarchie*, Diss., Wien 1965.

QUANDT, SIEGFRIED, HORST SCHICHTEL (Hg.): *Der erste Weltkrieg als Kommunikationsereignis*, Gießen 1993.

RAPP, CHRISTIAN: „Das ganze ist so grandios organisiert ..." Der Weltkrieg der Alice Schalek, in: ELKE KRASNY, MARCUS PATKA, CHRISTIAN RAPP UND NADIA RAPP-WIMBERGER (Hg.): *Von Samoa zum Isonzo. Die Fotografin und Reisejournalistin Alice Schalek*, Wien, Hamburg 2000, S. 23–35.

RAPP, CHRISTIAN: Last Frontiers. Landschaft zwischen Krieg und Erinnerungskultur, in: ANTON HOLZER, WIELAND ELFFERDING (Hg.): *Ist es hier schön. Landschaft nach der ökologischen Krise*, Wien 2000.

RAUCH, RUDOLF: *Momentbilder aus feldärztlicher Tätigkeit*, Graz, Leipzig 1918.

RAUCHENSTEINER, MANFRIED: *Österreich-Ungarn und der Erste Weltkrieg 1914–1918*, Graz 1998.

REDLICH, JOSEPH: *Österreichische Regierung und Verwaltung im Weltkriege*, Wien 1925.

REED, JOHN: *War in Eastern Europe. Travels through the Balkans in 1915*, London 1994 [Originalausgabe 1916].

REETZ, WILHELM (Hg.): *Eine ganze Welt gegen uns. Eine Geschichte des Weltkriegs in Bildern*, eingeführt von Werner Beumelburg, Berlin 1934.

REIFARTH, DIETER, VIKTORIA SCHMIDT-LINSEN-HOFF: Die Kamera der Täter. Fotografische Selbstzeugnisse des Naziterrors in Osteuropa, in: *Fotogeschichte*, 3. Jg., Heft 7, 1983, S. 57–71, wieder abgedruckt in: Hamburger Institut für Sozialforschung (Hg.): *Vernichtungskrieg. Verbrechen der Wehrmacht 1941–1944*, Frankfurt am Main 1996.

REISS, R(ODOLPHE) A(RCHIBALD): The Kingdom of Serbia Report upon Atrocities committed by the Austro-Hungarian Army during the first Invasion of Serbia, submitted to the Serbian Governement, London 1916.

REISS, R(ODOLPHE) A(RCHIBALD): *La question des comitadjis en serbie du sud*, Belgrade 1924.

REX, HERMANN: *Der Weltkrieg in seiner rauhen Wirklichkeit („Das Frontkämpferwerk"). 600 Original-Aufnahmen des Kriegs-Bild- und Filmamtes und des Kriegsphotographen Hermann Rex*, Oberammergau 1926.

RIEDL, RICHARD: *Die Industrie Österreichs während des Krieges*, Wien 1932.

RIESENFELLNER, STEFAN: Zeit im Bild. Die österreichische Zeitgeschichte der Krisenjahre 1929–1933 im Kuckuck, in: STEFAN RIESENFELLNER, JOSEF SEITER: *Der Kuckuck. Die moderne Bildillustrierte des Roten Wien* (Studien zur Gesellschafts- und Kulturgeschichte, Bd. 5), Wien 1995.

RIESENFELLNER, STEFAN, JOSEF SEITER: *Der Kuckuck. Die moderne Bildillustrierte des Roten Wien* (Studien zur Gesellschafts- und Kulturgeschichte, Bd. 5), Wien 1995.

RILL, ROBERT: Zur Geschichte der Bildersammlung des Kriegsarchivs Wien, in: *Alois Beer. Eine fotografische Reise durch Spanien um 1900*, Ausstellungskatalog Museo Municipal de Madrid und Österreichische Nationalbibliothek, Porträtsammlung, Wien, Madrid 1999.

RONGE, MAX: *Kriegs- und Industriespionage. Zwölf Jahre im Kundschaftsdienst*, Zürich, Leipzig, Wien 1935.

ROTH, JOSEPH: *Radetzkymarsch*, München 1984.

ROTHER, RAINER (Hg.): *Die letzten Tage der Menschheit. Bilder des Ersten Weltkriegs*, Ausstellungskatalog Deutsches Historisches Museum, Berlin 1994.

ROTHER, RAINER, im Auftrag des Deutschen Historischen Museums (Hg.): *Der Weltkrieg 1914–1918. Ereignis und Erinnerung*, Ausstellungskatalog Berlin, Wolfratshausen 2004.

SANDERS, MICHAEL L., PHILIP M. TAYLOR: *British Propaganda during the First World War*, London, Basingstoke 1982 (dt. 1990).

SASCHA-FILM, Wien (Hg.): *Die zehnte Isonzoschlacht*, o. J. [1917].

SAYAG, ALAIN: „Wir sagten Adieu einer ganzen Epoche." Französische Kriegsphotographie, in: RAINER ROTHER (Hg.): *Die letzten Tage der Menschheit. Bilder des Ersten Weltkriegs*, Ausstellungskatalog Deutsches Historisches Museum, Berlin 1994, S. 187–195.

SCHALEK, ALICE: *Am Isonzo. März bis Juli 1916. Mit 109 Abbildungen meist nach eigenen Aufnahmen und einer Übersichtskarte*, Wien 1916.

SCHAUWECKER, FRANZ: *So war der Krieg. 200 Kampfaufnahmen aus der Front*, 2. Aufl., Berlin 1927.

SCHEICHL, SIGURD PAUL: ‚Die Fackel' und der Erste Weltkrieg, in: HEINZ LUNZER, VIKTORIA LUNZER-TALOS, MARCUS G. PATKA (Hg.): „*Was wir umbringen". ‚Die Fackel' von Karl Kraus*, Wien 1999.

SCHMIDT-LINSENHOFF, VIKTORIA: Genrefotografie und Kunstreproduktion, in: *Fotogeschichte*, 3. Jg., Heft 9, 1983, S. 41–55.

SCHMÖLZER, HILDEGUND: *Die Propaganda des Kriegspressequartiers im ersten Weltkrieg 1914–1918*, Diss., Wien 1965.

SCHÖNBERGER, BIANCA: Mütterliche Heldinnen und abenteuerlustige Mädchen. Rotkreuz-Schwestern und Etappenhelferinnen im Ersten Weltkrieg, in: KAREN HAGEMANN und STEFANIE SCHÜLER-SPRINGORUM (Hg.): *Heimat-Front. Militär und Geschlechterverhältnisse im Zeitalter der Weltkriege*, Frankfurt 2003, S. 108–127.

SCHREINER, KLAUS: *Maria. Jungfrau, Mutter, Herrscherin*, München 1996.

SCHROETER, J.: Technik des Befestigungswesens, in: *Technik des Kriegswesens. Unter Redaktion von Max Schwarte* (= Die Kultur der Gegenwart, Teil IV, Bd. 12), Berlin, Leipzig 1913.

Schwarte, Max: Kriegsvorbereitung, Kriegsführung, in: *Technik des Kriegswesens*. Unter
Redaktion von Max Schwarte (= Die Kultur
der Gegenwart, Teil IV, Bd. 12), Berlin,
Leipzig 1913.

Schwarte, Max: Organe der Kriegsführung.
Der Führer, in: *Technik des Kriegswesens*.
Unter Redaktion von Max Schwarte (= Die
Kultur der Gegenwart, Teil IV, Bd. 12), Berlin,
Leipzig 1913.

Schwarte, Max (Hg.): *Die Technik im Weltkriege*. Unter Mitwirkung von 45 technischen und militärischen fachwissenschaftlichen Mitarbeitern, Berlin 1920.

Schwarz, Angelo: Le fotografie e la guerra
rappresentata, in: Diego Leoni, Camillo
Zadra (Hg.): *La grande guerra. Esperienze,
memorie, immagini*, Bologna 1986,
S. 745–764.

Schwarz, Angelo: La propaganda è quella
degli occhi, in: Gustavo Corni, Eugenio
Bucciol, Angelo Schwarz: *Inediti della
Grande Guerra*, Portogruaro 1992,
S. 251–267.

Schwarz, Robert: Photographie im Kriege, in:
*Wiener Mitteilungen aus dem Gebiete der
Literatur, Kunst, Kartographie und Photogra-
phie*, 10. und 25. September 1914, S. 401–404.

Seifert, Ruth: Der weibliche Körper als Symbol
und Zeichen. Geschlechtsspezifische Gewalt
und kulturelle Konstruktion des Krieges, in:
Andreas Gestrich: *Gewalt im Krieg. Ausübung, Erfahrung und Verweigerung von
Gewalt in Kriegen des 20. Jahrhunderts*,
Jahrbuch für Historische Friedensforschung,
4. Jg., Münster 1996, S. 13–33.

Sekula, Allan: Das instrumentalisierte Bild:
Steichen im Krieg, in: *Fotogeschichte*, 12. Jg.,
Heft 45/46, S. 55–73.

Senftleben, Eduard, Wolfgang Foerster,
Gerhard Liesner (Hg.): *Unter dem Roten
Kreuz im Weltkriege. Das Buch der frei-
willigen Krankenpflege*, Berlin 1934.

Siegert, Bernhard: Luftwaffe Fotografie. Luftkrieg als Bildverarbeitungssystem 1911–1921,
in: *Fotogeschichte*, 12. Jg., Heft 45/46, 1992,
S. 41–54.

Spann, Gustav: Das Zensursystem des Kriegs-
absolutismus in Österreich während des Ersten Weltkrieges 1914–1918, in: Erika Weinzierl, Rudolf G. Ardelt (Hg.): *Justiz und
Zeitgeschichte VIII*, 1989, 24. und 25. Oktober 1989, Wien, Salzburg 1991, S. 31–59.

Stadler, Angelika: *Ärztinnen im Krieg am
Beispiel der Ärztinnen Österreich-Ungarns*,
Diss., Graz 2003.

Starl, Timm: *FotoBibl. Biobibliografie zur
Geschichte der Fotografie in Österreich von
1839 bis 1945* (online unter:
www.albertina.at).

Starl, Timm: Kaiserliche Hoheiten. Sammelbilder aus dem Ersten Weltkrieg, in: *Fotogeschichte*, 15. Jg., Heft 57, 1995, S. 35–45.

Starl, Timm: *Knipser. Die Bildgeschichte der
privaten Fotografie in Deutschland und
Österreich von 1880 bis 1980*, München,
Berlin 1995.

Starl, Timm: Die kriegerischen Geschäfte
der Fotografie, in: *Fotogeschichte*, 12. Jg.,
Heft 43, 1992, S. 5–16.

Steinsieck, Andreas: Ein imperialistischer
Medienkrieg. Kriegsberichterstatter im Süd-
afrikanischen Krieg (1899–1902), in: Ute
Daniel (Hg.): *Augenzeugen. Kriegsbericht-
erstattung vom 18. bis zum 21. Jahrhundert*,
Göttingen 2006, S. 87–112.

Taylor, John: Pictorial Photography in the
First World War, in: *History of Photography*,
London, Vol. 6, Nr. 2. April 1982, S. 119ff.

Taylor, John: *War Photography. Realism in the
British Press*, London u. a. 1991.

Todorova, Maria: *Die Erfindung des Balkans.
Europas bequemes Vorurteil*, Darmstadt
1999.

Trachtenberg, Alan: Albums of War, in: ders.:
*Reading American Photographs. Image as
History. Mathew Brady to Walker Evans*,
New York 1989.

Trenkler, Ernst: Die Nationalbibliothek
1923–1967, in: Josef Stummvoll, Rudolf
Fiedler (Hg.): *Geschichte der Österreichischen Nationalbibliothek*, Wien 1973.

Trotzki, Leo: *Die Balkankriege 1912–13*,
Essen 1996.

Ullmann, Hans-Peter: Kriegswirtschaft,
in: Gerhard Hirschfeld, Gerd Krumeich,
Irina Renz in Verbindung mit Markus Pöel-
mann (Hg.): *Enzyklopädie Erster Weltkrieg*,
Paderborn u. a. 2003, S. 220–232.

Ulrich, Bernd: *Die Augenzeugen. Deutsche
Feldpostbriefe in Kriegs- und Nachkriegszeit
1914–1933*, Essen 1997.

Ulrich, Bernd: Nerven und Krieg, in: Bedrich
Loewenstein (Hg.): *Geschichte und Psychologie. Annäherungsversuche*, Pfaffenweiler
1992.

Ulrich, Bernd, Benjamin Ziemann (Hg.):
Krieg im Frieden. Die umkämpfte Erinnerung

an den Ersten Weltkrieg, Frankfurt am
Main 1997.

*Die unsterbliche Landschaft. Die Fronten des
Weltkrieges*. Ein Bilderwerk herausgegeben
von Erich Otto Volkmann, Band X: *Der
Kampfraum Verdun*, Leipzig 1935.

Veltzé, Alois (Hg.): *Die Geschichte des Weltkrieges mit besonderer Berücksichtigung
der Tätigkeit der österreichisch-ungarischen
Heere*, Bd. 1, Wien 1917, Bd. 2 und 3,
Wien 1919.

Verhey, Jeffrey: „Helft uns siegen“ – Die
Bildersprache des Plakates im Ersten Welt-
krieg, in: Rolf Spilker, Bernd Ulrich (Hg.):
*Der Tod als Maschinist. Der industrialisierte
Krieg 1914–1918*, Ausstellungskatalog
Bramsche 1998, S. 164–175.

Verzeichnis der Armeelieferungsbetriebe,
Wien 1916.

Virilio, Paul: *Krieg und Kino. Logistik der
Wahrnehmung*, Frankfurt am Main 1994.

Ein Volk klagt an. 50 Briefe über den Krieg,
Wien 1931.

Volkmann, Hans-Erich: Der Ostkrieg 1914/15
als Erlebnis- und Erfahrungswelt des deut-
schen Militärs, in: Gerhard P. Gross (Hg.):
*Die vergessene Ostfront 1914/15. Ereignis,
Wirkung, Nachwirkung*, Paderborn 2006,
S. 203–293.

Wassermair, Otto: *Die Meutereien der Heimkehrer aus russischer Kriegsgefangenschaft
bei den Ersatzkörpern der k. u. k. Armee im
Jahr 1918*, Diss. (2 Bde.), Wien 1968.

Wegs, Robert J.: *Die österreichische Kriegswirtschaft 1914–1918*, deutsche Bearbeitung
von Heinrich Mejzlik, Wien 1979.

*Wehrlos hinter der Front. Leiden der Völker
im Krieg. 144 Bilddokumente*, Frankfurt am
Main 1931.

Weigel, Hans, Walter Lukan, Max D. Peyfuss:
*Jeder Schuß ein Russ, jeder Stoß ein Franzos
Literarische und graphische Kriegspropaganda in Deutschland und Österreich
1914/18*, Wien 1983.

Weise, Bernd: Fotojournalismus. Erster Weltkrieg – Weimarer Republik, in: *Deutsche Fotografie. Macht eines Mediums 1870–1970*,
hg. von der Kunst- und Ausstellungshalle der
Bundesrepublik Deutschland in Zusammenarbeit mit Klaus Honnef, Rolf Sachsse und
Karin Thomas, Köln 1997, S. 72–87.

Weise, Bernd: Kamera- und Fototechnik im
journalistischen Gebrauch, Teil II: 1914–
1932, in: *Rundbrief Fotografie*, Vol. 12, No. 1,
2005 (N. F. 45), S. 27–33.

WEISE, BERND: Pressefotografie I–V, in: *Foto-geschichte*, 9. Jg., Heft 31 und Heft 33, 1989; 10. Jg., Heft 37, 1990; 14. Jg., Heft 52, 1994; 16. Jg., Heft 59, 1996.

WEISE, BERND, Institut für Auslandsbeziehungen (Hg.): *Fotografie in deutschen Zeitschriften 1883–1923*, Stuttgart 1991.

Weisungen für die erste Einrichtung und Aus-nützung des besetzten Gebietes (Beilage zum AK.-Befehl Nr. 12 von 1918), herausgegeben vom k. u. k. Armeekommando, Operations-abteilung, Nr. 3699.

Der Weltkrieg im Bild. Bd. I: *Originalaufnah-men des Kriegs-Bild- und Filmamtes aus der modernen Materialschlacht*, mit einem Geleitwort von Georg Soldan, Berlin, Oldenburg 1926.

Der Weltkrieg im Bild. Bd. II: *Frontaufnahmen aus den Archiven der Entente*, mit einem Vorwort von Werner Beumelburg, o. O., o. J. [Berlin 1927].

WERL, ERIKA: *Karl Friedrich Würthle (1820–1902)*, Diplomarbeit, Salzburg 1988.

WETTE, WOLFRAM (Hg.): *Der Krieg des kleinen Mannes. Eine Militärgeschichte von unten*, München 1992, S. 324–343.

WICKERT, CHRISTL: Das „pazifistische" Kriegs-erlebnis und seine Verarbeitung in der Weimarer Republik, in: *August 1914. Ein Volk zieht in den Krieg*, hg. von der Berliner Geschichtswerkstatt, Berlin 1989, S. 264–273.

WILLIAMS, VAL: *Warworks. Women, Photo-graphy and the Iconography of War*, London 1994.

WINTER, JAY: *Sites of Memory, Sites of Mour-ning. The Great War in European Cultural History*, Cambridge 1995.

WINTER, JAY, BLAINE BAGGETT: *The Great War. Shaping the Twentieth Century*, New York 1996.

WINTER, JAY, GEOFFREY PARKER, MARY R. HABECK (Hg.): *Der Erste Weltkrieg und das 20. Jahrhundert*, Hamburg 2002.

WINTER, JAY, EMMANUEL SIVAN (Hg.): *War and Remembrance in the Twentieth Century*, Cambridge 2000.

WOLFGANG, BRUNO: *Przemysl 1914/15*, Wien 1935.

ZAJIC, ANDREAS H.: Die Kriegsbildhauer im Dienst des k. u. k. Kriegspressequartiers im Ersten Weltkrieg, in: *Österreichische Zeit-schrift für Kunst und Denkmalpflege*, Nr. 54, Heft 3/4, 2005, S. 275–284.

ZEKOVIĆ, MARINA: *Ratni slikari, fotografi amateri i dopisnici fotografi u srpskoj vojsci 1914–1918*, hg. von vojni muzej, Beograd 2001.

ZIEMANN, BENJAMIN: „Macht der Maschine" – Mythen des industriellen Krieges, in: ROLF SPILKER, BERND ULRICH (Hg.): *Der Tod als Maschinist. Der industrialisierte Krieg 1914–1918*, Ausstellungskatalog, Bramsche 1998, S. 177–189.

ZIEMANN, BENJAMIN: Verweigerungsformen von Frontsoldaten in der deutschen Armee 1914–1918, in: ANDREAS GESTRICH: *Gewalt im Krieg, Ausübung, Erfahrung und Ver-weigerung von Gewalt in Kriegen des 20. Jahrhunderts*, Jahrbuch für Historische Friedensforschung, 4. Jg. 1995, Münster 1996, S. 99–122.

ZWEIG, STEFAN: *Die Welt von Gestern. Erinne-rungen eines Europäers*, Frankfurt am Main 2003 (Erstausgabe 1942).

Zeitungen, Zeitschriften:

Der Abend

Berliner Illustrirte Zeitung

Der Bund. Monatsschrift für die Interessen der Österreichischen Berufsphotographen

Die große Zeit. Illustrierte Kriegsgeschichte

Illustrierte Kriegszeitung der k. u. k. 32. Infante-rie-Truppendivision

Illustrierte Kronen-Zeitung

Illustrirtes Wiener Extrablatt

[Leipziger] Illustrirte Zeitung

Das interessante Blatt

Das Kleine Blatt

Der Kuckuck

Lichtbild- und Filmdienst

Neues Wiener Tagblatt

Neuigkeits-Welt-Blatt

Oesterreichs Illustrierte Zeitung

Photographische Korrespondenz

Photo-Sport. Moderne Monatshefte für Freunde der Kamerakunst

Sport & Salon. Illustrierte Zeitschrift für die vornehme Welt

Über Land und Meer. Deutsche Illustrirte Zeitung

Unsere Krieger. Bilder aus groszer Zeit

Welt-Bild. Illustrierte Beilage zum Fremden-Blatt

Welt Spiegel [Illustrierte Beilage des *Berliner Tageblatts*]

Wiener Allgemeine Zeitung

Wiener Bilder. Illustriertes Familienblatt

Wiener Hausfrau, mit der Beilage „*Der Krieg. Illustrierte Wochen-Chronik*"

Wiener illustrierte Zeitung

Wiener Mitteilungen der Literatur, Kunst, Kartographie und Photographie

Wiener Zeitung

Hinweise zur Schreibweise von Ortsnamen

Die in den Originalbildtexten angeführten Ortsnamen wurden unverändert übernommen. Dadurch wird die Orientierung in zeitgenössischen Karten (v. a. in Kriegskarten), Dokumenten und Publikationen erleichtert. Die heutige Schreibweise hat sich jedoch in vielen Fällen verändert. Das betrifft vor allem Ortsnamen aus Galizien (heute Ukraine, Polen, Slowakei, Rumänien), Wolhynien (heute Ukraine, Polen), Böhmen und Mähren (heute Tschechien und Slowakei), Ungarn, Serbien, Bosnien, Rumänien, dem südlichen Tirol (heute Italien) sowie dem „Isonzogebiet" – Teilen des adriatischen Küstenlandes, Kärntens, Krains und der Steiermark (heute Österreich, Slowenien, Kroatien und Italien). In diesen Fällen wird bei der ersten Nennung des Namens in jedem Kapitel sowie in den Bildtexten die heute gebräuchliche Schreibweise in Klammern angeführt. Die folgende Ortskonkordanz weist jene Orte aus, deren Schreibweise sich verändert hat.

Zeitgenössische Schreibweise*	Heutige Schreibweise*	Zeitgenössische Schreibweise	Heutige Schreibweise
Adelsberg (Krain)	Postojna (Slowenien)	Drohobycz, Drohoyczka (Ostgalizien)	Drogobič (Ukraine)
Alt Lokwa (Küstenland)	Stara Lokva (Slowenien)	Durazzo (Albanien)	Durrës (Albanien)
Alt Sandec (Westgalizien)	Stary Sacz (Polen)	Flitsch (Küstenland)	Bovec (Slowenien)
Arad (Ungarn)	Arad (Rumänien)	Folwarki (Ostgalizien)	(Ukraine)
Auschwitz (Böhmen)	Oświęcim (Polen)	Folwarki Waga (Ostgalizien)	(Ukraine)
Aussig (Böhmen)	Ústí nad Labem (Tschechien)	Gablonz (Böhmen)	Jablonec nad Nisou (Tschechien)
Beskid, Pass (Ostgalizien)	(Ukraine)	Gaya (Mähren)	Kyjov (Tschechien)
Bielawce (Ostgalizien)	(Ukraine)	Gebrow (Ostgalizien)	Cebriv (Ukraine)
Bielogorodka (Wolhynien)	Mil'ca (Ukraine)	Gorianska (Küstenland)	Gorjansko (Slowenien)
Bieniawa (Ostgalizien)	(Ukraine)	Görz (Küstenland)	Gorizia (Italien),
Bojan (Bukowina)	Bojani (Ukraine)		Nova Gorica (Slowenien)
Bolechow (Ostgalizien)	Bolehiv (Ukraine)		
Bolgorodnica (Wolhynien)	(Ukraine)	Graslitz (Böhmen)	Kraslice (Tschechien)
Boryslaw (Ostgalizien)	Borislav (Ukraine)	Groß-Meseritsch (Mähren)	Velké Meziříčí (Tschechien)
Brasso, Kronstadt (Siebenbürgen)	Brașov (Rumänien)	Grubiszow (Ukraine)	Hrubieszów (Polen)
Breslau (Deutsches Reich, Niederschlesien)	Wrocław (Polen)	Gumpolds, Humpoletz	Humpolec (Tschechien)
		Haidenschaft, Heidenschaft (Küstenland)	Ajdovščina (Slowenien)
Brest-Litowsk (Russland)	Brest (Weißrussland)	Halicz (Ostgalizien)	Calič (Ukraine)
Britof (Küstenland)	Britof (Slowenien)	Heilenstein (Kärnten)	Polzela (Slowenien)
Brody (Ostgalizien)	Brodí (Ukraine)	Hinowice (Ostgalizien)	(Ukraine)
Brünn (Mähren)	Brno (Tschechien)	Hohenfurt (Böhmen)	Vyšší Brod (Tschechien)
Brzaza (Ostgalizien)	(Ukraine)	Hohenstadt (Böhmen)	Zábřeh (Tschechien)
Brzezany (Ostgalizien)	Berezani (Ukraine)	Holobutow (Ostgalizien)	(Ukraine)
Budweis (Böhmen)	České Budějovice (Tschechien)	Holowiecko (Ostgalizien)	(Ukraine)
Chatki (Ostgalizien)	(Ukraine)	Horodenka (Bukowina)	Gorodenka (Ukraine
Chodrow (Ostgalizien)	(Ukraine)	Huta Nova (Bukowina)	(Ukraine)
Chotzen (Böhmen)	Choceň (Tschechien)	Isonzo, Fluss	Soča (Slowenien, Italien)
Comen (Küstenland)	Komen (Slowenien)	Iwangorod (Russland, Polen)	Dęblin (Polen)
Cukojevac (Serbien)	Čukojevac (Serbien)	Jezierna, (Ostgalizien)	Jačivci (Ukraine)
Czernowitz (Bukowina)	Černivici (Ukraine)	Jungbunzlau (Böhmen)	Mladá Boleslav (Tschechien)
Datschitz (Mähren)	Dačice (Tschechien)	Kalusz (Ostgalizien)	Kaluš (Ukraine)
Deutsch Brod (Mähren)	Český Brod (Tschechien)	Kamienica (Ostgalizien)	(Ukraine)
Deutsch Gabel (Böhmen)	Jablonné v Podještědí (Tschechien)	Kaschau (dt.), Kassa (ung.) (Ungarn)	Košice (Slowakei)
Dnjester, Fluss	Dnister (Ukraine)	Klattau (Böhmen)	Klatovy (Tschechien)
Dollja (Küstenland)	Dolje (Slowenien)	Kolomea (Ostgalizien)	Kolomija (Ukraine)
Dorna Kantreny (Bukowina)	Dorna Candrenilor (Rumänien)	Komotau (Böhmen)	Chomutov (Tschechien)
Dornberg (Küstenland)	Dornberk (Slowenien)	Königsberg (Ostpreußen)	Kaliningrad (Russland)
Doroschoutz, Doroschautz (Bukowina)	Dorosauti (Ukraine)	Koniuchy (Wolhynien)	Konjuhi (Ukraine)

* in Klammern ist die regionale politische bzw. geografische Zugehörigkeit sowie die heutige Staatszugehörigkeit angeführt; bei sehr kleinen Orten konnte die aktuelle Schreibweise nicht immer ermittelt werden.

Zeitgenössische Schreibweise	Heutige Schreibweise	Zeitgenössische Schreibweise	Heutige Schreibweise
Konstantinopel (Türkei)	Istanbul (Türkei)	Panowice (Ostgalizien)	(Ukraine)
Koropiec, Fluss	Koropec (Ukraine)	Persen (südliches Tirol)	Pergine (Italien)
Kostanowetz (Küstenland)	Kostanjevica (Slowenien)	Petrikau (Russland, Polen)	Piotrków (Polen)
Kotovice (Russland, Polen)	Kotowice (Polen)	Petrozsény (Siebenbürgen, Ungarn)	Petroşani (Rumänien)
Kowel (Wolhynien)	Kovel (Ukraine)	Pisek (Böhmen)	Písek (Tschechien)
Kowiljaca (Serbien)	Banja Koviljaca (Serbien)	Plawie, Plahwie (Ostgalizien)	(Ukraine)
Középlak (Ungarn)	Cuzăplac (Rumänien)	Pluhow (Ostgalizien)	Plugiv (Ukraine)
Krakau (Westgalizien)	Kraków (Polen)	Podhajce (Ostgalizien)	Pidgajci Ukraine)
Kralup a. d. Moldau (Böhmen)	Kralupy nad Vltavou (Tschechien)	Podwiesoky (Ostgalizien)	(Ukraine)
Kristiana (Norwegen)	Oslo (Norwegen)	Pohrlitz (Mähren)	Pohořelice (Tschechien)
Kronstadt, Brasso (Siebenbürgen)	Braşov (Rumänien)	Pola (Istrien)	Pula (Kroatien)
Kupczynce (Ostgalizien)	(Ukraine)	Prag (Böhmen)	Praha (Tschechien)
Kurzany (Ostgalizien)	Kurjani (Ukraine)	Prerau (Mähren)	Přerov (Tschechien)
Laibach (Krain)	Ljubljana (Slowenien)	Prestovica, Brestoviza (Küstenland)	Brestovica (Slowenien)
Lawoczne (Ostgalizien)	(Ukraine)	Przemysl (Westgalizien)	Przemyśl (Polen)
Lemberg (Ostgalizien)	L'viv (Ukraine)	Rarancze (Bukowina)	(Ukraine)
Limanowa (Westgalizien)	Limanowa (Polen)	Reichenau (Böhmen)	Rychnov (Tschechien)
Lodz (Russland, Polen)	Łódź (Polen)	Rogozno (Wolhynien)	(Ukraine)
Lokve, Loqua (Küstenland)	Lokve (Slowenien)	Rohatyn (Ostgalizien)	Rogatin (Ukraine)
Luck (Wolhynien)	Luc'k (Ukraine)	Rom (Italien)	Roma (Italien)
Luga, Fluss	Ługa (Ukraine)	Römerstadt (Mähren)	Rýmařov (Tschechien)
Mahala (Bukowina)	Magala (Ukraine)	Rovreit (südliches Tirol)	Rovereto (Italien)
Mährisch-Ostrau (Mähren)	Ostrava (Tschechien)	Rudnia (Wolhynien)	(Ukraine)
Mährisch-Trübau (Mähren)	Moravská Třebová (Tschechien)	Saaz (Böhmen)	Žatec (Tschechien)
Mailand (Italien)	Milano (Italien)	Schabatz (Serbien)	Šabac (Serbien)
Maria Luschari (Kärnten)	Maria Lussari (Italien)	Skala (Ostgalizien)	(Ukraine)
Marienbad (Böhmen)	Mariánské Lázně (Tschechien)	Sniatyn (Bukowina)	Snjatin (Ukraine)
Miechow (Russland, Polen)	Miechów (Polen)	Sósmező (Ungarn, Siebenbürgen)	Poiana Sarata (Rumänien)
Mies (Böhmen)	Stříbro (Tschechien)	Sosnow (Ostgalizien)	(Ukraine)
Mikulicz (Wolhynien)	(Ukraine)	Sotscha, Soca	Soča (Slowenien)
Mitrovitza (Serbien)	Kosovska Mitrovica (Kosovo)	St. Peter (Küstenland)	Sv. Peter (Slowenien)
Munkács (Ungarn)	Mukačeve (Ukraine)	Stryi (Ostgalizien)	Strij (Ukraine)
Nachod (Böhmen)	Náchod (Tschechien)	Stryj, Fluss (Ostgalizien)	Strij (Ukraine)
Nagybicscse, Nagy Bicscse	Velka Bytča (Slowakei)	Strypa, Fluss (Ostgalizien)	Stripa (Ukraine)
Nagyszeben, Hermannstadt (Siebenbürgen, Ungarn)	Sibiu (Rumänien)	Styr, Fluss (Ostgalizien)	Stir (Ukraine)
		Szambor, Sambor (Ostgalizien)	Sambir (Ukraine)
Nagy Varad, Nagyvarad (Ungarn)	Oradea (Rumänien)	Tannenberg (Ostpreußen)	Stębark (Polen)
Narajov (Ostgalizien)	Naraiv (Ukraine)	Tarnawka (Westgalizien)	Tarnawa (Polen)
Neubydzow (Böhmen)	Nový Bydžov (Tschechien)	Tarnopol (Ostgalizien)	Ternopil (Ukraine)
Neudegg (Krain)	Mirna (Slowenien)	Tarnow (Westgalizien)	Tarnów (Polen)
Neu Sandec (Westgalizien)	Nowy Sacz (Polen)	Temesvar (Banat, Ungarn)	Timişoara (Rumänien)
Niederhanichen (Böhmen)	Tschechien	Teplitz-Schönau (Böhmen)	Teplice (Tschechien)
Niemes (Böhmen)	Mimoň (Tschechien)	Ternova (Steiermark)	Trnovo (Slowenien)
Niemez (Küstenland)	Nemci (Slowenien)	Teschen (Schlesien)	Cieszyn (Polen),
Nikolsburg (Mähren)	Mikulov (Tschechien)		Český Těšín (Tschechien)
Nowy Knierut (Ostgalizien)	(Ukraine)		
Opor, Fluss	Opir (Ukraine)	Tolmein (Küstenland)	Tolmin (Slowenien)
Oporzec (Ostgalizien)	Oporec (Ukraine)	Torgowitza (Wolhynien)	(Ukraine)
Ossova (Russland, Polen)	(Polen)	Trient (südliches Tirol)	Trento (Italien)
Ostrau, Mährisch (Mähren)	Ostrava (Tschechien)	Triest (Küstenland)	Trieste (Italien)
Ostrozec (Wolhynien)	(Ukraine)	Tschanak Kale (Türkei)	Çanakkale (Türkei)
Pawlowieczi, Pawlowicze (Wolhynien)	(Ukraine)	Tschenstochau, Czenstochau	Częstochowa (Polen)
		Tuchla (Ostgalizien)	Tuhlja (Ukraine)

Zeitgenössische Schreibweise	Heutige Schreibweise
Turkowitzy, Turkowizy (Ostgalizien)	(Ukraine)
Ungarisch-Hradisch (Mähren)	Uherské Hradiště (Tschechien)
Uschiza (Küstenland)	Vojščica (Slowenien)
Uscie Zielona, Uscie Zielone (Ostgalizien)	(Ukraine)
Uzsok, Uzsog Pass (Ostgalizien)	Užoc'kij (Ukraine)
Vielgereuth (südliches Tirol)	Folgaria (Italien)
Werba (Wolhynien)	Verba (Ukraine)
Wierzbow (Ostgalizien)	(Ukraine)
Windisch-Feistritz (Steiermark)	Slovenska Bistrica (Slowenien)
Wippach, Fluss (Küstenland / Krain)	Vipava (Slowenien)
Wladimir Wolinsky, W. Wolynsk, W. Wolynskij	Volodimir Volins'kij (Ukraine)
Wojmica (Russland)	(Ukraine)
Wölking (Mähren)	Dolní Bolíkov (Tschechien)
Worobijowka (Ostgalizien)	(Ukraine)
W. Udinsk (Russland, Sibirien)	(Russland)
Wyszkow, Ort und Pass (Ostgalizien)	Biškivs'kij (Ukraine)
Zborow (Ostgalizien)	Zboriv (Ukraine)
Zlotniki (Ostgalizien)	Zolotniki (Ukraine)
Zsolna (Ungarn)	Žilina (Slowakei)
Zwalow (Ostgalizien)	Zwaliv (Ukraine)
Zwinin, Bergrücken (Ostgalizien)	(Ukraine)

Index

Kursive Seitenzahlen im Index verweisen auf Abbildungen.

Bildnachweis

Dank

Die Herkunft der Bilder ist jeweils im Bildtext angegeben. Die Aufnahmen stammen, soweit nicht anders angegeben, aus dem Bildarchiv der Österreichischen Nationalbibliothek (ÖNB) in Wien (www.bildarchivaustria.at). Fotografien aus anderen Archiven bzw. aus Privatbesitz sind eigens ausgewiesen. Die Bilder aus der ehemaligen Sammlung des k. u. k. Kriegspressequartiers (KPQ), die heute im Bildarchiv der ÖNB aufbewahrt werden, sind mit der jeweiligen K-Signatur (Kriegsbildersammlung) bezeichnet. Als Vorlagen für die Reproduktion dienten die erhaltenen originalen Glasplattennegative (deren Format in der Regel 13 × 18 cm beträgt). Ein kleinerer Teil dieser Negative ging während des Zweiten Weltkrieges durch Bombenschäden verloren. In diesem Fall wurden zeitgenössische Silbergelatineabzüge als Reproduktionsvorlagen herangezogen. Vor der jeweiligen Signatur sind, soweit dies am Negativ vermerkt ist, der Name bzw. das Namenskürzel des Fotografen sowie die militärische Einheit, der der Fotograf angehörte, angeführt. Wenn im Zuge der Recherchen Angaben wie der Name des Fotografen, der Agentur oder des Ateliers zu erschließen waren, wird dies am Beginn der Bildbeschriftung ergänzt. Originalbildtexte bzw. Auszüge daraus sind jeweils in Anführungszeichen gesetzt.

Bei den Recherchen für dieses Buch haben mich zahlreiche Personen unterstützt. Besonders zu danken habe ich Timm Starl (Wien), der mir über die Jahre hinweg in freundschaftlicher Weise sein fotohistorisches Wissen zur Verfügung gestellt und mir immer wieder seine umfangreiche Bibliothek für Recherchen geöffnet hat. Am Bildarchiv der Österreichischen Nationalbibliothek (ÖNB) in Wien waren mir Hans Petschar, Uwe Schögl, Peter Prokop, Silke Pirolt, Monika Kranzl, Herbert Friedlmeier, Angelina Artner und Mara Kraus behilflich, in der Plakatsammlung der ÖNB Marianne Jobst-Rieder und Christian Maryška, im Österreichischen Staatsarchiv / Kriegsarchiv Wien halfen mir Andrea Hackel, Renate Domnanich, Robert Rill und Karl Rossa, im Wiener Heeresgeschichtlichen Museum Peter Enne, in der Wiener Albertina Michael Ponstingl und Astrid Lechner, im Stadtarchiv Villach Dieter Neumann. In Stuttgart unterstützten mich Gerhard Hirschfeld und Irina Renz (Bibliothek für Zeitgeschichte) sowie Markus Pöhlmann und Kerstin Hägele, in Leipzig die Mitarbeiterinnen und Mitarbeiter der Deutschen Bücherei, im Militärgeschichtlichen Institut in Budapest Bánffyné Kalavszky Györgyi, in Potsdam die Mitarbeiterinnen und Mitarbeiter der Bibliothek im Militärgeschichtlichen Forschungsamt, in Prag Zuzana Pivcova (Militärarchiv) sowie Thomas Redinger, Eva-Maria Auer und Lukaš Vleček, in Belgrad Vladislav Vukotić, Marina Zeković (Militärmuseum) und Djordje Mitrović, (Historisches Museum Serbiens), in Ljubljana Marko Štepec und Ivo Vraničar (Museum für Zeitgeschichte), in Sarajevo Saskia Klaassen, Ivan Ristić (Wien) und Alma Leka (Historisches Museum Bosnien Herzegovina), in L'viv / Lemberg Wolodymyr Hryzyna, Andreas Wenninger (Österreich Kooperation), Bernhard Kaufmann und Nadja Franko (Zentrales Staatsarchiv der Ukraine), in Czernowitz Sergej Osachuk, Waldimir Sapolowski und vor allem Roland Mayr. Weitere Hinweise und Unterstützung erhielt ich von Sándor Békési (Wien), Walter Mentzel (Wien), Herwig Exax (Wien), Margreth Müller (Wien), Regina Wonisch (Wien), Moritz Csáky (Wien / Graz), Günter Trinkler (Wien), Arnulf Knafl (Österreich Kooperation, Wien), Franz Streisselberg (Wien), Amélie Sztatecsny (Wien), Martin Pollack (Wien / Bocksdorf), Angelika Stadler (Graz / Freiburg), Bernhard Kathan (Innsbruck), Cornelia Brink (Freiburg), Sarah Wallis und Milan Grba (London) sowie von Fred Plisner (Cambridge).

Ohne die großzügige Förderung durch den österreichischen Wissenschaftsfonds FWF und die ausgezeichnete Betreuung durch Frau Monika Maruska wären weder das Forschungsprojekt, das dieser Arbeit zugrunde liegt, noch die vorliegende Publikation möglich gewesen. Unterstützung erhielt ich auch vom Bildarchiv der Österreichischen Nationalbibliothek in Wien, das mir bei der Bildrecherche und der Herstellung der zahlreichen Reproduktionen behilflich war. Während eines Forschungsaufenthaltes am Internationalen Forschungszentrum Kulturwissenschaften (IFK) in Wien und eines IFK-Stipendienaufenthaltes in Berlin konnte ich die Arbeit an diesem Buch abschließen. Besonders danken möchte ich Frau Regine Gamm vom Primus Verlag, die das Entstehen dieses Buches überaus kompetent und umsichtig begleitet hat.

Edith Wildmann war die erste Leserin. Ihr verdanke ich am meisten.

Die Isonzofront

Mittelmächte
Alliierte Mächte

Ortsnamen in der zeitgenössischen (deutschen) Schreibweise

Deutsches Reich

Österreich

Kärnten

Enns

Mur

Lienz

Drau

Villach

Klagenfurt

Drau

Ampezzo
Pontebba

Flitsch

Plave

Tagliamento

Cividale

Tolmein

Lokve

Save

Laibach

Belluno

Udine

Britof

Görz

S. Vito

Isonzo

Dornberg

Haidenschaft

Adelsberg

Monfalcone

Comen

Oderzo

Nabresina

Treviso

Grado

Triest

Po

Küstenland

Venedig

Istrien

0   50   100 km

Pol
(ab November

Lodz

Breslau

Oder

Tescher

Österreich

Prerau

Wien

Pressburg

Donau

Budapest

Österreich - Ungarn

Innsbruck

Tirol

Lienz

Kärnten

Graz

Brixen

Villach

Bozen

Udine

Trient

Venetien

Rovereto

Asiago

Krain

Agram

Slawonien

Drau

Verona

Triest

Kroatien

Venedig

Italien
(Kriegseintritt Mai 1915)

0   100   200   300   400   500 km

Pola

B o s n i e n
(1908 annektiert)